脱俗求真

蔡鸿生教授九十诞辰纪念文集

林悟殊　主编

林雄　敬题

南方传媒
广东人民出版社
·广州·

图书在版编目（CIP）数据

脱俗求真：蔡鸿生教授九十诞辰纪念文集 / 林悟殊主编 . —广州：广东人民出版社，2022.5

ISBN 978-7-218-15734-4

Ⅰ . ①脱⋯ Ⅱ . ①林⋯ Ⅲ . ①蔡鸿生（1933—2021）—纪念文集 Ⅳ . ① K825.81-53

中国版本图书馆 CIP 数据核字（2022）第 058731 号

TUOSU QIUZHEN：CAI HONGSHENG JIAOSHOU JIUSHI DANCHEN JINIAN WENJI

脱 俗 求 真 ： 蔡 鸿 生 教 授 九 十 诞 辰 纪 念 文 集

林悟殊　主编

出 版 人：肖风华

封面题签：林雅杰
封面摄影：秦　颖
责任编辑：柏　峰　周惊涛　唐金英
封面设计：书窗设计
责任技编：周星奎

出版发行：广东人民出版社
地　　址：广州市越秀区大沙头四马路 10 号（邮政编码：510102）
电　　话：（020）85716809（总编室）
传　　真：（020）85716872
网　　址：http://www.gdpph.com
印　　刷：广州市豪威彩色印务有限公司
开　　本：787mm × 1092mm　1/16
印　　张：52　插　页：10　字　数：750 千
版　　次：2022 年 5 月第 1 版
印　　次：2022 年 5 月第 1 次印刷
定　　价：198.00 元

如发现印装质量问题，影响阅读，请与出版社（020-85716849）联系调换。
售书热线：020-85716826

2020 年 10 月 17 日，蔡鸿生教授在书房（秦颖摄）

2013年5月8日，蔡鸿生教授八秩寿诞合影

青年时期的蔡鸿生教授

1971 年春，蔡鸿生教授与
夫人蒋晓耘老师

2020 年 10 月 17 日，蔡鸿生教授与夫人蒋晓耘老师（秦颖摄）

2002 年，蔡鸿生教授在书房看书

2010 年，蔡鸿生教授在学而优书店看书

广州图书馆中山大学蔡鸿生教授捐书

1994 年，蔡鸿生教授与陈寅恪先生
女儿合影

2012 年 3 月 18 日，陈寅恪先生铜像揭幕仪
式上蔡鸿生教授与宣传海报合影

2003 年，蔡鸿生教授在陈寅恪故居前

1993 年 6 月 10 日丝绸之路考察兰州时，蔡鸿生教授与法国历史学家勒
高夫教授在黄河边合影

1993 年 6 月丝绸之路考察，蔡鸿生、姜伯勤（右一）、刘文立（右二）
教授合影

1994 年 3 月 29 日，蔡鸿生教授在泰国曼谷东方文化书院作学术讲演

1994 年 12 月 12 日，蔡鸿生教授参加香港大学"岭南文化新探究"国际学术研讨会

1996 年，蔡鸿生教授在英国伦敦

1999年11月，蔡鸿生教授与季羡林先生在中山大学举行的"陈寅恪先生学术思想国际研讨会"会议期间合影

1999年11月29日，蔡鸿生教授到中山大学黑石屋招待所拜会北京大学王永兴（左一）先生，两位智者进行了亲切的交谈

2002 年 2 月，蔡鸿生教授访问日本时留影

2006 年 12 月，蔡鸿生教授与参加在中山大学举办的“19 世纪中俄经济文化交流”学术研讨会的代表合影

2007年，蔡鸿生教授与荷兰莱顿大学包乐史教授在中山大学永芳堂会议室合影

2008年6月学术会议期间，蔡鸿生教授与黄时鉴（左二）、葛承雍（左一）及章文钦（左三）等教授参观中山大学陈寅恪故居

2002 年 4 月，蔡鸿生教授在澳门大学讲座后与师生合影

2004 年 11 月 9 日，蔡鸿生教授在
中山大学校庆讲座

2005 年 3 月 22 日，蔡鸿生先生在中山大
学永芳堂举行"历史人物的后世造影"学
术讲座

2005 年 4 月，蔡鸿生教授在中山大学珠海校区讲座，与本科学生合影

2006 年 6 月 24 日，蔡鸿生教授在
中山大学图书馆学术讲座

2017 年 11 月在香港城市大学开展
系列学术讲座

2010 年 8 月，蔡鸿生教授在广州讲坛学术讲座

2011 年 6 月 8 日，蔡鸿生教授在华南农业大学学术讲座

2003年3月，蔡鸿生教授率中山大学历史学系中外关系史专业部分师生到泉州考察，在晋江摩尼教草庵前与草庵女住持及当地文博工作者合影

2004年9月25日，蔡鸿生教授与中山大学历史学系师生在阳江参观"南海一号"沉船文物展览时合影

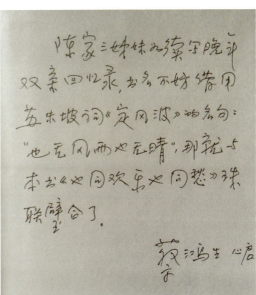

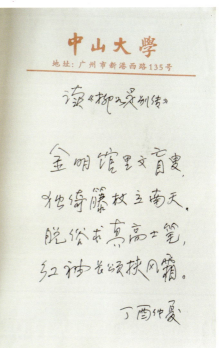

蔡鸿生教授部分读书笔记

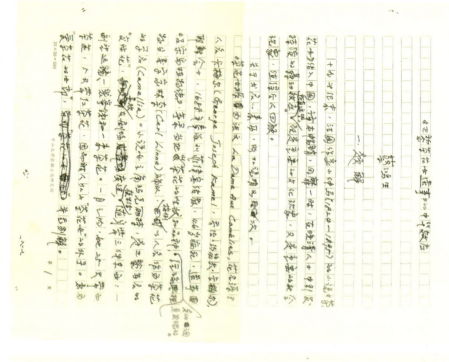

《〈巴黎茶花女遗事〉的中华效应》部分手稿

蔡鸿生教授简介

1933年生于广东省汕头市。1953年考入中山大学历史学专业，1957年毕业留校任教。1985年晋升教授，兼宗教文化研究所所长，并主编《历史大观园》月刊。2006年退休。2011年获"广东省首届优秀社会科学家"称号。广东省第五、六、七届政协委员。享受国务院特殊津贴。

长期从事中外关系史的教学和研究，重点探讨下列课题：（一）唐代粟特、突厥文化；（二）俄罗斯馆与中俄关系；（三）岭南佛门僧尼史事；（四）广州与海洋文明；（五）历史研究的学理和方法。

主要著述：

1. 《广州海事录——从市舶时代到洋舶时代》（商务印书馆2018年版）

2. 《蔡鸿生自选集》（中山大学出版社2015年版）

3. 《蔡鸿生史学文编》（广东人民出版社2014年版）

4. 《读史求识录》（广东人民出版社2010年版）

5. 《学境》（香港博士苑出版社2001年版，中山大学出版社2007年版）

6. 《中外交流史事考述》（大象出版社2007年版）

7. 《俄罗斯馆纪事》（广东人民出版社1994年版，中华书局2006年版）

8. 《仰望陈寅恪》（中华书局2004年版）

9. 《唐代九姓胡与突厥文化》（中华书局1998年版；喀什维吾尔文出版社2008年维吾尔文译本）

10. 《清初岭南佛门事略》（广东高等教育出版社1997年版）

11. 《尼姑谭》（中山大学出版社1996年版，中西书局2020年版）

序 言

壬寅清明，永芳堂沐浴在和煦的春光当中。窗明几净，绿草如茵，莘莘学子问道于斯，勤学于斯，学系同仁乐教于此，安居于兹。百年学系得以赓续博大持中的传统，宁静致远，书声不辍。此情此景，我们愈发感念先哲传承之功，缅怀前辈谆谆教诲。编辑出版这部纪念文集，寄托了学系对蔡鸿生教授崇高的敬意。

蔡鸿生先生 1933 年农历四月十七日出生于广东澄海，2021 年 2 月 15 日（农历正月初四）去世于广州。至 2022 年，按照先生老家的习俗，正好九十诞辰。在学界同仁、学校同事、蔡门弟子、后生晚辈的心目中，蔡先生是一位学识闳富、探知"预流"的纯正学人，也是一位尊师重道、敦品励学、谦和低调的益友良师。2021 年 5 月，学系决定组织编辑出版一本蔡先生九十诞辰纪念文集。汇聚点滴心愫，铭记绵绵教泽，从先生的精神和主张中，我们希望继续探寻大学之道、学问之路。

我们最先向师母蒋晓耘老师请示此事，蒋老师对学系的安排表示感谢，还表示自己将撰文回忆蔡老师的一生。她花了大半年的时间，六易其稿，完成《思念》一文，回顾了蔡先生读书治学的一生，以及他对学校、学系的拳拳之心。她还叮嘱先生门下弟子及再传弟子，读书和教书是蔡先生生命之所在，希望大家的纪念文章以学术为本，继承和发扬先生的学问和精神。蔡先生平日循循善诱，善于指导学生在宽阔的学术领域探索研究，众多弟子和再传子弟们撰写了相关的学术论文。

本书主编重任理所当然地落到了林悟殊老师身上。林老师是历史学系 1962 级本科生，1978 年跟随蔡先生读研究生。他在蔡先生指导下，从唐代摩尼教入手，探讨外来宗教在中国的传播及其华化形态，成为具有重要国际学术影响力的唐代外来宗教研究学者。2021年教师节，我们前往探望林老师，恳请他主编纪念文集。林老师虽年近八旬，体弱多病，深居简出，他仍表示定将此事做好，并对文集的组稿和编辑提出了宝贵的建议。随后每收到一篇文章，林老师均认真审阅，无论是篇章结构，还是遣词造句、标点符号、注释规范等等，均给出具体修订意见。

林老师建议纪念文集的标题定为"脱俗求真"，因为这四字箴言源于蔡先生对自身学术生涯的定位，也代表了后学对先生所秉承的学术品格的继承。2014 年中山大学 90 周年校庆时，《中山大学报》曾对蔡先生进行采访，请他谈陈寅恪先生的学术研究。当时，蔡先生反复考虑后确定采访题目为《脱俗求真的追随者》。"脱俗求真"四字出自陈先生的 25 字名言："士之读书治学，盖将以脱心志于俗谛之桎梏，真理因得以发扬。"是为陈寅恪先生所倡导的治学精神。蔡先生将自己定位为陈先生治学精神的追随者，表明了陈先生学问人格对他的深刻影响，也体现了蔡先生平生行事低调、谦卑谨慎的秉性。林老师指出，就陈寅恪先生脱俗求真的精神而言，蔡先生不仅是继承践行，为青年学子、后辈学人作出表率，也为学系的学风建设、科研水平的提高作出重要贡献。我们纪念蔡先生，也正是为了进一步巩固、彰显本系学风建设的成果，以"脱俗求真"四字作为纪念文集书名，应该是最合适的。书名确定之后，我们有幸请到本系系友、蔡先生早年弟子、著名书法家林雅杰先生为纪念文集题签。

编辑纪念文集的启事通过各种渠道发布之后，很快得到本系师生、校友及学界同仁的热忱回应。2021 年年底，我们基本完成文稿征集，提交出版社。文章分为两类，一类是回忆纪念文章，一类是学术论文。

蔡先生的同学好友、学界相知、晚辈学生以及学系年轻同事，深情回忆了几十年来与蔡老师的交往点滴，跟随他们的文字，我们可以重温一位宽厚善良、淡泊名利，而又处事练达、外圆内方的学者，从少年时代到耄耋之年的一生，领悟一位胸中有世界的"大先生"（葛承雍先生语）的人生之路、学术之路和育人之路。

中山大学历史学系历届系友，对蔡先生纪念文集的组织编辑给予了热情真挚的支持。广东省社会科学界联合会李鸿生老师向中山大学历史学系"老五届"同学发布蔡先生纪念文集征文的消息，得到积极回应。各位学长深情回忆蔡先生为人为师的历历往事，令人难忘。历史学系系友茅海建教授和伍跃教授，曾撰写感人至深的回忆文章，在社会广泛流传，影响很大。当得知我们编辑纪念文集，他们均应允将文章收录其中。这些纪念文章均源自作者的切身体会，既有感性的描绘，也有学理的反思，反映了他（她）们在求学和治学道路上从蔡先生身上所领悟到的道理。他（她）们的笔触，也一如蔡先生那样文质彬彬，低调谦逊。

蔡鸿生先生深受中国优秀传统文化之熏陶，他胸怀世界，视野宏阔。先生长期从事中外关系史的教学和研究，研究领域宽广，在唐代粟特、突厥文化，俄罗斯馆与中俄关系，岭南文化及佛门僧尼史事，广州与海洋文明等专题均有精研卓识，具有广泛的国际学术影响力，受到海内外学界推崇。他在历史研究的学理和方法等方面也多有心得，相关论述谈及治学修身，发人深省，击中要害，影响广泛，让后辈学子从中多有受益。国内外不少相关的重要学者纷纷撰文，回顾先生对唐代外来文明、南海文明与中西交通、西洋文明与近代中国等不同领域的学术贡献。中山大学党委书记、历史学系教授陈春声作为蔡先生同乡，专文论述先生的潮学研究成就，深情回顾了当年陪同先生回乡考察的点滴往事。历史学系各位老师的文章，分别围绕蔡先生所从事的研究领域，从学理和方法上进行了追溯，既深刻体现了中山大学历史学系深厚的学术传统，又反映出先生治学过程中敏锐的洞察力和清晰的思辨力，以及对不同学科领域所做出的开创性成果。

蔡先生秉承古训，视弟子为子弟，平易可亲、苦心教诲、循循善诱，深得学生爱戴。门下弟子及再传弟子秉承师教，弘扬其教学理念、治学精神和治学方法，分别撰写了相关学术论文，遥寄追念之思，薪火相传，当为最好的纪念方式。作为蔡先生门下弟子，历史学系副系主任江滢河教授在纪念文集筹划、编纂的过程中不辞辛苦，与学系同仁及时转发学界同仁的纪念文章，分享他与蒋老师在整理蔡先生遗作文稿的最新发现和体会，将他对蔡先生的无限思念默默地深藏在大量的协调和沟通工作背后，令我们十分感动，也深受启发。

广东人民出版社柏峰女士积极联系纪念文集出版事宜，撰写文章纪念蔡先生，积极联络学界同道，充实纪念文集的内容。她亲自担任本书责任编辑，与责任编辑周惊涛、唐金英高效细致地审阅书稿，为纪念文集顺利出版作出了重要贡献。

先生仙逝后半载，历史学系回迁永芳堂。先生晚年的一大习惯，即是上午10点左右漫步至学系一楼，翻阅新到报刊，随后安详地坐在楼梯口那把简朴斑驳的直背旧木椅上，点上香烟，与往来的同事、学生闲谈，其乐融融。如今系楼修缮一新，先生却驾鹤西游，学系同仁时有怅然之思。我们特地将先生喜好的座椅，以及他一贯使用的烟灰缸珍存在永芳堂，寄予我们对他深深的想念。

壬寅清明

中山大学历史学系　谢湜　敬撰

目　录

上编　思念与回忆

中编　学理与方法

下编　中西交通

古代中国与西域文明

古代中国与南海交通

中西关系与全球网络

上编

思念与回忆

思　念

蒋晓耘

2020 年 12 月 21 日，时令冬至。

近子时，先生感不适，急呼 120。当我们赶到中山大学附属第一医院时，先生的弟子学军夫妻已经先我们而到，并做好了有关准备。我们到后立即开始了各项检查。

检查结束，将先生推到病房。这时天已经亮了，一夜无眠。天亮后学军夫妻才去上班。

21 日当晚，先生因病住院的情况就被反映到学校党委，受到重视。医院的骆书记、肖院长安排了最好的医生为先生手术、治疗。

22 日早上 7 点多，将先生推至手术室，直至下午 2 点多，主刀的王教授才出来告诉我：手术很顺利、很成功。我们一直守候在门外。6 点多，先生从监护室转到重症一科。从此，先生在门里，我在门外，同受煎熬。

25 日早上 9 点左右，肖院长等 7 位专家会诊后，约我在重症一科旁边的会议室面谈。他介绍了先生的情况，告诉我坐在我对面的是为先生治病的团队。我满怀希望地望向他们：他们年富力强，温文尔雅，医术精湛。

因为先生的病，我接触了医护工作者这个群体，感知了他们的胸怀、他们的奉献和他们的不易。

我经常在重症一科的楼道里，碰见为先生手术的王召教授，那是他在去为先生探病的路上，他总是告诉我："我会跟进的……"

重症一科的主任吴教授，不仅关注先生的病情，还关心作为家属的我。

利平护士长和她年轻的伙伴们，给了先生和我太多的安慰、太多的帮助、太多的支持！她还受主任之命，多次将先生在病房中的视频发给我，以慰我心。

一科的陈传希医生，因为先生的病，我们经常接触，我感受到了他的真诚、他的实事求是。

还有年轻的小钟医生。2021年1月18日，我们推先生出去照CT。那天虽然有阳光，但是风很大，感觉好冷，大家都穿得较多，只有小钟穿着单衣，我们提醒他去加衣。他说："我现在一心想着的是蔡教授的病……"他的话，让我泪眼模糊。

这，就是我见到的当代医护工作者的态度和胸怀！

先生患病期间，医生告诉我，学校书记曾三穿防护服，进重症一科看望先生。此情此义，何以为报？我唯有一声谢谢表心意！

"春声书记，谢谢你！"

先生患病以来，历史学系党政领导一直非常挂心，时常询问，多次探望，非常感谢他们的关心和帮助！

先生的病，日渐加重。

先生的每次手术和照CT，我们一直陪在身边。孙儿见爷爷躺在转运床上，无法动弹，竟在大庭广众下放声大哭，儿、媳也在一旁抹眼泪。

先生病中，我曾5次穿上厚重的隔离服，陪着先生照CT。眼睁睁地看着他备受病痛折磨，却无法为他分担。这对于我，又何尝不是一种折磨、一种煎熬！

疫情期间，管理加强。医院让我每周检测核酸一次，并允许我一周两次探视先生。

大年三十，在这万家欢乐、阖家团聚的日子里，下午4点，我走进了重症一科。俯在先生耳边，对他说："蔡先生，今天是大年三十，我们俩一同过大年……"

先生住院期间，我每天至少去一次医院。买药和买护理品（进口药品须在另外的窗口单独买），并听当班医生介绍病情。2021年2月15日上午9点左右，我和佳欣（那几天林悟殊老师一定要他陪我去医院）办完事情后回家吃午饭。饭没吃完，接医院电话，我们便立即赶去医院。紧接着，先生在广州工作的弟子以及他们的爱人也都赶到了医院。大家相对无言，默默地等待，只有周湘还在为老师准备一些应急物品。

4点多，医生出来告诉我们："蔡先生于2021年2月15日16时31分去世。"

大约在6点，我和健儿走进重症一科。看见先生神色尚安详，但双眼是睁开着的。我知道，先生有太多太多的不舍、太多太多的放不下。我对他说："蔡先生，你放心去吧！余下的事情，我会一件件办好的。你照顾好自己，不要牵挂我们……"说完，我用手合上了他的双眼。这时，才感觉到他已冰凉冰凉。从此天人相隔，我不禁掩面长泣，思绪万千。

一

1933年农历四月十七日，先生出生于澄海县下蓬区（今汕头市龙湖区外砂街道）大衙村。经历过战火纷飞，经历过国破家亡。

1953年，先生考入中山大学历史学系，从此踏上"读史求识"之路。

往事如烟，却又历历在目。那是1969年的秋天，我去茶场拜望世叔一家。叔叔婶婶在中南林学院（今广东外语外贸大学的校址，当年是属于中南林学院的）工作。当时，两所院校的干校比邻而居，因此和先生结缘。记得初识先生，当我们漫步在英德"五七干校"的茶园小径上，谈起他的家乡潮汕平原，先生仅用了10个字："地瘦栽松柏，家贫子读书。"这10个字，让我领略了潮汕人的风骨、先生的风骨。

当年的英德茶场，曾是广东省的一所监狱。我到那里的时候，监狱尚未完全搬离，在路上常常可以碰到一队队服刑人员，朝去晚回，去田间劳作。还有高墙上密密的铁丝网和那荷枪实弹的哨兵……

其实，中山大学干校原本不在茶场，而是在粤北坪石的天堂山上。当时任中山大学革委会主任的驻粤某部师政委考察了天堂山的干校，得出一个"此地连生存都困难"的结论后，经上级批准，中山大学干校才迁到英德茶场。

茶场的条件真的是好了太多太多。生活也大有改善，再也不用整整4个小时翻山越岭，去坪石那边的小镇购买生活必需品。这里的主要任务是学习，是斗资批修，是灵魂深处闹革命。体力劳动主要是种菜。1971年温都尔汗事件后，"五七"战士们便分批回到了康乐园，开启新征程。

二

我于1980年1月来中山大学报到，一家人终于团聚了。团聚的路漫长而艰难，我们走了整整9年。

因为关系到双方单位，我也同时提出了调动申请。我的家乡地处湘北，民风淳朴。在各级组织的关心、爱护和帮助下，我的调动申请得以批准。这件事，每每想起，感激之情便油然而生。

为了解决我们的问题，历史学系的领导一直在努力。终于，1979年，系领导同志手握我们的请调报告，走到了李嘉人同志的病榻前。李嘉人同志是老革命，担任过中山大学校长，担任过广东省管文教的副省长。在李嘉人同志的直接关怀下，我走进了美丽的康乐园，走进了中山大学。

当人们第一次听我称他"蔡先生"时，总会投来好奇的目光。这称呼来自多年前的一次分歧。我们在刚开始的磨合阶段，因为意见不合产生分歧。在争论的过程中，我点了他的大名，他立刻反驳我。最后一句是："你还直呼其名！"我当时就想："哇，这话说得好奇怪啊！我为什么不能直呼其名呢？"我立刻对他说："爹妈给我们取名，目的就是给别人叫的，用来区别谁是谁。你现在不让我叫你的名，那请你告诉我，我该怎么称呼你呢？"他望了我一眼，不说话。见他这样，我就说："那以后我就叫你尊敬的蔡先生吧。"我还没说完，已经忍不住笑出声了。看我笑，他也笑了。从那以后，我就一直叫他"蔡先生"，这一叫就是半个世纪多，生生把先生给叫没了。

三

我刚来的时候，学校给了我们半个飞机屋。那是当年岭南大学留下来的。中间的房子较大，也方正，两边各有两间小屋向外伸出，后边有一个小小的厨房和一个小得不能再小的厕所，整幢房子形如飞机而得名。从前是一家人住，后来就一分为二，两家人住，面积各 23.5 平方米。

我们本来有几次分房的机会，可惜都错过了。

20 世纪 70 年代后期，学校已经开始在建教工住宅。我到后不久，学校分了几套给系里。记得有一天下班回家的路上，和系总支书记黄瑜同志走到了一起。她对我说：系里最近分了几套房，都是两房一厅，本来老蔡应该分一套的，但考虑到老蔡已提了副教授（先生 1978 年定讲师，1980 年评副教授，1985 年评教授），很快就可分到三房一厅，所以就分给别的老师了。回家后将书记的话告诉先生，先生对我说："有的人分房子，有的人涨工资，有的人提职称，分匀一点比较好。"不久，真的轮到副高分房了。当时学校还有 12 位副高需要调整住房。按分排队，先生排在第 6 位。排着排着就到了第 5 名，下面就是我们，想想都高兴。可是轮到我们时，不分了，停了。先生去房管科找他们，没有原因，也没有说法，不分了就是不分了。此后，每隔一段时间，先生就去一次房管科，每一次都从上衣口袋里摸出一张卡片，告诉对方：上一次几月几日我来过这里，讲房子的问题，你们说考虑，那现在考虑得怎么样呢？先生每次去房管科后，都会到资料室告诉我结果。同样的场景，同样的诉求，同样的结果！唉，可怜的先生，毕竟是书生啊。

时间终于走到了 1984 年底，学校有一批新的三房一厅要分配，我们想，上次我们已经是第 1 名了，这次有 40 多套住房，怎么分我们都应该有份分到！等到分配方案公布，才发现游戏规则变了。我们不仅不是第 1 名，连分到的希望都极其渺茫。而最终能分到这套房，是时任历史学系系主任的陈胜粦老师去找了学校党委书记张幼峰同志说明情况、据理力争的结果。先生从此谈房色变，这套房就是我们家在这个世界上唯一的房产。

1985 年 2 月 15 日我们搬家了。2 月 20 日是大年初一，那天阳光明媚，暖风习习。我正在家车窗帘，陈胜粦等几位老师来家祝贺乔迁之喜，宾主尽欢颜。陈老师那特有的爽朗笑声，仿佛至今还在空中荡漾……

那个年代，真的是有房万事足啊！

先生有了自己的书房，放下了一张平静的书桌，从此心无旁骛，一心一意读书、教书和写书。

四

整个 80 年代，生活都好清苦，特别是前期，我们两个人的工资加在一起，共 127 元整。除去房租水电，还有每个月 10 元钱的互助金（年底取回，平时急用可借出），剩下 100 元左右。这 100 元包括家中的所有开支，平均起来，一天不过三块钱。怎么花？真的好难。这钱掌握在我手里，我撒胡椒面可以维持。但先生提出意见，说生活太差，进而夺了我的权。他掌权后，第一个 10 天，有明显改善，三个人吃得很开心。先生含笑望着我，我在他的笑容里似乎看到了得意之色，我报以微笑。第二个 10 天，标准明显下降。第三个 10 天，第三个 10 天干脆没钱了。好在我将一个月的米和煤买回来了。家中还有我从老家带来的各种豆类，可以做菜，威胁不大。经此一役，先生将财权拱手相让。从此不管钱、不谈钱、不问钱。他只要有钱买书买烟就好了。

大概在 1981 年秋，有一天午饭后我陪先生去上下九办事。回程走珠玑路乘 25 路公交车。先生走在我前面，看见他突然拐进一个门里面，我立刻几步追上去，原来那里是一间小书店。面积大约 40 平方米，绝大部分已清空，只在进门的右手边有一个长两米左右的柜台，柜台后面靠墙放着几个书架，书架上放满了书。我进去的时候，先生正在要服务员将书架上的两本书拿给他，我看了书名：

《中国史学论文索引（1900—1937）》第一编，生活·读书·新知三联书店香港分店，1980.1。

《中国史学论文索引（1937—1949）》第二编，生活·读书·新知三联书店香港分店，1980.5。

这是一套工具书，这么快就出现在广州的书店，这让先生非常高兴。拿到这两本书后，先生就像钉在那里了，一动不动，只顾看书。服务员见他这样，立刻游说：这书是香港出的，你看，印得多好，这么厚两本书，一共才30块……书，实在好，可惜，囊中羞涩。先生左手倒右手，看了又看，最后放下书本走出店门，我也跟着出来。先生告诉我，那套书是索引，目前内地没有。我说：既然这样，那就买了吧。我们又回到店里，服务员又把书拿给我们，先生继续看，看了一会儿，又把书放下，默默地走出书店。回家的路上，我看他如此不舍，就对他说："你说这书好，又需要，就买了吧。生活方面，由我想办法，你不用担心！"听我这样说，他立刻转身往回走。两个人高高兴兴捧着两本书回家。

2014年，这套书也捐给了广州图书馆。

五

先生是幸运的。1953年，先生考入中山大学历史学系。当时的中山大学历史学系，可谓大师云集。仅中国古代史教研室，就有八大教授。他们是蜚声学界的陈寅恪教授和岑仲勉教授，是治古史的刘节教授，是以"一条鞭法"研究闻名的梁方仲教授……如果说中国现代史学界曾有一座昆仑山的话，那这座山会是50年代的中山大学历史学系吗？

本科 4 年，先生很努力、很勤奋。毕业后留校任教。在他心中，他的老师陈寅恪先生是"脱俗求真"的一代宗师。他立志向老师学习，做一个"脱俗求真的追随者"。一直以来，先生是这样想的，也是这样做的。

在老师们的影响下，先生对中国古代史产生了浓厚的兴趣。但留校后却被分在了世界史教研室，讲授世界中世纪史。经过艰难的抉择，先生选定中外关系史作为自己的研究范围。当然，这样的选择，也是有师承的。

从先生毕业的 1957 年，到 1978 年，整整 21 年，中国高校没有评过职称。从毕业到"文化大革命"前，先生以助教身份，在《历史研究》《历史教学》《中山大学学报》《理论与实践》（《学术研究》前身）等刊物发表了 8 篇学术论文。

为了传承，为了学术，为了心中的理想，先生一直很努力。

我不知道别的老师怎么写文章，但我知道先生怎么写文章。怎么说呢？我只能说，那情形、那过程和"十月怀胎一朝分娩"很是相似！但比之更艰难、更痛苦、更漫长，也更折磨人。别说 10 个月，就是 10 年，甚至穷其一生，有人也没有写出想写的文章。对于先生来说，也同样不是一件轻松的事情。人们看到的是他文章的潇洒、耐读，我看到的则是他的不易、他的艰辛。

从确定题目到脱稿，整个过程是纯手工操作。

从确定题目到动笔写文章之前，这个时间段属于"怀胎"期。尽管家中藏书颇丰，尽管先生有多年积累，但还是应了那句老话："书到用时方恨少"，不仅看到的书少，能够看到的书更少。还得不断地查资料，不停地找书看。如果哪天发现他不看书了，坐在书桌旁，一动不动，呆若木鸡，那是他吸收得差不多了，开始布局谋篇。这时，别看他安静如许，内里已经翻江倒海。我们要做的，就是不要走近他、打扰他，让他慢慢地想……

假如哪天看到桌面上的书不见了，而是换上了稿纸，那标志着先生已进入"一朝分娩"。这时的先生，决不容许任何人近身。记得很久以前，我轻手轻脚地进去拖地，他立刻像惊弓之鸟，用双手捂住稿纸，让我赶快离开。想想也是，谁分娩时愿意旁边站一闲人呢？

先生没有打草稿的习惯，而是打腹稿后直接写在稿纸上。一般情况下，卷面十分整洁。有时会停下笔，再找书看，告诉我：在思考的时候，是觉得想通了的，是没有问题的。但真正写起来，却发觉过不去，只能再看书，再想。这种方法其实更磨人，但是先生愿意这样。

文章写好了，先生将它放在桌面上，让我过去，将自己的座椅让给我，让我坐在那里好好看。说实话，专业性强的文章我是看不懂的，但我也会硬着头皮看，看完之后，还会说"不错"，先生听后笑笑。看得懂的，我会说出我的看法和建议，先生认为合理的，也会接受。

那些短篇，那些千字小文，我见证过它们在先生激情澎湃下一气呵成！好读，也耐读。

文章写好后，先生会放进抽屉冷处理一段时间，然后再拿出来修改完善。

如果先生健在，也许会在今年（2021）的晚些时候，捧出《图说哈巴狗》的书稿，这本小书先生已准备多年，收集了尽可能多的图片，包括出土文物和宫廷古画，会以图文并茂的形式向您说出哈巴狗的前世今生。

先生兴趣广泛，心中还有多个课题想探究，像《唐代梨园的胡姓弟子》《金明馆学缘》《辛押陁罗》《古代儿戏与文化传承》等，可都被他带去了天堂。

六

1996 年底，布罗代尔的《菲利普二世时代的地中海与地中海世界》一书的中译本问世，先生立刻购了一套，回家后拆了包装就开始翻看。这样的情形延续了好几天，然后告诉我：这本书是作者布罗代尔在极其艰难的情况下写成的。真是了不起，非常了不起！我后来才知道，布罗代尔是法国年鉴学派第二代的代表人物，在世界史坛享有盛誉，这本书是他的成名之作，被公认为是一部经典之作。连续几年，这套书摆在桌面上，先生会不时翻看。

1998年上学期，先生专为此书主持了研讨班，参与者是先生的博士生们。

1999年的早春，有一天我刚买菜回家，就听见先生在书房叫我。我进去后，先生让我坐在他对面，然后对我说："上次我和你讲了布罗代尔和他的书，我一直在考虑，现在想定了。我想用10年时间，在历史学系低年级的本科生中，觅一颗读书种子，指导他学习和研究。"他看了我一眼，接着说："印度洋在古代史中的地位太重要了，犹如地中海之于古代史。我们不能缺了这方面的研究。希望10年后我能写出一部书，这部书的名字我也想好了，就是《郑和下西洋时代的印度洋和印度洋世界》。"我听后非常震惊，如此宏大的课题，如此包罗万象的印度洋世界，让我有种泰山压顶的感觉。我立刻说："这么大的课题，这么长的时间，你的身体顶不住，我不想你做这件事。希望你重新考虑，我们明天再说。"第二天我对他说："这个课题的难度的确太大了，连书名都和人家一样，难道你不觉得挑战性太强吗？"先生说："即使是完全一样的材料、一样的书名，不一样的人也可写出完全不一样的文章。这个你大可放心。中国古籍关于这方面的记载非常丰富，可谓汗牛充栋，这是我们资料的主要来源。我也知道该从哪里入门。外文资料难度大一些，但也不是一无所知，我也曾接触过有关的外文材料。只要那颗种子努力学、发奋干，经过一段时间的努力，会不断有阶段性成果。你放心，这个课题经过努力是可以做出来的。"

那套《菲利普二世时代的地中海与地中海世界》一直摆在案头，先生一直在研读，一直在编织着属于他的印度洋之梦。

2000年秋，先生对我说，前次说过的那个印度洋课题，看来是没有希望了，连学生都去了珠海校区。……我在他的脸上，读出了失望，也读出了无奈。而我则如释重负！

斗转星移，物是人非。这件事过去20多年了，先生也已驾鹤西去，我将它说出来，只为心中深藏的那份感动。感动于先生当年已年过花甲，还有如此雄心壮志。

绕过浩瀚的印度洋，先生重归原轨。继续他的三重奏：读书、教书和写书。

2000年后，先生出版了7本专著。

七

书生爱书，那是真爱。先生也一样，爱得痴迷，爱得执着。

先生终日与书为伴，读书是他最大的乐趣，也是他最大的爱好。即使过大年，三十、初一，他照样捧着一本书在看。

从前受条件限制，只能去资料室看书。历史学系资料室确实是一个看书的好地方。先生成天泡在书库里。从1953年考入历史学系，到21世纪初资料室归入学校图书馆，近50年的岁月（除了干校那几年），只要资料室开门，先生都会进去看书。即使不看书，就是在里面走一圈他也高兴。他熟悉资料室藏书的门类，知道其价值。他珍爱它们！

曾在新中国成立前任过上海图书馆馆长的周连宽先生，50年代由学校图书馆来到历史学系资料室。周先生将平生所学用于资料室的建设。想想，历史学系资料室的藏书会是一个怎样的面貌呢？那就是：数量多，质量好，门类齐全。无论中文图书，还是外文图书，不仅有善本、特藏本，甚至还有孤本——《望凫行馆宦粤日记》（即史学界惯称的《杜凤治日记》，邱捷整理本，2021年由广东人民出版社出版）。那是当年历史学系从坊间买回来的。关于这一稿本的来历，周连宽先生当年曾有专门解读。

50年代，苏联领导人访华，曾带来一批珍贵的礼品书送国内高校，中山大学名列其中。历史学系资料室就藏有这批礼品书的一部分，据说这批书有极高的学术价值！

历史学系资料室的宝贝太多太多，吸引着一代又一代的读书人。

很久很久以前，先生告诉我：在资料室看书，思想比较集中，效率比较高，大量的书集中在那里，查找起来也方便。

先生从前发表的文章，资料大多来自历史学系资料室的中外文藏书和中外文期刊。

先生还说："在资料室看书，可以从书内卡中看到此书被谁借过，有老师，也有同学。我就会想起同学当年；想起老师的音容笑貌；想起老师当年上课时的点点滴滴……"

先生爱他的老师，爱历史学系，爱中山大学。

先生先后写了8篇文章，纪念去世的8位老师。

历史学系是先生读书和工作的地方。先生不止一次地说过：历史学系是一个老系、小系和穷系，但有顽强的生命力，犹如一只老母鸡，繁衍生息，一路走来，一路奉献。最早从历史学系分出去的是东南亚研究室，成立了东南亚研究所。80年代初期，梁钊韬教授带领考古教研室成立了人类学系。世界史教研室的端木正教授负责创办法学系。明清史教研室的黄启臣教授派去社会学系担任系主任。档案专业的几位老师去了图书情报学系……

每谈及此，沉稳如先生，也会笑容满面，豪情满怀！

如今的历史学系，老树新枝，枝繁叶茂，一派欣欣向荣。

中山大学是先生的母校。母恩如山！母校给了先生知识，给了先生本领，也给了先生荣誉。先生在这里读书、工作和生活，母子相依几达70年。母爱似海！先生和我衷心祝福您——中山大学：愿您的明天更美好！

八

我陪先生去得最多的地方是书店。每次去，大概9点多出发，到学校门前坐14路公交到广卫路总站下车，然后步行10多分钟就到了古籍书店。我们直接上到二楼，先生便进入角色，一心一意找书看书。我也在那里看书，有时我会跑去一墙之隔的科技书店看书。临近中午，我便抱着先生选好的书去结账。午餐后会继续沿着北京路往南，去新华书店，接着看书买书。近4点，我们就准备回家了。

2009 年，广东联合书店有限公司在北京路开业，这里不仅面积大，书也多，门类也多，还专门有一层是卖境外出版物的。先生很高兴，每次进城（中山大学位于广州河南海珠区，老广州人把过珠江去河北谓之进城），在那里待的时间最长，也能买到喜欢的书。先生的藏书中，有一部分是有不同版本的，那是他在不同的时间特意买回来的，是他最看重，也是最喜欢的，专业类的自不必说，其他像知堂老人的散文集、丰子恺的作品、汪曾祺的书，等等。先生兴趣广泛，家中藏书门类繁多。

2011 年，扬之水的《奢华之色》出版，先生看到书讯后立即去学而优，空手而回。连续去了几次书都没到，便开了书目让我进城买书。我在古籍书店二楼遍寻不得，只好去问服务员，她看了书名，很严肃地对我说："我们这里不卖这种书。"她没有看书讯，也没有看到书，只看书名，以为是一本艳书。我只好一声不吭走出店门。

后来过了一段时间，先生又去了好几次，才在学而优买到这套书。那已经是第二版第二次印刷了。

《奢华之色》（中华书局 2011 年版）是一套研究宋元明金银器的学术著作，竟也会洛阳纸贵，真是一件令人高兴的事儿。

当年先生经常给我讲扬之水，讲她的知青岁月，讲她回城初期开大货车，讲她的《读书十年》，讲她成为名物学家……可我冥顽不化，辜负了先生。现在想来，已是追悔莫及，深感愧对先生！

先生晚年，体力不支，只能去离家近的学而优书店。去那里看书、买书，家中藏书的一部分，就买自学而优书店。

学而优书店是中山大学的近邻。开店伊始就以一种全新面貌示人。它不是传统意义上的书店，它是书店与图书馆的完美结合。那里的图书，以学术著作为主，兼及其他。在那里，你不仅可以买书，还可以看书、查书、抄书（收集资料），如果碰巧，还可以去旁听他们举办的学术讲座。

书店经营者是中山大学中文系毕业的研究生，是一位有追求的智者。她组建的团队，年轻、勤奋、上进。大家共同努力，让学而优脱颖而出，并一直坚守到现在。

自从有了学而优书店，先生就很少进城去古籍书店了。

因为先生常去学而优书店，所以坊间流传着这样一句话："要找蔡老师，去学而优吧。蔡老师不是在学而优，就是在去学而优的路上。"这句话还是挺形象的。先生的确经常去学而优书店。经常去，在那里找他比在别的地方找他更容易。后来，连港澳的学界朋友也知道了。他们来广州，也会挤时间去学而优书店，一为看书、买书，一为会先生，大多能如愿。

先生若有新书出版，而人又在学而优书店看书，有看见他的学生会立刻买了书请先生签名。其实先生并不认识这些学生，他们太年轻了。有在那看书的顾客看到也会效仿，先生也乐意。

疫情期间，学而优书店停止营业，先生被困家中。开放后是我陪着先生去看书。

2020 年 12 月 20 日下午，我又陪先生去学而优书店看书，不想竟成永诀！第二天晚上，先生就被送去医院，再也没有回家！

悠悠 27 载，学而优啊，你承载了先生多少希望、多少爱、多少寄托！

2014 年，先生将家中上万册藏书捐给了广州图书馆。

九

从 20 世纪 80 年代开始，直到 2006 年退休，先生的主要任务是培养中外关系史的研究生。

先生的弟子们来自全国各地。他们刻苦努力，积极向上，成绩优异！

对于门下弟子，先生尊重他们，大多采用提倡的方法激励他们。他认为响鼓无须重锤敲。好在弟子们自律性强，师生相处甚欢！

先生的弟子多集中在八九十年代入学，那时大家的生活比较艰苦，学生们就更难了。逢年过节或有什么特别的日子，先生会让我叫他们来家里聚餐。没有美酒，没有佳肴，只有普普通通的家常菜。大家济济一桌，好温馨、好开心。每当这时，先生总是吃得很少，要么讲故事，要么就看着大家吃，眉眼都在笑。这时的先生就像是一位慈父！

弟子们毕业后，有的去了外地，有的回了故乡，但大多留在广州，或去政府部门，或去科研单位，或留在高等院校。人虽然分开了，心仍然在一起。先生的心，便分成了若干份，牵挂着他们每一个人。30多年来，我不止一次地见过先生因他们欢乐因他们愁。

弟子们参加工作后，心系母校，心系导师。在外地工作的，会经常有电话，和老师谈学问、拉家常。在广州工作的，会和老师谈自己的工作；会带着交往中的男女朋友来见老师；会抱着小孩来见爷爷；过年过节会一家人高高兴兴来家做客；取得了成绩、有了提升会来家报喜……先生听了，笑得合不拢嘴。

弟子们商量着为老师祝寿，一共有三次之多。数80岁大寿那次最为喜庆、最为隆重！欢声笑语仍在耳边回响，仿佛就在昨日。本来80岁大寿后的每一年，弟子们要为先生贺寿，被先生婉拒。他笑着对我说："不好将这件事制度化。"

先生的病，牵动着大家的心。弟子们多次去医院，想进去看看先生，被疫情无情地挡在了门外。直到先生最后离去，他们师徒也没能见上一面。

2021年2月4日，农历腊月二十三，春节在即。林悟殊老师让弟子何方耀和殷小平去落实先生最后的归宿地，他们将其选在大佛寺佛世山庄的祖师塔园。那里依山傍水，山清水秀。

先生西去，弟子们商量着将后事办得圆满，办得如意。而这，本应是子侄们做的。弟子们真的是侍师如父啊！

所有这一切，一桩桩、一件件，桩桩件件，永存我心！

先生孩童时，便身染伤寒。那个年代，伤寒属危重之病，更何况缺医少药，能活下来已属万幸。只是吃了太多寒凉之药，留下了

"少年白头"的后遗症。先生年轻时就开始有白头发了，而这只是伤寒后遗症中最轻最轻的一种。其他的人，有的瘸腿，像大名鼎鼎的华罗庚先生；有的失聪……

高中毕业那年，先生又患腿疾，没法下地，也就没有办法参加高考。治好后去了汕头市工会教书。两年后的 1953 年才报考中山大学。

伴着书香，先生走进耄耋，走近鲐背。一路上有彩虹，也有风霜雨雪。先生一步一个脚印，走得平稳……这是上苍的眷顾，是他自我修炼结下的善果。

我们相识于忧患，携手走过半个世纪的春夏秋冬。时至今日，蔡先生：我仍然想，我们牵着手，走向未来，走向永远。

先生一生淡泊名利，为人正派、正直；尊重我，陪伴我；教我知识，教我为人处世。先生是我的良师益友。有君如此，夫复何求！

这篇小文，犹如一束洁白的花，献给天堂的先生，寄托我无尽的思念。

2021 年 12 月 21 日

完稿于蒲园老宅

（作者系蔡鸿生教授夫人、中山大学历史学系教师）

缅怀挚友蔡鸿生先生

黄彦口述　黄玮执笔

去岁（2021 年）春，惊悉挚友蔡鸿生先生不幸病逝，无限悲痛，压抑不住放声痛哭！

据蔡鸿生夫人蒋晓耘老师（小蒋）回忆，蔡先生生前曾多次提及"黄彦是我最好的朋友"。"虽然黄彦老师身体欠佳，但我仍期望他能为蔡先生九十诞辰纪念集写一篇文章"。小蒋的期望令我深为感动，为挚友写点东西是我的荣耀，实属义不容辞。因目前我染疾在身，故拟由我口述，小女黄玮代笔。

1953 年，我和蔡鸿生均被中山大学历史学系录取。那年秋天，素未谋面的两人，机缘巧合，竟在汕头赴广州报到的长途客车相邻而坐。寒暄间，只见他是一英俊少年，谦和仁厚，彬彬有礼，彼此颇为投契。到校后，两人被安排在同一宿舍，在班中又编排在同一学习小组，从此成为最好的朋友，开启了我们长达近 70 年的深挚友情。

鸿生自幼在汕头邻里间以擅长书法而有"神童"之称。鸿生曾写一幅颜体书法，落款为"九岁幼童蔡鸿生书"，在我堂兄家中保存了很长一段时间。

历史学系宿舍位于学校北边，当地野草丛生，蚊虫肆虐，学子苦不堪言。我见鸿生未带蚊帐，便邀他与我共用一顶蚊帐，两人同挤一张单人床，如此历数月之久。

从中学阶段起，我习惯于作文、写东西不打草稿，这种习惯延续至大学毕业后数年之久，譬如我的长达两万多字的毕业论文，递交指导老师后，便未再留底稿。而呈送组织上的数千字自传，为便于日后参考，特请鸿生代为誊写，该稿保存至今。睹物思人，不胜唏嘘。

鸿生不仅天资聪颖，而且勤奋好学，心无旁骛，故学问基础特别扎实，屡屡有真知灼见，发人深省。我则不喜死记硬背历史资料，而对理论著作更感兴趣。我曾不止一次对鸿生说过："我不如你用功，看书时间也比你少得多，其原因之一固然是承担社会工作较多，但无可讳言，我懒散成性是更为重要的原因。"

就读大学4年，其中1年由我担任"班常务"，包括班长的职责在内，其余3年则由鸿生专责担任班长。他的学识、人缘更适宜任班长，其间颇得同窗爱戴。鸿生大学毕业后留校任教，教学科研等方面成就斐然，中山大学第一副校长李萍教授曾给予他高度评价："蔡老师学问渊博，是教授中的教授。"确实，他著述丰富，笔耕不辍，一直保持低调、谦和、勤奋的学者风范。他说过"学问是一个望不到边际的认识领域，有起点而无终点"，又说做学问，要"个人下功夫，独立思考，持续钻研"，他的严谨治学、精进自律，实为学者楷模。

鸿生夫妇于20世纪70年代初期在中山大学完婚，我认识小蒋即在此时。就如李萍教授曾说的，"蔡夫人对蔡老师的照顾无微不至，是他安心做学问的重要保证"。那时我适逢自干校调回单位，为了与老友重聚，几乎每天早晨从广州市区住宅到中山大学鸿生家中畅谈，前来相聚的还有一位学问造诣甚高的学弟姜伯勤（1955年入学），三人交谈甚欢，趣味相投。小蒋诚为不可多得的贤内助，对鸿生殷勤照料，并极尽女主人周到待客之道。每天中午伯勤回中山大学的家，小蒋便留我在家中，如同家人般共进午餐。不仅如此，小蒋每次回常德，都带来熏肉等家乡特产送给我家，我女儿说至今还记得湖南熏肉的香味。

鸿生学问渊博，对我编纂《孙文全集》的帮助极大。在我所写注文中最没有把握的是涉及中外关系史及世界古代中世纪史的问题，而这恰恰是鸿生的强项。我将缺乏把握的注释列出一份清单请他斧正。鸿生非常重视我的托付，把自己手头的科研任务暂时搁下，天天亲自到中山大学图书馆查对资料。我建议他派学生或别人代劳，他的回答却令我深为感动："请别人做，终究不如自己做稳当。"我列出的清单共七八十项，经鸿生审核认可 70 项，其他 10 余项需稍加订正。这个结果，我和鸿生都相当满意。此外在编辑中，遇到一些俄文报刊名称的拼音有疑问的，也请鸿生核实。

在校期间，鸿生的白头发暴长，鸿生夫妇束手无策，我曾购入高价进口染发剂也无济于事。又有一次，小蒋告知鸿生身体不适，由她陪着到学而优书店看书，我便帮他搜集网上关于心血管疾病的资料打印出来给他，作为治疗的参考。

……

往事历历，顷刻涌上心头。

永远缅怀鸿生！

（作者黄彦系广东省社会科学院研究员，黄玮系黄彦之女）

点点碎片，款款追思

——缅怀蔡鸿生先生

姜伯勤口述　万毅执笔

蔡鸿生先生离开我们已经有一年多时间了，今年又恰逢他90诞辰，作为相识、相交、相知多年的挚友，撰文回忆，自是责无旁贷，唯因长期残病缠身，废疾卧床，根本无法提笔，只能以口述方式，聊表缅怀之情。

进入21世纪，特别是最近几年，随着马齿见长，精力脑力，衰退日甚，许多眼前刚发生的事转身即忘，而一些历时久远的陈年旧事却不时涌入脑海，常使我在恍惚之中仿佛回到了那个时代，与蔡鸿生先生的交往即是如此。

一

初识蔡鸿生先生，还是在20世纪50年代中叶大学读书期间。1955年秋，我考入中山大学历史学系，蔡先生是高我两届的同系师兄，也是1953年完成院系调整后本系招收的第一届本科学生。记得那时候，身材不高、体形消瘦、面容清秀的蔡鸿生先生是他们那届的班长，被同学们尊称为"老蔡"。起初年少懵懂的我对此颇为不解：蔡先生虽然长我几岁，但也不过二十出头，在当时的学生中年龄并不算大，何以就被称为"老"呢？后来才慢慢明白，之所以如此，除了他本身学习勤奋刻苦，学业出类拔萃外，更重要的是因为他思想成熟睿智、为人醇和谦厚、处事沉稳练达而赢得了老师们的激赏和同学们的敬重。

院系调整之后的中山大学历史学系，大师荟萃，名家云集。以陈寅恪先生为首，"八大教授"组成的中国古代史教学研究队伍阵容鼎盛、名闻遐迩；以陈序经先生为首的中外关系史研究队伍也极具特色。可以说，我们求学的那个年代，是本系历史上最为辉煌的时期。再加上中央《关于知识分子问题的报告》的颁布和"向现代科学进军"号召的提出，更是激发了人们的学习热情，大家沉浸在知识的海洋中，如饥似渴地汲取着文化的养分。古史老师刘节先生、古文老师曾纪经先生将我们领入了古典学术的门墙，梁方仲先生的经济史、董家遵先生的社会史、杨荣国先生的思想史、何竹淇先生的农民战争史、陈序经先生的南洋史、戴裔煊先生的民族史和朱杰勤先生的中西交通史等，都给同学们留下了深刻的印象。

特别是"二老"之中，陈寅恪先生"脱俗求真"的思想境界和"读史求识"的治学理念，激发了我们对学术无限景仰和向往的热情；而岑仲勉先生"咬得菜根、实心教育"的精神风范和"严谨求实"的治学风格，又使我们对学术树立了由衷的虔诚和敬畏的态度。蔡鸿生先生和我都曾幸有机缘，先后在"二老"门下"登堂入室"，受到他们的感召和熏陶。可以说，这种对学术景仰向往的情怀和虔诚敬畏的态度，在以后的岁月中伴随了我们一生。

二

1957 年，蔡鸿生先生大学毕业后开始留校任教。根据学校的规定和系里学科建设的规划，再加上他本人出色的俄语能力，蔡先生被分配到世界史方向，担任世界中世纪史的教学工作，从助教开始做起。两年以后，大学毕业的我也被组织推荐，继续攻读先师岑仲勉先生隋唐史方向的研究生。三年期满卒业后，留在本系的中国古代史教研室担任助教。这一时期的很长一段时间里，我们都住在校内康乐园东北区荣光堂由学校安排的单身青年教师和研究生宿舍，正好是楼上楼下。我住二楼 214 室，蔡先生住在一楼的 114 室，于是我们便有了更多的接触和了解。

从当时的情形来看，如果说蔡鸿生先生得以留校任教是因为他在学业和工作生活等各方面表现优异的话，我之所以能够继续读研留校，则很大程度上得益于自己的学习成绩和老先生们的青睐。顺便解释一下，在从1958年到1966年期间接踵而来的历次"运动"中，尽管许多老先生在政治和思想上受到批判和冲击，但组织上对于他们的专业能力和学术判断还是认可的。比如在1958年的"拔白旗、反白专"运动中，作为当时学校文科学生中的头号"白专"典型，我未能顶住压力，写了批判头号教师"白专"典型恩师刘节先生的大字报。而到第二年毕业分配时，正是刘节先生不计前嫌，不顾个人际遇，亲自找到当时学校分管组织人事的党委领导力荐，我才得以被组织上留下来继续攻读研究生。而大我五岁、高我两届的蔡先生就凭借自己的沉稳低调和睿智练达幸运地躲过了这场劫磨，并未受到太大影响。

就当时两个人的情况而言，蔡鸿生先生和我确有很多相似之处，甚至有些"同病相怜"之感。在那个越来越强调"家庭成分"和"个人出身"的年月，蔡先生和我在政治上都有些不太符合时代标准——并非苦大仇深、根红苗正，家庭出身问题成了我们两个尚未"而立"的青年人身上的沉重政治负担，这也让我们养成了低调谨慎的性格和习惯，套用蔡先生的表述风格来说，就是虽然"风华正茂"，却绝不敢"意气风发"。而与政治氛围的沉重相伴随的，是经济条件的窘困。首先是收入微薄。蔡先生是青年教师，每月工资50多元，我作为研究生，一个月也能拿到40多块钱的补贴。本来，在那个低工资低消费的年代，这样的收入维持一个人的生活应该是足够的，甚至还会有所结余。但问题是我们两人都有非常沉重的家庭负担：作为家中长子，在父亲被划为"右派"、失去公职的情况下，我还得资助两个弟弟和一个妹妹攻读大学和中学；而蔡先生也得周济在故乡的胞姐全家的生活，所以，每次发薪后，我们身上的钱很快就去之大半了。我俩穷到什么程度？这么说吧，生活仅能维持基本的温饱，三年经济困难时期，每周甚至有几天时间还得忍饥挨饿。我俩是当时历史学系教工和研究生中仅有的买不起手表的人，日常作息只能依靠被称为"马蹄表"的闹钟。这样窘困的经济生活持续了相当长的一段时间。

正所谓"艰难困苦，玉汝于成"，沉重的政治氛围和窘困的经济状况，也使得蔡鸿生先生和我能够把更多的精力和时间放在被他称为"精神生产"的教学、研究之中，于是读书就成了我们日常生活的主要内容。受蔡先生的影响，我把大学时代形成的上午练外语、下午学理论、晚上读文献的三重学习节奏有机地结合起来，通过研读国外学者在相关研究领域的经典性论著和前沿性成果的西文文献，同时兼顾了外语训练、理论学习和文献阅读三方面内容，提升了学习效率，取得了一举多得的学习效果。

在那个书籍刊物和信息资讯条件远远不及今天的时代，很多文献典籍学校图书馆和资料室并无购置收藏，蔡鸿生先生和我就借助"馆际互通互借"的方式，从广东省立中山图书馆，甚至更多是从远在北京的国家图书馆找来读。由于规定借阅的时间短，当时国内还没有静电复印技术，许多书都是通过我们两人"轮流续借"的方式读完的。在这段共同的借书、读书的时光里，我们一起硬啃过英国历史法学学派的标志性人物梅因的代表性名著英文版《古代法》；一起精读过柯思明斯基、维诺格拉托夫、巴尔格等三代苏联学者递相传承的研究学派关于英国中世纪封建土地制度和庄园经济经典性论著的俄文原版文献；也随蔡先生读过苏联著名突厥学家伯恩斯坦的俄文版名著《6—8世纪鄂尔浑叶尼塞突厥人的社会经济制度》；而我们最为关注、最感兴趣的，还是苏联学者用俄语撰写和发表的中亚考古报告和历史研究论著，这也成为我们交流讨论最多的共同话题……时至今日，当年每天晚餐之后聚在蔡鸿生先生宿舍讨论交流读书心得体会的情景还历历在目，蔡先生风趣地把这称为经济生活困难时代的"精神会餐"。印象最深的就是蔡先生宿舍窗前的那张书桌，在落日余晖的照射下，窗明几净，书桌上整齐地竖立摆放着一排俄文书籍，那是突厥学家拉德洛夫的《突厥方言词典》、文学家屠格涅夫的《春潮》原版小说、汉学家阿列克谢耶夫的汉学著作和《片治肯特绘画》等中亚粟特祆教美术的研究论著，都是珍贵而难求的好书，应该是蔡先生从当时微薄的收入中节衣缩食抠出钱来四处托人艰难辗转地得来的吧？不仅爱书、识书、懂书，而且能读、会读、善读，蔡鸿生先生正是这样一位真正意义上的读书人。

三

在留校任教之后的短短几年里，蔡鸿生先生就结合他所讲授的世界中世纪史课程，发表了一批关于东西罗马帝国史事的教学科研论文，从而在众多同侪中脱颖而出，成为一位崭露头角的青年史学俊彦了。在许多人看来，这些成绩应该已经足以让他引以为傲了。而蔡先生对此似乎并不引以为然，常常谐谑地把自己的这些论文戏嘲为"二手货"，虽不无自谦之意，但却是深中肯綮。因为在那个交流阻隔、信息闭塞的年代，既无机会身临其境去寻迹扪源，更没可能穷搜细梳原始记录和相关文献，在这样的条件下探讨异域殊方的古代史事，也只能是结合所授课程的教材内容，在别人论著的基础之上辗转抄引，勾陈连缀，略做描述而已，很难说有什么自己的心得和理解，不仅达不到"新观点、新认识"的学术研究要求，距陈、岑二老之学"得预流、原创性"的垂范更是相差万里，不免遭拾人牙慧、管中窥豹之讥。

通过对本系前辈，特别是陈、岑"二老"之学宝贵财富和优秀传统的再三揣摩和悉心领会；通过对西方学者，特别是俄苏学者相关研究领域经典论著的精心研读，经过潜心思考和反复琢磨，蔡鸿生找到了自己的学术"自留地"，这就是既可承续陈、岑"二老"之学，又属国际东方学范畴的中古中外关系史上的重要课题——唐代蕃胡研究，而向来愿意"见贤思齐"、亦步亦趋的我也找到了自己的"试验田"——中古入塞游牧民族的汉化融合。这样的耕耘不久便结出了果实，蔡先生写出了《突厥法初探》和《突厥汗国的军事组织和军事技术》，我也写出了《隋末奴军起义试探》和《论窦建德》，分别刊载于《历史研究》和《学术研究》，算是踏入了历史学"研究"的大门。

四

当蔡鸿生先生和我在各自选定的研究领域奋力前行时，"文化大革命"爆发了，各方面的研究都陷入停顿。在继之而来被蔡先生戏称为"留学英德"的干校劳动时期，蔡先生因为炒得一手好菜被大家选为"火头军"，我则因为身强力壮被派去犁地耙田。"文化大革命"后期的"回潮"阶段，我们"奉命"撰写各种批判文章，聪慧睿智的蔡鸿生先生借批判新老沙皇侵华历史的机缘，另辟蹊径、别出心裁地选定了清代"俄罗斯馆"作为切入点来研究近代之前的中俄经贸文化关系，虽然无法完全脱离当时的政治气候，但却为自己以后的研究开拓了新的领域。

"文化大革命"结束、拨乱反正之后，大家都急切地想把之前失去的十年时间夺回来，在"早出成果、快出成果、多出成果"的口号下，许多人都以发文著书为荣，一时间种种"成果"扑面而来，满眼皆是，不免鱼龙混杂、泥沙俱下。只有像蔡鸿生先生这样的少数人能够不为所动，用他所自况的"类似于打太极"的节奏，不疾不徐、行云流水般地贡献出一篇又一篇原创性、高质量的论文，

本系的学生和读过蔡鸿生先生论著的人都知道，蔡先生的课讲得好，文章也写得漂亮。课讲得好，是因为在留校任教之后，除了努力向前辈学习，广泛查阅相关文献，精心组织讲授内容，认真备课外，蔡先生还乐与学生交流，善于把握学生心理，注意控制语速和节奏，因而很受学生欢迎。至今我还记得，作为青年教师的我们多次在空无一人的大型阶梯教室里反复进行发声训练和语速控制的情景，目的就是为了在能够容纳百余人的课室里没有音响设备的情况下，坐在最后一排角落的同学也能够听清和记录下讲课的内容。文章写得漂亮，是因为在来中山大学历史学系读书之前，高中毕业的蔡鸿生先生曾经在家乡汕头的报社做过几年编辑，本来就练就了很好的文字功底，转向学术研究后，又在专业理论和基础方面不断开拓、厚殖，潜心凝思，真正做到了厚积薄发，才学识三者兼长。

不仅如此，在文章写就后，蔡先生还会花很长时间沉潜涵泳，反复玩味，力争凝练再凝练，因此他呈献给大家的文章，可以说是字字珠玑、句句隽永、篇篇锦绣，义理、考据、辞章三者俱善。

直到20世纪90年代以后，蔡鸿生先生才将自己多年精研的学术成果结集出版，这就是呈现在大家面前的《尼姑谭》《清初岭南佛门事略》《俄罗斯馆纪事》和《唐代九姓胡与突厥文化》，这时他已经年过花甲，在学术道路上辛勤耕耘了40年。进入新世纪，年逾古稀的蔡鸿生先生又陆续推出了《仰望陈寅恪》《学境》《读史求识录》等大作，从学术理念、学术境界、学术方法、治学做人等角度阐释和赓扬陈、岑"二老"的学术传统，金针度人，开示后学。直到他逝世前的两年，他还以耄耋高龄撰作了《广州海事录——从市舶时代到洋舶时代》，对从古代市舶时代到近代洋舶时代通商口岸的广州与南海和西洋文明的交往作出了堪称开拓性的贡献。

在蔡鸿生先生为拙作《中国祆教艺术研究》所作的"序"里，也曾经引用过别林斯基评价屠格涅夫创作的一段话："找到自己的道路，认清自己的位置——人的一切尽在于此，这就是说，他符合了自己的本性。"蔡先生将这句话赠送给了我，我也愿意再把这句话回赠给他。可以说，这就是蔡鸿生先生，他在自己选择的符合自己本性的学术道路上一路走过，终于臻入化境……

永远怀念蔡鸿生先生！

（作者姜伯勤系中山大学历史学系教授，万毅系中山大学历史学系副教授）

缅怀鸿生学友，扬其道德文章

陈佳荣

今年（2022）农历四月十七，是挚友蔡鸿生教授（1933 年 5 月 11 日—2021 年 2 月 15 日），迈入冥寿 90 纪念的大日子。回顾去年（2021），对于自己是长感欣慰而又悲伤的岁月，因为这一年正逢中外关系史学会成立 40 载，可一块参与创会的好友蔡鸿生、沈福伟、谢方三兄却在学会创建纪念日来临之际先后辞世了，令人痛觉时光永恒却又无情！

鸿生和谢方都是中山大学历史学系 1957 届毕业生，这两位同窗一留校任教、一北上中华书局任职，惟不分南北，毕生均以中外关系史的教学、研究和编辑为职志。笔者则因编辑南海地名而结交谢方，又因谢方引介而与鸿生相识，大家并共同出席 1981 年中外关系史学会成立大会暨首届学术研讨会（厦门）、1986 年第二届学术研讨会（宁波），遂均成莫逆至交矣。

在 40 年的学术交往中，鸿生教授给自己印象最深的乃道德、文章并重。其为人正直、朴实，待人以诚而毫不骄矜，对待师友永怀赤子之心而不夸夸其谈。他每当提起陈寅恪、岑仲勉诸师，均肃然仰望而景从他们的学术魅力，把岑师的"略人之所详和详人之所略"作为自己一贯坚持的著述原则。至于学术新秀，鸿生则热心、严格地着力培养，通过《学境》《读史求识录》《求学随想》《学海一灯》《园丁说园》《历史大观园》诸多名目，孜孜畅谈学术品德，以彰继往开来之效。

在长期的学术追求道路上，鸿生教授最难能可贵的是，数十年如一日坚持初心夙愿，亦即围绕历史专业尤其是中外关系史而不作他移。从上大学到毕业留校，他始终在南方之强的中山大学求学一教学—著述—研究，心无旁骛而从不懈怠止息。诚如其所言："学问是一个望不到边际的认识领域，有起点而无终点。"鸿生一辈子正是如此地爱历史，学历史，教历史，写历史，传历史，至终无休。

正是怀着对历史的无比兴趣、热爱、忠诚和孜孜不倦的追求，鸿生教授不仅尽其一生培养出众多后继的优秀学子，达到了"桃李满天下"的优秀境界；而且勤于撰述、善于笔耕，为史学界留下丰硕的宏篇大论，印证了"著作可等身"的又一范例。

在自己钟情的历史学领域，鸿生教授的贡献是多方面的，可谓范围宽广、文章深丽。作为中外关系史专家，他首先对世界史有所钻研，其文章涉及《罗马晚期奴隶起义》《西罗马帝国的巴高达运动》《四至五世纪北非的阿哥尼斯特运动》《七至九世纪拜占廷的保罗派运动》《斯坎德培与十五世纪阿尔巴尼亚人民反土耳其的斗争》等。具体到广泛的中外关系，其论述则有：中外交流史事考述，华人发现美洲问题，中国与阿曼、荷兰、瑞典等的来往，十九世纪后期东南亚的"猪仔"华工，乃至对狮子、哈巴狗、独角兽以及纸被等源流的考实。

在中外关系史领域，鸿生对中俄关系尤有深入独到的专门探究。这一方面的文章不下十数篇，诸如：《俄罗斯馆沿革考》《俄罗斯馆与中俄关系》《清代北京的俄罗斯馆》《〈朔方备乘〉俄罗斯馆纪事补正》《俄罗斯馆"秦缓"考》《俄罗斯馆医生与清朝宗室的晋接》《俄罗斯馆与〈资本论〉中的王茂荫》《俄美公司与广州口岸》《沙俄的侵华工具——俄国东正教布道团》《太平天国时期俄国驻北京布道团的侵华活动》《邵友濂使俄文稿中的"王西里"和"孔琪庭"》《沙俄国家教会形成的历史过程》《〈三字经〉在俄国》《评俄国"汉学"》《清朝使臣与俄国"汉学"家的交往》《十九世纪后期清朝使臣与俄国"汉学"家的接触》，等等。

众所周知，在 20 世纪后期中外关系史史学确立之前，有关内容的探索往往集中在"西域""南海"两个范畴。除了冯承钧、张星烺、向达、朱杰勤等大家两者皆通外，许多学者往往在其中作二选一之抉择，以确定自己的主攻方向。可是鸿生虽长居广州，其对中外关系的研究却也属西域、南海兼擅之列。对此，只要略举其论述成果，就可知笔者所云真而不诬、实而非虚了。

在西域研究上，鸿生教授有下列撰述：《〈隋书·康国传〉探微》《唐代蕃胡的历史文化》《唐代汗血马叱拨考》《陈寅恪与中国突厥学》《唐代九姓胡与突厥文化》《突厥法初探》《突厥汗国的军事组织和军事技术》《论突厥事火》《突厥奉佛史事辨析》《突厥方物志》《我和唐代蕃胡研究》《唐代九姓胡礼俗丛说》《唐代九姓胡崇"七"礼俗及其源流考辨》《唐代九姓胡贡品分析》《唐代"黄坑"辨》《"商队茶"考释》等。

在南海研究上，鸿生教授也有不亚于上面的撰述：《岭南文化与海》《唐宋时代的广州与阿曼》《宋代广州蕃长辛押陁罗事迹》《市舶时代的南海文明》《广州海事录——从市舶时代到洋舶时代》《广州与海洋文明》《市舶时代广府的新事物》《清代广州的毛皮贸易》《广州海事录——从市舶时代到洋舶时代》《清代广州与西洋文明》《清代广州行商的西洋观》《俄美公司与广州口岸》《广州口岸史的研究应当加强》《广东十三行问题》《清代广州的荷兰馆》《王文诰荷兰国贡使纪事诗释证》《论清代瑞典纪事及广州瑞行商务》《清代苏州的潮州商人——苏州清碑〈潮州会馆记〉释证及推论》《澳门史与中西交通研究》等。

更有进者，鸿生教授在史学领域的兴趣之广，也是令人称道的。他于华侨、民族、宗教等均有涉猎，其著述绝不限于中外关系史方面。尤其在宗教范畴，其撰著的关注点竟成多样的角度，诸如：《突厥奉佛史事辨析》《尼姑与唐王室》《清初岭南佛门事略》《清初岭南僧临终偈分析》《岭南三尼与清初政局》《璞科第与白云观高道士》《岭南尼庵的女性遗民》《尼姑谭》《霓裳和泪换袈裟》《佛门织女的创造》《"拂云祠"辨》《关于"海滨邹鲁"的反思》，等等。

呈现在吾人面前的，实在是一位才华横溢、撰著等身、可敬可佩的学者！可是如此一般的忠厚老者却舍我等而化鹤西游了，思想起来不禁令人十分伤悲。

提笔至此，笔者不禁回忆起永志难忘的人生一幕：犹记 1986 年

9月在宁波出席中外关系史学会第二次学术会议，时值九一八事变55周年，又恰逢丙寅中秋，当晚鸿生与敝人分别由粤、港各携一个月饼盒，同谢方及会长韩振华和姚楠等举行赏月晚会。会上韩师用英文高唱苏格兰民歌《友谊天长地久》，姚老则徇众要求讲述他们伉俪于星洲定情的"男女关系史"。此情此景历历在目，恍若隔夜。尔今韩、姚二老早已仙逝，鸿生、谢方挚友竟也舍吾等西游。念及此生学谊，不觉悲从中来，安息吧，鸿生！谨祝已故学界前辈及辞世学友永垂不朽！

2022 年 2 月 15 日于香江南溟斋

时值蔡鸿生教授辞世周年

（作者系香港现代教育研究社高级编务经理及历史编审）

怀念蔡鸿生先生

李吉奎

蔡鸿生先生 2021 年离世的时候，因为社会上新冠疫情关系，未能举行告别仪式，我仅是给蔡夫人蒋晓耘女士打电话慰问。蔡先生的弟子们在纪念他们的恩师去世周年之际，计划出一本追思录，向我约稿。有幸得此机会，乃沉下心来，梳理往事，把几件自己比较深刻的印象，写在纸上，以纪念这位我所敬重的同事。

我出身南开大学，与中山大学素无渊源。1981 年从东北调来中山大学孙中山研究室以后，与蔡先生几乎没有什么交集。1985 年，历史学系举行新生欢迎会，教师参加者不多，我与蔡先生坐在一起，有过一些交谈，算是初识。嗣后交往渐多，大体了解他的治学范围和为人处世，认识到他凡事都有自己的见解，但一直很低调，诚恂恂儒者。

我与蔡先生的交流，其场合大多是在历史学系资料室和中山大学西门外的学而优书店、文津阁书店（今已关张）。永芳堂建成后，历史学系资料室与近代中国研究中心资料室构成历史学系专业图书馆，其藏书之丰富与设备之完善，外单位的人见了都很羡慕，但我们系的学生似乎对它兴趣不大，很少见有人去书架前翻书。空荡荡的阅览室里，往往成为我和蔡先生"聚头"的地方，他曾几次对我说，灯光那么亮，对不起它了。他对中山大学图书馆总馆把历史学系资料室图书凡盖有中山大学图书馆章的书都取去的做法很不以为然，认为这既不尊重历史，也对师生借阅带来不便，但对此举也无可奈何。我隔三岔五会到西门外书店逛一下，有新出的书或自己认为可补充的书，买点回去，更主要是看书。用蔡先生的话说，书店实际是"公开的阅览室"。在那地方翻书，了解出版行情，这点，我与他是有共识的。蔡先生走了，我到学而优去，再也看不到这位不声不响的"读者"了，再到该处，未免怆然。

蔡先生对他的业师陈寅恪教授怀有崇高的敬意，他曾出版过一本题为《仰望陈寅恪》的书，他引用陈寅恪教授的话："士之读书治学，盖将脱心志于俗谛之桎梏，真理因得以发扬。"认为它强调治学旨在"脱俗求真"，可以作为中山大学历史学系的系训。未改造前的永芳堂，大厅里有一座陈寅恪教授的胸像。有一次我与蔡先生在铜像背后的沙发坐着聊天，讲到上揭陈的语录，我说，这段话讲学者治学独立人格、自由思想、脱俗求真的问题，前贤在不同条件下讲过类似的话。蔡先生问我，怎么讲？我说，赵瓯北诗："只眼须凭自主张，纷纷艺苑漫雌黄；矮人看戏何曾见，都是随人说短长。"这不是指学者治学要有真见识、独立见解吗？没有自由思想，千人一面，万口同呼，何来独立思想？他听后笑了笑，说，有点意思，赵瓯北还说过，"江山代有才人出，各领风骚数百年"。我说，似可补两句："莫嫌淡泊少滋味，依然茅舍临高轩。"说完，彼此相顾一笑。此情此景，已是如烟往事了。

另有一次，我和蔡先生讲到陈寅恪教授治学主张的事。2013年，中华书局近代史编辑委托我整理的黄濬《花随人圣庵摭忆》出版了，我送了蔡先生一套（3册本）。不久后在系里遇到，他说了一些使人高兴的话，又说，你写的《整理说明》已经看过了，对这种负面人物的著作，确实应如陈先生所说，应人书分开。又说，内容还来不及看。我告诉蔡先生，黄氏书中有相当篇幅讲陈氏祖孙三代（陈宝箴、陈三立、陈衡恪等）的史事，估计其中一些，陈先生对它（家事）都是闻所未闻，故陈先生初读之后，十分感兴趣，还写了诗。

新世纪之初，我办退之后，考虑以后还能做什么研究的问题，想到中国近代发生过许多暗杀活动，既有革命党反清反袁的，也有革命党、国民党内部帮派残杀的，如程璧光、朱执信、邓铿（仲元）、廖仲恺等被刺；还有是政府部门干的，大案、要案不下20起，有些案子，还牵动大局，如刺宋（教仁）引发"二次革命"，能否写一部"中国近代史上的暗杀活动"？有一次，我和蔡先生谈起这个计划。蔡先生想了一下，说：你说的这个计划，恐怕还得作深层次考虑。对于近代的暗杀活动，不但中国有，外国也有，明的来不了，就来暗的，即欧洲的虚无党就干这种事，日本狂热少壮军人还把首相杀了。我对这些历史事件的了解还是停留在大学上课时的水平，毫无研究。不过，中国近现代史上的多次暗杀活动，其过程不易讲清，比如刺宋，究竟谁干的？广州刺邓（铿），又是谁干的？大量的案子，如果说明不了究竟，最好不要去费心力和时间。另外，暗杀，不论是谁干的，都是非法的，属黑帮行为。合法与否，正义与否，能否在理论上作出相应的阐发，这都是问题，如果是纯然讲故事，那就不属于学术研究了。我听明白蔡先生的意思，放弃了原来的设想。经过考虑，经与岭南文库的沈展云先生商议，与岭南文库编辑部订了写梁鼎芬的合同。

东汉的班固曾说过，写历史要"实事求是"，但真正要做到这点，却是不易。20 世纪五六十年代，史学界曾花很多时间去讨论"以论带史""论从史出"或"史论结合"哪个才是正确的问题，参与讨论的人，都是很认真的，但时空环境不同，后人会怀疑学者们为何要去讨论这些问题。蔡先生自然也是见识了这些讨论的，论世须先知人，所以，他对自己的学生一再强调，治学关键在于"知人论世"。这4个字不是他发明的，但他参透了，既授业、解惑，也自己践行。我想，这也是所有低调行事的研究者所持的基本观念。

蔡先生治学范围较广，卓有建树，尤其是有关"两道二西"理论与史事，与今日国家的外经贸政策相契合。蔡先生留下的业绩，相信他的弟子们将光前裕后，继续开展下去。

交友之道，贵淡泊、坦诚而能持久。我绝对不属于蔡先生深交范围，以上所述，在旁人看来，也许殊不足道。然而，在我而言，却出自肺腑。"吾亦老矣"，作为后死者，谨以此短文作为一瓣心香，献给前哲。

2022 年 3 月 2 日于中山大学步云轩

（作者系中山大学历史学系教授）

远见卓识　诲人不倦

——缅怀蔡鸿生教授

梁碧莹

蔡鸿生教授仙逝震惊国内外史坛。他的离去是中山大学和中国史学界的损失。先生病得突然，走得快，在前往蔡师家中拜祭时，不禁泪流满面，不能自拔。悲痛中写下挽联：笔下波澜惊史坛，恩德及人；读书教书亦写书，为人师表。

同仁们都公认，蔡鸿生教授是一介谦和低调、学识渊博的儒雅之师。史学大师季羡林先生谈到蔡先生的为人，如是说："我觉得他诚悫、淳朴，不善言辞，从不夸夸其谈，自己虽然学富五车，却从无骄矜之气，是一位'恂恂如也'的老实人，是一位内向型的人，而我最敬重的就是这样的人。"关于学风，季老说："鸿生先生的学风是非常谨严的。他使用资料必求其完备翔实，论证方法必求其周密无隙。他涉猎极博，中国古代典籍，固无论矣。西方学人研究所得，他也决不放过。……蔡先生在这方面是殚精竭虑、精益求精的。他之所以能多有创获，其原因就在这里。"

本人学识不逮，语言匮乏，无法准确表达蔡师学识的高度、学问的深度、视野的广度、学术功力的厚度、对学生关怀的温度。只能从蔡师与我几十年的师生缘中，我跟随恩师悟道的点点滴滴，谈谈老师在我心中的形象。

在教学中辛勤灌溉施肥

在蔡鸿生教授的学生辈中，我算是老学生。1958 年入读中山大学历史学系，蔡师教授我们世界中古史。老师的讲学别具一格，手里拿着卡片，把每一段历史的来龙去脉娓娓道来，尤其是他会突出讲那个时代的关键人物如何在历史舞台上发挥作用。他不仅传授基础知识，还启发我们去思考。蔡师语言很是幽默，往往引起学生阵阵笑声。在讲到高潮时，总会刺激我们头脑里考虑一些问题，急于想找答案，这让我们体会到什么叫"意犹未尽"。于是，我们几位有兴趣的同学，相约到蔡师宿舍请教，没想到却得到老师给我们"开小灶"的优惠，给我们灌输了更多的史学动态、各史学名师的研究风格和治学态度，并介绍一些书让我们读。1963年，我毕业分配到北京工作，但每次回家探亲时总要回母校探望一下老师们，也包括蔡师。

1976年，我回母校任教，教的是世界近代史，与蔡师同一个教研室。我告诉老师，我已经有13年没有问津专业，恐怕难以胜任。蔡师鼓励我，一分耕耘一分收获，功夫不负有心人。当时，蔡师为学生讲一门选修课"俄罗斯馆的起源与沿革"，我也去听课，从中吸取营养。这门课主要讲述俄罗斯馆的起源、俄罗斯馆与汉学、中俄贸易与俄罗斯馆。一个学期的课，让我受益匪浅，其一，以俄罗斯馆为线，分析中俄文化、经济关系；其二，论述汉学如何传入俄国，如《三字经》和《红楼梦》的传入；论述中俄的贸易，如茶叶贸易和毛皮贸易以及两国商人的交往。后来出版的《俄罗斯馆纪事》正是老师10多年研究的成果。在老师的影响下，我在学术研究中也注意到"小题大做"，详人所略，略人所详。

独辟一片历史的蓝天

蔡鸿生教授硕果累累、著作等身。著有《罗马晚期奴隶起义》（商务印书馆1981年版）、《俄罗斯馆纪事》（广东人民出版社1994年版）、《尼姑谭》（中山大学出版社1996年版）、《清初岭南佛门事略》（广东高等教育出版社1997年版）、《唐代九姓胡与突厥文化》（中华书局1998年版）、《仰望陈寅恪》（中华书局2004年版）、《学境》（中山大学出版社 2007 年版）、《中外交流史事考述》（大象出版社 2007 年版）、《读史求识录》（广东人民出版社 2010 年版）、《蔡鸿生史学文编》（广东人民出版社 2014 年版）、《蔡鸿生自选集》（中山大学出版社 2015 年版）、《广州海事录——从市舶时代到洋舶时代》（商务印书馆 2018 年版）。尽管如此，蔡师还是谦虚称自己是一个碌碌的"边民"，无任何"前沿"意识可言。

然而，蔡师的研究风格是独具匠心，独辟蹊径。他的作品，写的是少为人问津的课题，属"冷僻"的题目，从小课题入手，引申出具有世界意义的大历史，不仅弥补学术研究中的空白，言人所不曾言，而且享誉中外。用"笔下波澜惊史坛"来形容蔡师大作的影响力一点也不为过。他的《狮在华夏》和《哈巴狗源流》，看似平凡，却道出波澜壮阔的中外文化交流。蔡师大作以其特有的风格和魅力，独辟了一片历史的蓝天。

每读蔡师的书，总有一种赏心悦目的心情。蔡师知识渊博，书中信息量大，文字清新，话语精彩，常读常新。

英国著名历史学家吉本说："历史的主题是人。"恩格斯说："有了人，我们才有了历史。"蔡师研究历史，强调人和物，要从文献和文物研究历史，这里包括国内和国外的文献和文物。2014 年，我的《美国人在广州（1784—1912）》一书出版。该书记述了美国人在广州的形形色色：商人、传教士、医生、游客、教师、使节、税务司，乃至格兰特总统的中国之行，等等。蔡师为我的书赐序，除说了一些鼓励我的话外，特别强调人在历史中的重要性。序中说："历史学的功能是知人论世。历史研究要以人为本，从人出发，向人回归。"这让我体会到，人在历史中行走，亦见证历史。研究历史，离不开研究历史人物。

在学术荆棘路上求索

蔡鸿生先生是中山大学中外关系史学科的资深教授，在中国与西域文明、南海文明和西洋文明的关系等领域，涉猎甚广，多有创获。我有幸与蔡师共同工作在专门史（中外关系史）专业博士点。在指导研究生学习和研究中，得到蔡师诸多的启导和帮助，能跟随老师悟道，有点"大树底下好乘凉"的自豪感和安全感。我的学生亦得到蔡师无微不至的关怀，研究生论文的开题报告论证以及答辩，老师始终参与，给予中肯的意见，并在原则问题上进行把关。学生视蔡师为恩师。

中外关系史研究领域很广。我研究的重点是美国史和中美关系史，主要研究晚清时期的中美关系。学识渊博的蔡师对这段历史耳熟能详，实际上，在他的研究视野里，早已瞄准了广州口岸与早期中美贸易。蔡师与我早有学术交流，准确地说，他是我早期中美关系史研究的学术指引人。

我与蔡师有一段学术缘。1984 年 8 月，在美国第一艘商船"中国皇后号"首航广州 200 周年之际，中国人民对外友好协会广东省分会举办了一次座谈会。我跟随蔡师参加了这次座谈会，大会上，蔡师就"中国皇后号"首航广州的意义作了重点发言。会上，美国驻广州领事向广州赠送了一本刚在费城出版的新书《"中国皇后号"》，我有幸借阅了该英文版专著，对这艘船和大班山茂召产生了浓厚的兴趣。后来，美国友人又给我寄来《美国驻广州第一任领事山茂召少校日记》一书。有了这些关键的资料，让我们对中美交往历史的第一页了解得更加清晰。于是，兴趣所至，我开始广泛搜集第一手材料，结合历史文献，探讨中美贸易的起源和特色，中美贸易畅销品的走势，茶叶之路，陶瓷之路，广州口岸上的第一批美国人，早期美国驻华领事职能的变化及其与商务的关系，详细地揭示早期中美贸易的全貌。先后发表《美国商船"中国皇后号"首航广州的历史背景及其影响》《茶叶贸易和早期中美关系》《论早期中美贸易的特点》《第一批美国人来华》等论文。这些文章的构思均受蔡师的影响和启发。

2014 年是美国商船"中国皇后号"首航广州 230 周年，拙著《美国人在广州（1784—1912）》也在这一年出版。蔡师在序中写道："将广州口岸史与中美关系史结合起来，才有可能作出历史与逻辑统一的考察。"回顾我在中美关系史研究期间，蔡师经常启发我，要处理好研究中"专"与"通"的辩证关系，对每段历史，要把时、地、人三个方面的内容清晰地呈现出来。

2017 年 4 月，我在永芳堂大厅与蔡师聊天。我说：历史学系中外关系史这一专业已经边缘化了，可能面临"拜拜"的局面。蔡师说："边缘化也就是前沿化。许多事由时间去验证。"这一经典之言，简直让我醍醐灌顶，一下子头脑清醒。亲历中外关系史研究从热门到冷门，乃至为人所不屑，甚至出现某些讲不清理还乱的问题。当时，我有一本书稿压了很长时间未能出版，也曾产生过告别历史研究的念头。经蔡师的点拨，精神振作，边缘和前沿只是相对而言，重要的是我们的研究要经得起时间的考验。作为一名历史研究的学人，要有学术良心。只要我们的作品，有坚实的中外文献考证，又反映历史的真实面貌，即使书稿不能出版，也无愧于心。

蔡师曾对我说，历史研究不是甜蜜的事业，它是一项严肃扎实、研究者要付出毕生精力的工程。学术之路是一条充满荆棘之路，蔡师在学术荆棘路上求索的精神是值得我们学习。

谈学论道

无论在何时何地，我与蔡师交谈的只有一个话题，就是谈学论道。在教学期间或是退休后，在永芳堂（中山大学历史学系）、在路上、在学而优书店，所有交谈都围绕这一主题。

为扩大知识视野，历史学系经常组织一些讲座，请一些老师演讲，蔡老师的演讲是很受欢迎的。1999 年 1 月，蔡师演讲的题目《〈管锥编〉：历史的智慧——纪念钱锺书》。他指出，钱锺书所著的《管锥编》是一部大型的学术笔记。每一笔记短的不超过 200 字，长则 2 万字，不拘泥于形式。这反映了钱先生的历史智慧。那么，我们应该向钱锺书先生学什么？他提出要学习钱先生认真读书，注意求通，从历史智慧引申人生智慧。因为知识可教，智慧不可教。

在这次演讲中，蔡师提出要在研究生中灌输"二陈汤"和"一钱丸"。这里的二陈指的是陈寅恪先生和陈垣先生；一钱就是钱锺书先生。当时，姜伯勤教授问：请谈一下"二陈"和"一钱"的风格。蔡师说，二陈是历史学家，钱是文学家。钱的"浩博"是惊人的，他的著作无类可归。陈寅恪先生是中国古代史的专家，是一位有世界史眼界的中国专家。陈垣先生有考证的本事，读他的书可增加不少知识，但比较沉闷，没有拍案叫绝的感觉，而前两位则有。听了这次演说，我们赶快读一些"二陈"和"一钱"的书"进补"。

蔡师曾说，他毕生所做的是"读书、教书和写书"。晚年仍然伏案阅读，笔耕不辍。蔡师读书是很讲究的，曾说"读书如交友"，总得分出一般朋友还是生死之交。书分三类：第一类是奠基性著作，在某个领域上，是靠这些书打基础。第二类是专业上的代表性著作，所谓一家之言，代表某一类学者的看法。第三类是流行性的书，了解一下即可，不可随便投放精力。一次，我们在永芳堂大厅就快餐文化进行交谈，蔡师认为对那些平、短、快又哗众取宠的文化快餐，不要放在心上。直至最后的岁月，蔡师仍在读书。2020年12月，蔡师在夫人陪护下，常常到学而优书店看书和买书。后来经蔡夫人告知先生留下的记事，"12月3日，到学而优购丰子恺手书长卷影印本《文人珠玉》、叶利钦自传《午夜日记》"；"12月9日到学而优购中华版《林梅村诗集笺注》"；"12月12日下午，到学而优购《岁时广记》等三种书"，"12月20日，下午去学而优走一圈，空手归"。这是蔡师最后一次去学而优，第二天即12月21日晚，先生就被送进了医院。最后这一段时间的购书，说明蔡师仍有他的读书和写书的计划。

逝者如斯，生者已矣！永远铭记和传承他的学风、学品和人品，就是对蔡鸿生教授深切的悼念。

（作者系中山大学历史学系教授）

情垂后学　师表流芳

——追忆恩师感人往事

李鸿生

　　1962 年 9 月 5 日，我从汕头市乘船到广州，并跨进了位于海珠区的中山大学南校门，直接到位于中区的历史学系办公室报到。系里分配我住东区第二学生宿舍 103 房。当时，一年级的政治辅导员许肇琳老师也是个潮汕人，他告诉我，咱们系有位老师也名叫鸿生，姓蔡，是澄海人。由于是初来乍到，而且我的志向是读中国古代史，故没有前往拜访蔡老师。

　　大学一年级，我们是从中国通史和世界通史开始学习的。开学初，戴裔煊教授给我们上世界上古史，紧接着便是蔡鸿生老师给我们上世界中世纪史。按照当年的规矩，只有讲师才有资格给学生上课的。蔡老师破格以助教的身份给我们上课，可见蔡老师确有过人之处，同学们十分佩服。

　　我与蔡老师来往始于 1971 年春节前夕。1970 年 3 月，我分配到广东阳山县教书。每年春节前，我从阳山回汕头探亲，必须在广州过一夜，故我必定回母校探访蔡老师。说来也巧，蔡老师就住在东区第二宿舍 103 房，也就是我大学一年级住的房间。

　　1975 年春，金应熙教授负责主编《简明中国通史》。我从阳山县借调回来参加编写工作。当时就住在中山大学东区第六学生宿舍，因此与蔡老师交往就更多了。

　　按照《简明中国通史》编写组的分工，我负责撰写魏晋南北朝至唐初的历史。这一段历史比较复杂，千头万绪，不知如何下笔，便多次去蔡老师宿舍求教。蔡老师总是谆谆诱导。教导说：这段历史在政治、经济、民族等方面都比较复杂，一定要认真考察历史进程中前后、左右、表里、动静的关系。老师的开导，使我茅塞顿开。在蔡老师的辅导下，终于较顺利地完成了编写任务。

1977 年 10 月，我借调到广东省哲学社会科学研究所，参加广东省哲学社会科学学会联合会（简称省社科联）恢复活动的筹备工作。此后，便从阳山县调回广州，担任广东历史学会学术秘书。面对新的工作，我束手无策，也是在蔡老师的辅导下，成长为学者们比较满意的学会学术秘书。

蔡老师教导说，要当好学会学术秘书，首先要关注学科的学术动态，只有抓住了学科研究的热点，组织的学术活动才能引起会员的兴趣，积极参加学术研讨会，这样学会才有活力，才能将学会办成会员们满意的学术界之家。广东历史学会正是在蔡老师等一大批历史学界的学者们的关心支持下，成为广东省社会科学先进的学术团体。

在学术研究方面，蔡老师也给予我极大的帮助。

广东主要有三大民系：广府、潮汕和客家。广东研究岭南文化的学者在著述中也着重论述广府文化。另外，也有学者研究并出版了《广东客家史》。然而，历史悠久的潮汕，却只有一部论述至宋代的《潮汕史》。为此，广东历史学会于 2011 年决定编纂一部较完整的潮汕历史。于是我又向蔡老师求教，并且恭请蔡老师任顾问。蔡老师欣然接受。他认为，饶宗颐先生将该书命名为《潮汕史稿》非常合适，这样编纂就更为灵活。另外，潮汕是著名的侨乡，通常有所谓"海内一潮汕，海外一潮汕"之说。故对《潮汕史稿》中独立成编也表示赞同。

在蔡老师的支持和帮助下，经过 6 年的努力，《潮汕史稿》终于在 2016 年出版面世。

蔡鸿生老师离开我们已将近 1 年，然而，他教导我时的音容仍时时浮现眼前，始终难以忘怀。他的谆谆教导，也将令我受益终身。

感谢您，我尊敬的恩师！

（作者系广东省社会科学界联合会研究员）

康乐园中学读书

孔延西

1965 年，我作为那个时代的幸运儿，被录取为中山大学历史学系一名新生。一个农家子弟，接到通知书的那一刻，就暗暗抱定了决心：一定要珍惜机会，好好读书！

入学后的第一件大事是迎新会，有点像过去的拜师礼。由系里安排新生和教师们见面。当然，并非全部教师参加，估计是系里安排准备担任我们教学任务的老师参加。当主持会议的系副主任胡守为老师向大家介绍蔡鸿生老师时，他迅即站起来，招招手，旋即落座，并无言语。就这一站，大家都看清楚了：中等个头，稍显黑瘦，满头白发和深度近视眼镜格外醒目。那顶白头发和近视镜就是读书留给他的纪念吧？

蔡老师当时住在中区青年教师集体宿舍，我们学生食堂就在旁边。中区，可是整个中山大学最显眼的地方。是学校行政办公的中心，特别是那个大草坪，宽广平坦，芳草如茵，竹木环合，松樟参天，古榕蔽道，树花应时，江风拂面，时雨洗叶，实为罕见。更有周围的教学楼、大钟楼、图书馆、小礼堂或映或掩，错落有致，各得其位，显得格外和谐、肃穆、庄重。在大草坪的正中位置，屹立着八角惺亭和孙中山生的青铜塑像。如果说，大草坪是中山大学的眼睛，那么，毫无疑问，青铜像则肯定是中山大学的眼珠了。

一个星期天上午，我正在中区东侧林荫道上闲逛，贪婪地欣赏着华南最高学府的优美风光。突然，一个熟悉的身影闯入我的眼帘：白头发，戴眼镜，手里捧着一本书，口中还念念有词，似乎在诵读着什么……你要知道，校园的大道上，是不允许行驶机动车辆的，所以，读书人也就旁若无人，自得其乐了！走近一看，果然是蔡鸿生老师！

说实话，作为一个有十多年读书经历的人，走着路看书的事并不罕见。不过，那多是女生，又多是在重大考试之前，像蔡老师这样学业有成、职业稳定的大学教师犹能如此地嗜读如饴，确实令我惊叹不已！

事后得知，他当时读的书是俄文原版书，书名叫《赌博》。好像是契诃夫写的。

第二学期，学校决定我们这一届中文、历史、哲学三个系的新生为半耕半读实验班，学生全部搬到粤北乐昌县坪石公社。胡守为老师带队，同行的老师有蔡鸿生、姜伯勤、李惠良和马列主义教研室的石培祖老师。由于大家分散居住在农户家中，平时往来极少。我从广州旧书店淘得的几本旧书帮我消磨了不少时光。这时，和蔡老师接触也不多，但他的一番话还是在同学们中间传开了。他说，读书，最重要的是用心。只有用心了，那知识才会变成你的。不知别人怎么看的，我认为这是蔡老师的切身体会，所以牢牢记住了。

6月中旬，我们就又奉命返回康乐园了。但原来平静的读书生活已不复存在了。教师不再讲课了，学生也不再读书了，图书馆也关门了。到处是"革命""造反"的口号。我们这些"末代大学生们"的读书美梦破灭了，而那些被尊称为"红卫兵小将们"，许多人的内心却充满了迷惘和困惑。

虽然，那场急风暴雨的确令我们晕头转向，但我们这些人心中那旺盛的读书愿望却不是那么容易熄灭的。相反，在高等院校那积淀深厚的文化大环境中，它总是此伏而彼起，薪续则火生。

当时，校园那轰轰烈烈的形势，有人写诗说是"满街红绿走旌旗"，小道消息满天飞，奇谈怪论晒咸鱼。逸闻故事，陈谷子烂芝麻，全都翻腾出来了，让我们这些新生小辈确实大开眼界，大长见识。当时的中区大字报栏，是每天必去之地，一去就是半天。一次，看到一篇大批判文章，批判马列主义教研室一个叫张海老师，说他反对"林副统帅"。证据呢？是他说过，读书，在很多情况下，都是学以备用的。别的什么我都记不得了，只记得这一句话，并奉为圭臬，得到了极大的鼓舞。

"文化大革命"那几年，历史专业的书未能好好读，杂七杂八的书还是读了不少的。大致有以下几个类型：

第一，主潮流类。如《毛泽东选集》《列宁选集》、马恩专著等。

第二，文学名家作品类。如鲁迅、茅盾、闻一多、贺敬之、郭小川、陈毅诗歌等。

第三，偶遇猎奇类。如苏联新出版的内部小说等。还有从大字报上摘抄的古诗词，如陈寅恪先生的古体诗，我就抄录了几十首，一直保存至今。

我们班几个好友，在读《鲁迅全集》时摘摘抄抄，编编排排，终于印制出一本语录体《鲁迅文摘》，体会到，这其实是学习、整理、传播先贤思想智慧的一种很有用的方式。那本书印制 2 万册，从编辑、印刷到销售，在很多同学的热情帮助下，终于书净账清，了无痕迹，在那如火如荼的政治运动中，我们几个经历了一场实实在在的商业历练，并能全身而退，是很不容易的！晚年忆及此事，写诗感叹道：

> 喜读偏遇焚书火，好学横遭批斗风。
> 自消闲闷编文摘，聊补虚空读列宁。
> 很辛酸，很无奈，也很真实！

此后毕业，广州、韶关 11 年，弹指一挥间；河南洛阳 30 年，船到码头车到站。刚退休就得病，痼疾缠身，行动不便，就不敢再生与同学老师重逢再会的念头了，甚至认为再得到点他们的消息也属于奢望了。但是，这些年，社会发展变化之快，确实令人惊叹不已。手机出现了，高铁修通了，网络通信很快进入到寻常百姓生活之中了。于是，关于母校、关于同学、关于大学老师们的种种消息泉喷云涌而来。

一天，网上得到消息，中山大学历史学系老师蔡鸿生有新作问世，书名叫《仰望陈寅恪》。听到这一消息，我的第一反应就是，赶快弄一本读读！于是，马上托几个腿脚麻利的朋友四处打探。结果是大失所望。有不少人压根就没有听说过陈寅恪这个名字，更没有见过这本书。历史，本来就不是什么热门学科，在商品经济的大潮中，它距离一般老百姓似乎更远了。闷了一段时间，在与广州打工的儿子通话时，我透露了这个"心事"。儿子说，"网上找找看"。没过几天，我就收到一个来自陕西宝鸡市的快递。面对这个不速之客，我疑虑重重：我和宝鸡，素无交集，谁会给寄什么呢？……

我和老伴小心翼翼地打开了快递包装……哇！一本书，《仰望陈寅恪》！蔡鸿生著！真正是喜出望外呀，原来是儿子送给老爸的一份惊喜呀！我当即吟成一首小诗，表达我的兴奋：

> 岭南动鼠标，渭北快递到；
> 接件心存疑，启封满脸笑。

此后很长一段时间，这本书就总放置案头，不时捧读翻阅。因为视力不好，每次用眼半小时左右，每天却多次捧起放下。1 个月不到，已通读一遍。作为一名学生，我终于读到了尊敬的蔡老师的著作，我骄傲、自豪！此后仍不时翻阅，仪如拜师行礼。

那本书的内容，不消多说了。我记得最清楚的还是关于读书的几句话。他说，过去人们买书是为了读；后来有人买书，是为了查；现在，不少人买书，是为了给别人看。话很深刻。是啊，现在能够读书的人很多，买得起书的人也很多，真正喜欢读书的人也应该很多啊！

2021 年 5 月 18 日于洛阳
（作者系河南省第三建筑公司退休干部）

求真求新的低调"大先生"

——编外学生对蔡鸿生先生的纪念

葛承雍

蔡鸿生先生的名字，在学术界并不是像泰斗一样如雷贯耳、声震八方，也不是像落难教授一般默默无闻、玉落大海，而是一个远离平庸、追求传世的低调"大先生"，他的求真思索有着可以影响人的一辈子的丰厚价值，他的求新研究成果经得起历史的长久推敲，多年后依然可以在浩瀚书海里熠熠生辉。

何谓"大先生"？在中国学界"先生"是一种尊称，"大先生"更是对有德业者的尊称，只有人格、品德、学业上能为人表率者称为"大先生"，一名教师要成为"大先生"，做学生为学、为事、为人的传道示范，做在信念、修养、治学、科研等方面的引领"人师"太不容易了。蔡鸿生先生就是"大先生"的样子，他是社会的尊者、育人的能者、心怀学术的大者。

我不是蔡鸿生先生的亲炙弟子，顶多是个私淑弟子，但是我对他的敬仰不亚于入室弟子。1996 年我去广州开会时，在中山大学第一次拜见蔡先生，那时他已是满头鹤发、白眉低垂，精神矍铄，很像一尊看透了世间万象的神人。传统学术，往往推崇皓首穷经的大器晚成，可是"文化大革命"前蔡先生就在《历史研究》发表了几篇有分量的论文，那时的发表要比今天在高端学术期刊上发表文章艰难得多，没有多少宝贵机会，更多的是文中独到的见解受到学术界重视。当我 20 世纪 80 年代读研究生时就仔细拜读过他写的论文，而且他的研究领域极为广泛，从中古突厥到近代广州，从中西交通到海丝港口，由博返约，融会贯通，所以首次见到他时不由敬重起来。

我记得蔡先生亲自带我去了陈寅恪的故居，讲了一些他读书时的状况。1953年秋他20岁时跨进中山大学历史学系的门槛。他说1955年开始以"元白诗证史"选修生的身份听陈寅恪先生讲课，当时正式选修的人只有几个，包括旁听的教师，在陈寅恪家里授课，陈先生很有讲学的魅力，能够由表到里地启发人到一个认识的高度，借历史、文学揭示古代社会与人性的冲突，令人茅塞顿开。

蔡先生的这次讲解使我记忆犹新，不由地感到要在新环境下重新体会老一辈"大先生"的风神气韵，要做一位真正的学术耕耘者殊不容易。

一、毕生勤勉治学求真

蔡先生在中山大学上大学时受到严格的思辨能力训练，陈寅恪等老先生启发人的历史思维又给他读书实践增添了养料，因而他多次给我聊起费尔巴哈、马克思等西方哲人的著述，谈起陈寅恪、岑仲勉等人的学术贡献。这与他20世纪五六十年代学习背景有关，那时的理论灌输给他留下深刻印象，这些理论也给他奠定了站得高、看得远、走得长的基础素养，使他得以积累和运用纵横古今、联通中西的思维方式。

他也要求我读一些西方历史哲学著作，尤其是西方最有价值的历史哲学、宗教批判的书。这些书对人类思想领域发展产生过巨大影响，不仅是经典文献，而且是我们如今理解西方社会基本观念的主要来源。遗憾的是，我读过就忘记了如何吸收运用到自己的研究中去，仅是皮毛浮草了解而已。

60年代当他还是一个青年教师时，就已经具有环视世界的眼光和胆识，游离在"西欧"与"西域"之间。在那个视外来文化为不能触摸的时代，他在《历史研究》《学术研究》等刊物上发表了引起学界关注的高质量论文，后来他又以突厥和九姓胡的论文名满学界，仍然只是关注于学术，淡泊名利，以一介书生的力量，播撒智慧，收获成果。但他毕生的梦想就是在国际上要有中国学者的学术地位和话语权。

我记得他对我说 2003 年是法国汉学家沙畹《西突厥史料》出版
100 周年，作为第一部西突厥研究奠基之作，值得后人铭记。我按照
他的旨意撰写了《西安出土西突厥三姓葛逻禄炽俟弘福墓志释证》，
以示学术研究历来是薪火传承，百年积累。蔡先生看了很高兴，他
说对国际上的杰出学者即使百年后我们也应该有回应。

蔡先生说："一个学科需要几代人努力，陈寅恪、岑仲勉这样中
山大学的'双星'的班谁现在来接？五年前很多人还不知道丝绸之
路是什么，现在人人皆知。但是某些人的丝绸之路与现代提倡的丝
绸之路不是一回事，鸦片战争以后中国丝绸的输出，与历史上的丝
绸贸易不是一样的。清朝规定丝绸出口有限制的，一条船装多少生
丝、装多少丝绸都是要检查的，政府赏还的丝绸贡品与商人采购的
丝绸是不一样的，贡品与采购不同。唐宋丝路与明清丝路不同，地
理大发现后资本主义的贸易与以前的贸易大大不一样，广州十三行
也变成了丝绸之路贸易，走西口的也成了丝绸之路贸易，不懂就走
样了。这就是陈寅恪讲的要有通识。"

在蔡先生身上，我体会到"宝剑锋从磨砺出，梅花香自苦寒来"
那种"大先生"风范。他经常说"没有毕业，只有毕生"；"学问永
远在路上，花未全开月未圆"；"学海无涯""学无止境"这类话，
就是说学问是一个望不到边际的认识领域，有起点而无终点。

二、厚积薄发领域广阔

知识的积蓄至深至厚时，思想的光芒往往穿透出耀人的射线。
进入蔡鸿生先生的学术世界，他的学术世界有专业性，更有思想性，
他对时代的感受和认识，散落在他的专业学术论文中，如不细读很
难发现，只有沉浸在他的学术之河中，才能分拣出他的结晶。

蔡先生指出：求学问的宗旨，在于求真理；探究历史，更需要
有懂得辨真的慧根。历史的空白只能用事理逻辑来弥补，透过虚实
互补去寻找历史发展中带有规律性的东西，在史学成就上获得学术

界的认同和称许。

每当我读他的书，就感叹他的知识面多么宽阔，不仅时间跨度大，而且涉及范围广，有的如低回的慢板，有的如铿锵的快板，他的文字清晰，语言精练，气韵生动，混合着哲理的睿智和知识常识的独特结合。《俄罗斯馆纪事》（1994 年），《尼姑谭》（1996 年），《清初岭南佛门事略》（1997 年），《唐代九姓胡与突厥文化》（1998年），《广州海事录——从市舶时代到洋舶时代》（2018 年），从古代到近代，从外事到宗教，从理论到考证，彼此呼应，求索阐释，均为扛鼎之作，引领作用太让人佩服了。

《学境》（2001 年）一书是他学术思想的一个总结性汇集，他平时所讲的《精神生产的历史经验》《学风、学位和学问》《陈寅恪史学的魅力》《为自己的学业进补》等，都给了我极大的启迪，可惜这本书很多学子没有读过，我极力督促博士们认真阅读，其中蕴含的哲理均是劝学良言，直呼放眼世界做学问，是先贤留给后人的遗教。

《读史求识录》（2010 年）是他为纪念陈寅恪先生诞生 120 周年汇编的文集，不仅在上辑编辑了他授课治学片谈的文章，而且在下辑辑录了他对于陈寅恪仰望中的文稿，结合研究生"学理与方法"的课程，娓娓而谈，反哺学子，犹如一位人文学者的精神史，提示我们在学术选择、创新动因和释读求研的背后，跃动着时代演进的历史大势，呼应学术方向提炼课题，感佩之情无以言表。最令我难忘的是，他沿着陈寅恪"读史求识、脱俗求真"的遗教践行不止，正如他说的：历史的洞察力，并非"饱学"的自然结果，读书人中，有知之士摩肩接踵，但有识之士只是凤毛麟角。

每次读完他的文章，都会感到他的研究不仅自己"言之有物"，而且别人阅读"言之有趣"，由知性转向感性，不仅给人以知识补充，还要给人以吸取教训，"反思"两字油然而生。

2007 年 10—11 月在香港城市大学中国文化中心举办讲座时，蔡先生在那里讲了 10 次，主题是"中外文化因缘"，给同学们和市民听众介绍了唐代中外贸易、宗教、民生风貌、宋代市舶制度以及清代的西洋观念等。我恰好也在城市大学康乐楼六层中国文化中心做了 3 次 CCIV 文化讲座，同住专家公寓，数次畅谈聆听他的教诲。文化中心主任郑培凯教授宴请蔡先生、徐苹芳先生夫妇和我一起吃饭，大家纷纷称赞蔡先生的文章潇洒流利，生动鲜明，在文献中发出了新意。顺便说一句，我自己不知体贴老年人的苦楚，我请他到香港西餐厅吃西餐，竟然点的八分熟牛排让他咬不动，只顾聆听他说话也没有及时换菜，为此我后悔了好长时间。

三、笔耕不辍眼界不凡

蔡先生眼界很高，他要求我读书写作要化艰涩为灵动，对书中遇到的难题或世人不解误解，一经抉发阐释，使人豁然开朗。一定要抵制浅薄化、哄闹化、片面化、狭隘化，自己要有定力。

他曾屡次告诉我随着时代的变化，要多读西方与中国有关的书，他说："西罗马一统天下没有东罗马复杂，东罗马位于地中海沿岸，涉及的国家民族较多。夏德早就指出要关注东罗马对中国的影响，最复杂是大秦，虽然现在发现不少东罗马货币，但是对大秦（东罗马）的了解是隔靴搔痒，大家先看的是印度，后来又看波斯，但是对拂菻（大秦）知道的并不多。随着文物出土和文献阅读的结合，应该对大秦有一个新的认识。""我们过去只讲希腊罗马神话，后来涉及圣经，对东罗马的东西连基本常识都不讲，所以现在非常隔膜。欧洲都很重视拜占庭，包括俄罗斯，因为与东正教有关。""现在一讲'一带一路'马上转入经济问题，虽然到处讲丝绸之路，真正讲丝路历史的很少。广州高校与全国各地高校一样都成立了丝绸之路研究中心、丝路研究院，配合'一带一路'倡议部署计划，但是探讨新问题很少，都是抄来抄去，写的毫无新意。"

2015 年我即将退休时，蔡先生听了很高兴，他说你可以抛弃行政繁务，继续扩大你的学术视野。德国《华裔学志》主编顾孝永（彼奥特·阿达迈克）是莫斯科大学毕业的博士，他要送给我俄文版亚美尼亚景教研究 400 页的博士论文，我因为不懂俄文随意放弃了这份赠送。蔡先生知道后严肃地批评我，你不懂俄文还可以请懂的人翻译，并谆谆教导我说："你要注意亚美尼亚，亚美尼亚人的文明很古老，海上丝路申遗就是从亚美尼亚到澳门，但是中世纪这段历史过去谈得很少，亚美尼亚商人足迹走遍东西。张星烺的眼界是少见的，他编注的《中西交通史料汇编》共6册很丰富，注意到亚美尼亚。现在回头看这些老前辈的研究工作很不简单，如今不少人数典忘祖，对过去奠基性著作视而不见。尤其是学术第一次解释要尊重，人文学科没有区别鉴定，你看了文献我也可以看，有意识打马虎眼，对资料的第一次引述解读很重要，证明作者的眼光不一样，陈寅恪所引述的旧资料，但是新解读。我们见过的资料解释不行，现在都是电脑检索，负面作用是没有学术规范，有人故意不引用，好像是自己读原著发现的。现在是有技术性规范，没有学术性规范。"

这几年国家文物局举办亚洲文明展，亚美尼亚几次参展，可惜懂得亚美尼亚文物与文化关系的人太少了，我作为首席学术顾问，每每遇到解读这类困难，我都想起了蔡先生的教诲，真是后悔不及、懊悔万分。

我每次与蔡先生交谈、对话感觉都能迸出智慧的火花，往往使人有醍醐灌顶般的顿悟。他在五六十年艰苦环境里克服种种困难，坚守学术理想，在其专业领域内持之以恒地辛勤耕耘，治学精神对后学无疑有着重要的启迪意义。

中国学术资格愈老愈得到尊重，泰斗级的、大师级的学者终身得到"导师崇拜"，尊师尊老是我们的传统，师承的敬畏一直作为美德传统而颂扬。但在美国学术界，曾经有名的学者一旦年龄大了不参加学术活动，没有新鲜思路，不出版新成果，就很快会被人们遗忘。蔡鸿生先生恰恰是愈老愈坚，按照林悟殊教授说的，他是头脑越来越清楚、越来越睿智，他思考的学术问题从来都是前沿尖端的。笔者心有戚戚，完全赞同。

四、胡汉研究开创新局

蔡先生强调以古为新，用新的学术眼光激活旧的文献史料。他的《唐代九姓胡与突厥文化》《广州海事录——从市舶时代到洋舶时代》都是影响学术界的经典著作，他的解读使人叹羡倾慕，对经典文献的细读精读，以及吸纳学术界最新研究成果，都是我们佩服的真知与正解。有时为了某一词语穷极搜觅，由此及彼，由点到面，以攻坚的态度进入一个个专题，取得了引人瞩目的成就。

对目前中外学术界关注的"粟特人"在中国问题，他早早就指出粟特不等于九姓胡，祆教不等于琐罗亚斯德教，胡姓不等于胡人，住户不等于聚落，这些差别一般人都糊里糊涂笼统使用，可是蔡先生非常认真地说粟特史概念必须明确化。他对唐代九姓胡的研究从城邦与聚落、胡律与礼俗、节庆与胡名、贡表与贡品等方面，一一深入，紧紧抓住"朝贡"和"胡俗"两条线索，解读了前贤没有解决的问题，提出了嘉惠后学的一系列卓越见识。他把外来的狮子、波斯犬、名禽、汗血马以及胡名、胡神、胡食等作为中西文化交流的镜子来研究，取得了非凡的突破。

外来宗教史是蔡鸿生先生有贡献的研究领域之一，他说从事唐代蕃胡研究的时候，往往情不自禁地去敲一敲宗教之门，在《唐代九姓胡与突厥文化》中，他否定了木杆可汗父女事佛的客观可能性，突厥人由信仰萨满教向佛教回归的过程背后是隐藏着明显的现世利益。

他首先提出了"三夷教"随着社会变迁的"三化"概念，即景教方伎化，祆教民俗化，摩尼教异端化。他说"三夷教"一来就撞上华夷之分、胡汉之别的门槛，胡人入华各有独特的背景，景教有官方批准的背景，摩尼教借回纥之势有民族背景，祆教信众以"兴生胡"为基础有商业背景。这些提纲挈领的认识，为我们研究外来宗教传播奠定了基础。他强调要辨析宗教传播过程中的曲折性和复杂性，佛教经过中亚地区就有了变异，摩尼教在福建华化就有了地方变异，通过全景式思考扩大研究的视野。

因为蔡鸿生先生对历史资料的接触，有一种如历其境、如温旧梦、如对故人的感觉，他多次教育我要有很强的形象思维能力和过人的想象还原能力，要有走进当时环境的历史感。

身处广州,海洋文明的研究无疑是最前沿的地方。蔡先生不跟风做什么"海上丝绸之路"热点题目,不渲染华而不实的不靠谱说法,而是宏观结合微观从全人类凝结的海洋文明来研究,从古代市舶时代到近代洋舶时代探寻广州的海事。《广州海事录——从市舶时代到洋舶时代》就是从"舶"字、"鬼市"发凡说明古代海舶的生活形态,由此延伸到市舶时代广府的新事物,既有广府波斯舶旧闻释证,岭南昆仑奴的遗事等,又有广州宋代蕃坊人家和市舶宴的考证,一个字就能成为一簇簇文化景观。我到阳江考察"南海一号"沉船遗物,回程拜访蔡先生,他结合沉船上发现的遗物与遗迹,给我讲述历史现场的海舶生活,提示我观察唐宋船舶上的贸易实物和船民生活用具,避免"见路不见人""见舶不见人""见物不见人"的倾向,真正要研究海事史的人事本质。

我对海上丝绸之路研究一直是雾里看花,终隔一层,我的小同学张世民研究员发现陕西泾阳唐代杨良瑶神道碑,记载了唐朝与黑衣大食的官方交往,他邀请我写文章评论,我一直不敢多言,就是蔡先生讲的海航生活中的舶人分工、海粮储备、淡水供应、疾病防治、祈禳仪式等,与陆地定居方式大异其趣,不懂海洋学和人类学的交融会通,很难做出发覆之论。

然而,蔡先生双轨并进,他对近代俄罗斯馆与中俄关系早就有高水平深入研究,在洋舶时代又有新的视点透视,清代广州的荷兰馆、瑞典商行、俄美公司等皆纳入他的研究笔下,不仅讲清了广州口岸与腹地商帮、海幢寺与清代"夷务"关系,还从诗文细致剖析十三行商人的西洋观,从外销画考释广州手工业。可以不夸张地说,他的一系列有建树的研究得到了国际学术界的高度评价,他是世界知名的中外关系史学家,广东省将他选入首届优秀社会科学家,真是实至名归、名副其实。

如果说蔡先生是丝绸之路研究天空银河中一颗启明星,那么在海潮奔涌、百舸争流的海上丝绸之路浪声中,他仍是"牵星过海"研究中兴阶段的领航人。

五、学问人生魅力人格

蔡先生所具备的史识、史才、史德展示了他这一辈子的魅力人格，从他治学的严谨风格到他宽厚的待人之道，无不在传颂一时，对后辈学人启迪莫大。他每次见我都没有架子，不唱高调，以心换心，是位很好处的老学者。

他自谦说他是岭南土著，地处沿海地带又是一个学术的"边民"，涉足的学术领域不今不古、非土非洋，是一个书生气的历史学人。然而，正是他的双边互动著述原则，立足中国放眼世界，古今中外皆入彀下，在国内参考书极缺的状态下，略人所详与详人所略，甚至探讨过岭南尼庵的女性遗民，取得了杰出的学术成就。他的系列著作成为我的案头读本，每当查阅时总能感觉到世界就在他的胸中，"胸中自有雄兵百万"，比喻他的学术胸襟再恰当不过了。

他80岁寿辰时，中山大学历史学系的弟子们给他过寿，但他不同意我去广州给他祝寿，几次打电话他一直婉拒，理由他不是大人物，不配开颂寿会，也不配出纪念集。我提出由我出面邀请中山大学党委书记郑德涛出席，郑德涛是我在中央党校学习时一个班同学（时任广东教育厅厅长），由他给蔡先生祝寿不仅是对一个资深学者的尊敬赞颂，也是对整个知识分子群体的鼓励肯定。但是，蔡先生婉拒坚决不同意，最后只好作罢。他说："我没有什么丰功伟绩，只是没有虚度光阴，做了一些科研登山的事情。"我让王媛媛博士代我送了一个花篮，略表我这个受益弟子的衷心祝愿。

蔡先生始终谦和从容，处世低调。他给我写信或赠书，总要写上"承雍先生指正"，对此我羞愧难当，无地自容，更加深切感到他虚怀若谷的人格力量、谦谦君子的不凡风度。我多次对学生说过，蔡先生要是在北京工作，名声与学问一定要比京城那些著名高校的教授还要高，岭南偏隅一角的地域限制了他的声名传播。但是他总是说：人生最快意的莫过于自身的潜能得到充分的发挥，至于地处何方，是否能获得历史的认可，那是身后的事，生前的一切吹捧炒作没有太大的意义,最终的定位还得靠实实在在的能流传的文章。

他鼓励我克服困难抓紧时间做一些前沿课题研究,他说"美人自古如名将,不许人间见白头";70 岁后到了老年就很难能有创造力。可是实际上,他退休后并没有减少给学术界带来新的效应,进入古稀之年、耄耋之后仍然耕耘不辍,叙述精彩,剖析精到,立论稳当,评论中肯,连续写出了启迪后世的一系列有分量论文,其记忆力与学识功底常常使我无比叹服。

历经 20 世纪至 21 世纪的风云际会,蔡鸿生这位"大先生"安然走入历史,留给我们无限的哀思与思念。今后遇到急需请教的学问,再也无法向他开口了。

改革开放几十年来,全国学界教授汇集蔚成大观,构成了庞大的专业队伍,可是成为先生的并不多,成为"大先生"的更是凤毛麟角。

一个教授要成为"大先生",是对其社会地位、学术地位、教师地位的充分肯定。要成为新时代的"大先生",更要有很高的创新成果与卓越贡献,"大先生"顶天立地所拥抱的世界,是仰望星空奏神曲的世界。成为"大先生"与成就"大先生",是我们时代学术发展的关键命题,我们对蔡鸿生先生敬之仰之,就因为他是我们心目中永远的"大先生"。

2021 年 11 月 24 日于北京

(作者系中国文化遗产研究院教授)

高山仰止　永远怀念

纪宗安

我最后一次见到蔡老师是 2018 年 10 月金秋季节，参加中山大学历史学系举办"纪念戴裔煊先生诞辰 110 周年国际学术研讨会"的中山大学开幕式会场上。中午会时在会场门口见到蔡老师，久患胃疾的折磨让他很消瘦，但精神依然矍铄，还是那么和蔼可亲，那么乐观大度。但时隔 1 年多，中山大学同仁传来蔡老师病情渐加重的坏消息，令人无比牵挂和担忧，暗暗祈祷，愿佛祖保佑蔡老师渡过难关吧，我们太不愿意失去他，太想多多地拜读他的大作，多多地聆听他的教诲了。

辛丑年初四噩耗传来，蔡老师离我们而去，师母悲痛之极，由几位最亲近的弟子提议，只在家中设两日灵堂，接受亲友与学生们的吊唁。初七那天我去了，与师母相拥而泣，看着先生的遗像，一位沉思的真理追求者，笔耕不辍、硕果累累的学者，更是我们敬爱的诲人不倦的恩师，一切的一切宛若都再现眼前。

35 年前，我们来自不同大学的 7 位同学攻读暨南大学专门史博士学位，师从中外关系史学科创始者与奠基人朱杰勤教授，自此便与蔡鸿生教授结下了深厚的师生情谊。蔡老师对朱先生的敬仰追随之情总是溢于言表，对我们 7 位同学也是关爱教导备至，除我们常常上门求教外，中山大学历史学系资料室的蔡师母蒋老师也给我们查找资料热情地提供方便。

记得 1987 年秋天，当我拿着博士论文初稿登门请蔡老师审阅指教时，蔡老师首先翻至论文最后"重要参考文献"部分，一眼就看到我用了一本苏联哈萨克斯坦科学院出版社、阿拉木图 1986 年版的拜帕柯夫著《南哈萨克斯坦和七河地区中古城市文化》一书，详细询问我在北京图书馆（今中国国家图书馆）查找使用此书的情况。当时我的博士论文选题是《九世纪前的中亚北部与中西交通》，核心内容是论述隋唐以前中古时期中国与西域诸国交通、政治与经济、宗教与文化等方面的交往，尤其重在中亚北部，即锡尔河以北、巴尔喀什湖以南、伊塞克湖地区的自古以来与中国交往情况。蔡老师指出20世纪50年代初，因大规模的基本建设，中亚五个苏联加盟共和国，即哈萨克斯坦、吉尔吉斯斯坦、乌兹别克斯坦、塔吉克斯坦、土库曼斯坦的抢救性考古发掘大有斩获，出版了多本年度考古发掘报告和研究论文集，其中不乏反映中原文化对中亚地区文化影响的文物，有古城古墓遗址、佛寺佛塔遗存，还有酿酒作坊、酒窖等，保存了大量中华文化西传的器物，这些均是对我撰写论文非常重要的第一手资料，帮助我言之有物，提升论文质量。当时蔡老师敏锐的学术慧眼和谆谆教诲，让我切切实实体会到历史研究重在"论从史出"，以及第一手资料的珍贵与重要，这一原则使我在后来的科研和教学中牢记并奉行。

我现在已经记不清也数不清暨南大学中外关系史学科点举行的多少硕博士生毕业论文答辩，都是请蔡老师担任答辩委员会主席，蔡老师总是不辞辛劳，审阅论文，主持答辩。更令人难忘的是，每次蔡老师的主席总结发言都是精彩的讲课，从细小的知识点到学科应有的边界，从做学问应有的人品到学品，总是娓娓道来，让答辩会场上的师生们获益匪浅。记得当时硕博士论文在选题上常遇到一个学科边界问题，蔡老师多次强调，中外关系史的学科发展轨迹是传统的西域南海史到中西交通史，其上线是发轫远古的中外交往，下线是1840年鸦片战争结束了中古长期的朝贡体系，进入近现代的国际条约体系。中外关系史是以"中"为出发点，讲述自古以来中国与世界其他国家与地区的各种往来，而国际关系史是以全球史观为出发点，这是两个不同学科的边界，不宜搞混。蔡老师对学科边界的认知与判断直到今天在中外关系史学科中仍有指导意义。

蔡老师经常会给我们一些学习上的指点，说到"研究国史应常备四把刀：年代、目录、官制、地理，才能使学问做到'上阐古人精微，下启后人津逮'"。告诫我们要爱读书，还要会读书，读好书，让有限的读书时间获得最大的收益。如推介钱锺书《管锥编》时，言简意赅地解释道：以管窥天，以锥测地，称其为"文化上的一座昆仑山"，简称"文化昆仑"。这是钱先生读中国 10 部书的笔记，原始笔记本叫《容安馆札记》，3 本，16 开，精装。又说到，钱锺书《管锥编》的特色是中西打通，陈寅恪的《柳如是别传》是知人论世，沈从文的《中国古代服饰研究》是以物证史，以传世文物来证明历史，这 3 本书必读，也要会读。说到陈寅恪先生的学术构思，蔡老师归纳为《隋唐制度渊源略论稿》是制度史，《唐代政治史述论稿》是政治史，《元白诗笺证稿》则是社会史，"三稿"组成唐史研究的完整系列。蔡老师以四两拨千斤的学术功力在看似不经意中给了我们明晰的指点。另外蔡老师还多次在专业难题上为我们解惑。例如中古时期从中亚传入中国的祆教，就因不同时期中外史料中的不同称谓让我们困惑，蔡老师风趣形象地分辨到：祆教在传播过程中出现过 4 大版本，原版是波斯的琐罗亚斯德教，印度版是巴斯教，中亚版是马兹达教，中国版就是祆教。短短几句话让我们茅塞顿开，真有"听师一席话，胜读十年书"之感。

蔡老师在《仰望陈寅恪》一书的《后记：稿竟说谒》中风趣地写了一首自画像的打油诗："30 年前，史学新兵。如今何物？康乐园丁。有意求法，无术传经，心归定处，拾穗榕荫。坐冷板凳，娱乐升平！"真是太形象了！蔡老师的一生就是这样在书海、学海、教海中孜孜以求，为人平和大度、谦虚谨慎与低调，为师如严父慈母般地呕心沥血，培养出一批又一批优秀人才！而且还在不停地往这盏照亮学子们的油灯里添油。晚年的蔡老师退而不休，他最心怡、成习惯的事就是看书，中山大学附近的学而优书店是蔡老师几乎每天下午都要光顾的乐园，如一日三餐不可或缺。蔡老师一生的学术专著、编著、论文、译文、序文等，洋洋洒洒数百万字，涉及的学术领域和问题也非常广博，非常人所能及。读着先生的文章，总是在感叹先生的阅微知著，知识广博，见地深邃！先生留下的著述是我们取之不尽、用之不竭的财富！我们继承和延续先生的学术成果与风范就是对先生最好的怀念，就是对先生高山仰止、敬佩之心的最好表达！

（作者系暨南大学中外关系研究所教授）

蔡老师印象

桑 兵

蔡鸿生老师过世周年，有关人士策划编辑出版一本纪念集，嘱我也写一篇。纪念师友的文字，曾经写过为数不多的几次，基本都是导师座师。因为这些年研究的方面之一，是清代以来的学人与学术，查知亲友门生的回忆纪念文字，往往未必能够如实传达其人的学行，所以对于诸如此类的事情，认为理应慎之又慎。接到相关信息后，认真想了几天，清理了一下思绪，觉得的确有些可说且能说的话，所以便答应下来。

1980年进入中山大学历史学系攻读硕士研究生时，蔡老师任教于系里的世界史教研室。1983年硕士毕业后，我留校任教，两人的关系由师生变为同事。到我2019年移席浙江大学人文学院历史学系（现已独立为历史学院），与蔡老师亦师亦友，将近40年。可是由于其间到华中师范大学攻读博士学位，后来又几度出国出境访问研究或任教，合计总有七八年不在学校，加之分属不同的学科，自己又习惯于在家里研究写作，很少到系里去，所以交集并不算多。而要认识一位学者的为人及学问，必须进入其心境，不能只是游离于外在。以此为准，对于蔡老师的认识显然尚未能够深入堂奥，只能谈谈表面的粗浅印象。

现在中国各大学的历史学系，教师基本都是数十人之众，曾经有过一些百余人的系，如今已经十分罕见。这些教师群体，年龄长幼不等，专攻学科不同，人格上无疑人人平等，可是对于一个学术机构而言，作用却轻重有别。其判别标准并非有多少"戴帽子"的老师以及"帽子"有多么高大厚重，而是是否有几位真正懂行且得到普遍服膺的重量级人物。一校一地，有无懂行之人，至关重要，好的学校，相对而言或许略多些，不过因为各人之间仍有差异，作为举足轻重的人物，比例大体上还是相差无几。他们的一言九鼎，与掌握权力的大小有无并没有多少关联，更不是利用权力地位的学阀式横加干涉，而是以贯通的学识令人信服，纯粹建立在"学术"的"权威"之上，无所谓"阀"或者"霸"。没有这样的重镇，一家学术机构就可能失去章法，风气一坏，势必胡作非为，以至于不可收拾。同理，一家学术机构的"权威"如果与学问关联少而与权力关联多，则"阀"与"霸"都会应运而生，而且由于诸如此类的"阀"与"霸"与学无关，或是主要不靠学术支撑，其学术生态势必乌烟瘴气。一些名声在外的机构内部变质，纷争不已，大都因此而起。一旦没有了真正的压舱石，卷入漩涡逆流，甚至形成负筛选的局面，要想重新进入顺流正道，可就不是轻而易举的事了。

相当长的一段时间里，蔡老师在中山大学历史学系就是这样的存在之一。其身形瘦削，好茶嗜烟，但精神矍铄，思维敏锐，平时看似沉默寡言，其实极善言谈，讲课或是学术报告时，引经据典，出口成章，妙趣横生，听起来犹如大珠小珠落玉盘，令人应接不暇。所讲求学问与求学位的分别，堪称经典。尤其是初学者入得门来，就被引上正道，用心揣摩的话，终身受益匪浅。

虽然教职所属是世界史教研室，蔡老师却秉承老辈学人的学术判断，认为在中国做纯粹的世界史研究缺乏充分的条件，很难达到相应的程度，得到外国同行的认可，所以宁为鸡口毋为牛后，坚持做中西交通史或中外关系史。这样的做法，部分因缘域外东方学、汉学的取径，部分为传统边疆史地之学的延续和扩展，傅斯年等人称之为"虏学"或"半汉"，和不与外国拖泥带水的"全汉"相对应相分别。

中山大学历史学系的历史上，曾经几度辉煌，刚好蔡老师经历鼎盛期的其中之一。据他告知：20世纪50年代中山大学历史学系的职称评定，要求提交未刊论文，理据是发表的论文可能经过编辑等人润色，不能完全代表作者的水准。这样的要求，凸显学者对自己的学术判断力和鉴赏力的高度自信。相比之下，目前各校订出的各式各样量化指标，看似高标准，其实恰是极端不自信的反映表现，既不自信有评判能力，也不相信评判者能够公平公正。既然不能对学术做出恰当准确的判断，只能寄托于各种更加没有学术公信力的外在指标。据说美国的好大学并不看重诸如此类的指标，讨论聘请职位时，顶级刊物发表多篇的申请人可能争不过只有较低一级刊物区区几篇论文的作者，理由是后者更具发展潜力，前者可能已经到顶。他们制订各种指标主要是为了折腾其他大学，使之在疲于奔命中永远赶不上自己。

蔡老师读书时，据说听过陈寅恪的课，得到一代大家的亲炙。尽管由于历史原因，为时有限，毕竟有所点拨。沉潜用心，认真揣摩之下，可以逐渐悟道，且终生受用。其所治学问，也与陈寅恪颇有渊源。特色之一，就是关涉中外，不分畛域。所撰写的《俄罗斯馆纪事》《唐代九姓胡与突厥文化》《尼姑谭》《清初岭南佛门事略》等专书，放在中国史领域无疑也是佳作。这样的取法，现在独立成为一级学科的世界史或许未必认可，却的确是懂行的选择。

"半汉"之外，蔡老师治学的另一显著特征就是沟通古今。民国以后，受以分科为科学的影响，治学好分门别类，学者喜称专家，终身株守一隅，通人之学反遭弃置。蔡老师显然信守前辈大家的治学之道，不当专家，要做通人，读完书再做学问。其中西交通史的著作，方面覆盖很多，时段跨度很大，以时下的专家之学衡量，很难明确归到一定的恰当位置。他的诸多论文，时间和方面延展更加广泛。记得曾经参加过一次欧共体多国大学教授与中山大学合开的跨文化研讨会，蔡老师提交的论文《狮在华夏——一个跨文化现象的历史考察》，被用作会议论文集《狮在华夏——文化双向认识的策略问题》的主标题。论文从外来物种狮如何被引入中国谈起，到外来的狮如何演化成为中国在龙以外的另一民族文化象征，从古代至近代，旁征博引，极具穿透力。就相关材料及事实而论，或许可以诸多补充，如近代的睡狮、醒狮演变等，就跨文化传通而言，则不仅提出一个极佳的命题，系统梳理了相关历史的渊源流变，更重要的是用事实联系的正宗比较研究方法，揭示了跨文化传播过程中，因缘各自文化习性的差异，使得传播之物的文化意涵发生相应变异的典型案例。

今人治学，大都做什么只看什么，既未经放眼读书的阶段，先天不足，也不做扩展的努力，后天弥补。有的还侈谈伤其十指不如断其一指，以为专则易精，偏好专家的打洞式研究。实则治史必须整体之下研究具体，没有成竹在胸，专而深的主观努力很容易流于窄而偏的实际效果，不仅可能误将天边的浮云认作树林，即使对象不致混淆，也有可能深陷偏蔽而不自知。有的域外学人，著述很多，方面不少，跨度也大，貌似驾驭力不弱，其实多数只是打一枪换一个地方，所具知识还是点到点，套用的架构则大都源自他国或别科，外行与新进看起来头头是道，实则内行眼中似是而非之处不在少数。而像蔡老师这样治学，广博而不宽泛，精深而不偏仄，其论著均为专精，其背后都有整体，不仅由碎立通，而且碎本身就在通的有序之列，在时下的学术生态当中恐怕已是凤毛麟角。

读书多则出手较缓，蔡老师的主要学术著作，基本上成书于20世纪90年代。耳顺之年，厚积薄发，总量却不少。在一些人认为学术成果变成铅字就是成功的氛围中，蔡老师却一再告诫新进，藏在深闺人未识，可以不断打磨，一旦拿出来见人，就好比钉在十字架上，要经得起无尽的来者反复指摘。这种学术殉道的精神，当为每一位治学者奉为警世箴言。至少在历史学科，出手过早难免悔其少作，与其在少壮时赶鸭子上架，逼迫新进大量出货，毋宁让他们有余暇多读些书，以免成名之后追悔莫及。这样的治学之道，虽与时势不合，仍是不二法门，留下可供后人追寻的途辙。

当今世界的变化可谓日新月异，蔡老师未必均以为然，全能适应。这些变化也不一定都是进化，其中有许多可能只是翻来覆去的踉跄跳跃，而蔡老师始终气定神闲。像他这样的见识通透者，不必一有风吹草动就随之起舞，认定万变不离其宗的道理以及学术的根本所在，所以总是能够以不变应万变。这样的蔡老师，音容笑貌宛如仍在眼前，让我们伴随时代的脉搏剧烈跳动的心绪平静下来。

生前蔡老师不认可立传，所以身后可以树碑，让来者永记。

（作者系浙江大学人文学院文科资深教授）

若徒博物儒还少，绝不凌人德始尊

——追念蔡鸿生教授的文行风范

刘经富

岁末年初，按中医理论正是众生驳脉的节点，对耄耋老人来说是道坎，罹疾的长者更难熬。2 月 17 日（初六），即惊悉中山大学蔡鸿生教授已于两天前辞尘的噩耗，享年八十又八。震愕之余，感喟蔡老厚德及人。按民俗，年三十、初一、初二、初三例不治丧。此后日子走，不仅自己过了一个年，亦为后人留地步。

我手头正在赶写《从客家棚民到文化世家——陈寅恪家族史研究》书稿，本拟待书稿初步完成后再来写蔡老悼文，但逝者已矣，生者动情，近几日因寻检重阅蔡老给我的信札和他的著作，心波涌动，遂掐断案头上事，一鼓作气走笔成篇。魏晋人云，"死生亦大矣"，乃以此追念之文，代絮酒之奠。

我无缘成为蔡老的门生部属，也没有被康乐园书香熏染的求学背景，对蔡老的了解、感受有限。我与他能保持 20 余年未曾中辍的交往，完全依赖共同敬仰陈寅恪这条纽带。以我与他两次见面、几次通信和读他文章的经验，觉得他身上具有一种臞儒气象，纯纯常常，笃厚和易。这一半出自天赋至性，一半来自埏埴陶养，毕竟曾在陈寅恪、岑仲勉等大师的门下亲闻謦欬，又嗜书如命。他的同学谢方说蔡老在读时是一位超级书迷，当时各种政治运动多，真正读书的人寥寥可数。班上多的是足球迷、棋迷、舞迷、小说迷、唱片迷，书迷却很少，像蔡老这样苦读的学生少之又少。除了上课外就是跑图书馆，4 年下来，博览群书。留校任教后仍读写不辍，这为他日后理解和继承陈寅恪、岑仲勉的学术遗产打下了坚实的基础，也为他自己开辟了脱俗求真做学问的广阔空间，使自己的人品性情达到了"精神到处文章老，学问深时意气平"的境界。

我与蔡老初次见面是在 1999 年 10 月中山大学举办的第三次陈寅恪学术研讨会期间。具体谈了些什么已不记得，第一印象他是一位恂恂儒者，有旧时读书人"若徒博物儒还少，绝不凌人德始尊"的风神气度。那时我还在陈寅恪故里——江西修水县文化局工作，那次会议代表 80 多人，只有我一人不是高校、社科院系统的专业研究人员，所以蔡老对我另眼相看，印象不错，签名送了一本他的新著《唐代九姓胡与突厥文化》给我。以我当时的身份地位，这是个重礼。

在以后的文字交往中，愈发钦敬蔡老不轻逞小发己才、见人善唯恐揄扬不及的德行修养。2002 年拙著《陈三立一家与庐山》出版，寄了一本给他。他在 2004 年付印的《仰望陈寅恪》一书中引用了拙著的一条陈寅恪家史材料，书中特为申谢，并寄赠 1 册给我，附函中又表谢忱。书中解释陈寅恪名字读音有点失误，说陈寅恪"恪"字之所以念"却"，源于陈寅恪老家客家方言（该书第 98 页）。我为此写了一封长信，告知他修水客家方言"恪"字不念"却"而念古入声"ko"，现今老家还有 200 个"恪字辈"，都不念"却"。陈寅恪名字之所以有两读，是受北平方言颚化（舌根音 g、k、h 颚化为舌面音 j、q、x）的影响。陈寅恪一北一南两个弟子，都传扬老师老家方言念"却"，恐将误导天下学人。那时年轻气盛，在信里卖弄了一下肤浅的音韵学知识，强调陈寅恪名讳两读问题，还是要语言学家通过方言实地调查来解决。事后也有点担心，会不会触忤前辈，自断人脉。但此后的事实证明自己有点患得患失了，以蔡老久历人事的沉稳、海纳百川的胸怀，不会脸上挂不住。

我于 2002 年承季羡林、周一良先生书面推荐，南昌大学破格引进入校任教。3 年后因无本科学历不能评职称求助于蔡老，他回信说拟通过他在学界的间接关系向南昌大学领导反映推荐我的文史功力、研究成果。不久学校即聘我为校内低职高聘形式的副研究员。

2013 年初，拙著《陈寅恪家族稀见史料探微》出版，按例寄呈

1 本给他。下半年为破格申报正高职称，又请北京大学汤一介先生、天津社会科学院已逾百龄的卞僧慧先生、中山大学蔡鸿生先生写推荐书。3 人都给予了较高评价，为评审顺利通过增加了砝码。蔡老还另外附函，说："广州一晤，未再见面，时在念中。但也经常在报刊上拜读大文，获益匪浅……你为陈氏先人及寅恪先生本人做了许多别人不可代替的工作，可列于'后世相知'而无愧。"告诫我要以平常心对待职称评审，能评上自然好，万一受阻，也要以陈寅老晚年失明犹奋力著书为榜样，存志存气，勇往直前，在陈寅恪研究领域作出新贡献。

2019 年底，拙编著《陈寅恪家族史料整理研究》《陈宝箴诗文笺注·年谱简编》出版，2020 年 4 月 22 日利用到东莞与儿子一家过年的机会，在广州南站下高铁，再乘地铁到中山大学，在蔡老学生章文钦教授导引下，送书给蔡老。他对我的微末成果嘉许不已，并回赠我一厚册《蔡鸿生史学文编》。

2020 年底，拙编《陈三立墨迹选》出版，2021 年 2 月 8 日（阴历腊月二十七）像去年一样带书到中山大学，拟先送书给为拙编题耑的陈永正教授后再去送给蔡老，顺便将自己购买的他的两部书《读史求识录》《学境》请他补题。永正先生告知蔡老住院很久了，乃将书带回，拟待蔡老出院后寄给他。2 月 17 日（初六）傍晚返回南昌家中，循例看"国学"网站，愕然入目中山大学发布的蔡老于初四逝世的讣告，急打电话给文钦兄，请他到蔡府暂设的灵堂代送花圈。文钦兄则建议我撰文纪念，比送花圈更好。

中国的读书人追求"道德文章千古事"。蔡老的专业学问领域是中外关系史，旁及宗教，代表作有《唐代九姓胡与突厥文化》《中外交流史事考述》《俄罗斯馆纪事》《广州海事录——从市舶时代到洋舶时代》《尼姑谭》，对此我不能赞一辞。不过他晚年出版的 3 本学术随笔集《仰望陈寅恪》《学境》《读史求识录》我却能跟上，且有共鸣。如概括"义宁精神"为"二要一不要"：要独立自由，要脱俗求真；不要曲学阿世。极为精炼准确，对理解弘扬陈寅恪的人格有指导意义。对"陈寅恪热"居高不下，炒作放大，也委婉提出过批评，其《仰望陈寅恪·引言》写道："上世纪八九十年代之交，在陈寅恪先生返归道山之后约二十年，所谓'陈寅恪热'不知不觉地出现了。他的'后世相知'，难道会有那么多吗？深知陈寅恪其人、其学的程千帆先生，在一九九六年六月致舒芜函中，作过一个精当的评论：'陈学热'实体现对传统文化关注之心态，非徒重其学术创见也（多数人恐亦不懂他说些什么，但隐约感到他说的一定很重要而已）'。语含微讽，其实是十分中肯的。但愿追星族不会光临学术界，尤其对自号'文盲叟'的陈寅恪，他在生时已'闭户高眠辞贺客'，作古后就更需要安息了。九泉并非热土，让大师回归自然吧。""我想，冷比热好，真知灼见是不会烫手的。"又在《读史求识录》说："热容易引出闹，研讨与炒作大异其趣，纯正的学人当有共识。"（该书第148页）这对我树立"热烈纪念，冷静研究"的观点态度有所启发。纪念是一时一地、某时某地的举措，有时而尽，研究则无时无穷。陈寅恪这样世不多出的大师学者，是我们民族的光荣、学术的骄傲，当然值得纪念，但更重要的是要研究其人其学。只有真正研究透了，才能明白如何去学习寅恪先生，继承发扬他的学问、思想、人格。

季羡林先生在《唐代九姓胡与突厥文化》序言中对蔡老的文笔优美赞赏有加，认为蔡老的文章"潇洒流利，生动鲜明，在当代人文社会科学家中，实属少见"，这从《仰望陈寅恪》《学境》《读史求识录》以及《蔡鸿生史学文编·自序》中可以得到印证。晚年的蔡老，积累深厚，腹笥充盈，发言为文，如洪河泄水，纵横捭阖，庄谐杂陈。古今中外，古典今情，文史哲经，熔于一炉，名言隽语，信手拈来，见道之言，时出机锋。如"桐城派曾云：'三十岁不狂没出息，三十岁后还狂也没出息'"。"乾嘉时代史学大师章学诚曾针砭时弊云：'近日学者风气，征实太多，发挥太少。犹如桑蚕食叶，而不能抽丝。'""黑格尔说：'没有人能够真正超出他的时代，正如没有人能够超出他的皮肤。'""为自己的学业进补，就是要读名著。要读'二陈一钱'（陈寅恪、陈垣、钱锺书）的书，如果你们不愿读，我就要向你们这些研究生灌'二陈汤'，喂'一钱丸'。"对看不惯的社会现象，也会用庄子"正言若反"的文人狡狯幽他一默，如说自己也曾留英赴德（他在"文化大革命"时曾下放广东英德县的"五七干校"劳动 3 年），却没有拿到"博士"文凭，只获得"战士"头衔。这是对高校唯"海归派"博士马首是瞻的揶揄和警示，可以收入"新世说新语"中。

蔡老的钢笔书法也很耐看，线条遒劲，力道老到，寓心迹于手迹之中，反映出他性格中具有坚毅的一面。他为我破格申报正高职称写的推荐书气势贯注，力透纸背，布白匀称。时蔡老已届八秩，犹无懈笔。这是有童子功垫底，蔡老自述他年少时曾练过颜体字。这封推荐书应该是他晚年翰墨的代表作之一。区区一函，虽小道，亦有可观。

末了借用蔡老的《学境》《唐代九姓胡与突厥文化》《广州海事录——从市舶时代到洋舶时代》《读史求识录》《仰望陈寅恪》等几部著作连缀浓缩成一副对联，以概括指代他的重要学术经历和成就、影响。

登金明馆，入寒柳堂，听言侍坐窥学境；探突厥文，考南海事，读史求识仰师门。

2021 年 2 月 21 日（正月初十，蔡老逝后头七）
撰于南昌大学教职工寓舍"积庐"
（作者系南昌大学人文学院教授）

蔡鸿生老师赠我
《徐松石民族学研究著作五种》

黄　铮

只打了一个冒昧的电话，就得到蔡鸿生老师寄赠由他策划出版并作序的《徐松石民族学研究著作五种》，令我这个他40年前的学生感动不已。

事情发生在2004年夏天……

2000年春，广西壮族自治区人民政府根据自治区原副主席、热衷于壮族历史文化研究的张声震研究员和一些壮学专家的建议，决定编纂《壮学丛书》。计划用10年左右的时间，出版约60部上百卷关于壮族历史文化及社会经济方面的著作及资料书。为此，在南宁成立了《壮学丛书》编委会，由张声震任编委会主任兼丛书总主编。广西社会科学院当时设有广西壮学研究中心，广西壮学学会这个学术团体也挂靠在该院，故上级决定将《壮学丛书》编委会办公室设在广西社会科学院。其时，我任广西社会科学院党组副书记、第一副院长，分管全院科研组织管理和对外学术交流，并负责联系院内东南亚所、历史所、壮学研究中心等几个研究所及院刊编辑部。于是，协助张声震主持《壮学丛书》编委会的任务很自然地落到我肩上。我担任了《壮学丛书》编委会副主任兼丛书常务副总主编。

2004年夏天，根据《壮学丛书》的编纂计划，编委会决定将《徐松石民族学文集》的选编提上工作日程，计划在2005年下半年出版该书，同时举行纪念徐松石先生诞辰105周年的活动。徐松石（1900—1999）祖籍广西容县，是集资深教师、牧师、学者于一身的广西文化名人。他的民族学研究成果在学术界有广泛影响，广西从事壮学和民族学研究的学者，许多人在成长的路上都研读借鉴过他的著作。为了推动壮学研究，《壮学丛书》编委会决定将徐松石最有代表性的民族学著作和学术论文结集出版。徐松石先生已于 1999 年辞世，丛书编委会经与旅居美国旧金山徐松石的哲嗣徐双骏先生联络，获得了编纂出版授权。徐双骏还委托在香港定居的他父亲的学生和挚友、多次帮助徐松石出版学术著作的詹益邦先生为代理人，由他负责与丛书编委会具体联络，处理相关事务。

《徐松石民族学文集》计划编入徐松石民族学方面的著作 8 种。此前，广东人民出版社于 1993 年 8 月出版过由中山大学历史学系蔡鸿生教授参与策划出版并作序的《徐松石民族学研究著作五种》（上下册）。鉴于《徐松石民族学文集》将包含广东人民出版社 1993 年版的徐松石著作 5 种，《壮学丛书》编委会和出版单位会商后决定，广西版《徐松石民族学文集》出版时除有自己的"出版说明"和"序言"外，亦将广东人民出版社 1993 年版《徐松石民族学研究著作五种》的"出版说明"、蔡鸿生教授为该书撰写的"序言"，以及徐松石先生的"自序"印于书前。为此，编委会急需得到一套广东人民出版社版《徐松石民族学研究著作五种》作为编辑底本及工作参考用书。

当时我想，蔡鸿生教授既是广东人民出版社版《徐松石民族学研究著作五种》的出版策划人及序言作者，他手头或许会有该书的复本。而蔡鸿生教授是自己在中山大学历史学系读书时的老师，不妨试着联系一下，看能否得到老师的帮助。这个想法提出后，编委会的同志也都认为可以试试。于是我冒昧给蔡老师打了一个电话，自报自己是中山大学历史学系 1966 届毕业学生，并告知广西计划举行纪念徐松石诞辰 105 周年活动并编辑出版《徐松石民族学文集》一事。最后也问老师，手头是否有广东人民出版社出版、老师作序的《徐松石民族学研究著作五种》。电话那头，传来了蔡老师亲切热情带有潮汕口音的话语。老师对广西将做的这件事给予了充分的肯定和诸多鼓励。老师说：广西这样做很好。徐松石先生是研究岭南民族历史文化的著名先驱。他的著作中，论述壮族及壮族相关问题的分量很重。徐松石的母亲属壮族，他自己曾说过，他的躯体中有壮族血液流贯，并引以为荣。广西作为壮族自治区，举办纪念徐松石先生的活动，十分必要。而整理出版徐松石的著作，推介广西本土著名学者的民族学研究成果，缅怀他走过的学术道路，弘扬他的研究精神和研究方法，对于培养人才，提升和繁荣壮学与民族学研究，推动广西民族文化事业的发展，意义重大。蔡老师最后很爽快地说：广东人民出版社 1993 年版的徐松石著作，他手头还有，可以送我一套。他随即记下了我的地址。5 天之后，我在南宁收到了蔡老师从广州寄来的一套《徐松石民族学研究著作五种》。

蔡鸿生老师赠予的《徐松石民族学研究著作五种》书影

此事办得如此快速顺利，令我和编委会的同志们喜出望外。蔡鸿生教授肯定和鼓励的话语，大大增强了编委会同仁将编辑出版《徐松石民族学文集》和举办纪念徐松石活动这两项工作务必做好的决心。同时也激发了我对蔡老师的崇敬与感激之情。说实话，我与蔡老师只是数十年前一般的师生关系，并无个人的交往。我 1961—1966 年在中山大学历史学系读书，1968 年分配到广西工作。在学校时仅在低年级上基础课阶段听过蔡老师讲授世界中世纪史。分"专门组"后，我选择的专业方向也不是由蔡老师指导。加之我个人的性格弱点，课余时间不大习惯去老师家中访问。毕业后又因远在他乡，且忙于各种事务，极少回中山大学拜会老师。所以我和蔡老师并没有个人之间的交往，对他的印象仅停留在中山大学历史学系读书之时。印象中蔡老师是当时历史学系一位很有才华的年轻教师，年龄比学生大不了多少，瘦削干练，才思敏捷，华发早生。他在世界史和中外关系史领域专业功底深厚，知识面很广。据我所知，我在中山大学历史学系读书的几年间，蔡老师在《历史研究》《历史教学》《学术研究》《中山大学学报》发表过不少文章，是当时年轻教师中比较突出的。蔡老师待学生诚恳热情，授课时精神饱满，滔滔不绝。既旁征博引，又能突出重点，且掌握时间恰到好处，我们都爱听他的课。我从中山大学毕业多年之后，进入广西社会科学院工作，到 2004 年筹备编辑《徐松石民族学文集》的时候，我已知道蔡老师此时在史学界已很有名气，科研成果丰硕，师德极好。他的《罗马晚期奴隶起义》《俄罗斯馆纪事》《尼姑谭》《清初岭南佛门事略》《唐代九姓胡与突厥文化》《仰望陈寅恪》等著作相继出版后，好评如潮。我为蔡老师的学术贡献感到高兴和敬佩，也为一直以来未有机会向蔡老师当面讨教感到遗憾。此次通过老师慷慨赠书一事，令我对老师的为人更是万分崇敬。我想，像我这样一个老师并不熟悉的他40 年前的学生，只是冒昧地打了一个电话，就得到了他的热心帮助。这只能归于他对中山大学历史学系毕业学生的出自本能的高度信任，归于他诚恳热情待人，乐于帮助学生和其他需要他帮助的人的良好的职业操守，归于他对著名学者徐松石先生的无比敬重，以及希望徐松石先生的学术成就和研究方法能更多地有益于后人的拳拳之心。

在蔡老师的帮助和鼓励下，广西出版徐松石学术著作和举办纪念徐松石活动的计划进行得非常顺利。2005 年 9 月，《徐松石民族学文集》由广西师范大学出版社正式出版。该书分上下两卷，收入徐松石民族学方面的学术著作《粤江流域人民史》《泰族僮族粤族考》《日本民族的渊源》《东南亚民族的中国血缘》《百粤雄风岭南铜鼓》《华人发现美洲概论》《禹迹华踪美洲怀古》《徐松石民族史研究论文》凡 8 种。前 5 种亦即广东人民出版社 1993 年版的内容，后 3 种为新选编的徐松石著作。其中《徐松石民族史研究论文》收入徐松石的学术论文 9 篇。

广西《壮学丛书》之《徐松石民族学研究文集》书影

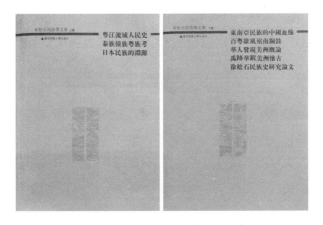

广西师范大学出版社 2005 年出版的《徐松石民族学文集》书影

广西师范大学出版社版《徐松石民族学文集》书前排印的
《广东人民版（1993）蔡鸿生序言》

　　广西师范大学出版社版《徐松石民族学文集》全书总字数为1300千字，采取繁体字横排（1993年广东人民出版社版徐松石著作总字数为720千字，采取繁体字竖排影印）。书前印有广西师范大学出版社的《出版说明》，《壮学丛书》编委会主任、丛书总主编及本书主编张声震撰写的《序言》，《广东人民版（1993）出版说明》，《广东人民版（1993）蔡鸿生序言》，以及《广东人民版（1993）徐松石自序》。由我撰写的较为系统全面介绍徐松石生平业绩的《教师·牧师·学者徐松石》一文也印在书前。文集还有图片插页，刊出徐松石本人及其家庭成员的若干照片及徐松石与广西学者互通信函的图片。《徐松石民族学文集》采取了两种出版方式，一种是按正常方式印刷出版发行，一种是按《壮学丛书》统一设计的封面和格式印行。《徐松石民族学文集》的出版，在学术界和社会上产生了良好的反响。

　　2005年10月，广西"纪念壮学先驱徐松石诞辰105周年学术研讨会"暨《徐松石民族学文集》首发式如期在广西民族大学举行。广西壮学和民族学方面的专家学者、有关部门负责人、徐松石部分亲属及代理人詹益邦先生、徐松石家乡容县的领导出席了首发式及纪念研讨活动。通过这次活动，徐松石这个广西籍著名学者进入了广西各界群众的视线，有更多的人知道了徐松石。同时也鼓舞激励了广西的壮学、民族学研究工作者，大家决心发扬徐松石的研究精神、借鉴徐松石的研究方法，为繁荣和提升壮学和民族学研究水平贡献自己的力量。

　　而这一切，都和故去的蔡鸿生教授——我敬爱的老师所给予的帮助与鼓励密不可分。

　　致敬，蔡鸿生老师！

（作者系广西社会科学院研究员）

"此情可待成追忆"

——蔡鸿生教授著《俄罗斯馆纪事》讨论课发言

茅海建

蔡鸿生先生（1933—2021）去世的消息，是我的学生梁敏玲转告的。我平时不太关心外面的事情，知道消息已是第二天（2021年2月16日）。我突然想到，再过一个星期，也就是今天（2月23日），我们的课程"Seminar：中国近代史研究入门"，恰恰轮到要讨论蔡先生的著作《俄罗斯馆纪事》。我随后写信给梁敏玲和其他与中山大学有关系的学生，提到了大家都熟悉的诗句：此情可待成追忆，一弦一柱思华年。

我们开设的这一课程，每周讨论一本书，其中最重要的内容就是其作者。这一位作者是我40多年前在中山大学学习时的老师。今天的课，我不再多讲《俄罗斯馆纪事》的内容，重点讲一下这一位作者。

40多年前的中国大学和大学里的老师，和今天是很不一样的。我也正想借此机会与大家回顾一下学术史，让你们知道这40多年来一大批优秀学者所走过的路，并由此来观察蔡先生的学术人生。

一、最后一届"工农兵大学生"

我是"工农兵大学生"，1977年3月入中山大学历史学系，1980年1月离校。正式的年级属1976级。当时还不叫大学生，叫"工农兵学员"，是工农兵学员最后一届。

"文化大革命"时，大学关门了。1968年，毛泽东主席写了一个批示："大学还是要办的，我这里主要说的是理工科大学还要办，但学制要缩短，教育要革命……要从有实践经验的工人农民中间选拔学生……"毛主席的这些话，是批在上海机床厂培养工程技术人员调查报告上的，被称为"721指示"。其中有一些内容，当时也有争论，如文科大学还要不要办？学制要缩短到几年？等等不一。

根据毛主席的指示，1970年起，大学开始招生了，从工人、农民和解放军士兵中招生，也包括"下乡知识青年"。到了1973年，又出了"张铁生事件"，工农兵学员上大学的口号改为"上、管、改"（上大学、管大学、改造大学）。"上"大学，自然是向老师学习，但怎么"管"，怎么"改造"？抽象的"大学"是管不了，也改造不了的；具体落实下来，还是教学与管理，即师生关系，那不成了学生"管"老师、"改造"老师？

1976年，我作为"工农兵学员"被保送到中山大学历史学系，正是风云激荡之际，政治形势之变幻有如过山车。至于学校的开学时间，初因唐山大地震而无法入学，推迟至当年10月份，后又因毛主席去世而再次推迟到次年。我还记得报到日期是1977年3月8日，因为买不到火车票，我9日才到。系里办公室的人以为我不来了——很多人给了指标都不去，"上大学"不被认为是人生的好出路。

当时的中山大学只有9个系。文科5个：中文、历史、哲学、外语、政治经济学系，理科4个：数学力学系、物理系、化学系和生物系。没有社会科学的诸多科目，也没有工学与农学。校园基本上是岭南大学留下来的建筑，只是在东区和西区建了一些学生宿舍和教工宿舍。校园是美丽的，关键是没有什么人。工农兵学员的学制是3年，我们入学时只有2000名左右的学生。康乐园的四周是农田。有两条公交线到中山大学南门，一是25路，从文化公园开来；另一条是14路，从广卫路财厅前开来，一直到赤岗。而在中山大学的北门，另有一个轮渡船的码头，十分破旧，还是木制的，看不出是哪年建造的，可以坐船到北京路（天字码头）。车和船开到中山大学时，是空荡荡的。这里是广州的郊区。

我之所以到今天还有这么深刻的印象，之所以要说明当年中山大学的景象，是因为当时中国高等教育正陷于谷底。3 年前，我到历史悠久的仰光大学，看到其系科设置和校舍，感到与当年的中山大学有点像。

然而，我们入学时"文化大革命"已经结束，教育开始回归其本色。也就是说，中山大学历史学系落到"文化大革命"的最低点之后，开始向上走了。

二、了不起的助教

要说中山大学历史学系陷于"最低点"，最重要的事实是，名教授们大多过世了，给我们上课的几乎是助教。我记得，蔡鸿生先生当时也是助教。

中山大学历史学系在 20 世纪 50 年代初的"院系调整"中是"发了大财"的。中国古代史就有"八大教授"，著名者即经常被提到的陈寅恪、岑仲勉、梁方仲、刘节、杨荣国，还有一些大家现在不太熟悉，董家遵、何竹淇、曾纪经，仍是非常好的教授。其他领域也有非常优秀的教授，如陈序经、朱杰勤、戴裔煊、陈锡祺等一大批人。一些副教授后来成为大名家，如端木正、何肇发、梁钊韬、蒋相泽……然而，从 50 年代开始，大学几乎停止了升职称，副教授以上基本不动，本科生毕业留校当助教，60 年代才开始招收研究生。如此算起来，蔡鸿生先生从 1957 年毕业一直到我们 1977 年进去，当了 20 年的助教。听说 60 年代初蔡先生已"拟升"为讲师，不知什么原因，他们这一批升职最后没有算数。

这大约是全世界大学中水平最高的"助教"了。在给我们上课的助教中，有些人的水准不能以职称相论，今天已声名显赫。

当时历史学界还有一个大问题，即要"厚古薄今"还是"厚今薄古"？历史学本来就是厚古薄今的学问。但五六十年代有一个政治性的口号叫"厚今薄古"。这个口号从什么专业讲都有点道理，但放在历史学系会显得别扭。历史学系怎样显示厚今薄古呢？结果是教学内容以近代史为主，以中国史为主，古代史、世界史的教学内容大为减少。蔡先生属世界史教研室，给我们上的课是世界古代中世纪史，正属于"薄"中之"薄"。大约上了不到一个学期，每周两节课，我记得大约是16讲，应当属于"精华"中的"精华"。我的笔记记得比较全，后来搬家搬多了，笔记本也找不到了。

蔡先生上课是有特点的。他只带一张纸或几张卡片，只拿一支粉笔。上课铃响了准时开始，讲完正好是下课铃，也不知他是怎么计算时间的。上课时没有一句废话，板书也有自己的风格。课间休息时，就到系办公室看报纸，不与人啰嗦。他后来写作也是如此，没有废话。还要说明的是，我上大学的时候，课程非常少。我记得第一个学期，一共是12节课，3年6个学期，都是如此，最多时也只有14节课。这大约是教育革命的结果，而当时是6天工作制。

五六十年代的中国史学，从"论从史出"逐渐走到"以论带史"，要引用马克思主义经典作家的语录作为思想指导。蔡先生上课时，先在黑板上写一条马克思、恩格斯、列宁的语录，讲一下语录，然后再往下讲历史内容。我不知道他怎么能把引用的语录和所讲的内容对应得这么准，可见他对马克思、恩格斯、列宁文集读得比较熟。我也不知道这一教学方法是否为蔡先生自创，系里许多老师采用同样的方法。还有一点很重要，就是马克思、恩格斯、列宁讲世界古代中世纪史的话是比较多的。蔡先生的这一方法，很多老师想学也学不了。姜伯勤先生用同样的方法上课，先写一条语录，然后再展开。但姜先生讲的是两汉魏晋隋唐史，他的语录总是找得不太准——马、恩、列没讲那么多与汉唐相关或相近的话，毛主席讲的也不多。叶显恩先生刚开始上课时也引用语录，后来干脆就不引了。你们在《俄罗斯馆纪事》里看到引用的经典语录，要知道是那个时代的文风。

梁碧莹教授当时从北京返回中山大学，跟我们1976级一起旁听了全部历史学系的课程（大多是助教上的），用她的说法叫"回炉"。据她称，这些课要比"文化大革命"前她上的课更有内容，对蔡先生的课也很赞赏。她是有条件、有能力去比较的。

那时正是一个学术转折、走向成长的起端。

三、北京图书馆的"晒蓝"复写

美丽的康乐园中的生活，并不美丽。知识分子属"臭老九"，非常穷。中山大学的生活条件也比较差。学生宿舍是 6 个人一间，没有空调、没有电扇也就罢了，还经常没有电，每个星期总有几个晚上停电，要用蜡烛和煤油灯。炎热的天气，让我一年中有半年觉得头脑昏沉沉的。

蔡鸿生先生的宿舍就在我们学生宿舍前面，是老房子，应是岭南大学时期盖的，一间很小的房间。他那时非常瘦，头发却全白了。我们当时不知道他的准确年龄，也不便去问，从精神状态来看，说他 30 岁也可以；从全白的头发来看，说他 60 岁也有人信。我们多次见他在楼道里点个煤油炉烧东西吃，大约就是下个面条之类。当时的广州，营养不良是非常严重的问题，想要有点小改善，只能靠煤油炉。煤油是当时的必需品，还要用来点煤油灯，照明看书，用蜡烛会贵不少。吃的是粗茶淡饭，穿的是破旧暗淡（白色的圆领汗衫，当时在广州有个很雅的名称，叫"文化衫"），大学老师穷得叮叮当当。我过去受电影、小说影响，以为大学教授们西装革履、杯觥交错，这一感觉虽经"文化大革命"而有所减弱，但到了中山大学之亲见，仍多有吃惊之处。我们最初见到蔡先生，已经 40 多岁了。后来听说他娶的是湖南妹子。那时候女孩愿意嫁给这样的人，真有好眼力。谁会看得上这种人？又老又穷。

我当时是历史课的课代表，与各位任课老师的联系比较多。我时常到蔡先生宿舍去，看到煤油炉、煤油灯，还看到了北京图书馆（今中国国家图书馆）的晒蓝复写本。

当时的中山大学图书馆仍是非常"贫困"的，没有多少书。蔡先生研究世界中世纪史，要找相关的资料，多难啊。广州的两大图书馆，中山图书馆（今广东省立中山图书馆）和中山大学图书馆，又有多少俄文、英文的著作？非常可怜。

我们读书的时候，沙俄侵华史是显学，在北京、上海和东北各省，有专门的写作组，组织一大批人翻译俄文材料。蔡先生属单打独斗，是"独狼"。他的关注点在边缘，在别人不注意的地方。他没有资料条件，就利用"馆际互借"，即通过中山大学图书馆向北京图书馆去借。北京图书馆作为国家图书馆，藏书本来就比较好，中苏友好时期更进了一大批俄文书。蔡先生那个时代的大学生，要学俄文。他的英文估计在中小学学的，大学只能学俄文。他能看俄文书，甚至能看古俄文。但在那个时代，别说去俄罗斯了，他连北京也去不了——火车票很难买，招待所很难找，更有研究费之短缺。而"馆际互借"的手续非常多，很麻烦，书籍要保价挂号寄来寄去。他遇到中山大学图书馆的一个"好人"——蔡先生是认真做研究的，热心学术的图书馆员很愿意为这类"痴迷学术"的读者服务，而北京图书馆也对中山大学图书馆特别开恩。这些是免费提供的服务。通过这类服务，蔡先生借到了他所需要的资料。然而，有些图书可以馆际互借，有些图书却不外借，期刊论文更无法借，当时又没有静电复印技术，还要运用一种古老的技术——"晒蓝"。

我在他的宿舍里，看到他用晾衣服的夹子夹住几张纸，挂在墙上。一个夹子是一个文件，看上去一片蓝色。我问这是什么东西？他说叫晒蓝本。我们现在讲的"蓝图"，就是将图纸画出来，用晒蓝去复写，真的是"蓝"色的"图"。我由此第一次知道"馆际互借"，第一次知道晒蓝复写。书借不出来，期刊论文借不出来，北京图书馆就根据所需要的页码，晒蓝复印出来，再寄给读者。这样做的成本是很高的。你们现在看到的《俄罗斯馆纪事》，蔡先生就是利用这种方式，一点一滴地来解决资料的难题。

我还要插入我个人的经历。我在中山大学三年级的时候，因写毕业论文，由老师写条子，可以到中山大学东区图书馆看书。这是供研究者使用的。我在那里看到了许多新中国成立前的期刊论文和当时比较贵重的书，其中包括夏鼐先生关于太平天国的著名论文。我重点阅读的是《明实录》，当时全国图书馆也没有几部。我是一个"好读者"，开馆即入，闭馆方出。有时我忘记时间，馆员也不催，等我还书后再下班。我因春节长假，图书馆不开，馆员"违反"规定，将《明实录》10余册外借给我。叶显恩先生春节到我宿舍慰问，看到桌上的《明实录》大惊，称他自己都借不出来。我后来才知道这位馆员是端木正教授的夫人姜凝老师。我一生多次在图书馆、档案馆享受过这类"优待"的服务。

《俄罗斯馆纪事》是蔡先生七八十年代的著作（出版会晚一点）。当时集体写作的多种《沙俄侵华史》，许多已不再闪耀，而这部书有如沙中之金，长存其价值。我多次阅读这部书，解决了我的许多思想问题——为什么俄国人可以兵不血刃地侵占中国的许多利益？为什么俄国人可以有效地控制其新占领的远东和中亚地区？其中最重要的原因在于情报，在于学习，在于研究，在于俄罗斯的东正教驻北京教士团和随教士而来在北京学习满文、汉文的俄罗斯学生，在于俄罗斯的大学、科学院的国家研究力量。这一类长期积累的知识，才是俄罗斯展开其外交手段和进行殖民统治的基础。由于资料条件和研究条件的限制，蔡先生的这项研究只能进展到这一程度，无法继续走下去了；但这部书中提出的许多问题，已经成为或将会成为后一代学者研究专著的题目。由此而显示出作者的问题意识——都是那些需要研究、需要解决的真问题。这不就是"预流"吗？

我在华东师范大学研究生毕业时，有一个重要的要求，就是要去北京。我要看档案，档案是无法"馆际互借"的。今天的资料条件是三四十年前无法想象的——最近10多年互联网和电子书的发展，使得澳门大学与中山大学的资料条件差距不大；今天的研究条件也是三四十年前无法想象的——我在最近的4年去了两次蒙古国和俄罗斯。我曾坐大巴从喀尔喀蒙古的库伦（乌兰巴托）经恰克图到布里亚特蒙古的上乌金斯克（乌兰乌德）；我曾坐火车从北京经二连浩特到乌兰巴托，用现代交通手段观察了"商队茶"的行走路线。我也曾到过涅瓦河畔的圣彼得堡国立大学和俄罗斯科学院东方研究所（远东研究所）——都是18、19世纪的优秀建筑——想亲沾"王西里"等人的余泽，但未能如愿。我还专门去了喀山，看过当年著名的东方学研究重镇喀山大学。到了这些地方，我都会想到蔡先生，他没有机会来到此地。如果他有这么好的资料条件和研究条件，又能放射出何等的光芒？《俄罗斯馆纪事》这部书，是蔡先生在身体与思想双重"饥渴"时期的研究成果，了解了这些背景，方知其难能可贵。

我在中山大学读书的时候，恰是蔡先生的"华年"，而煤油炉、晒蓝本，不就是那些"弦"、那些"柱"吗？

四、"良史"的传统

蔡先生是在世界史教研室讲授中世纪史的，以当时和现在的条件，要想做出点成绩来是很困难的。他过去写过突厥的文章，虽有俄国整理的史料，文中的汉籍史料成其亮点。到了中年和晚年，他从中俄关系史接续其西域史的研究，再转向社会文化史、海洋史。从具体转向来看，决定性的因素是他手中的史料。而引导他的基本精神，却是中山大学历史学系"良史"的传统。

我到中山大学读书时，名教授们虽已逝去，但他们的学术精神仍在留传。当时"文化大革命"刚刚结束，陈寅恪、岑仲勉等一大批学者的著作与事迹还不能公开宣扬，却一直在私下流传。我们听说过"八大教授"和"教授的教授"，听说过刘节先生以弟子身份拜年（行大礼）和金应熙先生白天写批陈的文章、晚上学陈的思想，见到过东南区1号楼和"白色小道"。端木正教授跟我说，他当时作为"牛鬼蛇神"而关在"牛棚"里，听到陈寅恪先生去世的消息，向"军宣队"（解放军毛泽东思想宣传队）请假，要到灵堂上祭拜一下；"军宣队"很不能理解，也没有批准。陆键东先生写《陈寅恪的最后二十年》，其中的许多内容，我们当时听说过。梁承邺先生写《无悔是书生——父亲梁方仲实录》，许多故事虽是第一次听说，但与我们心中梁方仲先生的形象极为吻合。在我们的感觉中，"反动学术权威"打而不倒，"白旗"虽然拔了，余风仍在飘荡。至于教导我们的"助教"们，我们知道姜伯勤是岑仲勉的研究生，叶显恩是梁方仲的研究生。陈寅恪没有招研究生，胡守为先生是系里派的助手。而陈寅恪先生当年在家中走廊开课时，许多老师和学生去听课，但讲着讲着，听者越来越少（大多属听不懂，也有不走白专道路者），其中能坚持下来的，有年轻的蔡鸿生和年老的梁方仲。陈寅恪自名其舍为"金明馆"，蔡先生当属"金明馆弟子"。这类"弟子"的称谓，现在看来有"攀龙附凤"之嫌，而在当时似乎不怎么值得炫耀。

什么是中山大学历史学系"良史"的传统？往高处说，即是陈寅恪先生《赠蒋秉南序》中所言"未尝侮食自矜，曲学阿世"；而落到实处，即"见之于行事"，则可见于陈、岑诸先生的著述，内容大多是中国"中世纪"史，其基本点在于不空论，有史料，有独立的分析。蔡先生中年到晚年步入陈、岑之学术轨道，研究范围也从世界中世纪史转向广义的中国"中世纪"史，偏向于广义的"中西交通史"，具体落实到"九姓胡""昆仑奴"甚至"康国猧子"。他与姜伯勤先生原本就是朋友，后成为相互砥砺的同行。蔡先生曾赠我一册《唐代九姓胡与突厥文化》。我到现在也看不太懂其中的内容，毕竟与我的研究相距甚远；但他书中体现出来"良史"的传统，我却是理解的。我在中山大学历史学系读书时，没有一位老师告诉你什么是"考证"，告诉你要注重事实。等我到华东师范大学做研究生时，导师陈旭麓先生是做史论的，我却告诉他，我受中山大学的"影响"要做"考证"。陈先生很愉快地同意了。我今天自己也说不出来，那种要做"考证"的"影响"是从哪里得来的，很可能是受教于这批高水准的"助教"而潜移默化。

由此来观看蔡先生的学术人生，正因为遵循着这一"良史"的传统而步履坦荡。由此还可以观看蔡先生培养学生的方法，他晚年有一个题目是"广州海事"，而"洋画"（江滢河）、"巴斯商人"（郭德焱）、"市舶太监"（王川）这些论题非常实在，论述的结构（史料与分析）非常结实，可以长存，是打不倒的。而这些著作中体现出来的作者的学术追求，不正是得"良史"之传授吗？

五、细节的分量

现在的中国历史学界是著述大爆炸的时期，每年会出版数以千计的"专著"和数以万计的"论文"。而这些"专著"和"论文"的基本特点，就是题目非常大，主旨非常高，史料支撑和分析能力却显得不足。我经常看到30多岁甚至还不到30岁的学者，敢说我60多岁的老头都不敢讲的话。

准确地说起来，蔡鸿生先生是在"文化大革命"结束后才真正进入到学术研究阶段的。这是我们这一代学者的幸运，与他们那一代几乎是同时期起步的；只是蔡先生他们是老师，我们这些人是学生。也因为如此，我们这一代人可以观察和理解他们这一辈人的学术人生。

随着蔡先生的学术志向越来越壮大，其研究内容却越来越细化。如果说《俄罗斯馆纪事》仍是一个"小题目"的话，他具体考证来华俄罗斯学生的姓名、俄罗斯馆的地理位置与馆舍情况，则是更小的题目。至于谈到"苏联科学院东方研究所列宁格勒分所"所藏《石头记》抄本（"列藏本"）上的两个"洪"字，很可能是在俄罗斯馆担任满文或汉文教习的清朝下级官员（或雇员）"洪约瑟"的姓，由此再推论，此书很可能是洪约瑟送给第11班俄国学生帕·库尔梁德采夫的礼物。那是更细更小的分析，很难谈得上其中的伟大意义。

由此再来看中国的学术史。作为学院派的中国史学，自然以北京大学、清华大学、燕京大学等大学的历史学系（和中文系、哲学系以至社会学系）的建立为开端。这是西学的影响。然而在大学里的教授，许多人在东西洋受过训练，也有许多是纯种的"土产"。以中央研究院人文组第一届院士为例，多为西洋训练出来的博士（或硕士）；仍有受西学训练较少的张元济、余嘉锡、柳诒徵、陈垣、杨树达等人，他们多在历史学界。陈寅恪先生游学日本、欧美，学术观念与研究方法多受西学的影响，心中仍有"成效当乾嘉诸老更上层楼"的"少时所自待"。岑仲勉先生更是如此，传统的文史之学是心中的最爱，虽做过小官，但进入大学体系之后，即沿旧途快步行走而硕果累累。以中山大学历史学系而言，陈寅恪、岑仲勉等一批"良史"作家，虽有向西方学习的一面，但对传统学术（尤其是清代考据之学）是不隔的。就当时的中国而言，众多希望继承中国史学（文学）传统的学者，心中仍有一座需要攀登的大山，即清代考据之学。就连号称"全盘西化"的胡适之，也拾起了传统的题目——戴震和《水经注》——尽管其动机有所不同。至于陈寅恪的好友杨树达，一生学问追随清学先贤，内心的感受是一条一条的，所做的学问也是一条一条的，自称"积微翁"。

蔡先生自称是"识小"，然而最好的历史学家也必须从细节出发。清代学者即是榜样，从细节出发，有了心得写一条，看到材料注一笔，最终才创造出丰硕庞大、牢不可破的结论。这是清代学术的特点，也是优点。蔡先生自称"不贤"，心中是"追贤"。他所宗法的陈寅恪、陈垣、岑仲勉诸前贤，又何尝不是从细节出发。尤其是陈寅恪先生晚年著述，几乎专注于细节。当然，这与他"失明膑足"的身体状况有关。

蔡先生"识小"时期，恰是中国史学界"宏大叙事"时期，一大批大部头多卷本的著作陆续出版。"阿世"的"曲学"自不待言；多人合作的巨著中，不少篇章里水分多，亦有"侮食"之嫌，即缺乏"专业精神"。在史学发展的道路上，每一位史家都是过客，关键是给后人留下了什么。宏大的，往往留不下来，而那些细小的，常常会留下来。细节的特点，是能够坐实，也就是不做空论。

由此来看蔡先生的学术人生，越往学术殿堂的深处走，越注重"识小"。蔡先生对自己的学术旨趣做了很多说明，即毋以小而不为。我个人以为，"九姓胡"也罢，"尼姑谭"也罢，"广州海事"也罢，现在还不是确定其学术价值的时候，要看后人的研究对他的继承和扬弃，如同《俄罗斯馆纪事》一书那样。当他的研究成果最终被后人消化或推翻时，题义自然会变得很大，成为学术史上的 milestone（里程碑）。

六、德行惠人

梁敏玲告诉我，刘志伟教授曾在中山大学旁的书店里，拍摄了一张蔡鸿生先生背影的照片，称绝大多数中山大学历史学系师生心目中的蔡先生形象即是如此。书生本色、学人本领亦是如此。

蔡先生是一位真学者、好老师，但不是很有名。圈内的同人很尊敬他，出了学术圈，就是一个平常的老人。他说话、写文很平淡，不用激烈的言辞，只有谈到陈寅恪、陈垣、岑仲勉等先辈，语气才会变得激昂起来。44 年前我进中山大学，41 年前我离开中山大学，之后又见过他几次面，我忘记了，大多在公众场合。我曾经有两次写信给他，要求单独汇报。他非常客气，一次约在我住的中山大学西区小招待所，一次约在永芳堂，语气平和，对我多有鼓励之语。我在北京大学教书时，即已开设"Seminar：中国近代史研究入门"这一课程，每次尽可能邀请讨论书目的作者出席；但我开设此课程的 20 多年中，多次将《俄罗斯馆纪事》列入讨论书目，却从来不敢去请蔡先生，甚至也没有告诉他：一方面是他的年事已高（实际上比他年高的我也请过）；另一方面是他为人谦虚低调，肯定会拒绝我。这 40 多年来，他就是这样平静地度过自己的人生，学问做得朴实，为人非常正直，生活中并没有太多的浪花。

然而，正是在蔡先生的平淡人生中，让我看到了他的内心追求，感到了他的人格伟大。在"文化大革命"结束之后 40 多年的学术史中，正是有一大批如同蔡鸿生教授那样的学者，让学术的火焰长存而不熄。这是我经历过的年代，亲眼所见中国学术从最低谷一步步地向上走。我在这里讲蔡先生的学术人生，同时也在讲中国学术史。只有在这么长的学术史中，你才能看出，蔡先生身上表现出来的是一种"德行"，其魅力可以"惠人"，给人以向上的力量。"君子人欤？君子人也。"

我很年轻的时候，读过李商隐的一首诗《锦瑟》：

> 锦瑟无端五十弦，一弦一柱思华年。
> 庄生晓梦迷蝴蝶，望帝春心托杜鹃。
> 沧海月明珠有泪，蓝田日暖玉生烟。
> 此情可待成追忆，只是当时已惘然。

当时觉得诗写得真好，没有刻意去背诵，却深深留在脑海里。我听到蔡先生去世的消息，这首诗很自然地从脑中流了出来。蔡先生亦是这样，宁静与淡泊，让你平时似乎感觉不到，却会深深留在脑海里，德行惠人。当我告诉江滢河我们今天要开讨论课时，说了一句"沧海月明珠有泪"。

　　蔡先生是 89 岁去世的，也算是高寿了。他的人生并不亏屈。他自己的书已经捐给广州图书馆了，又跑到图书馆、书店里去看书。在书店里，你只能看见他的背影，看不到他的脸。而这样的背影，才是激励后来的学者继续向上走的精神力量，自然就会看到"蓝田日暖玉生烟"。

2021 年 2 月 23 日讲于澳门大学历史学系

3 月 7—9 日修改

（作者系华东师范大学历史学系教授）

老来事业更辉煌

——怀念蔡鸿生老师

伍　跃

蔡老师远行之后的次日，刘志伟学兄传来了蔡老师在学而优书店检阅架上书籍的照片。看到那熟悉的背影和花白的头发，实在难以控制自己的感情。在遥望南天的同时，昔日在康乐园求学时的情景也涌上脑海。

一

作为追忆，我再次展读了1982年夏天蔡老师寄来的一封信。

这封信一共3页，写在20×18的中山大学稿纸上。我们在校期间，曾多次去生活区的商店买这种稿纸，因此非常熟悉。由于时隔多年，包括信封在内，保存得尚算完整，但已经泛黄，并开始有些发脆。

离开母校之后，我进入北京大学，毕业后曾奉职于北京图书馆（今中国国家图书馆）。以后又东渡他乡，进入京都大学。毕业之后，又从京都到大阪任教。

2002年8月9日与蔡老师（左）合影于康乐园东南区1号前（姜伯勤摄）

在将近 40 年的时间内，我曾数次搬家，但是这封信却一直伴随在我的身边。我自己也说不清楚为什么始终将它带在身边，或许仅仅是出于保存文献的职业习惯或个人癖好。随着一次次的展读和自身年龄阅历的变化，我终于逐渐体会到这封信中蕴含着的精神力量！

3 页纸中的一页是蔡老师用漂亮的俄文写下的学术著作书目。信中开出的 4 种著作中，我只查到了其中一种，就是下方写着那几个歪歪扭扭的字的那一种。我猜想，蔡老师或许会感到有些失望。

另外两页是信札本文，兹将主要部分过录于下：

伍跃同志：

七月六日信收悉。您入学虽仅半年，但已得到不少在中大所无的新认识，这就是一个新的起点。祝前程似锦。

谢谢您上次代查书目。其中《突厥文碑——中亚史料》一书，因北图已外借，今尚未能寓目，总有一天会借到的。随函附上俄文书目一份，烦到北图查查，如有入藏，请标明书号寄回。俄美公司是东印度公司式的殖民公司，我在这里只能读到零散史料（美国出版的档案，我已到国外设法购置），只知轮廓，未明细节。商务将于年内出版奥孔《俄美公司》一书，是三十年代的著作，也稍嫌旧了。

来信提及我那本小书，是十八年前的旧稿。记得当时一脱手，我就去"四清"了。如今再看，真有隔世之感。

北大有寅恪先生的传灯人，他的著作自然也会得到高度的评价。至于中大，不过是他老人家"栖身岭表"（他的话）的落脚地，曾留下足印，可有几人去踏勘?! 我有幸听过他讲一年"元白诗证史"，至今仍在时时翻阅他的文集，带着凭吊的心情，不是在研究。《金明馆丛稿二编》中那篇《王静安先生遗书序》，概括了王国维治学的三条经验，实际上也是寅老的现身说法。

君自岭南去，当知岭南事。号称"羊城"，特有洋味；号称"花城"，也特有花花世界的浮光。十三行在这里，十三陵不在这里。嗟夫，"食在广州"！近年虽也办起书市（当时您尚未毕业），但总不如花市热闹。

我仍住老地方，诵《陋室铭》。据说，已列入搬家名单，何时才搬，由他去吧。

……

问近好。并祝

健康

蔡鸿生

七月十九日

红烛同志：

×月六日信收悉。读之字字级半年，但已间断少去中大所有的新认识，这就是一个新的形象，故首将从略。

谢之编上次的查书目。其中《突厥文碑—中亚史料》一书，因北图之外借，今尚未能寄回，须有一天会借到的。随此附上译文书目一份，烦你北图查查，如有入藏，请按此书于寄回。伊斯兰习见之词与汉语词的强义与词，我在这里与阅读此零散史料（美国出版的档案，可是我图外可设法购置），只知轮廓，未知细节。商务于年内出版克孔《伊斯兰词》一书，只三十元的书价，也精装的了。

未能找到那部未小书，是十八讨章的内程，这仍当呼一脱手，研就去"四海"了。如今再启，真有隔世之感。

北大有宝塔先生的传灯人，他的弟子当世会加那多姿的译注。而于中大，我还只他友人家"捷身苍茫"（他的诗），的苦痛地，只索之光印，只有几人是曾勋到！都有等听老他讲一定之的译证史，如今仍似听着翻阅他的文集，著君是书的心境，还是在研究。《全唐馆仁程二海》中那两高《主辞安之中些书物，超天托门主国难论学的二年困检，宋学上些实在的深刻切实。

君自岭南来，书知岭南事。于称"羊城"，也许有洋味；于称"花城"也好有花之世界的灵光。十三行在这里，十三喷水在这里，呼其，"我在广州！"远望是工业城市诸味逾城举？出。迎上是的花市即南。

那何待老长方，请《画家铭》。技艺，又引人撇家在草，每点才撇，由他去吧。

向正好，开放

健康

蔡□□　×月+九日。

北京

东城　银闸胡同20号

伍　肖　同　上　收

中山大学

广州　康乐

二

我是 1978 年 2 月，自己用一根扁担挑着被褥等简单的行李，作为 1977 级的一员进入母校历史学系的。1982 年初毕业离校，转赴北京大学攻读硕士研究生。离开母校之后，和蔡老师有过书信往返，其间多是奉命代老师在北京图书馆或北京大学图书馆查找研究所需的外文学术著作。在网络工具尚未发达普及的 20 世纪 80 年代，除了去图书馆翻查卡片之外，恐怕没有其他办法得到书目信息。当时有些图书馆对于某些特定类别的图书甚至不允许读者自行翻查卡片。相比之下，北京图书馆和北京大学图书馆的卡片目录基本上是完全公开的，实在是方便不少。当年，不仅是蔡老师，我还为其他师友略效过查找书目、代借代邮的微劳。从北京大学骑车 1 个小时进城去北京图书馆查书确实是一种知识的享受，我也由此学到了一些在教室未曾学到的东西。

我在给蔡老师的信中除了禀报查找书目的结果之外，还汇报了进入北京大学第一个学期的学习感想。蔡老师信中关于"寅恪先生的传灯人"和王国维的部分就是针对我的汇报而言。

当时，北京大学历史学系在邓广铭先生主持下，强调史学基本功训练和通史教育。进校前，因为读过收录在《金明馆丛稿二编》中的《邓广铭〈宋史职官志考证〉序》，知道陈寅恪先生称赞邓先生是"他日新宋学之建立"的"最有功之一人"。在史学基本功训练方面，邓先生特地请来杨伯峻先生为我们讲《论语》。在通史教育方面，要求学生在本人的主攻方向之外，必须选修其他断代史的课程。进校后第一个学期，我选修了王永兴先生的读书课，指定的教科书是白文的《大唐六典》。熟悉学术史的同行知道，王先生是陈先生在清华大学最后一段时期的教学助手。王先生在讲解时有自己的精辟见解，并结合文献对《隋唐制度渊源略论稿》和《唐代政治史述论稿》中的相关部分进行解说。我自己觉得在这门课上既受到了阅读原典的基本训练，而且也开始萌发了研究制度史的想法。记得王先生要求严格，过录和标点史料的作业取百分制，如果出现文字或标点错误，一律各扣一分。我记忆中，似乎无人被扣至负数，大家保住了颜面。此外，还选修了周一良先生的魏晋南北朝史。周先生自己在回忆录中说，在燕京大学攻读研究生期间，曾经与同学一起去清华大学"偷听"陈先生讲魏晋南北朝史，感觉好似听了一出杨小楼的拿手好戏。相信是"偷听"学到了真功夫，我自己感觉周先生将魏晋南北朝时期乱哄哄你方唱罢我登场似的历史变化，分析得清清楚楚，尤其对南朝历史的说明把我们带入到如痴如醉的境域，确实是引人入胜！一起听讲的胡宝国学兄走出教室之后，连声叫好！现在来看，恰似听了一场王佩瑜拿手的老生戏，非常过瘾！周先生在讲课中，多次提及陈先生的见解，如北周、北齐等对日后隋唐制度的影响，然后在此基础上说明自己的观点。我已经想不起当时是怎样向蔡老师汇报自己的学习情况和感受的，估计是讲到上述两位先生在授课中对陈寅恪学说的阐述，故蔡老师在回信中除了勉励鞭策之外，还有关于"栖身岭表"的一番议论。

　　蔡老师在信中提到了《王静安先生遗书序》，这篇文章也是当年北京大学诸位先生希望我们能够背诵的，至少是其中关于治学经验的部分。对于刚刚走入校门的我们来说，以较高的标准指示门径，实在是非常重要。这就是取法乎上、仅得为中的意思。蔡老师说，陈寅恪"概括了王国维治学的三条经验，实际上也是寅老自己的现身说法"，即"取地下之实物与纸上之遗文互相释证"，"取异族之故书与吾国之旧籍互相补正"，"取外来之观念与固有之材料互相参证"者也。陈寅恪在数十年之前指出的"吾国他日文史考据之学，范围纵广，途经纵多，恐亦无以远出三类之外"的论断，已经得到了历史的证明。蔡老师谦虚地称自己是"有意求法，无术传经"（《仰望陈寅恪·稿竟说偈》），但在我看来，老师传经有术，以身作则，身体力行，实践着陈寅恪总结的上述治学方法。蔡老师在近代以前俄中关系史、以唐代粟特和突厥文化为中心的中外交流史、岭南地区佛教史、以广州为中心的海域交流史，以及历史学的研究理论和研究方法等领域留下的专著和论文中，我们都可以看到这些治学方法贯穿始终。

蔡老师信中对"可有几人去踏勘"陈寅恪留在岭南的"足印"的感慨，每个人或许有不同的解读。但是，只要是熟悉那一段历史，或者稍稍认真读过蒋天枢先生的《陈寅恪先生编年事辑》以及黄萱先生回忆文章的人，就可以感知其中包蕴的意涵和力量！透过蔡老师使用的"?!"号，似乎可以看到掩在字面背后喷涌欲出的情感！而所有这些都转化为冷静求真的治学动力。信中虽然说自己是在"凭吊"，"不是在研究"，这些恰恰体现出季羡林先生称赞的"诚悫、纯朴"（《〈唐代九姓胡与突厥文化〉序》）。

三

蔡老师信中提到，在 1982 年夏天还在和家人"诵《陋室铭》"。此处的陋室是指母校东区的东二宿舍中一个小小的单人间，与我们居住的学生宿舍仅隔一条小路。那幢长方形的红砖楼房是岭南大学时期的建筑，东、南、西各有一个出入口，恍惚记得南面入口上方还隐约可见"某某堂"字样。因年久失修，乏人打理，楼顶的绿色琉璃瓦之间长满茅草，称之为茅舍亦不为过。加上广州四季湿润，校园植被葱郁，真有些"苔痕上绿阶，草色入帘青"的模样。我不知道该建筑原来的用途，我们在校时被用来作教工宿舍。那个楼房的建筑格局是所谓的筒子楼，中间是过道，两边是房间。过道两侧堆满了各种生活用具，各家各户炒菜煮饭就在自己房门外的过道上，可谓一家爆炒，全楼闻香。楼内弥漫的气味可以说是菜市场与大排档的大汇集。长年的烟熏火燎，致使无从辨认过道墙壁原来的颜色。广州夏季炎热，昼夜的室外气温常在正常体温之上。当年没有电风扇，更不知空调为何物。其实，夜晚若能有电照明已经堪称是相当奢侈。我记得那个年代挑灯夜读的灯几乎是煤油灯，买不到煤油的时候就用蜡烛"然脂"读书。我到母校读书前住在北京四合院的平房，对楼房＝洋房有着莫名其妙的憧憬。不过，看到东二宿舍内部的情况时，我不禁联想到明清小说中常常可以看到的"穷书生"和

"穷塾师"，怎么也不能和"华南第一学府"的"大学教员"画上等号。

蔡老师的房间是一楼最西面紧靠入口的一间，我印象中房间面积比我们7个人一间的学生宿舍大不了多少，堪称斗室。老师和我们坐在一起，真是到了"促膝"的程度。简单到不能再简单的生活用具已经占去了大半空间，一张小小书桌几乎和我们学生宿舍的桌子差不多大小，一个谈不上起眼的书架，在桌边和墙边放着一些书籍，其中有不少俄文的学术著作。墙上有用晾衣服的夹子夹住的一些纸张，不知是资料文稿，还是学生作业。这里虽无"丝竹之乱耳"，但是各种生活噪音却是不请自入，至于"案牍之劳形"则是确确实实的写照。主人以"斯是陋室，惟吾德馨"的精神，在陋室中"调素琴，阅金经"。在我等勉强可算"白丁"的后生小子之外，一定有不少"鸿儒"曾经造访。我想，"鸿儒"中有相当一部分人在当年应和蔡老师一样，是以积极求进的心态，生活在这种心目中"何陋之有"的陋室之中。每每想到这一点，就觉得刻印在脑海中的这一幕不仅是对刘禹锡那篇名文的现实注解，更凸显了那一代中国学人的强韧与坚卓！

我记不得最初因为什么事和同学一起去了蔡老师的斗室，总之从那以后就常常去求教打搅，往往一聊就到了第二天凌晨。学术话题之外，我们还在一起关心过容志行领衔的中国足球队能否冲出亚洲。当时，蔡老师多数时间一个人生活。远在湖南的师母前来探亲时，就坐在一边静听。有时夜深之后，还为我们准备一些简单的夜宵。在我的记忆中，蔡老师和师母从来没有对我们下过"逐客令"。现在想来，当年的我等实在是乳臭未干，不谙世事，全然不顾及老师的私人空间和备课工作，甚至也根本没有考虑到老师的经济负担——那时的老师们大多收入微薄。在一次次夜语长谈中，最最打动人心还是蔡老师言谈中的睿智与渊博，运用自如的古典与今典。恰如刘志伟学兄所说，东二宿舍的那间陋室已经成为我们的共通记忆。

四

和那个年代的许多人一样，蔡老师的生活可称"清贫"。我印象中，最初见到蔡老师是在历史学系召开的师生见面会。会议主持人对所有教员均称为"老师"，没有使用教授一类的称谓。蔡老师最初给我的印象是脸色不好，加上微微的驼背，看上去已经过了耳顺之年，以为是很快就要停年退休的"教授"，至少也是"副教授"。当某位消息灵通的同学从教工名簿上发现快要"停年退休"的这位老师不过还是一名助教（好像在我们毕业前升到了讲师），于是宿舍中不免有过一番月旦春秋。

我原来印象中的大学教授，或是用包袱皮抱来一堆线装书，或是从考究的皮包中拿出一本讲义。但是，蔡老师的课彻底颠覆了我的固有观念。最初来给我们上一年级的世界通史课时，蔡老师只带一张纸，这就已经让我大开眼界。更神秘的是，老师有时还带来一个布口袋。这个口袋有时是空的，有时好像装着什么。最初总也搞不清是用来做什么的，因为蔡老师讲课虽然留下思考题，但是从来不收作业，故这个口袋不可能是用来装作业的。后来有同学在生活区的粮食店发现蔡老师用那个口袋买米，于是揭开了大家的谜团。我自己也多次看到蔡老师背着米往返在宿舍——教室——生活区的身影。那个背影与刘志伟学兄传来的蔡老师在学而优书店看书的那张背景虽然相距数十年，但在我脑海中完完全全地重合在一起！

应该说，这种为了学术，默默地忍受着生活上巨大压力的情况应该是上一代不少学者的共通体验。但他们并没有因此怨天尤人，在相当困难，"只能读到零散史料"，甚至享受电灯照明都成为奢侈的年代付出了现在常人难以想象的努力，为后人留下一座座学术上的高峰。每念至此，不免汗颜！

蔡老师思维深邃，尤善融会贯通。他在信中对"羊城"与"花城"、"十三陵"与"十三行"的寥寥数语，言简意赅地说明了一个城市的文化特征。在讲课时也是这样。离开母校时，我带走了全部的听课笔记和读书笔记。但是，现在怎么也找不到蔡老师讲授世界通史古代史部分和俄中关系史时的听课笔记了。蔡老师讲课印有讲义，但是每次讲的内容几乎是讲义上没有的，即便有也不过是短短几个字而已。蔡老师讲课仅带纸或卡片——这种做法在我目下服务的学校恐怕要被点名通报，进入教室之后先将前面提到的米袋放在门边的角落，然后开讲。开讲时，蔡老师先在黑板上写下今天的题目，然后就是以沉稳的语调一气呵成，间中看一下带来的纸张或卡片，遇到重要的名词另外写有板书。这种讲授方法对于我这个刚刚离开高中、做笔记只会照抄黑板上板书的人可谓是相当痛苦。蔡老师讲课十分生动，除了说明重要历史事件的经过和历史人物之外，用了很多时间进行分析，甚至与中国古代史中的某些史实进行对比。尤其感到新鲜的是，蔡老师用"人类在童年期的近似性"说明古代东西方世界中一些看似相近的历史现象，使我觉得很容易理解，也开始感觉到学习历史，尤其是作为学术的历史学，虽然需要把握年代、史实、人物等基本要素，更重要的是"发覆"，要学会看懂读透历史文献传递的讯息。

尤其印象深刻的是那门课的考试。当时，在我的理解中，考试是闭卷，而且教员不停地在教室内走来走去，履行监考的职责。但是，蔡老师那门课考试时，记得只有一道问答题，而且允许我们参考讲义。考试开始，他本人在黑板上大书考题之后（我印象中好像是关于古希腊和古罗马的问题），就离开了教室，待到考试快要结束，他才又悄悄地走进来。而且，当时的教室中即便监考老师不在，同学们都是专心致志地解题，没有人交头接耳，更无人借机取巧。说老实话，我个人至今依然十分怀念70年代末期至80年代前期校园中的学术氛围。

我们在校期间，已经进入解放思想、改革开放的新时代，在上课和其他场合已经没有必要动辄马恩列斯毛。也许是顾及我们曾经受到过的教育，蔡老师常常用我们这一代十分熟悉的列宁《青年团的任务》中关于"无产阶级文化应当是人类在资本主义社会、地主社会和官僚社会压迫下创造出来的全部知识合乎规律的发展"的主张，鼓励我们广泛阅读，并在课程中和闲谈时介绍了不少欧洲的近代思想家。他自己就是这样身体力行的。多年之后，当我读到他引用海涅对路德的评价，看到《仰望陈寅恪》引言中"只有精神才能认识精神"（黑格尔）时，依然觉得好像身处昨天的教室或昨晚的陋室。从蔡老师的著述中，我们可以看出他十分熟悉"异族之故书"。以后，当我接触朝鲜史籍和翻译夫马进关于朝鲜燕行录的论述时，就想起蔡老师早在上课时已经利用来华朝鲜使节的燕行录，描述过京城玉河桥边俄罗斯馆的情况。除此之外，蔡老师对"吾国之旧籍"也十分熟悉，诗文佛经，可谓信手拈来，运用自如。我相信，其中有母校历史学系大师云集时代，尤其是在金明馆的熏陶，更多地一定是源自他本人在陋室中的苦"阅金经"。

蔡老师信中说，自己在岭南"只能读到零散史料"。我初读到时感觉语中透露出一丝苍凉与无奈，以后则深深地感到，在这些平易文字的背后有着一股锲而不舍的精神力量！也是对我们的勉励与鞭策。以远居南国之身，爬梳北地乃至西北、中亚的史料，在今天或许已经是稀松平常，在那个年代实属不易。我自己曾经设想，如果蔡老师在精力旺盛之年不是去"英德留学"（蔡老师原话），如果……的话，一定会有一部全面论述近代以前俄中关系史的巨著，该书构成老师名山事业的一个组成部分，指引后人继续登攀。

信中提到的"那本小书"是商务印书馆于1981年出版的《罗马晚期奴隶起义》，我购入时的定价是人民币一角八分。按照蔡老师的说明，该书脱稿于出版前18年，即1963年。此时的蔡老师刚到而立之年。次年，"四清"运动开始，以后的情况就是众所周知了。蔡老师看到该书出版时已经是接近知天命之年。进入还历之年以后，蔡老师多年的积累陆续结实，其中《俄罗斯馆纪事》（广东人民出版社1994年版）、《尼姑谭》（中山大学出版社1996年版）、《清初岭南佛门事略》（广东高等教育出版社1997年版）和《唐代九姓胡与突厥文化》（中华书局1998年版）完成于60到69岁，《仰望陈寅恪》（中华书局2004年版）、《中外交流史事考述》（大象出版社2007年版）、《学境》（中山大学出版社2007年版）、《读史求识录》

（广东人民出版社 2010 年版）完成于 70 岁以后，在 2018 年更以 85 岁高龄出版了《广州海事录——从市舶时代到洋舶时代》（商务印书馆）。我没有仔细计算过蔡老师全部著述的字数，但仅就管见所及，上述这些发表于 60 岁之后的著作很可能占一生著述的绝大部分。蔡老师身体力行，真真正正地做到了"老来事业更辉煌"。

工作之后，我又数次晋谒。此时，蔡老师已经搬入了新的教工宿舍。印象最深的一次是在 2002 年暑假期间的 8 月 9 日，承蒙老师和师母招待家庭便饭之后，蔡老师提议散步去康乐园东南区 1 号——陈寅恪故居。好像是蔡老师打了电话，姜伯勤老师也过来一同前往。途中听蔡老师讲述当年修读"元白诗证史"的情景，听他讲助教黄萱——他在"英德留学"时的"战友"，讲到黄萱的夫君周寿恺，讲到蒋天枢先生为保存、整理老师著作付出的辛劳等等。虽然有些在蔡老师的文章和其他一些文章已经读过，没有什么"爆料"可言，但听到那带有体温和情感的娓娓叙述，还是令人情难自禁。

记得最后一次晋见是 2012 年 3 月 14 日在永芳堂一楼，获赠老师的《读史求识录》。返程途中，读到老师关于"学者最难得的气质：甘于寂寞"的论述。在老师的说明中，寂寞是一种定力，是一种他人难及的精神境界。我想，这正是老师自己多年的经验之谈，老师就是在寂寞中读史，在读史中求识，在求识中为我们留下了必须永远珍视的精神财富。

永远怀念蔡鸿生老师！

2021 年 2 月 17 日草于乐音寺

同年 4 月 5 日再订，时值清明后一日

（作者系大阪经济法科大学国际学部教授）

回忆与蔡鸿生先生的交往

韩 琦

2020 年 12 月 24 日，从江滢河兄处得知蔡鸿生先生因胃穿孔已经在 ICU 救治的消息，令我惊愕不已。此前听说先生肠胃不好，但是见到他时虽身体有些消瘦，精神却是矍铄。接下来的几天心中常常挂念，不时向滢河兄探问，唯有默祷蔡先生能早日康复。然而先生多日未能转回普通病房，即有不祥的预感，2021 年 2 月 15 日接到滢河兄发来先生去世的噩耗。我痛悼良久，先生的音容笑貌，仿佛时时仍在眼前。而今蔡先生离开我们已经半年有余，一直想提笔写点文字，记录下近 20 年来与先生的交往，但一直没能完稿。暑假中静下心来，重读先生的论著，与先生交往的点点滴滴记忆犹新。

就个人的学术经历而言，在欧美和日本的访学，打开了我国际学术交流之网，开拓了我中西关系史研究的视野。而 2001 年在香港大学的访问以及此后在香港城市大学的经历，则是我学术生涯的另一个重要转折，身在岭南，自然也对澳门史、香港史乃至广州的历史产生了浓厚的兴趣。香港各高校收藏了大量近代中西交流史的论著和史料，特别是大航海以来至晚清有关澳门和香港的专著，而且可以馆际互借，借阅十分方便。

2002 年 12 月起，应香港城市大学张隆溪先生的邀请，在跨文化研究中心做了为期 7 个月的访问，有机会翻阅了广州和澳门史研究的诸多论著，读到了蔡鸿生先生主编的戴裔煊先生 90 诞辰纪念文集《澳门史与中西交通研究》，其中收有多篇有关中西交流史的佳作，蔡先生的《王文诰荷兰国贡使纪事诗释证》一文和江滢河兄有关康熙年间葡萄牙贡狮的论文令我印象深刻。蔡先生的文章写得好，凝练精要，立论高远，令人手不释卷，回味无穷，这是我对蔡先生论著的最初印象，因此也萌生了到广州拜访先生的想法。

香港是中西文化交流的重要场所，学人经常到访，学术活动频繁。城市大学位于九龙塘，交通便利。在港期间，得到区志坚博士的热情引见和介绍，时常步行到浸会大学参加学术活动，并结识了多位研究中国近代史的先生。2003 年 2 月 17 日，我到那里旁听近代史研究的讲座，巧合的是，会后聚餐，同桌的还有中山大学历史学系的赵立彬博士，于是我顺便向他问起蔡先生和章文钦先生的情况，他特别提到蔡先生深受学生的爱戴和欢迎，平添了我对蔡先生的景仰之情。

当年 6 月 23 日，我首次访问中山大学，哲学系的张贤勇博士专门接我到历史学系永芳堂见立彬兄，在那里初遇蔡先生的高足江滢河博士，便冒昧地请他联系蔡先生，希望有机会向先生当面请益。第二天下午，即专程到永芳堂拜见先生，章文钦先生和江滢河博士陪同。首次见到蔡先生，不免有点紧张，就像赶考的学生，心里十分忐忑。但先生即至如温，几句寒暄，如沐春风，紧张的气氛随之消失。先生侃侃而谈，从 3 点多钟开始，一直聊了 3 个多小时。先谈到了他研究《尼姑谭》"三姑六婆"的起因，随后的话题多集中在陈寅恪先生，特别是陈先生在唐代政治史和制度史方面的贡献，陈先生与 Arthur Waley 的交往，以及陈先生被批判的前因后果。蔡先生思路敏捷、逻辑清晰，极其睿智、渊博和幽默，给我留下了深刻的印象，顿生无限敬仰之意，大有相见恨晚之感。之后蔡先生送我他所编的《广州与海洋文明》《澳门史与中西交通研究》等 3 种著作，这正是我一直求而不得的。

此后我就与蔡先生、章先生、滢河兄以及中山大学的许多朋友建立起良好的关系，能得以时时叨扰先生，请益求教，实是我一生之大幸。

同年 10 月 28 日，我和台湾清华大学周维强博士趁到澳门开中西关系史会议之机，途经广州。第二天下午应章文钦先生之邀在中山大学演讲，题目是《奉教天文学家和礼仪之争》，讲座由章先生主持，蔡鸿生、林悟殊、林中泽诸先生还特意来捧场，让我颇为惊喜和紧张，听讲的还有蔡先生的弟子周湘博士，以及研究生 30 余人。

演讲结束后，蔡先生做了认真的点评，对我的研究给予了诸多鼓励。没想到的是，蔡先生还专门把他的评论写成文字，以《关于立论的分寸感》为题，发表在他的《读史求识录》上，这也是蔡先生文字当中唯一提到我的地方了，与有荣焉。蔡先生还送我《唐代九姓胡与突厥文化》《清初岭南佛门事略》两书，让我日后的中西关系史学术视野，从明清延伸到唐代。最令我难忘的是，蔡、章两位先生还特意陪同我和周维强博士瞻仰陈寅恪先生故居金明馆，现身说法，此情此景，仍历历在目。蔡先生向我们生动讲述了他当年听陈先生讲授《元白诗笺证》之故事，陈先生如何在衰残老病中在学海"夜航"，创造出精神生产的奇迹，以及"文化大革命"期间狂热的红卫兵小将在楼下敲锣打鼓，隔空批判陈先生的场景，让晚辈对陈先生晚年境遇有了真切的了解。晚上章文钦先生请客，蔡先生、董少新和周维强等人在座，相谈甚欢。

此后的岁月，每逢春节或其他节日，我都会致电问候蔡先生，或趁便向先生请教，或听先生讲述学界往事和治学心得，令我受益匪浅。蔡先生每次见到我，只要有新作问世，都会赠送给我，并签上名，写上日期，它们现在已成了我藏书中的珍本。蔡先生知道我对明清中西关系史感兴趣，有时还会找出旧作相赠。记得2004年10月中国社会科学院历史研究所50周年所庆，国内史学家汇聚一堂，蔡先生应邀出席并作报告，我当时躬逢其盛，聆听先生和其他学者的报告，那天他还专门带来了《俄罗斯馆纪事》赠与我，让我感动莫名。

因为蔡先生和中山大学同仁的缘故，近20年来，我到广州的次数也多了。不仅能在永芳堂或寓所向他请益，也有机会多次在学术会议期间见到蔡先生的身影，与先生对话，当面请益，总有茅塞顿开之感。2004年11月，福建师范大学林金水先生在武夷山主办中西关系史会议，有幸见到蔡先生和章文钦、林悟殊两先生，并一道畅游武夷山。2006年11月，香港历史博物馆召开罗香林先生百岁诞辰的会议，也有幸与蔡鸿生先生和黄时鉴、章文钦等先生再次相聚，蔡先生告以《俄罗斯馆纪事》一书修订本即将出版。2013年9月，广州大学召开"广州十三行文献研究暨博物馆建设"学术讨论会，蔡先生、章文钦先生也到会。最后一次在学术场合见到蔡先生则是 2018 年 10 月，在中山大学岭南堂召开的纪念戴裔煊先生的会议上，蔡先生声情并茂地回忆了戴先生的为人和学术成就，在场的人无不动容。

蔡先生在金明馆求学虽然只有 1 年，但陈寅恪先生的熏陶和耳濡目染在蔡先生身上留下了深深的烙印。陈先生"动人心弦"的讲解给蔡先生留下了深刻的记忆，"所憾知识准备不足，领悟未深，有负师教。不过，细雨润物，听者是难免会被默化的"。（载《中山大学学报》）陈先生的研究主要集中在隋唐史和明清史研究，蔡先生的研究领域之时代也颇为相近，横跨中西 1000 多年的历史。依我个人浅见，陈寅恪先生诸多学生中，最具灵气并能得其学术真传的，蔡先生是其中之一。

蔡先生在许多论文中，多次总结了陈寅恪先生的治学特点，而这些特点也完全反映在蔡先生的论著上。在《仰望陈寅恪》一书中，蔡先生指出陈先生在史学方面的"发覆"之功和史学魅力之所在，强调陈先生的"覃思妙想"。同样，蔡先生的著作中也不乏哲理性的思考，并将之上升到学理的高度。和陈寅恪先生一样，蔡先生的研究，通过扎实的案例研究，恢复了隋唐乃至明清时期中西文化交流的诸多面向，从中可以看出他对陈先生衣钵的继承。他写《尼姑谭》，受到陈先生治学方法的启发，后来又写《清初岭南佛门事略》，也是依陈先生的路数，只是人物对象不同。

蔡先生特别强调治史要有世界眼光，他在《蔡鸿生自选集》自序中特意引用了陈寅恪先生在《吾国学术之现状及清华之职责》一文中语重心长的话："今世治学以世界为范围，重在知彼，绝非闭户造车之比。"在蔡先生看来，唯有如此，才能克服"小农意识"，"安于一隅，不屑知彼，往往会沦为'乡曲之学'"。正是秉承陈先生的教导，蔡先生在诸多领域是"有所前进的"（借用《蔡鸿生自选集》中自谦语）。

蔡先生不仅注重原始资料的研读，也非常关注国外研究和最新动态。大学期间，学习了 3 年俄文，留校初期教授世界中世纪史。对俄文的熟练掌握，使得先生能够借此从事突厥史的研究。先生不时通过馆际互借和朋友的帮助，吸收外国学者的成果和最新动态。先生在学而优书店背影的照片，同样让我们看到一位长者对学术新知锲而不舍、孜孜以求的精神。蔡先生对历史的学理化也倾注了许多心血，他十分关注西方学术名著的研读，并化为自己的学问，在他所引文献中，我们可以看到黑格尔、维特根斯坦等人的著作都在他参考之列。先生还向我道及，他曾和法国著名学者谢和耐、勒高夫有一面之交，对法国年鉴学派也十分关注，还和学生一起研读布罗代尔的著作，对中外史学理论的借鉴，无疑是蔡先生学术出神入化的关键所在。

众所周知，陈寅恪的唐史诸"稿"，含有有待修正补充之意。同样，蔡先生也颇为自谦，并追随陈先生的榜样，自己论著书名也有模仿之意，在《清初岭南佛门事略》一书后记中他这样写道："作者无力为它作全景式的记述，仅就所知所感，片段立言，无甚高论。书名《事略》，寓有略其所不知之意，无非是一种藏拙的策略罢了。"蔡先生无论在书中，还是在与我见面时，都强调要多读二陈一钱的著作，他的这部论述岭南佛事的书，探讨明清之际宗教、文化地理，无疑也受到陈垣先生《明季滇黔佛教考》的影响。

蔡先生治学领域十分广泛，涵盖唐代蕃胡的历史文化、市舶时代的南海文明、清代广州与海洋文明、俄罗斯馆与中俄关系，以及岭南僧史和尼史；不仅关注"两道二西"（"西域道""南海道""西域""西洋"），而且融会贯通，从事胡商蕃客异同之比较。他注重人的历史，兼顾精神文化史和物质文化史。认为只有通，才能识。要有整体观，"要坚持全景式的思维，把历史过程化"。蔡先生认为自己的学术领域"不今不古，非洋非土，其客观的规定性就是要立足中国，放眼世界，考察不同时期双边互动的历史情景，尤其是两种异质文化从接触到交融的情景。略人所详，详人所略，是我一贯坚持的著述原则"。他还自谦地写道："可惜悟性不高，一直未能深入学境的腹地，至今仍然是一个碌碌的'边民'，无任何前沿意识可言。"（《蔡鸿生自选集·学术自传》）蔡先生"甘于寂寞"，沿袭陈寅恪先生的治学范围，践行陈先生的治学方法，在诸多领域作出了开创性的贡献。不仅如此，蔡先生勤于教书育人，奖掖后进，在中外关系史诸领域，造就了一批出色的人才，薪火相传，绵延不绝。

蔡先生尊师重教、诲人不倦，也许是因为他"按个人治学的习性，惯于进窄门，走小路，找陌生人交朋友"（《蔡鸿生自选集·学术自传》），才乐于提携像我这样在跨学科边缘徘徊的后进。先生是一位十分谦虚的学者，每当我向他汇报读书心得，或是国外游学新见之时，先生总是鼓励有加。2008 年上半年，我作为 Mellon 基金的访问学者，在剑桥大学李约瑟研究所访学，在英国意外发现了伦敦皇家学会主席 Joseph Banks 与十三行行商潘启官二世的往来书信，这段往事正好可与先生所写《清代广州行商的西洋观》互为补充。先生此文谈到了十三行行商潘有度的《西洋杂咏》，特别提到了千里镜等西洋物品，为研究鸦片战争前夕国人对西洋物质文化的认识独辟了蹊径，给我留下了深刻印象。回国后，我马上向蔡先生做了汇报，蔡先生听后对这一新发现十分欣喜，并补充说早在康熙时代就有和尚吟咏望远镜的诗歌，让我眼睛为之一亮。蔡先生还特意叮嘱我以后要多多联系，互通信息，这正是一位长者对晚辈的厚爱与期望。

蔡先生对晚辈一向十分关爱，2005 年 1 月，当我们全家到广州，蔡先生得知后专门设宴招待，并邀请林悟殊、章文钦两先生陪同。2019 年 9 月，当我决定调到浙江大学工作，需要两封推荐信，我马上想到了蔡先生，并请滢河兄代为面请。蔡先生当即答应，并在 3 天之内写就，请滢河兄快递给我，信中对我多有溢美之词，读后令我十分感动。听闻蔡先生允诺写推荐信之后，我也在第一时间致电表示感谢，没想到这次长谈之后，我竟再也未能向蔡先生请教。

蔡先生长逝，一位杰出的学者和史学家从此陨落，我也因此失去了一位和蔼可亲、可以时时请益的尊敬长者，每念及此，辄怅然叹息。我此生虽然没能作为蔡先生的入室弟子，但一直以私淑弟子之礼待先生，真心感念先生的谆谆教诲和提携之恩，并以先生的为人、治学为楷模。愿先生的著述，能历久而弥新，与天壤而同久，共三光而永光。

（作者系浙江大学人文学院历史学系教授）

承前启后，继绝扶衰

——怀念蔡鸿生先生

李锦绣

2021 年 1 月 22 日，我收到张小贵的微信："蔡老师最近身体很差，已在 ICU 月余，林老师特意指示要向您汇报。"我深感震惊。因为蔡鸿生先生一直在科研第一线，发表的文章思路清晰，新见迭出，无法想象他在重病中。我默默祈祷蔡先生能战胜病魔，转危为安，也祈盼奇迹发生。2 月 16 日早晨，在微信群中看到蔡先生于 15 日去世的消息，心中伤悲，也难以置信，匆忙写一条短信发给小贵和林英："惊悉蔡鸿生先生驾鹤西去，不胜悲痛。先生得寅恪先生真传，通古今之变，治中西之学。继绝扶衰，坚守弘扬；承前启后，存义宁之一脉。斯人已逝，斯业千秋。望节哀保重。也请向林老师及蔡先生家属、弟子转达哀悼之意。"18 日，小贵又发来了 2014 年我和蔡先生在陈寅恪先生故居中的照片，往事历历在目。先生音容犹在，却再也不能向先生拜谒请教了。

我在研究生期间读过蔡先生《突厥法初探》《论突厥事火》《唐代九姓胡贡品分析》《陈寅恪与中国突厥学》等文章，对蔡先生研究"塞表殊族之史事"[1] 的方法和国际视野，心向往之。但真正走近蔡先生是在 1994 年以后，源于我读他和王永兴先生的通信。

20 世纪末到 21 世纪初，王先生与师友通信频繁，来自广州的信函也很多。在这些书信中，蔡先生的信令我印象深刻。蔡先生的字潇洒大气，每次从邮箱中取信，不看信封上的落款，就知道是蔡先

---

① 陈寅恪：《朱延丰突厥通考序》，载《寒柳堂集》，上海古籍出版社 1980 年版，第 144 页。

生写的。在信中，蔡先生和王先生畅谈学术，激扬文字，对史学著作及学界思潮直抒胸臆，时激昂慷慨，时深达幽微。蔡先生信中谈的最多的，是陈寅恪先生。对义宁之学，蔡先生有真知灼见。如在1998 年 9 月 22 日的信中，蔡先生写道：

> 寅恪先生的著作，是近代学术的瑰宝，正在日益显示其自身的光辉。他的精神体现在著作中，不能抽空，不能割裂。去神存貌之说，尽管含糊其词，实则是为了抹掉义宁之学的灵光，必当为识者所不取。寅恪先生一生，经历过家变、国变和病变（失明膑足），心灵上有重大创伤，是完全可以理解的。后人对他，应有"了解之同情"。因此，必须认真地而不是马虎地，将他的感情领域与理性领域分开。不要因其诗歌中流露的悲苦、怀旧情调，就认为他的整个心境是灰暗的，其实，他在理性上的清明，是一直到死还洞彻透明的。即使是"燃脂暝写"的《柳如是别传》，我也认为"其基本倾向并非怀旧，而是面向明天"①。

这是对寅恪先生的"真了解"，足以照射"俗学"之陋。又如在1998 年 9 月 2 日信中，蔡先生通篇谈寅恪先生独立精神、自由思想：

> 接八月八日手教多时，先生指出的问题，也时绕脑际。一句"文化遗民"，恐难概括寅老思想之全部。数十年来，寅恪先生一直坚持"守伧僧之旧义"，这个"旧义"，大有新意，其核心似乎就是"独立自由"和"中体西用"，表现出对新文化的探索和追求。
>
> 自"陈寅恪热"兴起以来（"热"是当代人的说法，寅老

---

① "其基本倾向并非怀旧，而是面向明天"，为蔡先生《"颂红妆"颂》（胡守为主编：《〈柳如是别传〉与国学研究》，浙江人民出版社 1999 年版）文中之语，参见蔡鸿生：《仰望陈寅恪》，中华书局 2004 年版，第 12 页。

中山大学宗教文化研究所　　地址：广州市

永兴先生：

　　再示故悉。贵校先生已出院，在家疗养，他说已读尊著大半，甚佩。我当将尊意转达，请他从容阅读，不要过于劳神。他表示感谢。

　　寅恪先生的著作，是近世学术的瑰宝，正在日益显示其明日的光芒。他的精神体现在著作中，不能抽空，不能割裂。舍神存貌之说，只会令人糊其词，实则是为了抹掉文字语言的灵光，此当为识者所不取。寅恪先生一生，屡遭家变，困苦而病变（失明膑足），心灵上有重大创伤，是完全可以理解的。后人对此，应有"了解之同情"。因此，他须认真地而不是马虎地，把他的感情领域与理想领域分开。万要因其诗歌中流露的悲苦、抑郁情调，论断为他的整个心境是灰暗的，其实，他在理想上的清明，是一直坚定延伸向遥明的。即使是"揩脂抹黛"的柳如是别传，我也认为其意是不向昨天怀旧，而是面向明天。

　　锦清法师大著作的序，华老南发《晚唐东南序》中的劳义，发人之所未发，极高致意。

　　中秋节将到了，祝先生与锦清法喜。

　　又及

　　蔡鸿生 98.9.22.

蔡鸿生先生书信，1998年9月22日

倒是"冷"的），有些人不是从其著作中求其精神，只是就其行事方式做文章；又有些人主张学寅老的学问就够了，似乎他的精神不合时代精神，已经落伍了。对此，我均不敢苟同。寅恪先生的精神与学问融为一体，把两者割裂开来，就是肢解陈寅恪。《唐代政治史述论稿》论李商隐在牛李党争中的命运后说："深有感于士之自处，虽外来之世变纵极分歧，而内行之修谨，益不可或缺也。"这里提出的处世原则，仍有它"跨世纪"的意义。

今天，21 世纪已经过去了 20 多年，蔡先生对寅恪先生精神风格的阐发，仍闪烁着光辉，仍可"示来者以轨则"。对寅恪先生史学渊源，王先生撰文提出宋学渊源之说，蔡先生深表赞同，在 1998 年 5 月 24 日信中，蔡先生说：

> 寅老重史识，非乾嘉诸老所有，于宋儒史学中求之，并非来自构想，而是得自寅恪先生著作中的"内证"。

这也为王先生的"宋学说"提供了补充。

除学术思想的讨论外，蔡先生和王先生交流分享寅恪先生的资料和研究信息。如 1996 年 11 月 4 日的信中，蔡先生写道：

> 我于 9 月底应瑞典隆德大学和英国牛津大学之邀，前往访问、交流，10 月份在欧洲，前几天才回来。
>
> 在牛津大学中国学术研究所，见到《元白诗笺证稿》的初版线装一册，是寅恪先生寄赠的，上书："魏莱先生　寅恪"六字，是师母代书的手泽，睹书思人，不胜感慨。

在异国见到寅恪先生遗物，蔡先生极为珍视，特意写信告诉王先生。数十年后再读此信，仍能深切感受到跃然纸上的蔡先生对寅恪先生的深情。

王先生和蔡先生都致力于弘扬义宁之学，竭尽所能推进义宁之学研究。2000 年是寅恪先生诞辰 110 周年，王先生几年前就开始擘画，编辑"纪念寅恪先生诞辰一百一十周年丛刊"。向蔡先生约稿，蔡先生欣然应允，拟仿日本学者桑原骘藏的《蒲寿庚考》，撰写《辛押陁罗事迹》。王先生筹划的丛刊共 9 种，但却无力支付大量出版费用。蔡先生来信安慰：

关于纪念寅师丛刊一事，知先生甚费心力，令人感佩。我想，成事在"天"，如难以同时推出，则也不妨分批出版。但无论如何，先生关于寅师史学渊源之专著，一定要带头于纪念之年按时间问世。拙稿屡蒙关注，但启动缓慢，愧对前辈。如分批出版，拙稿可排在最后，鱼贯登场可也。（1997 年 5 月 26 日）

王先生听从了蔡先生的建议，放弃了在一个出版社以统一格式出版的计划，将已完成的著作，在不同的出版社单独出版，王先生的《陈寅恪先生史学述略稿》即在北京大学出版社出版。虽然没收到群体推出的效应，也多少表达了学生对老师的感念之情。蔡先生则积极筹划召开纪念寅恪先生的学术会议，在 1999 年的信中，蔡先生多次谈到研讨会的筹办情况。3 月 25 日，蔡先生告知："年底敝校开陈寅恪先生学术思想国际研讨会。"4 月 13 日，蔡先生写道："学术研讨会的邀请通知，谅已寄达。十一月是广州的最佳季节，日暖风和。届时先生偕锦绣同志同来，我们一定会周到接待，并恭听教诲。"7 月 2 日，蔡先生又写道："近日又开了一次筹备会，进一步落实十一月研讨会有关事宜，顺此报知。"11 月 27—29 日，"纪念陈寅恪教授国际学术研讨会"在中山大学岭南堂召开，我当时在英国，王先生由其子珠群陪同参会。会上，王先生和蔡先生多次深谈。回京前，蔡先生与林悟殊、王川到王先生居住的黑石屋话别，谈至深夜 11 点多。这是王先生最后一次外出开会，而黑石屋的畅谈，成为王先生难以忘怀的温暖回忆，多次和我提及。

王先生半世坎坷，常对浪费了最宝贵的 20 多年而抑郁愤慨。蔡先生同情惋叹，常加安慰。如在 1999 年 4 月 13 日中，蔡先生委婉写道："当年留得青山在，今日才能大放学术花。"这样的情深意切文字，让日渐老病的王先生，心情为之一舒。

蔡先生对学生关爱有加，信中也常提及其得意弟子。如 1994 年 11 月 27 日信中，蔡先生写道："林悟殊弟现居泰国，近作《琐罗亚斯德教与古代中国》，将在台湾出版，顺此告知。他在国内时，曾屡蒙先生指点、关照，感激之情，至今未忘。"1997 年林老师回国，来京开会时驾临寒舍，回广州后，蔡先生也来信说了林老师来京的感悟。

蔡先生对我的研究也多有鼓励。1996 年 2 月 8 日，蔡先生写道："《唐代财政史稿》上卷 1—3 册，我已从书局购得并阅读部分章节……但愿下卷早日面世，以成完璧。"蔡先生还对我的文章提出意见，并激励我有大志向，潜心治学。我读着这些书翰，沉浸在这纯洁得近乎透明的学术世界，感动、感激的同时，蔡先生在我心中的形象也亲切起来。

第一次亲承謦欬在 2004 年。历史研究所为庆祝建所 50 周年，举办了一系列学术活动，其中一项是每研究室邀请一位知名学者来做学术报告。我所在的中外关系史研究室邀请的是蔡先生。10 月 15 日下午，蔡先生提交的论文为"唐代社会的穆姓胡客"（后收入了会议论文集《中国史研究》2005 年增刊），我忝为评议。蔡先生的会议论文，是他研究中亚绿洲城邦文明的继续。与灿若星辰的康国、安国、史国胡相比，穆国胡其名不显，研究者也寥寥。蔡先生关注到穆国靠近东伊朗、波斯化高、衔接粟特与伊朗的特点，结合史籍和出土文物，考释了杜环《经行记》中穆国的记载，钩稽了 7—10 世纪的史籍文书中出现的穆姓胡客，描绘了穆国的历史面貌和穆姓胡客在唐代社会的活动，并进而对中国粟特学研究发展方向提出高屋建瓴的设计。蔡先生的论文非常精彩，显示了蔡先生治学的深厚功力和中西兼通的造诣。杜环《经行记》学者多耳熟能详，但蔡先生的考释独辟蹊径，大量使用中亚考古出土文物资料，令人耳目一新。我最惊叹的是对"画缸"的考释，蔡先生指出这是双耳彩绘陶罐，举出了土库曼斯坦盖乌卡拉佛寺遗址出土这种高 46 厘米的陶罐，器身描绘了骑猎、欢宴、卧病和入殓图案。当时还没有投影仪等电子设备，蔡先生将布罗金娜主编的《早期中世纪的中亚》一书带到了会场，给我们展示了"画缸"的图版，让人印象深刻。在展示图像之后，蔡先生继续提出这种陶罐的生产问题，指出盖乌卡拉佛寺遗址有陶窑 14 座，可见其陶器生产颇有规模，能够满足当地居民每岁相献之需。资料发掘到这里，对《经行记》的注释可称完善了。接着，蔡先生展示其钩沉索引之功，蔡先生并没有用电子检索（当时也不完备），而是通过研读史籍、笔记、诗文和出土文书，辑录了10个穆姓胡客的在唐行迹，并对每一个胡客的社会活动进行了概述、评议。这种评议文字并不多，寥寥数笔，画龙点睛。如通过穆昭嗣被称为"波斯"，指出唐人心目中的"波斯"，"无非是类型化的独特概念而已"；在穆刀绫条，指出在唐代的"优语"，往往是政治性笑话等，都是隽永清新的史实。对我最有启发的是通过穆沙诺"以献为名"被留宿卫一事，揭示唐后期"西域朝贡酋长及安西、北庭校吏岁集京师者数千人，陇右既陷，不得归，皆仰鸿胪礼宾，月四万缗，凡四十年，名田养子孙如编民"，穆沙诺也是这类"胡客"而已，先生以小见大的论述，使我重新思考贞元时的李泌改革，也对唐代的朝贡制度有了更深一层的理解。但蔡先生并没有停留在这些考论上，他还提出了胡裔和胡族的概念区分，并就如何深入研究九姓胡历史文化，贡献了自己的思考：其一是时间上移，由隋唐上溯到北齐和北周，从长时段考察商胡贩客的活动；其二是地域向西，把阿姆河外的胡姓城邦及其与"行国"（游牧民族）的关系纳入视野之内。这种长时段、广地域、多文明的研究视角，对进一步研究中古胡汉关系指明了方向，在历史学"碎片化"的今天，更有振聋发聩的意义。

会后，在简陋拥挤的中外关系史研究室，蔡先生与室内同仁进行了座谈。刚享受了一场学术盛宴的同仁纷纷发言，赞誉蔡先生的研究视野、外语能力和二重证据法，但蔡先生将话题转向义宁之学，他说自己对历史现象进行网络式理解，是受寅恪先生《唐代政治史述论稿》和《隋唐制度渊源略论稿》的影响，一再嘱咐我们要反复研读寅恪先生的书。他还介绍了中山大学历史学系学生将三联书店新出版的《陈寅恪集》与上海古籍出版社出的《陈寅恪文集》对读并校勘的方法，令我感到义宁之学就是这样通过蔡先生对学生的精心培养，而传承了下来。室内同仁聆听蔡先生讲论，如沐春风。

聆教的时间总是过得很快。天黑下来，我因照顾王先生，不得不回家，只好将招待蔡先生的事，交给了从近代史所赶来的陈开科老师。蔡先生从广州来京，我却没能尽地主之谊，而且由于上午在北大上课，下午才匆匆赶到所里拜谒先生，没能迎谒也没能拜送，甚为失礼，心中耿耿不安。但蔡先生却理解宽容，谆谆嘱咐我一定照顾好王先生。之后陈开科老师还告诉我，晚餐时蔡先生几次叮嘱他，让他在京一定要多帮助我。

2008 年，王先生去世，蔡先生写了怀念王先生的纪念文章——《义宁之学的弘扬者》，情真意切，令人动容。我为王先生编撰年谱，蔡先生给予鼓励，并表示如果需要帮助，他和学生一定尽力。当时蔡先生不使用电子邮件，我托林悟殊老师将编好的年谱转给蔡先生，蔡先生提出两条中肯意见，让我把有些文字删去，免人为难。蔡先生这两条建议，言人所不能，令我感慨久之，我再一次感受到先生的真诚和与人为善。

第二次拜谒先生在 2010 年。12 月下旬，我去暨南大学参加暨南大学举办的"国际视野下的中西交通史研究"学术研讨会暨《朱杰勤文集》首发式。22 日，大会开幕，蔡先生做了"朱杰勤先生的治学与朴素"的主旨发言，在概括朱先生开拓创新、勤奋治学之后，指出朱先生的本质就是朴素，与当下的"泡沫史学"形成鲜明对比。其实"朴素"，也是蔡先生的本质，蔡先生正是具有返璞归真的精神，才能对朱先生为人、治学体会至深，达其三昧。

24 日上午，伍宇星带我来到心念已久的康乐园。蔡先生和殷小平、黄佳欣已等待在陈寅恪故居前。蔡先生带我看寅恪先生的手记，为我讲寅恪先生故居的建立，海内外的义宁之学研究。

接着，蔡先生带我走进寅恪先生上课的教室，为我讲解寅恪先生上课的情景。他告诉我寅恪先生从哪里出来，坐在哪里，如何上课。听着蔡先生娓娓而谈，我的心激动又平静，仿佛穿越到几十年前的时代。这个场景我在脑海中幻想了多年，这里的桌椅和蔡先生的声音将我脑中的镜像一笔笔画实。我们一起坐在学生听课的椅子上，时光仿佛已经停滞，我们就像上寅恪先生课的学生，一起倾听寅恪先生的讲述，感受大师的学术世界，接受义宁之学的洗礼。感谢殷小平和黄佳欣为我们留下了珍贵的影像，尤其是佳欣还将我们听课的照片设计成黑白的，染上了浓浓的岁月痕迹，也在脑海里定格为永恒。

蔡鸿生先生与李锦绣（左二）、伍宇星（左三）
在陈寅恪先生当年上课的教室合影

走出教室，我们流连在院子中。这是我魂牵梦萦的地方，是寅恪先生最后的眠食之地。那条白色的小路，那些繁茂的树木，那方小小的草坪，还铭证着寅恪先生对华夏民族文化复兴的信念，对独立之精神、自由之思想的身体力行及不屈抗争。寅恪先生曾断言：华夏民族之文化"后渐衰微，终必复振。譬诸冬季之树木，虽已凋落，而本根未死，阳春气暖，萌芽日长，及至盛夏，枝叶扶疏，亭亭如车盖，又可庇荫百十人矣"。① 由于蔡先生等寅恪先生弟子的坚守，寅恪先生的道德文章依然在这里传承，义宁之学也有望"枝叶扶疏"了。

蔡先生又带我们来到永芳堂，和林悟殊、章文钦、江滢河老师以及历史学系中外关系史专业学生座谈。后来林老师来信告诉我，这次座谈是蔡先生亲自安排的。章文钦老师和我谈了戴裔煊先生的学问、人品。林悟殊老师则心心念念在三夷教研究。我也向蔡先生和各位老师汇报了编辑《丝瓷之路：古代中外关系史研究》及《欧亚学刊》国际版、英文版的计划，蔡老师鼓励我们把英文版编下去，并对研究室将研究范围扩展到海路表示赞赏，举了很多例子说明海上丝绸之路研究的意义，也鼓励我们在研究领域及研究方法上进行创新。蔡先生在中亚绿洲、草原游牧文明研究的同时，对海洋文明也有开拓研究。2018 年，蔡先生出版了《广州海事录——从市舶时代到洋舶时代》一书，就展示了蔡先生对海上丝绸之路的真知灼见。因此说到海洋文明，蔡先生就滔滔不绝起来。

中午，蔡先生赐饭，蔡先生仍谈学术研究问题，对新出土文献及考古成果如数家珍，新见妙解，使人神往。蔡先生还幽默地说自己现在是"抱书"而不是"抱孙"，也惦念着年轻一辈的读书学习和学术研究，对张小贵在英国的学习非常满意，说：小贵最近波斯语考试，只有一个单词错了一点，其余全对，考得最好！自豪之情，溢于言表。不只是对小贵，蔡先生对向学的学生都殷勤指导，关怀备至。《丝瓷之路》第二辑中，有殷小平的《元代也里可温的历史分布》一文，小平多次提到根据蔡老师的意见修改。可能所有中外关系史方向的学生，论文从选题到构思、撰写等得到蔡先生的指导，而由蔡先生把关，学生们才有自信在这一领域冲锋陷阵。也正是通过这样的指导和培养，义宁之学一脉才能在这里传承下来。席间，我思索着蔡先生提出的问题，感受着蔡先生的人格魅力，竟然忘记

① 陈寅恪：《邓广铭宋史职官志考证序》，载《金明馆丛稿二编》，上海古籍出版社 1980 年版，第 245 页。

了吃了些什么，以至于回到暨南大学时，陈高华先生问我午饭有哪些菜，我竟不知所云，一个也答不上来。

西晋永嘉之乱后，以刘昞为代表的河西诸儒讲学不辍，保存文化，陈寅恪先生在《隋唐制度渊源略论稿》中，详为考证，反复标举，指出：

> 由此言之，秦凉诸州西北一隅之地，其文化上续汉、魏、西晋之学风，下开（北）魏、（北）齐、隋唐之制度，承前启后，继绝扶衰，五百年间延绵一脉，然后始知北朝文化系统之中，其由江左发展变迁输入者之外，尚别有汉、魏、西晋之河西遗传。[①]

河西诸儒于偏隅之地，保存汉代中原之文化学术，使之"经历东汉末、西晋大乱及北朝扰攘之长期，能不失坠，卒得辗转灌输，加入隋唐统一混合之文化，蔚然为独立之一源，继前启后，实吾国文化史之一大业"[②]，其功甚伟。蔡鸿生先生也有存续义宁之学之功。蔡先生是德学双馨的学人。他虽自谦为"对陈寅恪先生，我只有受业一年之缘，既非'入室弟子'，也无'教外别传'……我呢？顶多只是'后世相思'而已"[③]，但实际上，蔡先生不仅是寅恪先生的"后学相知"，还是义宁之学的继承者、弘扬者。寅恪先生故居虽然人去楼空，但寅恪先生学术精神仍在康乐园传承不辍，蔡先生及寅恪先生弟子艰苦卓绝的"承前启后，继绝扶衰"之功，不可磨灭。

此文即将完稿时，收到了江滢河老师惠赠的《广州与海洋文明Ⅲ》，是书由江滢河、周湘主编，作者大多是中山大学历史学系中外关系史方向的研究生，展示了康乐园几代学人的薪火相传。这些学生在蔡先生所开拓的广州口岸与贸易、社会、文化史研究领域，

---

① 陈寅恪：《隋唐制度渊源略论稿》，上海古籍出版社1963年版，第41页。

② 陈寅恪：《隋唐制度渊源略论稿》，第19页。

③ 蔡鸿生：《仰望陈寅恪》，第3页。

实实在在地精耕细作，蔡先生的学术视野和学术方法，得到切切实实的继承和推进。编者后记中说："蔡先生毕生以史学为志业，其学术精神和学人品格将永远激励后学，成为我们求索道路上巨大的精神力量。"① 林英曾和我说："蔡老师是幸福的，一辈子在中大教书育人，得到全系师生爱戴。"蔡先生终其一生，念兹在兹，以弘扬义宁之学为己任，勤奋治学，教书育人。这不只是蔡先生一人之幸、更是中大学生之幸，义宁之学之幸！蔡先生，安息吧！

（作者系中国社会科学院历史研究所研究员）

---

① 江滢河、周湘主编：《广州与海洋文明Ⅲ》，中西书局 2022 年版，第348 页。

广博精专　中外会通

——记蔡鸿生教授之藏书

方家忠　王　婧

2013 年 6 月 23 日广州图书馆正式全面开放，与此同时位于 9 楼广州人文馆的名人专藏也首次面向公众开放，成为新馆开放的一大亮点，引起公众与媒体的高度关注。此时的名人专藏中仅有中山大学历史学系教授姜伯勤一位历史学者的藏书。作为广州图书馆重点发展的名人历史专藏，我们希望以新馆开放为契机，吸引更多历史学界专家的藏书，力求将其打造成一个在业界具有影响力、独具特色的历史文献名人专藏。

2014 年年初，我们获悉蔡鸿生教授有意将穷其毕生精力搜集的藏书移藏图书馆。馆长方家忠立即表达了希望广州图书馆能有幸收藏蔡鸿生教授全部藏书的意愿！蔡鸿生教授是植根于广东的国际知名学者、著名的中外关系史专家，在中外交通史、东西方文化交流史、宗教史研究上卓有建树。且与我馆已有名人专藏藏主姜伯勤教授是论学谈心、切磋释疑、互相砥砺的挚友。蔡鸿生教授藏书如能入藏，将与姜伯勤教授藏书形成互补，极大丰富我馆海上及陆上丝绸之路特色馆藏资源，进一步扩大我馆历史文献名人专藏的影响力。

经过近一年的运作，2014 年年末蔡鸿生教授藏书终于入藏广州图书馆。在整个入藏过程中，书目的整理工作最为劳心劳力。我们特别感谢蔡鸿生教授的夫人蒋晓耘老师，蒋老师亲力亲为，历时数月，将蔡先生的藏书逐一整理分类、悉数录入电脑，大大加快了入藏的进程。

2014 年 11 月蔡鸿生教授藏书由中山大学家中运至广州图书馆，经过初步清点整理，蔡鸿生教授藏书计 1 万余册件，包括中外文图书、期刊、学术资料、手稿、笔记、信札、卡片等。

作为一位历史学家，蔡鸿生教授的藏书中历史学书籍自然占了很重要的位置，但同时也不缺文学、哲学、经济、艺术等各种各样的书。在蔡先生看来，对一个学人来说其读的书"通"和"专"同样重要，"通"和"专"亦是蔡先生藏书的特点。

蔡鸿生教授藏书的"通"表现在，一是其藏书门类广博，不同学科间"融会贯通"；二是重视外文文献的收集，"中外会通"。

蔡鸿生教授博览群书，涉猎领域广泛。他的藏书包括历史学、考古学、宗教学、艺术学、美学、文学、海洋学、中外关系等诸多学科，有些看似专业之外的书籍，同样具有重要的学术价值。比如在对中俄关系史的研究中，蔡鸿生教授就是从中国传统蒙学读物《三字经》、古典名著《红楼梦》入手，考证其在俄国的流传。蔡鸿生教授治古代中外关系史，则充分利用考古发掘出来的唐代碑铭和墓志。

90 多年前，陈寅恪先生在《吾国学术之现状及清华之职责》一文中曾语重心长地写道："今世治学以世界为范围，重在知彼，绝非闭门造车之比。"蔡鸿生教授牢记其老师陈寅恪先生的教诲，特别注重外文文献的收集。蔡鸿生教授藏书中有相当数量的外文文献，以俄文、英文为主，兼有法文、日文及其他语种。其中有不乏系难得一见的珍本，如俄德双解的《实验突厥方言辞典》4 卷 8 册；英文书如《怡和洋行百年志》，以及作者题赠本《"中国皇后号"》；法文书中有作者手校本、初版仅印 45 册的《古代和中世纪突厥历法》。这些均属罕见图籍，都是蔡鸿生教授历经数年、通过各种途径设法引进的。

蔡鸿生教授藏书的"专"主要是指其主题精专。蔡鸿生教授学术研究主攻中外关系史方向，同时涉及唐代蕃胡史、宗教史、海洋史等领域。凡蔡鸿生教授涉足的领域，其藏书都自成体系，具有一定规模。蔡鸿生教授藏书中佛教、道教、伊斯兰教、基督教和拜火教、摩尼教等门类较齐，为其多年收集所得，蔡鸿生教授撰写专著《清初岭南佛门事略》及《尼姑谭》多取材于此。蔡鸿生教授撰写《俄罗斯馆纪事》一书时，广泛搜集相关史料和论著，构成相当完整的藏书系列，包括中俄双方的文献，为他人所未备。因长期关注"海上丝绸之路"，蔡鸿生教授还收藏了不少海洋史著作。这些都是蔡鸿生教授围绕其学术研究搜集的，是典型的学术性收藏。

蔡鸿生教授藏书中最具价值的当属蔡鸿生教授个人手稿，包括书稿、文稿、译稿、讲稿，以及笔记、卡片等学术资料。这"既是蔡先生本人半个多世纪学术、教学之路的写照，也是那一代中国知识分子心路历程的代表，具有不可估量的价值，堪称'学术标本'"。手稿中既有定稿也有初稿及修改稿，手稿上的修改笔迹可以揭示作者学术研究的思维轨迹，具有独特的学术标本价值。手稿中还包括蔡鸿生教授未刊译稿，包括《突厥名称试析》《丝绸贸易与商路》等，极具学术价值。

2015 年蔡鸿生教授所藏中外文图书先期完成编目加工工作，广州图书馆在 9 楼广州人文馆特设立"中山大学蔡鸿生教授藏书"专区，蔡鸿生教授藏书正式面向读者开放。蔡鸿生教授的藏书从时间上跨越半个多世纪，从新中国成立初期到最新出版物，相关研究领域中外文重要图书及研究成果都涵盖其中，堪称小型专业性图书馆，很多读者慕名而来。

在蔡鸿生教授、姜伯勤教授的影响下，此后又有多位历史学界专家学者的藏书入藏广州图书馆，包括中山大学戴裔煊教授藏书、暨南大学李龙潜教授藏书、武汉大学朱雷教授藏书。5 位教授的藏书为广州图书馆形成独具特色的历史专题文献奠定了坚实的基础。

2021 年 2 月 15 日，惊悉蔡鸿生教授病逝，沉痛之情，难以言表。广州图书馆将秉持蔡鸿生教授严谨的治学态度，弘扬中华优秀传统文化，坚持不懈做好公共文化服务，使蔡鸿生教授宝贵的精神物质财富，得到最大层面的传播与运用。

在蔡鸿生教授逝世 1 周年之际，谨以此文表达对先生的缅怀与敬意之情！

（作者方家忠系广州图书馆馆长，王婧系广州图书馆馆员）

穷古今求真谛开辟新学

——深切缅怀蔡鸿生老师

程存洁

2021 年 2 月 15 日傍晚，我从中山大学历史学系万毅老师发出的微信里，惊悉蔡鸿生老师仙逝的噩耗，心情十分悲痛。我简直不敢相信这是真的！蔡老师那和蔼可亲的笑容一直在我脑海里浮现。向蔡老师问学的一桩桩往事，如电影般浮现在我眼前。

一

1987 年 9 月，我入中山大学历史学系，攻读隋唐史专业硕士学位。蔡老师是我毕业论文答辩的导师。在校学习期间，我参加了学校组织的各类学术活动，其中参加"纪念陈寅恪教授国际学术讨论会"这一学术盛事的会务接待工作，印象较深。①

这次讨论会于 1988 年 5 月 23—29 日由中山大学在广州举办。讨论会最后一天，主办方安排与会代表参观考察了东莞的乡镇企业和革命纪念地。在瞻仰虎门水厂大人山上林则徐纪念像时，应同学们的请求，季羡林先生、蔡鸿生老师和大家一起合影留念。多年后，季先生在《〈唐代九姓胡与突厥文化〉序》一文中还提到这次考察："我认识蔡鸿生教授，已经颇有一些年头了。我几次赴广州中山大学，参加纪念先师陈寅恪先生的会，每次都能见面。而且还同车游过东莞县、虎门镇，以及虎门炮台和林则徐焚烧鸦片处。虽然没有

---

① 程存洁：《岁月遗痕——"纪念陈寅恪教授国际学术讨论会"琐记》，《中国文物报》2015 年 4 月 21 日。

124

深谈、长谈过，但是在我心里总对他蕴涵着一种说不出的尊敬之意。"

是的，蔡老师从不夸夸其谈，他那平易近人、和蔼可亲的长者风范和博学务实的学风，留给人们极深刻的印象，既让人倍感亲切，又令人肃然起敬！

季羡林先生、蔡鸿生老师等在林则徐纪念像前合影

二

1990 年 7 月毕业后，我入职广州博物馆工作。工作不久，我就遇上馆里筹办"长盛不衰——海上丝绸之路发祥地"常设展览的大好时机。为丰富展览内容，馆领导让我们多去请教高校老师。蔡老师是研究中外关系史的大家，受馆领导安排，我于 11 月 23 日星期五上午专程回母校向蔡老师请教。蔡老师耐心地指导我，为我提供了许多新资讯，如 P. C. F. Smith 著 *The Empress of China*（《"中国皇后号"》）、4 卷本《十八世纪广州的商务》、荷兰出版《瓷器与对华贸易》、美国出版《费城人在广州的贸易》、夏鼐著《瑞典所藏的中国外销瓷》等。他还告诉我有关瑞典"哥德堡号"沉船最新学术

动态、《皇清职贡图》夷人图像，以及蔡老师自己即将发表的《清代瑞典记事叙录及考证》一文。蔡老师提醒我，在作广州名城研究时，不仅仅是关注贸易史的研究，还要注意经济史和文化史方面的研究。蔡老师特别提到，学术界对明清之际，特别是乾嘉时期，有关广州传教士的研究是不足的。蔡老师的这些教导，拓宽了我们的视野，为丰富我们的展览内容提供了新思路。

蔡老师借展的瑞典"哥德堡号"沉船出水茶叶

一星期后的 11 月 30 日星期五上午，受馆领导安排，我再次回母校。我和馆陈列部主任陈坚红女士、摄影师莫健超同志一起，先去中山大学图书馆善本部借阅英文原版《中国丛报》翻拍，后去蔡老师府上拜访蔡老师。在交谈中，蔡老师主动将珍藏多年的瑞典"哥德堡号"沉船出水茶叶交给我们，无偿地借给广州博物馆使用。后来，这件珍贵文物在"长盛不衰——海上丝绸之路发祥地"展览中展出，使该展新增了一件极难得的展品。1991 年 2 月春节前，联合国教科文组织"海上丝绸之路"考察团到访广州时，登上镇海楼观看了这件展品。这件展品后来又在全国多个城市展出。如今，这件珍贵文物已在广州博物馆展出有 30 余年了。

三

为落实 2003 年粤港澳文化合作会议精神，粤港澳三地文博机构经数年筹备，精心策划反映粤港澳地区历史文化特色的首届粤港澳文物大展"东西汇流"于 2005 年 9 月 30 日在香港历史博物馆开幕。为配合展览，展现"海丝"研究新成果，经筹备组研究，决定由我出面向蔡老师约稿。蔡老师极为认真，为这次展览专门写成《南海之滨的舶影文光》一文。蔡老师在文中写道："滨海地域历来是经济交往和文化交流的前沿，气象万千，既有活力，又有魅力。位于珠江三角洲的广州、香港和澳门，面向南海，东西汇流，在历史上展现过丰富多彩的舶影文光，值得后人回顾。""我们相信，在历史上形成起来的粤港澳'人才库'，一定能够群策群力，继往开来，为中华民族的伟大复兴建立新功。"

随着"海丝申遗"工作的深入展开，广州加大了对"海丝"的研究力度。2007年，在中共广州市委宣传部的支持下，广州市文化局组织市属文博单位精心编辑出版了3卷本《海上丝绸之路：广州文化遗产》，全面梳理了广州地上、地下实物和文献记录，为"海丝申遗"工作打下了坚实的文献和文物基础。

随后，局里又多次组织展开座谈会、研讨会等。我记得蔡老师参加了2011年8月21日星期日由广州市海丝申遗办在广州大厦101会议室举行的一场广州"海上丝绸之路史迹与申报世界文化遗产座谈会"。这次座谈会由广州市文化广电新闻出版局巡视员陈玉环同志主持。当时受邀人员有全国各地的专家，以及各申遗城市的代表。

在这次座谈会上，蔡老师对广州的历史与现状谈得很深刻：

广州文献比较丰富，但实物少，这方面较弱。"海丝"一名是从"陆丝"而来。陆上交往的是丝绸，而海上交往的是陶瓷。从文献记载看，广州在海上交通地位是突出的，如广州通海夷道。阿拉伯人的记载与洋人的记载都很突出。我们力求突出问题，但又不太容易拿出实物。

在组织材料上，要考虑海路特点。一是组织形式。陆路是商队结伴而行，而海路是单船航行。二是商品结构。陆路，丝绸很突出。马克思在《政治经济学批判》里提到，陆上交通，丝是最有价值的交易，因体量小，价值高，适合长途运输；海路则不一样，因为不可能用丝来作压舱物，而是丝配陶瓷。三是季节贸易。陆路什么时候都可以来，没有明显的季节；海路则有季节性，夏来冬往，农历十月份开船回国。宋代《萍洲可谈》就谈到这种情况。既然有外国人来住，就会有蕃坊。陆路可以有胡人聚落，但海路主要是阿拉伯商人。这种差异要考虑。

　　时间问题。假如从秦汉算起，一直到鸦片战争止，那就涉及整部中国通史。刚才听汇报，知道分秦汉、唐宋、明清三段。我认为最突出的是唐宋，然后沿用到明清，与西洋人打交道。前面一段是市舶时代，后面一段是洋舶时代。何时为前代，何时为后代，这需要研究。市舶时代叫和平时期，洋舶时代是商业战争。假如以 1557 年（16 世纪中期）为界，以前为市舶时代，要看到变迁。组织材料时，要有些说明，要有高度科学性，名正言顺。讲到海路，就很难，有路无丝。

蔡老师的这些真知灼见，对指导广州"海丝"研究和"申遗"工作，均甚有启示。

四

2011 年 12 月 3—6 日，中山大学广州口岸史研究基地在历史学系永芳堂举办"海陆交通与世界文明"国际学术研讨会。我受邀参加并提交了论文《"Lee Qua"考》。在 4 日星期一上午举行的开幕式期间，蔡老师谦逊地谈道：

　　当时从口岸到内地，尤其到京，是通过"纲"来输送香料的。到京后，这些舶来品首先要入库，要经过验收和估价等一些程序。"香药纲"是宋代很著名的运输，还有"钱帛纲""花石纲"。宋代很重要的是香料。"南纲牙人"是什么，我还未搞清楚。

在次日上午举行的圆桌会议上，蔡老师进一步谈道：

　　海陆交通。认识是从由陆到网。这种认识更加符合实情，因为我的认识来自于我的老师陈寅恪、岑仲勉。在交通方面，西域那边有很多线路，陆上有一个交通网络；海上也有一个交通网络。两者是相通的，其交汇点是在波斯湾。现在由于网络概念输入学术，观察要更细致些。陆上研究，要加强对商队城的研究。现在研究比较多的一个是碎叶城，另一个是吐鲁番。还有许多商队城，值得研究。海路要研究贸易港。好在刚才讲到广州与 Salem，从海路来说，线路很长。从波斯湾到中国，沿途贸易港究竟如何，研究并不平衡，像马六甲的研究较深入，东边的港口如日本长崎的研究也较深入。由此往下开，会有一个广阔的天地。我个人体会，应由双边变成多边探讨。这算是我这一天半来的学习心得。

在这次研讨会上，蔡老师发言时间虽不长，但内容十分丰富，特别是谈及如何加强对贸易港口的研究，更具指导意义。

五

为配合"异趣同辉——广东省博物馆藏清代外销艺术精品展"，广东省博物馆精心准备了一场学术讲座，邀请蔡老师主讲。2013 年 9 月 6 日星期五下午，蔡老师在广东省博物馆报告厅作了题为《市舶时代的广府新事物》学术讲座。我认真聆听了这场讲座，并做了较为详细的笔记。这次讲座谈到的主要内容，后来蔡老师以论文的形式收录在《广州海事录——从市舶时代到洋舶时代》（商务印书馆 2018 年版）一书中。这场讲座面向的听众是社会人员，蔡老师讲述时是以通俗的语言呈现，既平实，又生动有趣，其中涉及的一些学术问题，今天读来，仍然有指导意义。

这里我将蔡老师主讲的内容整理如下，供学习参考。文中如有不对之处，均由笔者负责。

这场学术讲座，蔡老师既谈了唐宋时期广州新出现的 6 种事物，又回答了听众的提问：

第一种新：新官制。即设置管理海外贸易的市舶司。

第二种新：新族群。蒲姓海商。在阿拉伯时期，蒲姓是最著名的。大家如有兴趣，可看《桯史》。"桯"字不是读 cheng，而是读 ting。《桯史》意思是小作品。作者是岳飞的孙子，因他的爸爸来广州做官，他随父亲来到广州，当时年仅 10 岁。其中有一个故事说到，有一座豪宅位于光塔附近，光塔上有金鸡。后来有人偷了一只鸡腿，拿出来卖，结果被抓住。他是晚上从豪宅的梁上爬上光塔的，因金鸡重，仅偷了一只鸡腿，是靠伞降落下来的。在海商中，蒲姓海商属上层人员，昆仑奴属下层人员，即马来人。宋代有一首诗是写给广州太守的："碧眼蛮婢头蒙布，黑面胡儿耳带环。"这首诗代表了昆仑奴的形象。

第三种新：新社区，就是"蕃坊"。这些人卖完货物后，要待季候风来，再返航。他们 5、6 月份到广州，10、11 月份等季风来回国。这样的话，他们就住了下来，慢慢地形成了"蕃坊"。这些人中，有些是信伊斯兰教的，手抓饭，吃烤羊、海枣（指伊拉克枣）。这些人的后代就是土生蕃客，他们也参加科举。他们不会群龙无首，在蕃坊里有一个首领，是蕃长，是政教合一的，同时又是宗教领袖。如果这些人中有犯重罪的，是要用中国法律来治罪的。日本人认为这是治外法权的萌芽。谁来担任蕃长，要由中国政府任命。如阿曼人辛押陁罗（谢赫·阿卜杜拉）。苏东坡的日记里提到，苏东坡的弟弟在龙川，介入了辛押陁罗的遗产之争。

第四种新：新品种。唐宋时代，运来了以前没有的舶来品，如香料等，其中乳香、象牙等最为出名。岭南自古有香国之称。最著名的是蔷薇水，即古剌水 Gulab，一直到明清时期都很出名。

西域、西洋被称为"二西"。中国与西方接触时，一定要讲"二西"，从西域讲到西洋。

第五种新：新行业。到目前为止，我们知道的有广州"和香人"。宋代有一个番禺人会制作和香，名叫吴兴，他的"心字香"被杭州一道士（许道士）偷用。这是第一种新行业。第二种是"解犀人"，即切割技工。第三种是"舶牙"，即舶来品的中介人、代理人、经纪人，有官牙和私牙之分。番禺牙侩徐审就和一名蕃商的关系很好。临走时，这名蕃商送给他一块香料，如有瘟疫，烧此香，即可救人。第四种是"通事"，即翻译、唐帕。

以上为正当行业。此外，还有不正当行业。如仿造商。名贵的犀角亦可作假，用竹头泡黑。妓女。凡是通商口岸，这个行业很盛行，如日本的长崎、欧洲的阿姆斯特丹。广州，这个行业也很出名，如广州的花艇。这种行业已乱到分很多帮派。"珠江十里胭脂水，流尽繁华是广州。"花艇行业究竟起源于何时？应起源于市舶时代，虽证据不多，但有宋诗为证："游艇售倡优"（曾丰《广州》）。我这里讲一个小插曲：蛋家女，清代韩江有一名娼妓，叫西洋画，她的形象类似西洋人混血儿的形象。

第六种新：新礼仪。由市舶司主办的市舶宴。每年10月，由市舶司拨专款，在海山楼举行欢送宴。海山楼接近今北京南路，靠近珠江边。300贯来办酒会，一贯等于9000钱。这是礼节性的由官方为外商送行。先在广州、泉州举办，后到扬州来办。

这些新事物对后代有何影响？一是由市舶司变成了粤海关（1685年设立，1757年改为独口通商）；二是从舶牙到十三行；三是影响了广州城市格局。与外国人做生意，集中在广州城西，北京路为子城所在地，往东是东城，往西是西城，即蕃坊所在地，后来成为商业区。

历史学的功能就是古和今、源与流、历史与现在联合起来。我们日常生活中常常忘记源流，如我们现在讲一种东西，都强调"道地"，"道地"就是从唐代编制药材目录时而来，唐代设"道"，如岭南道；编"道""地"，如石斛，产于岭南道广州。又如理发店的标志：斜纹的转灯。中国以前没有理发店，只有

"理发担"。理发店既然是来自西洋，欧洲中世纪的理发店有放血功能，故用彩纹作为标志，中国也有类似功能，故用一条白一条红。

市舶贸易起源于广州。广州长期面向海洋，今天成为大都市，广州有历史传统、地理条件。

提问：外来人对岭南服饰的影响？

答：服饰有阶段性。钱锺书说，唐装宋服到现在都没有了。唐代有胡服。广州这里没有看到外来的影子。讲服饰，没有一种服饰沿用 2000 年不变。汉代是长服，唐代是窄服。阿拉伯人、波斯人、马来人的服饰，没有变化。中国人有"非我族类，就是鬼"的观念，因此，古代中国人很少学外来服饰。但现在不一样了，基本上都是西装。

提问：为何为外国人办学校——蕃学？

答：宋代蕃学，是为外国人办的学校，是让外国人学中文。蕃学不等于洋校。在北京，有办学校学外国语言，叫俄罗斯馆。以前留美幼童，家长要与政府签合同，如发生意外，与政府无关。广州办蕃校，目的是为了汉化外国人。中国与外国划了一道鸿沟。

提问：年轻人对外国文化、传统文化应保持何态度？

答：要有世界眼光。不能有老子第一的思想。在多元化中要有选择，对本土文化，与外国接轨，要双轨，不要偏。

提问：宋代有无文字记载广府？

答：早在唐代，"广府"一词就已出现。岑仲勉先生找出几十条材料，证明"广府"一词在唐代已经出现。

提问：假如当地人与蕃人发生矛盾时，如何处理？

答：判决由政府，处罚由蕃长。处罚时，是按本民族习惯来办的，蕃人害怕打屁股。

六

我最后一次聆听蔡老师的发言是 2018 年 10 月 9 日。这一天的上午，由中山大学和广东省社会科学界联合会主办"纪念戴裔煊先生诞辰 110 周年国际学术研讨会"开幕仪式在中山大学岭南堂举行。我受邀参加了这次研讨会，并提交论文《清代广州行商"官"名新释》。开幕期间，蔡老师赠送我一本刚出版的大著《广州海事录——从市舶时代到洋舶时代》。在由章文钦教授主持的 8 位老教授的主旨发言中，蔡老师对戴先生的治学情况及学术贡献给予了高度评价：

> 他充满了孤独感，不大红大紫。这种风格贯彻了他的论著和教学中。他没有项目、没有招牌、没有团队，只有三人小组（戴裔煊、金应熙、钟一钧），且金、钟都有行政职务，同时无经费。1958 年我的工资 68 元，戴先生《宋代钞盐制度研究》一书的稿费 1000 多元，但他把这笔钱捐给了广州氮肥厂，支援建设。朱杰勤先生也把他的 1000 多元稿费交给了广州氮肥厂。社会效益要几十年后才能看出来的。戴先生的《明史·佛郎机传笺证》一书到澳门回归时才发挥了作用，如同诺贝尔奖获得者高锟，获奖时已中风，成果是其 20 年前完成的。这是他智力投资、心血投资的结果。

蔡老师的发言虽短，却十分精辟，既形象地概括了戴先生"充满了孤独感，不大红大紫"的一生和甘于寂寞、严谨治学的大家风范，又谈到了戴先生具有的超前学识及其"智力投资、心血投资"所产生的社会效益。

以上是我向蔡老师问学的点点滴滴。蔡老师的学问高山仰止，其"道德文章"更是令人称赞。季羡林先生在《唐代九姓胡与突厥文化·序》中高度评价:"鸿生先生的学风是非常谨严的。他使用资料必求其完备翔实,论证方法必求其周密无隙。……蔡先生的文章写得好,潇洒流利,生动鲜明。在当代人文社会科学家中,实属少见。"我每次聆听蔡老师的学术报告和讲座,都能深切地领略到其中有许多闪闪发光的亮点!

(作者系孙中山大元帅府纪念馆研究馆员)

山不矜高自极天

——忆念蔡鸿生先生

陈巧丽

蔡鸿生先生离开我们 1 年了。记得 2021 年春节，我正在老家，惊闻蔡老师驾鹤西去，一时不敢相信。2016 年 11 月大学毕业 30 周年同学聚会回母校，还曾去蔡老师家拜访。当时，蔡老师神情开朗，声音洪亮，除了身体略瘦、背略驼、头发白外，与 10 年前几乎没什么区别。一晃 5 年过去，想到今后返校再也见不到蔡老师了，不禁悲从心来，眼泪止不住往下流。

我于 1982 年入中山大学历史学系读书，蔡老师给我们班上过世界古代史。他个子不高，身材偏瘦，一头很有特色的偏黄头发。但给我印象最深的是，蔡老师讲课绝不照本宣科，而是延伸和扩展自己的精思卓识，现场发挥，妙语连珠，这在 20 世纪 80 年代初实属罕见。我常常听得入神，以至忘了记笔记。

毕业 8 年后，1994 年 9 月因参加中山大学历史学系举办的"纪念陈寅恪教授学术研讨会"，再一次见到蔡老师。出乎我意料的是，蔡老师一眼就认出了我，开口便说："陈巧丽，和甘正猛一个班的嘛。"让我倍感温暖。我生性内向，话语不多，淹没于一群优秀的同学中，默默无闻，真没想到蔡老师还记得我。当时我在浙江人民出版社工作，所在编辑室因基本完成本省方志的出版，出版方向面临转型，而国学研究冷遇刚有改善，就想是否能策划出版陈寅恪研究方面的选题。由此，开启了和蔡老师再次见面的机缘，并围绕陈寅恪研究有了近 10 年的通信联系，至今还保留 10 封蔡老师的来信。此后只要来广州回母校，我必登门拜访，聆听蔡老师教诲。从这些交往中，我深深感受到蔡老师对先生长辈的虔诚崇敬之情，对学生后辈的竭力引导维护之心，对学术研究和学脉传承的炽热纯正之诚。

一

1994 年 9 月和 1999 年 11 月中山大学历史学系召开了两次纪念陈寅恪教授国际学术讨论会，蔡老师写了两篇有分量的学术论文——《"颂红妆"颂》《〈读莺莺传〉眼界和思路》，分别收入我社出版的《〈柳如是别传〉与国学研究》《陈寅恪与二十世纪中国学术》两部纪念陈寅恪教授国际学术讨论会论文集中，作为责任编辑，我有幸数次仔细拜读。在我看来，这两篇研究力作告诉我们应该从陈寅恪先生那里传承怎样的史观、史识和史法。

在《"颂红妆"颂》中，蔡老师揭示了陈寅恪"颂红妆"的核心："就是颂独立，颂自由……形式上发思古之幽情，实质上发潜德之幽光。……其基本倾向并非怀旧，而是面向明天。""巾帼奇才的悲剧结局之所以能够传诵百代，正因为胭脂泪中凝聚着民族魂。""在陈寅恪心目中，柳如是……作为立身处世的一面镜子……以免陷入曲学阿世的精神危机而不能自拔。"而这些都"来自他的文化使命感"。这一观点在他的《从支愍度学说到支愍度话题》一文中得到了更直白的表述。在发掘陈寅恪先生《支愍度学说考》中蕴含的文化理念时，他说：《支愍度学说考》"不仅考出佛学流派，而且考出人生哲理，是陈寅恪'从史中求史识'的典范"。在谈到陈寅恪诗文的支愍度话题时，他着重列举了陈寅恪先生在国难之际"幸俱未树新义，以负如来"的实例，阐释了支愍度事迹中所含的深刻哲理："沧僧旧义"乃大节所在。并作了这样的演绎："立义"属于治学，"救饥"属于治生，是否"负如来"则属于治心了。三者以治心为本，构成一个实践"独立之精神，自由之思想"的方程式，耐人寻味，发人深省。

陈寅恪品格和意志非常人所能及。蔡老师不仅阐发其思想精神，而且身体力行，尊奉"独立之精神，自由之思想"，针砭时弊，呼唤良知。

自 20 世纪末年开始，学术界、出版界炒作"概念"之"热风"劲吹，"专家""名家"满天飞，你方唱罢我登场，动不动就鼓吹挖掘到了新材料、填补了学术空白，所谓的学术"前沿"著作也遍地开花。在这样一个不少学者耐不住寂寞成了"明星"的时代大潮下，蔡老师敏锐地指出："学界五花八门，'文有市风'（清代章学诚语），并不少见。"他坚守冷板凳，坚持略人所详和详人所略的著述原则，谦逊地认为学问望不到边际，自己至今仍然是一个碌碌的"边民"，无任何"前沿"意识可言。他始终不为名利所动，拒绝做"文化快餐"。"我做学问犹如打太极拳，总是慢动作的"，是他常说的话。闲谈中，他还多次提醒我说，哪有那么多新材料可挖，填个空白谈何容易；江南文化发达，浙江是文化重镇，值得好好做文章，不要跟风。他常说："新材料的发现，毕竟可遇而不可求。'治学之士'不能停工待'料'，其常规状态和积极状态，应当是从旧材料找新问题，力求'发前人未发之覆'。""花拳绣腿无论怎样耀眼，都不如真刀真枪实在。""任何短、平、快的登龙术，都与精神生产的历史经验无关。""浮躁是学术上的幼稚病，早防早治为妙。万丈高楼从地起，高空作业是靠脚手架支撑的，千万不要掉以轻心。""在学术多元化的今天，要保持清醒的头脑，不趋时，也不守旧。一步一个脚印，唯创新是图。"

他始终以陈寅恪先生为榜样，坚持不曲学阿世、脱俗求真的立身处世原则，淡泊名利，甘于奉献，如学园一灯：点燃自己，照亮别人。

二

1954 年 9 月至 1955 年 6 月，蔡老师在金明馆走廊上过陈寅恪先生的选修课"元白诗证史"，自谦"忝列末座"。他对纪念陈寅恪先生、传承先生留下的学术文化遗产不遗余力。1994 年纪念陈寅恪教授学术讨论会后，我们表达了出版论文集和陈寅恪研究丛书的意愿。

当时陈寅恪名气还只限于纯学术圈内，胡守为老师和蔡老师均很支持。11 月 27 日蔡老师来函告知系里有关人员集中商议的结果："会议论文集因主题明确，具有专著规模，拟定名为《〈柳如是别传〉与国学研究》，约 20 万字，可提供出版补贴 1 万元，稿费由贵社支付，并向作者每人赠书 2 册，我系 100 册。"当时我们希望蔡老师能把《"颂红妆"颂》发展成书，蔡老师婉拒，说："所憾手头两本书稿未脱手，而且均应年内完成。因此无法将"红妆"发展成书。"并推荐研究系列的"首期货"由胡守为先生承担，书名为《陈寅恪先生之学术思想》。还提供一条信息："五十年代，陈寅恪先生有《两晋南北朝史讲义》一册，未公开出版。其体例是按十余个专题辑录史料，为学人提供研究门径。……如作为教材，也是别开生面的。"并复印一份季羡林先生的来信，供我们参考。季先生在信中盛赞："此次盛会，实取得极大成功，较之空谈国学，效果显著，过去参加学术会议尚无此种先例，此皆诸位运筹帷幄之功。"

1995 年 12 月陆键东的《陈寅恪的最后二十年》出版后，"陈寅恪热"拉开大幕，很多学者蹭流量，加入这股"学术潮流"的行列中，一窝蜂似地参与讨论，并在讨论时不求甚解，甚至无中生有、随意捏造，以讹传讹，写了不少不负责任的文字。此时，蔡老师、胡老师和母校的诸位老师努力纠偏，让"陈寅恪热"回归正常的学理研究。1999 年 11 月 27—29 日，纪念陈寅恪教授国际学术讨论会在中山大学召开。会议主题是"陈寅恪与 20 世纪中国学术"。为此，蔡老师写了《〈读莺莺传〉眼界和思路》论文，以《读莺莺传》为例，剖析陈寅恪先生的历史研究方法。他认为对小说情有独钟是陈寅恪精神生活的一大特色，并以《读莺莺传》为陈寅恪从小说发现历史的样板。他揭示出，在这篇名文中陈寅恪把训诂学与历史文化结合，使考证理论化；又由追寻社会根源层层揭开事件本质，使理论实证化。他努力以陈寅恪的治学态度和方法研究其生平与学术，"这不仅丰富了对陈寅恪治学方法的认识，更为加深理解其学术思想与境界提供了重要例证"。

三

20 世纪 90 年代，出版社已经自负盈亏，为了提高经济效益，完成经济指标，开始压缩学术著作的选题。出版上述两册论文集时，胡老师、蔡老师很是体谅我们，不仅争取出版资助，还对我们的努力给予肯定和鼓励。1995 年 12 月 16 日胡老师来函："此次同你们合作，大家都感到很满意，书印得快，且质量高，同仁都说，这样的书送人，拿得出手。我们将尽力做些宣传工作。为了出这本书，你们付出了很大劳动和财政损失，我们十分感谢。"1996 年 1 月 18 日蔡老师来函："《〈柳如是别传〉与国学研究》发行以来，学术界评价甚高，你为此书出了大力，功不可没。"蔡老师还细心地为我们收集书评，1996 年 4 月 10 日来函："近日泰国友人寄来曼谷《世界日报》有关《〈柳如是别传〉与国学研究》的评介一篇，特随函寄上，请收存备用。其余书评，估计下半年可陆续见到。来一篇即寄一篇。"1996 年 7 月 28 日蔡老师又寄出"《羊城晚报》近刊出《陈寅恪与政府要员》一文的剪报和刊载《〈柳如是别传〉与国学研究》的评介文章的泰国中文报纸四份"。在大家共同努力下，这两部论文集均发行了近 5000 册，这在当时是很不错的成绩了，取得了很好社会效益和经济效益。

更令我铭感于心的是，蔡老师在处理《仰望陈寅恪》出版事宜时所显示出来的胸怀雅量与对学生的爱护之心。

1997 年，我社曾约请蔡老师撰写《陈寅恪与学界名人》一书，蔡老师认为："书名犹如帽子，正还是否，事关重大。既要明确，又要典雅，拟定为《金明馆学缘》，涵义有二：（1）点明寅恪先生的斋名，他用此名为文集之名，可见重视程度。（2）'学缘'即学术因缘或学界因缘。全书立意八个字'君子之交志同道合'，力求在具体论述中加以体现。王川是合作者，应列名。按现阶段的认识，书稿已初具眉目，但也预见到困难，写出此缘与彼缘（即每对关系）各有特色，是最伤脑筋之事。"1999 年 3 月 2 日蔡老师来函："《金明馆学缘》书稿正在逐章修订补充。学缘既有过程，又有特点，不太容易概括。某些地方难免有堆砌史料之嫌，致使文路不畅，实属无可奈何之事。"虽然蔡老师花了几年心血，但按他的高标准，"学缘"一书仍难完稿。

2003年11月《仰望陈寅恪》一书完稿，蔡老师来函："（《仰望陈寅恪》）尽管不长，承载量却不轻。每写一篇都是面对陈寅恪，我确实不敢'轻举妄动'，总是反复修改（有的多达五六遍），但限于才力和学力，脱手的时候，书的面貌也无非如此而已。虽没写'学缘'，但其中仍包含有四对关系：陈—岑、陈—刘、陈—黄、陈—金。其实，我最有资料和把握的，也只是这些交往的故实。因此，与最初的选题，仍是藕断丝连的。"这是一本研究陈寅恪其人其学的专著，集中了蔡老师对传承陈氏史学的精思新解。不仅提出了陈寅恪之史学是"发覆史学"，而且通过几篇研究中西文化史的示范性力作，展示了陈寅恪先生所倡导的"发覆"史学的可操作性和可学习性，并通过对当今学术界种种弊端的分析，展示了一个比"解读"陈寅恪更为紧迫的任务，那就是学习陈寅恪的品格和精神，继承其学，光大其术。当时，浙江出版集团作为出版系统文化体制改革的试点单位，正从事业单位改为企业，必然更加注重经济效益。在选题讨论会上，个别领导甚至不知陈寅恪为何许人，在那个不"仰望"的时代某些人对仰望一词也不太认同。我担心层层闯关耽误出书时间，又怕社里不够重视从而影响此书出版后的发行销售，因此打电话给蔡老师把实情说了，没想到蔡老师不仅没有一句怨言，还反复安慰我。又专门来了一封信："'陈寅恪热'已经降温，正在回归实处。拙稿完成之日，已到冷淡之期，确为无可奈何之事。……给你带来诸多麻烦，于心十分不安。与其困难重重，不如化繁为简，即将拙稿退回，由我另找能够及时出版的去处。拙稿撰作、整合之际，北方也有出版社在招手，但因有约在先（口头之约），故仍寄呈贵社，以免'见异思迁'之嫌。我们以后仍可创造合作的机会，千万不要为此介意，切切。"这时我才知道，中华书局早已向蔡老师招手。读书人均知中华书局在学人心中的分量，蔡老师却念及我是学生，毅然优先考虑我们这个地方出版社，而我们却辜负了蔡老师的美意，实在有愧。这使我不禁想起王永兴先生在1999年纪念陈寅恪国际学术讨论会上阐述陈寅恪先生自强不息、厚德载物精神时所列举的自己亲身经历的例子：1946年王永兴先生在清华当助教，陈寅恪先生帮他向学校交涉解决住房问题，却只字不提，直到40多年后，他读了陈寅恪先生给梅贻琦校长的信，才恍然大悟。蔡老师也传承了陈寅恪先生"厚德载物"博大宽容的精神，爱护、培育学生后辈有如大地化育万物。

我虽听过蔡老师的课，读过蔡老师的书，受过蔡老师的教诲，但不足以论蔡老师的学问。上述只是整合追忆的碎片，连缀成文，点燃一支崇敬的香烛。

蔡老师永远活在我们心中。

（作者系浙江人民出版社编审）

化棱角为旋律

——纪念"一言之师"蔡鸿生教授

蔡军剑

2021 年 2 月 15 日,大年初四那天,中山大学历史学系蔡鸿生教授辞世。消息传来,我有点失神。

这位老教授,当年我跟他多有交流,或短函或电话。他曾赐我一言,"化棱角为旋律"。多年来,不敢或忘。

若干年前,作为南方周末报社的评论编辑,我利用职务之便,搞了个"全民悦读"的赠书活动,我常常会寄书送给各地公务员、教师、在校大中学生。寄书的时候,我会盖上印章,写一两句话再签上自己的名字,以示郑重。我抄写最多的,是蔡鸿生教授的"化棱角为旋律"。

蔡鸿生教授的这句话,应该是他在给我的一封书信中说的。这话该如何理解,确切的意思是什么,记得我向蔡鸿生教授求教过,他也曾答复,好像当时我还嫌其模棱两可,不过如今我早已淡忘。更遗憾的是,因为换了单位,换了城市,历经 N 回搬家之后,我数次翻箱倒柜,却再也找不到蔡鸿生教授给我的那几封信了。

古有"一字之师",而如果允许我高攀,那么蔡鸿生教授也称得上是我的"一言之师"了。可事实上,我与我的这位"一言之师",从未面对面地交流过;他的专业著作,我也一本没读过。自始至终,我只是一个史学爱好者(门外汉),但蔡鸿生教授的《学境》与《仰望陈寅恪》,却是一度被我翻得散架的枕边书。这两本小册子,我不止自己爱读,还曾自掏腰包买了数十册送人。

豆瓣上有位网友这样评价《学境》一书:"好像有个老爷爷站在身边,发现跑偏了就往回扯一扯。参加了空话连篇的学术会议开始膨胀，就提醒'学问没有顶，只要命还在就得补下去'；在豆瓣上刷书上瘾，就提醒'读书要慢，查资料要快'；玻璃心迹象显露，就是有了最要命的'骄娇二气'。这么看来，这本32开的小书应该永远处于'在读'状态。"

这位网友说得真贴切。定睛一看，发现说这话的网友正是我的实习生，当年在北京大学读的新闻传播，后来留学日本攻读的却是历史学博士。我没问过她有关转专业之事，但她应该记得那几年我在报社办公室时常大放厥词，当面调侃新闻传播学院的学生，最为推崇无用的历史学。

因为就我的观察，媒体人当中，干得出色的，往往不是学新闻传播专业的，而是来自文史专业的。而文史哲专业中，学中文的，不少过于卖弄辞藻；学哲学的，失之艰涩，不大会做普及文章；学历史的刚刚好，能够兼顾义理考据辞章。这自然是我的偏见，不足为据，但当年偏激独断的我的确是那样想的，事实上也影响到了我的实际工作与决策。比如，我最初招收实习生，学科背景多为新闻传播；后来，学历史的渐增。

我负责的报纸版面，名为"自由谈"，作者当中有媒体人、公务员、中小学生与大学教授，总之什么样的人都有，什么鸟都有的树林才大嘛。而大学教授当中，尤其以历史学教授最为密集。像罗志田、王汎森、杨国强、彭刚、王东杰，包括当时在中山大学历史学系任教的桑兵教授、程美宝教授、徐坚教授，包括今年以来相继辞世的历史学人何兆武、章开沅、林富士，等等，都曾拨冗赐稿支持，给了我很大的鼓舞。

当年在南方周末经营评论专栏的时候，常常会遇到一些实际的困惑。比如普通读者期望你大胆敢言，言人所未言。然而有些话题，你秉笔直书不合宜，曲笔更易深入。而读懂曲笔，写得曲笔，其实需要更深的功力。因为很多人所谓的"尖锐犀利"，无异于扯开嗓子谩骂叫嚣。这样的文章发不出来怎么办？该如何跟作者沟通、跟读者解释？这个时候，我通常会引用蔡鸿生教授的"化棱角为旋律"一语，还引申几句"化吐槽为创意""化尖锐犀利为幽默睿智"

……作者照此调整写法，文章往往就能逢凶化吉，重见天日。

可以说，我能跟一些读者、作者结缘，成为一辈子的良师益友，其实是受了蔡鸿生教授此语的恩惠。我曾经充满棱角，棱角是凹凸不平要刺痛人的，旋律却是尽善尽美能够抚慰人的，"化棱角为旋律"，虽不能至心向往之，如果说这些年来个人修为有所提升，也可以说是受了蔡鸿生教授此语的点化。我猜想，"化棱角为旋律"这句话，蔡鸿生教授的身边人，应该都有听过。但或许我称得上是推广这句话最多的一个。在网上，引用这句话的不多，但凡有引用，应该都是我的故人或者实习生辈（我在豆瓣上看到一位网友的签名档写有"化棱角为旋律"，一问，果然是当年的实习生）。

我还曾搜到一篇公号文章，文章这样写道：

　　——"赠 J 同学：化棱角为旋律。希望将来一天会为今天的自己喝彩！"
　　——"赠 Y 同学：梁漱溟先生言，吾曹不出如苍生何！希望将来一天会为今天的自己喝彩！"

原来，这是一位中学教师用心地鼓励自己的学生呢。

我有点疑心这是当年的另一位实习生云龙写的。他从玉林师范学院毕业之后回了老家，又进入融水苗族自治县民族中学做了物理老师。2 月 15 日晚（当天下午 4：30 分许蔡鸿生教授辞世），我在微信里给云龙同学留言，问这篇公号文章是否出自他之手。很快，云龙回复："化棱角为旋律。老师，新春吉祥！"

哈哈，果真是他。我还把云龙兄弟的这篇公号文章转给了南方报业的故人陈小庚老师，陈老师回复了 4 个字："薪火相传"。

薪火相传，有点言重了。但那一刻，我倒是真真切切记起了胡适先生的那一段话：

　　佛典里有一句话"福不唐捐"，唐捐就是白白地丢了。我们也应该说"功不唐捐"，没有一点努力是会白白地丢了的。在我们看不见想不到的时候，在我们看不见的方向，你瞧，你下的种子早已生根发叶开花结果了！……朋友们，在你最悲观失望的时候，那正是你必须鼓起坚强的信心的时候。你要深信：天下没有白费的努力。成功不必在我，而功力必不唐捐。

胡适说"功不唐捐"，蔡鸿生教授说"化棱角为旋律"。谢谢"一言之师"蔡鸿生教授！余生，就继续带着您的这一句叮咛上路。

附记

2021年10月8日，收到中山大学历史学系江滢河老师微信，问我蔡鸿生教授纪念文章是否已经完成。我这才想起自己答应过9月底交稿的。经常催人稿子的老编辑被人催稿，尴尬啊。不过，江老师宽宏大量，还给我看了南昌大学刘经富先生的《若徒博物儒还少，绝不凌人德始尊——追念蔡鸿生教授的文行风范》。刘先生文中提到，"蔡老的钢笔书法也很耐看，线条遒劲，力道老到，寓心迹于手迹之中，反映出他性格中具有坚毅的一面。他为我破格申报正高职称写的推荐书气势贯注，力透纸背，布白匀称。"蔡鸿生教授的钢笔书法的确耐看，可惜我再也找不到他写给我的亲笔信了。

刘经富先生提及"力透纸背"一词，让我想起清华大学宁向东教授评价何兆武先生的文字。宁向东认为，有两种不同的力透纸背。第一种是檄文类的：每一句话都是枪，每一个字都是子弹。文字的力量，瞬间就能感受到——这一种比较常见。还有一种"力透纸背"：文字看上去不温不火，平易近人，但力量全藏在娓娓道来之中。就像金庸笔下的化骨绵掌，过了好久，你才发现筋骨俱碎。被这种力量打到，全是内伤。

我并非学术中人，不敢评价蔡鸿生教授的学术文章。但就《学境》与《仰望陈寅恪》来看，蔡鸿生教授的文字的确称得上"力透纸背"，不温不火，平易近人，力量全藏在娓娓道来之中。

　　而今眼目下，普通读者还是习惯于欣赏檄文类的力透纸背，而容易轻忽"化骨绵掌""化棱角为旋律"的力量，这是无可奈何之事，但也正有赖于学养深厚的高手多做普及文章。

　　1920 年 9 月，胡适曾在北京大学开学典礼上批评其时"传播"新文化的人，说他们不过是"拿着几个半生不熟的名词……你递给我，我递给你"，美其名曰"普及"；北京大学师生应该去做的是创造性的"提高"工作，以满足社会上真正的"智识饥荒"。他说："只有提高才能真普及，越'提'得'高'，越'及'得'普'。你看，桌上的灯决不如屋顶的灯照得远，屋顶的灯更不如高高在上的太阳照得远，就是这个道理。"

　　100 年倏忽而过，太阳仍比屋顶的灯照得远。我辈切勿"矮化"读者，低估读者的水准；一方面，自己努力求提高，一方面，也不妨"屈尊"做做普及文章，一代一代功不唐捐，假以时日，普通大众的眼界、趣味自可脱俗，懂得品味"化棱角为旋律"妙处的读者也会越来越多吧！

（作者系《南方周末》原记者）

先生的三个剪影

——蔡鸿生教授百日祭

景怀斌

蔡鸿生教授2021年2月15日去世，至今差不多100天了，我的内心总有一种声音，要写点什么！虽然我以文字为业，但并不以文学为生，写感性的文字，不是专长。但情已致，忍不住还是要写些文字，以表达我的怀念与敬意。

我虽不是蔡先生名分上的学生，但该算为"门外"弟子。这有两层意思，一则我的太太是蔡先生的亲炙弟子，她常和我讲起先生的教学与学问。如上课一支粉笔，一叠读书卡片。讲起先生的《俄罗斯馆纪事》《尼姑谭》以及先生对海上丝绸之路、唐代哈巴狗如何在上层成为宠物等等"学问"典故；二是我时不时陪太太拜访蔡先生，当面受教很多。先生"时地人"史学智慧让我记忆犹新，对我的研究大有裨益。我对先生的学问不通，无法从学术角度有所评判，但能够感知，先生都是谨慎地述说自己的看法，他的看似随意的话都是深思熟虑后的平淡表达。

往事如烟，与先生见面的次数不算少，先生的书也半懂不懂地读过，但确属"记忆盲"，具体内容差不多都忘了，只留下幻化的印象。在我当下的记忆中，先生的印象可以用三个剪影来表述。

第一个剪影是，先生夹一支烟，并不含在嘴里，而是偶尔抽一口，看着袅袅青烟，慢调细语地与人谈话。每次去看先生，电话预约后，登门时他就在门口站立，客气地迎进家门，让我们入座，师母必定端上已经准备好的茶水。落座后先生会关心问我们一些日常工作之类的事情，然后随着话题的展开，讲述他对学术、社会的思考。先生讲的话往往是他一段时间读书、研究所得，但表述极为精炼和通透。描述身边社会是人的本能，但对纷繁复杂的社会现象进行通透概括却需要智慧与长期静思。先生的话，无论是对历史事件、历史人物、某一本书、某一个历史细节，还是当下的民风社情，都极具穿透力。时过境迁，这些充满智慧的概括大都忘了，只留下一个总体抽象越来越强——先生真智慧。很多次我都和太太说，看蔡老师需要录音，重复他的话不可能的。

第二个剪影是，先生在书店弯腰看书的情形。先生几乎每天要去学而优书店转转。我去书店的次数并不多，但在书店里遇到的先生次数却不少。我开玩笑地和太太说，蔡老师对书店新进的每一本书都知道。偶尔在书店里远远望着他专注看书，看到他偶尔会把眼镜拿下来，细细看书的情形，忍不住想，这是一个把人生完全与知识融合并创造学问的人。不是所有的爱学问的人能够达到这样境界的。

第三个剪影是，先生在路边背臂弯腰和人谈话。偶尔在校园去历史学系的路上，遇到先生。他双臂背后，缓缓而行，看到你后会和蔼地和你打招呼。然后问你忙不忙，小孩怎么样，然后点头告别等等。

人的一生漫长而短促，对于一个以学术为业的人，这三幅幻象剪影岂不是学术人生的概括——学、思、察。《论语》里说，"学而不思则罔，思而不学则殆"。读书而不思考，就会面对各种主张而不知所措，而只思考不学习则会走偏入魔。如果说先生看着袅袅青烟而谈是思，书店的剪影是学，路边谈话则是对生活的关注。先生的一生简单而复杂，在于他89年的人生经历了民国、新中国成立与改革开放三个时代，有乐也有苦，恐怕有不少苦，但他从来不说苦，更没有愤世嫉俗。在师母的精心照料下，他年复一年，日复一日，心无旁骛，在学术世界里悟道写作。然而，他又是关注生活的，关注社会发展。他一直订有《羊城晚报》，一直看新闻联播，对于国家、学校、学生甚至学生的孩子都很关切。如他很正式地在送我小孩笔记本上认认真真地写几句勉励的话。

大学是智者的家园，每一位校园行走者都智力超群。行走在校园，遇到的有气无力、貌不惊人的老人，他可能就是一位功力深厚的顶级学者。在我的眼里，先生是一幅可以代表中山大学的画。外人不了解，以为在经济发达的广州，中山大学的教授个个生意人的模样。起码，先生以及我周围的老师，大都正如康乐园美丽草坪上的蝴蝶，走进才能看到它的美丽，远远是看不清他的容颜的。

追忆先生，不免会俗气地想——都说大学之大不在大楼而在有大师，那么，什么才算是大师？在我看来，大师不是明星，万人热捧，大师恐怕做不到；学问到至处，懂你的人就那么几个，曲高和寡，学问真到了热捧，恐怕也不是学问了。真正能够读懂先生书的人恐怕不多；大师自然也不是官大，做官与做学问是两回事。大学老师只是大学这个组织"机器"的一颗"螺丝钉"；大师更不是有钱，学问是清苦之业，虽然衣食无忧但不会财富自由。在我眼里，大师恐怕是先生三个剪影的集合，是对生活的关注，是对知识的敬畏与不可抗拒的接近，是对人生社会的通透理解与表达；是能够影响一个学科的气质的人。

行走在校园，经历了历史学系的大楼从树林到18先贤铜像广场，也还记得原来铜像广场的石刻铭文被小朋友的小手抚摸得锃亮。这都成为历史了。现如今历史学系的大楼焕然一新，气势之大使人感觉两边小古楼成为它的厢房。站立在历史学系大楼的"小广场"，向东可以远望陈寅恪先生的故居，向西可透过高大的玻璃窗仰望孙中山先生的坐像。先生写过《仰望陈寅恪》。仰望陈寅恪的人如今被人仰望，也成为中山大学历史的一部分。历史到底是什么？在上帝为核心的西方文化里，历史是走向上帝真理本体的过程记载，人虽然是真理验证的主体，但真理却在上帝那里；而在中国人看来，天道才是世间的根本，但天道不自然彰显，要人来体证。历史是蕴含天道的人（类）行为事件的记录与反思。一部《春秋》，经过孔子的微言大义，上古历史便成为中国人的精神与政治的"圣经"。观古国、验当下、审权势、变其时，就有序，便成为历史之思的社稷使命；积600年基业，并六合、吞八荒的秦帝国历二世即亡的历史，惊悚了多少有心人；《资治通鉴》中的血泪，蕴含着多少对人间正道的追问。正是对前人经历的解释——促成了中国道、学、政的思想传统，形塑了中国与中国文明、中国人的精神世界。先生以历史研究为业，这是先生的宿命与使命。他将与这栋大楼曾经工作过的先贤一样，成为"史学"之魂。

先生仙逝之日，曾与太太一起拟出两句话以怀念先生——"德识通达启青衿向成人，学思文韵入六合化星辰"。如今，都市的天空虽然已看不到星星，但星星仍旧会在茫茫的黑夜里指引需要辨路的行人。先生的学问虽然用不到的人可能看不见、读不懂，但先生的学思总会触动需要者的心灵。在这个意义上，先生的学思之星永存，这是一生奉献给学问的智者荣耀。

先生离开百日了，路过先生楼下，忍不住说，什么都变了，什么也都没有变。太太安慰说，一个人只要被人记着，他就活着。

草成于先生逝世百日

定稿于 2021 年 11 月 7 日

（作者系中山大学政治与公共事务管理学院教授）

恩师如父

——纪念恩师蔡鸿生先生逝世一周年

甘正猛

时光如箭，转眼间恩师仙逝已近周年；然而，一切都仿佛昨天，恩师音容犹在。

2020年12月24日，师母微信告知，恩师因胃病突发于21日（冬至）深夜住进中山大学附属第一医院重症监护室，我震惊了。因为恩师虽年事已高，身形偏瘦，但近年精气神未见明显变化，每次见到，他老人家都是神采奕奕，所以，还是感到事发突然。25日晨欲随师母到病房探望，但未能进入，无奈此后只好每天向师母了解恩师的病情和治疗情况。起初，恩师手术后病情趋稳，并有向好迹象，我们满怀信心期盼恩师康复。然而，恩师毕竟年近九旬，病如山倾，身体家底经不起病魔的恶性透支，势难回天，经历50多天与病魔的抗争，于2021年2月15日（农历辛丑年正月初四）下午4：30与世长辞。此时此刻，我们悲涌心头、泣不成声。在恩师住院50多天的日子里，我只能在心中期盼恩师好转康复，向师母询问恩师的病情，面对恩师经受折磨和师母奔波、焦急，而我却无能为力，甚至未能与恩师见上一面，离别时只能在医院走廊隔墙相送，深感无尽遗憾。

我1985年报考恩师的研究生时，回想起1983年大一第二学期后半段聆听恩师讲授世界中世纪史有关专题，当时已初步感觉到恩师学术研究和讲课的独特之处。恩师讲课时，不用讲稿，从不照本宣科，而是怀揣数张卡片，列出提纲，讲课内容都装在心中，娓娓道来，出口成章，无多余的话，可谓句句都是经过凝练而成的学问，既是"干货"，又生动有趣，一气呵成，阐述深入浅出，循循善诱。当时，给本科生上课的基本上是讲师，恩师是少有给本科生讲授基础课的教授之一。他的课，学生们都在全神贯注、津津有味地听。我和同学们都感到蔡老师的课讲得好，很有意思，精彩，让人意犹未尽。恩师课讲得好，首先是学术研究做得好。假如学术研究不深不精，讲课是难有如此魅力并达到这种效果的。恩师讲的是专题，比较深奥。要使高深的学术研究引起本科生的共鸣是不太容易的。然而，恩师以精湛、高超的讲课艺术和精深的学术成就实现了，可见恩师对科研、教学用功之深，对学生用心、用情之切。

打定主意报考恩师的研究生后，本科毕业论文就选了恩师出的题《西突厥与拜占庭的关系》。恩师后来说，写这个题目，意义在于揭示中国丝绸通过突厥人贩运到拜占庭及其产生的影响。由此可见恩师出题独到与精辟。考上恩师的研究生，实属本人幸运。在研究生阶段，恩师一般是在家中给几位研究生上课，不仅备课至深至全，上课时更是一丝不苟，旁征博引，深入浅出，其风格与在教室上课完全一样严谨、严肃，无一句课外之言，句句是课程。讲课内容安排得十分精当，时间用到极致，从不提前下课（短暂拖堂偶尔是有的，逢此，师母下班到家担心我们误了吃饭，即提醒"过下课时间了，该让他们去吃饭了"）。有时上两小时，有时上半天，其间恩师从不饮茶、吸烟（印象中那时恩师不上课时不到 1 小时就要吸 1支）。我深深感到恩师对学生寓爱于教，严教厚爱，爱生如子。严是对研学的严谨与严肃，是对学生前途、人生价值的大爱，对学生爱及成材，爱及身心。至今记得，恩师曾布置一篇作业，要求做一份有关国家向唐、宋朝廷朝贡的年表。由于学研不够，我是以国别为单位做的，本应以年份（时间）为单位，但恩师对此并未作严厉批评，而是说明这篇作业意在从朝贡史实来分析这些国家与中国朝廷之间的关系，联系到当时中国和这些国家各自政治、经济、社会、文化状况与演变，以及中外物质、文化交流，还从要认真对待学业，谈及为人处世之道和为事之要。师道尊严来自恩师令人仰止的学术造诣和独树一帜的教学艺术，同样来自恩师对学生寓爱于教，对教学、科研的挚爱和严谨。虽从未有声色俱厉的棒喝，但使人铭记于心、受益终身。逢年过节，师母都不辞辛劳，准备丰盛的家宴，请恩师的研究生和选修恩师课程的其他专业的研究生到家里聚餐。恩师和师母慈祥、和蔼而风趣、幽默，和学生们聊学习、生活上的事，气氛随和，使我们这些远离父母的学生感受到父母一样的关爱、一样的温暖。恩师和师母得知我幼年丧母，又出身内地乡村，对我给予了更多的关注和厚爱。

1988 年，为准备撰写毕业论文，我们将前往外地查阅、收集资料。行前，恩师亲笔修书给季羡林先生和福建师范大学陈增辉教授，请他们给予指导。我的硕士论文《唐宋时代大食蕃客礼俗考略》通过答辩后，恩师提议并亲笔签署推荐建议将其中章节由《中山大学研究生学刊》刊发。1997 年，恩师主编《广州与海洋文明》（中山大学出版社出版）一书，将我的硕士论文收编其中。毕业前夕，恩师对我的职业定位作了慎重而精准的研判，在提交给研究生院有关毕业分配的表格上亲笔书写：建议毕业后留世界古代史教研室充实教学科研力量。此事是我的一个心结，我一直在心中盘想。随着年纪和经历的增长，越想越觉得当时恩师对我的职业规划建议是基于对我的性格、能力深思熟虑，同时又充满父亲般关爱与信任而提出的。

参加工作后，我逢节假日去拜望恩师和师母，一年中有三四次，每次前往，如同看望自己的父母一样自然而然。恩师和师母对我工作中的每一点进步感到欣慰，并给予鼓励，如同对自己的孩子。聊起工作上的事和种种社会现象，恩师的话语中总是充满着正能量，充满着对社会每进一步的肯定，如，他说应从社会平均寿命的增长，看到社会生活水平在不断提高，意含着宜从正面看社会现象，不宜偏颇。我虽远离学界，恩师也会谈及学术动态，一有著作出版，就亲笔签名馈赠。

恩师对我们这些学生的家庭亦是时时关心，对我们的下一代的养、育、教都关爱有加。2020 年 9 月 12 日，我携犬子拜望恩师，当时犬子欲就学习与科研中的一些疑问向恩师请教。恩师从着眼长远、增强信心等方面，循循诱导，并多有鼓励，历时 2 个小时，使犬子受益匪浅，还馈赠新版的《尼姑谭（增订本）》。犬子回家之后在较短时间内读完，虽不能完全读懂，但感到恩师的研究方法独到，被恩师以小见大、触类旁通、深入浅出的研究方法和艺术所折服，深感对自己所学理工科同样大有裨益。令人意想不到和无限遗憾的是，这竟是与恩师最后的相见，从此诀别！

恩师仙逝时，我一家沉浸在深深悲痛之中。为寄托哀思，我与家人共商拟一挽联，犬子思考良久，并查典故，搜寻他认为最能表达缅怀之意的词句，我们拟成：探陆海故实，立精言，学究天人成自家；育桃李德才，树真人，春风化雨传真谛。

领悟恩师的学术成就，我已难着边际。就恩师的品格与风范，我想借用老子之言"圣人之道，为而不争"，从这几方面感悟：一不争名，更不为利，笃定心志，甘于坐冷板凳，做自己挚爱的事，厚积薄发。二不轻易争对错，基本上未听见他说别人的不是。三不张扬，低调、谦诚、谨言慎行，"不善言辞，从不夸夸其谈"（季羡林：《唐代九姓胡与突厥文化·序》）。四不与世争，无论社会变迁与年纪递增，数十年如一日，心无旁骛，精耕细作，我已无我、不负学术事业。进入晚年，恩师自称"退出江湖"，实则只是极少参与社会活动，直到仙逝，一刻也未停止学术研究和育人育才事业。五不争风，不跟风，更不落俗，仅唯实，不好、更不凑热闹，清静而为，独辟蹊径，独树一帜，证重于理，理出于证。六不麻烦别人，毕生生怕给他人添累，而对他人却有求必应，无论辈分和是否同行、同门，都不辞辛劳相教相助。恩师对我们就是这样言传身教的，令人敬仰。

记得恩师在 80 寿辰时对我们说："我将过好 80 后的生活，人无论年纪大小，活着就要有一股'气'。"恩师所说的"气"，我想，包括了骨气、气节、气度、气力（能量、定力、付出和贡献）。先天禀赋叠加后天的这股"气"，铸就丰碑。

我对恩师的领悟实属肤浅，我等常人更无法企及恩师的境界。以上表述肯定不到位，也难免词不达意，谨以此缅怀。

恩师永远在我心中。

辛丑岁末于广州

（作者系广东省委第一巡视组组长）

心中永远的剪影

——追忆蔡鸿生老师

万　毅

深受本系师生崇敬的蔡鸿生老师逝世一年多时间了，他老人家的音容笑貌还不时浮现在我的脑海里，形成了一幅幅心目中抹不去的剪影。

一、"那位就是蔡鸿生先生"

35 年前的深秋时节，我来到南国广州的康乐园中，成为中山大学历史学系的一名新生。初来乍到，满眼陌生，一脸懵懂，所认识的也不过是本系同班一个宿舍的几位室友。开学不久的一个夜晚，睡在上铺的刘永大同学一脸兴奋地从外面回来，眉飞色舞地给我们讲述跟随他叔父拜谒本系几位前辈老师的情形，大家听得津津有味。永大同学来自潮汕地区的普宁，他的叔父刘泽生先生也是毕业于本系的系友，高我们 10 届左右，当时在广东省社会科学院《广东社会科学》杂志任编辑，所以有机缘近水楼台，早识荆颜。

正是这次从永大同学口中，我第一次听到了蔡鸿生先生的大名和一些基本情况。而脑海中至今还铭记着，当天永大同学谈起蔡先生这位乡贤前辈学者时那副引以为傲的神情，我心中也升起了一丝景仰和向往之意。后来向本系的研究生学长和高年级师兄师姐们问学请教，在谈到系里哪些老师课讲得好时，大家提出的一连串人选中，不约而同地提到蔡鸿生先生的名字，并列在首位，这更引起了我的崇敬和神往之情，常常暗中揣度：这位蔡鸿生先生，究竟是个什么样的人呢？

经过了开学之初的忙乱，课程教学节奏步入正常，对校园环境慢慢熟悉起来，也就有心情开始留意周边的"风景"。渐渐地我发现，每天上午10点左右第二三节课之际转换教室的间歇，走在中区草坪两侧的校道上，总会看到一位身材不高、体形消瘦、头发花白、面容清癯的先生缓步而行，步履虽然谈不上矫健，但却颇为坚实，不疾不徐，极富节奏感。一边走着，一边不时地颔首微笑，与相识的师生亲切地打着招呼，偶尔也会转到路边图书馆前的报栏丛中停下脚步，与同学们围挤在一起浏览报纸上的内容，毫不违和。每次看见这道似曾熟悉的身影，我会情不自禁地联想起千里之外的家中老父，产生一种想要亲近的冲动。

后来，在系办公室盘桓和系资料室翻书时又多次见到了这位令我心仪的先生，也有了更近距离的观察机会。大概由于吸烟的缘故，先生饱经沧桑的脸色稍显黯淡，但却精神矍铄，丰采熠熠，特别是凝敛睿智的目光更令人心生敬意。不论是孜孜矻矻、聚精会神的读书背影，还是温和谦厚、妙语连珠的讲话风姿，更加深了我的印象。看得出，系里的师生对他的敬重和亲近是发自内心的。有一次临近中午，在目送先生离开系办公室后，我终于忍不住问系里的老教务员杨鸿汉老师，这位先生是谁？爽直的杨老师用半是解惑，半是怜悯，又稍带讥嘲的语气说："那位就是蔡鸿生先生啊！"接着又说："蔡老师上午系办、下午书店、晚上读书研究，这是多年的老习惯了，整个历史学系都知道的。"终于与传说中的蔡老师对上了号，果然是腹有诗书、气质清华、不矜不伐，恂恂如也，即之也温。

二、"听蔡老师讲课真过瘾"

刚入大学不久，就听研究生和本科高年级的师兄师姐们说，蔡鸿生先生讲课很好，同学们跃跃欲试，很想见识一下。但当时蔡老师开设的课程是专业选修，仅向高年级学生开放，时间上又跟我们要上的基础课相冲突，连去旁听的机会也没有，心里便难免有些郁闷，但更多的则是向往。

好像是大一第二学期，除了负责我们日常生活的班主任和政治思想的辅导员之外，系里还为我们班级的各个宿舍配备了专业课教师兼任的"学业导师"。担任我们寝室学业导师的陈永阶老师是本系20世纪60年代的毕业生，我们经常趁机请教他自己大学时代系里的情况，很有些"八卦"的味道。据陈老师回忆，那时上过的课程中，老师讲得好的，老一辈当推讲授中国近现代史的陈锡祺先生，已经是颇有名望的教授；年轻一辈中就数讲世界中世纪史的蔡鸿生先生，当时还是助教。两位老师讲课的共同特点是"主题鲜明，逻辑性强，内容丰富，简洁凝练，不拖泥带水"。蔡先生上课时给他留下深刻印象的，是累积下来的厚厚的备课稿，总在不断地补充和修订，可谓精益求精；而且当时蔡先生已经结合自己的课程讲授内容，发表了多篇教学研究论文……这应该是60年代蔡鸿生先生讲课的情景。

到"文化大革命"结束不久的70年代后期，蔡鸿生先生讲课则是另外一番场景。据本系1977年入学的最后一届"工农兵学员"、现在已是知名学者的茅海建先生在蔡先生逝世后写的怀念文章《此情可待成追忆》中回忆：当了20年助教，讲授世界古代中世纪史的蔡先生讲课是有特点的。"他只带一张纸或几张卡片，只拿一支粉笔。上课铃响了准时开始，讲完正好是下课铃，也不知他是怎么计算时间的。上课时没有一句废话，板书也有自己的风格。""蔡先生上课时，先在黑板上写一条马克思、恩格斯、列宁的语录，讲一下语录，然后再往下讲历史内容。我不知道他怎么能把引用的语录和所讲的内容对应得这么准，可见他对马克思、恩格斯、列宁文集读得比较熟……还有一点很重要，就是马克思、恩格斯、列宁讲世界古代中世纪史的话是比较多的。"而且茅海建先生还征引了"文化大革命"前后两次听过这一课程的梁碧莹老师的对比，认为后者较前者"更有内容"，这也说明，经历了10年的蹉跎磨砺后，蔡鸿生先生的教学科研更有进境。

进入80年代，蔡鸿生先生上课的画面又有变化。据我的同门、1981年入学的向群师兄回忆：蔡先生上课并不带什么书本或讲义，也很少见拿纸张或卡片，有时只是在一拃窄窄的纸条甚至是烟纸或火柴盒上写几个字作为备忘。踩着上课铃声的步点登上讲台，在黑板上写上要讲的题目，便徐徐展开，娓娓道来。文献资料，信手拈来，论证阐释，左右逢源。所言所述，如"奥卡姆的剃刀"，闪烁着思想的光辉，时间拿捏得又极为精准，每每一个问题结束的话音甫落，正好下课铃声响起。每忆及此，向兄总是眯起眼睛，晃着脑袋唱叹一声："真是享受啊！"

等我终于有资格选修蔡鸿生先生开设的课程时，已经是八九十年代之交的大三。当时蔡老师已经不再讲授世界古代中世纪史的必修通史课程，转而开设以"唐代九姓胡与突厥文化"为框架的专业选修课，课程持续 1 年，分为两门，第一学期围绕着九姓胡粟特人的贡品与礼俗讲"中亚绿洲城邦文明"，第二学期围绕突厥的社会文化讲"塞北草原穹庐文明"，以及他们与唐代社会的交流互动，由于是常年潜心研究积累的心得成果，所以蔡老师讲来更是成竹在胸，得心应手，驾轻就熟，我们也听得宛入宝山，如痴如醉。除了领略到前述几位师长所描述的"蔡氏授课风采"外，更品味到先生在此基础上臻入化境的炉火纯青。

与系里许多南方特别是闽粤琼桂籍的老师相比，蔡鸿生老师带有潮汕口音的普通话对于身为北方人的我来说并不难听懂。蔡老师课堂上的声音并不高亢，反而略嫌低沉，但那种起自丹田，经由胸腔和喉咙共鸣而发出的声音却富有磁性，极具穿透力。再加上对语速和语调有意识的控制，所讲的每句话显得吐字清晰，节奏舒缓，抑扬顿挫，令听众能够入耳、入心、入手。遇到同学们表示迟疑或他认为需要强调的概念词汇，蔡老师往往会在黑板上写出来，那颇具骨力、带有行草意味的板书字体也容易辨识，很好记录。由于这两门课程所讲授的内容更为充实，主题更为鲜明，逻辑更为清晰，论述更为细密，表达更为精准，语言更为流畅，描述更为生动，只要认真听讲，做好记录，稍作整理，就是一部颇为完整的文稿。因此，这两门课的听课笔记，我至今珍藏着，并一直奉为圭臬。

记得当年上这两门选修课时，蔡鸿生老师似乎连只字片纸的提示备忘也省却了，总是上课铃声一响，登上讲台，在黑板上写下所讲题目，便缓缓开讲，警句迭出的精彩内容和妙语连珠的生动讲述，常常引起大家会心的回应。往往一个问题结束后最后一个字的声音刚落，一节课的下课铃声便刚好响起，所以从未出现过拖堂现象。而在两节课中的休息间歇，蔡老师总会掏出一支香烟，缓缓点燃，一边吸烟、一边和围聚在他身边的同学们亲切交流，令人如沐春风。因为我也有吸烟的爱好，所以曾暗暗地观察过，当蔡老师将这支燃烧殆尽的香烟掐灭时，下一节课的上课铃声会准时响起。与茅海建先生一样，我们这些听过蔡老师课的同学对他准确拿捏时间的这个神奇本领充满了好奇和艳羡。直到多年以后，分布在各行各业的当年选修过这两门课的同学在谈到这些往事时，大家总会不约而同地说出一句话："听蔡老师讲课真过瘾！"

三、"物质食粮"与"精神食粮"

由于选修了蔡鸿生老师开设的课程，更由于对先生风范和气度的钦敬，我也成为在课间常常围聚在他身边聆听开示启迪的同学中的一员，与蔡老师慢慢地熟悉起来。渐渐地我发现，蔡老师除了读书、讲学、授课、著述之外，似乎少有其他的爱好，唯一例外的是他嗜吸香烟，却又颇为节制。据说，"文化大革命"之前，系里很多老师有吸烟的习惯，但"文化大革命"之后，许多人陆续戒掉了，只有蔡老师等少数几位延续下来。蔡老师吸烟始于何时，我不敢也没有问过，只是猜测应该时间甚早，后来偶然得知，蔡老师在高中毕业入读大学之前，曾经在家乡从事过几年报刊编辑的文字工作，学会吸烟可能就在那个时候吧？

高考复习阶段，因为经常要熬夜看书，我也学会了吸烟，这个习惯一直保持至今，总也改不了，因此在这件事上，我和蔡鸿生老师算是有同好。熟悉之后，蔡老师见我也吸，在他抽烟时总会赐我一支，并风趣地称之为"共品物质食粮"。我自然是受宠若惊，常常为成为蔡老师的"烟友"而感到荣幸。也会遭到其他几位同样吸烟的同学的嫉妒，原因是他们总想在蔡老师眼中保持"形象"，不敢当面抽，而我则脸皮较厚，没有"避讳"罢了。

对于吸烟这件事，蔡鸿生老师有着自己的理解，常常"妙论"迭出。比如说"好的香烟，抽上一口，烟雾从嘴喷出冉冉上升，能让人的目光和思维集中于顶上一点……""香烟这个东西，抽上一口，能让人在激动的时候冷静下来，也能让人在平静的时候激动起来……"尽管不无玩笑之意，却也抓住了吸烟的"妙处"。到了晚年，蔡鸿生老师常常和我们回忆自己大学时代分享被他称为"祖父辈学者"的岑仲勉赏赐学生们香烟的情景：

岑仲勉先生当时已经70多岁，在同学们眼中是"祖父辈学者"，他来学校上课时常穿一件对襟唐装，左右各缝一个口袋，左侧口袋里揣两包"白金龙"香烟，右侧口袋则揣一袋"利是"糖。上课间歇，爱把同学们召集在他身边，抽烟的男同学每人发支烟，不抽烟的则和女同学一样每人发颗糖，像极了皓首斑鬓的祖父含饴弄孙，场面其乐融融。交谈时，仲勉先生常问男同学会不会抽烟，有些同学腼腆，不好直接回答，只是笼统地说"抽过"，仲勉先生便哈哈一笑，"那就是会了"，于是，便递过香烟，自己也点燃一支，很快便拉近了祖孙辈师生之间的距离，交流也就变得自然起来……"我当年就享受过岑仲勉先生赏赐的香烟。"每到这时，蔡老师便会眯起双眼，仿佛回到了当时场景，我深深感到，蔡鸿生老师不仅继承了岑仲勉先生的学术精神，也继承了岑仲勉先生的做人风范。

蔡鸿生老师遗留给我们的宝贵财富里，被他老人家戏称为"物质食粮"而赏赐给我们的香烟不过是其中的"沧海一粟"，更值得称道的是被本系师生视为"精神食粮"的立身、治学风范，许多箴言隽语深深地铭刻在了我们的脑海里。大学毕业时，我们班的几位同学去拜别蔡鸿生老师，向他求请临别寄语，蔡老师挥笔写下了"悟入必自工夫中来"八个大字。"悟入"出自佛典，多为禅家喜用，指的是一种思想和精神境界，而"工夫"则典出晋代葛洪所著的《抱朴子·题览》，颇为宋代大儒朱熹提倡，指的是时间和精力的投入，蔡老师把两者结合起来，既体现了对学生的殷殷寄意，也为我们指出了立身处世的人生道路。而在日常工作生活中，蔡鸿生老师总是告诫我们，"不能把别人的表扬当真，也不要把别人的批评当假"，这是提醒我们要谦虚、谨慎，警醒惕厉，时刻保持清醒，才能有进步，话语中蕴涵着丰富的人生智慧。

在读书治学上，蔡鸿生老师也有很多富涵智慧的至理名言。"学术接轨要提倡接双轨，一方面要与国际前沿接轨，另一方面要与优秀传统接轨，只强调与国际接轨，就很容易出轨。"蔡老师的这番话，很容易使我们联想起陈寅恪先生的那个英明论断："其真能于思想上自成系统，有所创获者，必须一方面吸收输入外来之学说，一方面不忘本来民族之地位。此二种相反而适相成之态度，乃道教之真精神，新儒家之旧途径，而二千年吾民族与他民族思想接触史之所昭示者也。"而具体的做法，用蔡老师的话来说，就是"立足自身条件"，"汲取域外智慧，开拓本土资源"。说到读书著述，蔡老师常说："我们现在是查书，而古人是读书，强调'读书得间'，因此在读书时，"不要只重视废纸一吨，而轻视微言一克"，陈寅恪先生讲"发覆"，陈垣先生讲"表微"，钱钟书先生讲"打通"，"二陈汤，一钱丸"这些先生所重视和强调的，都是"读书得间"。著述也是一样，要"计划生育"，"要多写'吐血'的文章，不要写'吐痰'的文章"……现在想来，这些话是读书治学的良药明方，蔡鸿生老师拳拳此心，发自肺腑，金针度人，与"读史求识，脱俗求真"和"咬得菜根，实心教育"的陈（寅恪）、岑（仲勉）"二老之学"的精神遗教一样，必将成为本系优良学术传统中的宝贵财富。

四、蔡鸿生老师对我的提点与启迪

来到中山大学的30多年时间里，虽然没有机缘忝列到蔡鸿生老师门墙之下，但却受到了蔡老师的多方照拂。研究生时的同窗、蔡老师的门下弟子陈学军兄至今见面总是提起，我在蔡老师那里享受到了他都得不到的"待遇"——蔡老师知道我吸烟，每次见面聊天，抽烟时总会赏赐我一支，同样吸烟的陈兄在本师面前不敢造次，只好看着我们吞云吐雾在一边默默咽口水。这当然是生活中的趣事，记忆最深的，还是蔡老师在学业上对我的提点与启迪。

蔡鸿生老师不是我的本师，却是我答辩时的座师，我的硕士、博士论文答辩，是在蔡老师的主持下完成的，毕业留校任教后，蔡老师仍然在学业上对我给予了悉心的指导和教诲，令我无比感激。可以举出的事情很多，下面谨说两例。

一次是 2002 年，北京大学荣新江先生举办"中外关系史：新史料的调查、整理与研究"国际学术研讨会，邀请业师姜伯勤先生参加，但当时姜先生身体有恙，需要有人陪同前往，这个任务便落在了我身上，于是我有幸全程聆听了这次颇为高端的学术讨论。在会议结束组织论文集的编纂时，荣先生找到我，半开玩笑地说："你全程听了会议讨论，也吃了会议餐，不能就这样白听白吃，要交一篇文章补缴会议费用。"荣先生多年以来对我关照有加，又兼"吃人嘴短"，实在无法推辞，但我又确实没有准备，很是头大。回到学校，偶遇蔡鸿生老师，向他诉说心中的窘困，蔡老师略一思索，对我说："最近几年你不是几次陪姜先生去你老家山西考察过介休祆神楼吗？可以就这个问题写一篇文章试试。"蔡老师这一番话给我指明了课题方向。入华祆教这个题目，对我来说似乎并不陌生，在本系蔡鸿生、姜伯勤和林悟殊等老师的课堂上常常听到。但从何处入手，怎样建构，如何落笔，又成为困扰在我心中的难题。还是在向蔡鸿生老师的不断请教中，我逐渐理解了他对这个问题的全盘性思考，那就是分别在为姜伯勤先生《中国祆教艺术史研究》和林悟殊先生《唐代景教再研究》两部大著所作的序言中提出的"祆教四版本"说和唐代三夷教在中国传播过程中"祆教民俗化"的命运。正是在这两条高度升华和概括性认识的指引下，我写出了《西域祆教三联神崇拜与山西介休祆神楼》的论文，算是向荣新江先生交了差，被收录在《中外关系史：新史料与新问题》论文集中。而祆神楼现在保存下来的《重建三结义庙碑记》中指出，山西介休祆神楼这座建筑遗存"始而为祆神庙，更而为三结义庙"，乃是"宋文（彦博）潞公特为祆神建耳。其规制之壮丽，气象之峥嵘，称一方巨观焉"。在以后的岁月流转中，更是"享一方之血食，受万年之香火"，成为当地民众面食祭祀的场所。只是因为"第以先贤所建",才"未敢轻易变置",故"久而相安且相忘也"。直到明代中叶的嘉靖十一年(1532)诏毁天下淫祠时,因为"袄神之庙,胡为来哉?稽其名号,因经典所未闻;核其功烈,亦祀典所不载。今日淫祠之毁,其在斯乎?"而改为"三结义庙"。袄神楼从宋代到明清发展演变的命运又恰好为蔡鸿生先生宋代以后"袄教民俗化"的论断提供了一个鲜活的例证。后来一段时间,中山大学也向北京大学学习,准备搞所谓论著的"代表作"制度,时任历史学系系主任的刘志伟老师曾经善意地建议我将此文作为自己的"代表作",可见这篇在蔡老师提点和启迪下完成的拙作,应该还算是有愚者"一得之见"的学术水准吧?

第二次是2006年,为欢迎瑞典"哥德堡号"仿古商船复航广州,中瑞双方举办了一系列的庆祝活动,涉及经贸、旅游和文化等诸多方面,对中瑞经贸文化交流关系的研讨,自然是其中的一个重要内容。本来双方商定,将瑞典已故著名汉学家"高本汉与中国"设为文化关系研讨的重要议题,瑞典方面由高本汉的弟子、著名汉学家、诺贝尔文学院院士马悦然亲自担纲,中国方面则交由著名中外关系史专家、中山大学历史学系教授蔡鸿生先生组织承办。在这个大背景下,蔡鸿生老师亲自找到我耳提面命:瑞典人高本汉是当时具有世界性影响的汉学巨擘,他的《中国音韵学研究》被认为是现代研究古汉语音韵学的扛鼎之作。而奠定这部巨著的基础性工作,正是他在清末民初易代之际以山西太原为基地进行的中国多地方言调查。"你是山西佬,山西是你老家。你应该写一写这方面的内容。"天哪,对我来说,这又是一个"狗咬刺猬,无处下口"的课题,但是"先生有命,岂敢言辞",我还是硬着头皮应承下来。通过检索和查阅相关材料,发现很多记载提到了高本汉的山西之行,但对于当时的具体情况,却大都语焉不详。在蔡老师的鼓励下,我踏上了返乡旅途。在山西省档案馆收藏的清末民初档案中,我找到了一份当时在山西的美国商人发给家乡亲友的英文电报稿,在介绍自己的周遭见闻时,提到了一位从事语言调查的西方语言学家,似乎找到了高本汉的影子,可惜的是,这位美国商人记录的语言学家的名字是卡尔根（Karlgen），并非高本汉（Karlgren），经过再三琢磨，我判断这个名字应该是那位美国商人的误记，可能掉了中间的 r 字母，这位语言学家应该就是高本汉。这份电报可以说是有关高本汉山西方言调查少有的第一手记录。我迫不及待地将这一发现和自己的判断推测向蔡老师做了汇报，得蒙先生印可。接下来，又根据山西大学校史记录的线索，在中国第二历史档案馆找到了当时山西大学教职员工的薪金发放领取记录表，上面也有高本汉的名字；同时又根据一些回忆，辗转托人了解到高本汉应约以特邀记者的身份为瑞典《每日新闻》报撰写的介绍当时中国的风土人情和社会状况的文章，并根据这些资料和其他回忆介绍文章写出了《高本汉早期学术行历和〈中国音韵学研究〉的撰作》一文，受到蔡老师的嘉勉。后来虽然由于种种原因，关于高本汉的学术讨论会并未如期举行，但蔡老师还是将这篇文章推荐到《中山大学学报》发表。想来这篇拙作虽不敢自诩是"吐血"之作，但至少不会沦为"吐痰"之讥吧？

蔡鸿生老师常说，"导师"不是"老板"，也不是"保姆"，而应该是"引渡者"，在学生真正需要的时候，指指路，把把关，让学生踮起脚尖跳一跳，够得着。蔡先生是这样主张的，也是这样践行的。他对我的照拂与勉励、提点与启迪，正是这种"师者之心"的充分体现，令我永远铭记。

幅幅剪影，历历在目；磊磊风范，昭昭于心。蔡鸿生老师的精神永世长存！

（作者系中山大学历史学系副教授）

船靠岸与岸靠船

——回忆蔡鸿生老师的教诲

柏　峰

2020 年冬至夜，我们正要休息，突然电话响了："陈哥，我爸刚被 120 接走了，去了中山附一（即中山大学附属第一医院）。"来不及细问，我们马上驱车前往医院。当 CT 显示仅是胃穿孔时，在场的人都松了一口气，医生甚至说用不了多长时间就可以出院回家过元旦了。我们都很乐观。

可是我怎么也没想到，这会是最后的永诀。记得在等待做 CT 时还与蔡老师说过话，语气是一贯的平静，蔡老师说这次胃痛与原来不一样，来势汹汹，顶不住。胃穿孔对年轻人来说不是什么大病，只是我们忽略了他毕竟是位年已 88 岁且身体瘦弱的老人。

毫无准备间，我们失去了蔡老师。

也许冥冥中就注定要与蔡老师相遇。知道"蔡鸿生"这个名字是在 20 世纪 80 年代末，那时大学念历史学系又喜欢动笔的学生一定知道《历史大观园》。杂志承载了许多历史学系学子的写作梦，不仅能发表文章，而且还能赚点稿费解决生活困难。这份杂志的主编是蔡鸿生，副主编是邱捷。我完全想不到几年后我会与两位老师有交集。1993 年，我与后来成为先生的陈学军考入中山大学历史学系，陈学军考入蔡老师门下攻读硕士研究生，邱老师则是我的硕士研究生导师之一。

因为与陈学军的这层关系，不管是求学期间还是毕业以后有了与蔡老师长时段的接触，也有了聆听教诲的机会，诸多人生精辟警言至今时时提醒我走好人生路。

船靠岸与岸靠船

90 年代的广州是改革开放的前沿地，有着内地没有的先进思维与制度优势，是许多内地学子梦寐以求的工作场所。我们也一样，毕业后选择在这个陌生的城市工作。刚入职场，一切都很陌生，就连语言也是陌生的。

刚毕业那会，我们居无定所，经常周末拜访蔡老师，蒋老师则一如既往地做好吃的饭菜招待我们，让我们时时沐浴在南国温暖的爱意中。蔡老师看似少言寡语，实则聊天金句频出，精彩得很。去得多了，聊得多了，蔡老师就看出了我们的窘境。一次聊到职场，聊到晋升通道，聊到一些职称评定的硬性条件等等。蔡老师笑着说："柏峰，只有船靠岸，哪有岸靠船。"我们一脸疑惑，蔡老师解释说：你看船到岸时，只有船不断调整角度向岸边码头靠拢，没有看到岸边码头去靠船的。职场的道理也是一样的。制度的条条框框是不容触犯的，对谁都是公平的，一些要考的硬性指标，你不能说我有这个能力，不用去考，不要去拿凭证。能力这个东西太活了，没有标准。如果你不遵守游戏规则，你只能出局。

一席话如醍醐灌顶，头脑顿时清醒。职场如人生，游走期间，是有条条框框在时时框正我们的行为，如果自以为是，藐视制度条规，只能在游戏中出局。一路走来，当碰到不如意时，时时记起"船靠岸与岸靠船"的警语，会让我静下心来，仔细捋清乱麻，让浮躁的心境平静下来。

编辑的"沃土"与坚守

1998 年有幸进入广东人民出版社从事编辑工作。

刚做编辑，我其实还很彷徨，没有准备。我们这代人，先天不足，开蒙时正处在精神食粮极度缺乏的年代，谈不上阅读。阅读少，读经典就更少。比如我，我在自然村开蒙，读书之前没有见过有字的东西，更谈不上读经典了。阅读少，当然积累不足，做编辑就不知从何下手了。

我很幸运，入职时出版社不像现在这么着急，给了我积累知识的时机。记得在一次拜访中，我聊起最近在做什么以及今后对出版的打算，蔡老师习惯性地点上一支烟，慢慢说道："柏峰，做编辑没有什么窍门啊，要有自己的一片沃土。"蔡老师漫不经心的一句话，成了我20年编辑工作的指路明灯。

我的"沃土"是什么？20年来我在思考这个问题，并根据出版形势的变化调整"沃土"，但有一条是不变的，就是做自己熟悉的领域。

我之所以一直坚持做广东文献以及与广东有关的学术研究著作，到目前能做出一点成绩来，很大原因是在与蔡老师的聊天中得来的。蔡老师强调"一方水土养育一方人"，在广东人民出版社工作，首先要关注的是广东的文化，这是我们生活与工作的地方，是养育我们的土地，当然有义务为其发展寻找历史内核，为其发展倾己所有。然而实践这一想法的过程是漫长的，需要坚守，其中有做成的喜悦，也有未能完成的遗憾。

2021年9月，370万字的《杜凤治日记》终于出版了。《杜凤治日记》入藏中山大学历史学系资料室的名称为《望凫行馆宦粤日记》，是历史学系资料室的镇室之宝。2007年广东人民出版社借国家清史出版工程的东风，以《清代稿抄本》出版了影印件，煌煌10巨册，为学界所重视。但因为是手稿本，非常难辨认，影印件出版以后，只闻"叫好声"。蔡老师多次提起这套日记是研究清同治光绪年间广东地方治理不可多得的第一手资料，每每到历史学系资料室"巡书"，会拿起原书仔细端详。我也将这件事记在心中。恰好导师邱捷教授长期研读《望凫行馆宦粤日记》，并有多篇研究文章发表，是日记最好的整理者，也有意将日记标点整理。闻此消息，我欣喜若狂，从有意此事开始，到最后出版，前后近10年时间，经历重重艰辛，邱老师不懈坚持，以76岁高龄独自完成全稿的标点整理工作，终于完成出版，获得学术界一致好评。令人遗憾的是蔡老师并未得见正式出版物，好在在成书过程中，我多次向蔡老师汇报书稿整理进度，汇报经费落实情况，汇报出书进度。对此，蔡老师是了然的，相信出版的图书能够告慰蔡老师的在天之灵。

毕竟成功的喜悦是少数，更多的是遗憾。最大的遗憾就是法国学者路易·德尔米尼《西方与中国：18世纪广州对外贸易史》未能翻译出版。德尔米尼的这本博士论文，用法文写成，引用了拉丁语、葡萄牙语、瑞典语、芬兰语等小语种资料，详尽研究了18世纪的广州对外贸易，被称为"研究18世纪广州对外贸易史的集大成者"。蔡老师从事南海贸易研究40余年，对广州对外贸易这一课题寄予了许多期许，并希望从广州一城探寻中国史上的航海时代，并多次表达要写一本《广州船舶志》的愿望。"一部海上贸易史，搞不清楚舶来与舶去，谈何对外贸易研究？"因为早期来穗贸易的商人有阿拉伯人、葡萄牙人、荷兰人、瑞典人等，受困于法语及欧洲其他小语种，这一愿望始终未遂。

1999年的一次拜访中，蔡老师说："柏峰，我给你介绍个朋友，他是中国中外关系史学会会长耿昇。"后来我才知道耿老师有意翻译德尔米尼的书。耿老师是1994法国政府"文学艺术勋章"获得者，长期从事法国汉学著作的翻译工作，为学术界架起了一座沟通中法文化交流的桥梁，他翻译的法国汉学著作让学术界困于语言的研究者受益良多，蔡老师是十分认可耿老师的翻译成果的。听闻耿老师有意翻译德尔米尼的书，蔡老师心中想必一定是欣喜。至今我还记得蔡老师介绍德尔米尼这套书时的神情，他说德尔米尼的原书在广州有两套，一套在中山大学图书馆，他看过；一套在暨南大学图书馆。那种期盼，那种急迫心情，至今历历在目，可见蔡老师是多么想看到德尔米尼的书翻译出版，让不懂法文的研究者能早日利用其成果，希望能推动学术界对清代广州对外贸易的研究。然而十分遗憾，20多年来，诸番努力，最后功败垂成，先是受困于经费，后受困于翻译者，2018年4月耿老师突发心脏病去世，翻译工作中断。耿老师去世后，蔡老师有专文追念。我想知晓耿老师去世，蔡老师心中一定是无比悲伤的。他让我带着他与耿老师的合影北上参加耿老师的追思会，由我在会上代他读了追念文章。如今两位前辈学人都离开了，未竟的翻译工作，仍是我心中的梦想。

编辑要有自己的"沃土"，如今也成为我与年轻编辑交流的首要话题，每位新入职编辑，我会与他们交流，了解他们的学科背景，了解他们的爱好，告诉他们入职后最重要的是确定自己的出书方向，找到自己的"沃土"。找到"沃土"并坚持下来，离理想就不远了。传自于蔡老师的教诲心得，如今我也想努力践行。我想这就是传承吧。

蔡老师曾经对教师这一工作有精辟论述：教师、教师，就是知识摆渡人。无论是在学期间还是毕业后走上社会，蔡老师一直是我们的"教师"，在工作上出现彷徨，找蔡老师聊天；在生活上出现不如意，找蔡老师聊天，每每有意想不到的收获。每念及此，怎能不让人潸然泪下。

（作者系广东人民出版社编审）

蔡老师与学而优书店

卢瑞蔼

前几天已离职的同事小陈过来书店，在我背后学着蔡老师的口吻叫了声"小卢"，我恍然回头，不由怅然，蔡老师已离开一年多了！

初识蔡老师，应该是在 2005 年春季，那时我刚入职不久，负责管理二楼的史哲区，发现有位长者经常光顾书店。他身材瘦削，头发全白，长而浓密的眉毛也全白，戴一副眼镜，他会在每排书架、平台前一本本书仔细浏览过去，生怕错过什么似的，一只手背在身后，另一只手搭在书上或撑在书架上，被某本书吸引了就会站定看一看。这样一套流程下来，一两个小时就过去了，离开前带几本想读的书下楼结账，手拎着袋子背在身后走出店门。

后来才知道，这位有着浓郁学人气质的长者是中山大学历史学系的蔡鸿生教授。书店的同事们基本认识他，每每遇到会打招呼，叫声"蔡老师"，他便会倾身微笑回应。记得有一年蔡老师出了新作《仰望陈寅恪》，我方知他是陈寅恪先生的弟子。那本书的扉页有一张蔡老师年轻求学时的照片，剑眉朗目，霁月清风。同事小黄视蔡老师为偶像，只要是蔡老师出了新书，马上买下来请蔡老师签名，后来蔡老师赠送了一本书给他；我和其他同事也得到过蔡老师的签名赠书。蔡老师在书店经常被读者认出，有的读者欣于偶遇，拿着书期盼题词签名，蔡老师也不会拒绝。

由于来书店看书的频率太高，蔡老师的学生向我们调侃道："蔡老师不是在学而优书店，就是在去学而优书店的路上。"在我看来，蔡老师不仅仅痴迷于读书和做学问，对待人事也有着脉脉温情。一次得知某个同事离职后处境不怎么好，他便说了一些鼓舞的话，叮嘱我代为转告。有几次我情绪有点低落，他可能从对话或神态中感知到了什么，便有激励之语，当时的谆谆教诲此刻依然铭记在心：

"跟过去的自己比,每天都有进步就不用自卑;技艺要跟别人比,看到不足就不要自满""不要急躁,厚积薄发"……他曾建议我们多看经典冷门的书籍:"畅销书虽然一时看完开心,但类似于零食,营养成分却不多"。在工作方面,他也时常对我们提点一二。书店二楼是学术书籍区,这就使得区域工作人员必须对这方面有一定了解,蔡老师虽非书店业同行,却也深知此道,便建议我们读这些书:朱自清《经典常谈》,纪晓岚编纂《四库全书总目提要》,张之洞编撰《书目答问补正》……他经常跟我们说:"人在每个行业都可以成为专家,书店也是。"

蔡老师为人处世朴素低调,很少接受校外采访,一生执着于学术与教育,全无架子,是老派学人的风格,对待店员们也总是那么亲切和蔼。和我们谈话时比较节制,怕打扰我们的工作,所以每次只是几句,简短有力。在二楼看到我,他有时会问:"小卢,最近书店怎么样?忙不忙?有没有去书展?"当我告知他书店生意不错的时候,他便很高兴;如果看到书店二号柜台堆满打好包的书籍,就问我是不是最近有大客户买书了,然后再勉励几句。每逢一年一度的南国书香节,他比较关心去书展看书、买书的人流如何,想借此了解市民的阅读情况。2018 年的南国书香节,我邀请蔡老师和我们一起到书香节现场看看,他虽然想去,但还是担心现场拥挤,只好作罢。曾问他几时回老家、是否想念家乡,他答说自己年纪大了,已经很少回家乡,但这时他会用潮汕话和同为潮汕人的我聊几句,能感受到他话语间的故土情怀。

由于年纪和身体原因,蔡老师没能再出远门,但他很关心外面世界的变化。这些年我用假期去了很多不同的城市,回来后在书店遇见蔡老师,会跟他分享所见所闻。他每次都很专注地听我描述,如果我是去了一些古迹,他会发表几句看法,其间还鼓励我多出去看看,增长见识;读万卷书,也行万里路。蔡老师的专业研究方向之一是佛教文化,有时我向他讨教有关佛教的问题,记得他说过佛教是一种精神安顿的文化。知道我经常参访名寺古刹,他偶尔也会问我最近有没去光孝寺和南华寺,或是看哪些有关佛教的书籍。有一年我去台湾,参观了台北书展,回来后跟蔡老师分享了我所看到的台湾书业、大街小巷的生活、浓厚的佛教文化,蔡老师听后便谈起他曾去台湾做过的学术交流，最后我送了他一套在台北故宫文创店买的书签，他很客气地道谢。

他的书店会员卡用小胶套包着，买书很少用塑料购物袋，每天从中山大学西门踱步到学而优书店，再从书店散步回家。耄耋之年，蔡老师依然有新书出版，发表论文，笔耕不辍。看书与写作，是蔡老师说的"慢点下坡"的要领："只要每天都在吃饭，就要做事，要不然就会白吃饭啊！"

2020年新冠肺炎疫情暴发，书店停业两个月，再营业时已经是2月底了，但一直等到5月中旬才在书店看到蔡老师的身影，我们也才放下心来。只是蔡老师的身体明显不如以前，师母也陪伴他一起过来。大多数时候我询问他身体状况、饮食如何，他表示身体还不错，报喜不报忧，此时我们的内心只有最纯粹的祝愿，愿他健健康康，每天能看书、散步，做自己热爱之事。然而，2021年2月15日晚上，却收到蔡老师当天下午逝世的消息，一时难以接受。春节前还见过蔡老师，帮他找了一本《岁时广记》，没想到春节还没过完，却无法再见到他了，心里很难过。第二天就是农历大年初五，书店年后开门营业的第一天，书架前却再也没有了蔡老师的身影，书店和中山大学西门之间的那条林荫道上再不复见蔡老师往返。

蔡老师的告别仪式很简朴，遵从蔡老师遗愿，一切从简。在家里摆了香炉，一张日常的照片，让人感觉蔡老师只是暂时去另一个地方讲学，过段时间，他还会再回来。我按家乡风俗，赤脚、上香、叩头，感恩蔡老师这么多年的教诲与勉励！

学而优新港店于2002年开业，这20年间，书店历经人事变动、空间改整、行业兴衰，蔡老师看着书店成长变化，见证了这一切。在书店工作，如蔡老师所言"平淡且有意义"，我们与书打交道，也是在与人打交道；有人说书店是城市之光，如果这是真的，我想这束光也由每个看书的人一同点亮。蔡老师所著《广州海事录——从市舶时代到洋舶时代》还在书架上沉静地立着，一如著作者本人。浩瀚书海之上，无界学术途中，他的光永不熄灭。

（作者系学而优书店店员）

回忆蔡鸿生先生

董少新

去年（2021 年）12 月 27 日，师妹告知蔡鸿生先生生病住院了，当时便隐隐感觉到有些不妙，内心为蔡先生默默祈祷。昨天下午，噩耗还是传来了。悲痛之余，脑海中满是蔡先生的音容笑貌，以及康乐园中向蔡先生问学时的点点滴滴，不觉泪眼蒙眬。

1997 年冬，我在兰州大学历史学系读大四，准备报考中山大学历史学系硕士研究生。当时教我们中俄关系史的王希隆教授在一张纸条上给我写了"蔡鸿生"这个名字。那是我第一次知道蔡先生。后来与中山大学历史学系联系得知那一年蔡先生不招学生，我便报考了章文钦先生的硕士生。记得专业课考试中有一道论述题，谈对陈寅恪"今日治学，当以世界为范围，重在知彼，绝非闭门造车之比"这句话的理解，尽管自己答得肤浅，但做学问要有世界的眼光，要了解国际学界的成果，这一要求却是从那时便牢记的。后来读蔡先生的书，推测这道题应是蔡先生出的。

1999 年 4 月，我购买了蔡先生刚出版的《唐代九姓胡与突厥文化》，整个暑假认真拜读学习了这部著作，深为蔡先生以简明清新的文字书写生僻冷门之历史的功力所折服。读后我写了一篇《互证以求真——试谈〈唐代九姓胡与突厥文化〉之史料运用》，从史料学的角度谈了我的学习心得。当时中山大学历史学系正在选拔直博生，林悟殊先生本来没打算收我的，后来看了我这篇不成熟的小文，决定收我为徒。可以说蔡先生的这部著作不仅使我提升了治学方法，也为我提供了进一步深造的机会。

我读书的时候，中山大学历史学系永芳堂一楼是资料室，蔡先生经常在那里看书。中山大学附近有一个名为"学而优"的书店，还有一家"树人书店"，也是蔡先生常光顾的地方。我经常在这些地方与蔡先生相遇，借机向他请教，常常一聊就是一两个小时。

2000年，我大致决定以西医入华史为博士论文选题，但当时对这个问题的认识还很皮毛，不知该从什么角度写，也不知道能提出和解决什么问题，因此多次请教蔡先生。我至今保留着一份2000年12月1日向蔡先生问学时的笔记，记录着蔡先生在两个多小时中向我指明的一些可能的方向，包括重视疾病史（尤其是广州口岸的外来疾病，包括梅毒等），重视社会医疗史（中国传统社会的慈善团体，并告诉我在台湾兴起不久的社会医疗史及其成果），关注不同人群（尤其是女性群体、儿童、地方士绅和医生），西方有用的史学理论要落到实处（蔡先生告诉我法国年鉴学派如何通过研究衣食住行等生活方式来考察社会变迁），注意医疗与传教的关系（蔡先生举了佛教中"医僧"的例子），教导我要重视在集部中发掘史料，等等。蔡先生就像讲课时写板书一样，在我的笔记本上写下了"艳史、病史、风流史、血泪史"，"以华情学梵事"等文字。

在博士论文撰写过程中，蔡先生多次为我提供资料信息，例如他告诉我翻阅王锡祺的《小方壶斋舆地丛钞》、屈大均《广东新语》、仇巨川《羊城古钞》等舆地文献，建议我读一下周作人《过癞》一文，提醒我留意故宫博物院关雪玲女士的研究成果。蔡先生多次给我讲布罗代尔和汤因比的学术理论，前者加深了我们对历史学的"时间"的理解，后者突破了国别史的框架，将"文明"作为历史学研究的空间单位。在写士博论文写不下去的时候，蔡先生告诉我，不妨读一读大家的文章，他建议我读陈寅恪的《三国志曹冲华佗与佛教故事》《崔浩与寇谦之》《支愍度学说考》《天师道与滨海地域之关系》等文章，深入体会陈寅恪如何分析问题。

求学康乐园最大的快乐，就是聆听蔡先生的讲座了。蔡先生学富五车，每次讲座旁征博引，妙语连珠，诗词歌赋，信手拈来，带着我们在"学境"中徜徉，让我们感受到史学的真正魅力。蔡先生说，"二十四史"以前是用来读的，后来是用来查的，再后来就是用来摆设的；他读书的时候，起码要通读"前四史"，但现在的历史学系学生很少系统读这些基本古籍了。针对我们"营养不良"的状况，蔡先生专门做了一次《为自己的学业进补》的讲座，为我们开了进补良方："二陈丸，一钱汤"，即研读陈寅恪、陈垣和钱锺书的经典论著。蔡先生通过分析陈寅恪《述东晋王导之功业》、陈垣《从教外典籍见明末清初之天主教》和钱锺书《诗可以怨》三篇文章，总结三位学者的学术风格分别为"发覆""表微""打通"，告诫我们要不断研读这些名家之作，"边干边补，没有止境，要终生进补"，以"拓宽眼界、引发逸兴和开启心智"。蔡先生又多次做了与陈寅恪治学有关的讲座，带领我们学习陈氏的学术思想和方法，努力将陈寅恪的学术思想传授给我们。讲座"陈寅恪史学的魅力"告诉我们要学习陈氏的"覃思妙想"，要如剥洋葱般层层推进历史认识；要以小见大，从单一事实追寻发展趋势。讲座"从小说发现历史"讲述了陈寅恪是如何从元稹《莺莺传》发现唐代历史的，提醒我们不可把小说与历史的文化边界绝对化，而要善于从文学作品中看出历史信息。讲座"从'头'学起"，通过分析陈寅恪《唐代政治史述论稿》，教我们阅读和写书时重视"书名""序言""目录"和"开头第一句"。我在完成博士论文初稿后，一直无法找到一个合适的标题来概括，最终的"西洋传教士在华早期行医事迹考述"便是蔡先生敲定的。蔡先生关于陈寅恪学术的讲座还有"'颂红妆'颂""陈寅恪与突厥学""从支愍度学说到支愍度话题"等，都收入蔡先生《仰望陈寅恪》（中华书局 2004 年版）一书中。

我这一代读历史学系的学生，正赶上下海潮、经商潮，历史专业是最不受待见的。历史学系的学生大都家境贫寒，读书时迷茫，毕业时就业困难。蔡先生懂我们所处的困境和内心的焦虑，因此先生的多次讲座，似乎都是在为我们提振士气、指明方向。在"历史是奢侈品还是必需品"的讲座中，蔡先生讲述了历史知识在知人论世、求真和拓展心灵等方面的价值，鼓励我们认真读书，学以致用，做"有心人"，在 21 世纪成为"有识之士"。2000 年 9 月在中山大学研究生开学典礼上，蔡老师以《学风、学位和学问》为题发表演讲，告诉我们"学风问题从根本上讲是对待知识的态度问题"，首先要"戒浮"，钱大昕给自己的书斋起名为"潜研堂"，意思是说只有潜下去，才能进行脚踏实地的研究；第二要"戒俗"，要勇于走不同的路，勇于创新；第三要"戒骄娇二气"。蔡先生常跟我们讲治学、治生与治心之间的关系，由于生活、环境所迫，做一些"治生"（谋生）的事情，这是可以理解的，但只要解决了温饱的基本需求就不要忘记治学，更不要忘记治心。而在我看来，蔡先生读书、做学问即是以治心为目标的，惟其如此，才能够做到"读书不肯为人忙"，才能够淡泊名利、为自己的精神修行而读书。蔡先生在《学境》"序引"中说："学术境界，说到底是一个精神境界问题。"又在《读史求识录》中专设一讲名为"精神产品与精神家园"，讲到"寻找精神家园，实际上就是向内心回归"。

我从事历史学研究已经 20 余年了，回想起来，我对历史学的有限的认知，大都来自蔡先生的启蒙和谆谆教诲。蔡先生引用钱锺书《诗可以怨》"成为某一门学问的专家，虽然主观上是得意的事，而在客观上是不得已的事"，让我们懂得治学上的"专"与"通"的关系，这一点在我日后治专门史的道路上尤为重要；他告诉我们时、地、人为史学三要素，并引用恩格斯的话"有了人，就有了历史"来强调历史学要"以人为本"，我近年对物质文化史和全球史均产生了浓厚的兴趣，在研究过程中会有意识地避免"见物不见人""重网络而轻人"的倾向；蔡先生还告诉我们在史与识的关系中，"识"至关重要；形象思维、逻辑思维之外还有历史思维；中外关系中，中西关系最为重要，中西关系中又分为"二西"，即中国与西域的关系和中国与西洋的关系，而在处理中西关系时要尤其重视亚欧大陆东西两端的"中间环节"；蔡先生常引陈寅恪"士之读书治学，盖将以脱心志于俗谛之桎梏，真理因得以发扬"，告诫我们要脱俗创新；蔡先生的文章，无论是对"昆仑奴""辛押陁罗"的考证，还是对"哈巴狗""阿滥堆"的研究，无不以小见大，把对"人""物"的考证置于中西文化交流的大脉络之中。

蔡先生的文章多为短篇，著作均在两三百页之间，语言简洁易懂，文字清新优美，读来轻松愉悦。在蔡先生的论著中，我们读不到"填补空白""重大发现""重要成果"一类空洞无味的词汇，而常读到的是"在求知的道路上，个人取得的学术成果寥寥无几""也无非是一束并不饱满的谷穗而已"这样的谦逊语句。蔡先生的文章，就像一杯清茶，回味无穷。我现在甚至有一个习惯，当读了太多"油腻"十足的文章后，就取出蔡先生的书读几页，用以解腻。

离开康乐园时间长了，难免会沾染俗气。因此，每次去广州，都会找机会拜见蔡先生。与蔡先生聊天，如沐春风，涤荡掉身上的俗气。2020 年 7 月 14 日，我趁到广州考察之机，与师弟师妹登门拜访蔡先生和蒋师母，本打算只聊半个小时，结果相谈近两个小时。聊到人生态度，蔡先生说："我在中大任教 50 余年，从未有人见我扬眉吐气，也没人见我垂头丧气。"并以古人语"行出于己，名生于人"相赠；又教导我们要区分学理和事理、艺术的真实和生活的真实，就如营养学和美食的差别。蔡先生希望我们不要贪图身体的享乐，因为"身体舒服了，精神就会腐化"，他希望我们能"做自己精神的监护人"。

但多年以来，蔡先生一直是我们精神的避风港湾。当我们无法守护自己的精神的时候，回到港湾就会获得安慰，燃起继续前行的希望。师妹曾玲玲说："这些年，找不到方向的时候，特别低落的时候，就找出蔡老师的书来读，内心逐渐平静。"师弟张小贵说：在中山大学读书的那些年是"我们人生中最美好的时光"。

从蔡先生家回到酒店后，我给蒋师母发信息表示感谢。师母回复说："多年未见，总有说不完的话。看到你们一个个都成栋梁之材，真的高兴！蔡老师不停地说，说明他开心！永芳堂已经关闭几年了。这几年，蔡老师没有地方可去。永芳堂的书库，是先生心中的最爱，也是那一辈人的心中所爱。可惜书库没了，断了他们的念想。现在唯一可解书愁的只有学而优（书店）了。今年疫情，也很少去了。先生的内心是寂寞的。有人和他对话，谈学问，他会很高兴！谢谢你们！"我读完师母发来的信息，已是泪流满面，更没想到的是，那一次竟是与蔡先生的诀别……

愿蔡先生的治学精神、学术思想和人生态度永存于我们的心中。先生安息！

2021 年 2 月 16 日

（作者系复旦大学文史研究院研究员）

中国史与世界史的深度融合

——缅怀蔡鸿生先生

周立红

2007 年我入职中山大学不久，就和蔡先生说上了话。每当看到他从西大球场旁边的路走来，或者坐在永芳堂一楼的沙发上，我总是迎上去向他请教。我也几次在学而优书店二楼见过那个激励了历史学系几代学人的著名背影：蔡先生弯着腰，低着头，一只手背在身后，全神贯注地看着书架，不时拿起一本书翻翻。蔡先生对待晚生后学，没有门户之见，不分亲疏远近，总是敞开心胸，毫无保留地答疑解惑。蔡先生的高足林英教授曾这样概括："他的教学不限于课堂，课外的畅谈，讲座上的问答，甚至路边的一次偶遇，都成为蔡师'对话'教学的场所。"这些年，我正是蔡先生"路边对话教学"的受益者。

我最初研究的主题是法国旧制度末期的谷物贸易自由化改革。记得是在学一食堂旁边的路上，我向蔡先生汇报研究进展和遇到的困惑。他说研究制度史，不能只盯着自己研究的那点内容看，要追溯制度的起源和演变；不能只看那些颁布的法令规章，还要看具体是怎么执行的。他给我讲了在研究过程中要注意的四对关系：前后；左右；表里；动静。后来，每当我在蔡先生讲述学理与方法的文章中读到他对这四对关系的阐述时，总是回想起那天的场景，还能清楚地记起蔡先生说话的神情和语气。

有一段时间，我在梳理年鉴学派的长时段理论，在永芳堂一楼遇到了蔡先生，便坐在他旁边请教。蔡先生说，布罗代尔的长时段是建立在精细的研究和综合的把握基础上，并不是说研究一个跨越几百年的主题就是用了长时段的方法。能概括出历史的节奏，是需要深厚的学术功力的。近来，我拜读蔡先生的高足江滢河教授的文章，才得知1996年商务印书馆推出布罗代尔的《菲利普二世时代的地中海和地中海世界》中译本后，蔡先生专门为这套书主持了一个学期的研讨班，带领中外关系史的博士研究生研读年鉴学派的史观和方法论。

我们还说起年鉴学派几代史家对中国的关注，蔡先生说勒高夫20世纪90年代来到中山大学，见到他就问中国古代城市的状况。由于那时我缺乏城市史的知识，也就没有能够进一步请教他和勒高夫具体谈了什么样的问题。后来拜读布罗代尔的著作和蔡先生高足周湘教授和江滢河教授的文章，我斗胆猜测，东西方城市的职能和性质的异同可能会是两位历史学家探讨的话题之一。

东西方文化和学术的关联与比较是萦绕在我心头的一个问题。我在翻译和研读法国历史学家莫娜·奥祖夫《小说鉴史》的过程中，常常想起蔡先生发扬了陈寅恪先生以诗文证史、从小说发现历史的学术传统，就想了解奥祖夫倡导的小说鉴史与中国学界的文史互证有什么异同。借助景蜀慧教授发表在《中山大学学报》上的大作《"文史互证"方法与魏晋南北朝史研究》，我粗略梳理了梁启超、陈寅恪、蔡鸿生等几代学者倡导的小说证史传统及其与奥祖夫践行的小说鉴史的差异，并将其写在了《小说鉴史》中译本的"译者后记"里。

在我每年为本科生和研究生课程设计的讨论课题目中，总少不了探讨欧洲文明对中华文明的认识；在我为大二学生开设的"世界近代史"上，我也时常提醒学生注意了解在欧洲历史的发展进程中，同一时期中国发生的事情。近来读到蔡先生从中国的视角出发对"二西"的探讨，深有感触。蔡先生在书中说道，由于以前把世界近代史的开端界定在17世纪英国资产阶级革命，而中国近代史的开端又被定于19世纪的鸦片战争，相距近200年，这使人对世界史和中国史的相互联系方面产生隔膜。由此我发现，我以前只从西方讲到中国是不够的，还需要把中外关系史、中亚史的内容和视野补上。

我曾经是个一头扎进西方史学史的人，近年来通过历史学系长辈和同仁的研究追溯到 20 世纪二三十年代以来中国史学的发展，总是惊叹于中西史学史上出现的近乎平行的现象以及中西史家之间的心灵契合。我深切地感受到，新史学和新文化史等史学潮流，图像证史和小说证史等研究方法，跨学科和全球史等学术视野，不仅是西方史学的贡献，也是中国几代史家的探索。

蔡鸿生先生生于 1933 年，与法国年鉴学派第三代史家是同代人。如果说年鉴学派第三代史家在 60、70 年代倡导新史学，发展出了心态史、妇女史、气候史、情感史等方向，蔡先生在艰苦的年代和清贫的生活中也从来没有停止对史学研究的探索，他用先贤治中国古代史的方法钻探中外关系史，又一直关注国际学术的最新发展，实现了中国史与世界史的深度融合。当今新文化史所热衷的一些题材都能在他内容丰富的研究中找到，他推行的文史互证、海洋人类学等方法为跨学科研究提供了典范。他"从突厥史中觉察到一种与西欧诸日耳曼'蛮族'王国类似的法权现象"，从九姓胡在 8 世纪上半期的频频入贡追因到阿拉伯人对中亚两河流域的步步进逼，更是从微观层面对跨国层面的历史现象的探讨。他见微知著、融会贯通、强调联系、把握整体的学术精神又与年鉴学派的总体史探索遥相呼应。

有时候，我走在康乐园的小径上，还会回想起往日与蔡先生不期而遇的场景。在我任职中山大学的十几年岁月里，与蔡先生在校园里偶遇，仿佛成了生活中一个永恒的画面，我甚至从来没有想过它会突然消失。今天蔡先生离去了，但给后辈学人留下的是挖掘不尽的丰饶的史学遗产，他的学术生命也由此得以永存。

（作者系中山大学历史学系教授）

蔡师教泽琐忆

张淑琼

时光荏苒，大学毕业参加工作已 10 余年了。回首往日点滴，庆幸自己能在学风优良的中山大学，尤其是在学术氛围浓厚的历史学系，遇良师，交益友，度过自己人生中宝贵的大学时光。而最幸运的，则是在研究生阶段，得以进入中外关系史方向，受业于林悟殊教授门下，因而也有了许多可以亲聆蔡鸿生先生教诲的机会。

在本科阶段，曾先后听过蔡老师在历史学系永芳堂二楼讲学厅作的几场学术讲座，包括《史与思的关系》（2000 年 10 月 20 日）、《从"头"学起——重温陈寅恪〈唐代政治史述论稿〉》（2001 年 4 月 26 日）、《为自己的学业进补》（2001 年 5 月 18 日）、《读书不肯为人忙——学习陈寅恪先生的〈读书札记〉》（2001 年 11 月 14 日）、《陈寅恪与支愍度学说》（2002 年 10 月 24 日）等。当时就被蔡老师的睿智卓识、博闻强记、条分缕析、洞见迭出以及生动风趣所吸引和折服。蔡老师在讲座中主要提到，史学研究的基本功在于掌握三要素（时、地、人）加四把钥匙（引邓广铭之语：年代、地理、职官、目录）；读史要记更要思，史从思出，历史思维集形象思维与逻辑思维于一体；在"一日三餐"，即阅读自己专业或研究课题相关的书之外，要时常进补"二陈汤和一钱丸"。"二陈汤"指的是陈寅恪和陈垣两位先生的著作，"一钱丸"指的是钱锺书先生的著作。蔡老师进一步指出陈寅恪先生重在"发覆"，陈垣先生重在"表微"，钱锺书先生则重在"打通"，既打通了古今，也打通了中西。其中还特别提示了陈寅恪先生史学的"发覆"之功与"覃思妙想"的魅力所在，并从支愍度学说到支愍度话题，演绎出陈先生对治学、治生、治心三者关系的看法，提醒我们处理好三者的关系，以"不负如来"。"二陈汤和一钱丸"以外，蔡老师后来又推荐了"两粒洋参"和"小红"，即法国年鉴学派布罗代尔的《菲利普二世时代的地中海和地中海世界》与英国史学家汤因比的《历史研究》，以及黑格尔的《小逻辑》和曹雪芹的《红楼梦》。蔡老师以上种种洞见与卓识，都让我印象深刻并激发了进一步学习的热情和兴趣。

在历史学系中外关系史 2003 级硕士研究生新生见面会上，因当时实行学制改革，三年缩短为两年，蔡老师提醒并勉励我们，虽学制缩短，但标准不变，也不提倡"速成"，且研究生"研"字当头，要在读书的基础上进行研究，还要努力培养"通识"的眼光，防止"专而不通"。2003 年 11 月蔡老师连续 3 周每周一次，为大家做专题学术报告《唐宋海舶的航行生活》，从研究什么（淡水供应、海难救护、疾病防治、祈禳活动、舶上禁忌、舶上炊事、舶人娱乐、海陆通讯），依据什么（文献、文物）、参照什么（人类学经典著作英国马林诺斯基的《西太平洋的航海者》）到具体个案的论述，为我们演示其考察历史从选题、立意到论证、存疑的基本思路，以及在分析过程中前后、左右、表里、动静，亦即纵向、横向、形式与内容、动态与静态的分析，让我们领会当中的学理与方法。

2004 年，蔡老师将之前中外关系史专业教学的读书班规范化，以"学理与方法"为课程名称，进一步明确学习目的和宗旨，即培养研究生发现问题、提出问题和分析问题的能力。蔡老师非常重视这门课，多次主讲，将自己多年以来读书、思考、治学和教学的所得，毫无保留地传授给我们。《全祖望〈二西诗〉的历史眼界》（2004 年 10 月 27 日）、《从西域到西洋：中国文化史上的两次"西潮"》（2004 年 11 月 9 日）强调了对中外关系史中的"二西"即西域和西洋需要给予同等的关注，不可只知其一，不知其二。另外，《历史人物的后世造影——陈寅恪的武则天与郭沫若的武则天》（2005 年 3 月 22 日）、《中外交通史上的胡商与蕃客》（2005 年 5 月 9 日）、《历史研究要以人为本》（2005 年 12 月 22 日）等阐释历史的主题是人，因此历史研究的主体也是人，在具体的课题研究中要避免只见物不见人、只见路不见人、只见神不见人。《专门史与通识》（2004 年 12 月 20 日）、《宗教传播史的方法论问题》（2005 年 9 月 29 日）等强调"专与通"的辩证关系，切忌专之过早，由专入偏，在对外来宗教的研究中要注意其传播过程，及在此过程中所发生的变异，亦即对其进行"全景式的思考"，力求坚持一种通识。《历史眼界的诗性阐释》（2004 年 12 月 29 日）、《历史研究的思维结构》（2005 年 9 月 1 日）则强调在考察历史时，需特别注意几大关系：第一，前后。纵向的，历时性的观察。第二，左右。横向的，共时性的观察。第三，表里。即现象与本质。第四，动静，即停滞与变迁。总之，将历史当一立体而非平面，动态而非静态来考察。《关于知、识、文的联系和区别》（2006 年 6 月 14 日）、《精神产品的表述和精神家园的营建》（2006 年 6 月 28 日）则是指出并勉励大家要"为学日益，为道日损，为文日老"，以及强调"文以载道"，不能只重"道"而轻"文"，在撰写文章时要注意笔法及句型的转换，提高表述能力，并以"四书"第一部《大学》的思想，从修身为本、有秩序感、心宽体胖三方面阐发精神家园内涵的营建。

2005 学年第一学期，蔡老师又专门设计"中外关系史名文研读"研讨课，甄选出中外关系史上的名文 11 篇，供我们研读和讨论。所选的名文有王国维《西胡考》《西胡续考》，陈寅恪《四声三问》《支愍度学说考》，岑仲勉《外蒙于都斤山考》，陈垣《元也里可温教考》《从教外典籍看明末清初之天主教》，向达《唐代俗讲考》，冯承钧《何满子》，钱锺书《汉译第一首英文诗〈人生颂〉及有关二三事》，季羡林《浮屠与佛》。蔡老师强调，在与国际接轨的同时，也要注意与传统接轨。对这些名文的研读、讨论，不仅让我们回顾了 20 世纪中西会通的学术传统，领会到前辈学者治学的眼界与思路，也增强了我们的理解能力、分析能力和表达能力。第二学期，蔡老师又增设"华裔学者汉学文选"研讨课，精选了华裔学者的文章共 6 篇，包括杨联陞《佛教寺院与国史上四种筹措金钱的制度》、柳存仁《唐代以前拜火教摩尼教在中国之遗痕》、余英时《士商互动与儒学转向：明清社会史与思想史之一面相》、王赓武《永乐年间（1403—1424）中国的海上世界》、李约瑟和鲁桂珍《中世纪中国食用植物学家的活动》、何炳棣《美洲作物的引进、传播及其对中国粮食生产的影响》。这些华裔学者因具备"中学的根基，西学的眼界"而中西会通。研读他们的文章，深刻体会其中西会通、学科交叉的特点，也更进一步加深了对蔡老师所提倡的"通识"的理解。

蔡老师众多的著述中，有一篇题为《文献解读与文化研究》的短文。此文是蔡老师为庆贺《广东社会科学》创刊 20 周年应约撰写的，发表于该刊 2004 年第 5 期第 13 页。蔡老师在文中就文化热中应注意的问题，从学风、学理与方法的角度，以清初屈大均的《广东新语》、清末朱一新的《无邪堂答问》为例，加以阐发，呼吁学人认真研读文献。文章不足千字，言简意赅，切中时弊，发人深省，其关注岭南文化研究之情，亦溢于言表。2006 年该文被收入《学理与方法——蔡鸿生教授执教中山大学五十周年纪念文集》（香港博士苑出版社 2007 年版）。2010 年蔡老师将此文收入氏著《读史求识录》（广东人民出版社 2010 年版），并加撰题记：这是为庆贺《广东社会科学》创刊 20 周年而应约撰写的小文，旨在呼吁学人认真解读岭南历史文献，避免随意性和趋时性。叩寂寞以求音，叩寂寞以求真。2014 年在《蔡鸿生史学文编》（广东人民出版社 2014 年版）一书中，蔡老师再次将此文及题记收录，纳入第六编"学海感悟编"，足见其对此文的重视。蔡老师时常强调立论的分寸感很重要，因今人与古人存在着时间、空间、心理三重距离，这就要求学者要注意"学术良心"，任何立论都要有充分的资料作支撑，要广泛收集多方面的证据，文献与文物互证，以诗证史，以图证史，以碑证史，等等。对资料的爬梳、消化、甄别、分析、概括都很重要。反复琢磨史料，加上辩证思维，方能使之体系化，成一家之言。蔡老师对著书立说也一直有着清醒和深刻的认识，2006 年 11 月在一次与"中外交流历史文丛"作者和编审的见面会上，蔡老师就曾指出并提醒：一部书的出版不等于传世，传世不等于传颂，传颂不等于不朽，但若不朽以后，则会一代代传颂，可能那时书的作者已为人所遗忘，但该书已成为全民的精神财富和民族语言。

蔡老师不仅在文章、讲课或讲座中呼吁，自己也身体力行，一直关注岭南文化研究，认为广州口岸史的研究是岭南文化研究的重点，要不断加强、深化和开拓，并将其作为治学"自留地"的一部分，长期坚持笔耕。蔡老师深知"文献解读是一项艰难而又寂寞的工作，令人望而生畏"，但也明白"文化研究如果不以文献解读为依据，往往容易产生主观随意性，徒有体系化的外观，缺乏实质性的论证，未必于事有补"。因此，仍知难而上，甘于坐冷板凳，不断潜研。践行实事求是的治学原则，以及坚持略人所详，详人所略的著述原则。从早期撰写《清初岭南佛门事略》（广东高等教育出版社1997年版），主编《广州与海洋文明》（中山大学出版社1997年版），到2018年出版《广州海事录——从市舶时代到洋舶时代》（商务印书馆2018年版），主编《广州匠图志》（广东人民出版社2019年版）。尤其是《广州海事录——从市舶时代到洋舶时代》一书，整合其数十年海洋史与广州口岸史的研究成果，以"海事"为切入口，从"舶"字展开，"过程化""立体化"展示广州口岸从中古"市舶时代"到近代"洋舶时代"的海事变迁，特别是广州、岭南与海外双边甚至多边的互动情景。当中所贯穿的治学原则与方法，为学界研究相关课题做了很好的示范。

之所以特别提及蔡老师《文献解读与文化研究》一文，不仅是其对于当下浮躁之风盛行的学界仍有警醒的作用，还因为自己正是在蔡老师的提示下，自2005年开始，研读此文所提到的清末广雅书院第二任院长朱一新的《无邪堂答问》一书，从朱一新在书中对其学生黎佩兰所作的《景教流行中国碑考》的评论为着眼点，以《广雅书院的景教研究》专题研究开始，进而确定博士学位论文的选题和展开撰写的。在撰写《广雅书院的景教研究》一文时，得知厦门大学人文学院和美国旧金山大学利玛窦中西文化历史研究所将于2006年4月在厦门主办"史料与视界：中文文献与中国基督教史研究"国际学术研讨会后，为了让我有机会向国内外学界前辈请益，蔡老师还亲自给主办方写了推荐信，其不遗余力提携后学之情，让我终生感佩铭记。也正是有了此次参会且报告论文的机会，之后撰写《清初广州女天主堂的社会特色》一文也获得参加2006年12月由香港中文大学崇基学院宗教与中国社会研究中心与美国旧金山大学利玛窦中西文化历史研究所主办的"基督教与中国社会文化——第三届国际青年学者研讨会"的机会。两次参会并做报告，不仅开阔了自己的学术视野，也让自己与研究相关领域的国内外学者建立了学术联系，为后来的进一步交流与互动提供了方便。

为了准备蔡老师执教中山大学 50 周年纪念文集的编辑和出版，蔡老师的众多及门弟子同心同德，群策群力。在林老师的指示下，我和师姐殷小平从 2005 年底至 2006 年初，根据自己往日所记的笔记或是讲座录音，整理并录入蔡老师自 2000—2005 年间的讲课、讲座，以及在学位论文答辩等不同场合的讲话。后来也有幸参与纪念文集的责任校对工作。前后这一整理讲稿和校对书稿的过程，也是自己系统重温蔡老师的读书心得与治学原则、思路与方法的过程，让我获益良多。2006 年 11 月蔡老师的《俄罗斯馆纪事》增订本由中华书局出版，因我的博士学位论文涉及广雅书院师生的俄事观，因此对此书进行了详细的研读。林老师了解后指示撰写读书心得，因此以《〈俄罗斯馆纪事（增订本）〉学记》为题，从"大处着眼，小处落墨""中外互证，拓展史源""纵横考察，内外观照"三方面撰写了一篇学记。学记获得蔡老师的肯定，在其鼓励下投稿到《书品》并获采用，后经修订还收入《学理与方法——蔡鸿生教授执教中山大学五十周年纪念文集》。

2006 年 11 月 10 日，蔡老师针对我在博士论文开题报告会上提交和汇报的《广雅书院文化视野中的洋教与西学》提纲，提醒读书要能入能出，能入即能钻研，能出即能超越；研究则要能放能收，能放即能撒得开、网络化，能收则是能收得拢、核心化。蔡老师并以佛经《心经》为例，指出佛经中最浓缩的一经是《摩诃般若波罗蜜多心经》，简称《心经》。《心经》的核心是"色不异空，空不异色，色即是空，空即是色"，再高度提炼，就是一个"空"字。蔡老师还提醒要掌握通识，在研究中不断去补充相关知识，调整知识结构，做全景式的考察，通过扩大联系来深化和拓展认识，始能详人所略，略人所详。蔡老师对我的学位论文，从选题到撰写都给予了悉心的指导，让我得以顺利完成论文的撰写。毕业后参加工作，主要从事古籍和地方文献的保护、开发、整理、宣传、出版和研究工作。得益于在中山大学历史学系所受的专业训练，尤其是蔡老师关于学理与方法等各方面的教诲，让自己在从事上述工作时，能多一份清醒与自觉，力求坚持实事求是。

蔡老师 2006 年荣休后，也一如既往，不时回永芳堂二楼林老师的办公室与大家见面聊天，系里有专业相关领域的学术讲座或学位论文答辩，也会尽量出席并发言。自己参加工作后，只要能抽出时间，也会尽量回校旁听。2010 年 6 月 27 日师兄张小贵回校为系里主办的中山史学讲座作报告，题为《中古祆教华化观》，蔡老师作为主评人在报告结束后作了评论，并在评论最后与大家分享了一席共勉的话。蔡老师提到，不管学习也好，研究也好，甚至个人的生活也好，要力求保持一种最佳状态。这一种所谓的最佳状态，并不是"饱和"，而是"和而不饱"。蔡老师还列举了几个不同领域的类似表达：中国儿科谓"若要小儿安，三分饥和寒"；自然界而言，是"花未全开月未圆"；人文领域的说法，是"我未成名君未嫁"；兵法上有"箭在弦上，引而不发"的表述；美学上则有"不到顶点，留下悬念"的说法；中国古代章回小说最典型，谓"欲知后事如何，且听下回分解"。蔡老师提醒和勉励大家，研究一个课题，或是写一本书，即使完成以后也还是要很清醒，知道还存在着可以进一步发展的空间，并没有饱和。要随时处于一种"和而不饱"的最佳状态。长期保持健康的状态，即"发展中"的状态，也就是一种"可持续发展"的状态。一直都是可持续发展，那就是最佳状态。

时至今日，每周与同门师兄、师姐在办公室聆听蔡老师、林老师与大家的对话，仍是我记忆里大学时最温暖的时光。至今，我还珍藏着蔡老师时不时不经意间随手写下的一些诗词和话语。有一次在谈到应该如何对待自己所写的东西时，蔡老师说艺术界的黄永玉老先生有一幅漫画可资借鉴，并随手拿了办公桌上的一个空信封，在上面画了一只可爱的小老鼠，并写道：我丑，但我妈喜欢。当时大家会心一笑的画面，深深印刻在我的脑海里。工作之后，每年教师节或春节前后，和师兄师姐去看望蔡老师和蒋师母，亲聆蔡老师的教诲，品尝蒋师母为大家准备的热茶和糕点，感觉每次的会面，都是一次满满的充电。蒋师母亲手为大家做的马蹄糕，可以说是我所吃过的最美味的马蹄糕。

正如蔡老师所言："学问望不到边际，有起点而无终点。"但一直以来，蔡老师身体力行，言传身教，以淡泊、刻苦的精神，于学不倦，在学海中潜研，并笔耕不辍，脱俗求真，坚持做学术的有心人、素心人。蔡老师秉承古训，视弟子为子弟，平易可亲，循循善诱。对于蔡老师的谆谆教导，尤其是关于治生、治学与治心的教诲，相信每一位曾受教于蔡老师的人都会有不同的体会与收获。于我而言，从蔡老师教泽中所习得和感悟的点点滴滴，将受用终身。同时，也深感惭愧的是，虽然工作后参与了不少文献开发、宣传、整理和出版的工作，但对文献的深入解读和相关领域的学术研究的努力仍远远不够。今后当沿着蔡老师指引的方向，静心潜研，努力做一个学术的有心人和素心人。

看着书架上蔡老师的一本本著作，以及手边自己论文稿上蔡老师修改的红色字迹，蔡老师的音容笑貌仿又浮现在眼前。谨以此文，作为心香一瓣，献给永远敬爱的蔡老师。

（作者系广东省立中山图书馆副研究馆员）

中编

学理与方法

知人论世　脱俗求真

——学习蔡鸿生教授的潮州文化研究

陈春声

　　潮州历史文化研究（或称"潮学"）不是蔡鸿生教授主要的学术领域，但如他自己所言，"身为潮籍学者，被韩江水哺育长大，就该领域的研究，即便不从事，也得关注，这是义不容辞的"①。正是因为对潮汕故乡的这种情怀，蔡老师自觉不自觉地关注潮州历史文化课题，相关论著眼界宽广，功力深厚，探赜发覆，对后起者富于启迪意义。

　　我们都知道，蔡鸿生教授1933年农历四月十七日出生于广东汕头市，其故里是澄海县下蓬区（今汕头市龙湖区外砂街道）大衙村。大衙位于韩江下游外砂溪、西溪和梅溪三条支流分汊之处，从大衙渡口沿梅溪顺流而下，距汕头市中心不到15千米，即使在传统时代，两地间的交通也算便利。蔡老师在公开发表的文字中很少提及童年时代，唯在《尼姑谭》一书的"引言"讲到："儿时依母，爱跟妈妈上外婆家。沿堤而行，走近村口，榕树荫下有座破败的庵堂……"②记录了孩童时代的故乡记忆。大衙渡口附近的云水庵至今犹存，仍是禅尼的活动场所。

　　1939年6月日本侵略军占领汕头，潮汕沿海陆续沦陷，蔡老师随任职于饶平县政府的父亲，迁居地处内陆山区的饶平三饶镇，在当地有名的琴峰小学和饶平一中读书。就是在战时的流亡生活中，由于父亲的督责，他开始接触学习中国传统文史。70余年后，蔡鸿

---

① 《蔡鸿生教授精彩语录》，载《广州潮讯》2005年第1期，第35页。

② 蔡鸿生：《尼姑谭》，中山大学出版社1996年版，第5页。

生教授在《藏六居学记》中这样回忆这段难忘的经历：

> 孩提时代，正值八年抗战，随父母过流亡生活。后来栖身
> 于一座山城，总算远离战火，并有机会念小学了。父亲于谋生
> 之余，忽发雅兴，想起教儿子读古文、练书法的事来。从此，
> 我放学回家就不得安宁，除临颜真卿帖外，还要背韩愈的《祭
> 十二郎文》、《告鳄鱼文》等等。这类旧式的家庭作业，旨在驯
> 化儿童的野性，虽不能说从此给我种了"唐"根，但确实有些
> 潜的影响。后来听人提起"汉唐"或"唐宋"，总觉得唐宗
> 比宋祖和汉帝更亲近一点。①

　　蔡老师的父亲毕业于上海暨南大学，曾在汕头同济中学当老师，
这样严格要求的"家庭作业"应该是能够"初见成效"的。2004 年
3 月，笔者与刘志伟陪蔡老师回潮汕考察 5 天，行迹包括汕头、澄
海、南澳、饶平、潮州等地，也有机会重访三饶，见到当年房东家
的一对儿女，时年 88 岁的姐姐陆秋月和 81 岁的弟弟陆长茂都还记
得少年蔡鸿生的字写得很好，在当地很有名。

　　抗战胜利之后举家回到汕头，1946 年 9 月蔡老师进入汕头海滨
中学（1950 年改称"华侨中学"）读书，1951 年 7 月中学毕业，即
到汕头职工业余学校任教。1953 年 9 月，20 岁的蔡鸿生离开故乡，
考入中山大学历史学系继续求学。

　　1957 年蔡老师在中山大学历史学系毕业，因成绩优异而留系任
教。1959 年即在《中山大学学报》发表影响深远的《十九世纪后期
东南亚的"猪仔"华工》② 一文。这篇 2 万多字的长文，大量引用
笔记、文集、民歌、外交文书和东南亚当地文献，系统描述了东南

---

① 蔡鸿生：《蔡鸿生史学文编》，广东人民出版社 2014 年版，《自序——
藏六居学记》，第 1—2 页。

② 蔡鸿生：《十九世纪后期东南亚的"猪仔"华工》，载《中山大学学
报》1959 年第 4 期，第 117—134 页。

亚"猪仔"贸易的历史背景、贸易机构及其活动、各"咕哩埠"的华工生活状况、"猪仔"华工的反抗斗争等方面情况。令人感兴趣的是，潮汕成为文章讨论"猪仔"贸易情形的重点地区，作者利用《韩江记》《马来亚潮侨通鉴》《潮歌》《清季外交史料》和潮汕地方志的丰富记载，揭示了咸丰到光绪年间汕头"猪仔馆"开设的情形，以及潮籍工人出洋的经过和在东南亚各地劳作、生活的具体情况。该文可以说是蔡老师关注潮汕历史文化问题最早的研究作品，资料丰富，内容翔实，识见系统深刻。引人注目的，还有文中较大篇幅引用潮汕民歌《心慌慌》和林大川《韩江记》中的"搭蜡歌"，描述潮汕"猪仔"劳工出洋的过程及其在南洋的心境，包括潮汕民众出海劳作而被强掳出洋当"咕哩"的故事，是为以民间文书和口述资料进行潮汕地方历史研究的较早范例。重视民间资料（包括唱本、俗曲）的利用，是蔡老师史料运用的特点之一，一直到几十年后出版《尼姑谭》，其中也利用了大量从唐代到清代的说唱材料，包括潮州方言歌《人呾尼姑怎有仔》①。

　　以后数十年间，蔡鸿生教授长期从事中外关系史的教学和研究，在唐代蕃胡的历史与文化、俄罗斯馆与中俄关系、佛教文化史、广州口岸与西洋文明等学术领域辛勤耕耘，贡献卓著。而对家乡历史文化问题的思考与研究，也始终是蔡老师学术关怀中不时呈现的一条线索。

　　1991 年，蔡鸿生教授发表《清代苏州的潮州商人——苏州清碑〈潮州会馆记〉释证及推论》② 一文。其时蔡老师兼任广州高校潮汕文化促进会会长，这是他有关潮州历史文化研究的第一篇专论。该文利用乾隆四十九年（1784）"潮郡众商"在苏州潮州会馆树立的《潮州会馆记》，包括碑铭所附《潮州会馆祭业十八项》及其"后序"和"后跋"，讨论了清代苏州潮州会馆的地理位置与建筑格局、

---

① 　参见蔡鸿生：《尼姑谭》，第 58 页。

② 　蔡鸿生：《清代苏州的潮州商人——苏州清碑〈潮州会馆记〉释证及推论》，载《韩山师专学报》1991 年第 1 期，第 1—6 页。

内部管理制度与领导人物、潮州商人参与乾隆南巡两次迎驾盛典的情形，潮州会馆的财产及其宗教活动。特别是在"推论"部分，从园林、灯谜、茶具、语词等诸多文化元素，指出"染上吴俗的潮商，很可能成为苏州文化向潮州地区传播的媒介"，"只求对潮州文化中何以吴俗特多的现象提供一种可能的解释"。在这一论文中，蔡鸿生教授一如既往地展现了在地域文化研究领域，具有方法论意义的开阔眼界：

> 至于潮州文化本身，除继承前代遗产外，还有一个吸收外地文化例如苏州文化之类的问题。当今，区域研究方兴未艾，前景喜人。可以预期：历史整体性的认识，必将突破偏于一隅的观察，走向新的高度。

20 世纪 90 年代初，由于饶宗颐教授等前辈学者的大力提倡和推动，也由于改革开放后潮汕地区经济社会的迅速变化，以及海外潮人对家乡历史文化研究的关注与支持，汕头大学与汕头市分别组建以潮汕历史文化为对象的研究中心，成立国际性的"潮学"团体，出版研究丛书和学术刊物，举办系列学术会议，以"潮学"为文化符号的潮汕历史文化研究出现了新的局面。1992 年，汕头大学潮汕文化研究中心主任兼汕头市潮汕历史文化研究中心副主任杜经国教授到广州拜访蔡鸿生教授，商讨组织中青年研究力量，以共同推动"潮学"发展，并为即将创刊的《潮学研究》组稿。以后近 10 年间，杜经国教授几乎每年都来中山大学看望蔡鸿生教授，讨论有关"潮学"研究的学术问题与其他具体事宜。而杜教授每次来穗，蔡老师都会召集我们这些潮籍文史学子和广州地区各大学、研究机构从事相关工作的同行，一起参与聚会，讨论问题并接受具体任务。实际上，我们同辈的多位同行，能走上与"潮学"有关的区域历史文化研究学术道路，与蔡鸿生教授、杜经国教授等前辈学者循循善诱、因势利导的指引是分不开的。

1994 年，在《潮学研究》创刊号上，蔡鸿生教授发表了对认识潮汕历史文化特质、开展地域社会历史研究具有指导意义的《关于"海滨邹鲁"的反思》①一文。从宋代开始，"海滨邹鲁"一直是为潮州人津津乐道的对本地历史文化的赞词，在这篇文章里，蔡老师指出，在用"海滨邹鲁"之类的词语概括一个地方的文化特质时，不但要考察其精英文化，更重要的是要关注民间文化。他提出了潮汕文化研究一系列引人入胜的课题，如可以从语言、戏曲这些非物质文化事象，或从桥梁、房屋之类的物质文化事象，去探寻闽潮文化的因缘；对作为"海滨邹鲁"对立面的海盗和海商，应该从民间生计和历史文化传统的角度，给予更多的注意；对潮汕地方丰富而独特的宗教文化现象，更有众多课题应做更加深入的研究；而对于民间的种种"陋习"，研究者也不能熟视无睹。蔡鸿生教授作为一个受过专业学术训练的历史学家，再三强调"任何文化都有自己的负担，'海滨邹鲁'并不意味着一片光明"。他指出，文化研究应该脚踏实地，从专题做起，要鄙弃那些哗众取宠的"高空作业"，告诫后起的研究者：

> 文化研究的难点，不在"文"，而在"化"。文化的矛盾性和模糊性，往往使人如坠五里雾中，要抓精神实质，谈何容易。在这种情况下，如果没有专题研究的支撑，勉强作出"甲、乙、丙、丁"的概括，表面上顺理成章，其实无异"蜃楼海市"，是未必于事有补的。多一点实学，少一点游词吧。

这种充满辩证法思想的、实事求是的专业态度，是蔡鸿生教授学术精神难得的本质特征之一。例如，他在讲到"海上丝绸之路"时，也念念不忘地强调要尽量避免"粉饰和虚构"，应该回到实际的历史场景上去："某些趋时文章描述的南海道是牧歌式的，好像两千年来那里都在平静、顺利地运送丝绸，这是一种粉饰和虚构。所谓

---

① 蔡鸿生：《关于"海滨邹鲁"的反思》，载《潮学研究》第 1 辑，汕头大学出版社 1994 年版，第 238—245 页。

南海道，是一条商道；所谓丝绸之路，也是一条商路，是做生意，不是找朋友。"①

也是在 1994 年，蔡鸿生教授在研究宗教文化史多年积累的基础上，于《中山大学学报》发表了《岭南三尼与清初政局》② 一文，结合明清之际广东地区"征服与复国"的历史背景，讨论了明朝周王之女尼日曜、天然和尚之妹尼来机（俗名今再）和平南王尚可喜之女尼自悟（民间称"王姑姑"）遁入空门的经过和生平际遇。其第二部分"望云庵里的流亡郡主"，描述尼日曜在父亲于广州殉难之后，追随南明礼部尚书、饶平人黄锦的夫人皈依佛门，在潮州府城望云庵祝发为尼的故事。望云庵因郡主在此出家而被民间俗称为"王姑庵"，从此成为潮州一处胜迹。林大川、丘逢甲等知名文人对此事多有记述，"王姑"故事在民间也流传出许多不同的版本。而蔡老师撰写此文的核心，旨在通过王朝交替历史背景下几位家世不凡的出家女子的经历，说明"天崩地裂"之际岭南的社会环境与政局变迁，从而赋宗教史以政治史的意义：

> 按其社会意义来说，明清之际的遗民尼姑，是不能与一般遁世者等量齐观的。在她们身上，体现着家国之痛和兴亡之感。日曜、今再和自悟，尽管各有一格，但都是 17 世纪政治风云的产物："胜朝遗老半为僧，短发萧萧百感增。谁识天家留佚女，比丘尼派衍南能。"丘逢甲为潮州王姑庵而发的这段感慨，可说是异代同悲，给岭南三尼的历史形象，注入了一股庄严的气息。

2001 年蔡鸿生教授应约为陈泽泓先生《潮汕文化概说》③ 作序，

---

① 蔡鸿生：《南海交通史研究若干问题浅探》，载《海交史研究》2001 年第 1 期，第 125 页。

② 蔡鸿生：《岭南三尼与清初政局》，载《中山大学学报》1994 年第 1 期，第 61—68 页。

③ 陈泽泓：《潮汕文化概说》，广东人民出版社 2001 年版。

落笔之时自然而然地提到"一缕乡情"引致的牵挂："我虽生为潮人，但少即离潮，从求学到寄寓于白云珠海，已经将近半个世纪了。在自己身上，尽管潮味越来越薄，但对乡亲父老的感念，却久久未能忘怀。"尽管如此，他仍然指出必须辩证地看待"海滨邹鲁"之类的概括性语词："像其他的区域文化一样，潮汕文化也是一个矛盾性的历史实体。'海滨邹鲁'的简明公式，并不能概括它的全貌。"强调要"超越传统的单一性观念，敢于正视儒雅与强悍并存的客观事实，于弦歌中听到战鼓，进而揭示文化心态的二重性"。2005 年答《广州潮讯》编者的采访时，他更加系统地提出了潮学研究任重而道远的学术目标：

> 自从老前辈饶宗颐先生倡导潮学研究以来，该领域所取得的成绩是有目共睹的。方志的整理，潮剧、潮语、潮俗，还有潮州文化史、民族史、移民史以及海外潮人等等的研究，都纷纷结出硕果。如何进一步把潮学研究从地方性的学术研究与全国性以至国际性的学术研究接轨，看来是今后摆在我们面前的任务。①

蔡鸿生教授一贯主张从事地方历史文化研究要注重文献解读，指出"文化研究如果不以文献解读为依据，往往容易产生主观随意性，徒有体系化的外观，缺乏实质性的论证，未必于事有补"。② 在其潮州历史文化研究中，一个难得的范例，就是关于唐代潮州与"昆仑奴"关系的讨论。在前辈学者工作的基础上，蔡老师较早关注唐宋时代"昆仑奴"的历史，2000 年就发表了有影响的《唐宋佛书中的昆仑奴》③ 一文。2004 年 3 月，他应邀为韩山师范学院潮学研究

---

① 《蔡鸿生教授精彩语录》，第 35 页。

② 蔡鸿生：《文献解读与文化研究》，载《广东社会科学》2004 年第 5 期，第 13 页。

③ 蔡鸿生：《唐宋佛书中的昆仑奴》，载中国中外关系史学会编：《中西初识二编——明清之际中国和西方国家的文化交流之二》，大象出版社 2000 年版，第 214—223 页。

2004 年 3 月 16 日，蔡鸿生教授在汕头市老妈宫考察

2004 年 3 月 16 日，蔡鸿生教授在汕头

　　2004 年 3 月 18 日，蔡鸿生教授重访饶平县三饶镇琴峰书院旧址，这是抗战避难时他读小学的地方

　　2004 年 3 月 18 日，蔡鸿生教授在抗战避难时居住的饶平县三饶镇西巷 19 号，见到当年房东家的一对儿女，中为 88 岁的姐姐陆秋月，右为 81 岁的弟弟陆长茂

　　这是抗战避难时少年蔡鸿生夜里睡觉的陆家小阁楼。时隔近60年，蔡鸿生教授依然记得1945年8月15日深夜，在这里听父亲激动地宣布从驻三饶美军电台获悉日本投降的场景

2004年3月19日，蔡鸿生教授考察潮州己略黄公祠

所做学术演讲，题为《唐代潮州鳄鱼滩上的昆仑奴》①。在这次较充分体现蔡老师渊博学识与炉火纯青深厚功力的讲座中，蔡鸿生教授先以《岭表录异》关于李德裕被贬潮州、路过鳄鱼滩的一段往事，说明唐代已有"昆仑奴"到过潮州，这可能是潮州最早有外国人的记录；接着以宋代《太平广记》和《唐语林》为旁证，力求证明《岭表录异》的记载应该不是"孤证"；然后旁征博引地以唐宋笔记、诗文、传奇、小说的资料，描述昆仑奴的族属、形貌和技能，进而阐述研究这个课题的学术意义；最后，再以"读和思"为题，与听讲的同学讨论地方历史文化研究的理论与方法。讲座以小见大，环环递进，丝丝入扣，呈现了"读史求识"的境界与魅力。在2014年发表的《岭南昆仑奴遗事》② 中，蔡老师以"潮州鳄鱼滩上的昆仑奴"作为该文的一节，辑录了10年前这次演讲的主要内容。季羡林先生曾对蔡鸿生教授的学术风格有如下评价：

> 鸿生先生的学风是非常谨严的。他使用资料必求其完备翔实，论证方法必求其周密无隙。他涉猎极博，中国古代典籍，固无论矣。西方学人研究所得，他也决不放过。居今日而谈学问，必须中西兼通，古今融会，始能有所创获，有所前进。……蔡先生在这方面是殚精竭虑，精益求精的。他之所以能多有创获，其原因就在这里。③

细读蔡老师关于唐代潮州与昆仑奴关系的阐述，对季先生以上的看法，自然又多了一分理解。

2015 年，家乡澄海中学建校百年，编有《百年澄中》一书，请

---

① 参见蔡鸿生：《唐代潮州鳄鱼滩上的昆仑奴》，载《潮学研究》第 11 辑，汕头大学出版社 2004 年版，第 1—17 页。

② 蔡鸿生：《岭南昆仑奴遗事》，载《学术研究》2014 年第 4 期，第 91—94 页。

③ 季羡林：《〈唐代九姓胡与突厥文化〉序》，蔡鸿生：《唐代九姓胡与突厥文化》，第 2 页。

蔡鸿生教授作序。82 岁高龄的蔡老师欣然应允，耄耋老人下笔依然"潇洒流利，生动鲜明"①，也依旧对故里和年轻一代充满了温情：

> 我虽籍隶澄海，但未能与澄中结下学缘，实为憾事。承命撰序，不敢说不。只好在校门外遥致敬仰之意，战战兢兢地略撰序言，为澄中校庆助兴，并祝其后续的"百年"更加辉煌。②

在中山大学历史学系的讲堂上，蔡鸿生教授一再强调："历史学最重要的功能就是知人论世。"③ 在潮汕历史文化研究领域，他是不折不扣达致这一目标的。蔡老师还讲到，陈寅恪先生讲"士之读书治学，盖将以脱心志于俗谛之桎梏，真理因得以发扬"，要是"将这25 个字浓缩，就是陈寅恪主张的'脱俗求真'四字"，"那个简直就是'系训'啊"。④ 回想起来，蔡鸿生教授一辈子读书治学，恪行的也正是这样的标准。所以，窃以为将"知人论世，脱俗求真"八字，作为这篇简短的纪念文字的题目，可能还是合适的。

2022 年元月 7 日

于广州康乐园永芳堂

（作者系中山大学历史学系教授）

---

① 季羡林：《〈唐代九姓胡与突厥文化〉序》，第 2 页。

② 陈景熙主编：《百年澄中（1915—2015）》，暨南大学出版社 2015 年版，第 1 页。

③ 蔡鸿生：《历史研究要以人为本》，载氏著：《读史求识录》，广东人民出版社 2010 年版，第 7 页。

④ 蔡鸿生：《关于知、识、文的联系和区别》，载氏著：《读史求识录》，第 40 页。

历史学的学术境界

——重读蔡鸿生先生《学境》后

张荣芳

2022 年是蔡鸿生先生诞辰 90 周年纪念，特撰此文以表怀念之情。

1973 年我从中国社会科学院历史研究所调来中山大学历史学系任教，从此认识了蔡鸿生先生。蔡先生 2020 年 2 月 15 日仙逝，我们从相识到相知，将近 50 年。几十年的相处，蔡先生是我景仰的老师辈的长者，他学问渊博，治学严谨，诲人不倦，培养了一大批德才兼备的人才，是著名的历史学家，是中国传统文史之学的传承者，深得本系陈寅恪、岑仲勉、戴裔煊等老一辈学者的治学真谛。我经常向他请教，写的文章大都送呈给他，由他审阅，他批改认真，提出修改意见，甚至错别字也给予改正。蔡先生出版的著作，大多数都签署赠送给我，我从中获益甚多。季羡林先生在为蔡先生的《唐代九姓胡与突厥文化》一书的序中说："谈到蔡先生的为人，我觉得他诚悫、淳朴，不善言辞，从不夸夸其谈，自己虽然学富五车，却从无骄矜之气，是一位'恂恂如也'的老实人。"① 季先生的评价，很平实、到位。

国学大师王国维在《人间词话》中说："古今之成大事业、大学问者，必经过三种之境界：'昨夜西风凋碧树，独上高楼，望尽天涯路。'此第一境也。'衣带渐宽终不悔，为伊消得人憔悴。'此第二境也。'众里寻他千百度，回头蓦见，那人正在灯火阑珊处。'此

---

① 季羡林：《〈唐代九姓胡与突厥文化〉序》，载蔡鸿生：《唐代九姓胡与突厥文化》，中华书局 1998 年版，第 1 页。

第三境也。"对治学的这三种境界，徐复观在《王国维〈人间词话〉境界说试评》中说："所谓第一境是指望道未见、起步向前追求的精神状态，第二境是指追求中发愤忘食、乐以忘忧的精神状态，第三境是一旦豁然贯通的自得精神状态。"借用前人的成句（晏殊《蝶恋花》、柳永《凤栖梧》、辛弃疾《青玉案·元夕》）来说明治学的修养进阶，这是王国维的独创。据彭玉平先生《人间词话疏证》的考证，王国维对这三种境界有过三次大同小异的表述，"至《盛京时报》本《人间词话》，王国维则又将原本针对大事业大学问专论的三种境界一下拓展到'成就一切事'，则又赋予三种境界以广阔的人文精神了"。① 最近重读了蔡鸿生先生的《学境》②，该书共收文章30篇，里面有一篇《精神生产的历史经验》，辑录名家的语录，其中就辑录了王国维这段语录。蔡先生在该书《序引》中说："学问是一个望不到边际的认识领域，有起点而无终点。""学术境界，说到底是一个精神境界的问题。'丹青难写精神'，艺术如此，学术也是如此。"③ 在《后记》中又说："若干年来，我于教研工作之余，还写过一些随顺世缘的文章。尽管门类芜杂，大体上仍围绕一个中心，即对学术境界的探索和追求。"④ 其书名曰《学境》，就是学术境界。其中有10篇是阐释"义宁之学"；有几篇讨论学风问题；有几篇是书序、书评；最后一篇是学术自述《我和唐代蕃胡研究》。

自20世纪80年代以来，在市场经济冲击下，历史学作为人文学科之一，也出现了种种矛盾和困惑。一方面有不少优秀的学术著作出版遇到很大的困难，另一方面却有大量东拼西凑、粗制滥造、纯属劣品的"作品"充斥市场；一方面大力呼吁加强人文素质教育，另一方面史学人才在萎缩。要解决这种矛盾和困惑，我认为有一个认识问题，就是"历史学怎样才能保持自己的科学品格?"也就是说

---

① 彭玉平：《人间词话疏证》，中华书局2014年版，第79页。

② 蔡鸿生：《学境》，香港博士苑出版社2001年版。

③ 蔡鸿生：《学境》，《引序》。

④ 蔡鸿生：《学境》，第188页。

历史学的学术境界怎样才能达到王国维所说的第三境界。从《学境》中我们找到了答案。

第一，历史学要关注社会，关注现实，必须"学以致用"；但不是庸俗的、媚时的作现实的脚注。《学境》中的每一篇文章，都是"致用"的，但不是"实用"的。其中有一篇《历史是奢侈品还是必需品》，是蔡先生在珠海校区历史讲座的讲演记录，谈历史知识的价值问题。他认为从形形色色的历史定义中，"可以看出历史的价值。不过，这种价值不是一种实用的价值，而是文化上、精神上的价值"。"历史知识没有任何实用价值。这种超实用性，正是它的价值所在。"① 文中还以"历史智慧不是行政对策""认真读书，学以致用"为小标题，阐明历史与现实的关系。

历史学要关注社会、关注现实，这是历史学的本质特性决定的。古今中外科学发展的历史，说明一个道理，即一个学科的产生、发展、繁荣和曲折、衰落，固然受诸多社会条件以及学科内在原因所制约。但是，对一个学科的生命力具有决定意义的，是社会的需要和该学科对社会需要满足的程度。史学家应当关注社会，并以经世致用作为史学的宗旨。这在中国古代的、近代的史学发展上，本来是很明确的一个问题。刘知几、杜佑、司马光、顾炎武、王夫之、龚自珍等都有精辟的论述和深刻的见解。马克思主义史学在其长期发展过程中，始终把关注社会的进步、民族的独立、人民的解放、国家的富强写在自己的旗帜上。所以，历史学是一门现实性很强的科学。任何历史学家，不管自觉与否，他的研究都以直接或间接的方式与现实相联系。尽管有"为史学而史学"的各种思潮存在，但不能改变史学与现实联系的本质。因此，我们倡导史学要关注社会，为现实服务，这是史学的生命力所在。但是，不能庸俗地把历史学作为现实社会的方针、政策的注释者，需要什么就从历史上论证什么，更不能为达政治目的而歪曲、篡改历史事实。这是《学境》一书阐明的第一个道理。

---

① 蔡鸿生：《学境》，第105页。

第二，历史学要关注社会，为现实服务，必须建立在科学、求真、求实的基础之上。这种关注，必须有一个前提条件，即史学必须确保自己的独立品格。史学的独立品格就是求真、求实，即对历史真实的追求。史学一旦失去了这种品格，那么史学将不成其为史学。

《学境》一书的各篇文章，从不同角度阐明历史学是"求真"的学问，是实事求是的学问，并为此而大声疾呼。他在《读书不肯为人忙——学习陈寅恪先生的〈读书札记〉》一文中，认为陈寅恪先生的"读书不肯为人忙"，就是说"读书就要从虚妄之理中摆脱出来，发扬真理的光芒。所以，'读书不肯为人忙'……的实质就是读书要'脱俗求真'"①。在《"大师"小议》一文中说："'实事求是'是大师治学的原则。翻开乾嘉时代国学大师钱大昕的《潜研堂集》，这四个字几乎触目皆是。学术乃天下之公器，学府的大门是洞开的，但并不等于容许乱闯。智慧女神的猫头鹰，是会检查入门券的：凡持'实事求是'的红票者，迎宾；凡持'哗众取宠'的黄票者，挡驾。"②在为林悟殊教授《唐代景教再研究》作的序中说："治学之旨，在于求真。"此类语言，在《学境》中俯拾皆是。而且，蔡先生还结合历史学系著名教授的学术成品来阐述"求真"的道理。如陈寅恪、岑仲勉、刘节、梁方仲、戴裔煊等。他们的学术成果都是"求真"的结果。

在这里我想就"求真"与"致用"的关系，谈一点看法。在中国现代史学思潮中，有一种实证史学认为，科学的史学，是指和生物学、地质学一样精确的历史学，历史学完全可以建设得像自然科学那样完美无缺。傅斯年在1928年撰写的《历史语言研究所工作之旨趣》一文中，明确提出把历史学"建设得和生物学、地质学等同样"，使之成为"客观的史学""科学的东方学"。这种主张，对于史学的科学化是起了一定积极作用的。首先，他们明确肯定了历史学自身存在的价值。历史学不再是其他学科的分支或附庸，使历史

---

① 蔡鸿生：《学境》，第92页。
② 蔡鸿生：《学境》，第103页。

认识获得独立，成为一门实在的科学。其次，他们以自然科学为楷模建立历史科学。因为历史学作为一门实证的、具体的学问，必须建立在丰富的、确实的材料基础上。王国维在《国学丛刊序》中说："凡事物必尽其真，而道理必求其是，此科学之所有事也；而欲求知识之真与道理之是者，不可不知事物道理之所以存在之由与其变迁之故，此史学之所有事也。"王国维认为，科学就是求事物之真、道理之是；史学就是求"事物道理之所以存在之由与其变迁之故"。史学像科学一样，是求真的。只有在求真的基础上，才能谈得上史学关注社会，为现实服务。所以我认为，历史研究的"致用"寓于"求真"之中。事实上，实证史学的学者也确实做出了很多不容低估的成绩。如王国维对甲骨文、金文、简牍和古器物的考释，顾颉刚等古史辨派对古书真伪的辨别与鉴定，傅斯年领导的史语所对殷墟的发掘、对清内阁大库档案的整理出版、对边疆少数民族原始文化资料的实地调查等等，都大大扩展了史料的范围，搜集了大量第一手真实的史料，为科学的史学研究打下了坚实的基础。他们的工作，既是"求真"的工作，也是"致用"的工作，寓"致用"于"求真"之中。

在中国史学发展史上，总有人把"求真"与"致用"分离开来。事实上，"求真"与"致用"是不可分离的。崇尚"求真"，鄙弃"致用"，势必使史学丧失其存在的价值；强调"致用"，忽略"求真"，则必然使历史学变成政治学，而失去其发展的独立性。"求真"是"致用"的前提条件，要"致用"，必须有真实的事实为基础；否则，必将导致实用主义。"致用"是"求真"的现实依据，不讲"致用"的所谓"求真"史学，既没有必要也不可能存在。所以"致用"与"求真"相结合，寓"致用"于"求真"之中。这样，历史学就能保持自己的科学品格。《学境》所提倡的就是这种"致用"与"求真"的统一、"致用"与"求真"相结合的精神。蔡先生的著作，如《唐代九姓胡与突厥文化》《中外交流史事考述》《俄罗斯馆纪事》等，都是践行这种精神的典范之作。蔡先生是这种精神的倡导者和践行者，是"知行合一"的学人。

第三，端正学风，严守学术规范。学风问题，从本质上看是思想路线问题。在这个问题上，我认为，一是在历史研究中，强调端正学风，就是要彻底摆脱主观主义、教条主义的束缚，更加坚定和自觉地贯彻解放思想、实事求是的思想路线，坚持唯物史观要注重新的实践、新的发展。二是严格遵守学术规范。21世纪人类的生产方式和生活方式都会有很大的变化。这个变化不仅要求历史学的研究手段走向现代化，而且要求史学工作者的知识结构、研究方法和历史观念都要不断更新和优化。如果我们因循守旧，就会落后于世界学术潮流的发展，也不能满足时代对史学的要求。但是，不论时代如何变化，科学研究必须通过辛勤劳动和刻苦钻研，这是不会改变的。时代不同，学术规范也会有些变化。但是，有些基本规范也是不能变的。如研究课题必须在前人研究的基础上前进；搜集材料尽量做到"竭泽而渔"；引用材料和前人研究成果必须注明出处等等。时下有些人在名利思想的驱使下，不踏踏实实地做学问，而是热衷于"炒冷饭"；不尊重别人的研究成果，剽窃他人著述；追求轰动效应，做各种无根据的翻案文章；打着通俗化的旗号，媚俗逢迎；只追求科研成果的数量，不重视质量。凡此种种，都是急功近利和浮躁的学风，与历史学要求严谨扎实的优良学风是不相称的。

《学境》一书，每篇文章都与学风有关，阐明作者对学风问题的看法。其中有一篇是在中山大学2000级研究生开学典礼上的讲话，题目是《学风、学位和学问》，专谈学风问题。这是一篇非常深刻的文章。蔡先生认为："学风问题从根本上讲是对待知识的态度问题。如何对待知识？真的知识，要使得理论与实践统一。所以，学风问题，实际上是一个思想方法问题，大家都是有份的。它是思想性的，而不是技术性的；它是普遍性的，而不是特殊性的。……既然是思想方法问题，就带有全局性和实质性。"[1] 那么，我们要求的学风是什么样的呢？"我们要求的是一种实事求是的学风"。[2] 提倡实事求

---

[1] 蔡鸿生：《学境》，第113页。

[2] 蔡鸿生：《学境》，第114页。

是的学风，第一必须"戒浮"。"现在常听人讲，学风很浮躁。浮躁就是轻浮加急躁。一浮躁就不可能踏实。"第二是"戒俗"。什么是"俗"？蔡先生说清华研究院四大导师经常讨论何为俗？最后他们共同的看法是："熟就是俗。"① "俗"是指一种思维状态，即考虑问题的思路到底俗不俗。我们平常讲"俗套""套语"，这就是俗。与"戒俗"相对应的就是"创新"。"我讲的创新，并不等于说可以乱创。创新是有规矩的。"创新一定要理性化、科学化。《学境》一书中，许多地方讲到创新，尤其是在阐释陈寅恪的史学成就时，多次强调陈先生的"发覆"。"'发覆'这两个字，在他的著作里经常出现。历史上有一些事物被传统的看法所掩盖，而他把真相揭露出来就是发覆。"② "从事历史研究，需要'发覆'。……'覆'就是掩盖，被历史所掩盖的东西。我们到历史深处，把被掩盖的东西挖掘出来，就是'发覆'。……有人说，陈先生的史学可以叫作'问题史学'"，蔡先生认为："陈先生的史学，从创造性来讲是发覆史学，这种发覆至关重要"。③ 季羡林先生讲过，陈先生不用僻书，而能发现人家视而不见的问题，也就是"发古人未发之覆"。靠普通的大路货材料，怎么"发覆"？蔡先生认为："发覆的本领全在脑袋，而不是口袋……陈先生发覆的本事，在于他独特的历史思维。他有非常紧密的、非常深刻的历史思维。"④ 陈先生所以能够发覆，"固然由于他博闻强记，掌握直接、间接有关的历史资料，但更重要的是博学加精思，也即他的治学之道有常人所无的思维力度。可以这样说，'义宁之学'并非记诵之学，而是解释之学"。⑤ 第三是"戒甜"。因为在"甜"里容易滋生"骄娇二气"：一个是骄傲的"骄"，一个是娇嫩的"娇"。一个人有了"骄娇二气"，他的身上就没有任何忧患

---

① 蔡鸿生：《学境》，第 115 页。

② 蔡鸿生：《为自己的学业进补》，载氏著：《学境》，第 123 页。

③ 蔡鸿生：《从"头"学起》，载氏著：《学境》，第 78—79 页。

④ 蔡鸿生：《从"头"学起》，第 80 页。

⑤ 蔡鸿生：《陈寅恪史学的魅力》，载氏著：《学境》，第 24—25 页。

意识了。"生于忧患，死于安乐。"过于安乐，就要出事了。① 实事求是的学风，包含着一种从难从严的要求，对自己务必从难从严要求。这个讲话中还谈到了导师与学生的关系，导师不是保姆，不是警察，不是老板，而是"引渡人"。这些都是非常深刻的见解。

只有严谨的学风，才能产生真正有价值的著作。这种著作，往往需要经久磨砺，精益求精，才能传之后世并永远给人以启迪。在这里我想引述著名学者严耕望先生在《治史经验谈》一书中讲述《论著标准》的一段话来结束我的文章。严先生说，"充实而有光辉"一语，可以"作为史学论著的标准"。"充实""最主要的是材料丰富，论断公允，踏踏实实，不发空论，这样的论著，才能算得是内容充实的有价值的论著"。"不过精审充实仍只是有价值论著的基本条件，不具备此种条件，根本不能跻入著作之林；至于欲其论著达到更高境界，则当在'充实'的基础上，再进一步，显示其有'光辉'。""光辉"可以从两方面去认识："第一要有见解有识力，工作成果要显出有魄力，能见人所不能见，言人所不能言，或言人所不敢言。""第二要工作规模恢宏、组织严密，且有创获。"② 严先生讲史学论著的标准是"充实而有光辉"。我想这也是历史学要保持它的科学品格所必需的。

我以为做到以上三点，在未来的世纪中，历史学就能保持自己科学的品格，并获得相应的发展。这就是历史学的学术境界。

《学境》一书，是追求和探索学术境界的，是我们治学者取之不尽的思想源泉。可以这样说，《学境》所提倡的精神是可以用来治理历史学科的。

2022 年 1 月 15 日完稿

（作者系中山大学历史学系教授）

---

① 蔡鸿生：《陈寅恪史学的魅力》，第 116 页。

② 严耕望：《治史三书（增订本）》，上海人民出版社 2016 年版，第 63—64 页。

一位阐扬义宁之学的有心人

——忆念恩师蔡鸿生先生

章文钦

一、引言

辛丑年农历正月初四日（公历 2021 年 2 月 15 日）下午，蔡鸿生先生以 88 岁之年病逝于广州。先生的贴心弟子江滢河教授很快来电告知这一不幸的消息，令我这个亲炙 40 余年的受业弟子哀痛不已，彻夜难眠。

在众多学界同仁、同门弟子、后生晚辈的心目中，蔡老师是一位良师，尊师重道，敦品励学，谦和低调，循循善诱，奖掖后进，不遗余力。他是一位深受中国优秀传统文化熏陶的传统学人，又是一位在当代学术上"预流"的纯正学人，一位终身读书人。

次日清晨，我提起笔来，撰成五言四首，不计格律平仄，只是发为心声，寄托对恩师的悼念之情。并打电话告知江滢河教授，由他记录下来，读给师母蒋晓耘老师听。近日又求教于诗词名家陈永正学长，略做修改。兹照录如下：

痛悼蔡鸿生先生

先生起书香，为学师义宁。
时逾六十载，岭表托至情。

立言先立德，治学兼治心。
谦和不可及，绛帐传清音。

西域与南海，平生研探深。

循循善诱人，嘉惠遍学林。

我本寒家子，亲炙四十年。

一朝成永诀，哀痛复何言！

在蔡老师"头七"的日子，我和先生的诸位受业弟子和再传弟子、崇敬先生的晚辈学人，齐集先生家中，在先生的灵前敬香；到广州殡仪馆，向先生的遗体告别。我同往日与先生谈话一样，只是提高了声调，用潮汕话向蔡老师喊道："蔡老师啊，愿您的灵魂升上天国，同父母团聚，同阿姐团聚；同陈寅恪先生团聚，同各位老先生团聚！"陈寅恪先生的小女儿、中山大学化学系陈美延教授和她的大姐流求、二姐小彭十分敬重蔡老师，远在成都和香港，托刘节先生的外甥、澳门城市大学洪光华教授，请我代为在灵堂敬献鲜花，在遗体告别仪式上敬献花圈。寅恪先生的 3 位女儿，大女儿流求 92 岁，二女儿小彭 90 岁，小女儿美延 84 岁，犹记挂着蔡老师这位陈门受业弟子，相待以诚，十分感人。

5 月间，蔡老师的受业弟子和再传弟子商议，在 2022 年 5 月举行"纪念蔡鸿生先生九十诞辰学术研讨会"，出版纪念文集，大家踊跃撰文。师母打来电话，嘱以："你和蔡老师不是一般的关系，是师生加同乡。文章要有更多的学术性。"近几个月来，我将蔡老师在 2019 年 7 月已嘱托的《戴裔煊先生诞辰一百一十周年纪念文集》编务与拙文的写作轮番作业，经过 4 个月断断续续的读书与多年记忆的积累草成此文，权当一瓣心香，敬献于恩师在天之灵。拙文首先记述蔡老师书香门第的父母之教，继而论述陈寅恪先生金明馆教泽对蔡老师的熏陶，和蔡老师阐扬义宁之学的业绩，最终为示来者以轨则，以传续学术文脉的深心作结。

二、书香门第的父母之教

从蔡老师口传和笔授留下的儿时记忆可知，先生于 1933 年出生在广东省汕头市，原籍为澄海县大衙乡的一个书香之家。亲承蔡老师教泽多年的蔡香玉博士，曾在返回澄海探亲时，遵蔡老师之嘱，赴澄海探望他的一位儿时好友，承这位前辈告知，昔年大衙的蔡氏故居"是乡中的一座'大门楼'，门口两侧镌刻着一对石楹联，大意是劝勉族人耕读传家，乡人过此都肃然起敬"。

10 年前，我曾携带一幅集颜真卿《勤礼碑》的书法作品送呈蔡老师，并就以后将他撰于 2008 年的高文《仰望陈寅恪铜像》也写成一件书法作品征求意见，获得他的同意。他乘兴谈起儿时的往事，说童年时父亲要他学三样东西："颜字、韩文、丰子恺画。"

如今读着先生《我和唐代蕃胡研究》一文，起首便有一段话，足与口传相印证："孩提时代，正值八年抗战，随父母过流亡生活。后来栖身于一座山城，总算远离战火，并有机会念小学了。父亲于谋生之余，忽发雅兴，想起教儿子读古文、练书法的事来。从此，我放学回家就不得安宁，除临颜真卿帖外，还要背韩愈的《祭十二郎文》、《告鳄鱼文》等等。这类旧式的家庭作业，旨在驯化儿童的野性，虽然不能说从此给我种了'唐'根，但确实有些潜在的影响。"[1]

临唐代先贤颜真卿法帖的经历，使蔡老师留下一件童年学书的墨宝，《学理与方法——蔡鸿生教授执教中山大学五十周年纪念文集》图录最后一幅，即为一件颇有颜体名帖《麻姑山仙坛记》韵味的书法作品，其书曰："诲人不倦。生随家君来饶，就学琴峰小学，荏苒经年。蒙郭师梦生循循善诱。今学未成而郭师遽有远行，宁不依依。爱书'诲人不倦'四字，奉为纪念。受业澄海蔡鸿生十二龄敬书。"据潮籍学者、友人陈泽泓兄十多年前惠告，此书为先生在抗战胜利后，留别饶平三饶琴峰小学郭梦生老师之作，数十年后发现于揭阳郭老师家中，为郭家珍藏之物。虽为童年学书，已见雅人深致。

丰子恺为民国时代享有盛名的画家、散文家、音乐理论家，其

---

① 蔡鸿生：《学境》，中山大学出版社 2007 年版，第 137 页。

绘画的影响直至当代。中国自古以来，读书种子的栽培，书法绘画与经史文学相辅相成。故《论语·述而》曰："志于道，据于德，依于仁，游于艺。"今人则言："读书变化气质，艺术陶冶情操。"学临丰子恺的画，与临颜真卿帖一样，体现了蔡老师的父亲将儿子栽培成读书种子的深心。

　　与颜真卿同列唐代先贤而年代稍晚的韩愈，即"文起八代之衰"的韩文公，当年为一封谏迎佛骨的朝奏，被贬为潮州刺史，在任仅 8 个月，却对潮州历史文化产生深远的影响，潮州的江山都姓了韩：韩江、韩山、韩木、韩祠流传至今。《祭十二郎文》抒写悼念亡侄的哀感，琐琐家常的诉说，骨肉之情的恳挚，宦海浮沉的感叹，字字句句，自心中流出，凄楚动人，为韩愈抒情散文的名篇。《告鳄鱼文》又称《祭鳄鱼文》，载韩愈在潮州刺史任上，遣官设祭于恶溪（后称韩江），驱鳄鱼南徙于海，以除民害，为韩文公在潮州的一大德政。故先生在童年诵读韩文，既受到祖国优秀传统文化的熏陶，又加深对潮汕历史文化的认识，令这位出自书香门第的读书种子终生难忘。

　　先生的童年，父教之外，还有母教。先生在《尼姑谭》开头写道："'嘉孺子而哀妇人'，是《庄子·天道篇》倡导的一种智者的慈悲。……自己与尼姑尽管无缘可言，但寄予某些同情，却似乎蓄之已久。儿时依母，爱跟妈妈上外婆家。沿堤而行，走近村口，榕树荫下有座破败的庵堂，偶尔看见三两个尼姑在里面走动，不男不女，莫名其妙。后来识得几个字，草草读过《阿 Q 正传》，对那个被阿 Q 调戏，咒骂他'断子绝孙'的小尼姑，也曾流露过几分同情和悲悯。"[①] 母性的善良慈悲心，正是滋润着儿时先生心田的一道清泉。

　　先生在同我的一次闲谈中，还谈到儿时在饶平三饶避日寇，承母亲示教的另一桩往事："当年张竞生也在三饶，出门上街，西装革履，派头十足，我们一群七八九岁的孩子跟在后面看热闹，又笑又

――――――――

　　① 蔡鸿生：《尼姑谭》，中山大学出版社 1996 年版，《引言》，第 5 页。

闹，穷追不舍。"正在这时，先生听到从后面传来母亲的唤声："返来！猛猛返来!!"先生转身，跑回到母亲跟前，母亲用潮汕话对他说："个物介 xiao（音笑）个，爱看伊做呢?!"意思说："这是个疯子，要看他干什么?!"

张竞生的《性史》一书，宣扬西方"性解放"的新潮学说，与中国传统的性伦理观念相冲突，遂引来"性学博士"之讥，蔡老师的母亲说他是一个"疯子"，正是出自深受中国传统文化影响的书香门第的一种代表性评价。但后来蔡老师从家学到师承，从广阔的学术视野和深层次、多角度评价历史人物，在潮学研究中纠正了这种带有片面性的评价。潮籍学者黄挺教授《蔡鸿生先生的"潮学"思维》一文结语指出，蔡老师对潮学研究高瞻远瞩，经常为有志从事潮学研究的年轻学者开示研究课题，除国际性课题和全国性课题之外，"还有 20 世纪初叶出现的已故的一批潮籍文化人，诸如蔡楚生、陈波儿、张竞生、杜国庠、黄际遇、许涤新、梅益等，认为他们在国内艺术界、学术界、教育界的活动及其影响贡献，都是值得我们去探讨。总之，他强调潮学研究不能孤立地局限于方志或本地传统人文，要汇入国内、国际的主流学术，用中国史、世界史的眼界来看潮州，站在全国的高度、国际的高度来探讨潮州的历史文化"①。揭示了潮学成为一门有影响的国际性学问的光明前途，但必须由有志于学的有识之士进行艰难曲折的学术接力才行。

蔡老师既重乡情，更重亲情。行文所及，我还想描述一下蔡老师的姐弟情。《尼姑谭》一书《后记》中写道："本书定稿付印之际，胞姐丽娜女士不幸病逝于汕头老家，她一生贤淑，对人宽厚。早年生活清寒，用极其微薄的收入支持我念完高中，免于失学之苦。每当想起这段岁月，我就不能自已，深感对她回报太少了。这本有关女性研究的书，如果可以有个题辞，我想说的一句心里话就是：

---

① 陈春声主编：《学理与方法——蔡鸿生教授执教中山大学五十周年纪念文集》，香港博士苑出版社 2007 年版，第 223 页。

'献给逝去的姐姐。'"①

抗战胜利后，蔡老师就读于汕头市华侨中学（后称汕头市第六中学，在中山公园附近）。从上文可知，他能念完高中，免于失学，全靠姐姐用极其微薄的收入给予支持。从 1980 年起，十余年间，我每次回汕头老家探亲，蔡老师都嘱我去看望他的姐姐和姐夫，受到热情款待。蔡丽娜女士和丈夫陈长伟先生在汕头当小学老师。直到 20 世纪 90 年代初期，长伟老师不幸病逝，蔡老师才不再嘱我去看望他的姐姐，以免姐姐伤心。

三、金明馆教泽的熏陶

中国传统文化中，最完美的教育模式是既有家学，又有师承，加上受教者孜孜不倦的追求，使可造之才走上成才之路，从而实现真正的人生价值。蔡老师正是走上这样一条人生道路。

新中国成立初期，蔡老师在汕头念完高中，参加工作两年之后，于 1953 年考入中山大学历史学系，一年后获得"调干生"的资格。毕业后留校任教，从助教到教授，在康乐园度过近 70 年的人生。

20 世纪中国文化学术的一代宗师陈寅恪先生栖身岭表的最后 20 年，就在康乐园中度过。寅恪先生将东南区 1 号二楼的陈宅命名为金明馆和寒柳堂。蔡老师以受业弟子的身份与寅恪先生结下终生学缘，金明馆教泽和陈寅恪精神成为他说不尽的话题。

陈寅恪先生以读书、著书、教书为平生乐事，从 1926 年受聘进入清华园，到 1958 年 6 月，整整教了 32 年书。对于寅恪先生金明馆的教泽，蔡老师留下谦恭平实的回忆，他在 2003 年撰《仰望者的自白》一文，作为《仰望陈寅恪》一书的《引言》，书中写道："按五十年代的大学教育体制，升上三年级可选修专门化课程。1955 年夏季至 1956 年夏季，我以'元白诗证史'选修生的身份，在'金明馆'听陈寅恪先生讲史论诗达一年之久。尽管学缘不深，领会也浅，但寅恪先生的

---

① 蔡鸿生：《尼姑谭》，第 355 页。

音容和风范，却至今记忆犹新。""对陈寅恪先生，我只有受业一年之缘，既非'入室弟子'，也无'教外别传'。从严格意义上说，没有多少可忆之事，惟有一些感念之情。……陈寅恪先生的'后世相知'自有人在；我呢? 顶多只是'后世相思'而已。"①

对于蔡老师当年在金明馆受教的情形，他的大学同班同学、长期致力于中外关系史研究和著作出版的资深学人、中华书局编审谢方先生，2006 年在《蔡鸿生〈中外交流史事考述〉序》中写道："老蔡在校读书期间，同时受到陈、岑'二老'的直接教导。当时陈老讲的是'元白诗证史'课，开始时我也去听了，但冥顽不灵，听不懂，就知难而退了。而老蔡则不然，他越听越有味，结果是得其真谛，现在不但对'陈学'深有领悟，也是金明馆门人中的佼佼者。"②

谢方先生的追忆，足与蔡老师的自述相印证。而蔡老师从在金明馆修习"元白诗证史"的课程，到攻读寅恪先生的著作，领悟陈著的真谛；再到撰文著书，阐述和弘扬义宁之学，一步一个脚印，不断提升学术境界，终于成为"金明馆门人中的佼佼者"，实至名归，这一来自同学知友的赞语，先生足以当之。

关于蔡老师青年时代的矢志苦读，前引谢方先生文又言："老蔡在中山大学读书时，便是班上一个超级的读书迷。当时各种政治的'运动'很多，真正读书的人寥寥可数……像老蔡这样'苦读'的书迷更少。他是除了上课就跑图书馆，宿舍经常有一大堆借来的古今中外的各种名著、杂书。他别无爱好，就爱读书，整个课余时间、晚上，几乎都埋在书堆中了。四年间他博览群书，这为他日后理解和继承陈寅恪、岑仲勉两位大师的学术遗产打下了坚实的基础，也为自己开辟了脱俗求真做学问的广阔空间。"③

---

① 蔡鸿生：《仰望陈寅恪》，中华书局 2004 年版，《引言》，第 1—3 页。

② 蔡鸿生：《中外交流史事考述》，大象出版社 2006 年版，《序》，第 1—2 页。

③ 蔡鸿生：《中外交流史事考述》，《序》，第 1 页。

认真在金明馆听"元白诗证史"课，并刻苦攻读寅恪先生的著作，使蔡老师实现了从家学到师承、从童年发蒙到进入学术殿堂的飞跃。先生儿时承父教而诵韩文，寅恪先生有《论韩愈》之高文，以韩愈为唐代文化的重要代表，评价甚高，其中论韩文曰："关于退之之文，寅恪尝详论之矣（见拙著《元白诗笺证稿》长恨歌章）。其大旨以为退之之古文乃用先秦、两汉之文体，改作唐代当时民间流行之小说，欲藉之一扫腐化僵化不适用于人生的骈体文，作此尝试而能成功者，故名虽复古，实则通今，在当时为最便宣传，甚合实际之文体也。"① 寅恪先生之高文，对蔡老师关于韩文认识的提升，必然产生重要的影响。

而蔡老师于2000年9月，在中山大学2000级研究生开学典礼作《学风、学位和学问》的学术演讲，提倡实事求是的学风，"戒浮""戒俗"，强调创新。提到当年寅恪先生在清华研究院，与梁启超、王国维、赵元任三位导师讨论什么是"俗"的问题，最后其他三位都同意陈寅恪的看法"熟就是俗"。蔡老师接着说："我们平时讲'俗套''套语'，这就是'俗'。假如写一篇文章，里面照着一些非常熟悉的套数，堆积了许多套语，那就是很难有任何创新了。……唐代的韩愈，即昌黎先生讲过这样一句话：'惟陈言之务去。'意思是非排除老一套，就无以创新。"② 则以前贤之名言，示来者以轨则了。

而前述蔡老师从儿时随母亲经过尼姑庵的感受，到1996年写成《尼姑谭》，中间亦经过寅恪先生的开示。蔡老师在《引言》中有言："念大学的时候，有幸赶上双目失明的陈寅恪教授讲史论诗，又读了他的论文《莲花色尼出家因缘跋》，这才茅塞顿开，晓得应当从梵、汉两种文化的差异中去认识尼姑出家现象。"③

---

① 《陈寅恪文集》之二《金明馆丛稿初编》，上海古籍出版社1980年版，第294页。

② 蔡鸿生：《学境》，第91—92页。

③ 蔡鸿生：《尼姑谭》，《引言》，第5页。

　　大学时代的严师之教，令蔡老师念念不忘。可得而言之的还有如下两则。一为《我和唐代蕃胡研究》文中有言："我离'读书得间'的境界还很远，但不敢学'一目十行'之类的才子派头，也不愿人云亦云，则是大学时代诸位严师所赐。"①

　　一为《仰望陈寅恪》上编《读陈寅恪》的第三篇《从"头"学起——重温〈唐代政治史述论稿〉》，谈到寅恪先生史学研究的"发覆"说："发覆的本领全在脑袋，而不是靠口袋里边装什么秘本。陈先生发覆的本事，在于他的历史思维。……其中固然有知识的问题，但更重要的是思维，你想不到他所想的问题。我们读这本书要落实到这里，把着眼点放在'思'，学他怎么想。他留给我们的，只有他的遗著，我们要读他的书，领会他怎么想。边读书，边跟他的思路。这样才有可能走近陈寅恪。"② 这就为走近陈寅恪指出一条切实可行的途径，当然不是捷径，同样必须好学深思，矢志苦读才行。

　　中国历代先贤，从孔子、孟子一直到陈寅恪先生，皆以学问、人品、风骨熔铸成完美人格，以道德人格为安身立命之本。从知人论世到立身处世，皆以正大之道特立独行，启示来者。蔡老师在21世纪初撰《金明馆教泽的遗响》之文，回忆寅恪先生在"元白诗证史"课和《元白诗笺证稿》书中的教言："纵观史乘，凡士大夫阶级之转移升降，往往与道德标准及社会风习之变迁有关。当其新旧蜕嬗之间际，常呈一份纷纭错综之情态，即新道德标准与旧道德标准，新社会风习与旧社会风习并存杂用。……值此道德标准社会风习纷乱变异之时，此转移升降之士大夫阶级之人，有贤不肖拙巧之分别，而其贤者拙者，常感受苦痛，终于消灭而后已。其不肖者巧者，则多享受欢乐，往往富贵荣显，身泰名遂。其故何也？由于善利用或不善利用此两种以上不同之标准及习俗，以应付此环境而已。"③

　　对于这样一则知人论世的名言，蔡老师发出感悟之言："寅恪先

---

① 蔡鸿生：《学境》，第 148 页。

② 蔡鸿生：《仰望陈寅恪》，第 32—33 页。

③ 陈寅恪：《元白诗笺证稿》，上海古籍出版社 1978 年版，第 82 页。

生说的'新旧蜕嬗之间际',相当于现代语言的'过渡时期';所谓'并存杂用',也类似'多元化'现象。究竟取法何方,是巧是拙,各人当心中有数。从理性和公道上说,贤者的取向是不会吃亏的。""听过'元白诗证史'的陈门弟子,现在都已过了花甲之年。回首往事,相信会感受到金明馆的教泽不仅包含卓越的学识,而且渗透着立身处世的哲理。未知同窗学友以为然否?"① 在人生价值取向多元化的社会,"贤者的取向"是正确的人生价值取向,最终必然获得天道的酬报。

翻开蔡老师自 21 世纪初以来出版的三部著作,可拜读到领悟阐释金明馆教泽的丰富内容。第一种《学境》,初版于 2001 年,再版于 2007 年。其中编《师门教泽》共 6 篇文章,忆念的中山大学历史学系列于师门的老先生,包括陈寅恪、岑仲勉、刘节、梁方仲、戴裔煊、金应熙诸先生。"让我说不尽的陈寅恪"为其中最主要的话题。其他诸位先生,岑仲勉先生年长陈寅恪先生 5 岁,寅恪先生誉之为"南学"代表,为寅恪先生同辈论学之友。其他如被讥为"不识时务"而正道直行的刘节先生、被誉为"识时务而不趋时"的梁方仲先生、被誉为"朴学惇谨"的戴裔煊先生、1958 年惹来"陈门恩怨"的金应熙先生,是寅恪先生的学生晚辈,与寅恪先生有或深或浅的师生之缘,而见诸蔡老师的高文之中。②

第二种为 2004 年出版的《仰望陈寅恪》,上编《读陈寅恪》共 8 篇文章,皆据 1988 年以来发表的纪念陈寅恪先生之作订补而收入本书③,为《学境》所无者。中编《说金明馆》共 7 篇文章,④ 其中除一二篇外,亦皆为《学境》所未见之新作。

第三种为 2014 年出版的《蔡鸿生史学文编》,第五编《师门教泽编》共收文 11 篇,多为已见于《学境》和《仰望陈寅恪》两书

---

① 蔡鸿生:《学境》,第 38 页。
② 蔡鸿生:《学境》,第 19—68 页。
③ 蔡鸿生:《仰望陈寅恪》,第 1—85 页。
④ 蔡鸿生:《仰望陈寅恪》,第 89—140 页。

而有所订补之作，新增入的有纪念梁方仲先生和纪念朱杰勤先生的两篇文章。其中撰于 2008 年纪念梁方仲先生诞辰 100 周年的《从手迹看心迹——读梁方仲教授听陈寅恪先生讲课的笔记》之文，力求阐发陈、梁二师"心有灵犀一点通"的奥秘。首先指出方仲先生为毕业于清华大学的杰出学人，早在 20 世纪 30 年代中期，就与寅恪先生结下师生之谊。至 20 世纪 50 年代初期，方仲先生与寅恪先生成为中山大学历史学系中国古代史教研室的同事。寅恪先生轮换开设两门选修课"两晋南北朝史料"（1953 年 10 月至 1954 年 6 月）和"元白诗证史"（1954 年 9 月至 1955 年 6 月），方仲先生以教授身份与选修生并排而坐，沉浸于金明馆的教泽之中，静气聆听，细心笔录，留下两册百页的听课笔记。

蔡老师细读方仲先生笔记，体会方仲先生"执弟子礼""师门立雪"的虔诚态度，和重视史识、典章制度、社会风习的求知精神。寅恪先生讲课笔记 1955 年 3 月 2 日条载称："唐人吃茶法，参《全唐诗》第十四函卢仝卷二《走笔谢孟谏议寄新茶》云：'七碗吃不得也，唯觉两腋习习清风生'，盖有麻醉性。日本茶道，坐禅与茶有关。唐人将茶磨成末，以筅（莺莺致张生书）碾之，故必须放于碗，而不用杯。……今日之开水泡茶叶法，始于明。"1954 年 3 月 17 日笔记则载："《离骚》显然受道教影响。道家之最高境界为天堂，而天堂多在水国，疑与水葬有关。祭水鬼即为神。卢循投水死，乃因天师道崇拜水。"[①] 金明馆教泽的才、学、识，令及门弟子和后世相知神悦诚服。以诗文证史而不乏灵动之感、故事细节，令方仲先生和蔡老师两代陈门弟子叹为观止。

尊师重道为中国优秀传统文化的一个重要内容。方仲、鸿生两先生皆终生奉行而又以师道自处。此文之末又载，方仲先生一身正气，对曲学阿世深恶痛绝。在 1958 年寅恪先生横遭口诛笔伐，甚至被加上"误人子弟"的罪名之际，方仲先生"曾在一次小型座谈会

---

① 蔡鸿生：《蔡鸿生史学文编》，广东人民出版社 2014 年版，第 637—638 页。《师门教泽编》11 篇，见同书第 567—655 页。

上，劝说过青年教师不要乱起哄。从此便有一句梁氏名言不胫而走，即所谓'乱拳打不倒老师傅'是也。在他心目中，没有看或看不懂'寅恪三稿'（指《隋唐制度渊源略论稿》《唐代政治史述论稿》和《元白诗笺证稿》）的人，是毫无资格七嘴八舌的。……因而梁先生本人，也很快成了'白旗掩护白旗'的活样板，招惹来了对他学术思想的'清算'"①。功夫场也好，学术界也好，那种走偏锋捷径，妄想"乱拳打倒老师傅"的"功夫小子"只能得志于一时，绝不可能修成正果！虽然金明馆的讲堂从此停止授课，寅恪先生的教学生涯从此画上句号，寅恪先生与方仲、鸿生先生的精神，将长留于天地之间。

四、对义宁之学的阐述

义宁之学又称陈寅恪学，为对 20 世纪中国文化学术的一代宗师陈寅恪先生的学术遗产和精神境界进行探研的专门学问。20 世纪的中国文化学术，留下两份最重要的遗产，一为鲁迅先生的文学遗产，一为陈寅恪先生的学术遗产，两先生皆以沈从文先生所说的"真诚、正直与无私"的伟大人格，和季羡林先生所说的"文化学术的爱国主义精神"，在近代百年屈辱中担负起传承和弘扬中国优秀传统文化的神圣责任，为 21 世纪中华民族的伟大复兴留下宝贵的文化学术遗产和精神遗产。蔡老师正是以"金明馆门人中的佼佼者"，而为阐述和弘扬义宁之学的有心人。兹遵循先生示教的"详人所略，略人所详"的撰述原则，分别道之。

中山大学在 1988 年 5 月、1994 年 10 月和 1999 年 11 月三次举行纪念陈寅恪先生学术研讨会，蔡老师皆撰文赴会。1988 年 5 月"纪念陈寅恪教授国际学术研讨会"，蔡老师赴会之文为《陈寅恪与中国突厥学》②；1994 年 10 月"纪念陈寅恪教授学术讨论会"，恰逢

---

① 蔡鸿生：《蔡鸿生史学文编》，第 640—641 页。

② 纪念陈寅恪教授国际学术讨论会秘书组编：《纪念陈寅恪教授国际学术讨论会文集》，中山大学出版社 1989 年版，第 575—581 页。

寅恪先生大著《柳如是别传》成书 30 周年，此次研讨之重点为"《柳如是别传》与国学研究传统"，蔡老师赴会之文为《"颂红妆"颂》①；1999 年 11 月"陈寅恪与 20 世纪中国学术——纪念陈寅恪教授国际学术研讨会"，蔡老师赴会之文为《从小说发现历史——〈读莺莺传〉的眼界和思路》②。

蔡老师以世界性的学术视野和深厚坚实的文献基础，将寅恪先生的遗著和金明馆教泽相印证，来阐述义宁之学的精蕴，上述三文便是如此，兹略举其要。

《陈寅恪与中国突厥学》写道，20 世纪初期，突厥学在国际范围内迅速兴起，丹麦语言学家汤姆逊，俄国语言学家拉德洛夫、历史学家巴托里德，法国汉学家沙畹出版了一系列奠基性著作，特别是沙畹的名著《西突厥史料》，展示了用中西文献互证的方法研究中亚突厥史的广阔前景。寅恪先生以"求学之故，奔走东西洋数万里"，面对着世界学术的新潮流，奋力潜研，成了一名卓越的"预流"者，并从留学时代的"预流"，到回国后的"开风气"，研究突厥史，尤其是唐帝国与突厥汗国的政治关系史，对中国突厥学作出重要贡献。

《"颂红妆"颂》则言，1961 年，寅恪先生赠远道来访的知友吴宓先生之诗句云："留命任教加白眼，著书唯剩颂红妆。"而陈寅恪史学中的"红妆"系列，从 1935 年的《武曌与佛教》一文，到 1954—1964 年的《柳如是别传》一书，共 9 种。与此次讨论会的主题相呼应，此文之重点为寅恪先生晚年"失明膑足""燃脂暝写"，穷 10 年之力完成的巨著《柳如是别传》，寅恪先生在此书第一章《缘起》中写道："披寻钱柳之篇什于残阙毁禁之余，往往窥见其孤怀遗恨，有可以令人感泣不能自已者焉。夫三户亡秦之志，九章哀

① 胡守为主编：《〈柳如是别传〉与国学研究——纪念陈寅恪教授学术讨论会论文集》，浙江人民出版社 1995 年版，第 35—42 页。

② 胡守为主编：《陈寅恪与二十世纪中国学术》，浙江人民出版社 2000 年版，第 235—245 页。

郢之辞，即发自当日之士大夫，犹应珍惜引申，以表彰我民族独立之精神，自由之思想。何况出于婉娈倚门之少女，绸缪鼓瑟之小妇，而又为当时迂腐者所深诋，后世轻薄者所厚诬之人哉！"① 蔡老师曾对笔者示教："在柳如是那个时代，不仅士大夫中有爱国者，连乞丐、妓女也爱国。"此文进一步阐明，寅恪先生是在"卧榻沉思"中"追寻那种他唯恐失落的民族精神，自觉地承担起华夏文化的托命"，谱写出"天下兴亡，匹妇有责"的赞歌，而以"痛哭古人，留赠来者"作结，成为阐述文化学术的爱国主义的经典之作，"乃是华夏文化之幸，也是华夏文化之光"。

《从小说发现历史——〈读莺莺传〉的眼界和思路》首先揭示：寅恪先生自幼至老，对小说情有独钟，唐传奇成为他以后唐研究的组成部分。《读莺莺传》堪称这方面史学遗产的代表作，含有作者独特的眼界和思路。元稹的《莺莺传》为唐传奇的名篇。蔡老师之文对寅恪先生高文精蕴之阐述，包括"从小说发现历史""'会真'释义与训诂史学""'始乱终弃'的社会根源"和"莺莺氏族之推测"诸内容，其《结语》有言："如果说，'会真'释义把训诂学与文化史结合起来，是考证的理论化，那么追寻'始乱终弃'的社会根源，从士族升降说明道德标准的杂存并用，进而暴露'巧婚'的本质，则是理论的实证化了。这种来自辩证思维的学术风格，其魅力当然是单纯的小说本事考证所无法比拟的。"

2001 年，《陈寅恪集》13 种 14 册由生活·读书·新知三联书店出版。陈家姐妹流求、美延赠送一套给蔡老师，蔡老师遂有《辉煌的笔耕》一文之作。此文绝非应景之作，实为一篇后世相知阐述义宁之学的力作。陈家姐妹在《〈陈寅恪集〉后记》结语写道："父亲自谓'文字结习与生俱来，必欲于未死之前稍留一二痕迹以自作纪念'，他于'剩有文章供笑骂'之时，尚望'后世相知倘破颜'。我们更希望将父

---

① 《陈寅恪文集》之七《柳如是别传》上册，上海古籍出版社 1980 年版，第 4 页。

亲的这些文字，作为祖国文化遗产，献给后世相知。"①

　　蔡老师此文，以后世相知、好学深思而阐述义宁之学的精髓，文中有言："陈寅恪先生七十九年的生命行程，可以说是一次忧患之旅。在经历过世变、家变和个人的病变之后，他晚年以衰残野老自居，带着'文盲叟'的伤痕和泪痕，自哀而不自弃，继续从事辉煌的笔耕，堪称伟大的灵魂。……论资排辈，我不在他的'友朋'之列，只是受业一年，略亲馨欬而已。尽管沙弥缘浅，只要感悟所及，似也不妨合掌问道，探求一下在治学、治生和治心的关系问题上，陈寅恪先生的行谊对晚生后学有什么样的示范意义。""陈寅恪史学可以称为'发覆史学'。破旧说，立新解，发前人所未发……例如：书圣王羲之爱鹅与其家族的天师道信仰有何关系？南方的武陵为什么不是真正的桃花源？唐代宫廷政变的成败系于北门是何道理？'养在深闺人未识'符合杨贵妃的婚史吗？……寅恪先生把种族与文化的关系看作是中古史事之关键，正是从历史的深处发覆，由此揭示出一系列以地域利益和文化传承为纽带的社会集团，如关陇集团、河北集团、山东豪杰和婚姻集团等等。""钻味其书就会知道，陈寅恪的历史思维有逻辑思维与形象思维的特点，独具一格，非同凡响。他善于对历史情景进行理性的重构，通过'神游冥想'化腐为奇，把历史事物以潜在的状态导向现实的状态，从在场的东西引出不在场的东西。这种神奇的境界，不能说是史从思出，而是学者的精思复活了死去的历史。"这是一种文、史、哲三者贯通的博学精思。结语言："崇高的感情和巨人的心灵，陈寅恪兼而有之。他倡导的'独立自由'的学术精神和'神游冥想'的学术风格，随着岁月的推移，必将深入人心，在'后世相知'中开花结果。"②

　　上文所列蔡老师三种著作，阐述义宁之学的高文尚有多篇。以上所引，已嫌繁冗。何况在此之前，多位学长、学友已经撰文阐明，其中仅《仰望陈寅恪》之书，便有中华书局李解民先生《解读高雅

① 《陈寅恪集·书信集》，生活·读书·新知三联书店2001年版，第291页。
② 蔡鸿生：《仰望陈寅恪》，第3—4、6—7、10页。

理解高尚——蔡鸿生〈仰望陈寅恪〉评介》、林悟殊教授《陈寅恪
热的回归——读蔡鸿生〈仰望陈寅恪〉》、何方耀教授《解行相应传
心法——蔡鸿生〈仰望陈寅恪〉读后》三文为之阐释①，兹不赘述。

五、对义宁之学的弘扬

自 20 世纪 80 年代初期以来，"陈寅恪热"不断升温。对义宁之
学的阐述与弘扬，凝结着海内外文化学术界多位素心人劳心劳力的
业绩，拙文仅略举蒋天枢、王永兴两先生为例。

蒋天枢先生（字秉南）于寅恪先生任教清华时成为及门弟子，
终身"立雪陈门"，执弟子礼。1964 年 5 月自沪赴穗，探望寅恪先
生，陈大师遂有《赠蒋秉南序》之作，回首平生，"凡历数十年，
遭逢世界大战者二，内战更不胜计。其后失明膑足，栖身岭表，已
奄奄垂死，将就木矣。默念平生固未尝悔食自矜，曲学阿世，似可
告慰友朋。……蒋子秉南远来问疾，聊师古人朋友赠言之意，草此
奉贻，庶可共相策勉云尔。"② 并将出版文稿重任托付天枢先生。天
枢先生没有辜负寅恪先生的嘱托，历尽艰辛，在陈家姐妹的支持下，
于 1980 年主持编成《陈寅恪文集》七种，由上海古籍出版社出
版。③ 尽心尽力以实现先师赠序中所表述的"守先哲之遗范，托末
契于后生"之遗愿。

王永兴先生于 1937 年 11 月寅恪先生任教清华长沙临时大学时
成为入室弟子，曾任寅恪先生助教，为助撰《元白诗笺证稿》的
"三君"之一，其后历经坎坷，亦终身"立雪陈门"，致力于义宁之
学的阐述和弘扬，1993 年出版陈门问学 50 年的论文结集《陈门问学

---

① 陈春声主编：《学理与方法——蔡鸿生教授执教中山大学五十周年纪念
文集》，第 151—183 页。

② 《陈寅恪集·寒柳堂集》，第 182 页。

③ 陈流求、陈美延：《〈陈寅恪集〉后记》，《陈寅恪集·书信集》，第
289—290 页；蒋天枢：《陈寅恪先生编年事辑（增订本）》，上海古籍出版社
1987 年版，第 175、177 页。

丛稿》①；1998 年出版《陈寅恪先生史学述论稿》，"献给恩师陈寅恪先生，纪念先生诞辰一百一十周年"②；2008 年永兴先生病逝后，2010 年出版《通向义宁之学：王永兴先生纪念文集》，蔡老师于2009 年清明后 10 日撰文《义宁之学的弘扬者》，收入纪念文集。③

在《义宁之学的弘扬者》文中，蔡老师回忆自 1988 年以来与永兴先生的学缘，交游论学的鱼雁之谊，始终离不开"义宁之学"这个主题。进而写道："依传统'学案'之例，学术被冠以学者籍贯之名，是一代宗师才能享有的荣誉。陈寅恪先生原籍江西修水，旧名义宁州，学界遂有'义宁之学'的美称。忆自拨乱反正以来，王永兴先生……为弘扬被边缘化多年的义宁之学耗尽心力，其巨著《陈寅恪先生史学述论稿》，足以为证。他宝刀未老，用潜研抵制炒作，一反把陈寅恪神秘化、遗老化和非学人化的时流。提出研究陈寅恪学术遗产的正确导向，全面评述其在文史领域的'发覆'之功，深入探索其宋学尤其是通鉴之学的渊源，以及'读书不肯为人忙'这条'秘方'的精义，等等。如王先生者，可谓合'生前友好'与'后世相知'于一身，真正无愧于师门了。"文中载入一帧 1999 年王永兴先生与蔡老师于中山大学黑石屋的合照，弥足珍贵。笔者以为蔡老师虽然及门稍晚，与永兴先生同为义宁之学的弘扬者和寅恪先生的"后世相知"，同样无愧于师门。

蔡老师作为义宁之学的弘扬者，在 60 多年的学术生涯中，沿着寅恪先生等前辈学者开示的学术境界、学术精神、学术领域奋力潜研，脱俗求真，留下了《俄罗斯馆纪事》《尼姑谭》《清初岭南佛门事略》《唐代九姓胡与突厥文化》《中外交流史事考述》《读史求识录》和《广州海事录——从市舶时代到洋舶时代》等多部著作，从专题到专著，将寅恪先生所开示的学术领域和研究课题做深做细，

① 王永兴：《陈门问学丛稿》，江西人民出版社 1993 年版。

② 王永兴：《陈寅恪先生史学述略稿》，北京大学出版社 1998 年版。

③ 蔡鸿生：《义宁之学的弘扬者》，《通向义宁之学：王永兴先生纪念文集》，中华书局 2010 年版，第 32—34 页。

硕果累累，将义宁之学发扬光大，而又谦和的低调，从不张扬，令人神悦诚服。兹略举其要。

19 世纪以来的中西交通史，包括西域与南海两个地域范围，即丝绸之路的陆路与海路。蔡老师示教称之为中国对外交通网络，犹如一张当代国际互联网，陆路以商队城市为连接点，海路以港口城市为连接点。学术界中能够在西域与南海两个地域同时研究，做出卓越成绩者并不多见，蔡老师为其中之一。如中俄关系史的研究，蔡老师积 20 多年之力潜研，撰成《俄罗斯馆纪事》一书①，对以陆路为主的中俄贸易，既有属于陆路的《"商队茶"考释》（原载《历史研究》1982 年第 6 期），又有属于海路的《清代广州的毛皮贸易》（《学术研究》1986 年第 4 期）和《俄美公司与广州口岸》（《中外关系史论丛》第 2 辑，1987 年）。

属于海路的《广州海事录——从市舶时代到洋舶时代》一书，积数十年之力，而成书于蔡老师大学毕业 60 周年的 2017 年，全书包括《海事发凡》《市舶时代》和《洋舶时代》3 篇，以诗文绘画与历史文献相印证，释证考索，重现广州一千多年海外贸易的历史图景。序篇《海事发凡》第一节《"舶"字述略》起首有言："在海洋史尤其是市舶史的文献中，'舶'字的使用频率极高，堪称首屈一指。……探讨海事以'舶'字发其端，就不只是个人'读书先识字'的尝试，也是为了坚持历史叙事的逻辑起点。至于陈寅恪先生在《致沈兼士函》中倡导的学理——'依照今日训诂学之标准，凡解释一字即是作一部文化史'，则虽不能至，心向往之，尚待今后继续提升学境。"② 而细读书中对市舶时代的波斯舶、昆仑奴、市舶宴、蕃坊、蕃长、舶牙的考释；对洋舶时代的荷兰馆、瑞行、行商颜氏磊园、行商的西洋观，以至"会城状如大舶"的风水观念的考

---

① 蔡鸿生：《俄罗斯馆纪事》，广东人民出版社 1994 年版。

② 蔡鸿生：《广州海事录——从市舶时代到洋舶时代》，商务印书馆 2018 年版，第 3 页。寅恪先生《致沈兼士函》之句，见《陈寅恪集·书信集》，第 172 页。

释，都是弘扬陈寅恪先生倡导的学理，将社会经济史与文化交流史一炉共治，亦文亦史，胜解迭出。

近日重读寅恪先生《柳如是别传》，见第四章《河东君过访半野堂及其前后的关系》，寅恪先生引《小腆纪年》十三"顺治三年十一月丁巳明郑芝龙降于我大清"条，"其子成功谏曰，闽粤之地，不比北方，得任意驰驱。若凭险设伏，收人心以固其本。兴贩各港，以足其饷。选将御兵，号召不难矣。芝龙拂袖起。成功出告（其叔）鸿逵，逵壮之，入语芝龙曰，兄尚带甲数十万，舳舻塞海，粮饷充足。辅其君以号召天下，豪杰自当响应。何委身于人？"寅恪先生进而曰："据上引史料观之，郑氏父子之兴起，非仅由武力，而经济方面，即当时中国与外洋通商贸易之关系有以致之。明南都倾覆，延平一系犹能继续朱氏之残余，几达四十年之久，绝非偶然。自飞黄大木父子之后，闽海东南之地，至今三百余年，虽累经人事之迁易，然实以一隅系全国之轻重，治史之君子，溯源追始，究世变之所由，不可不于此点注意及之也。"① 堪称关于中国古代海洋文化的先发孤鸣。

按照蔡老师的学术理念，中华文化多元一体，岭南文化为一种滨海地域文化。而据寅恪先生开示，自明代以来，闽粤东南一隅之地而系全国之轻重，同海洋文明有密切的关系。蔡老师对广州海事的研究，受到陈寅恪、岑仲勉两位先生的启迪，而作出超越前人的业绩，示来者以轨则。目前对于闽粤海事以至中国海洋文明的研究，越来越受到学术界的重视而逐渐升温，但真正的学问从来为寂寞者的事业，必须靠寅恪先生所期待的"后世相知"进行世代相承的学术接力才行。因为钱锺书先生《致郑朝宗函》有言："大致学问是荒江野老屋中二三素心人商量培养之事，朝市之显学必成俗学。"②

寅恪先生早年曾在清华讲授"佛经翻译文学"课程，并将佛教史作为一个重要的研究领域，将儒释道三教会通，将中外文化交流

---

① 《陈寅恪文集》之七《柳如是别传》中册，第727页。
② 蔡鸿生：《学境》，第7—8页。

史与中国社会经济史相联系。寅恪先生的开示，对蔡老师从事佛教史研究，弘扬义宁之学有着重要的影响。《尼姑谭》与《清初岭南佛门事略》，成为蔡老师佛教史研究的双璧。

《尼姑谭》的撰述得寅恪先生的开示已如前述，《清初岭南佛门事略》第一章《岭南——中国佛教的滨海法窟》，包括岭海之间的文化地域、译经僧与新观念的输入、佛门风尚的滨海烙印、市井僧和流放僧、明清之际岭南佛门的遗民潮诸内容。[①] 立足于岭南而视野及于江南、滇黔以至海外，足与广州海事之探研相映发。而第四章《屈大均的逃禅归儒和辟佛》，对于明清之际岭南著名诗人、学者和明遗民屈大均与佛教的关系作专题研究。起首即言，屈氏行为方式的独特性和倔强性，在岭南遗民中可算首屈一指，"这位在 17 世纪南天巨变中涌现出来的一代名士，由儒逃禅，由禅归儒，崇儒辟佛，给自己的遗民生涯刻下了一道惊世骇俗的曲线，既光彩夺目，又令人困惑。时过三百年后的今天，如果想对屈氏之'曲'有真了解，就必须像陈寅恪先生说的那样：'所谓真了解者，必神游冥想，与立说之古人，处于同一境界，而对于其持论所以不得不如是之苦心孤诣，表一种之同情，始能批评其学说之是非得失，而无隔阂肤廓之论。'按照这个'了解之同情'的原则，我们希望对屈大均在儒释之间游移转徙的'苦心孤诣'有所阐释，但限于'神游冥想'的能力，评述之中，仍存在'隔阂肤廓之论'，相信是不可避免的"。[②] 对于屈氏逃禅归儒和辟佛之"苦心孤诣"的阐释，正是著者弘扬义宁之学的一个例证，而且"一以贯之"，满怀着金明馆教泽不可企及的谦德。

至于《唐代九姓胡与突厥文化》，从 20 世纪 50 年代中期受陈、岑二老教泽的熏陶，到 1997 年撰成本书，经历了 40 余年的辛勤耕

---

① 蔡鸿生：《清初岭南佛门事略》，广东高等教育出版社 1997 年版，第 1—24 页。

② 蔡鸿生：《清初岭南佛门事略》，第 73 页。寅恪先生教言，见《陈寅恪文集》之三《金明馆丛稿二编》，上海古籍出版社 1980 年版，第 247 页。

耘。从季羡林先生的《〈唐代九姓胡与突厥文化〉序》，到余太山、荣新江、若夷、董少新诸教授之书评①，对本书评价甚高，毋庸赘言。兹仅从蔡老师之文略举二例，其一为 1997 年 12 月所撰的该书后记，追溯当年"在陈寅恪先生'元白诗证史'的讲席上，初闻'酒家胡''突厥法'之类的故实，即怦然心动，想作'大唐西域'的精神漫游了。"进而有言："在陈寅恪先生的著作被列为'遗产'之后，他的教导仍然在我的心中活着：'今世治学以世界为范围，重在知彼，绝非闭门造车之比。'"② 从金明馆教泽所开示的学术领域，到具有世界性的学术视野，面向世界去搜集资料，逐步加深对国际粟特学和突厥学的了解，终于撰成这部弘扬义宁之学的精品之作。

其二为 2009 年 4 月所撰的《义宁之学的弘扬者》之文，引王永兴先生在读完《唐代九姓胡与突厥文化》一书后于 1999 年 4 月 2 日致蔡老师函，函中有言："回忆多年前听寅恪先生讲授唐史，唐前期唐与突厥之关系，以及安史之乱与九姓胡之关系，均为讲授重点。今兹拜读您的大著，当更能了解寅师讲授之卓识高论。"③ 与季羡林先生一样，将蔡老师引为同调，侪于义宁之学的弘扬者之列。

犹有论者，为蔡老师撰成于 2008 年，发表于 2010 年的《仰望陈寅恪铜像》之文，全文虽然不足 800 字，却是一篇弘扬义宁之学的名文。关于此文的由来，先是中山大学历史学系 1978 级同学，筹划在 2008 年 10 月举办入学 30 周年纪念活动。陈晓军同学在大学时代便崇拜寅恪先生，拜读先生遗著。大学毕业后创办实业致富，乐善好施，热心赞助文化事业，赞助 30 万元作为此次活动的经费，与同学们商议，拨出部分经费请雕塑名家创作一尊陈寅恪铜像，献给母系，获得一致赞成，并得到蔡老师的热情支持。

———————————

① 陈春声主编：《学理与方法——蔡鸿生教授执教中山大学五十周年纪念文集》，第 125—126、129—150 页。

② 蔡鸿生：《唐代九姓胡与突厥文化》，中华书局 1998 年版，第 267、269 页。所引陈寅恪先生教言，见《陈寅恪文集》之三《金明馆丛稿二编》，第 318 页。

③ 《通向义宁之学：王永兴先生纪念文集》，第 33 页。

蔡老师以 75 岁之年，在我的陪同下，两度前往广州北郊的潮籍著名雕塑家唐大禧先生的雕塑室，洽谈雕塑铜像事宜，了解创作过程。在 27 岁时以创作英雄欧阳海塑像为成名作的大禧先生，对铜像的创作十分重视，精心设计，反复推求，以毕其功。铜像坐落在中山大学永芳堂，铜像后的屏风上刻着寅恪先生《清华大学王观堂先生纪念碑铭》中的名言："士之读书治学，盖将以脱心志于俗谛之桎梏，真理因得以发扬。"① 为书法名家林雅杰先生所书。2008 年 10 月 10 日，陈寅恪铜像揭幕仪式在永芳堂举行。揭幕仪式由我主持，蔡老师致辞即《仰望陈寅恪铜像》之文。至 2010 年 6 月下旬，为纪念寅恪先生诞辰 120 周年，我陪同蔡老师和胡守为、姜伯勤先生接受《羊城晚报》记者何砚华、沈平的采访，访谈纪要以《学生眼里一个真实的陈寅恪》为题，与蔡老师的《仰望陈寅恪铜像》、伯勤先生的《人格和睿智的交响》两文和 6 帧照片，刊于《羊城晚报》2010 年 7 月 3 日 B8 版全版。蔡老师此文，又收入同年出版的《读史求识录》②，该书以纪念陈寅恪先生诞辰 120 周年为主题。

蔡老师《仰望陈寅恪铜像》一文，我多次拜读，并与先生约定写成一件书法作品，兹引述其中部分段落，以飨读者："金秋时节，仰望金光闪闪的先师铜像，昏眼为之一明，感受到严肃与崇高，未开口已先激动了。""面对着陈寅恪先生的宗师伟业、道德文章，我自知差距巨大，矮了半截，只有仰望又仰望。他生前授课，我坐在学生凳上仰望；他作古多年后，我写《仰望陈寅恪》一书追念；今天在这个仪式上致辞，依然守'仰望'之旧义，不敢哼'走近'的时调。时时仰望，似乎比烧炷香更能表达对金明馆主人的感念之情。""最后二十年的陈寅恪，双目完全失明，自称为'文盲叟'。如何再现他的形象，确实是对雕塑艺术家的严峻考验。经过唐大禧先生的潜思妙悟和精心制作，一个盲于目而不盲于心的智者，终于形神兼备的脱胎出来了。我于仰望之余，心中不禁赞叹：大禧大手

① 《陈寅恪文集》之三《金明馆丛稿二编》，第 218 页。

② 蔡鸿生：《读史求识录》，广东人民出版社 2010 年版，第 95—96 页。

塑大师！谢谢。""仰望陈寅恪铜像，不是看偶像，不是取标签，不是捞符号，而是为了寻找日益淡化和边缘化的陈寅恪精神。这个精神的核心，通俗地说就是'二要一不要'：要独立自由，要脱俗求真，不要曲学阿世。欲知其详，请阅陈氏的传世名文《清华大学王观堂先生纪念碑铭》和《赠蒋秉南序》。""陈寅恪铜像的揭幕，固然是盛事、是乐事，同时更是寓意深远的心事。但愿此举对净化学术风气、提升学术境界，具有地标式的意义。事在人为，拭目以待吧。"①

此文所揭示的陈寅恪精神"二要一不要"，与历代先贤对中华民族文化精神的阐述一脉相承，以脱俗求真为治学之道，以道德人格为安身立命之本，持守文化学术的爱国主义精神，而以净化学术风气、提升学术境界为依归，正是弘扬义宁之学掷地有声的金玉良言！

六、示来者以轨则

从读书种子到纯正学人，蔡老师以读书、著书、教书为平生乐事，学而不厌，诲人不倦；循循善诱，欲罢不能；奖掖后进，不遗余力。许多与蔡老师有学缘的后生晚辈，视之为良师、益友与引渡人。从《学理与方法——蔡鸿生教授执教中山大学五十周年纪念文集》到蔡老师九十诞辰的这本纪念文集，皆可见到许多后生晚辈和学界友朋形诸笔端的记忆，描述蔡老师以金明馆教泽和义宁之学开示后学，示来者以轨则，传续学术文脉的深心。

2006年7月，我撰成《从学士到博士——随蔡鸿生师问学记》一文，收入《学理与方法——蔡鸿生教授执教中山大学五十周年纪念文集》一书，下文将以蔡老师所开示的金明馆教泽之话题为主，兼及戴裔煊、梁嘉彬、季羡林诸陈门弟子中的前辈教泽，陈垣、钱锺书、陈乐民诸前辈之示教，与前文相印证，书写一个受业弟子的忆念之情，与诸位学长友朋、后生晚辈同声相应，同气相求。

---

① 此文又见蔡鸿生：《读史求识录》，第95—96页。笔者将此文节录成一件书法作品，于2014年冬敬献于广州图书馆蔡鸿生先生图书专藏室。

寅恪先生《王静安先生遗书序》有言："自昔大师巨子，其关系于民族盛衰学术兴废者，不仅在能承续先哲将坠之业，为其托命之人，而尤在能开拓学术之区宇，补前修所未逮。故其著作可以转移一时之风气，而示来者以轨则也。"① 而在《论韩愈》一文则言："退之在当时古文运动诸健者中，特具承先启后作一大运动领袖之气魄与人格，为其他文士所不能及。……身殁之后，继续其文其学者不绝于世……退之所以得致此者，盖亦由其平生奖掖后进，开启来学，为其他诸古文运动家所不为，或偶为之而不甚专意者，故'韩门'遂因此而建立，韩学亦更缘此而流传也。……退之发起光大唐代古文运动，卒开后来赵宋新儒学新古文之文化运动。"② 蔡老师正是遵循先哲之遗范，为传续学术文脉而尽心尽力。

1979 年春，大学一年级下学期，蔡老师为历史学系 1978 级同学讲授世界中古史课程，很受同学们欢迎。我经过 10 年自学文史的"无师自通"和饥不择食之后，十分珍惜大学四年的学习生活，上课勤记笔记，课余搜读群书，至今留下两册 136 页的蔡老师讲授的《世界中古史》笔记，近日重读，倍感亲切。

这是蔡老师从大学毕业留校任教后讲授多年的课程，共 12 讲。第一讲《西欧封建社会的形成》；第二讲《十一至十五世纪的西欧城乡关系和农民运动》；第三讲《拜占庭帝国》；第四讲《萨珊时代的伊朗》；第五讲《阿拉伯国家及其文化成就》；第六讲《蒙古的兴起与扩张》；第七讲《沙俄的起源》；第八讲《西欧资本主义的萌芽》；第九讲《文艺复兴》；第十讲《尼德兰革命》；第十一讲《中世纪东西方关系的变迁》；第十二讲《早期殖民主义与东方国家》。

综观这部《世界中古史》讲义，结构严密，具有世界性的学术视野，既从纵向追溯中古史与上古史（即封建社会与奴隶社会）的历史联系，中世纪与近代（即封建社会与资本主义社会）的历史联系；又从横向论述西欧国家与东方国家及其相互关系。与将断代史

---

① 《陈寅恪文集》之三《金明馆丛稿二编》，第 219 页。
② 《陈寅恪文集》之二《金明馆丛稿初编》，第 296 页。

拦腰截断，"铁路警察，各管一段"的套路，绝不雷同。

蔡老师讲课时语言生动，亦文亦史，妙趣横生。亦由读书极博，奋力潜研，且受金明馆教泽的熏陶，有以致之。如第一章第一节《封建制度的一般特征》，讲农业和家庭手工业相结合："在一个农户内部从事农业劳动又从事家庭手工业生产，如中国古代的男耕女织，形成农民夫妻间的分工，其结合是根深蒂固的，在意识形态上亦有所反映，如牛郎织女。牛郎织女被银河隔断，结合受到破坏，于是还得七夕相会，重新结合。至明朝有'卖油郎独占花魁'，牛郎变油郎，织女变妓女，是商品经济发展的表现。"又如第三节《西欧的封建化和反农奴化的斗争》，讲到法兰克王国的采邑制："采邑制度与军事义务紧紧联系在一块。这是因为当时经济不发达，要装备骑兵参加作战，需花出很大的代价。中国古代亦有兵农合一，战毕，解甲归田，'卖刀买牛'；欲战，反需'卖牛买刀'了。"① 正是从中国古代的神话传说、小说诗文发现历史，印证历史，实现中西会通，具有金明馆主人授课的风格。

蔡老师本着传续学术文脉的深心，数十年来为学界同仁、晚辈后学的著作撰写多篇序言，著者多以能得蔡老师之序为幸。笔者从1994—2009 年，有三种拙著获得蔡老师赐序。蔡老师作序，眼界开阔，覃思妙悟，以求真解，金针度人，亦颇具金明馆主人撰序的风格，兹分别论之。

在撰成于 1994 年 12 月的《〈澳门与中华历史文化〉序》中，蔡老师写道："在当今致力于澳门历史文化研究的学人中间，正值盛年的章文钦先生，可说是一名后起之秀。从八十年代初期起，他即师从戴裔煊教授，在这位学界名宿的指导下，从事有关中葡关系和澳门历史的文献研究，逐步形成实学的风格。……在持续不断的精神生产中，他具有一种异于流辈的精品意识，难能可贵，不愧为戴裔煊教授寄予希望的传人。""呈现给读者的这本书，是章文钦先生探讨澳门历史文化的初次结集。其中既有史事辨析和文献研究，又有

---

① 蔡老师讲授，章文钦笔受：《世界中古史讲义》上册，稿本，第 1、8 页。

人物评论、宗教传播和民间信仰方面的问题。作者虽着眼于澳门与中华历史文化的关系，但不用高论炫人，处处以求实为依归。凡所论证，都是一步一个脚印，无浮泛弘廓之病，有沉潜细密之功。读是书者，当能知之。"① 从实学风格和精品意识，到"无浮泛弘廓之病，有沉潜细密之功"的话语，体现了一位良师对受业弟子提升学术境界的勉励和期待，与夸饰应酬之空言不可同日而语。

在撰成于 2006 年深秋的《〈吴渔山集笺注〉序》中，蔡老师写道："明清易代之际，常熟吴渔山先生经历过世变的震撼，从悲愤、彷徨和孤寂的心路历程中最终走向'天学'，完成了由儒士到修士的精神蜕变。按其历史地位而言，他既是文化遗民，又是中西会通的先驱，可惜被画名和诗名所掩，吴氏超世脱俗，究心天人的思想光辉未能得到应有的显扬，真是一件憾事。""早在二十世纪的三十年代，史学前辈陈垣先生为了发潜德之幽光，曾广泛辑集画录和文集中的吴渔山事迹，撰成年谱和传略，既为吴渔山研究奠基，亦为吴渔山研究定调。他明确指出，吴氏'以诗画传道'，'为能接受西洋文明之先觉'。""章君文钦勤苦力学，承续陈垣前辈开创的研究课题，多年致力于《吴渔山集》的编纂、补遗和笺注，堪称'吴高士'的后世相知。本集中的《诗钞补遗》和《画跋补遗》，集腋成裘，甚见功力。至于所作的笺注，除得力于自身的学养外，还隐约可见陈寅恪先生诗史互证的教泽。第一，古典与今典。……第二，教义与格义。……由上两例，可以看出章文钦先生为《吴渔山集》所作的笺注，具有训诂与阐释统一的学术眼界，令人耳目一新。……笺注者业精于勤的治学风格，渗透于字里行间，埋头苦干，考实求真，此风可长，但愿能够蔚然成风。"②

在撰成于 2009 年 4 月的《〈广东十三行与早期中西关系〉序》中，蔡老师有言，拙著"由一系列专题研究整合而成，凝聚着多年潜

---

① 章文钦：《澳门与中华历史文化》，澳门基金会 1995 年版，《序》，第 1 页。

② 吴历撰，章文钦笺注：《吴渔山集笺注》，中华书局 2007 年版，《序》，第 1—2 页。

研的心得。既有集腋之劳，又有成裘之功。作为一名同乡和同事，对文钦先生在这项中年硕果表现出来的独创性和会通性，我不仅赞赏和企羡，而且，也是津津乐道的。于是乎，便责无旁贷地扮演起撰序的角色"。"岭南学人对广东十三行的研究，起步甚早。七十多年前，番禺梁嘉彬先生已写下奠基性的著作。尽管蜚声学界，可惜继者寥寥。究其原因，也许是由于行商史犹如遗民史和红妆史一样，在高唱战歌的'史学革命'中是难免被打入冷宫的。所幸章文钦先生早岁师从戴裔煊教授，研治澳门史，深知行商制度对广州口岸的重要性。经过言传身教和潜移默化，在他身上终于留下不怕'冷'的师门烙印：甘于坐冷板凳，敢于钻冷课题，善于做冷处理。……综合与分析并重，本书论述的'商欠'问题和对潘氏伍氏的分行研究，足以为证。所有这些，说明章文钦先生不愧为广东十三行学术史上的后起之秀。梁嘉彬前辈如果地下有知，相信也会乐于'沙弥说法沙门听'吧"。最后以唐代诗人刘禹锡的名句作结："自古逢秋悲寂寥，我言秋日胜春朝。晴空一鹤排云上，便引诗情到碧霄。"① 同样是对我这个受业弟子和有志于学的青年学者提升学术境界寄予殷切期望。

20 余年前曾听蔡老师说过，他以前撰写的论文，多呈请戴裔煊先生审正，戴老师总能提出很好的修改意见，或就文稿认真批改，直至晚年，精力衰退，写的字已不成行，便不敢再麻烦他。蔡老师为我审读文章，却一直思路清晰，字体端正，时有画龙点睛之笔，脱俗警世之言，兹亦举两篇拙文为例。

其一为《大师乃身后名》，刊于《羊城晚报》2012 年 3 月 20 日第 B4 版"花地"。撰成后将文稿呈请蔡老师教正，承示教："对批判不良学风有好处，值得发表。"篇名原作《"大师"小议》，《羊城晚报》编辑读了文中蔡老师的一句话，建议改为今名。文中有言："大师，应当是从事文化、学术或艺术事业，道德、学问与才艺达到很高境界的人。沈从文有言：'无论是政治、文化、学术或者艺术，

---

① 章文钦：《广东十三行与早期中西关系》，广东经济出版社 2008 年版，《序》，第 1—2 页。

其伟大之处在于真诚、正直与无私。'故大师所以值得尊崇在其有德，其道德、学问与才艺能经得住社会与历史的检验。""季羡林去世前，宣布要摘掉三顶帽子，其中一顶就是大师。他绝不是老糊涂，这才是真正的大师！我的老师，一位与时下大师不可同日而语的传统学人，对我说：'大师是身后名。'旨哉斯言，像陈寅恪那样离之弥远，望之弥高，不但是真正的大师，而且是与鲁迅同为二十世纪中国文化的圣人。……（陈寅恪）强调读书治学之士，应'脱心志于俗谛之桎梏'。并为摆脱俗谛、发扬真理而历经苦难，终生不渝。时下想当大师的人，却反其道而行之，不是摆脱俗谛，而是捆绑俗谛，将不太高深的一点学问、才艺，甚至有如江湖骗子的狗皮膏药，用来作博取声色货利的本钱，学问、才艺怎能臻于大师的境界，道德的修为更无从说起。""如有人号称在搞文化、学术或者艺术，却与贪官污吏、奸商市侩同列为声色货利中人，而居然能够成为大师，那真是上天不公了！"

上文"我的老师"就是指蔡老师，他有《"大师"小议》一文，起首即言："'大师'通常不是生前名，而是一个原主业已消逝的身后名。盖棺而后论定！""名气大，部头大，不足以成为大师，更不要说架子大了。'大师'之大，自有其大处，也许就是学术能量大吧。请看陈寅恪在《王静安先生遗书序》中怎么说：'自昔大师巨子，其关系于民族盛衰学术兴废者，不仅在能承续先哲将坠之业，为其托命之人，而尤在能开拓学术之区宇，补前修所未逮。故其著作可以转移一时之风气，而示来者以轨则也。'大师评大师，其言实有金汤之固，为后人留下一个经典性的话语：开风气和示轨则，才是'大师'的标志。""'大师是不可能大批投产的，想在大学办什么'大师班'，那简直是教育史上的'天方夜谭'。""'大师'的日子并不好过，他们的生命往往是一首悲壮的歌，甚至是一部殉道传说。陈寅恪先生在《赠蒋秉南序》中，悲苦地回忆了自己的人生经历，几乎一字一泪：'凡历数十年遭逢世界大战者二，内战更不胜计。其后失明膑足，栖身岭表，已奄奄垂死，将就木矣。默念平生固未尝悔食自矜，曲学阿世，似可告慰友朋。'倾听这样的心声，令人由衷的赞叹：大师啊，你的名字是强人！"① 拙文正是领悟蔡老师所开示的金明馆教泽而撰成的感悟之言，能得到恩师的认可，可以无憾。

其二为《澳门史研究的奠基人戴裔煊先生》，刊于中山大学《当代港澳研究》第 13 辑（2014 年 6 月）。被蔡老师列入"师门教泽"、称为"学界名宿"的戴裔煊先生，是我国著名的历史学家、民族学家和教育家，尊称陈寅恪、陈垣为"二陈老师"，在 20 世纪 50 年代以教授的身份，同他教过的学生坐在一起，听陈寅恪先生讲"元白诗证史"课，获得"后生可畏"的赞语。② 蔡老师对这位良师有很深的感情，1998 年出版的《澳门史与中西交通研究：戴裔煊教授九十诞辰纪念文集》和 2004 年出版的《戴裔煊文集》③，皆由他亲力亲为而完成。2018 年 10 月 8 日晚上，即"戴裔煊先生诞辰一百一十周年国际学术研讨会"开幕前夕，我给蔡老师打电话，他说："对戴老师的感情，我和你是一致的，明天能不能出席，我还没有把握。"可是到第二天，他抱病出席研讨会，在首场座谈会上，口若悬河，妙语连珠，用唐人柳宗元"孤舟蓑笠翁，独钓寒江雪"之句，来形容戴先生的学术形象，全场无不为之动容。到 2019 年 7 月纪念文集编成时，本欲请他仍做主编，蔡老师却一再表示他不做主编，由我和江滢河做主编。而今纪念文集已经出版，却不能呈献给蔡老师了。

2013 年 10 月《澳门史研究的奠基人戴裔煊先生》文稿撰成以后，照例呈请蔡老师审正。文稿中一个重点话题是端正学风，尊重前辈。文中有言，戴先生在《中山大学学报》1957 年第 3 期发表的《关于澳门历史上所谓赶走海盗问题》一文，是一篇实事求是、发扬真理、坚持国家民族立场的名文，驳斥了葡萄牙殖民者和耶稣会士无中生有，宣传葡人为中国政府赶走海盗，中国政府把澳门给他们

---

① 蔡鸿生：《仰望陈寅恪》，附编《学园草》，第 191—192 页。

② 陈寅恪：《元白诗笺证稿》，第 347 页，《附校补记》（一）。

③ 蔡鸿生主编：《澳门史与中西交通研究：戴裔煊教授九十诞辰纪念文集》，广东高等教育出版社 1998 年版；蔡鸿生主编：《戴裔煊文集》，中山大学出版社 2004 年版。

作为酬劳的谬论，获得学术界的高度重视，其研究成果为澳门回归祖国提供学术支撑。继而有言："奇怪的是，自 1999 年以来，竟有人摆出'雏凤清于老凤声'的架势，趾高气扬，一而再，再而三地'商榷'甚至斥责戴先生，力挺（耶稣会士）曾德昭等人的'葡人助明驱盗得澳说'。①很快就有一位青年学者挺身而出，对其进行驳斥。②……如若稍有良知，被驳斥者当无地自容，退而自省。可是此人还要硬挺下去。""学术研究的宗旨应当基于两个基本原则：一是实事求是，发扬真理；一是具有国家民族的立场而又避免狭隘的民族主义，尤其是当自己的国家处在被侵略地位的时候。戴先生的论文在这两方面皆无懈可击。笔者坚信，戴先生不会拒绝而且欢迎具有积极意义的学术批评，因为学如积薪，后来居上。但这种'文坛登龙'式的'商榷'应该到此为止，踩人脖子而上的学风是很不体面的。清人龚自珍《己亥杂诗》有云：'学羿居然有羿风，千秋未可议逢蒙。绝怜羿道无消息，第一亲弯射羿弓。'笔者还坚信：戴先生是驳不倒的，多见其不自量！戴先生是被陈寅恪先生誉为'后生可畏'的前辈学者，他的人格尊严应该得到尊重；戴先生是中国澳门史研究的奠基人，他的劳动应该得到应有的尊重！"③

　　引文中下有重点号的字句为蔡老师修改拙文原稿时所加。再追溯到 2010 年 9 月，蔡老师为即将出版的《朱杰勤文集》撰成《朱公风范长存》之文，提到朱先生与研究中西交通史的前辈学者冯承钧先生的学缘，文中有言："'近来时世轻前辈。'（刘禹锡句）和'我生爱前辈'（龚自珍句），七言加五言，概括了学术传承中两种对立的态度。朱先生'爱前辈'是一贯的，虔诚的，身体力行的。1946 年，著名学者冯承钧死于肾脏炎，身后萧条，遗孤待养。朱先生于

---

① 第一篇"商榷"之文《佛郎机助明剿灭海盗考》，见汤开建：《澳门开埠初期史研究》，中华书局 1999 年版，第 104—130 页。

② 张廷茂：《对〈澳门开埠初期史研究〉若干问题的质疑》，澳门《文化杂志》第 40/41 期合刊（2000 年春/夏季），第 70—72 页。

③ 中山大学《当代港澳研究》第 13 辑，第 25—26 页。

闻耗之后，即写了情文并茂的《纪念冯承钧先生》，并附长达千言的悼诗，内云：'我与君无一面缘，一在岭南一朔北，造诣悬殊所学同，每读君书心莫逆。'朱公悼冯，堪称佳语。我在这里旧事重提，意在表明：敬畏感并非自卑感，对'传灯'是有利无害的。是耶非耶，让年轻人自行识别吧。"①

再与上文梁方仲先生对"乱拳打不倒老师傅"的劝诫相印证，同一话题，所举之例，一反一正。从中可见蔡老师是非分明、辟邪崇正、开示后学、传续学脉的一片苦心。

最后，再追述一下蔡老师对我这个出身贫寒的受业弟子多年栽培的一片苦心。先生于1994年为拙著《澳门与中华历史文化》所写序言之末写道："章文钦先生少时曾汲韩江水，并非出身书香门第。按其生活道路而言，他是奋起清寒，笃志力学，才取得今天的成绩的。因嘉其行，复庆其成，爰志数语，未敢视为正规的序言。"②

我们章氏的始祖为姜太公，唐代《元和姓纂》载："公有一子，封章丘龙山，以地为姓。"明清之际，祖先为逃避战乱，从鸥汀乡迁至金砂乡，两地在汕头开埠前皆属澄海县。祖父以务农兼搬运夫为生，在6个孩子中只供父亲一人读书。读了两年小学，祖父去世，父亲一辈子不是做搬运夫，就是做码头装卸工，只活了58岁，在我上大学的4年前去世。蔡老师视弟子如子弟，有教无类，对我这个出身贫寒的弟子，更以乡情加同情，关怀栽培，至今亲炙40余载。"先生旧日曾青眼，弟子如今已白头。"如今恩师已魂归天国，留下我这个白头弟子，带着深切的哀痛和绵绵不绝的思念，在学术的道路上将继续前行，并为传续学术文脉尽绵薄之力。

七、结语

忆念恩师昔年口传之教，还有两则教言。其一为："要吃历史这

---

① 蔡鸿生：《蔡鸿生史学文编》，第648页。
② 章文钦：《澳门与中华历史文化》，《序》，第1页。

碗饭，必须坚信两条：第一，我不会饿死；第二，我不会发财。"证以上文他所开示的陈寅恪先生治学、治生、治心之教，还有他在《一位朴学惇谨的长者》之文，谈到戴裔煊先生"一心扑在学问上"，"勤于治学而拙于治生"①。可知他和陈寅恪、戴裔煊等前辈学者都是以贤而拙者的人生价值取向，治学先治心，才取得卓越的学术成就。

其二为："做学问不是靠钱多、人多，而是靠有心。"陈乐民先生为拙著《吴渔山及其华化天学》作序则言："从来治史乃寂寞之事而非朝市之学，果欲学术文脉得以传续，则非赖有心人之耐性与韧性莫办。"证以上文所引钱锺书先生《致郑朝宗函》之"素心人"，和陈乐民先生为拙著《吴渔山及其华化天学》作序之"有心人"，可知蔡老师从书香门第的父母之教，到金明馆教泽的熏陶，而选择了作为文化托命之人，以阐述和弘扬义宁之学为职志，以传续学术文脉为己任的人生道路，成为阐扬义宁之学，继承和弘扬中华民族优秀传统文化的素心人和有心人。

文史学界的前辈学者朱光潜先生，在其名著《谈修养》第五谈《谈价值意识》中有言："人投生在这个世界如入珠宝市，有任意采取的自由，但是货色无穷，担负的力量不过百斤，有人挑去瓦砾，有人挑去钢铁，也有人挑去珠玉，这就看他们的价值意识如何。"②蔡老师以立言先立德，臻于立言不朽之境而"挑去珠玉"，但他没有独享，而是凝结为精神生产的精品和高尚的人格精神，与学术界同仁和"后世相知"共享，融入世代传承的中华民族学术文化遗产之中，从而获得永恒的人生价值。

2021 年深秋初稿
2022 年孟春二稿于羊城康乐园师鲁斋
（作者系中山大学历史学系教授）

---

① 蔡鸿生：《蔡鸿生史学文编》，第 642 页。
② 朱光潜：《谈修养》，北京大学出版社 2011 年版，第 60—61 页。

海洋中国史的新视角

——读蔡鸿生教授《广州海事录》序篇的一点体会

刘志伟

蔡鸿生教授继承现代中国史学西域南海史地研究的学术传统，研究从西域到南海，都有丰富的发明和独到的见解。蔡鸿生教授的研究，尤其着重从许多不被人注意或重视的细小之处，揭示历史重大问题，不仅见其治史之功力，更显其史识之博洽。他许多看似轻描淡写的讨论，往往透映出高远的意境和深邃的睿智。这篇小文想谈谈我读蔡鸿生教授《广州海事录——从市舶时代到洋舶时代》（以下简称《广州海事录》序篇的一点心得。

《广州海事录》是集蔡老师一札有关广州海事的文稿而成的著作，2018 年由商务印书馆出版。书中考察了唐宋以后市舶时代广州城中种种人事风情，着重以海外来客的活动牵出广州贸易盛况与市井生活之风貌，以及 16 世纪以后洋舶时代西洋各国驻留广州的夷馆洋商如何改变广州地景和社会生活。该书序篇与常见著作序篇多以洋洋宏论发全书主旨不同，蔡老师选了 3 篇小文组成，并缀以《海事发凡》为题，3 篇文章分别为《"舶"字述略》《"鬼市"考辨》和《古代海舶的生活形态》。《"舶"字述略》辑述了有关"舶"字语源的各家之说，避开了对诸说作正误是非的考订，呈现"舶"之名是一个与海洋、南方、蛮夷相关联的语词，进而举唐诗中频见"舶"字的例证，显示出"舶"字的海洋属性与涉外属性所代表的文化至迟到唐代已经融入中国主流文化之中；《"鬼市"考辨》通过梳理中国古籍中有关"鬼市"的论述，指出"鬼市"实为历史上的

"哑市"，是一种在海洋世界跨文化贸易的形式，是后来演进成为沿海通商口岸的舶市的原始形态；《古代海舶的生活形态》则从走向海洋的人群在生活技能、生活习惯、生活方式几个方面的实态，呈现了人类社会生活的"海洋版"，揭示海洋世界的人事本质。蔡老师通过缕析3个"小题"论说作为认识广州海事的发凡，巧妙而深刻地表达了自己多年治中外交流史的苦心孤诣。

这3个小题目立意的共同之处，在于将以广州为中心的中外交流历史放到海洋文化的本源基础，让"海事"的研究回归到其海洋属性的出发点上。长期以来，中国历史记载和叙述，都是以在陆地社会形成的记事方式书写的，记录与海洋有关的事物的文字，基本上是生活在陆地的人掌握和运用，其认知的角度也都是从陆地看海洋，因此，海洋世界的事物，不是很少被记录下来，就是留下的记录大多带有神秘的色彩。如何从这些零星、支离破碎并且大多蒙上层层迷雾的文字中发掘海洋历史与文化的本相，需要研究者下更多的功夫，并在长期研究中培养出独到的锐眼。更为困难的，是如何形成海洋本位的视角，在海事的脉络下论海事。以"舶"字引出的话题为例，以往诸家异说，其实都是从作为文化中心的北方陆地生活经验出发立论，若从海洋本位的角度看，南方蛮夷泛海之舟的说法并溯及与马来语泰米尔语的联系，种种看似互相矛盾的痕迹都似乎可以形成一种通解。蔡老师虽然谨慎地"存此悬案"，不予道破，但他的处理方式显然提示了后学继续关注理解的方向，尤其是他后面专立一节，捡拾"舶语"若干，通过"舶语"这一特殊的语言现象，呈现出一个不同于陆地社会的海上社会的独特存在，这一点在《古代海舶的生活形态》一文中得到更为多面的展开。

通过与海舶航行生活中的语言与生活形态去建立不同于陆地社会存在的海洋生活空间的认识，是基于以人为主体的历史观。中山大学历史学系的学生，多年来受蔡老师教导，都很熟悉蔡老师关于"历史研究要以人为本"的主张，他教导我们："人是主体，人是主题。历史研究要从人出发，向人回归。历史就是'人史'，这一点我们要牢牢记住"。① 中外交流史的研究，我们看到的主题和套路，一般都是以不同国家之间、不同文化之间的关系为主调，议题多集中在朝贡、海禁、开海、通商等国家话语的范畴，考察的内容则主要是路线、港口、商品、贸易规则、税收等。于是，普遍存在着蔡老师批评的"见路不见人""见物不见人""见神不见人"的盲点。这种研究盲点成为一种惯性的现象，是由于传统的"历史"从来都是以国家为主体，历史记载总是从国家活动的角度去叙述，而对这些历史活动中的人，特别是"小人物"以及他们的谋生方式和日常生活，则很少留下记录。研究者直接利用现成的历史记录，跟随传统的历史叙事套路，就难免陷入蔡老师指出的"视野狭窄"，"忘其根本"，乃至以"空空如也"告终的境地。蔡老师几十年来的研究，从九姓胡到俄罗斯馆，从突厥汗国到佛门僧尼，无一不贯穿着这种鲜明地以人为本位的历史观和史学方法。以人的行为和心灵为认识历史的主题，对历史上很多制度建构就可以获得一种超越以物论物、以事论事的认识，形成不同于简单复述史料的制度解释。蔡老师把通商口岸的历史追溯至"鬼市""舶市"的渊源，与他早年从突厥人围猎方式解释突厥军事组织制度的方法异曲同工，都是将制度史解释回归到人的自然活动及在此基础上形成的关系的起点上，走出从统治者意志和国家制度设计去说明制度的表象化理解。

在《"鬼市"考辨》一文的结语，蔡老师引述了英国人泰能特将"鬼市"与锡兰东部森林土著习俗相印证的论述。这种部落之间或部落与外部世界之间的双方互不见面，以货易货，也没有中介，讨价还价在"无声"中进行的交换方式，也许是人类早期不同群体之间跨文化贸易的自然状态。蔡老师把这种被神秘化为"鬼市"的哑市视为港市的原始形态，就建立起一种以人的本质性作为起点的解释逻辑。如果我的这个理解不错，那么，把"舶"字代表的华南

---

① 蔡鸿生：《历史研究要以人为本》，载氏著：《读史求识录》，广东人民出版社 2010 年版，第 9 页。

沿海连接到的南海印度洋海域世界，与"鬼市"隐含着的这个世界的人群的原始交换模式结合起来，作为理解广州口岸的海洋文明与跨文化交流历史的出发点，就可以发展出不同于通常熟悉的广州海上交通史的历史解释模式，建立起广州"海事"历史从人出发的"人史"基础。

"海事"的本质首先是人事，并不是要在海洋史研究中消除或淡化由国家权力和文化大一统主导的制度化过程，恰恰相反，从人出发的视角，正是要从探索"海事"嵌入"国史"的过程着眼去认识、理解中外交流的实态。蔡老师的"海事发凡"揭出本指南方蛮夷泛海之舟的"舶"字，成为汉语的一个特定用字，频频出现在唐人诗句中，并在汉语文献中构词能力扩张的事实，非常确定无疑地呈现了南方蛮夷海洋文化整合到中原汉语文化中的事实，同时捡拾出若干在汉字中出现的特定的"舶语"，显示出基于海舶形成的语汇已经成为汉字文化体系的一部分。篇中关于"鬼市"的考辨，先通过列举多条从晋唐到明清古籍中的记载，说明这种风俗原是在古代中国文人眼中视为异文化的"海夷殊俗"，再通过将其神鬼化在汉字文献中留下记载，同时指出这种"鬼市"如何演变为"舶市"，再发展成为通商口岸，从而实现了由蛮俗到王朝体制中的一环的转变。

随着南方海夷的世界被拉进王朝国家体系，对海事的认识必然逐渐为国家话语所主导。汉代文献中有关广州"海事"有两条基本的史料，一是《史记·货殖列传》中云："番禺亦其一都会也，珠玑、犀、瑇瑁、果、布之凑"；二是《淮南子·人间训》记曰："又利越之犀角、象齿、翡翠、珠玑，乃使尉屠睢发卒五十万"。前一条只是描述了来自南方海洋或沿海地域物品的聚散，后一条则记载着国家为获得这些物品采取的政治行动。如果我们将前一条记述视为广州"海事"的本源，后一条记述则是广州"海事"的国家话语的嚆矢。中国海上交通史研究的传统，长期都是在这种国家话语主导下开展，以王朝国家为获取海外珍异同外部世界交换为主要内容，而将海事史的人事本质消解在国家历史之中。蔡鸿生教授这篇海事发凡，小题大做，引出了一种以人为本的中外交流史研究的新视角，打开了海事史无数"待发之覆"的大门。从蔡老师的研究中,我们可以获得一种认识,一直以来研究者习以为常的以路线、口岸、货物以及国家活动为主题的海交史研究,缺失了"人事",掩盖了人类社会生活的"海洋版",需要研究者用更多的功力,从史料记载中的蛛丝马迹发见其保存的海事本相,勾勒出航海之人的海洋活动演变成为王朝国家制度化的对外交流历史的进程,才有可能从海上贸易的历史中去重建对海洋生活的认识。

(作者系中山大学历史学系教授)

心平气和谈信仰

——献给敬爱的蔡老师

林中泽

在谈及信仰尤其是宗教信仰时，我们通常会碰到两种截然不同的态度，一种是冷漠刻板，充满着不屑和偏见；另一种是热情洋溢，充满着憧憬和渴望。这两种态度，分别代表了信仰的批判者与信仰的追求者。在这两个极端之间，存不存在一条大家都可以接受的中庸之道呢？我认为应该是有的。生活本来就不容易，如果我们太过于执着走极端，人生应有的意义就会因被大打折扣而黯然失色。我更愿意以一种心平气和的方式，用超然的态度，与大家分享我自己对于信仰尤其是古人信仰的理解，热切期望读者能从这种分享中得到某些益处和乐趣。

一、信仰与经济动机

什么是信仰（faith）？对这一问题，不同的辞书有不同的说法。有的说：信仰是对一种无法被逻辑思维过程所确证的真理的完全接受。有的说：信仰是一种并非建立在理性证据基础上的信念。有的说：信仰就是对神的相信。还有的说：信仰就是对某种精神权威的依赖和屈从。所有这些说法，虽然都有其各自的合理性，但其所指，均为宗教信仰。可是宗教信仰不过是诸多信仰中的一种。广义上的信仰，是指对某种思想原则的信服和尊崇，并将其当作行动的准则和习惯。因此除了宗教信仰，还存在着经济信仰和政治信仰等。由于信仰与宗教总是被混为一谈，抑或为了与较为轻信的普罗大众划清界限，不少自命清高的学者常常以无信仰相标榜，这种做法虽则可敬，却未必可取；假如他们的确以追求科学真理为目标，他们至少也是真理的信仰者。不过在诸多信仰中，宗教信仰通常仍是其他所有信仰的基础，因为其他信仰似乎均是由它派生出来的。例如在传统中国，爱国这种政治信仰是从忠君这种宗教信仰发展而来，孝道作为家族信仰，是从祖先崇拜这种宗教信仰衍生而来。有人将宗教比作人民的鸦片，这一比喻是有一定道理的。鸦片有两个主要特性，一是具有麻醉作用，二是具有毒害作用。宗教具有某种麻醉作用，这是不言而喻的，因为它在一定程度上能够减缓苦难造成的压力；宗教具有毒害作用，则是针对宗教极端主义而言的。宗教极端主义是社会的毒瘤和人民的公敌，但它不是宗教自身发展的必然产物，而是政治势力肆意运作的恶果。所以，这种毒害作用不能归咎于宗教本身。从历史上看，宗教是文明的载体，每一种宗教均以特定的方式，为人类社会的发展作出过特殊贡献。如道教为中医中药，佛教为文学艺术，基督教为世界科技和思想，伊斯兰教为东西文化交流，等等，都发挥过积极的促进作用。

宗教信仰与经济利益之间存在着密切的相关性。早期基督教认为放贷取利是将上帝创造的时间进行非法倒卖，因为时间、空间、空气和水一样，是上帝创造给人们共享的，任何人均无权将其窃为己有进行买卖从中取利。1582 年，教皇格列哥里十三世对流行了1000 多年的朱利安历法进行改革，将多出来的 11 天断然砍掉，于是当年的 10 月 4 日变成了 10 月 15 日。这一改革措施立即遭到保守人士和广大民众的强烈抗议，他们要求教皇还回丢失的 11 天。过去常常把该抗议活动只看作是人民单纯的宗教诉求，其实，其背后的经济利益抗争也是很明显的：由于失去了 11 天，这意味着广大的债务人还债的日期大大地往前提，这对于穷人和银行的借贷者来说，当然是不堪的负担。

根据《使徒行传》的记载，使徒保罗在雅典宣讲，反对偶像崇拜，结果受到手工业匠人和出售祭品者的围攻，因为依据保罗的学说，偶像不可崇拜，雕塑偶像的匠人和出售祭品者就得失业，他们的抗议活动就不单纯具有宗教意义，更是出自经济动机。在中国历史上经济不景气的年代里，出家人人数总是激增，因为出家可以免税，这样一来也就削弱了国库的税入，这便是统治者屡屡要强迫僧道还俗的原因。在宗教精神与经济活动的关系方面，目前还没有一位学者比马克斯·韦伯分析得更加透彻。韦伯相信宗教精神因素是特定经济活动的内在诱发因素，例如严格意义上的资本主义就只能出现于新教伦理之中。

二、各种信仰原则

从事经济活动的人士和从事政治活动的人士，与宗教人士一样，或多或少地遵循着某种自己所认定和崇尚的原则。比如对于一名商人来说，假如他恪守君子爱财、取之有道的原则，进行规矩合法的经营，我们称其为义商；如果他遵循的是明抢暗夺的海盗原则，经营过程无法无天，我们称其为奸商。对于一名从政者来说，倘若他遵循的是耶稣式的利他主义原则，舍身为民，克己奉公，我们称其为政治家；假设他遵循的是马基雅维利式的权力至上主义原则，为了达到政治目的不择手段，我们则称其为政客或阴谋家。

由于人们均生存于特定的时间范围之内，故时间对于不同的人具有截然不同的意义。对于商人、企业主和计件工薪者来说，时间就是金钱；对于学者和学生来说，时间就是知识；对于医生和患者来说，时间就是生命；对于政客来说，时间意味着宦海沉浮，荣辱无常。在很大的程度上，信仰的出现，正是人们对于神秘无比的时间做出本能反应的一种结果；不断流逝的时间迫使人们去考虑如何在有限时段内实现自己的存在价值，神与灵魂就开始被纳入人们的视线之内，于是便有了信仰。

过去总是有人说，无神论者即为无信仰者，这个说法肯定是有问题的。马克思无疑是纯粹的无神论者，但不可否认，他也是共产主义信仰的创始者和坚定的信奉者。这个世界上的每个人，都或多或少地依照自己内心的固定原则为人处世，因此他必定就是某个理想原则的信仰者。信仰是人类最后也是最强大的一根精神支柱，因此它具有一定的普遍性。我们之所以需要信仰，是因为它是一种正常的世界和社会秩序之所需。弗洛伊德从群众心理学的角度入手，断言人民群众中的大多数人都有崇尚权威的强烈需要，他们需要一种能够崇拜、能够归顺的权威，以便受它统治，甚至受它虐待。这话听来有些刺耳，却也不无道理。一般来说，文明水平越低，信仰的冲动越强烈，这就如孩子越年幼，对父母产生的依赖就越大；但这并不意味着孩子长大并能自立了，就不爱父母了，对父母的爱通常是不会消失的，只是爱得较为含蓄和深沉而已。应当承认，毫无信仰者在每个历史时段中都存在，就如遗弃父母是一种经常发生的现象那样，但是他们绝不占人口的多数，他们既然没有信仰，就可以被恰当地称作行尸走肉，他们放浪形骸，不知人生价值为何物，是地地道道的社会边缘人士。不过，信仰也是分成许多不同层次的。高雅的信仰者深藏不露，他们更加注重信仰的内涵，而不是外在形式，这与通俗信仰者形成了鲜明的对照。中世纪是一个信仰万能的时代，在那个时代里，民众的宗教狂热和迷信在一神教的幌子下发展到了顶峰。针对通俗信仰大行其道的现状，中世纪阿拉伯著名学者阿维森纳坦言：在这个蠢驴遍地的世界上，谁若不是蠢驴，就会被指控为无信仰者。

三、信仰的功利性和普遍性

有的人并没有固定的信仰原则，他们忽而信佛，忽而信道，今天说是耶稣的崇拜者，明天却急着要去麦加朝圣，这是一种典型的功利主义信仰，对于他们来说，什么神是无关紧要的，哪个神对他们有利，就信哪个神。宗教上的功利主义与政治上的功利主义本质是一致的，其动机均在于追权逐利。可是宗教功利主义是与真正的信仰不相容的。耶稣说得好：一个仆人只能够有一位主人，你不能同时既侍候神，又侍候钱。当要求你在神与钱之间做出抉择之时，便是考验你的宗教良心之日。政治上也是如此。在关键时刻丧失政治立场，为了保住自己的小命或利益，不惜出卖自己的同党，这种人便是信仰上的墙头草，不断地随风起舞，历来为正直人士所不齿。

当然，功利主义并非当代社会所特有的信仰特征，这种情况古已有之。例如古罗马的宗教事务就必须无条件地服从于国家的政治需要。黑格尔曾经指出，罗马的宗教不仅不限制世俗的放纵，反而为这种放纵的目的辩护。这话的确道出了古代宗教的功利性质。在罗马，担任祭司职务并非以候选人的宗教虔诚为基础，而是以政治需要为前提，有些高级宗教官员甚至可以是实际上的无神论者。例如一贯对占卜术持公开怀疑态度的著名元老西塞罗，就曾担任过占卜官。恺撒被公认为无固定信仰者，但他在 13 岁时就被马略任命为朱庇特的祭司，到了他掌握罗马命运的关键时刻，他又成为祭司长。公元前 95 年的罗马执政官兼祭司长西沃勒曾经认为，宇宙间的神分为三类：诗人的神是可耻的废物，哲学家的神与政治不相适宜，只有政客的神才是政治上的权宜之计。这种玩世不恭的言论出自一名最高政教官员之口，足以表明古典宗教那种政治上投机取巧的特性。

坚贞的信仰者之所以广受人们的赞扬，是因为信仰具有一种天生的排他性。信仰就如爱情，只向相宜的对象打开心扉，不允许第三者有插足的机会。基督教在最初兴起时，受到了罗马统治当局和广大公众的打压，因为这种一神教信仰与罗马世界所流行的传统多神教不相容。时人为了迫使基督徒改宗多神教，手段之残酷，据说达到令人发指的程度，倔强的基督徒有的被活活烧死，有的被扔进斗兽场喂猛兽，有的被钉死在十字架上，他们成为为信仰而牺牲的殉道者。

当今社会，人们思想比较开放，信仰趋于多元，各种宗教和无神论只要不与相关法律相悖逆，就会受到不同程度的尊重。人们甚至可以对宗教进行直截了当的批判和攻击，例如 20 世纪初奥地利著名心理学家弗洛伊德就公开断言，宗教现象只能在个体的神经病症状的模式中求得理解，该现象具有某种强迫性特征；虽然他也并未否认，宗教因包含了历史的真理而对人类产生了影响。可是若把视角往后转，我们将会发现，在信仰问题上，留给古人的选择余地相对有限。绝大多数的古人都是有神论者，如果有人胆敢当众宣称自己是一名无神论者，那他不仅声名狼藉，而且还有性命难保之虞。古希腊著名智者普罗泰戈拉有一次在雅典广场宣读自己的新作品《论神》，竟然公开怀疑神的存在，结果被雅典人驱逐出境，在被迫逃离时死于船难。古代智者素来擅长怀疑，他们可以怀疑世界上的一切，但绝不可以怀疑神，因为神的存在是维系城邦社会运作的基本纽带，也是古人价值观的基本底线。另一个典型实例是万人敬仰的哲人苏格拉底，他被以公民法庭投票的民主方式判处死刑，其理由有二：其一是以妖言蛊惑青年人；其二是信奉他自己捏造的神，而不信城邦公认之神。前者涉及政治忠诚问题，后者涉及宗教虔诚问题。如果指控属实，那么对苏格拉底的死刑判决就是公正的。可是根据其弟子色诺芬的回忆，苏格拉底并没有教导青年作恶，而是教导他们为善；苏格拉底对城邦神也是坚贞的和忠诚的，只是在引入新神方面，色诺芬承认确有其事。假设色诺芬的证词是可信的，那么就可以初步断定，按照那时的法律，苏格拉底的确有罪（引入新神罪），可是若仅凭这点小罪就将其处以极刑，则未免量刑过重。当然，从该案例可以看出，古希腊人与后来的古罗马人在理解信仰与政治的关系问题上是一脉相承的，即对神的不虔诚必然会最终导致对国家的颠覆。事实也许是，苏格拉底的被起诉和判罪，完全是政治操弄的结果，这足以证明古代民主的低起点和劣质性，民主演变成了多数人的暴政。于是有人断言，苏格拉底的案子是世界历史上最大的一件冤假错案。这话听来，也不全是调侃。不过，既然指责一个人不信神就能够置其于死地，那也就充分表明了，无神论在古人的世界里是没有多少存在空间的。

四、信仰的包容性

当然，信仰不仅有排他的一面，也有兼容的一面。据说古代的犹太教就曾经对教外人士开放过，接受犹太教律的"上帝敬畏者"，在履行规定的仪式之后，就可以被接纳入教。只是从中世纪开始，随着生存环境的恶化，犹太人才变得日趋保守，最终成为一个孤芳自赏的民族。罗马人的宗教宽容也是众所周知的，他们在对外扩张的过程中，并没有毁掉被征服者的宗教信仰，相反，他们不仅完好无损地保留对方的神庙和神灵，甚至常常将这些异邦神灵转移或复制到罗马万神殿里，为罗马人的崇拜增加了新对象。于是，罗马人崇拜对象的数量便随着他们的军事扩张而不断增加。不过，罗马人的宗教宽容也是有底线的，其基本底线有两条：其一，人们只能继承自己祖先的崇拜，不能创造新崇拜；其二，这种崇拜不能以颠覆罗马政权为目的。基督教最初受打压，就是因为被认为超越了这两条底线，即它既是一种新宗教，又试图挑战罗马的政治统治。这在很大程度上是一种误会，故早期基督教辩护士极力证明，他们的宗教渊源可以追溯到犹太教，因此不是新宗教；他们不但不以罗马政权为敌，而且是该政权的坚定维护者。

宗教兼容的最重要例证可以在古代中国找到。中国传统文化历来兼容并蓄，许多外来的东西在经过若干世纪的淬炼之后，均被消化吸收殆尽。以轮回转世和禁欲出世为基本特质的印度佛教，与以治平入世的儒家传统本当是格格不入的。在佛教进入中国的最初几百年里，围绕着官本位还是僧本位、沙门需拜王者抑或王者需拜沙门、出家是否符合孝道礼制等问题的争论从未停歇过。结果不出所料：在重大问题上佛教做出了让步，在次要问题上儒学做出了妥协。于是佛教便朝着汉化的道路发展，唐代兴起的禅宗可以看作是佛教汉化最终完成的一个标志。荷兰汉学家许理和叙述这段早期历史的著作叫作《佛教征服中国》，这个书名很容易引起误解，似乎从印度来的佛教在文化上完成将中国击败了。而在实际上，佛教是被中国传统文化兼容吸收了，变成其不可分割的一个组成部分，从这一意义上说，不是佛教征服了中国，而是中国征服了佛教。

犹太人无疑是这个世界文化万花筒中最为独特的一道景观。历史学家爱德华·吉本称这个民族拒绝与其周边民族的交流，完全出自其文化上的狂妄和自大。虽然吉本的这一断言不无偏见，但犹太人的特立独行却是尽人皆知的事实。例如，法国人自法兰克时代起，就试图采用各种各样的办法使境内的犹太人融入当地社会，却一直没能成功。大约从希腊化时代起，由于各式各样的强邻争战不休，犹太人成为最大的牺牲品，他们被迫离乡背井，成为"流散犹太人（Diaspora）"。可是，无论犹太人走到哪里，他们均保持着自身的文化特色。唯一的一个例外是在中国。犹太人最早何时进入中国，已无法确究。明朝万历年间前来中国传教的耶稣会士利玛窦，在追溯中国基督教起源的过程中，无意中发现了在中国的犹太人后裔。令他大为失望的是，这些犹太人除了个别的例外，大多数已与汉人通婚生子，并且通过读书做官谋出路。换句话说，犹太人的浪花早已融入汉文化的汪洋大海之中了。这一事例足以说明，中国文化的兼容性有多大。

五、公共崇拜与私人崇拜

既然说到利玛窦，就不得不顺便谈谈他对中国儒学的理解。利玛窦出于宣教目的，刻意要从中国历史中找到中国存在过基督教信仰的证据。他终于从秦始皇身上找到了突破口。他断言，中国人在先秦时代是与西方人一样信上帝的；只是经过秦始皇焚书坑儒后，中国人的上帝信仰灭绝了，从汉代开始发展起来的新儒学，只不过是一些有关自然理性方面的伦理教导，它与先秦儒学中的上帝信仰存在着根本性差异；当务之急是设法恢复先秦儒学中的信仰，按他的说法叫"以耶补儒"，即用西方的基督教弥补儒学信仰缺失之不足。利玛窦的这一手法很巧妙：它无须全盘摧毁儒学的根基，而是承认其合理存在，只是希望在现有儒学的理性伦理基础上，构建起基督教信仰的大厦，这就避免了与中国传统文化的直接撞击，从而得到了一些具有前瞻意识和变革思想的士大夫的极力推崇，如徐光启、李之藻和杨廷筠等。

利玛窦理论的前提是，汉代以后的儒学不是宗教。其意图十分明显。因为如果承认儒学是宗教，就会与西来的基督教形成冲突，显然不利于基督教在中国的传扬。可问题是，儒学不是宗教的说法未必与事实相符。因为儒学并非一种孤立的或单纯的伦理学说，它上通忠君爱国的理论，下连祖先崇拜的传统，即便它在神鬼和来世观上表现得有些暧昧，也无法掩盖其真正宗教的本质，因此它历来被称作"儒教"或"礼教"，与佛教和道教一道合称"三教"，这并不是完全没有道理的。如果我们承认儒学非宗教，这正合利玛窦及其他传教士的心意。

在古代，公共信仰与私人信仰是有差别的。古代中国的国祭、社祭及族祭，可以看作是某种意义上的公共信仰，而家祭则纯属私人信仰。古代希腊近300个城邦，共同信仰以天神宙斯为首的奥林匹斯神系，而各个城邦又有各自的城邦守护神。如雅典选择智慧女神雅典娜为其城邦神，亚戈斯选择天后赫拉为其城邦神，爱奥尼亚沿海及其附近岛屿诸邦选择海神波塞冬为城邦神，塞浦路斯则选择爱和美之神阿弗洛狄特为城邦神，等等，于是便在信仰生活上实现了希腊世界整体性与各城邦特殊性的协调和统一。古代罗马人在信仰上也是公私分明。他们设有最高祭司团，成员均是些著名元老，祭司团的祭司长由执政官兼任，帝国时代则由皇帝兼任。祭司团成员分工管理诸如鸟卜、脏卜和神谕等各种与神打交道的事务。古代地中海世界最享盛誉的神谕是西比尔预言。西比尔是出现于各式各样场所中的一位女预言家。在罗马神话中，最著名者为库麦的西比尔，据说她在埃涅亚斯的时代服侍阿波罗神。较晚的一个西比尔出现于塔克文·苏珀布斯时代，她的预言被储藏于朱庇特神殿里，在危险时期，祭司团就会向她征询，她就会对将要出现的事情做出模棱两可的预言，而对于这些预言的解释权则掌握在元老们或皇帝手中。理所当然的是，以朱庇特为首的卡皮托神系成为公共崇拜的对象。除了公神崇拜之外，罗马家庭也崇拜家神，这种家神也叫灶神；甚至公民个人也有自己的守护神。基督教官方化以后，祭司团解散了，祭司长一职在提奥多西大帝时代被废，可是西比尔预言书却被以隐蔽的方式保存了下来，后来的教会神学家常常引用它的内容，去证明有关耶稣的诞生和死而复活的说法自古就有预言。而作为私人信仰，每个基督徒均匹配上了一个保护天使，以取代古时的私人守护神。

六、皈依与叛教

"皈依"是基督教从佛教中借用的一个术语，它最初指信奉，即世俗人士接受佛教戒律，成为佛教信徒。基督教借用了该词之后，意思略有改变，即实际上成了"改宗"。当一个人从一种原有的信仰转向另一种信仰时，站在其原有信仰的角度上，叫"背叛"；而站在其新信仰的角度上，则叫"皈依"。历史上最有名的两个皈依基督教的案例分别发生在圣保罗和圣奥古斯丁身上。据《使徒行传》的记载，保罗原属犹太教徒中的法利赛党人，是耶稣门徒的疯狂迫害者，在一次前往大马士革抓捕耶稣党人的途中，据说由于耶稣的显灵，保罗突然间不仅变成了耶稣的使徒之一，而且成为基督教早期传播的最关键的人物。相比之下，奥古斯丁的皈依则有一个较为渐进的过程。根据他在《忏悔录》中的供述，他先是信仰罗马异教哲学，然后转信摩尼教，最后在教父安布罗斯的影响下，经过所谓米兰花园神迹，正式成为一名基督徒。无论是犹太教还是摩尼教，对于正在蓬勃兴起的基督教来说无疑均是弱势宗教，因此保罗和奥古斯丁对于旧信仰的背叛和对于新信仰的皈依便有了充分的正当性，他们的信仰转变自然被渲染为"改邪归正"。与此截然相反的一个例子是4世纪中期罗马皇帝尤利安的信仰转变。他抛弃了基督教信仰，改宗罗马传统的多神教，这被看作倒行逆施，该皇帝也就被冠以"叛教者"的蔑称。因此可见，判定一个人的信仰转变是"皈依"还是"叛教"，话语权永远掌握在意识形态方面的强者手中。其实，尤利安的所谓"叛教"是有其特殊原因和背景的。他是君士坦丁大帝的侄子，在君士坦丁死去之后，皇室成员经过腥风血雨的大屠杀，许多近亲均被以所谓宗教的原因消灭殆尽，幼年的尤利安在极端艰难的环境下竟然存活了下来，这使他看到基督教不可能给政权带来稳定和给国家带来繁荣。因此在当上罗马皇帝之时，他便着手放弃基督教，恢复罗马传统多神教崇拜。可是从尤利安的宗教实践上看，他未必是一个宗教狂热分子，他对基督徒的迫害也极为有限，他要恢复的与其说是多神崇拜，不如说是希腊罗马的古典哲学。后来对尤利安的全面否定的评价，完全是出于一种基督徒的偏见。尤利安是古代史上颇具特色的皇帝，对他的研究仍有进一步拓展的空间。

如果说尤利安是主动的"叛教者"，那么在基督徒广受迫害的时期里，不少被迫向多神教及皇帝的偶像献祭的信徒，便是被动的叛教者。对于这些被迫献祭者，教会出现了截然不同的声音。有人认为，献祭者既然是叛徒，就辜负了上帝赐予的恩典，他们理所当然不能被重新接纳入教，甚至那些先前曾接受过叛教者任命的神职人员，也应当被解职。而在正统教会当局和多数信徒看来，这样一些要求既太过分也不实际。于是教会就出现了裂派，坚守严苛信仰情操的信徒，从正统教会中分裂了出去，其中较著名的有北非的多纳图派和罗马的诺瓦替安派，这些教派人士认为，教会应当由义人组成，罪人是无份的。裂派的出现，从反面证明了当时的叛教并非个别现象。

也许是因为迫害期间被迫献祭从而"叛教"的信徒太多，出于法不责众的通常原则，教会允许这些犯错误的信徒在履行了一系列苦行义务之后有改过自新的机会，从而被重新接纳入教，这证明是一种明智之举。奥古斯丁在批判多纳图派的过激主张时正确地指出，教会并不单纯是义人的组织，它也包括了罪人；加入教会不过是走向拯救的起点而不是终点，任何人均别想通过进入教会而逃避自己今后应尽的道德责任。

（作者系华南师范大学历史文化学院教授）

春风化雨　金针度人

——蔡鸿生教授接引批评学生之原则与方法

何方耀

蔡老师离开我们将 1 年了，但总觉得蔡老师依然与我们一起生活在这个世界上，他那"史学即思学""教师即教思""宁可错得可爱，不要对的平庸""宁要微言一克，不要废话一顿"的话语仍然不时在心中响起，每每在学习和研究中遇到问题和疑难自然时而然地会想到向蔡师请教，当下意识地拿起电话拨打家中电话时（蔡师不用手机），才意识到蔡老师已经真的离开我们了，又怅然若失地放下电话，自然而然地去书架上翻找他的著作和文章，在他留给我们的遗著中去寻找答案或启示。每当从他的著作中寻找到解惑的灵感或答案时，总有一种穿越的感觉，仿佛又坐在他家的客厅里，听着他以那略带潮汕口音的话语向我们释疑解惑，指点迷津。以前听人赞美学界前贤时常用的词句：斯人虽去，风范犹存，名山事业，嘉惠后学，总觉得不过是溢美之词而略带几分俗气，而当自己追忆蔡老师的言传身教、点滴往事时，却觉得这几个词是如此地贴切、生动和传神。蔡老师生前所研究的领域属于中外文化交流方向，其所关注研究对象虽然多属较为冷僻的专题，但先生的学问博大精深，功夫深厚，视野广阔，思维缜密，自己虽然从之问学时间不短，但对蔡老师之学问，只能说略知皮毛，尚未登堂入室，更遑论进行评价了。这里，只是从一个学生的视角，谈一下蔡老师指点、批评弟子的原则和方法，试图从一个侧面展示蔡老师的教学和接引方法。

一、心怀善意　指点迷津

因为自己的研究兴趣为佛教方向，阅读蔡老师的著作是从其

《清初岭南佛门事略》和《尼姑谭》开始的，而真正认识蔡老师并亲聆其教诲则是从 2000 年进入中山大学历史学系做博士生开始的。当时我们属于林悟殊老师的第一届研究生，理论上蔡老师则属于我们的师爷，但由于蔡老师仍然是中山大学历史学系宗教研究所所长，因此，经常来指导我们的学习并给我们上课，特别是"学理与方法"这一门课，所以，自然而然我们将蔡、林两位老师视为我们的导师，有了问题也就毫不客气地找蔡老师请教。比如，笔者有一次写一篇研究清初平南王尚可喜家谱《元功垂范》的文章，在为"料理"一词的准确解释到处查阅资料而不得要领时，遂向蔡老师请教，蔡老师让我查阅张相撰写的《诗词曲词语汇释》（中华书局版）一书，并告诉我这本书藏在中山大学北校区，即原来的中山医科大学图书馆（当时两校合并不久），而张相书中对"料理"一词的梳理和解释则完全解决了我的疑问。

蔡老师在指导学生时不厌其烦，孜孜不倦，但并不意味着会迁就学生的缺点和错误，也会很认真严肃地指出问题，只不过他很少疾言厉色进行批评，在我与蔡老师 20 多年的交往中，从来没有见他发过一次火，他总是那样温文尔雅，笑容可掬地与你交谈，哪怕是谈论你文章中的重要错误。但他很少对某一位同学直接批评其文章的缺点和错误，虽然请他审阅的文章他都会认真审阅并且在文稿上进行批改，但他却极少当面批评某个同学文章的问题，而是会选择某个集体讨论或开会的场合，对写论文过程中存在的问题特别是有倾向性的问题进行归纳，条分缕析，指出其危害和改进的途径，而这个被批评的对象往往是一个虚拟的对象或以某些发表或者答辩的文章为案例。而对这些问题的分析、批判往往详细而具体，特别对其危害性分析得尖锐而深刻。这时，他并未针对某一个人，只是就事论事，就问题讨论问题，但对我们在场的同学来说，特别是像我这样资质比较愚钝且缺点特别多的人来说，往往听得心惊肉跳、汗流浃背，觉得蔡老师讲的几乎每一条缺点和问题都是针对自己的，因为觉得所谈论的问题自己都有，对每一个错误的分析检讨都是针对自己而发的，对这些问题的严重性和危害性自己却常常不加重视，经蔡老师提示、分析才觉得这些问题是如此的严重，如此的不可忽视。例如他曾经与大家一起讨论过研究生只注重搜集资料而不注意读书的问题。

他在一次博士生答辩的总结发言中曾说道：现在研究生们好像特别注意查找资料，有所谓"上穷碧落下黄泉，动手动脚找材料"的精神，在搜集资料这件事上很拼，这是好事，说明大家重视材料。但如果一个研究生在读期间除了上课，就只是搜集资料而不认真读书却是危险的。特别是那些奠基性著作必须认真阅读，领会其选题命意、眼界思路、论证方法、谋篇布局、语言表述等诸方面的问题，反复揣摩才能有所收获和心得，否则，资料再多也可能做成流水账。为此他还专门做了一场题为《从"头"学起——重温陈寅恪〈唐代政治史述论稿〉》的报告，专门讲了阅读陈先生著作的"头"，即书名、序言、目录和开头第一句，并言明其报告"不介绍这本书的内容，而是讲这本书的选题命意、思路，以及陈先生整个述论的突破口。我认为后人读书时，应从这些方面来认识"。[①] 而这个"头"往往是容易被忽略的几项，而蔡老师反复强调要仔细精读这几项内容，就是要从细微处下功夫，对陈先生文章的选题命意、逻辑思路和文章的切入口必须仔细揣摩，特别是论著的题目更不能等闲视之，并分析了陈先生将"略论稿"改为"述论稿"的学术意义。对陈先生这样一代宗师的著作只有仔细精读才能有所收获，如果将其当作资料来搜索那只能是深入宝藏，空手而归。而这些恰恰是自己常常不加注意的，特别是文章的题目往往随意拟定，且喜欢用副标题，而蔡老师则再次强调了题目文字表述精雕细刻的重要性，必须做到"题无剩义"，且最好不要用副标题。虽然只是一场介绍陈先生著作的学术报告，实际上是对当下浮躁文风的一种尖锐批评。这种看似对空而发的分析批评，没有疾言厉色，没有让对象难堪，如春风化雨，普润群生，如金针度人，直击目标，让听者警醒，让后学反思。这也许就是蔡老师批评、接引门生弟子的高明之处，愚钝如我者往往都能欣然接受，且受益终身。

---

① 蔡鸿生：《学境》，香港博士苑出版社 2001 年版，第 74 页。

二、品读经典 示范门径

记得林悟殊老师在一篇文章中曾说过，在今天这个分工日益精细的时代，没有名师的指点而完全自学成才几乎是不可能的。的确人类的知识和技术积累到了今天这个知识爆炸、信息泛滥的时代，任何一个研究领域都有自己独有的研究规范、方法、技巧、程序，只有全面吸收前人的成果才能顺利进入学术前沿并有所成就，而人文学科，特别是有 2000 多年历史的历史学科，有着浓厚的历史积淀和成熟的学科规范，更是需要良师指点才能登堂入室。

今天的导师如何带研究生，指导研究生学习并掌握研究规范和研究方法，并不是一个已有现成答案的问题。记得在研究生开学的专业教育大会上，蔡老师就有一场精彩的报告，专门讲"导师的职责和职能"，他说导师不是警察、不是保姆、不是督导，而是"引渡人"：告诉你哪里有暗礁，哪里有潜流，哪里有疾风暴雨，哪里有强盗出没，哪里需要急速前进，哪里需要缓慢行驶，但航行的过程必须你亲自操作和经历，才能顺利地渡过大洋而到达彼岸，导师必须指点门径，但却丝毫不能越俎代庖。对自己的学生，蔡老师大多数时候以鼓励为主，但对我们这些"文化大革命"后成长起来的学生的短板和弱点，蔡老师也洞若观火，他将主要弱点归结为：长于资料检索，短于典籍阅读；喜好偏门资料，忽视正史文献；仅守狭窄专题，忽略相关专业。

这几点的确是我们这辈人最为明显的弱点。特别是在文献资料不断电子化的背景下，利用关键词进行检索成了很多人搜集资料的重要途径，有时甚至是主要途径，许多历史文章由原来的"剪刀加糨糊"升级为复制加粘贴，规模和速度非原来的剪刀糨糊可比，至于基本文献和奠基性著作的阅读往往成为或有或无之事，对此缺点和不良偏向，蔡老师开出的药方是老实阅读本专业的基本著作，特别是大师的著作（对何为大师，蔡老师有专文讨论，其核心就是

"开风气""示轨则"①），特别强调认真阅读"二陈一钱"的著作，即陈寅恪、陈垣和钱锺书的相关著作，为何要读他们三人的著作，因为人的时间和精力是有限的，必须有选择性地阅读，他们是公认的大师，读他们的书才能了解什么是学术著作的高标准，也许"仅得其中"，但必须"取法乎上"。事实上我们的"学理与方法"的课程，根据蔡、林两位老师的安排基本上阅读"二陈一钱"和其他一些著名学者的著作后的专题讨论，蔡老师也对重点文章进行专题讲解，除了上面所说的"从头学起"专门讨论陈寅恪先生名著《唐代政治史述论稿》之外，还做了《从小说发现历史——读〈读莺莺传〉的眼界与思路》②，分析这篇名篇的破题入手之处（从"会真"的训诂释义契入）、思路眼界、材料运用、方法技巧、逻辑推演，特别是训诂史学的运用，让我们领略陈先生"发覆"史学的精义与奥妙。为详细说明"发覆"史学意义所在，他还专门做了《发覆史学的魅力》的报告。③ 正如章学诚所言："学文之事，可授者，规矩方圆；其不可授者，心营意造。"学习这些大师的著作，就是要领略、模仿他们的"心营意造"。

对于喜好偏门资料、忽视正史文献的不良偏好，蔡老师也言传身教，加以矫正。许多研究生为了尽快完成论文，在确定题目之后，仅守着自己的一亩三分地，搜集文献资料，特别希望能找到孤本秘籍、独有资料，然后拼凑成一篇"填补空白"的文章。对此，蔡老师并非当头棒喝，而是引导大家阅读大师的著作，看看陈寅恪先生究竟是靠独门秘籍还是靠基本史料写出传世之作的。在布置我们阅读了《隋唐制度渊源略论稿》和《唐代政治史述论稿》之后，分析陈先生所用的材料的构成，发现三分之二以上是正史材料，并引季羡林先生的话：陈先生不用僻书，而能发现人家视而不见的问题，也就是"发古人未发之覆"。靠的不是孤本秘籍而是思维的深度、广

---

①　蔡鸿生：《学境》，第 102 页。

②　蔡鸿生：《学境》，第 36—49 页。

③　参见蔡鸿生：《仰望陈寅恪》，中华书局 2004 年版，第 66—77 页。

度和密度，靠的是他独特的历史思维。研究历史特别是中国历史，如果不重视正史等基本史料，而力图通过搜索手段找到什么独门秘籍，企图剑走偏锋，那只能是缘木求鱼，背道而驰。

针对"仅守狭窄专题，忽略相关专业"的弱点，蔡老师开出"适时进补"的药方。仅仅守住自己的一亩三分地，不越雷池半步，搞世界史的不关心中国史，搞古代史的不过问近现代史，搞专门史的只注意自己所要研究的领域的几本资料，然后自得其乐，名曰走专家之路。这是蔡老师对当时研究生甚至一些学界的现状的描述。他也曾说过，学术的原野广阔无边，但人的精力和时间是有限的，只能在某一个小小的领域辛勤耕耘，才能有所收获，但决不能故步自封，使自己的路越走越窄，要做到"专"与"博"的协调平衡。为此，他还讲过一个做包子馅的宫廷御厨的故事做形象的比喻：有名宫廷御厨退休了，许多餐馆老板抢着要他，他说他只做白案（做面点称白案，做菜则称为红案）其他都不会；别人说，白案也好呀！他说，其实他只做包子，其他都不会；别人说，做包子也好呀，宫廷御厨做的包子一定受欢迎；他说，其实自己只是做包子馅的，其他也不会做；别人说，包子的关键就是馅，会做馅也很好呀；他说，其实他不会做馅的整个过程，只会做包子馅所需要的调料；别人说，会做调料也很重要呀；他说，其实他只会切葱花，其他调料也不会做。蔡老师告诫我们，决不能让自己只会切葱花，一定要拓宽自己的知识面，因为我们研究的历史包括了社会生活的方方面面，所以，我们一定要不断进补，而这其中补充知识量还是次要的，最为重要的是开阔自己的眼界和提升思维能力，而仔细阅读古今中外的经典名著则是提升这种能力的不二之法，对我们这些中外关系史方向的学生，蔡老师开出的是"二陈汤"和"一钱丸"，即前面讲过的阅读二陈一钱的论著，反复学习、揣摩其选题立意，问题契入、史料运用、论证方法等诸方面的方法技巧，并以陈寅恪先生的《论东晋王导之功业》、陈垣的《通鉴胡三省注表微》和钱锺书的《诗可以怨》为例展示三位大师的学术风格和研究思路。除了中国的学者之外，还包括海外的华人学者和汉学家的论著，如何炳棣、杨联陞、余英时、高本汉、李约瑟的论著，我记得当时蔡老师还说，另外，还有"二颗"西洋参也要进补，即汤因比的《历史研究》和布罗代尔的《菲利普二世时代的地中海和地中海世界》。要我们仔细阅读这两部份量不小的巨著，我们几位同学着实吓了一跳，但还是硬着头皮去啃。我记得自己只是细读了一小部分，大部分只是匆匆浏览了一遍，今天想来真是有愧于蔡老师的耳提面命。

虽然这些经典论著与我们的研究专题可能并无太直接的联系，但蔡老师强调这种"进补"的重要性和必要性。"做一个课题，自然会读有关的资料和论著，那不是这进补，而是应该读的书。你就是获得博士学位、评了教授以后还得补。也许你可以不补，2001、2002 年还看不出弊病，到 2003 年就会慢慢贫血。所以，进补的问题很重要，进补在三餐之外，在课题之外。""我们边干边补，没有止境，要终生进补。不是三十岁可以补，四十岁就不补了。六七十岁还要补，老中青都要补，只要命还在，就要补下去。"① 这些许当时听起来没有太深的感触，今天回想起来，真是如心中惊雷，让自己震撼不已，只是后悔自己后知后觉，补得太迟，补得太少，以至于岁月蹉跎，徒然感叹"人生过后唯存悔"而已。

三、追踪前贤　传授心法

蔡老师的文章和著作有一个共同的特点，即短小精悍，部头不大。即是学术专著也最多 15 万字左右，他经常引用德国文学评论家莱辛的话，"一本厚书就是一宗罪"，因你浪费了读者的时间，等于谋财害命。他自己则身体力行，惜墨如金，详人所略，略人所详，对文字精雕细琢，损之又损，既简洁明了，又典雅隽永。他的论著实际就可以作为我们的范本，但蔡老师十分谦虚，他的文章只让我们当作阅读"二陈一钱"著作时的参考。他让我们追踪的是"二陈

---

① 　蔡鸿生：《学境》，第 129—130 页。

一钱"的论著，特别是陈寅恪先生的文章，从萌芽、胚胎、文献阅读、思想火花、基本观点，小段识语，整体构思、材料选择、谋篇布局，到最后整理为文的整个过程，让我们从这个过程中学习一篇学术论文从酝酿到最后形成的具体环节和整个过程。如何学习这个过程，除了陈先生的现成文章之外，蔡老师推荐的方法就是阅读陈寅恪先生的《读书札记》。

2001年陈寅恪先生的全集出版之后，其中就有《读书札记》三集，80多万字，主要是新旧《唐书》和三僧传（《高僧传》《续高僧传》和《宋高僧传》）的读书札记，其主要形式是陈先生在书籍空白处的批语。蔡老师说："这些眉批，就是陈寅恪史学的萌芽和胚胎。"[1] 陈先生的许多文章和著作就是从这种读书札记开始的，并且列举了陈寅恪先生读唐人小说《莺莺传》的大量批注，特别提到批注中对《莺莺传》原名《会真记》之"真"的解释：真者，仙也；仙者，妓也。实际上是后来著名论文《读〈莺莺传〉》的萌芽，后来的论文就是从"真"和"会真"的训诂开始的，并由此考辨出莺莺的真实身份，进而从元稹的经历揭示唐代士子乃至整个士绅阶层的活动习俗和价值取向以及唐代社会的精神风貌，可以说是从一个"真"字开始，解读出唐代社会士绅群体的整体风貌，是以小见大的杰作和典型。当时，我买了一套《陈寅恪集》，读了其中的许多部分，特别是《隋唐制度渊源略论稿》和《唐代政治史述论稿》，对《读书札记》部分并未特别加以注意，而且还想当然地以为这个札记部分是不是因为要出陈先生的全集才找来凑数的呀，读书时的眉批和批注肯定不如论著的价值大。经蔡老师的提示和讲解之后才意识到《读书札记》对我们这些后学的巨大价值。我主要从事佛传播教史方面的研究，所以特别关注陈先生对三僧传的批注，发现其中一些批注确实是发人所未发，对现在的研究者仍然有重要的指导意义，例如陈先生在读《梁高僧传》中批注：全书63名译经僧中，印度僧人只有16名，仅占译经僧总数的四分之一，其余是西域人。这里就

---

①　蔡鸿生：《学境》，第93页。

涉及佛教最初入华是直接还是间接传播的问题，而这一点对我所研究的南海道佛教传播具有重要的启示作用，因为海路的情况正好相反，大多数译经僧来自印度或斯里兰卡。这种跟踪大师的研究轨迹，学习其学术研究的基本过程，从文献阅读和中发现问题，记下思想火花和阅读心得，然后由点及面，随着研究的深入连珠成串，最后形成完整思路并整理为文的研究过程，展示了陈先生的研究建立在扎实文献基础之上，从思想火花到发覆之花的详细理路，将难以模仿的"心营意造""神游冥想"具体化、可操作化，而像我这样的后知后觉之人，也可以感觉到在大师面前有追踪、学习的可能性，蔡老师的"引渡人"角色在这里变得清晰而具体，将秘而不传的心法用切实可行的手段展现在我们面前，如何过渡到对岸则只能"各有灵苗各自探"，看自己的领悟能力、天赋禀性了，师门中像我这样生性愚钝的都觉得茅塞顿开，而那些慧根深厚的同门更是收获满满，后来他们的成长和成绩也证明蔡老师这位出色的"引渡人"传授心法的高明独到之处。

"精神生产是一项智慧工程。一来般来说，心灵的外化通过三个层次，即古人所说的：'慧心'——'灵舌'——'妙手'。从心上到纸上的整个过程，表现为逐层递减的趋势，即想比说好，说比写好。无言之言和拈花微笑之所以可贵，秘密就在这里。因此，必须在文字表述上狠下功夫，才有希望把思维所得的新意挤逼出来。那种下笔千言的即兴表演，从知性的本质来说，其实是走火入魔的。"①

蔡老师虽然离开了我们，但他这样的告诫和叮咛却不时在我心头响起，在自己学术研究或困难或顺利的时候响起，"慧心"——"灵舌"——"妙手"，三个环节无一可以忽视，文字表述的锤炼更非一日之功、一蹴而就。而最为关键的是"慧心"，在佛家的戒定慧三无漏学中"慧"放在最后，守戒才能心定，心定方能生慧，心躁气浮、急于求成是学术研究的大戒，蔡老师那双有神的慧眼仿佛时

---

① 蔡鸿生：《学境》，第 1 页。

刻在空中注视着我们，让我们在治学和生活的道路上保持一颗平常之心，谨守学术的基本规范，不急不躁，稳步前行，走好人生的每一步。这也许是对蔡老师最好的怀念和回报。

2021 年 9 月 1 日修订

（作者系华南农业大学人文与法学学院教授）

杨桃清妙，文章清通

——记蔡老师的三言两语一张纸

程美宝

每次见到杨桃，便想起蔡老师，想起的是蔡老师某次在中山大学历史学系举行的华南研究年会上，以阮元的《杨桃》诗为题，所讲的一则史事和一番道理。蔡老师说，道光年间阮元任两广总督，当学海堂的师生赋诗大赞岭南佳果靓荔枝时，阮元却谓杨桃最是"清妙"。如果我没有记错的话，蔡老师还提醒我们，这位一心要提高岭南学术水平的汉学泰斗，恰好来自扬州，此"杨"彼"扬"，大概亦不无契合之处。我还记得，出席该次会议的还有当时研究学海堂的美国学者麦哲维（Steven B. Miles），他后来出版的《学海：十九世纪广州的流动性与身份认同》，也提到蔡老师那次发言，相关的注释帮我们记起该次会议的主题是"十九世纪的岭南"，时维1998 年 12 月 26 日。①

不经不觉，那次在旧永芳堂举办的会议，距今已有 20 多年光景。会议的其他细节我已记不起来，只记住蔡老师所说的"清妙"二字。为了回味这种"清妙"的口感，我再细读阮元此诗，并翻阅其前前后后的诗作和《学海堂集》，以重温当年蔡老师给我们的启迪。

按阮元诗作的年序，他是先写荔枝，后颂杨桃的。阮元在嘉庆二十二年十月二十二日（1817 年 11 月 30 日）到广州就任两广总督。②

---

① Steven B. Miles, *The Sea of Learning: Mobility and Identity in Nineteenth - Century Guangzhou*, Harvard University Asia Center, 2006, p. 141, note 45.

② 据王章涛《阮元年谱》（黄山书社 2003 年版，第 634 页），当日阮元"至广州。是日到任接印"。

查阅《揅经室四集》诗卷，可知他在翌年也就是上任后在广东经历的第一个夏天"初食荔枝"。既非岭南人，荔枝对阮元来说本来是"尤物由来不易得"的，但他现在贵为岭南的最高长官，可以想象当造之时，四面八方送到总督衙门的荔枝一定源源不绝，以致他有"我今饱啖复何难"之慨。不过，从这次初尝的经验看，他对荔枝似乎没有太大好感。诗中有云：

> 味中嫌带醴酪香，竟杂微醒入柔脆。
> 我性与酒不相中，欲使甘蕉共弹例。
> 誉之固过弹亦非，嗜好酸咸各生蔽。
> 琼浆进齿清沁脾，且掷槟榔与藤蛎。①

阮元在诗中注道，所谓"醴酪香"，是指"新荔中微觉有酒气，故白乐天云甘酸如醴酪"，但他自己既不好酒，因此对这种香气也没有什么好感，赞也不是，弹也不是，总之就没有特别喜欢。大概是此地人人都说荔枝好，他作为长官，不会轻易表态。

过了一年（1819），阮元又写了《岭南荔支词》。② 这次是否边吃着荔枝边写的，我们不得而知，但整首诗没有一字谈荔枝的味道，而是发挥他的考证功力，把荔枝由汉至明的历史过一遍，考证其中真伪。例如，诗中用《后汉书》来辅证苏轼《荔枝叹诗》描写汉代临武长唐伯游上书汉和帝求罢贡荔枝免却人民之苦的故事；从《旧唐书·地理志》等论证唐天宝年间南方所贡荔枝当来自广州而非涪州。到了最后八句，不知是否因为阮元知道在广州便要面对长据广东的心学传统，所以搬出陈献章及其弟子湛若水来——据说陈献章尝吸荔枝树露，自称"荔枝仙"；湛若水则从枫亭怀核归种西樵，故

---

① 阮元：《初食荔枝》，《揅经室四集》诗卷 11，戊寅（1818），载阮元撰，邓经元点校：《揅经室集》，中华书局 1993 年版，第 952 页。

② 阮元：《初食荔枝》，《揅经室四集》诗卷 11，己卯（1819），载阮元撰，邓经元点校：《揅经室集》，第 962—965 页。

荔枝有"尚书怀"这个品种。全诗的史料注释，主要由他儿子阮福加上，偶然也有他的"自注"，俨如他安排给儿子做的汉学作业。

道光元年（1821），阮元始设经古之课，辟学海堂，选址于粤秀山，道光四年（1824）落成。在这期间，学海堂师生陆续做了许多经史习作和诗词，在道光五年（1825）结集出版学海堂初、二、三、四集。其中，在《学海堂初集》卷15，便收入了以谭莹为首等29名作者撰写的《岭南荔支词》，明显是要跟阮元的《岭南荔支词》和应。各位作者尤其是谭莹对当中提到的史实做了一些考据，同时也不忘表达自己对荔枝的赞赏和身为岭南人的自豪，所以你一句"南中品第更谁争"（谭莹），我一句"生来幸作岭南人"（梁梅）。关于这一点，在麦哲维《学海：十九世纪广州的流动性与身份认同》一书谈到学海堂中人如何以地方风物为题材奉和方信孺《南海百咏》，并由此为自己的文化和历史说项的部分，已有论及，毋庸再赘；而麦氏也是在这些章节里，提到蔡老师的发言引起人们注意阮元《杨桃》一诗的。

我在这里也许可以狗尾续貂的是，在这卷《岭南荔支词》之末，还附了阮福一篇关于荔枝各种说法的考证文章。阮福也许是在他1819年给父亲的《岭南荔支词》做注释的基础上，再做了进一步考证工夫而完成此篇的。他尤其详细辨伪的是有关唐代广州荔枝能"七昼夜到长安"的说法，谓"其实离本枝一日而色变，二日而香变，四五日外色香味尽去矣，此果三日后色香俱变，岂有七昼夜汗马之上，尚可食者？况自广州至关中数千里，即飞骑置堠，亦不能七日即至也"。在附上自己四首以考证为基础的七言诗之前，阮福还不忘旁敲侧击地批评了一下"荔支词"的作者谓："辛巳夏粤中作荔支词者，佳篇甚多，惟于唐贡一事及咸通中荔园一事，未曾考实，故作数首，附于末云。"① 阮福这段按语，看来是要指广东这群学者的考证还是未够认真，从中也看出谭莹他们是在辛巳夏亦即1821年撰写一系列"岭南荔支词"的，而阮福的文章和诗作则是后来才附

---

① 《学海堂集》卷15，道光五年启秀山房藏板，第18—20页。

上的。

　　阮福所说的"咸通中荔园"一事，在他的诗中有详细的考证，指的是过去有广州城西荔枝湾起于刘汉昌华苑的说法，他对此不表苟同。阮福从"植荔非十余年不实，实矣非数十年不繁"这个他掌握的植物学知识，认为南汉君主由刘龑起（917—942 年在位）始大侈，至末代刘铱（958—971 年在位）"仅廿年矣"，昌华苑的荔枝树怎可能在 20 年间便盛开到可以让刘铱每年荔熟时设宴款客大摆"红云宴"呢？他认为昌华苑继承的荔枝，其实始自唐代咸通年间（860—873）的荔园。他因此说人们"不读咸通旧诗句，红云只道是昌华"，似乎又是说给那些"粤中作荔支词者"听的。

　　阮福这整一段考证文字，后来以《唐荔园记》为题，收入阮元的《揅经室集》，附于阮元《唐荔园》诗之后，发挥的是阮元诗"所惜游谈但南汉，何曾买夏唐园论。刘家暂窃枝与叶，岂知本是仙李根"这四句的含义。在《唐荔园记》中，阮福还增补了一些细节，就是"近年荔支湾中有南海邱氏所构竹亭瓦屋，为游人擘荔之所，外护短墙，题曰'虬珠圃'。福惜唐迹之不彰也，因更名之曰'唐荔园'，盖以文人所游，乐有古迹，迹之最古者，当溯而著之也。"本来园主是要以虬珠（骊珠）比荔枝，两广总督的儿子亲自改名，且有据可考，岂敢不从！阮福此举，引来不少人附和，阮元诗有"喜从新构得陈迹，社诗千首题园门"句并注曰："近日民间诗社有唐荔园诗，累至千余首"。①

　　我们还不要忘记，从阮氏父子维护正统的立场看，南汉是"僭窃"的政权，阮元诗谓"刘家暂窃枝与叶"，实弦外有音。所以，

---

　　① 阮元：《唐荔园》，阮福：《唐荔园记》，《揅经室续集》卷 6，甲申（1824），载阮元撰，邓经元点校：《揅经室集》，第 1097—1099 页，此处中华书局 1993 年版原来断句为"盖以文人所游乐，有古迹，迹之最古者，当溯而著之也"，从语感和文意看，将"乐"作动词即喜欢解，断为"盖以文人所游，乐有古迹"，似更合理。又，据下引阮元癸未诗按语"此时犹未有唐荔园之名"，可知阮福命名事在癸未甲申年即 1823—1824 年间。

这场"文化遗产"之争，也有一点法统之争的味道，与学海堂学长吴兰修和梁廷枏积极编修南越和南汉史传之举，显得有点不太谐和。有趣的是，"唐荔园"也有点像今天文化遗产的炒作。阮福为他力图考证的"古迹"命名，父亲写诗给他加持，再来一群趋炎附势之徒写出千余首诗点赞！不过，后来的历史证明，人们更愿意选择记忆的文化遗产，似乎始终是"昌华故苑"，而不是什么"唐荔园"。

蔡老师当年让我们注意的《杨桃》诗，收入《揅经室续集》卷5，按该卷目录排列，该诗写于癸未年（1823），当时阮元仍在两广总督任上。据阮元子常生和祜跋，《揅经室续集》第5至9卷，是在庚寅（1830）冬才刻于云南的，而且主要是"分给家塾子弟"。[1] 阮元还在广东时，有没有向学海堂中人展示过此诗？《揅经室续集》印数按理有限，广东的士子当时有没有机会得到该书因而也读到此诗？我们一时难以考证，只能从文本尝试读出阮元的心声。正如蔡老师提示我们，阮元明显对荔枝是"有看法"的。诗曰：

《杨桃》杨桃一名"五棱子"，色黄，有五棱，八月熟时其味似合橄榄与蔗而共嚼之，未熟则但酸涩。可代橄榄入茶，且能解瘴。

> 荔支生岭南，汉唐名已大。
> 味艳性复炎，尤物岂无害。
> 谁知五棱桃，清妙竟为最。
> 试告知味人，味在酸甜外。[2]

荔枝性热，杨桃入茶却能解瘴，两种果子不同的性质，很可能

---

① 据王章涛考，《揅经室续集》于道光十九年刻有完本，但从种种迹象看来，是否有道光十年刻本，则有待考证。见氏著：《阮元年谱》，黄山书社2003年版，第838页。

② 阮元：《杨桃》，《揅经室续集》卷5，癸未（1823），载阮元撰、邓经元点校：《揅经室集》，第1087页。

也真的是阮元对二者一贬一褒的重要理由。岭南地区潮湿的天气，让阮元得了脚气病。"岭气已郁蒸，海气复咸湿。城居岭海间，那不愁厌浥"，"年来脚受病，颇困行与立"①；"四年病脚气，两足殊难支"，"奈此湿与热，兼之劳且衰"，幸好"君恩念老臣，移节居滇池。彼间不寒暑，貂葛无所施。彼间不卑湿，高燥如京师"；他寄望离开岭表进入滇南，便"当是去病时"了。②

不过，从种种痕迹看来，阮元在广东住上几年后，对荔枝似乎也生出一点感情。荔枝性热，多吃无益；杨桃性甘，清热解毒。不过，从观赏性来说，荔枝嫣红，杨桃翠绿，后者似难与前者争长短。当时珠江两岸都种满荔枝树，阮元诗谓："海珠台外珠江湾，夹岸万树荔子丹""荔支湾中水几湾，荔支仙成十万丹"。他的儿子去游览并折荔归来，他未能同赴，感叹曰："何时我可棹船去，清游叹息何其难？"在他妻子生日那天，他为了避开客人，干脆"独游荔支湾"，"亭林静寂泉幽潺，况有黑叶垂晶丸"，"若非避客来偷闲，尔亦叹我清游难"。③ 荔枝湾、荔枝涌和荔树林，有助阮元避客一时，图个清静，别有一番幽趣。

在告别广州的前三年，阮元还亲手种了荔枝树，"东堂栽荔已三年，雨后甘浆晓最鲜。就树啖鲜原有法，不妨竟学荔支仙"。④ 到底

---

① 阮元：《焚香》，《揅经室续集》卷7，丙戌（1826），载阮元撰，邓经元点校：《揅经室集》，第1110—1111页。

② 阮元：《别医者范素庵潚》，《揅经室续集》卷7，丙戌（1826），载阮元撰，邓经元点校：《揅经室集》，第1118页。

③ 此段诗句摘自阮元：《广州城西荔支湾荔林夹岸白莲满塘即南汉昌华旧苑也诸儿游此折荔归来题图一首》及《五月廿七日内子生辰复避客独游荔支湾憩揅荔亭归示福祐孔厚即用前寒韵加删韵，按：此时犹未有唐荔园之名》二诗，皆载《揅经室续集》卷5，癸未（1823），载阮元撰，邓经元点校：《揅经室集》，第1083—1084页。阮元三、四、五子分别名为"福""祐""孔厚"，诗题中"祐"字疑为中华书局1993年版手民之误。

④ 阮元：《定静堂前手种荔支今夏结子颇多积雨甚凉甘浆欲进学白沙就树啖荔法啖之》，《揅经室续集》卷7，丙戌（1826），载阮元撰，邓经元点校：《揅经室集》，第1117页。

陈献章的"就树啖荔法"是怎样的呢？据屈大均《广东新语》卷25《木语》"荔枝"，"又荔支多露，有过食者，昧爽就树间先吸其露，次咽其香，使氤氲若醉，五内清凉，则可以消肺气，滋真阴，却老还童，作荔支之仙。白沙云'我是荔支仙'，得此法也"。① 看来就是站在树下吮荔枝的汁液、闻荔枝的香，而不要大把大把地吃个饱。阮元在广东住久了，大概已从广东人身上学会了各种吃荔枝不上火的办法，诸如点盐、饮蜜、用荔枝壳浸水等等，深谙陈白沙也是"原有法"的。

阮元离粤赴滇，应该带不走他亲手栽种的荔枝树，也许他更在意的，是能在广东留下一所学海堂和一种实学的风气。临歧话别，他给一众书院山长和学海堂师生的赠言是：

> 几年岭表虑先深，得暇才游儒士林。
> 讲学是非须实事，读书愚智在虚心。
> 汲投渊海古修绠，气盛衣冠朋合簪。
> 此后怀人各何所，半看图咏半登临。②

我悟性不高，记性也不好，当年听完蔡老师一席话，存留在心中的，一直就只有"清妙"二字。如今重头细读阮元《杨桃》诗以及其他种种，才知在"清妙"之余，更当嚼出"味在酸甜外"。杨桃的真味，既不是酸，也不是甜，而是一种近乎"合橄榄与蔗而共嚼"的难以简单言明的复杂味道。阮元写诗有弦外之音，蔡老师给我们指点迷津，亦言有尽而意无穷。犹记得他每次讲课，不像我们今天人人都要弄个数十页的 PPT，而只是带上一张写下讲课提纲的

① 屈大均：《广东新语》卷25《木语》"荔枝"，中华书局1985年版，第624页。

② 阮元：《刘朴石彬华何湘文南钰谢里甫兰生胡香海森张棠村业南李绣子黼平诸书院院长暨学海堂学博生徒皆有图咏送别题答一律》，《揅经室续集》卷7，丙戌（1826），载阮元撰，邓经元点校：《揅经室集》，第1118页。

A4 纸。他每次来到讲堂，把纸一搁在桌上，便撑起腰板，站在讲台上有条不紊地讲足一个小时，不多也不少。蔡老师的句子绝不冗长，每个段落，往往就是三言两语，但他短促硬朗的"潮音"，仿佛能让这些"三言两语"爆发点点星火。蔡老师每讲一课，就是一篇文章，但他不是照本宣科，而是胸有成竹，出口成文；他写文章的风格，就是他讲话的风格，由是也格外清通。

如果我没有记错，蔡老师当日还说过，相对于杨桃的清妙，荔枝就显得俗了。"俗"这个字经蔡老师的"潮音"吐出，掷地有声，可能因为如此，也经常会在我的脑中响起。这"清俗"之别，不仅仅是在说两种水果的差异，而更是指学术趣味之高低。蔡老师也不止是在叙述道光年间阮元对广东学术的评价，而是提醒当下的我们，治学不应从俗，不能媚俗。想着这些，当看到学海堂中人以为和应阮元而大写岭南荔支词，民间诗社以为讨好阮福而写出千余首唐荔园诗，如此种种，不禁失笑。我们都知道，凡是中山大学历史学系的师生，必会以陈寅恪"士之读书治学，盖将以脱心志于俗谛之桎梏"为座右铭。听过蔡老师讲课、读过蔡老师的著作的学生，都知道在这一点上，他向来是一以贯之的。蔡老师就是多年来守护着中山大学历史学系精神家园的老园丁，他默默无闻地栽下许多果树，让我们得以在亭林静寂幽泉处，实事求学，虚心读书。谨以此篇迟交了 20 多年的作业，向蔡老师致以由衷的敬意！

（作者系香港城市大学中文及历史学系教授）

《求识录》^① 中再求识

——蔡鸿生先生《读史求识录》读后

姚崇新

我常常在课堂上说，蔡鸿生先生是一位真正的智者，他不仅学识渊博，具有"全景式的历史思维"，而且还有十分高超的语言艺术，因此阅读蔡先生的著作是一种享受，从未觉得文字有滞涩之感。蔡先生的作品既妙语连珠、诙谐幽默，又切中肯綮。当然，像这样一位充满睿智的学者，他有关治学经验与方法的论述，不啻对初学者，对即便像我这样已厕身学界有年的人也极富教益。因此通常我课堂上推荐给学生阅读的蔡先生的著作，除了《唐代九姓胡与突厥文化》《广州海事录》等经典作品外，更多的是他有关治学经验与方法的论著，诸如《学境》《学理与方法——蔡鸿生教授执教中山大学五十周年纪念文集》《仰望陈寅恪》《读史求识录》等均一一推介。当然，我也与学生一起学习，并将学习札记与学生分享。

在蔡先生所有有关方法论的论著中，《读史求识录》是最晚出的一种，也是有关方法论的讨论最为集中的一种，因此值得特别重视。因该书比较"薄"^②，便于携带，一度成为我出差时的"机上读物"，因此札记的有些内容是在飞机上完成的。

《读史求识录》第一篇开宗明义"历史研究要以人为本"。其中蔡先生说："历史学的功能就是帮助我们知人论世。'知人'的

---

① 蔡鸿生：《读史求识录》，广东人民出版社 2010 年版。此处简称《求识录》。

② 按："薄"是蔡先生著作的普遍特点，与现在有些人追求论著的"厚"形成鲜明对比。

'人'，包括个体和群体；'论世'的'世'，包括时势和时代。对历史一窍不通，没有间接经验为借鉴，是知不了人，更论不了世的。"① 可谓的论，而知人论世的最终目的是尽可能正确地探究历史真相。

在此我想补充的是，"历史研究"与"知人论世"其实也存在辩证关系：一方面，历史研究能帮助我们提高知人论世的能力；另一方面，历史研究者也必须懂得"人情世故"，必须"接地气"，也就是说，不具备知人论世能力的人是做不好历史研究的。后一层面的问题涉及历史学的认识论问题。意大利史学家克罗齐认为，史料本身不会说话，使史料说话的，只能是史学家的学识水平或认识水平，水平越高，就越具有创造性，所阐释的历史事实也就越深刻；史学家不是被动地接受史料，而是发挥其主观能动性，创造性阐释史料。这与兰克史学的认识论有根本区别。

在我看来，史料本身还是能说一部分话的，但更多的、更深刻的话，需要史学家替它发声，这主要仰赖于史学家的认识水平和主观能动性。那么，如何提高史学家的认识水平和主观能动性呢？从现实社会获取"间接经验"至关重要。换句话说，史学家仍然要通过"现实"这扇窗口来认识"历史"。从认识论的角度看，如克罗齐所言，历史是以现实生活作为参照系，过去只有与当前的视域相重合时才能被人所理解。这主要源于这样一个基本事实：从人类思维运动的基本规律来看，今人与古人虽然有不同，但也有相同和不变的东西，因而现实与历史始终存在密切的联系，现实与历史总有"相重合"的地方。因此，克罗齐认为一切历史都是当代史，目的并不是强调实用主义的历史观，而是在强调认识历史的基本路径，即必须通过当下、通过现在来认知历史。因此我们可以这样认为，不了解当下，不了解现在，就无法认识过去。而史学家想要通过"现实"这扇窗口来认识"历史"，就必须熟谙"现实"，"知人论世"，即既要懂得"知"现实中的"人"，也要会"论"现实中的"世"。

---

① 　蔡鸿生：《读史求识录》，第9页。

王学典先生说："历史的洞察力更重要的是来自对现实生活的参与程度、深度。一个人连自己生活的社会都认识不清楚，你怎么能指望他能认识清楚 2000 多年前的先秦社会呢？……希望大家不要上'不食人间烟火'的当……保持对现实生活的高度关注……首先要当历史的创造者，才能当好历史的研究者。不了解人性的复杂，你如何研究历史人物？对人性观察的广度、深度，影响你对历史判断的广度、深度。古今中外人性是相通的，这是历史研究得以进行的假定。没有这个假定，我们就没法研究先秦史、美国史。没有比对人性的观察、比对现实的观察更能训练洞察力的了。"① 王先生是从训练历史洞察力的角度切入的，表达的其实是同样的意思。

在《史与思》一篇中，蔡先生谈到论文选题问题。他说："选题应在学术史中去寻找。只有通过学术史的回顾，才能知道既往研究遗留的问题，包括没有解决，或认识不足以至误解的问题。选择这些问题来研究，才有'拾遗补缺'之功，不致完全重复或部分重复前人的劳动。……现在写学位论文，按规定学术史的回顾是不可或缺的，但要注意，是为选题而回顾，不是为回顾而回顾。徒具形式，于事无补。选题来自对学术史的回顾，才是有根之学。"②

这段话十分清晰简洁地阐明了学术史回顾与论文选题之间的关系，现实指导意义非常强，我以为初学者可以奉为圭臬。从目前我们系我所在专业的研究生的学位论文的写作情况看，很多学生搞不清选题与学术史回顾之间的关系，以至于"为回顾而回顾"的情况普遍存在；同时，由于搞不清二者之间的关系，回顾的内容十分枝蔓，不能紧紧围绕自己拟要研究的问题展开回顾，因而这样的学术史回顾基本上是无意义的。本人十分赞赏蔡先生把二者之间的关系梳理得如此清楚，这里唯一需要补充的是，在我看来，由学术史回顾进行学术研究不仅仅是"拾遗补缺"，更重要的是，它也是学术创

① 王学典：《治学的功力与见识》，载《中国研究生》2009 年第 8 期，第 40—41 页。

② 蔡鸿生：《读史求识录》，第 11 页。

新的起点，同时也是创造新知的起点。从这个意义上讲，正确的学术史回顾对于学术研究异常重要。这一点必须引起在读研究生的足够重视。

在《我们不提倡"速成"》一篇中，蔡先生谈到了"通"的问题。他说："各个学科都要防止'专而不通'的偏向，读专门史的人不要'作法自毙'。以前有人批评牛角尖式的学科分类是'马尾巴的功能'，但是我们不要画地为牢，不能栽在'专'上，要有通识的眼光。"①

"通识的眼光"，这马上让人想到陈寅恪先生"国人治学，罕具通识"的警示，看来蔡先生对这一警示的确是念兹在兹的。陈寅恪的通识观，蔡先生理解为"全景式的历史思维"。他在《中国学术三名著》这篇中谈练内功时说，所谓"内练"，"用陈先生的概念来讲，就是要有'通识'。不止是'识'，而且是'通识'。所谓'通识'，假如译成现代概念，也许就是要有'历史感'，要有'全景式的历史思维'，不是抽象地、孤立地来讲一件事情。……'历史感'就是要把'历史过程化'"。② 在蔡先生看来，陈寅恪先生的通识、精思和发覆之功在其名著《唐代政治史述论稿》中有全部呈现。③

在我看来，这是目前对陈寅恪通识观最透彻的理解。从陈寅恪先生到蔡鸿生先生，"通识"早已成为他们的"共识"。在蔡先生看来，要"具通识"首先要有"通"的意识，这个"通"指专业领域的"贯通"。这涉及"通识"与"贯通"之间的辩证关系。关于二者的辩证关系，我在《学理与方法的另一种呈现》④ 一文中已有所提示，这里还想再重申一下。

"贯通"是"具通识"的前提，"贯通"的主要目的是"具通

---

① 蔡鸿生：《读史求识录》，第 80 页。

② 蔡鸿生：《读史求识录》，第 59 页。

③ 蔡鸿生：《仰望陈寅恪》，中华书局 2004 年版，第 25 页。

④ 姚崇新：《学理与方法的另一种呈现：荣新江〈学理与学谊〉读后》，载《上海书评》2018 年 12 月 14 日。

识"，不具备"贯通"能力则难以"具通识"；而"具通识"与提高史家的"识见"又是正相关的，只有"具通识"才能提高史家的"识见"。因此，优秀的史家往往既具有强烈的"贯通"意识，更具有强烈的"识见"意识。"独断之学"是邓广铭先生终生追求的目标，"独断之学"即指史家要有"独到的见解"，史家要有"识见"。他认为一个学者如果"不能抒一独得之见，标一法外之意，而奄然媚世为乡愿"，那就不足取了，应力求避免。①

在《精神产品和精神家园》一篇中，蔡先生谈到了"为文"的重要性。他说："由于重道轻文……现在一些人写文章或著书，不是没有'道'，但因为'文'不行，表达不好，令人难以卒读。……今天，有必要适当强调文的重要性。道固然重要，但'道'要'文'来载。"② 他在《精神生产的历史经验》一文中再次强调"文字"必须"下狠功夫"："从心上到纸上的整个过程，表现为逐层减弱的趋势，即想比说好，说比写好。……因此，文字表述必须狠下功夫，才有希望把思维所得的新意挤逼出来。"③

事实上，蔡先生的确是"为文"的典范，即如前文所说，他的语言艺术十分高超。不止蔡先生如此，很多前辈学者都十分注意"文字功夫"的锤炼。

这相当于"道"与"器"的关系，不能只重"道"而不重"器"，须知"器"是"道"的表现形式，无"器"则无以显"道"。换句话说，"文字功夫"不过关，最终会影响学术产品的质量。在我看来，学术产品的文字表达的基本要求是：准确、严谨、简练。正是意识到"为文"的重要性，本人在平时训练学生时也颇留意于此。实际情况是，写作技巧缺乏和文字表达能力弱是普遍存

---

① 邓广铭：《邓广铭治史丛稿自序》，载氏著：《邓广铭治史丛稿》，北京大学出版社 2010 年版。

② 蔡鸿生：《读史求识录》，第 82 页。

③ 蔡鸿生：《精神生产的历史经验》，载氏著：《学境》，香港博士苑出版社 2001 年版，第 1 页。

在于在读研究生身上的"能力短板","行文枝蔓""言不达意""夹叙夹议""杂乱无章""偏题跑题"等情况比比皆是，因而必须引起足够的重视。我的具体做法，一是推荐一些文字功夫上乘的前辈学者的学术产品让学生阅读，通过阅读揣摩他们的语言表达技巧，并进而让他们试图去模仿，我推荐的学者包括宿白、蔡鸿生、张广达、荣新江等；二是跟大家一起分享前辈学者"为文"的经验，如缪钺先生的经验。现将缪先生的经验撮要介绍如次，与初学者共勉之！

　　缪先生常说，"做文章并不是一件容易的事情"，因此将学术写作形容为"惨淡经营"。他曾引西晋文学家陆机《文赋序》"每自属文，尤见其情，恒患意不称物，文不逮意。盖非知之难，能之难也"① 一语，指出"文事益进，则运思愈精；运思愈精，则求达益难"。可见其对自己的写作要求之高。缪先生行文的基本原则是：简明清畅，要言不烦。犹忌枝蔓芜杂，为此必下"惨淡经营"的工夫。他又说，做文章最讲究得体，即在一定的题目要求之下，哪些应当说，哪些不应当说，哪些应该多说，哪些应该少说，都需要斟酌，不能信笔乱写。如果斟酌得好，则"轻重疏密，各得体宜"，就是好文章；如果信笔而写，杂乱无章，繁简有无都不合适，就是坏作品。为此他强调，作文之前一定要事先构思好。②

　　陆机所说的"意不称物，文不逮意"，意即构思之意不能准确反映事物，写出之文不能确切表达构思。"文不逮意"相当于我们今天所说的"言不达意""文不尽意"，可见这一点自古至今都是"为文者"要解决的首要问题。从"盖非知之难，能之难也"一句中，我们能感受到古人眼中"为文"的难度究竟有多大。陆机的说法似乎有些超出我们的想象，但这的确是古人"为文"的态度，也是事实。之所以有些超出我们的想象，说到底，是因为今天我们很多忙于制作"学术产品"的人并没有充分认识到"文"的重

---

① 陆机：《陆士衡文集》卷1《赋一》，清嘉庆《宛委别藏》本，第1页。
② 这段文字主要参考了罗志田：《要言不烦：缪钺先生论表述》，载《读书》2015年第2期，第115页。

要性（即没有搞清"文"与"道"或"器"与"道"之间的辩证关系），以及严重低估"为文"的难度。缪先生因对陆机的话有非常深刻的认识，因此才有"惨淡经营""文事益进，则运思愈精；运思愈精，则求达益难"的感叹，这也正是他"为文"实践的真实写照。缪先生通过自己的"为文"实践，反过来又加深了他对陆机所言的体认。

对照缪、蔡二位先生的"为文"，可以发现有不少共性，首先，都简明流畅、要言不烦；其次，他们的著作都很"薄"。由此看来，"坏作品"各有各的"坏"法，而"好作品"的"好"法则基本一致。

《仰望陈寅恪铜像》一篇，是蔡先生在陈寅恪铜像揭幕仪式上的致辞，其中第二段话读之为之动容："面对着陈寅恪先生的宗师伟业，道德文章，我自知差距巨大，矮了半截，只有仰望又仰望。他生前授课，我坐在学生凳上仰望；他作古多年后，我写《仰望陈寅恪》一书追念；今天在这个仪式上致辞，依然守'仰望'之旧义，不敢哼'走近'的时调。时时仰望，似乎比烧炷香更能表达对金明馆主人的感念之情。"①

每次读到这一段，不知为什么，我的眼睛总会湿润，且如鲠在喉，总想说点儿什么。按照我的理解，这段话，一方面，是蔡先生在恪守"师道尊严"之旧义，是一个"弟子"向"先师"的最崇高的致敬，这一层意思无须多说；另一方面，"仰望"一词足以引起我们更多的思考。在先师面前，蔡先生的心迹展露无遗。我们看到的是，博学如蔡先生者，对陈寅恪先生仍始终抱持"仰望"之旧义，从不敢奢谈"走近"的时调。因此我相信，蔡先生说"自知差距巨大，矮了半截"，绝对是肺腑之言，真正是一位智者的"自知之明"。蔡先生作为真正的智者，此时此刻再次展现出他的大智慧。因此我认为，蔡先生对陈寅恪先生的态度可以成为时下一些学者的警醒剂，因为在他们身上缺少的正是"自知之明"。用通俗的话说，就

---

① 蔡鸿生：《读史求识录》，第95页。

是早已不知道自己究竟"几斤几两"了。

蔡先生说:"学人更要抑制浮躁。'浮躁'是学术上的'幼稚病'。"① 这句话非常具有现实意义,事实上,当下学术界这种"幼稚病"颇为流行。蔡先生在另外的场合对"浮躁"作了进一步解释。他说:"浮躁就是轻浮加急躁。一浮躁就不可能踏实……只有'潜'下去,才能进行脚踏实地的研究。"② 又说:"浮躁是对心灵的践踏和背叛……任何短、平、快的登龙术,都与精神生产的历史经验不相干。"③ 看来"浮躁"的确是学者的大忌。在此我还想补充的是,当下学术界还有另一种病,也很严重,那就是"狂妄症"。他们往往在某个领域小有成绩辄"信心爆棚",以为已"高处不胜寒",于是"鸢飞戾天"之心日重,把自己当作待价而沽的"奇货",在学术市场"吊起来卖",这都是"狂妄症"的具体症候。

在严肃的学者眼中,著书立说是一件非常艰辛的工作,但在这些学者眼中似乎不需要那么艰辛。但坦率地说,这些学者靠印刷"等身"的著作而取得的"巨大成就",如果与那些"具通识"的前辈学者相比较,其间的差距,套用章炳麟在《东京留学生欢迎会演说辞》中的一句话就是,"不可以道里计"!为什么"不可以道里计"呢?陈垣先生1933年6月24日致蔡尚思函中做了回答:"欲成一专门学者,似尚须缩短战线……不然,虽日书万言,可以得名,可以啖饭,终成为讲义的教科书的,三五年间即归消灭,无当于名山之业也。"④ 陈先生这句话仍有现实意义,因为现如今仍确有不少学者真如陈先生所说这般操作,其与"具通识"者的差距自然"不可以道里计"了。"具通识"对人文学科的意义,钱锺书先生归纳得很到位。他说,"人文科学的各个对象彼此系连,交互映发,不但跨越国界,衔接时代,而且贯串着不同的学科",因而"成为某一门

---

① 蔡鸿生:《读史求识录》,第80页。
② 蔡鸿生:《仰望陈寅恪》,第219—220页。
③ 蔡鸿生:《精神生产的历史经验》,第1页。
④ 陈智超编注:《陈垣来往书信集》,上海古籍出版社1990年版,第355页。

学问的专家，虽在主观上是得意的事，而在客观上是不得已的事"。① 存在上述两种病症的人往往意识不到这两点，因而很容易把自己的学问从"专家级"自动升格为"通识级"。

当然，这两种病症存在内在联系，因此很多人往往一身患二病。说到底，患这两种病症的人主要是被眼前利益和功利心迷失了心智，即如中国科学院院士、古生物学家周忠和所言，"功利主义让我们远离了科学精神"②，因而忘记了学问其实是"无底深渊"，不仅"学"无止境，"问"也无止境，因而他们已丧失对学问必须抱持的"敬畏之心"，必须抱持的"战战兢兢，如履薄冰"的态度。看来，不仅人文社科界有人染病，自然科学界也有人病得不轻。

患病或与环境有关，如学者所言："如今的学术环境，使得学人一味在争夺生存空间，校园政治大行其道，欲以小人之术谋君子之相，非但心术不正而已，学术上也只好横溢斜出，凿空蹈隙。"③ 患病固然与环境有关，但也不能成为自甘堕落的理由。

说实在的，那些"信心爆棚"的学者的学问和识见，跟陈寅恪先生的相比，真的算不了什么，用"几分之一"来形容，实不为过。"信心爆棚"者与陈寅恪先生之间的差距，可以从陈寅恪先生的"贯通"能力、"发覆"能力以及"工具"的掌握能力等方面进行比较。对于陈寅恪先生的"发覆"能力，蔡鸿生先生有透彻的解析。④何炳棣先生对陈寅恪先生的评价可谓公允之论："陈寅恪师国学根基之深厚、亚欧古代语言之具有阅读之能力、中古史实制度考订之精辟、诗文与社会史相互阐发之清新深广，世罕其匹，自有公论。"⑤

---

① 钱锺书：《诗可以怨》，原载《文学评论》1981 年第 1 期，改定本收入氏著：《七缀集》，生活·读书·新知三联书店 2002 年版，第 129—130 页。

② 李艳：《功利主义让我们远离了科学精神》，载《科技日报》2018 年 6 月 21 日。

③ 桑兵：《桂子山从学琐记》，载华中师范大学中国近代史研究所编：《章元沉学术与人生》，华中师范大学出版社 2011 年版，第 327 页。

④ 蔡鸿生：《发覆的魅力》，载氏著：《仰望陈寅恪》，第 66—74 页。

⑤ 何炳棣：《读史阅世六十年》，广西师范大学出版社 2005 年版，第 322 页。

何炳棣先生也是当今海内外公认的成就卓著的史学家。学识渊博如何、蔡二先生者，尚且有如此清醒的认识，尚且始终抱守"仰望"之旧义，况我辈乎?!

"陈寅恪"就坐在那里一直默默地注视着我们，不知那些每天行色匆匆地从他身边走过的"鸢飞戾天者"，何时才会"望峰息心"呢?

李伯重先生说："我国学者写的学术著作今天越来越被国际学界视为假冒伪劣而不屑一顾，也真令我们感到汗颜和悲哀。就此而言，我们中国学者实在有愧于我们的时代。"① 难道这些话还不足以振聋发聩吗?

（作者系中山大学社会学与人类学学院教授）

---

① 李伯重：《我们在学术上不能无所作为》，载《海外汉学研究》微信公众号，2018 年 6 月。

藏六居学境

郭德焱

季羡林先生曾这样高度评价蔡鸿生先生："虽然学富五车，却从无骄矜之气，是一位'恂恂如也'的老实人，而我最敬重的就是这样的人。"① 中华书局编审谢方先生对蔡先生有类似评价："他已是中外关系史研究领域一位有着重要贡献的资深学人，但却从不张扬自己。"② 中山大学黄天骥教授回忆蔡先生："他是真正不追求名利的学者"。③ 林悟殊教授称蔡先生"淡泊名利、脱俗求真"。④

长辈学者季羡林先生、大学同窗谢方先生、中山大学同事黄天骥先生、弟子林悟殊教授代表了学界对蔡先生的一致评价和看法。"从无骄矜之气""从不张扬自己""真正不追求名利的学者""脱俗求真"，以及蔡先生自评"任何时候，我都不是意气风发的人"⑤ ……这些正是蔡鸿生先生"藏六居"学境的具体体现。

"藏六居"是蔡先生向往的一种精神境界，并非其书斋的别称和雅号。⑥ 自1992年始，本人在蔡先生指导下攻读硕士学位，后攻读

① 蔡鸿生：《唐代九姓胡与突厥文化》，中华书局1998年版，《序》，第1页。

② 蔡鸿生：《中外交流史事考述》，大象出版社2007年版，《序》，第1页。

③ 《南方都市报》2021年2月16日。

④ 陈春声主编：《学理与方法——蔡鸿生教授执教中山大学五十周年纪念文集》，香港博士苑出版社2007年版，《弁言》，第1页。

⑤ 蔡鸿生：《唐代九姓胡与突厥文化》，第269页。

⑥ 蔡鸿生：《蔡鸿生史学文编》，广东人民出版社2014年版，《自序》，第1页。

博士学位。毕业后，常去蔡先生家。作为学生，我心里曾想问蔡先生：一是有没有给自己的书斋取名，二是怎么没有见他用具有个人独特魅力的书法书写书斋名。但好多次想问又没有说出口，后来才知道，书斋名就在蔡先生的心中。

"藏六居"三字 2014 年首见于蔡先生公开出版的著作中。是年，《蔡鸿生史学文编》出版，蔡先生写了篇长达 15 页的自序，序名为《藏六居学记》。"藏六"二字出自佛典《法句譬喻经》：

> 水狗饥行求食，与龟相逢，便欲啖龟，龟缩其头尾及其四脚，藏于甲中。即说偈言："藏六如龟。"

"龟藏六"的精神境界，在蔡先生心目中，一定是长期追求的。"藏六居"虽然首见 2014 年著作，但这个佛经故事，已作为蔡先生珍爱的信条，写于 2001 年《学境》，2007 年《学境》再版时也保留。[①]

> 问："如何是学人深深处？"师（石门慈山）云："乌龟水底深藏六。"（赜藏主：《古尊宿语录》）

蔡先生对先贤警句精挑细选。蔡老师认为，按仿生学原理，人类可以向某些生物学习，如五禽戏和蛙泳。取"藏六居"做心中的书斋名，原因有三：一是可以防邪，二是益于潜研，三是他的姓"蔡"与"龟藏六"直接相关，语出韩愈《为宰相贺白龟状》："古者谓龟为蔡，蔡者，龟也。"

2021 年春，蔡先生仙逝后，我们从其遗稿中发现，蔡先生计划出版《藏六居独语》与《藏六居学记》，合为一册出版。蔡先生

---

① 蔡鸿生：《学境》，香港博士苑出版社 2001 年版，第 3 页；中山大学出版社 2007 年版，第 5 页。

取"藏六居"为自己精神书斋名，无疑是深思熟虑的。蔡先生认为："学人为自己的书斋命名，通常都是表明治学的志趣，如清代钱大昕的'潜研堂'，近代杨树达的'积微居'之类。陈寅恪先生的斋名，则寓意更深，触及灵魂。前有'不见为净之室'，后有'金明馆'，都是不同时期心境的写照，宣泄个人的悲戚与愤懑，与风雅大异其趣。"① 蔡先生在治学、教学上深受陈先生影响，蔡先生对"金明馆"书斋名的解读，也是对自己心中书斋名的解读。

一、卓荦全凭弱冠争：从"史学新兵"到"康乐园丁"

季羡林先生赞蔡鸿生先生"学富五车"，谢方先生评蔡先生"是中外关系史研究领域一位有着重要贡献的资深学人"。蔡先生一生谦逊低调，但其学术成就有目共睹，不求高而自高也。

蔡先生秉承古训，视弟子为子弟，平易可亲，喜欢与弟子和年轻人交朋友、谈心。蔡先生常引龚自珍《己亥杂诗》中的名句教导我们："虽然大器晚年成，卓荦全凭弱冠争。""卓荦全凭弱冠争"是蔡先生常提的，他以此鞭策我们青年人努力奋斗。同时，这也是他自己的成长体会。他一生的成就，在于青年时代打下的扎实基础。

蔡先生 1933 年生于汕头市。童年时代，正值 14 年抗战，随父母过流亡生活。后来栖身于一座山城，远离战火，就读于琴峰小学。

作为同乡的林悟殊教授称蔡先生富有家学渊源，自幼勤奋好学。② 据蔡先生回忆，父亲于谋生之余，教他读古文、练书法。临颜真卿帖，背韩愈《祭十二郎文》《告鳄鱼文》等等。

童年的勤奋，蔡先生仅说了一句"临颜真卿帖"。几十年后，我

---

① 蔡鸿生：《仰望陈寅恪》，中华书局 2004 年版，第 91 页。

② 参见陈春声主编：《学理与方法——蔡鸿生教授执教中山大学五十周年纪念文集》，《序》，第 1 页。

们看到了他当年的功底——"诲人不倦"书法作品。这是先生12 岁时的作品。也是我见到的蔡先生唯一书法作品。1998 年，本人还将此书法作品作为新年贺卡和日历送给蔡先生和同门的师兄弟。

蔡鸿生教授 12 岁时的书法作品

蔡先生在国学方面打下了扎实的"童子功"。他在讲学和聊天时，古诗文常常脱口而出。蔡先生认为，儿童时代按父母要求背诵唐代诗文，这类旧式的家庭作业，旨在驯化儿童的野性，虽不能说从此给种了"唐"根，但确实有些潜在的影响。后来有人提起"汉唐"或"唐宋"，总觉得唐宗比宋祖和汉帝更亲近一点。[①] 类似这样表述，蔡先生在多部著作的序言中论及。

1953 年，先生 20 岁，考入中山大学历史学系。蔡先生是幸运的，当时中山大学历史学系大师云集。在欢迎新生的例会上，从系主任刘节先生口中第一次听到"二老"的名字：陈寅恪先生和岑仲勉先生。从此，两位老先生和其他大师的教导便影响了蔡先生的一生。

1955 年夏季至 1956 年夏季，蔡先生就读大学三年级，选修陈寅恪先生开设的"元白诗证史"、岑仲勉先生开设的"隋唐史"。

作为"藏六居"的主人，蔡先生很少谈及自己的大学时光是怎么努力的。多年后，我们从先生的大学同窗谢方先生回忆得知：蔡先生在中山大学读书时，是班上一位超级读书迷。当时政治"运动"很多，真正读书的人寥寥可数，班上多的是球迷、棋迷、舞迷、小

---

① 参见蔡鸿生：《蔡鸿生史学文编》，《自序》，第 2 页。

说迷、唱片迷、恋迷，书迷却很少。而像蔡先生这样"苦读"的书迷就更少。他除了上课外就跑图书馆，宿舍经常有一大堆借来的古今中外的各种名著、杂书。他别无爱好，就爱读书，整个课余时间、晚上，几乎都埋在书堆中。四年间他博览群书，这为他日后理解和继承陈寅恪、岑仲勉两位大师的学术遗产打下了坚实的基础，也为自己开辟了脱俗求真做学问的广阔空间。①

谢方先生同时回忆道：当时陈老讲的是"元白诗证史"课，开始他也去听了，但听不懂，就知难而退了。而蔡先生则不然，他越听越有味，结果是得其真谛，现在不但是对"陈学"深有领悟，也是金明馆门人中的佼佼者。②

这段向大师的学习经历，蔡先生一向很谦虚。"对陈寅恪先生，我只有受业一年之缘，既非'入室弟子'，也无'教外别传'。"③ 他回忆道：

> （大学）读了两个学年以后，按规定可选修"专门化"课程。在求知欲和好奇心的混合状态驱使下，我有幸成为陈岑二老的选修生。沙弥往往会沾大师的光，后来学术界有的朋友以为我是他们的研究生，这纯属误会。④

蔡先生甚至强调：陈寅恪不是可以给我们沾光的。⑤ 从不炫耀向大师学习的经历，是"龟藏六"的又一具体体现。

寅恪先生的课很多学生听不懂。我 1988 在中山大学读大一时也听不少老师讲过。谢方先生说蔡先生"越听越有味"，对"陈学"

① 谢方：《评蔡鸿生〈中外交流史事考述〉序》，载陈春声主编：《学理与方法——蔡鸿生教授执教中山大学五十周年纪念文集》，第 127 页。

② 参见蔡鸿生：《中外交流史事考述》，《序》，第 1 页。

③ 蔡鸿生：《仰望陈寅恪》，第 3 页。

④ 蔡鸿生：《学境》，中山大学出版社 2007 年版，第 137 页。

⑤ 参见陈春声主编：《学理与方法——蔡鸿生教授执教中山大学五十周年纪念文集》，第 77 页。

深有领悟，这可从蔡先生后来说自己的学术"初恋"梦得到证实。[①]

蔡先生从寅恪先生处初闻"酒家胡""突厥法"之类的故实，即怦然心动，想做"大唐西域"的精神漫游。[②] 寅恪先生讲白乐天《新乐府》，寅恪先生顺带提及近代的汉语借词"苦力"源出古突厥语的"奴"字，点到为止，未详解。蔡先生按传播路线，想要写篇《从库力到苦力——一个突厥词的旅行记》。[③] 这个课题对一位本科生来讲实在是太难了。但这个梦一直藏在蔡先生心中，2021 年蔡先生逝世后，我们从其笔记中发现，他晚年计划撰写论文《"苦力"音义探源》。

岑仲勉先生开设选修课"隋唐史"时，正在修订巨著《突厥集史》，讲课常常论及突厥与唐朝的关系。在他的熏陶下，蔡先生人在岭南，情系"漠北"，意想一探游牧民族历史之秘。对那个体重 350 斤的突厥、西胡混血儿安禄山，尤感兴趣。于是便写了几千字的论文，送请岑先生审阅。仲勉先生用毛笔批了两三百字。蔡先生说牢记其中有"理多于证"的评语，击中架空立说的要害，经过这番温和的"棒和"，从此就较少"异想天开"了。[④]

如果按这种"隋唐史"的初恋梦开展学术研究，无疑会更容易取得更大成就。但毕业后的安排，打乱了这种梦想。

1957 年，先生 24 岁，毕业留校任教，定位于世界史教研室，从辅导员到讲授中世纪史。蔡先生服从系的安排，从"隋唐梦"转向世界史，干一行爱一行。但学术初恋魅力太大，蔡先生探求一条"业余化"之路，试图用蕃胡研究来接轨，充当一名隋唐史的"票友"，重圆自己学术"初恋"梦。课堂教学和下乡劳动之余，花力气钻研科斯敏斯特的名著《十三世纪英国土地制度史研究》、伯恩斯坦的《六至八世纪鄂尔浑叶尼塞突厥人的社会经济制度》，后者有多

---

① 参见蔡鸿生：《蔡鸿生史学文编》，《自序》，第 4 页。

② 参见蔡鸿生：《蔡鸿生史学文编》，《自序》，第 2 页。

③ 参见蔡鸿生：《蔡鸿生史学文编》，《自序》，第 3 页。

④ 蔡鸿生：《蔡鸿生史学文编》，《自序》，第 3 页。

处可与《突厥集史》互补互证。对唐代蕃胡研究,蔡先生喜欢从制度上做文章。①

1963年,先生30岁,发表《突厥汗国的军事组织和军事技术》。②

1965年,先生32岁,撰文《突厥法初探》,发表于《历史研究》当年第5期,全文2万多字。该文从兵制和法制入手,研究唐代突厥人的社会和文化。在组织材料的时候,力求遵循汉文文献与同时代突厥文物互证的原则,并用突厥语民族现存遗俗作补充。③

有国学的童子功,有名师指点,有自己的勤奋努力,有自己的独立思考,蔡先生在青壮年时代已脱颖而出,为老一辈学者所器重。这就是蔡先生的"卓荦全凭弱冠争"。

2003年,即先生大学入学50周年,写了一首"四字格":

> 五十年前,史学新兵。
>
> 而今何物,康乐园丁。
>
> 有意求法,无术传经。
>
> 心归何处,拾穗榕荫。
>
> 坐冷板凳,娱乐升平!④

这首诗,反映了蔡先生从"史学新兵"到"康乐园丁"的自我定位和奋斗历程。

二、"教师"就是"教思","史学"就是"思学"

在2007年再版的《学境》中,蔡先生发表了一段十分精彩"榕

---

① 参见蔡鸿生:《蔡鸿生史学文编》,《自序》,第4页。

② 参见《学术研究》1963年第5期,第42—51页,载林干主编:《突厥与回纥历史论文选集》,中华书局1987年版,第257—276页。

③ 参见蔡鸿生:《蔡鸿生史学文编》,《自序》,第4页。

④ 蔡鸿生:《仰望陈寅恪》,第240页。

荫随想"：

> 所谓史难治，并非在难记，而在难思。古今中外的史学大师，无一不是以"思"取胜的。司马迁如果不长于思，《史记》就会有"记"无史。为了起死人而活白骨，历史教师就要自己思，更要教学生思。"教师就是教思"，"史学就是思学"，我把话说绝了，但愿能够绝处逢生。反正是随想，何妨姑妄言之。①

"教师就是教思"，"史学就是思学"，是蔡先生从陈寅恪、岑仲勉等史学大师那里学来的体会，并且非常肯定地讲，这些大师"无一不是以'思'取胜的"。

关于大师，蔡先生做过多次演讲和论述。怎样向大师学习？蔡先生开了一张"保健处方"，就是进补"二陈汤""一钱丸""两粒洋参"。"二陈汤"即陈寅恪和陈垣的著作，"一钱丸"即钱锺书的著作，"两粒洋参"，即法国年鉴学派大师布罗代尔《菲利普二世时代的地中海和地中海世界》和英国史学家汤因比的《历史研究》。

蔡先生强调："我不相信无师自通的奇迹。慧能之慧，也要靠人指点。"② 蔡先生首先向中山大学历史学系身边的大师学习，同时向古今中外的大师学习。

蔡先生多次强调，陈寅恪史学的魅力，可说就在一个"思"字。读其书者，倘若斤斤于汲取考史笺诗的点滴知识，所获必浅；倒不如以追寻思路为务，把阅读当作智力场上的操练，也许更能增进对如何发覆的了解。③

对陈先生"发覆史学"，蔡先生根据自己研究和体会，做了进一步简明的阐发：

---

① 蔡鸿生：《学境》，中山大学出版社 2007 年版，第 68 页。
② 蔡鸿生：《唐代九姓胡与突厥文化》，第 268 页。
③ 参见蔡鸿生：《仰望陈寅恪》，第 6 页。

陈寅恪史学可以称为"发覆史学"。破旧说,创新解,发前人所未发,此类事例甚多,早已脍炙人口了。例如:书圣王羲之爱鹅与其家族的天师道信仰有何关系?南方的武陵为什么不是真正的桃花源?唐代宫廷政变的成败系于北门是何道理?"养在深闺人未识"符合杨贵妃的婚史吗?崔莺莺被"始乱终弃"的社会根源何在?为什么弹词体的《再生缘》可与希腊梵文诸史诗相持并论?①

蔡先生强调,寅恪先生的卓越史识,与"神游冥想"分不开。无论从事任何课题的历史研究,他都善于从在场的东西,想象到不在场的东西,从而将历史感与现场感统一起来,取得深达幽微之效。寅恪先生关于中古社会力量所作的集团化分析,如关陇集团、胡化集团和婚姻集团,无一不是精思的产物。他倡导的神游之说,尽管没有任何可操作性,却是与"古人"神会的必由之路。②

"教师就是教思""史学这是思学"。蔡先生从义宁之学中悟出真谛,也沿着义宁思路结出丰硕成果。

蔡先生对唐代九姓胡做过深入研究。九姓胡以"善商贾"著称于世,被誉为"亚洲内陆的腓尼基人"。他们的活动范围,既是文化圈,又是贸易圈。因此,"商胡"一词兼有经济内涵和文化内涵,并不是容易"破读"的。经过探讨之后,蔡先生发现,分析九姓胡的家庭结构,可以找到它的重商习性的秘密,原来是孕育于人生仪礼中。据《新唐书》及《通典》记载,胡雏从诞生到成丁,经历过教养内容逐步升级的三个年龄阶段:第一,婴儿祝吉。第二,学书启蒙。第三,成丁行贾:"丈夫年二十,去傍国,利所在,无不至。"通过上述三个年龄阶段对商业意识的灌输和传承,一个"商胡"便被传统模式塑造出来。所谓"商业民族"的神话,也就不攻自破了。这是蔡先生"思"与"发覆"的精彩案例。

---

① 蔡鸿生:《仰望陈寅恪》,第6页。

② 参见蔡鸿生:《学境》,香港博士苑出版社2001年版,第69页。

陈寅恪先生曾讲："吾国史乘，不止胡姓须考，胡名亦急待研讨。"陈先生为后学提出了研究课题。蔡先生按照陈先生的研究指引和思维模式，在"胡名"研究上狠下功夫，成就斐然。

沿着重在制度的一贯思路，蔡先生对九姓胡的研究，抓住两环节：一个是朝贡，另一个是胡俗。

九姓胡之所以在 8 世纪上半期频频入贡，还有更深刻的动因，这就是阿拉伯人在中亚两河流域的步步进逼。蔡先生从这场席卷粟特城邦的"圣战"浪潮，追溯到它对唐代胡汉关系的影响，进一步领会到陈寅恪先生关于"外族盛衰之连环性"的判断，这是一个嘉惠后学的卓识。①

入唐的九姓胡，通常"以国为姓"，即康国人姓康，安国人姓安，等等。即使归化之后，土生胡也仍袭用原姓。因此，用姓氏来判断血统，并非十分繁难。真正伤脑筋的，是胡名的研究。

从胡名音义的探讨中，蔡先生初步找出唐代胡名结构的一些规律：第一，胡名的常用词尾。缀上"延"和"芬"字的人名，在吐鲁番文书和穆格山文书中屡见不鲜。这两个音节，分别含有"礼物""幸运"之意，胡人常用。第二，胡名的宗教色彩，体现了祆、胡并行的宗教环境。第三，胡名的突厥成分，隋唐之际，九姓胡曾附西突厥，便留下此一突厥化的胡名，如取自官号的"安达奴""康逸斤"等。②

"教师就是教思"，"史学就是思学"。蔡先生从义宁之学那里得来的体会，他是这么做的，同时也是这么教学生的。本人在这方面有一些肤浅的体会。

1992 年，我师从蔡先生攻读中外关系史硕士学位。刚入学不久，蔡先生建议我尝试探索清代广州的"巴社"（Parsee 或 Parsi）。"巴社"是什么，蔡先生没有具体多讲，我印象最深的是当时蔡先生反复强调两点：一是这个课题难度大。之前，蔡先生曾两次以《清代

---

① 参见蔡鸿生：《蔡鸿生史学文编》，《自序》，第 6 页。

② 参见蔡鸿生：《蔡鸿生史学文编》，《自序》，第 8 页。

广州"巴社"考》为题作学年论文公布出去，因为太陌生而没有学生选择。二是这个课题富有开拓性，国内学术界鲜有人研究。

当时年轻，初生牛犊不怕虎。越难、越有开拓性，我越觉得有干劲，成天钻到图书馆捞文献。那时我对 Parsee 的认识只能从英文开始，因为西方文献对 Parsi 的记载是非常清晰的，中山大学图书馆总馆和历史学系资料室的外文藏书非常丰富，给查阅外文资料提供了很多方便，我用半年的时间翻遍了中山大学相关的英文藏书。蔡先生知道我的干劲和进展后，多次教导我：大量的英文文献只是一种辅助，如果仅仅凭英文资料撰写，显然做不过外国人，对中国人来说可能有点认识的增加，但对国际学术界来讲就是简单的重复，经不起"国际公秤"的检验。为强化这方面的意识，蔡先生反复告诫我，本研究要有突破，关键是对中文文献的挖掘。之后，除了上课外，我成天泡在图书馆的古籍阅览室。这样艰苦的工作持续了 2 年多。挖掘了不少第一手的中文文献，最后经过整理发现：清代文献对 Parsee 人名的汉译比较统一，有规律可循，但对 Parsee 本身的翻译可谓五花八门，有 20 多种不同的翻译，大体可以分为五类：一是译音称谓，如巴斯、八思、八师、叭食、巴史、巴士、巴社、包社、巴西等；二是形象称谓，如白头人、白头夷、白头鬼等；三是类别称谓，如港脚等；四是错误称谓，如景教徒、麽卢、摩卢、摩罗等；五是联合称谓，如港脚白头夷、白头摩罗等。

面对这 20 多种对 Parsee 的不同翻译，蔡先生教导我，要根据"名从主人"的原则，将 Parsee 的汉译在全文中统一称为"巴斯"，因为这两个字出现在广州黄埔长洲岛 Parsee 的墓碑上。

从"巴社"到"巴斯"的认识过程，是一段脚踏实地，又对学术充满梦想的过程。这个过程，蔡先生的教导让我体会到一些治学方法。

学会开拓。蔡先生常说"导师不是保姆"。经过多年的学习，我的体会是：蔡先生要求我们在课题研究上要有开拓性，他指出了前进的方向，具体如何做，得自己动脑、动手。我最初探索中国的"巴社"时，真不知道资料从何下手。我对 Parsee 的表面解读，是从英文版的《大不列颠百科全书》开始的，并且有很长一段时间都是围绕中山大学图书馆的各种百科全书转。我当时很想蔡先生告诉我看哪几本直接相关的书，蔡先生说，很多方面得我自己摸索和想办法。蔡先生没有直接告诉我答案，却告诉了找到更多更好答案的钥匙。蔡先生的这种教学方法让我主动探研：一是我基本上找遍了中山大学图书馆的各个角落，用一种"大海捞针"的精神去拓荒。二是主动与海内外学术界联系，没有死读书。百科全书的基本了解和中西文献的全扫描，这种工作做了 1 年后，突然豁然开朗。中山大学图书馆藏《英国议会文件》（*British Parliamentary Papers*）一页中、英人名对照的档案为打通中西文献撕开了一道口子。后来，很多清代文献的挖掘便迎刃而解了。如果不是蔡先生这种"让学生自己摸索"的教学思想，我后来肯定找不到这么多关键的中文史料，也不会发现这么多的 Parsee 汉译称谓。

学会思考。蔡先生在林悟殊老师《波斯拜火教与古代中国·序》中引清代史学大师章学诚文："近日学者风气，征实太多，发挥太少。有如桑蚕食叶，而不能抽丝。"也就是说，做学问要处理好"食叶"与"抽丝"的关系。我的体会是，会思考才会抽丝，否则就成为庸蚕。1995 年春，也就是我硕士研究生毕业前半年，我将几年来搜集到的大量文献堆在一起给蔡先生看。当时自我感觉良好，期待着导师的夸奖，因为我在这篇"初稿"中集聚了不少第一手的中文文献，其中大部分前人没有注意到，或者注意到却没有意识到这是 Parsee 的中文记载。想不到一周后蔡先生借另外一件事对我这篇文章进行了委婉的批评，意思是我的材料堆得多，但没有思考。我听后顿时脸红，感到好不容易买了一批山珍海味却被我炒坏了。之后，我用 2 个月的时间集中修改论文。这段时间更深地体会到蔡先生强调的"读书不是查资料"的含义。每修改一次，我都会放下与巴斯相关的史料，潜心研读中外关系史的著作，如桑原骘藏先生的《蒲寿庚考》、陈垣先生的《元西域人华化考》、蔡先生的《俄罗斯馆纪事》、林悟殊先生的《摩尼教及其东渐》等。仅在硕士论文修改期间，《"商队茶"考释》这篇论文我就读了不下 10 遍。正是潜心阅读这些与"巴斯"无关的名篇，我初步地学到了"抽丝"的方法。后来，历史学系有老师说我的论文改得不错，2 个月发生了质的变化。材料还是那些材料，为什么会发生质的变化我最明白，就是完成"食叶"的任务后，善于思考，慢慢"抽丝"。

学会"脱俗"。蔡先生借清华大学研究院的三位导师王国维、陈寅恪、赵元任的看法解释道，"熟就是俗"；"俗"是一种思维状态，即考虑问题的思路到底俗不俗，我们平时讲的"俗套""俗语"就是"俗"。我在这方面的体会也是很深的。比如，硕士研究生阶段我曾向蔡先生汇报过这样的思路：巴斯商人是"经商"的，经商当属经济史，要不要像其他经济史论文一样，列出大量的表格，这样我的论文篇幅就可长一些。蔡先生对我提出严厉批评，说我这篇文章绝对不能写成经济史文章，而是中外关系史，功夫体现在中外互证，千万不要写成一篇论述巴斯人如何做生意的文章，不伦不类的。蔡先生说："写文章时，第一方案一定要否定，很多庸人的思路都集中在第一方案，我们要去掉第一方案，搞第二方案，一直改到最后。一层一层剥下去，剥到没有人到，就是你独到。所以，才有那么一句话：'剥到数层方下笔。'那样的东西才有新意。"蔡先生这番"创新说"，岂止对做学问有启发。

三、"老来事业未荒唐"："教授后"的非凡成就

2006 年，蔡先生 73 岁，在中山大学历史学系正式退休。

晚年的蔡先生，如青年和中年一样，每天有规律地生活、学习、工作。藏六居学人，依然是那么年轻，一直保持着"旺盛的记忆力、敏锐的洞察力、清晰的思辨力"。[1]

---

[1] 林悟殊：《学理与方法·序》，载陈春声主编：《学理与方法——蔡鸿生教授执教中山大学五十周年纪念文集》，第 1 页。

有"龟藏六"心境，蔡先生坚信，生命进入秋天，不必彷徨，他借刘禹锡诗《秋词》来打气：

> 自古逢秋悲寂寥，
> 我言秋日胜春朝。
> 横空一鹤排云上，
> 便引诗情到碧霄。

蔡先生曾集陈寅恪先生句，以彼心照此心：

> 读书不肯为人忙，
> 自家公案自家参。
> 世态万端同是戏，
> 老来事业未荒唐。①

"老来事业未荒唐。"蔡先生说到做到。

退休前，蔡先生多次风趣地对我们讲，他已规划好"教授后"的事业。"教授后"是蔡先生发明的新术语，相对于"博士后"而言。他说，自己既非硕士，又非博士。现在不少年轻人是"博士后"，他要继续奋斗，拿个"教授后"的头衔。

"教授后"，就是退休后的学术追求。2021年，即正式退休15年后，蔡先生驾鹤西去。回顾这15年，蔡先生当年说已安排好"教授后"的工作，绝非一句玩笑话，而是胸有成竹地为自己安排了多个五年规划。这是厚积薄发的晚年。

2006年，即退休当年，出版《俄罗斯馆纪事（增订本）》（中华书局，25万字）。

2007年，先生74岁，出版《中外交流史事考述》（大象出版社，38.4万字）、修订再版《学境》（中山大学出版社，12.5万

---

① 《藏六居独语》，引自蔡先生笔记。

字）。

2008 年，先生 75 岁，出版《读史求识录》（广东人民出版社，13.7 万字）。同年，《唐代九姓胡与突厥文化》维吾尔文版出版。

2014 年，先生 81 岁，出版《蔡鸿生史学文编》（广东人民出版社，64 万字）。

2015 年，先生 82 岁，出版《蔡鸿生自选集》（中山大学出版社，29 万字）。

2018 年，先生 85 岁，出版《广州海事录——从市舶时代到洋舶时代》（商务印书馆，25 万字）。

2019 年，先生 86 岁，主编《广州匠图志》（广东人民出版社，16 万字）。

2021 年春，蔡先生仙逝后，我们从其遗稿中发现，他还有若干未竟的规划：

据蔡先生 2019 年 1 月 18 日笔记，他计划出版《陈寅恪史学的话语体系》一书，分为 10 章。

1. 种族与文化

2. 华化与胡化

3. 本位与吸收

4. 直接传播与间接传播

5. 发覆与预流

6. 地域集团与家世信仰

7. 古典与今典

8. 个性之真实与通性之真实

9. 了解之同情

10. 训诂学与文化史

据蔡先生 2019 年 5 月 30 日笔记，及 6 月 7 日修订，他计划出版专著《唐代岭南与波斯文明》（后又将书名改为《唐代广府与西域贾舶》）。该书分为引言、六编和结语。

引言：纪念劳费尔《中国伊朗编》出版 100 周年

一编："波斯"辨异

二编：广府波斯舶旧闻释证

三编：广府民俗与波斯花果

四编：唐代岭南道万安州的波斯聚落

五编：南汉后宫波斯女及其传奇化

六编：从"波斯"到"巴斯"

结语

据蔡先生 2020 年 6 月 30 日（即生病住院前 6 个月）笔记，他计划出版《康乐文序合编》

蔡先生已拟出该书的具体框架，分为文编（10 篇）和序编（35 篇序）。文编包括：

一、《读莺莺传》解读

二、从"头"学起——重温《唐代政治史述论稿》

三、唐代诗文证史札记

四、唐代溪洞的西方民谭

五、唐代六胡州大首领安菩墓地考证

六、宋代传奇中的黑衣大食影像

七、晚清士人对俄国汉学的认知

八、《巴黎茶花女遗事》的中华效应

九、刘禹锡与梨园胡姓弟子

十、藏六居独语

在蔡先生的笔记中，序编（35 篇序）的具体条目未写出来，当为先生著作的自序、为他人著作序言。

据蔡先生笔记，他计划撰写《藏六居学记》与《藏六居独语》可作上、下编，合成一册。其中，《藏六居学记》部分内容已在 2014 年作为《蔡鸿生史学文编》一书的《自序》出版。

除了专著外，蔡先生同时计划撰写多篇论文，据蔡先生 2020 年 9 月 6 日笔记，他拟撰写论文：《宋传奇〈乌礼传〉的历史分析》。

据蔡先生 2020 年 11 月 14 日笔记，即先生住院前 1 个月，先生拟撰写论文《粟特〈婚约〉释义》（又名《试释粟特〈婚约〉的史境和法意》）。

另根据未注明具体日期的笔记，蔡先生拟写论文：《晚清士人对俄国汉学的认识》（拟补入《俄罗斯馆纪事》一书），以及《市舶时代的闽商与广府》等。

除了上面这些论著外，蔡先生应该还有其他书稿规划。目前还没有完全整理蔡老师生前笔记，在其他笔记本中应该还记有学术心得与研究设想。

我清楚地记得，在 1999 年前后，蔡先生曾多次对我讲，他很想出版一本著作，叫《儿戏》，全面反映古代中国的童趣。蔡先生当时没有讲全书的具体结构。但如何让这本古代童趣书"美"起来，蔡先生有个详细的描述：

> 文字要美，古诗文关于童趣的美文。
>
> 设计要美，图文并茂，要配很多古代的童趣图，增强可读性。
>
> 装帧要美。精装，封面纸要厚实，书脊可以翻平，要与港台和国外的书相比美。

当年，蔡先生多次感慨，国内有不少好书在内容上达到了国际水平，但设计和印刷太低劣，有的书不能水平翻开，一翻书背就裂了。

前两年，蔡先生的论著不断出版，学术初心不变。我曾问他什么时候出版《儿戏》，他说，不着急，慢慢来。说明这本专著蔡先生一直放在心上。

蔡先生写这部专著，是想反映历代的童趣，以及今天未成年人的压力。蔡先生很赞同法国启蒙思想家卢梭在名著《爱弥儿》里面讲到童年的特点，人类的理性在儿童时期还在睡觉，你让他安安稳稳睡觉就好了。如果拼命给小孩灌东西，这是违反人性的。不能把儿童教育变成培养小老头。[①] 同时，蔡先生非常担心未成年人的健康问题。他在《藏六居独语》中写道："大、中、小学生的近视率急剧攀升，不用多久，按量计算，近视眼镜就要成为中华'国镜'了。杞人忧天，鄙人忧眼，见笑见笑。""听说小学生的作业负担就要减轻了，这是精神和肉体的一次特赦，我以'祖父'的名义为孙子谢天谢地。"

四、静者心多妙："龟藏六"境界

2001 年版和 2007 年版《学境》，第一部分均为《精神生产的历史经验》，蔡先生称之为劝学良言。其中，"辑录者言"，引用了杜甫诗"静者心多妙"，体现了藏六居学人的心境：

> "静者心多妙"。浮躁是对心灵的践踏和背叛，更不要说浮夸了。还是做个有心人吧，做个素心人吧。花拳绣腿无论怎样耀眼，都不如真刀真枪实在。欲问学往何处求？往实处，往深处，往活处。任何短、平、快的登龙术，都与精神生产的历史经验不相干。[②]

"静者心多妙"是蔡先生藏六居学人魅力的体现。

（一）外练筋骨皮，内练一口气

蔡先生指出，练功的时候要区分内功外功。历史研究也是如此。

---

① 参见陈春声主编：《学理与方法——蔡鸿生教授执教中山大学五十周年纪念文集》，第 83 页。

② 蔡鸿生：《学境》，香港博士苑出版社 2001 年版，第 1 页；中山大学出版社 2007 年版，第 3 页。

外功就是练"学"，内功就是练"识"。外练筋骨皮，就是要练"学"，内练一口气，就是要练"识"。[1] 就历史研究来说，历史理论、中外历史史实、古文、外文，都属于练外功。"内练"，用陈寅恪先生的话来讲，就是要有"通识"。所谓"通识"，就是要有历史感，不是抽象地、孤立地来讲一件事情，而是要把历史过程化。一个制度也好，一个民族也好，一种风俗也好，要从它的萌芽状态看到它的衰亡状态，就是把它过程化。

蔡先生强调，内功是要训练的，不是突然就能达到这种水平。除了外部的，还要注意内部的；最后决定高低的还是内，也就是戏曲里讲的"气"。你身段很好，服装很好，气不够，唱起来也达不到高度。那"一口气"平常若缺乏训练，到出台就出声、变调了，那立刻就要砸锅的。所以，既要考虑"学"的方面，"识"的那一方面也绝对不能忽略。整个练功意味着要优化、强化自己的知识结构。

（二）惯于进窄门，走小路

蔡先生曾讲："按个人治学习性，惯于进窄门，走小路，找陌生人交朋友。"[2] 这位谦逊的"静者"，在学术研究上富有探险精神，他甚至认为，在求经路上跌跤，比稳坐蒲团更有意思。

如对入唐九姓胡胡名的研究，蔡先生认为犹如探险，必须经历辑名、辨字、审音、释义、证史的程序，其中任何环节都容易出错，而且一错就是"硬伤"。蔡先生在探索中便抱定一个信念：在求经路上跌跤，比稳坐蒲团更有意思。"明知山有虎，偏向虎山行。"为了窥探胡名研究的门径，他在中年之后竟去冒一场本来是青年时代才敢去冒的风险。既战战兢兢，又跃跃欲试。坐在冷板凳上，以身试学，犹如以身试药一样，别有一番滋味在心头！[3]

---

① 参见陈春声主编：《学理与方法——蔡鸿生教授执教中山大学五十周年纪念文集》，第 55 页。

② 蔡鸿生：《蔡鸿生史学文编》，《自序》，第 13 页。

③ 参见蔡鸿生：《蔡鸿生史学文编》，《自序》，第 7—8 页。

再如，蔡先生对中俄关系史的研究，也是探险。据蔡先生 2014 年回忆，30 多年前，由于偶然的机缘，他带着几分腼腆进入中俄关系史这个陌生领域。俄国是"北地陆路通商之国"，蔡先生僻处南海之滨，研究困难可想而知。

（三）为文日老：蔡先生语言的魅力

蔡先生的文笔很精美。季羡林先生对此高度赞赏："蔡先生的文章写得好，潇洒流利，生动鲜明。在当代人文社会科学家中，实属少见。"① 余太山先生曾这样评《唐代九姓胡与突厥文化》一书的语言魅力：这是一本考据为主的史学专著，一般说来，这种著作是比较艰涩、枯燥的。但此书与众不同，颇能引人入胜，且时有妙语隽言，令人回味无穷。既易读又耐读，实在难能可贵。②

蔡先生曾谈到，现在一些人写文章或著书，不是没有"道"，但因为"文"不行，表达不好，令人难以卒读。蔡先生认为，像三秋桂子、十里荷花，这种四字组合的句式，在古代汉语中很普遍，叫"四字格"，是汉语表达的特色。文章中如果多用四字格，则较具民族特色，且较流畅。《红楼梦》就有大量的四字格，有人为它编了一部四字格词典。③

2006 年，蔡先生在"学理与方法"课上，讲了《关于知、识、文的联系与区别》，强调"为文日老"。这个"老"字就是"成熟"，"无心而达"，就是不刻意追求，很自然的，水到渠成的，炉火纯青的，瓜熟蒂落的，这种状态叫老。④ 写文章越写越老练。"文章本天

---

① 季羡林：《唐代九姓胡与突厥文化·序》，载蔡鸿生：《唐代九姓胡与突厥文化》。

② 参见余太山：《读蔡鸿生〈唐代九姓胡与突厥文化〉》，《书品》1999 年第 4 期。

③ 参见陈春声主编：《学理与方法——蔡鸿生教授执教中山大学五十周年纪念文集》，第 85 页。

④ 参见陈春声主编：《学理与方法——蔡鸿生教授执教中山大学五十周年纪念文集》，第 72 页。

成，妙手偶得之。"最好的文章，实际上是最自然的，是天工，不是人工。

蔡先生认为，要达到这个"为文日老"得老老实实当小学生，从小学学起。讲到作文，下笔之前得有循序渐进的工作。到著书时，讲究"史家笔法"，按翻译家严复的说法，就是"信达雅"。这三个字是针对译文讲的，对于论文也是完全适用的。"信"就是可靠、准确，这个是头条。假如"信"这一条没有达到，弄虚作假，怎么"雅"都没有用。第二个字就是"达"，通达，表达通顺。第三个字是"雅"，能够在信、达的基础上，写得更美，更动人。①

（四）心广体胖：藏六居心态

蔡先生给人的最大印象是：心态好，精神好，身体好。蔡先生借《大学》"心广体胖"来讲怎样保持个人的心态。口语里面常常把这个"广"字写成"宽"，变成"心宽体胖"。心态要宽，要宽松，要宽容，这叫"心广"。多肉叫肥，而胖不是。胖是什么呢？照朱熹的解释，安舒就是胖。就是状态是安详的、舒畅的。如果理解为长肉是不通的。蔡先生认为，自己心情一直不错，可也没有长肉。"心广体胖"本意当为：心态是宽广的、宽松的、宽容的，体态自然也就是安详的、舒畅的。②

"心广体胖"是藏六居学人境界，是蔡先生一生淡泊名利、心无旁骛、潜心学问的生动写照，是蔡先生健康长寿，晚年精神矍铄、精力旺盛、头脑清醒的密码。

（作者系广州市社会科学界联合会专职副主席）

---

① 参见陈春声主编：《学理与方法——蔡鸿生教授执教中山大学五十周年纪念文集》，第75—76页。

② 参见陈春声主编：《学理与方法——蔡鸿生教授执教中山大学五十周年纪念文集》，第90页。

从《巴黎圣母院》到《尼姑谭》

陈学军

2019 年 12 月 3 日，蔡鸿生先生在北京大学出版社出版的、程曾厚译《巴黎圣母院》（典藏本）红色扉页粘了一张淡黄色的纸片，写着这样一段文字，其中"残疾人的颂歌"六个字用红笔加注：

弃儿——天使

在雨果笔下，伽西莫多的肉体丑（驼背、独眼、瘸腿、聋子）与心灵美达到高度统一，《巴黎圣母院》成了残疾人的颂歌，发潜德之幽光！

记于 2019 年 12 月 3 日
（国际残疾人日）

弃儿—天使

在雨果笔下，伽西莫多的肉体丑（驼背、独眼、瘸腿、聋子）与心灵美达到高度统一，《巴黎圣母院》成了残疾人的颂歌，发潜德之幽光！

记于 2019 年 12 月 3 日（国际残疾人日）

蔡鸿生先生仙游后，师母蒋晓耘女士把这本夹着纸片的书赠给了我。此书太"沉"太"厚"，我一直无法静心阅读。2021 年 12 月 3 日，广州是一个艳阳天，天高云淡，气温宜人，我终于控制莫名情绪，翻开搁了半年多的《巴黎圣母院》。记不得两年前的 12 月 3 日，广州是冬日暖阳，抑或是阴雨冷冽，也不知道蔡鸿生先生处于何种心境写下这段话。我反复阅读这段文字，参悟先生的思想，学习历史大势与人物命运，感悟人道主义光辉，迸生出为颂歌者颂、为仁者颂的心意。

一、颂"伽西莫多"

维克多·雨果善用人物对照，塑造大时代中的人物及其命运，揭示时代问题，展现人间美丑，歌颂人性光辉。笔下的人物，从思想启蒙时代到法国大革命，跨越数世纪，性格鲜明生动，纠葛错综复杂，命运扣人心弦，是法兰西社会转型期的"众生像"。《巴黎圣母院》的伽西莫多、《悲惨世界》的冉阿让、《九三年》的郭万，莫不如此，善良、博爱、执着是他们的统一名片。其中，伽西莫多是个典型，按照现在的残疾评定标准，此人属于多重残疾人，人体的"丑"他全占了，是一个"砸烂后镶拼错误"的怪人。这样的一个面貌丑、肢体残的人却拥有一颗善良的心，集"丑"与"美"于一身，而且勇气远胜中世纪的骑士。爱斯梅拉达的"美"与伽西莫多的"丑"形成的反差，足够吸引眼球。雨果让爱斯梅拉达在沙滩广场跳着舞出场，纤细的腰身婀娜多姿，黑黑的大眼睛仿佛向你射来一束电光，身旁的母山羊嘉利也是漂亮的生灵，白毛，机灵、活泼，金黄色的羊角，金黄色的羊肢，金黄色的颈圈，而且聪明，会数数，还会模仿人的特点。一美女、一美羊构成的和谐画面，让世界顿时多彩。爱斯梅拉达与伽西莫多成为另一版的"美女与野兽"，"美"与"丑"完美融合。

为反衬伽西莫多的"体丑心美"，雨果安排了若干个"体美心丑"的人物：主教助理克罗德·弗洛罗，道貌岸然，蛇蝎心肠，虚伪奸诈好色；王家弓箭队队长福玻斯·德·沙多贝，轻浮浅薄，无情无义，只知道寻欢作乐；诗人兼爱斯梅拉达名义上的丈夫皮埃尔·甘果瓦，是个"典型文青"和精致的利己主义者。这些上流社会的"俊美"人物，虽然是"外貌协会"的，但心是黑的，与伽西莫多形成极大的反差。

20世纪中期出生的中国人熟悉雨果及其作品，可以说，他的作品是一代中国人的人道主义启蒙教材。我第一次阅读雨果的作品是他的最后一部小说《九三年》，当时，我还是一名高中生，以自己浅薄的历史知识，陶醉于《九三年》描述的大场面，对郭万这样一个人物的剖析却不甚了了，错过对小说人物内在逻辑的把握。艺术源于生活，高于生活，文学也是如此。换句话说，如果有巧匠巧手把高于生活部分还原，小说变成弥足珍贵的史学材料。在蔡鸿生先生的书桌书架上，经常摆有西方和俄罗斯文学作品，是否在参照思悟陈寅恪先生对唐传奇的重视和研究？的确是文史不分家。

历史由一个个人物、一件件事件构建，必然性和偶然性共存。大人物的大作用固不待言，但有时某个小人物高光一刻干成一件小事，顿时演变为浩荡潮流，改变历史的走向。历史学家研习大势，同样需要关注被人忽略的细微。能够自如切换"以小见大"与"从大到小"，方显功底。吃一点人间烟火，关注一下社会大众，事件会剖析更加清楚。

蔡鸿生先生显然是这方面的高手，有恰如其分的历史感和深沉的情感投入，注重细节，关注底层，"嘉孺子而哀妇人"的心结由来已久，1996年在其第二部著作《尼姑谭》为暮鼓晨钟的女人们正了名。因缘是如此：

到了史无前例的"破四旧"运动，有一天在广州街头，遇见一个老尼姑正遭"勒令"，当众焚毁自己供奉过的经书和法器，"槛外人"沦为瓮中鳖，欲诉无门。她孤零零地拨着火灰，那副沮丧的样子，那对哀怨的眼神，不知不觉地竟在我心中激起一阵酸。直到今天，我还弄不清当年这种奇特的反应，是不是悲人正所以自悲。

尼姑历来被歧视，排在"三姑六婆"首席，甚至做梦梦到也觉得晦气。可以说，伽西莫多们与师姑们同为天涯沦落人，命运坎坷，令人唏嘘。但"师姑本是女人作"，弱女、弃妇、寡妇有之，旧宫人、风尘女有之，皇家公主郡主、官宦之女也有之，她们出家原因各不相同，无不是婚姻悲剧、家族悲剧、社会悲剧的产物。蔡鸿生先生"悲人正所以自悲"，写"沦落人"的故事，剥贵贱外表，显英雄内核，让散于浩瀚史籍的比丘尼故事穿珠成串，达到集腋成裘之功，让被笑谈千年的尼姑洗去灰尘，恢复人性、女性、佛性。以此管见，《尼姑谭》与《巴黎圣母院》有异曲同工之妙，具有满满的人文情怀。

二、智者的慈悲

中山大学历史学系素有胸怀慈悲、坚守人道之传统。"嘉孺子而哀妇人"的传承，如同康乐园的榕树扎根厚土，枝繁叶茂，荫泽后辈。

陈寅恪先生一生经历世变、家变和身体病变，中年失明，晚年膑足，虽自谕为"衰残野老""文盲叟"，但始终笔耕不辍，以残缺之躯创造出令人难以企及的作品，彰显伟大的灵魂。

我们看三次校注《新唐书》时陈寅恪先生的处境：一校于1939年9月（49岁）在昆明、香港完成，患气管炎、肋骨关节炎；二校于1940年12月（50岁）在昆明完成，患心悸病；三校于1942年4月（52岁）在香港完成，时在忧患疾病穷困中。此时，正值日寇侵华最疯狂之刻、陈家颠沛流离之际、身患病痛之时，陈寅恪先生在逆境中创造着属于这个民族的文化精品。

再看《柳如是别传》诞生过程：1954 年酝酿（64 岁），1964 年终稿（74 岁），前后经历 10 年，而陈寅恪先生已于 1946 年失明（56 岁）、1962 年膑足（72 岁），可以说在黑暗中、病榻上完成了这部学术史上的巅峰之作。

又是"悲人正所以自悲"，陈寅恪先生在苦难中长时期关注历史上女性的命运，把"红妆"之故事放入家国大事，作为激发民族心灵的沉重篇章。蔡鸿生先生在 1994 年的《"颂红妆"颂》开出了陈寅恪先生的"红妆"系列：武则天（《武瞾与佛教》，1935 年）、秦妇（《读秦妇吟》，1936 年）、崔莺莺（《读莺莺传》，1941 年）、杨贵妃（《长恨歌笺证》，1944 年）、韦丛（《元微之悼亡诗笺证稿》，1944 年）、琵琶女（《白香山琵琶引笺证》，1944 年）、婚姻集团（《记唐代之李武韦杨婚姻集团》，1952 年）、陈端生（《论再生缘》，1953 年）、柳如是（《柳如是别传》，1964 年）。

陈寅恪先生研究柳如是，自然有"留命任教加白眼，著书唯剩颂红妆"的无奈，窃以为更有对"天下兴亡，匹妇有责"的敬重，他心中的柳如是"才学智侠"四样俱全，可供镜鉴。封建时期的女性，长期处于相对劣势地位，发生在她们身上的故事往往是各种矛盾的集中体现。这是一部写不完的书，但要写好这部书，"悯生悲死"不可或缺。这一点，陈寅恪先生有之，康乐园有之。

翻开蔡鸿生先生的《仰望陈寅恪》，并称"康乐园二老"的另一位中古史大家鲜活跃出纸面，他就是岑仲勉先生。岑先生是土生土长的广府人，生于 1886 年，年长陈寅恪先生 4 岁。岑先生并不出身于书香门第，而是粮商之后，早年供职于财政税务邮政等"热门油水"单位，工暇之余，博览群书，先致力于中国植物名实及分类，后转入史学研究。岑先生学识渊博，著作等身，工于先秦史、民族史、隋唐史、史地史、文献学和中外交通史。1937 年 7 月 52 岁时经陈垣先生推荐入职南京中央研究院历史语言研究所，方成职业史家。1948 年 63 岁时转入中山大学任教。自 40 岁至 75 岁，其史学著作约

1000 万字，自 1912 年起发表论文 180 余篇，已刊专著 18 种，特刊专著 2 种。

康乐园里的岑仲勉先生与陈寅恪先生治学风格不同，同行不同派，经常锣对锣鼓对鼓，主要源于岑仲勉《隋唐史》的趋时变化及对陈的批评，陈曾作旧诗回应：

> 虚经腐史意何如，溪刻阴森惨不舒。
> 竟作鲁论开卷语，说瓜千古笑秦儒。

此时，两人已步入生命的秋季。陈寅恪先生失明，岑仲勉先生失聪，一盲一聋，虽残疾在身，但仍著书授业，传灯南国。蔡鸿生先生在《仰望陈寅恪》回忆"康乐二老"时说：

> 谢世多年的陈岑"二老"其学术和精神至今未老。像康乐园里的罗汉松和大榕树一样，必将历久不凋，四季常青。

蔡鸿生先生在世时，我们时常夜潜蒲园，汇报近况，聆听教海，一如 3 年受业，只少了个笔记本。一次谈论人之残疾，先生讲了"一盲一聋"讲课著书往事及他们对人、对事、对世的态度。伟大的作品多产生于忧患、逆境，"两老"一个眼盲心不盲，在黑暗世界里写出《柳如是别传》；一个耳背脑不背，在无声世界里完成《突厥集史》《唐人行第录》，人之残疾不妨成就辉煌。先生豁达的残疾人观和人本精神，让自幼跛行的我顿悟："心中无恙便是健全。"这是我离开康乐园后最大的收获。

（作者系广州市残疾人联合会理事长）

学习陈寅恪先生
对于中华传统文化的论述及其启示

王　川

蔡鸿生师《读史求识录》第一篇开宗明义"历史研究要以人为本"；又常开示诸生，要服"二陈汤"，灌"一钱丸"，强调"二陈""一钱"汤丸即熟读陈垣、陈寅恪、钱锺书之论著，对于晚辈学子而言一定开卷有益，终身受益。

余生性愚钝，在中山大学攻读、工作，从1991年到2001年，前后恰10年，得蔡师教诲甚多，常以寅恪先生名著名篇相启发，数次侍谒康乐园内陈寅恪故居陈列馆、黑石屋等现场，侍从拜访王永兴老，聆听教诲，受益颇多；记忆较深的还有先生多次谈到，治史，须见物见事更见人，即以"人"的活动为史学研究之本。先生不仅言传，而且身教，爱生如子，处处开示，和蔼如春，化人无声。今先生虽归道山，弟子读先生大著，读寅恪先生论文，常念及先生教化之恩，怀思不能自已，撰写斯篇，算作追忆。

文化是一个国家、一个民族精神的象征，作为中国文化"托命人"的陈寅恪，无论是求学异域，还是治史禹域，一生都坚持中国文化的主体地位，力图复兴中国文化。陈寅恪研究文史哲之论著甚多，无论"胡化""华化"，或是士族与世家，还是关陇集团、唐代之李武韦杨之婚姻集团等，均为名著。他研究的着力点，往往是从文化角度入手分析。他的中国文化论著，尤其是中华传统文化之论著，不仅涉及六朝士林、隋唐制度、宋代理学，更深入明朝心学、清代江南学风等领域；他对于民族文化的论述，不仅在于西北史地研究之上，还开我国"敦煌学"研究之先河，更是兼及蒙藏之学与藏羌彝文化研究，对于中华优秀传统文化之传承、更新，以及中华民族共同体之铸牢等，皆产生了积极之影响。

一、陈寅恪论文化

陈寅恪认为："吾中国文化之定义，具于白虎通三纲六纪之说，其意义为抽象理想最高之境，犹希腊柏拉图所谓 Eidos 者。"[1] 在他看来，中国文化本身并不仅仅是经史子集、典章制度，更是三纲六纪所代表的精神内核。陈寅恪所认同的不是"三纲六纪"代表的维护君主专制、地主阶级利益的制度，而只是肯定中国文化所代表的伦理道德。因此，陈寅恪在《论再生缘》中指出，"心中于吾国当日奉为金科玉律之君父夫三纲，皆欲藉此等描写以摧破之也"[2]，可见他已超脱"三纲六纪"的制度本身，发掘其核心理念，视其为中国文化的精神依托，是"抽象理想最高之境"。

陈寅恪这一诊断当然不是随口而出。他认为："自晋至今，言中国之思想，可以儒释道三教代表之。……夫政治社会一切公私行动，莫不与法典相关，而法典为儒家学说具体之实现。故二千年来华夏民族所受儒家学说之影响，最深最巨者，实在制度法律公私生活之方面，而关于学说思想之方面，或转有不如佛道二教者。"[3] 即是说，在他看来，中国社会政治、生活等方面，儒家的影响深远，而思想与学说方面，主要受佛道两家影响。陈寅恪认为儒道佛三家代表了中国文化，三纲六纪贯穿其中。陈寅恪提出："如禅宗重修百丈清规。其首次二篇，为颂祷崇奉君主之祝厘章及报恩章，供养佛祖

---

① 陈寅恪：《王观堂先生挽词并序》，载氏著：《陈寅恪集·诗集：附唐篔诗存》，生活·读书·新知三联书店 2009 年版，第 12 页。

② 陈寅恪：《论再生缘》，载氏著：《寒柳堂集》，生活·读书·新知三联书店 2009 年版，第 66 页。

③ 陈寅恪：《冯友兰中国哲学史下册审查报告》，载氏著：《金明馆丛稿二编》，生活·读书·新知三联书店 2009 年版，第 283 页。

之报恩章转居在后。"① 因此，佛教文化在中国的传播，也不得不遵循传统的伦理道德，适应中国文化的要求。因此，伦理道德所代表的中国文化对中国古代社会具有无人能及的影响力。

作为中国文化的"托命人"，陈寅恪始终坚守"中国文化本位主义"的文化观。"三纲六纪""其所依托以表现者，实为有形之社会制度，而经济制度尤其最要者"。中国文化在古代封建制度之上诞生，近代以来，随着中国走向近代化，中国文化的制度基础——封建制度逐渐消亡，中国文化也不可避免地随之衰落。近代中国"值数千年未有之巨劫奇变"，社会经济制度"以外族之侵迫，致剧疾之变迁"，"纲纪之说，无所凭依，不待外来学说之掊击，而已销沉沦丧于不知觉之间；虽有人焉，强聒而力持，亦终归于不可救疗之局"。②

入近代之世，在世界遭逢千年未有之大变局之际，陈寅恪不得不思考，在这一境况下，中国文化的未来将何去何从。这其实是一个如何对待中国文化与西方文化的问题。在经过一番冥思苦想之后，终于想到了中国文化的生存之道：

> 窃疑中国自今日以后，即使能忠实输入北美或东欧之思想，其结局当亦等于玄奘唯识之学，在吾国思想史上，既不能居最高之地位，且亦终归于歇绝者。其真能于思想上自成系统，有所创获者，必须一方面吸收输入外来之学说，一方面不忘本来民族之地位。此二种相反而适相成之态度，乃道教之真精神，新儒家之旧途径，而二千年吾民族与他民族思想接触史之所昭示者也。③

他指出中国文化的出路在于"自成系统，有所创获"：在吸收西方文化的同时，注意与中国文化融会贯通，实现文化的创新与新生。"新儒家之旧途径"就是吸收了外来的佛教文化，整合了本土道家文化，终成宋代儒学的新体系——理学。他指出中国道教思想的发展

---

① 陈寅恪：《莲花色尼出家因缘跋》，载氏著：《寒柳堂集》，第173页。
② 陈寅恪：《王观堂先生挽词并序》，第13页。
③ 陈寅恪：《冯友兰中国哲学史下册审查报告》，第284—285页。

是对外来文化坚持吸收利用，以促进道教文化产生新的生机活力："对输入之思想，如佛教摩尼教等，无不尽量吸收，然仍不忘其本来民族之地位。既融成一家之说以后，则坚持夷夏之论，以排斥外来之教义。"① 陈寅恪既不主张固守中国文化一成不变，任其被时代洪流所磨灭，也不主张胡适等人完全否定中国传统文化，接受全部西方文化。他认为中国文化的复兴应坚持中国文化为主，面对近代以来西方文化的强势崛起，吸收借鉴其优秀之处，并做中国化的改造使西方文化更加符合中国国情，才能最终实现中国文化的伟大复兴。陈寅恪的"中国文化本位主义"是他作为一个中国文化"托命之人"的精神信念和人生信条。

在文化观上，最为人所称道的是陈寅恪的"独立之精神，自由之思想"这一治学、处世的根本思想。对于如何在文化上坚持这一理念，陈寅恪在《王静安先生遗书序》中写道："自昔大师巨子，其关系于民族盛衰学术兴废者，不仅在能承续先哲将坠之业，为其托命之人，而尤在能开拓学术之区宇，补前修所未逮。故其著作可以转移一时之风气，而示来者以轨则也。"② 可见，他认为不仅要在学术领域承续先贤之业，而且要能够开拓新的学术范围，引导新的学术风气，开辟新的学术路径。他认为只有王国维符合这一要求。

陈寅恪指出："士之读书治学，盖将以脱心志于俗谛之桎梏，真理因得以发扬。思想而不自由，毋宁死耳。……先生以一死见其独立自由之意志，非所论于一人之恩怨，一姓之兴亡。""惟此独立之精神，自由之思想，历千万祀，与天壤而同久，共三光而永光。"③ 陈寅恪将王国维自沉颐和园昆明湖这一惊世骇俗之行为，视为一个学者追求和保持自己的"独立自由之意志"。"独立之精神，自由之思想"也因此被世人广泛接受。在《论再生缘》等书中，陈寅恪多次表明其心态：

---

① 陈寅恪：《冯友兰中国哲学史下册审查报告》，第284页。

② 陈寅恪：《王静安先生遗书序》，载氏著：《金明馆丛稿二编》，第247页。

③ 陈寅恪：《清华大学王观堂先生纪念碑铭》，载氏著：《金明馆丛稿二编》，第246页。

　　端生心中于吾国当日奉为金科玉律之君父夫三纲，皆欲藉此等描写以催破之也。端生此等自由及自尊即独立之思想，在当日及其后百余年间，俱足惊世骇俗，自为一般人所非议。①

　　可见，晚年陈寅恪在历经了人世沧桑之后，依然初衷不改，根本原因在于"独立之精神，自由之思想"实为陈寅恪治学思想的精神核心。

二、陈寅恪论中华优秀传统文化

（一）论中华优秀传统文化

　　近代以来伴随着西方的殖民侵略，"国人内感民族文化之衰颓，外受世界思潮之激荡"②，国家存亡、文化衰败让国人倍感忧心。陈寅恪也直言："凡一种文化值衰落之时，为此文化所化之人，必感苦痛。"③ 虽然如此，他还是坚信中国文化必将复兴，一方面忧虑中华优秀传统文化从此断绝，一方面也积极找寻中国文化新生的出路。陈寅恪并没有一致守旧或否定中国文化。他认为中国文化的复兴依赖于两个方面：优秀传统文化、民族文化。

　　在中华优秀传统文化方面，他认为当时虽然处在一个外有强盗肆虐。内有军阀横行的时代，但是中国文化依然是灿烂而伟大的。陈寅恪指出："华夏民族之文化，历数千载之演进，造极于赵宋之世。后渐衰微，终必复振。譬诸冬季之树木，虽已凋落，而本根未死，阳春气暖，萌芽日长，及至盛夏，枝叶扶疏，亭亭如车盖，又可庇荫百十人矣。"④ 由此可见，陈寅恪对近代以来中国文化碰撞中，中华优秀传

　　① 陈寅恪：《论再生缘》，第 59 页。

　　② 陈寅恪：《陈垣元西域人华化考序》，载陈垣：《元西域人华化考》卷首，国家图书馆出版社 2008 年版，第 1 页。

　　③ 陈寅恪：《王观堂先生挽词并序》，第 12 页。

　　④ 陈寅恪：《邓广铭宋史职官志考证序》，载氏著：《金明馆丛稿二编》，第 277 页。

统文化的弱势地位十分担忧，但他坚信中国文化"终必复振"。

在传统文化中，陈寅恪对隋唐文化颇有研究，他指出隋唐制度影响极广，但无专书加以考证论述，实为学术上的缺憾。他在《隋唐制度渊源略论稿》中指出："夫隋唐两朝为吾国中古极盛之世，其文物制度流传广播，北逾大漠，南暨交趾，东至日本，西极中亚，而迄鲜通论其渊源流变之专书，则吾国史学之缺憾也。"① 可见，他认为隋唐制度影响已经超出中国的范畴，影响遍及中亚、东南亚，是东亚文化中极其重要的一环。

此外，陈寅恪提出宋代文化是中国文化最突出的部分。他指出："宋、元之学问文艺均大盛，而以朱子集其大成。"② 宋代"新儒学"的成功在于博采众长，以佛教文化融合儒家"四书五经"，成就儒学的蜕变与宋代文化的繁荣。由此，他提出正是宋代新儒学的传播，促进了中国文化的新生。特别是宋代士大夫精神被陈寅恪所称道："士之读书治学，盖将以脱心志于俗谛之桎梏，真理因得以发扬。思想而不自由，毋宁死耳。斯古今仁圣所同殉之精义，夫岂庸鄙之敢望。"③ 可见，他视之为珍宝，其重要程度不言而喻。陈寅恪认为宋代新儒学的创立，促进了士大夫追求精神境界、学问真理的信念的诞生。

清代的考据学也被陈寅恪所推崇。乾嘉学派是清代考据学全盛时期的代表流派。清代考据学也称为"朴学""汉学"，这一学派主张以小学（即文字声韵训诂之学）的考证方式研究儒学经典。陈寅恪与好友俞大维出身于书香门第，接受传统儒学、音韵及训诂之学教育。俞大维极为欣赏的高邮王氏父子王念孙、王引之，即是该学派重要代表。陈寅恪一生案头枕边之物也少不了《皇清经解》和《续皇清经解》等清代考据学的重要著作。阮元所著的《皇清经解》成书于清代道光年间，汇集顾炎武、钱大昕、阎若璩、段玉裁、王鸣盛等名人所撰经解

① 陈寅恪：《隋唐制度渊源略论稿、唐代政治史述论稿》，生活·读书·新知三联书店 2001 年版，第 283 页。

② 吴学昭：《吴宓与陈寅恪》，清华大学出版社 1992 年版，第 11 页。

③ 陈寅恪：《中国现代学术经典·陈寅恪卷》，河北教育出版社 2002 年版，第 851 页。

著作。《续皇清经解》成书于光绪年间，作者王先谦，补加了龚自珍、俞樾、洪亮吉等数十人著作，辑成丛书。这两本书代表了清代经学考据最辉煌的成就。陈寅恪在谈及治史治学的根本方法时，对于清代考据学大家多有赞赏："昔阎百诗在清初以辨伪观念，陈兰甫在清季以考据观念，而治朱子之学，皆有所创获。"[1] 他明确指出自己在学术研究过程中受到清代经学考证方法的巨大影响："兹略仿金仁山、阎百诗诂经之方法，以校释唐人之诗"[2]，以其方法研究唐代诗歌。他推重清人钱大昕，称其"信为清代史学家第一人也"[3]。

（二）论中华民族文化

陈寅恪《唐代政治史述论稿》全卷第一句，就是引用朱熹语录，出自《朱子语类》卷116，这是朱子评论历代人物事件之精辟之语："唐源流出于夷狄，故闺门失礼之事不以为异。"陈寅恪认为，朱熹此论包含了两重含义：种族与文化。从朱熹这一句话引发的是种族和文化的问题，他认为这是研究唐代历史关键之所在，"开头就抓到了关键"。[4]

所以，陈寅恪论民族文化，其创见在于他对于民族问题的创见。他在《隋唐制度渊源略论稿》中说到这一观点："夫源师乃鲜卑秃发氏之后裔，明是胡人无疑，而高阿那肱竟目之为汉儿，此为北朝汉人、胡人之分别，不论其血统，只视其所受之教化为汉抑为胡而定之确证，诚可谓'有教无类'矣。"他接着强调：此点乃是治中古史之最要点，"最要关键"，"若不明乎此，必致无谓之纠纷"。[5] 陈寅恪认为唐五代史中，北朝所谓有胡汉之分，实际上只是遵从胡

---

① 陈寅恪：《冯友兰中国哲学史下册审查报告》，第282页。

② 陈寅恪：《读连昌宫词质疑》，载《清华学报》第8卷第2期，1933年6月，第1页。

③ 陈寅恪：《李德裕贬死年月及归葬传说辨证》，载氏著：《金明馆丛稿二编》，第26页。

④ 蔡鸿生：《从"头"学起——重温陈寅恪〈唐代政治史述论稿记〉》，载《文史知识》2002年第1期。

⑤ 陈寅恪：《隋唐制度渊源略论稿》，上海古籍出版社1997年版，第17页。

人文化与汉人文化的分别，并不是血统上的胡汉之分，在血统与文化这一划分标准上，国人无疑更看重文化而非血统。陈寅恪对民族文化的研究当然不止于此，对于隋唐之际少数民族与汉族在制度上的整合与演变过程，他也做了深入的考订，全部辑录于《隋唐制度渊源略论稿》《唐代政治史述论稿》等书中。

此外，西北史地之学也早就进入了陈寅恪的视野，其中以突厥学、蒙藏学、"敦煌学"为主。

除了突厥学[①]，陈寅恪在蒙藏学研究方面，更是利用多种语言文字和新方法探明了蒙古族学者萨囊彻辰所著的《蒙古源流》一书的本来面貌，解答了人们困惑不解的问题，对后世的蒙古学研究产生了重大影响。在藏学领域，陈寅恪也作出了重要贡献。[②] 陈寅恪著《吐蕃彝泰赞普名号年代考》一文，依据长庆《唐蕃会盟碑》订正其中错误，傅斯年对陈寅恪惊为天人。他更是在《〈大乘稻芊经随听疏〉跋》一文中指出：《大乘稻芊经随听疏》的译者为唐代吐蕃沙门法成，而且论述了法成在学术上的象征意义，"夫成公（法成）之于吐蕃，亦犹慈恩之于震旦；今天莫不知有玄奘，法成则名字湮没者且千载，迄至今日，钩索故籍，仅乃得之。同为沟通东西学术，一代文化所托命之人，而其后世声闻之显晦，殊异若此，殆有幸与不幸欤"。[③] 陈寅恪依据其掌握多种历史语言的优势，花费了大量心血比勘佛经的梵、藏、汉译本之"异同得失"，并撰写多种读书笔记，绘制了大量图片，可惜因战争流离而大量丧失。

敦煌学研究源于 1900 年敦煌藏经洞的发现。伯希和、斯坦因等人偷运敦煌文书被发现，敦煌才开始频频出现在国人的视野中。当时世界敦煌学研究的中心在法国、日本，中国对此的研究则反而相

---

① 蔡鸿生：《陈寅恪与中国突厥学》，载《纪念陈寅恪教授国际学术讨论会文集》，中山大学出版社 1989 年版，第 575—581 页。

② 王川：《陈寅恪与藏学研究》，载《西藏民族学院学报（哲学社会科学版）》2005 年第 1 期。

③ 陈寅恪：《〈大乘稻芊经随听疏〉跋》，载氏著：《金明馆丛稿二编》，第 287—289 页。

对滞后。他虽不是研究上的第一人，却第一个提出了"敦煌学"名称。1930 年，陈寅恪提出"敦煌学者，今日世界学术之新潮流也"。他更是明确宣示："天水一朝之文化，竟为我民族遗留之瑰宝。"①然而让人感觉忧虑的是敦煌学研究"自发现以来，二十余年间，东起日本，西迄法英，诸国学人，各就其治学范围，先后咸有所贡献。吾国学者，其撰述得列于世界敦煌学著作之林者，仅三数人而已"②。当时西方的敦煌学发展得如火如荼，国内对于这一领域的研究却几乎一片荒芜，因此。他感叹："敦煌者，吾国学术之伤心史也。"③更是在作诗赠别学生之余，惋惜之情表露无遗："群趋东邻受国史，神州士夫羞欲死。田巴鲁仲两无成，要待诸君洗斯耻。"④但同时，奋进之心也跃然纸上。

陈寅恪从理论上阐述了敦煌文献的珍贵价值，并把它纳入世界学术的新领域中，而且指明了包括摩尼教在内的研究方向，预言敦煌学将成为世界显学。陈寅恪不仅首创了"敦煌学"一词，而且对敦煌文书进行了认真研究，包括伯希和盗运的敦煌文书，以及"钢和泰藏卷"等零散敦煌文书。陈寅恪为胡适收藏的敦煌佛经《降魔变文》写跋，也在《〈三国志〉曹冲华佗传与佛教故事》《〈西游记〉玄奘弟子故事之演变》等论文中援引敦煌文献，对敦煌佛经卷子的重要价值做了全面的评述。

三、启示

文化的发展与更新路径，需要面对不同的文明，进行互鉴。对于中华文化而言，注重借鉴与汲取国外优秀文化的合理内核，在交流中发展，在碰撞中新生。

---

① 陈寅恪：《赠蒋秉南序》，载氏著：《寒柳堂集》，第 182 页。

② 陈寅恪：《金明馆丛稿二编》，第 277 页。

③ 陈寅恪：《陈垣敦煌劫余录序》，载氏著：《金明馆丛稿二编》，第 267 页。

④ 浦江清：《清华园日记　西行日记》，生活·读书·新知三联书店 1987 年版；陈寅恪：《陈寅恪集·诗集：附唐篔诗存》，第 19 页。

首先，在吸收与借鉴外来文化方面，谈到如何发展中国文化的发展问题上，陈寅恪坚持"中国文化本位主义"思想，坚持对于中华文化的自信。虽然要借鉴外来文化，但有主次之分，不能让外来文化的观念冲淡了中国文化的核心理念。陈寅恪提出中华文化的内涵在于三纲六纪的理念。同时提出，三纲六纪只取其理论，不取其内容，即"抽象理想最高之境"。实际上是对中华民族传统文化当中人伦观念的肯定，推崇人伦价值的普遍意义。这是当今国人无论如何吸收外来文化，也不能丢弃的文化理念。

其次，在文化交流与碰撞中，陈寅恪熟读佛典，提出要有"独立之精神，自由之思想"。即在吸收外来文化资源的同时，既不走全盘西化（无论东欧，还是北美）、改旗易帜的歧路，也不走因循守旧、故步自封的绝路，而要走独立自主、兼容并包的更新之路。这就是告诉国人，在东西文化的碰撞中既不能全盘西化，一味接受，同时，也不能一成不变，而是独立思考，有所选择。

再次，对于文化的复兴与新生，陈寅恪启示国人，要坚定文化自信，不能随波逐流。对外来文化与中国文化的碰撞与冲突，我们应该积极去看待，冲突带来的是机遇与挑战。只要对外来文化进行合理的改造利用，实现西方文化的中国化、本土化，就能完善发展中国文化体系，让中国文化焕发生机活力。

中华文化的继承与创新，要对传统优秀文化深入挖掘与研究，去粗取精，发扬光大，要深刻理解传统文化，鉴往知来，要对于传统文化仔细甄别，扬长避短，取长补短。陈寅恪在治史治学过程中，注意利用乾嘉考据学的优势，以订正隋唐制度之渊源，正是这种制度演变为中国政治制度的发展提供了最好的参照。陈寅恪对于宋代理学的研究，令国人发现宋代理学塑造了一种"为天地立心，为生民立命，为往圣继绝学，为万世开太平"的士大夫精神，成为中华文化的重要内核之一。

中华文化的继承与创新，还要深刻理解民族文化，辨明中华民族的融合进程。陈寅恪提出北朝隋唐胡汉民族之别，不在血统，而在文化；在文化问题上纠正错误与偏差，促进中国文化研究的深入与发展。

陈寅恪探索与深挖民族文化，使得"敦煌学"一词诞生①，敦煌学在我国蓬勃发展，《唐蕃会盟碑》千年之谬误得以订正。这些文化领域的研究，为中国文化的发展开辟了新的道路，提供了新的空间。

附敬挽先生联一幅，2021 年 2 月 15 日蔡师过世当日初拟。

栖身康乐园七秩弘道求真，名山事业岂止一纸传；
致知才学识三全金针度人，智慧功德信乎百世芳。

生徒 王川敬挽，2 月 15 日，17 日又改。

略解释如下，请批评：

栖身康乐园（南朝宋元嘉年间，文帝流放中国山水诗创始人、世族名士"康乐公"谢灵运于广州，传其栖身之所即今中山大学南校区之地，后称"康乐园"，成为中山大学校园代称）。七秩（蔡师从 1953 年到中山大学就学，此后治学、教学，至今 69 个年头，约 70 年）。弘道求真（蔡师授业时，常言史学研究贵在"求真"）。名山事业岂止一纸传（取蔡师常以清人赵翼诗"文有一纸传，便抵公卿贵"句勉励诸生向学）。

致知才学识三全金针度人（蔡师授课多次引述金人元好问《论诗》诗："鸳鸯绣出从教看，莫把金针度与人"，蔡师教学，知无不教，却是"尽将金针度与人"）。智慧功德信乎百世芳（蔡师一生，除了治学的知识之外，更多则是智慧、善良、勇气三者合一的智慧功德，智慧功德为藏传佛教等正信宗教所推崇）。

（作者系四川师范大学中华传统文化学院教授）

---

① 姜伯勤：《陈寅恪先生与敦煌学》，载《广东社会科学》1988 年第 2 期；刘大胜：《陈寅恪与敦煌学》，载《史学理论研究》2021 年第 5 期。

下编

中西交通

迦腻色伽的年代补说

余太山

我曾写过一篇《迦腻色伽的年代》（以下简称《年代》）[①]，旨在证明贵霜王朝迦腻色伽（一世）并未在登基时建元。可是，由于未能及时掌握若干国外重要的研究成果，尤其是没有掌握归属迦腻色伽之父阎膏珍（Vima Kadphises）的两篇铭文的有关研究成果，基础不坚实，论证有问题，《年代》一文之结论必须复查，自不待言。

一、《年代》的立论基础

《年代》一文立论之基础主要在两篇归属迦腻色伽之父阎膏珍的铭文：

第一篇是 187 年的 Khalatse 铭文[②]，旧说此铭文之年代应按元年为前 58/57 年的所谓超日纪元（Vikrama *saṃvat* era）计算，绝对年代便是公元 129 年。[③]

今案：以往将此铭文年代释读为 187 年，因而只能按所谓超日

---

① 余太山：《贵霜史研究》，商务印书馆 2015 年版，第 72—88 页。

② Stefan Baums and Andrew Glass "Catalogue of Kharoṣṭhī Inscriptions" at http://gandhari. org/a_ inscriptions. php. 62 是该书编者给佉卢铭文的编号。

③ S. Konow, *Corpus Inscriptionum Indicarum*, Vol. Ⅱ, Part Ⅰ, *Kharoshthī Inscriptions, with the Exception of Those of Aśoka*, Calcutta, 1929, pp. 79 – 81.

纪元计算。但是，依据最新的释读，该铭文的年代不是 187 年，而是 287 年①，其年代自然不能再按所谓超日纪元，只能按元年为公元前 174 年之 Yavana 纪元推算。因此，绝对年代也就成了公元 112 年。

第二篇是 299 年的 Surkh Kotal 铭文，其年代历来认为应按元年为前 170 年的 Eucratides 纪元计算，绝对年代为公元 129 年。但是，这 299 也是误读，正确数字应为 279。② 和 Khalatse 铭文一样，该铭文采用的也是 Yavana 纪元。因此，此铭文之绝对年代应为公元 104 年。

今案：所谓 Eucratides 纪元乃 Yavana 纪元之别称，因 Eucratides 是最早统治兴都库什南北的希腊—巴克特里亚国王，Yavana 纪元一度被认为是 Eucratides 所创而得名。一般认为，其元年应为前 174 年而不是前 170 年。③

既然归属阎膏珍的两篇铭文均采用 Yavana 纪元，而承袭其父采用纪元之"迦腻色伽纪元"之"元年"，不妨理解为省去了 Yavana 纪元 301 年之百位数④，而绝对年代为公元 127 年。据此，有关贵霜王朝诸王的年代可表列如下：

① Joe Cribb, "The Greek Kingdom of Bactria, its Coinage and its Collapse", in O. Bopearachchi & M. – F. Boussac eds., *Afghanistan, Ancien carrefour entre l'est et l'ouest: Actes du colloque international organisé au Musee archeologique Henri-Pradès-Lattes*, Turnhout, 2005, pp. 207 – 225.

② J. Harmatta, "Languages and literature of the Kushan Empire", in *History of Civilizations of Central Asia*, vol. II, UNESCO, 1994, pp. 417 – 440. 案：J. Harmatta 不仅将 279 误读为 299，且所读出的贵霜王名 Takpiso 未能落实。

③ Harry Falk, "Ancient Indian Eras: An Overview", *Bulletin of the Asia Institute* (new series) 21(2007), pp. 131 – 145; Harry Falk, "Kushan Dynasty iii. Chronology of the Kushans", *Encyclopædia Iranica* (online edition), 2014.

④ J. E. Van Lohuizen – de Leeuw, *The "Scythian" Period*, Leiden: E. J. Brill, 1949, pp. 232 – 262; J. E. Van Lohuizen – de Leeuw, "The Second Century of the Kaniska Era", *Journal of the Society for South Asian Studies* 2 (1986), pp. 1 – 9.

Kushan kings	the so – called Kaniska Era	Yavana Era	Christian Era
Kaniska I	1—23	301—323	127—149
Huviska	28—62	328—362	154—188
Vāsudeva	64/67—98	364/367—398	190/193—224
Huviska Ⅱ	104	404	230
Vasiska	120—128	420—428	246—254
Kaniska Ⅱ	131—141	431—441	257—267

以下依据表列数据逐一检讨《年代》一文的论证过程。

二、检讨之一：中国史料

1. 《后汉书·西域传》称所传西域事情"皆安帝末班勇所记"。传文未及迦腻色伽，似乎说明迦腻色伽即位迟于安帝末年（公元125年）。又，传文未及阎膏珍之死，似乎说明阎膏珍可能去位于125年之后。今案：这和上表所列数据毫无矛盾。也就是说迦腻色伽登基之年在公元125年与127年之间。

2. 《后汉书·西域传》"安帝元初中（114—119年），疏勒王安国以舅臣磐有罪，徙于月氏，月氏王亲爱之。后安国死，无子，母持国政，与国人共立臣磐同产弟子遗腹为疏勒王。臣磐闻之，请月氏王曰：安国无子，种人微弱，若立母氏，我乃遗腹叔父也，我当为王。月氏乃遣兵送还疏勒。国人素敬爱臣磐，又畏惮月氏，即共夺遗腹印绶，迎臣磐立为王，更以遗腹为磐槖城侯"。此处所谓"月氏"无疑指贵霜王朝，安帝元初中疏勒王安国徙臣磐时，正值阎膏珍在位。

但是，安国去世后遣兵送臣磐归国者应为阎膏珍之子迦腻色伽。盖据同传，"顺帝永建二年（127年），臣磐遣使奉献，帝拜臣磐为汉大都尉，兄子臣勋为守国司马"。臣磐仗贵霜之力登基，势必获得东汉朝廷承认。因此，永建二年很可能是臣磐登基之年，盖臣磐即位后理应立即遣使朝汉。

另一方面，《大唐西域记》卷一有载：迦腻色伽时，"河西蕃维，畏威送质"。若将这则记载和上引《后汉书·西域传》的记载结合起来，则不妨认为，迦腻色伽继位后，西域诸国继续在朝东汉的同时送质贵霜，其中应包括疏勒。① 换言之，臣磐即位后，曾送质于贵霜。要之，不能据《大唐西域记》，指臣磐即疏勒王安国所送质子，进而认为安帝元初中迦腻色伽业已在位。

3. 据《三国志·魏书·明帝纪》，太和三年（公元 229 年）十二月"癸卯，大月氏王波调遣使奉献，以调为亲魏大月氏王"。《年代》一文将公元 229 年遣使曹魏明帝之大月氏王波调比定为Vāsudeva（一世）。而据上表所列数据，Vāsudeva 一世于所谓"迦腻色伽纪元"第 64/67—98 年（公元 190/193—224 年）在位，乍看似乎不合；但不妨考虑以下两种可能性：

其一，已知 Vāsudeva 最后年号为所谓"迦腻色伽纪元"的 98 年，但很可能是年并非其在位之最后年份。换言之，所谓"迦腻色伽纪元"98 年（公元 224 年）可理解为 Vāsudeva 去位年代之上限。

其二，即使 Vāsudeva 于 224 年其去位之年遣东汉，使者长途跋涉，或有耽搁，229 年始达魏都受封。

三、检讨之二：亚美尼亚史料

据 Moses Khoren 的《亚美尼亚史》（Ⅱ，72）记载，贵霜统治者 Vehsachan 曾应亚美尼亚王 Khosrov 之召，共同反抗 Artashir。②

今案：Vehsadjan 可与 Vāsudeva 勘同，而 Artashir 无疑即萨珊王阿尔达希尔（Ardashir）一世（公元 224—240 年在位）。③ Vāsudeva

① A. K. Narain, "Indo – Europeans in Inner Asia", in D. Sinor ed., *The Cambridge History of Early Inner Asia*, Cambridge, 1990, pp. 151 – 176, esp. pp. 164 – 165, 指出臣磐曾送质于迦腻色伽。

② *Moses Khorenats'i History of the Armenians*, Translation and Commentary on the Literary Sources by Robert W. Thomson, Cambridge, Massachusetts, London: Harvard University Press, 1978, pp. 218 – 219.

③ R. Ghirshman, *Bégram, recherches archéologiques et historiques sur les Kouchans*, Le Caire, Imperimerie d L'Institut français d'Archéologie Orientale, 1946, p. 155.

既于所谓迦腻色伽纪元 64/67—98 年（Yavana 纪元第 364/367—398 年，即公元 190/193—224 年）在位，当与 Ardashir 一世同时代。盖公元 224 年应为 Vāsudeva 去位之年的上限。

四、检讨之三：波斯、阿拉伯史料

贵霜王朝似乎最先失去对 Bactria 及其周围地区之控制，一般认为这是萨珊王朝进攻的结果。这一事件可能发生在萨珊王朝的创始人 Ardashīr 一世的治期（公元 224—240 年）。盖据 Al-Tabarī 的记载：

> 于是，他（阿尔达希尔）自 Sawād 返回 Iṣṭakhr，复自彼处依次进军 Jurjān（Gorgan）、Abarshahr（Nishapur）、Marw（Merv）、Balkh 和 Khwārazm（Khwarizm），直抵 Khurāsān 最远的边陲。此后，他回到 Marw。他杀人如麻，将首级献祭于 Anāhīdh 之祆庙。嗣后，他自 Marw 返归 Fārs，在 Jūr 住下来。贵霜、Ṭūrān 和 Makrān 诸王均遣使请降。①

但也可能发生在沙普尔（Shāpūr）一世（公元 240—270 年）时期。盖沙普尔一世的 Naqsh-i Rustam 铭文声称，包括"直至 Peshawar 的 Kushanshahr"在内的各处业已臣服，成为萨珊人之附庸。② 换言之，萨珊王朝对贵霜领土的进攻和占领可能发生在公元 224—270 年间的任何时候。

今案：波斯、阿拉伯史料与以上推定的迦腻色伽及其继承者的在位年代并无矛盾：

---

① C. E. Bosworth tr., *The History of al - Tabarī*, Vol. 5: The Sasians, the Byzantines, the Lakhmids, and Yemen（Abu Ja'far Muhammad bin Jarir al - Tabarī）, New York, 1999, p. 15.

② R. N. Frye, *The History of Ancient Iran*, München, 1984, pp. 371 - 373, esp. p. 371.

阿尔达希尔一世可能进攻贵霜的年代（公元 233—238 年）① 正落在曹魏明帝的治期（公元 227—239 年），而稍晚于波调朝魏的年代（公元 229 年），则可知与阿尔达希尔一世发生关系的贵霜统治者有可能是波调。盖波调可与 Vāsudeva 一世（已知其铭文最迟的年代是所谓"迦腻色伽纪元"第 98 年，亦即 Yavana 纪元第 398 年）勘同。而如前述，其末年之上限为 Yavana 纪元第 398 年（公元 224 年），正值阿尔达希尔一世登基。因此，如果 Vāsudeva 一世去位是由于受到萨珊打击，则未必在沙普尔一世治期。贝格拉姆 III 出土的 8 枚 Vāsudeva 的劣质铜币既可能与阿尔达希尔一世、也可能与沙普尔一世之打击有关。阿尔达希尔一世和沙普尔一世的进攻可能重创贵霜、使之臣服，却未必结束贵霜的统治。

五、检讨之四：印度史料

塞种纪元（元年为 78 年）第 72 年的 Junāgadh 铭文表明西印度"大总督"（mahākṣatrapa）Rudradāman 在公元 150 年左右占领了信德、Sauvira 及 Mālava。② 而所谓迦腻色伽纪元第 11 年的 Sui Vihār 铭文表明这一带当时在贵霜治下。迦腻色伽即位的年代因此被提前③，或因此被推迟。④

今案：《后汉书·西域传》称阎膏珍征服印度后，"置将一人监领之"。"监领"应该是贵霜人统治中亚和印度广大征服地区的主要手段。置"将"，可能是利用土著，亦即扶植傀儡。⑤ 而所谓"大总

---

① J. Harmatt, "Minor Bactrian Inscription", *Acta Antiqua Academiae Scientiarum Hungaricae* 13 (1965), pp. 149 – 205.

② Richard Salomon, *Indian Epigraphy: A Guide to the Study of Inscriptions in Sanskrit, Prakrit, and the other Indo – Aryan Languages*, Oxford, 1998, pp. 89 – 90.

③ F. Kielhorn, "Junagadh Rock Inscription of Rudradaman; the Year 72", *Epigraphia India* 13 (1905 – 1906), pp. 36 – 49.

④ B. N. Puri, *India under the Kushānas*, Bombay, 1965, pp. 38 – 39.

⑤ 余太山：《嚈哒史研究》，齐鲁书社 1986 年版，第 129—142 页。

督”，毕竟不是最高统治者的尊号，也许就是《后汉书·西域传》所谓“将”。完全有理由认为迦腻色伽采用其父阎膏珍一样的统治方式。具体而言，作为贵霜王朝的“大总督”，Rudradāman 承认贵霜的宗主权，但有较大的自治权，可以采用自己的纪元。换言之，所谓迦腻色伽纪元第 11 年（公元 137 年）的 Sui Vihār 铭文和塞种纪元第 72 年（公元 150 年）的 Junāgadh 铭文间并不存在不可调和的矛盾。

六、检讨之五：罗马证据

钱币学的研究表明，贵霜钱币可能拷贝自罗马钱币：阎膏珍摹仿了 Trajan（公元 98—117 年），迦腻色伽一世（127—149 年）摹仿了 Hadrian（公元 117—138 年），Huviska（154—188 年）则摹仿了 Antonius Pius（公元 138—161 年），诸如此类。[1]

今案：这种类型对比带有很大的不确定性[2]，同一位钱币学家，以相同的钱币作依据，也会得出不同的结论。[3] 纵然很难将钱币类型作为迦腻色伽年代之绝对证据，但以上推定的迦腻色伽及其继承人的大致在位年代，无妨认为其钱币之原型拷贝自年代较早之罗马钱币。

七、检讨结果

以上考察表明，其他各种资料与依据铭文推定的迦腻色伽在位

---

[1] R. Göbl, "Roman Patterns for Kushna Coins", *Journal of the Numismatic Society of India* 22（1960），pp. 75 – 95; R. Göbl, "Numismatic Evidence Relating to the Date of Kaniska", in A. L. Basham ed. , *Papers on the Date of Kaniska*, Leiden, 1968, pp. 103 – 113.

[2] D. W. MacDowall, "Numismatic Evidence for the Date of Kaniska", in A. L. Basham ed. , *Papers on the Date of Kaniska*, pp. 134 – 149.

[3] 参见 Robert Göbl, *System und Chronologie der Mhnzprägung des Kušānreiches*, Wien, 1984, pp. 61 – 64。

年代并无抵牾之处。但是，无论任何一种资料或其综合，均无从据以确定迦腻色伽即位于哪一年。所谓"迦腻色伽纪元"不过是迦腻色伽沿用其父阎膏珍曾采用的纪元亦即所谓 Yavana 纪元而已，所谓"迦腻色伽纪元"的元年便是省略了百位数 3 的 Yavana 纪元。应该强调指出，没有确凿的证据表明 Yavana 纪元 301 年亦即公元 127 年就是迦腻色伽即位之年，只能视作其即位之年的下限。

要之，并没有所谓"迦腻色伽纪元"。不仅迦腻色伽一世没有建元，贵霜王朝的创始人丘就却并未建元，迦腻色伽之父、祖均未建元，所谓"迦腻色伽纪元"至少沿用了 98 年，也说明贵霜诸王并无登基即建元之举。由此可见，在新的基础上，《年代》一文的主要结论是成立的。

（作者系中国社会科学院历史研究所研究员）

一个入居唐朝扬州的波斯家族

荣新江

我很幸运，比较早地就认识了蔡鸿生先生，承蒙他的厚爱，每有著作出版，则寄一册给我。我每得大著，如获至宝，盥手拜读，不忍释卷。我的入华粟特人系列研究，蔡先生的《唐代九姓胡与突厥文化》无疑起到指南作用；我后来有机会前往俄罗斯调查斯卡奇科夫藏书，蔡先生的《俄罗斯馆纪事》则是行箧必备之书。每次到广州，都找机会请教，有时候在永芳堂，有时候在学而优。最为难得的是 1994 年 3 月，我陪同季羡林先生前往泰国，参加华侨崇圣大学开创典礼，蔡先生则从广州前往。在泰国曼谷等地的几天里，我有很多机会向蔡先生问学，受益良多，其谆谆教诲的情景，犹在眼前。遗憾的是 2021 年蔡先生驾鹤西归，再无缘相见。中山大学历史学系有蔡鸿生先生九十诞辰纪念文集编辑之议，谨撰小文一篇，以为追念。——2022 年 2 月 27 日

2004 年，扬州市解放桥附近的普哈丁墓园南侧凯运天地建筑工地出土一方唐人墓志，2012 年由扬州博物馆征集。志石长 50 厘米，宽 50.5 厘米，厚 8.2 厘米，左上角和右下角略有残损。① 徐忠文、徐仁雨、周长源三位合著《扬州出土唐代长沙窑瓷器研究》一书中刊布了图版和录文。② 其录文可以信从，今移录如下：

---

① 杨双博：《"海丝"新发现：唐波斯人墓志现身　墓主人叫摩呼禄》，载《扬州晚报》2015 年 11 月 17 日；郑阳、陈德勇：《扬州新发现唐代波斯人墓碑意义初探》，载《中国穆斯林》2015 年第 3 期，第 58—60 页。

② 徐忠文、徐仁雨、周长源：《扬州出土唐代长沙窑瓷器研究》，文物出版社 2015 年版，第 26—27 页，图 19。又见李文才疏证：《隋唐五代扬州地区石刻文献集成》，凤凰出版社 2021 年版，第 145—146 页。

唐故李府君墓志并序

　　颍川陈巨舟撰

　　曰天地万物，禀造化而自然。遗制于人，乾坤应运，其有机推显用，神骥间生，即故府君，世钦颍士。府君父名罗呼禄，府君称摩呼禄，阀阅宗枝，此不述耳。府君望郡陇西，贯波斯国人也。英资（姿）朗丽，衋达心胸。德重怀贤，孤峰迥立，含弘大量，煦物多情，损己惠仁，无论贿赂。舟航赴此，卜宅安居，唯唯修身，堪为国宝。何期享年未永，天不憖遗，殛疾婴缠，无施药饵，大谢于大和九年二月十六日，殁于唐扬州江阳县文教坊之私第也，时七十有五矣。府君有夫人穆氏，育女一人，适扶风马公，早从君子。夫人令女等，冰姿绚琰，寒玉莹容，四德三从，堪书竹帛，并号天扣地，改貌枯刑（形），恨礼制有期，思温清无日。府君又有二侄，一牌会，一端皆，承家以孝，奉尊竭诚，文质彬彬，清才简要。今泣血孤露，承重主丧。罄金帛以列凶仪，展敬上尽仁子之礼。宜以此月廿七日，窆于当州江阳县界嘉宁乡北五乍村之原也。丘陵逦迤，松户森沉，杳袅春风，剪裁花卉。巨舟寡学，命缀铭焉，无舒负笈之能，有献刍之志，笔采文典，斐简□章，不揆狂踈，辄赞曰：

　　□□府君，生居西域。云水舟航，漂流楚客。五常既备，何遭困厄。□□□□，存亡路隔。孀妻悼苦，令女哀戚。吉晨将窆，陌□□□。□□□□，□□阒寂。丘陵峻秀，志镌铭石。永永不隳，□□□□。①

　　有关此志的专题研究论文不多，管见所及，只有周运中《唐代扬州波斯人李摩呼禄墓志研究》，认为墓主人从名称看应当是摩尼教的呼禄法师，为低级传教士，从其姓"李"看可能来自流寓唐朝的

---

① 笔者曾在 2017 年 11 月 14 日到扬州博物馆库房校读这方墓志。这里的录文个别标点不同原录，又"何期享年未永"，"未"原录作"永"；"一端皆"，原录"皆"字下属，亦通。

波斯贵族集团，原本住在关中，后移居扬州。①

墓主人父名罗呼禄，本人名摩呼禄，原本是波斯国人，"舟航赴此"，表明是海路而来，"卜宅安居"，在扬州这里住了下来，没有什么特别的事迹，墓主在大和九年（835）二月十六日卒于扬州江阳县文教坊，享年 75 岁。夫人穆氏，生有一女，嫁给郡望扶风的马公。此外，墓主还有两个侄儿，帮助墓主的寡妻孤女料理了丧事。墓志为郡望颍川的陈巨舟所撰。

除了卒葬地为扬州之外，墓志没有提到墓主及其父到过什么地方，因此可以说从泛海而来后，就一直生活在扬州。墓志题作"李府君"，显然是冒姓李氏，或者是他们在扬州著籍为唐人时，官府给的汉姓，因为一般波斯人入唐，大多数用"李"为姓，如日本天平八年（736）随遣唐副使中臣名代赴日的波斯人李密翳②、从大历到元和年间任职司天台的波斯人李素及其子辈③、敬宗时献沉香亭子材的"波斯贾人李苏沙"④、唐末入楚的波斯人李珣及弟李玹⑤。而墓主父子两人名"罗呼禄""摩呼禄"，显然是音译，说明他们入唐未久，还没有变成正规的汉文名字。而摩呼禄卒于扬州坊里，表明他们已经是城里的百姓。

---

① 周运中：《唐代扬州波斯人李摩呼禄墓志研究》，载《文博》2017 年第 6 期，第 69—72 页。

② 石田干之助：《〈都利聿斯经〉及其佚文》，《羽田博士颂寿记念东洋史论丛》，1950 年；载氏著：《东亚文化史丛考》，东洋文库 1973 年版，第 699 页。

③ 荣新江：《一个入仕唐朝的波斯景教家族》，载叶奕良主编：《伊朗学在中国论文集》第 2 集，北京大学出版社，1998 年，第 82—90 页；又载氏著：《中古中国与外来文明》，生活·读书·新知三联书店 2001 年版，第 238—257 页。

④ 《旧唐书》卷 171《李汉传》，中华书局 1975 年版，第 4453 页；《资治通鉴》卷 243 长庆四年九月丁未条，古籍出版社 1956 年版，第 7839 页。

⑤ 参看罗香林：《系出波斯之李珣及其海药本草》，载《香港大学五十周年纪念论文集》第 2 集，香港大学 1964 年版，第 217—239 页。按，《海药本草》有尚志钧辑校本，人民卫生出版社 1997 年版。

摩呼禄的夫人姓穆，这也是一个胡姓，原本出自中亚花剌子模地区的木鹿（Marv），与波斯本土相距不远。① 木鹿在波斯萨珊王朝时期曾经是呼罗珊省的首府，所以唐五代人也有把穆国人当成波斯人的，如《册府元龟》卷975记唐玄宗开元十三年（725）七月来朝和十八年（730）十月来献方物的"波斯首领穆沙诺"，及孙光宪《北梦琐言》所记"波斯穆昭嗣"②，蔡鸿生先生认为，前者"应属伪托"，后者的"波斯"是西胡的泛称。③ 在中世纪早期，穆国是"摩尼教在东方宣传的主要中心之一"④。摩呼禄和穆氏是原本在西域就结合的呢？还是在扬州才结为连理？两种可能都是存在的。

摩呼禄的墓志由颍川陈巨舟撰写，陈氏为颍川大姓，巨舟应当是汉族无疑，他没有官职，或许就是扬州地方上的文人，由此来看，摩呼禄一家与当地汉人社会是有往来的，他的入葬方式我们不得而知，但已经使用了汉式的墓志，并且请汉人文士撰写墓志，表明在某些方面，已经接受中国文化习俗。

扬州是隋唐时期一座繁华的城市，是陆上和海上丝绸之路的交汇点，这里往来的胡商很多，见诸史料记载最有名的事例，是安史之乱后，上元元年（760），淮西节度使刘展作乱，扬州长史、淮南节度邓景山召请平卢军副大使田神功率兵马讨伐，"至扬州，大掠百姓商人资产，郡内比屋发掘略遍，商胡波斯被杀者数千人"⑤，可见扬州波斯商胡之多。

---

① 蔡鸿生：《唐代社会的穆姓胡客》，载《中国史研究》2005年增刊，第75—82页；又载《蔡鸿生史学文编》，广东人民出版社2014年版，第78—92页。

② 《太平广记》卷98引《北梦琐言》，中华书局1961年版，第656页。

③ 《蔡鸿生史学文编》，第84—85、87页。

④ 李特文斯基主编：《中亚文明史》第3卷，中国对外翻译出版公司、联合国教科文组织2003年版，第355页。

⑤ 《旧唐书》卷124《田神功传》，第3533页。《旧唐书》卷110《邓景山传》作"商胡大食、波斯等商旅死者数千人"，第3313页。

在笔记小说中也常常见到扬州胡人的身影，薛爱华（E. H. Schafer）曾举出下面三条传奇材料，笔者也曾有所阐述①：

薛用弱《集异记》（824 年成书）记：玄宗开元初，李勉沿汴河往游扬州，遇波斯老胡求搭乘船只，自称"我本王贵种也，商贩于此，已逾二十年"。其有传国宝珠，途中因病而死，终前将价值百万的宝珠交给李勉。李勉到达扬州之后，于旗亭处见群胡相随，其中有已故商胡之子，告知老胡墓地，其子从墓中取走老胡口中的宝珠。②

戴孚《广异记》（大历、贞元年间成书）称：有波斯胡人，在洪州（今江西南昌）一僧人处市一小瓶，大如合拳。后胡人至扬州，长史邓景山知其事，以问胡，胡云："瓶中是紫羊末羯，人得之者，为鬼、神所护，入火不烧，涉水不溺。有其物而无其价，非明珠杂货宝所能及也。"③

卢肇（818—882）著《逸史》讲卢、李二生故事：李生欠折官钱两万贯，后在扬州阿师桥遇卢生，卢生"乃与一拄杖，曰：'将此于波斯店取钱。'即以拄杖诣波斯店。波斯见拄杖，惊曰：'此卢二舅（卢生）拄杖，何以得之？'依言付钱"④。

此外，日本入唐求法僧圆仁记载，开成四年（839）正月，扬州大都督府长史李德裕为修开元寺瑞像阁而募捐，时有波斯国侨民捐

---

① E. H. Schafer, "Iranian Merchants in T'ang Dynasty Tales", *Semitic and Oriental Studies: A Volume Presented to William Popper on the Occasion of His Seventy-Fifth Birthday October* 29, 1949, ed. by W. J. Fischel, Berkeley and Los Angeles: University of California Press, 1951, pp. 403 – 422；荣新江：《波斯与中国——两种文化在唐朝的交融》，原载刘东编：《中国学术》2002 年第 4 辑，商务印书馆第 56—76 页；又载氏著：《丝绸之路与东西文化交流》，北京大学出版社 2015 年版，第 61—80 页。

② 《太平广记》卷 402 "李勉"条，第 3240 页。

③ 《太平广记》卷 403 "紫末羯"条，第 3251 页。

④ 《太平广记》卷 17 "卢李二生"条，第 119 页。此据李剑国辑校《唐五代传奇集》第 3 册，中华书局 2015 年版，第 1483 页。

钱 1000 贯。①

还有一些扬州商胡的记录，如扬州胡商向士人韦弇买宝故事②，天水人赵旭在扬州遇仙得宝故事③，苏州人往扬州胡商珠宝店卖珠故事④，等等，其中也可能有波斯胡人，当然也不排除是粟特、大食胡人。

摩呼禄正是在这样的氛围内生活的一个波斯人，本来也没有什么特别之处。因为他的墓志没有记载他任过官，一种可能性为，他原本是一个商人，家内殷实，所以卒后还请人书写墓志。

然而，这方墓志最引人注目的地方，还在于墓主父子二人的名字中，都有"呼禄"一词。其父名罗呼禄，子名摩呼禄，两者中的"呼禄"完全一致，应当是一个词语，而"罗""摩"则应当有另外的对音，目前还不好解释。

"呼禄"并非普通的词汇，它是摩尼教法师的名称，治摩尼教史的人都很熟悉明代何乔远《闽书》中有关泉州草庵摩尼佛来历的一段记载：

> 华表山，与灵源相连，两峰角立如华表。山背之麓有草庵，元时物也，祀摩尼佛。摩尼佛……其教曰明，衣尚白，朝拜日，夕拜月……会昌中汰僧，明教在汰中。有呼禄法师者，来入福唐，授侣三山，游方泉郡，卒葬郡北山下。⑤

这里是说唐武宗会昌年间灭法时，摩尼教（后来称明教）也在被禁之中，其时有呼禄法师来到闽地，先到福唐（今福清），再到三

---

① 小野胜年原著，白化文等修订《入唐求法巡礼行记校注》卷 1，花山文艺出版社 1992 年版，第 95 页。

② 《太平广记》卷 33 "韦弇"条，第 210 页。

③ 《太平广记》卷 65 "赵旭"条，第 404—405 页。

④ 《太平广记》卷 402 "守船者"条，第 3241—3242 页。

⑤ 何乔远编，厦门大学古籍整理研究所、历史学系古籍整理研究室《闽书》校点组校点：《闽书》卷 7《方域志》，福建人民出版社 1994—1995 年版，第 172 页。

山（今福州），传授教法；后来又到了泉郡（泉州）传教，最后卒于郡城的北山下面，而"直接由摩尼师呼禄播种"之明教，也由此发展开来。[1]

刘南强先生认为"呼禄"即敦煌发现的《摩尼光佛教法仪略》寺宇仪第五中的"呼嚧唤"（中古波斯语 xrwh(x)w'n），这是每座摩尼教寺庙由"每寺尊者，诠简三人"中的之一，排列"第二，呼嚧唤，译云教道首，专知奖劝"，即负责寺中传道的首领。[2] 森安孝夫教授进一步认为，呼嚧唤等并非寺院中的固定职位，而是临时性的。他还把"呼禄"与"胡禄"联系起来，"胡禄"即突厥回鹘语的uluγ，意为"大"，所以"呼禄法师"也可以称作"大法师"，即李肇《国史补》卷下所说："回纥常与摩尼议政，故京城为之立寺。其大摩尼数年一易，往来中国"。[3] 进而认为这些大摩尼法师是回鹘汗国派到唐朝的，并非固定的寺职，而是负责传教事宜，所以是位阶较高的大法师，因此才能够成为福建摩尼教的创立者。[4] 克拉克

① 参见蔡鸿生：《唐宋时代摩尼教在滨海地域的变异》，载《中山大学学报》2004 年第 6 期，第 117 页。此文又载《蔡鸿生史学文编》，第 734—742 页，引文在第 741 页。

② S. N. C. Lieu, "Precept and Practice in Manichaean Monasticism", *Journal of Theological Studies*, ns. 32, 1981, p. 163，林悟殊汉译题《摩尼教寺院的戒律和制度》，原刊《世界宗教研究》1983 年第 1 期，第 24—37 页；后经译者修订，又载氏著：《摩尼教及其东渐》附录，淑馨出版社 1997 年版，第 107—130 页；后又载荣新江主编：《黄文弼所获西域文献论集》，科学出版社 2013 年版，第 126—127 页。参见 Samuel N. C. Lieu, *Manichaeism in Central Asia and China*, Brill: Leiden-Boston-Köln, 1998, pp. 85 – 86, note 44。关于《摩尼光佛教法仪略》，见 E. Chavannes & P. Pelliot, "Un traité manichéen retrouvé en Chine (traduit et annot)", *Journal Asiatique*, 2 série, 1, 1913, pp. 106, 113 – 114。

③ 又见《资治通鉴》卷 237 元和元年末注，第 7638 页。

④ Moriyasu Takao, "On the Uighur *êxšapt ay* and the Spreading of Manichaeism into South China", ed. by R. E. Emmerick, *Studia Manichaica. IV. Internationaler Kongress zum Manichäismus, Berlin, 14.–18. Juli 1997*, Berlin, 2000, pp. 435 – 437. 杨富学、计佳辰汉译文《回鹘语 *êxšapt ay* 和摩尼教在中国东南的传播》，载杨富学：《回鹘学译文集新编》，甘肃教育出版社 2015 年版，第 176 页。

（Larry Clark）对森安的观点表示赞同。① 但杨富学认为："与其将之释作 Uluγ 之音译，毋宁以回鹘语 Qutluγ（意为'幸福''幸运'）之音译释之，似乎更容易理解与接受……开教福建之呼禄，乃回鹘摩尼僧也。"②

笔者赞同刘南强的观点，"呼禄"即摩尼教寺院中负责传法的摩尼僧官"呼嚧唤"，中古波斯语 xrwh(x)wn，回鹘文作 xruxan，后者见黄文弼所获吐鲁番出土摩尼教寺院寺规文书③。回鹘文的 uluγ 一般对应于"胡禄"，Qutluγ 一般对应于"骨咄禄""骨禄"，在严格的唐代译语中，这两个词都没有对应于"呼禄"的例证。④ 从内容上看，《国史补》所说的大摩尼教，是驻锡京城的最高摩尼教首领，并不常驻，可以说是临时性的。上述引文下面，还有"小者年转江岭"，这些或许就是由各寺负责教义的法师来担任的，是低一级的摩尼教法师，他们也被派到地方上传法。《闽书》称"胡禄法师"，正是强调其为"教道首，专知奖劝"的职责。称"法师"，就是因为他们有能力传道，所以派到江南、岭南去传教。

扬州，正是回鹘汗国在唐朝内地传播摩尼教并兼做贸易的一个据点。

---

① Larry Clark, "The Conversion of Bügü Khan to Manichaeism", ed. by R. E. Emmerick, *Studia Manichaica. IV. Internationaler Kongress zum Manichäismus, Berlin, 14.–18. Juli 1997*, pp. 95 – 96, note 30. 杨富学、陈瑞连汉译文《牟羽可汗对摩尼教的皈依》，载杨富学：《回鹘学译文集》，甘肃民族出版社 2012 年版，第 359 页，注 30。

② 杨富学：《〈乐山堂神记〉与福建摩尼教》，载《文史》2011 年第 4 期，第 154 页。

③ 耿世民：《回鹘文摩尼教寺院文书初释》，载荣新江主编：《黄文弼所获西域文献论集》，第 100—107、109 页；森安孝夫：《ウイグル＝マニ教史の研究》，载《大阪大学文学部纪要》第 31、32 卷合并号，1991 年，第 40、61—62 页。

④ 周运中也不同意这种比定，见上引所撰《唐代扬州波斯人李摩呼禄墓志研究》，第 70 页。

漠北回鹘汗国在帮助唐朝打击安史叛军、收复领土上立了战功，同时回鹘牟羽可汗（759—779 年在位）在洛阳遇到摩尼教僧，于是开教漠北，立摩尼教为国教。此后摩尼教借助回鹘的势力，向唐朝内地传播。《佛祖统纪》卷 41 记，大历六年（771）：

> 回纥请于荆、扬、洪、越等州置大云光明寺，其徒白衣白冠。①

虽然数年后牟羽被宰相顿莫贺所杀，摩尼教一度受到压制，但到了怀信可汗（795—808 年在位）时，摩尼教在漠北重兴，并进入中原。回鹘摩尼教在唐朝的活动，史不绝书：

> 贞元十二年，回纥又遣摩尼八人至。②
>
> 贞元十五年四月丁丑，以久旱，令阴阳人法术祈雨。③
>
> 贞元十五年四月，以久旱，令摩尼师祈雨。④
>
> 元和元年，回鹘入贡，始以摩尼偕来，于中国置寺处之。⑤
>
> 元和元年，回纥遣使同摩尼伪人来朝。⑥
>
> 元和初，再朝献，始以摩尼至。其法日晏食，饮水，茹荤，屏湩酪。可汗常与共国者也。摩尼至京师，岁往来西市，商贾颇与囊橐为奸。⑦
>
> 元和二年正月庚子，回鹘使者请于河南府、太原府置摩尼寺三所，许之。⑧

---

① 志磐撰，道法校注：《佛祖统纪校注》，上海古籍出版社 2012 年版，第 962—963 页。

② 《册府元龟》卷 979，凤凰出版社 2006 年版，第 11337 页。

③ 《旧唐书》卷 13《德宗本纪》，第 390 页。

④ 《唐会要》卷 49 摩尼寺条，上海古籍出版社 1991 年版，第 1012 页。

⑤ 《资治通鉴》卷 237，第 7638 页。

⑥ 志磐撰，道法校注：《佛祖统纪校注》，第 968 页。

⑦ 《新唐书》卷 217 上《回鹘传》，中华书局 1975 年版，第 6126 页。

⑧ 《册府元龟》卷 999，第 11560 页。

元和八年十二月二日，宴归国回鹘摩尼八人。令至中书见宰官。先是，回纥请和亲，宪宗使有司计之，礼费约五百万贯。方内有诛讨，未任其亲。以摩尼为回纥信奉，故使宰臣言其不可。[①]

元和十二年二月辛卯朔，遣回鹘摩尼僧等归国。[②]

长庆元年五月，回鹘宰相、都督、公主、摩尼等五百七十三人入朝，迎公主，于鸿胪寺安置。[③]

摩尼教天宝以前，中国禁断。自累朝缘回鹘敬信，始许兴行。江淮数镇，皆令阐教。近各得本道申奏，缘自闻回鹘破亡（840年），奉法者因兹懈怠。蕃僧在彼，稍似无依。吴楚水乡，人性嚣薄。信心既去，翕习至难。……朕深念异国远僧，欲其安堵。且令两都及太原信响处行教，其江淮诸寺权停，待回鹘本土安宁，即却令如旧。[④]

李德裕所说的"江淮数镇"，无疑包括扬州在内，所以安史之乱后，扬州为回鹘摩尼教立寺之地，在会昌灭法之前，这里一直应当有摩尼教徒活动。

罗呼禄、摩呼禄两代人，名字中都有摩尼教法师称号"呼禄"一词，不能不让我们把他们和摩尼教在扬州的传播联系起来。摩呼禄卒于会昌灭法前夕的大和九年（835）二月十六日，年75岁，生年当在肃宗乾元二年（759），其父或许为开元中（730年左右）生人，两者的活跃年份都应当在安史之乱以后。这两位的名字里都有摩尼教呼禄法师的尊号，但他们不像是在摩尼寺中的出家人，至少摩呼禄娶妻生子，又卒于坊里，肯定是不在寺院生活的。我们现在

---

① 《旧唐书》卷195《回纥传》，第5210—5211页。

② 《资治通鉴》卷240，第7730页。

③ 《旧唐书》卷195《回纥传》，第5211页。

④ 李德裕：《会昌一品集》卷5《赐回鹘可汗书意》，载傅璇琮、周建国：《李德裕文集校笺》，河北教育出版社2000年版，第67页。

没有其他任何安史之乱后江南摩尼教僧侣状况的材料，按照摩尼教的基本寺规，他们似乎不像是摩尼教徒。但他们拥有摩尼教法师的称号，让我们怀疑他们曾经是摩尼教徒，甚至很可能就是摩尼教在扬州的寺院首领，后来因为什么原因而还俗；也有可能他们在扬州这样的地方，无法严格按照摩尼教的寺规行事，因此一方面有摩尼教僧侣的身份，另一方面则是坊里百姓，经商为业。我们看上引史料所说"摩尼至京师，岁往来西市，商贾颇与囊橐为奸"，说明一些摩尼教徒也不是非常严格地按照他们原本的教义来做事的。从会昌灭法后进入江南的摩尼教徒来看，也是依托佛教、道教或其他民间宗教，没有办法保持摩尼教的"纯洁性"。

无论如何，扬州出土的这方墓志，或许可以证明安史之乱后，有呼禄法师在扬州活动，这对于理解《闽书》所记会昌灭法后"有呼禄法师者，来入福唐，授侣三山，游方泉郡"，即摩尼教的南传问题，也是有帮助的。福建摩尼教来自北方，应当是比较合适的看法①，考虑到扬州的情形，则摩尼教从北到南，扬州或许是一个重要的中间环节。

最后，由于摩呼禄本贯波斯国，而且是泛海来到扬州的，这似乎与摩尼教从北到南的看法有所抵触。我们知道，最早把摩尼教带到中国的，是波斯人。《佛祖统纪》卷39记载："延载元年……波斯国人拂多诞持《二宗经》伪教来朝。"② 虽然安史之乱后随回鹘进入中原的摩尼教徒兼有商贸任务，所以学者们一般认为主要是粟特人，这一观点应当大致不误。但是，从吐鲁番出土高昌回鹘时代的摩尼教

---

① Moriyasu Takao, "On the Uighur ĉxšapt ayand the Spreading of Manichaeism into South China"；王媛媛：《汴京卜肆与摩尼教神像入闽》，载《故宫博物院院刊》2009年第3期，第95—112页。至于入闽的呼禄法师是否回鹘人，学界有针锋相对的不同观点，参见杨富学：《回鹘摩尼僧开教福建补说》，载《西域研究》2013年低期，第109—139页；又《回鹘摩尼僧开教福建及其相关问题》，载氏著：《回鹘摩尼教研究》，中国社会科学出版社2016年版，第231—256页；林悟殊：《唐季摩尼僧"呼禄法师"其名其事补说》，载朱玉麒主编：《西域文史》第11辑，科学出版社2017年版，第21—30页。

② 志磐撰，道法校注：《佛祖统纪校注》，第931页。

文献来看，摩尼教的正式教会语言是中古波斯语和帕提亚语，是波斯人的母语，因此摩尼教的上层僧侣应当仍有不少波斯人。罗呼禄父子虽然泛海而来，他们原本的信仰我们不得而知，但可以考虑他的夫人穆氏原出国穆国为摩尼教中心之一。也可能在他们到达扬州之后，成为摩尼教徒，因为有回鹘汗国作为支撑，他们便于经营商业。而且，摩呼禄的夫人很可能是中亚穆国人，也是广义的粟特人。这样的胡人应当是信奉摩尼教的主要民众，因为唐朝官方自开元十九年（731）开始就禁止汉人百姓信奉摩尼教，这个禁令一直没有废止。摩呼禄墓志的出土，也让我们得以重新检讨入唐摩尼教徒众中的波斯信众问题。

迄今为止，入华粟特人及其后裔的墓志大量出土，相对来说，波斯人的墓志出土很少，只有 4 方，即洛阳出土的《阿罗憾墓志》，西安出土的《李素墓志》《苏谅妻马氏墓志》，还有就是这方扬州出土的《李摩呼禄墓志》，可见其为十分珍稀的史料。《李摩呼禄墓志》的内容虽然不如《阿罗憾墓志》《李素墓志》的信息丰富，但它出自江南地方，而且是明确说来自海路，甚或可能与摩尼教的传播有关，因此为我们研究波斯人入华、唐代海上丝绸之路、扬州的胡人生活状态，乃至波斯人与摩尼教传播的关系等，都提供了难得的记载或线索。希望今后能有更多的有关波斯的材料出土，与这些稀见资料相互印证，推进中外文化交流史的研究。

2022 年 2 月 27 日完稿

（作者系北京大学历史学系教授）

明教三神阶考辨

林悟殊

先师蔡鸿生先生生前耕耘和密切关注的学术领域甚广，宗教文化是其中之一。先师于本土佛教的研究著作脱俗求真，备受推崇①；而于古代外来宗教的研究尤有卓识，直接为本人的丝路夷教研究引路导航。忆先师生前，每每以陈寅恪先生有关文化变异的原理提命本人；尔后，他老人家更将陈寅恪、陈垣、伯希和等大师于古代外来宗教研究的精辟见解，提炼升华为外来宗教研究的方法论，课授学子。该方法论的核心，就是"传播过程中的变异问题"，指出"变异关系到其是否能够扎根中国，变异问题最需要我们深入挖掘"。② 先师更身体力行，撰作《唐宋时代摩尼教在滨海地域的变异》③，为变异研究作了具体演示，垂范后学。本文的撰写，正是在先师范文的启示下，循其"深入挖掘"变异问题的教导，具体考辨南宋著名道士白玉蟾所云的明教三神阶，庶几揭示其来龙去脉、真实内涵，从中管窥摩尼教在华的变异。以兹纪念先师逝世周年。

---

① 代表作有：《尼姑谭》，中山大学出版社 1996 年版，增订本见中西书局 2020 年版；《清初岭南佛门事略》，广东高等教育出版社 1997 年版。

② 详见蔡鸿生：《宗教传播史的方法论问题》，2005 年 9 月 29 日在中山大学历史学系中外关系史研究生"学理与方法"课上的讲演记录整理稿，载陈春声主编：《学理与方法——蔡鸿生教授执教中山大学五十周年纪念文集》，香港博士苑出版社 2007 年版，第 31—34 页，引文见第 33 页。

③ 《唐宋时代摩尼教在滨海地域的变异》，原载《中山大学学报》2004 年第 6 期，第 114—117 页；又载氏著：《蔡鸿生史学文编》，广东人民出版社 2014 年版，第 734—742 页。

本文所要讨论的明教三神阶，源于白玉蟾与其弟子彭耜关于明教的一次对话，见载于紫壶道士谢显编《海琼白真人语录》卷 1。为便于讨论，特将该对话全文转录如次：

> 耜问："乡间多有吃菜持斋以事明教，谓之灭魔，彼之徒且曰太上老君之遗教，然耶？否耶？"
>
> 答曰："昔苏邻国有一居士号曰慕阇，始者学仙不成，终乎学佛不就，隐于大那伽山。始遇西天外道有曰毗婆伽明使者，教以一法，使之修持，遂留此一教。其实非理。彼之教有一禁戒，且云尽大地山河草木水火，皆是毗卢遮那法身，所以不敢践履，不敢举动；然虽如是，却是毗卢遮那佛身外面立地。且如持八斋、礼五方，不过教戒使之然尔。其教中一曰天王，二曰明使，三曰灵相，土地以主。其教大要在乎清净光明、大力智惠八字而已。然此八字，无出乎心。今人着相修行，而欲尽此八字可乎？况曰明教，而且自昧！"①

耜，指彭耜，白玉蟾高足，后成为全真道"南七真"之一。字季益，号鹤林；福州人，据说生于 1185 年。南宋福建最是流行明教，福州尤甚，如《佛祖统纪》引《夷坚志》云"吃菜事魔，三山尤炽"②；彭耜自幼就生活在明教氛围下，其社会关系中，谅必也不乏事明教者，由是，耳濡目染，于明教必多有认知，有所兴趣，始

---

① 《道藏》第 33 册，上海书店、文物出版社、天津古籍出版社 1994 年版，第 114 页下—第 115 页上。该段明教史料系香港饶宗颐教授所首先揭示，见其《穆护歌考》，载《大公报在港复刊三十周年纪念文集》下卷，香港《大公报》1978 年版，第 733—771 页；文章附录四《宋白玉蟾与彭耜等论明教》（见第 762—764 页）过录此一对话，并称："《闽书》原文，陈垣《摩尼教入中国考》第十五章已备录之，并辨其说与他书之异。惟未知《闽书》之前尚有《白玉蟾语录》谈及明教，牟润孙教授著《宋代之摩尼教》，亦未之及，故附记于此"。见第 764 页。

② 《佛祖统纪》卷 48，《大正藏》（49），第 431 页上。

会就该教向白玉蟾发问请益。顾南宋统治者主导下的社会舆论，早就把民间明教划归为吃菜事魔之类，大加挞伐。而彭耜的提问实事求是，不受社会舆论的影响，澄清所谓"事魔"，原来是"灭魔"："乡间多有吃菜持斋以事明教，谓之灭魔"，可意解为乡村奉明教的人，相信通过吃素斋戒，便可以去除魔障。这句话实际是为吃菜事魔辩白，乃吾辈既往未多措意者。在辨正明教"事魔"的真相后，始正式发问："彼之徒且曰太上老君之遗教，然耶？否耶？"，从这一发问的前后用词语气看，彭耜的立场显见偏向明教，内心当希望得到白玉蟾肯定的回答。

身为彭耜师傅的白玉蟾，乃著名的道教南宗五世祖，生卒年各家说法不一①，但其一生主要活跃于南宋时期，则毫无疑问。其出生于海南岛琼山县，23 岁始渡海到大陆各地求师学道。不过，他后来亦曾长期在福建修持，从他对问题的回答看，其于当地流行的明教亦并非无知，而且涉猎过一些与明教有关的书籍。其回答约 200字，首先就给明教的起源另立了一个前所未闻的说法："昔苏邻国有一居士号慕阇，始者学仙不成，终乎遂留此一教。"按在唐宋汉文献中，"慕阇"乃专指波斯摩尼教的最高一级僧侣，而今在白氏笔下，却成了一位居士的称号；该居士曾先后投靠过道教和佛门，但一无所成，只能隐居于大那伽山，后来遇到西天外道的毗婆伽明使，由他授以一法修持，于是就传下时下的明教。如此说来，明教乃由毗婆伽明使所立，号称慕阇的居士所传，亦就是说，不仅与波斯人摩尼无关，更与太上老君不沾边，自与道教无涉。白氏这番说辞，究竟是来自业已失传的秘籍，抑或是白氏凭自己的宗教的想象力杜撰而成，不得而知。但其作为其时一位道教领袖人物，无视《老子化

---

① 早先有 1194—1229、1134—1229、1194—1290 等说；近年更多有学术论文专题考证，如冯焕珍《白玉蟾生卒年新说》（《现代哲学》2011 年第 5 期，第 97—103 页）谓白氏生于绍兴壬戌（1142），卒于绍定己丑（1229）或以后，享年 88 岁或以上；刘亮《白玉蟾生卒年新证》（《文学遗产》2013 年第 3 期，第 70—80 页）云白氏生于 1153 年左右，逝于 1243 年前后。窃意"道不言寿"，何况白玉蟾本来就是一位充满传奇性的人物，其生卒年自更莫衷一是。

胡经》有老君化诞摩尼之经文，罔顾摩尼经曾被征集入编《道藏》的事实，竟为明教的起源立此新说，显然是为摆脱道教与明教的瓜葛干系，足见其时明教已成为道教的负资产。至于其回答中所提及该教的禁戒、礼仪、神阶、教义大要等，是否靠谱，姑且不论，但语焉不详，评论偏颇，则是明显的，更遑论追本溯源了。

就明教的神阶，白氏所言仅 19 字耳："其教中一曰天王，二曰明使，三曰灵相，土地以主"。字面的意思不难释读：明教所奉之神依次称为天王、明使和灵相，后者又以土地灵相为首。个中"一曰天王"，显非其时明教徒所奉的最高神。因为近 100 余年中西学者的研究，业已揭示宋代明教乃变异自唐代摩尼教，而唐代摩尼教则源于波斯摩尼教的中亚教团。如果照波斯摩尼教的教义，创造这个世界的最高神，即汉文译经所谓"大明尊"；至于摩尼，乃大明尊派往人间的最后一名使者，由他创立摩尼教来拯救人类。因此，明教徒所奉的最高神若非大明尊，便应为这个宗教的创立者摩尼。而照前揭彭耜所说，"彼之徒且曰太上老君之遗教"，则是据《老子化胡经》的老子化摩尼说。若然，其时明教徒所奉的最高神则应为太上老君。如果照前揭白氏的明教起源新说，则其时明教徒所奉的最高神若非毗婆伽明使，便是苏邻国号称慕阇的居士。总之，均与天王无涉。

查京藏摩尼教经（宇 56/北敦 00256，以下简称《残经》）述摩尼创世说，个中云"净风明使以五类魔及五明身，二力和合，造成世界，十天八地"（第 11—12 行），即天划十重，地分八层，各自成为一个整体。而照西方文献，净风的长子"斯普冷第坦"（Splenditens），负责提住这十重天，犹如提灯笼状[1]，《残经》遂称其为"十天大王"（第 110 行）；《下部赞》（S. 2659）则谓其"十天王"（第 130 行）；而净风明使的第五子阿拓拉斯（Atalas），则负责用肩膀托住大地，《残经》谓之"地藏明使"（第 110—111 行）。两者一

---

① M. Boyce, *A Reader in Manichaean Middle Persian and Parthian*, Leiden: E. J. Brill, 1975, p. 5.

提天，一托地，只是分工的不同，没有品位之差异。既然托八层地者可汉译为地藏明使，那么提十重天者当然可汉译为十天明使，只缘汉语以天为高，故往往与王联想，遂将其汉译为十天大王或十天王。十重天是一个整体，十天王当谓这一整体之最高管理者；若仅谓统治第十重天之王，则意味着还另有九位天王，然在摩尼教神谱中未之见，天王只有"十天大王"或曰"十天王"一位，别无分王。若就品位而论，彼只是净风明使五子之一。在摩尼教之神界中，更绝非最高的神。是以，白氏所言"一曰天王"，不可能来自唐代摩尼教。

明教之奉天王，《宋会要辑稿·刑法》有所记载，见"宣和二年（1120）十一月四日臣僚言"条。该条奏请取缔"自称明教"的"温州等处狂悖之人"，其中举列"明教之人所念经文及绘画佛像"，便有《四天王帧》者，并斥其"上僭天王太子之号"。① 据此遂可推度其所奉天王应有4位之多。然唐代摩尼教未见有奉四天王的痕迹，《残经》或《下部赞》不仅未见"四天王"一词，而且亦未见有四位明使并列可目为四天王之身影。何况，《下部赞》称"雄猛自在十天王"（第130行），便已从逻辑上排除另有"四天王"之谓。由是，此明教的四天王与唐代摩尼教无关固明矣。复顾佛教早就将天下分成四大洲，即：南阎浮提，西瞿耶尼，北郁单越，东弗婆提。② 由四天王分别管理之。其四天王曰：东方持国天王（Dhritarāstra）、南方增长天王（Vidrādhaka）、西方广目天王（Virūpaksa）、北方毗沙门天王（Diauada）。③ 古代佛寺，多有彼等塑像，又曰四大金刚，妇孺皆晓。是以，明教自可信手拈来，将佛教四天王，吸收变造成

---

① 《宋会要辑稿》165 册《刑法》二之七八，中华书局 1975 年版，第 6534 页；上海古籍出版社 2014 年版，第 8325 页。

② 参法显译：《大般涅槃经》卷下，载《大正藏》（1），No. 0007，第 202 页上；季羡林等校注：《大唐西域记校注》卷 1，中华书局 1985 年版，第 35 页。

③ 参法护等译：《佛说如来不思议秘密大乘经》卷 11，载《大正藏》（11），No. 0312，第 730 页下。

自家第一级神阶。就此，近年霞浦发现的明清民间科仪抄本《摩尼光佛》可资佐证。[①] 其间《对土地赞》的"第六段"，已明确点示四天王之夷文名讳，即："四天大王嚧缚逸/弥诃逸/业缚啰逸/娑啰逸"（第 145—146 行）。个中以"逸"为结的音译名字，无疑对应四天王。"逸"，即夷语 yzd 之省音，神也。这四名夷神，夷语或作 rwf'y1 yzd，myhr yzd、'y1 yzd、sr'y1 yzd，盖为西域夷教文献的神名。[②] 而就四天王的职能分工，见于同一抄本的《赞天王》：

> 四天王管四天下：嚧缚逸天王管北郁坛界，弥诃逸天王统御（东弗婆提，业啰逸天王管）[③] 南阎浮提，娑啰逸天王掌握西瞿耶尼。（第 107—110 行）

这段文字虽有脱漏，但经马小鹤先生推补后，意思明确。足证乡间明教之"四天王"，乃袭自佛教四天王管理四部洲之说教，惟用夷语之神名替代佛教四天王的梵名耳。职是之故，亦就确认了作为明教第一神阶的天王，为数不过 4 位耳。而且名花有主，均以夷神音译名号入座。就乡间明教的天王神阶，大概定格于此四位，未见有资料显示其内涵有实质性的变化。

至于第二神阶"明使"，称谓固袭自唐代摩尼教，但内涵已大相径庭。照摩尼的原始说教，明使者，指大明尊所派出的使者，见诸《残经》创世说的善母、先意、净风、乐明、造相等等便是，彼等或奉命前往讨伐黑暗魔王，或奉命营造天地，拯救被黑暗污染的光明

---

① 本文所征引的一些霞浦抄本资料，均据林鋆宗长惠赐的原件照片，谨此致谢！释文可参拙著《摩尼教华化补说》，兰州大学出版社 2014 年版，第 447—486 页。

② 详参拙文《霞浦抄本明教"四天王"考辨》，载余太山、李锦绣主编：《欧亚学刊》新 3 辑（总第 13 辑），商务印书馆 2015 年版，第 166—204 页。

③ 此处括号内推补字参马小鹤：《摩尼教四天王考——福建霞浦文书研究》，载余太山、李锦绣主编：《丝瓷之路Ⅲ——古代中外关系史研究》，商务印书馆 2013 年版，第 98—102 页，引文见第 86 页。

成分；与人类关系最密切的明使曰夷数，名见于《残经》（第 204
行），其奉派下凡拯救人类灵魂。《下部赞》有夷数赞文逾百颂，足
见其在华夏摩尼教中地位之崇。至于教主摩尼，《摩尼光佛教法仪
略》（S. 3969/P. 3884 以下简称《仪略》）开篇即华夷对译，道出其
光明使者的身份；而前揭的《摩尼光佛》抄本更认定摩尼为最后的
光明使者，有"五佛摩尼光，最后光明使，托化在王宫，示为太子"
之句（第 509—510 行）。摩尼的这一定位，乃源于其本人名著《沙
卜拉干》（Sābuhragān）的导语。① 摩尼既是最后光明使，自意味着
摩尼之后，再也没有任何神明有资格可顶戴明使之冠到人间活动了。
而唐代入华的摩尼教，早在武周时代，便已将其众夷神的名字照汉
名模式翻译了，惟个别无从意译者始不得不用音译。② 由是，霞浦
抄本中一些前所未见的新明使，诸如前揭《摩尼光佛》抄本中的
"那居噉响素明使""遏素思明使""捹素思明使""畤嗦皎明使"
（第 399—403 行）等，大有可能是唐后乡间明教所自行"封赐"。
其间那些佶屈聱牙、无义可解的音译名字，可能像前揭天王那样，
音译自夷神的名讳，如"那居噉响素"，适可与一男性夷神 nstykws、
nstyqws［nastikūs］的名字对音。③ 同一抄本中的"能咔笄噉响素思"

---

① 古代阿拉伯作家比鲁尼（Al-Biruni，973—1048）所撰《古代诸民族编
年史》（Āthār albāqiya），完整地保存了这段话："明神的使者一次又一次地把智
慧和善行传到人间。有一个时代由名叫佛陀的使者传到印度，又一个时代由名
叫琐罗亚斯德的使者传到波斯，另一个时代由叫耶稣的使者传到西方。而今，
启示又降下来，在这个最后的时代，先知的职分落在我摩尼身上，由我作为向
巴比伦传达神的真理的使者。"E. Sachau ed., *The Chronology of the Ancient Na-
tions*, London: W. H. Allen & Co., 1879, p. 207.

② 参拙文《京藏摩尼经音译词语考察》，载《世界宗教研究》2014 年第
1 期，第 1—13 页；修订本见拙著《摩尼教华化补说》，第 146—168 页。

③ M. Boyce, *A Word-List of Manichaean Middle Persian and Parthian*, Leiden,
1977, p. 63; Desmond Durkin-Meisterernst, *Dictionaty of Manichaean Texts*, Vol. iii,
Texts from Central Asia and China, Part 1, *Dictionary of Manichaean Middle Persian
and Parthian* (Corpus Fontium Manichaeorum, Subsidia), Turnhout: Brepols, 2004,
p. 245.

（第 142 行）"能悉笔噉呴思"（第 92—93 行），或为该神名的异录。毕竟霞浦抄本的夷偈，并非严格意义上的音译作品，不过是将历代秘传的夷语口诀形诸汉字，录载者未谙夷语，一音多译或误录盖不奇怪，遑论传递过程在所难免的讹误；更有，还无从排除科仪本作者自行杜撰的可能性。是以，在西域文献中，未必能一一找到该等明使对应的夷名。但无论如何，彼等在抄本中都未见有搭配明使一词的夷音，如见于《仪略》的"佛夷瑟德卢诜"之类。

如果说，明教的第一神阶天王实际是借用佛教的神号，但在唐代摩尼经尚可找到雷同的话，而第二神阶明使则纯属袭用唐代摩尼教的神号，至若第三神阶"灵相"，则是地地道道的华夏明教土特产了。

按"灵相"，本意谓佛、菩萨之妙相、法相，犹当代常用的"光辉形象"。《仪略·形相仪》描述教主摩尼光佛的形象，借用过该词："诸有灵相，百千胜妙，实难备陈"（第 55—56 行），但仅此一例。"灵相"之成为神号，就现有资料，始见于前揭白玉蟾语录。而在霞浦抄本中，则该神号频频可见。《摩尼光佛》抄本中的《对土地赞》就有"护法威灵相"（第 139 行）、"土地灵相"（第 147 行）等，更有"土地诸灵相"（第 138 行）之句，为前揭白氏语录的"土地以主"作了脚注：在以"灵相"为号的诸神中，土地灵相名列前茅。此外，《明门初传请本师》抄本中有"都统威显灵相"（第 19 行）、"本坛祖师明门统御威显灵相"（第 25 行）；《乐山堂神记》抄本亦有"本坛明门都统威显灵相"（第 11 行）；《祷雨疏奏申牒状式》抄本的《牒本坛》则有"天门威显灵相"（第 23 页）；等等。

明教三神阶遗迹，不惟见于霞浦抄本，晋江华表山摩尼教草庵遗址周遭，此前更已发现当地村民尚有供奉明使、灵相者。据文博专家粘良图先生的田野调查，草庵所在地苏内村有一所面积约 40 平方米的境主宫：

寝殿粉壁上画"五境主"——居中摩尼光佛，左一曰"都天灵相"（又称灵圣公）；左二日境主公；右一日"秦皎明使"（又称千春公）；右二日"十八真人"。村人以摩尼佛、都天灵相、秦皎明使为五境的主神，为其作神诞。①

入祀境主宫的"秦皎明使"，"又称千春公"；"都天灵相"，"又称灵圣公"。这两个"又称"，自属粘先生田野调查所得，其提示吾辈，无论"秦皎明使"抑或"都天灵相"，均非其神原有的称谓，而是由民间供奉的千春公、灵圣公演变而来的。按闽台民间于神祇常以"公"敬称之。粘文中提到"灵圣公""境主公""千春公"便是；草庵的摩尼光佛，亦被当地乡民称为摩尼公。足见称民间神祇为"公"，是当地习俗，为民众所普遍认知。

粘先生复称：

据村民说，都天灵相、秦皎明使本为草庵摩尼光佛的属神，原早高州山西南角建有一座千春公寺，至今还存有遗址；灵圣公寺则早已荡然无存，仅留一带座 2 米多高的石碑于草庵前旧石亭（遗爱亭）边，碑额横书四大字"都天灵相"，下有小字，都已模糊不清。"文革"前尚在。估计这两尊神明是在明代草庵遭劫的同时迁至境主宫奉祀的。②

窃疑村民所言"都天灵相、秦皎明使本为草庵摩尼光佛的属神"，未必确切。因为照前揭报告所言，此二神原先各有千春公寺、灵圣公寺专祀，亦就意味着彼等曾享有独立地位，均属独立的民间神祇，其寺之肇建年代亦未必晚于草庵；而且以寺称之，则建筑规模谅必不小于草庵石室。假如彼等原本是草庵摩尼光佛属神，何以不自始入祀草庵？即便要建寺分祀，何以选址不在草庵毗邻？足见，

① 粘良图：《摩尼教信仰在晋江》，载《福建宗教》2004 年第 6 期，第 24—26 页，引文见第 26 页。

② 粘良图：《晋江草庵研究》，厦门大学出版社 2008 年版，第 84 页。

其彼"千春公"或"灵圣公"这两个名号，若非被"追谥"为"秦皎明使""都天灵相"，焉会被归属到摩尼光佛？

按"秦皎"二字，均不从口，更不冠以"末"或"咪"；而从其造型立意，则似与"千春"一词有缘。"千春"，意谓千年，形容岁月悠久，或作寿辰之雅称。不过，"春"字，可作"阳"解，而"阳"复可解为"日"，是以"千春"可令人与光明貌联想。而"秦"作为古姓，其字造型殆脱胎自千春："春禾为秦"，而"禾"则由"八千"组成；"皎"本义即为洁白明亮。是以，若言"秦皎"一名变造自"千春"，未必过于离谱。同理，"灵圣公"之被"谥"以明教第三神阶"都天灵相"，谅必与两者均以"灵"字入名有关。无论如何，新"谥"与旧号，或多或少都存在着某些联系，显示其作俑者于明教颇有所知。当然，晋江是唐季呼禄法师入闽传教卒葬之地，苏内村更是供奉摩尼佛圣像草庵之所在，在当地摩尼教、明教信仰浓烈氛围下，像千春公、灵圣公之类的本土传统神祇，被纳入明教这一民间信仰体系，不过是迟早的事。

既然晋江的千春公，可以"加谥"为秦皎明使，那么霞浦抄本中新增明使，除借用夷名外，谅必亦有变造自华夏神祇者。抄本的"畤嗪皎明使"或"畤嗪黓唊明使"，名字虽从口，貌似音译状，但夷名无从对号，有可能就是移植变造自晋江的秦皎明使。彼等新明使不像唐代摩尼经固有的明使那样，有明确的职能分工，各有所司；而只是因应法事场合的需要而增设，用于排场，充实礼拜对象。

复勘灵圣公崇拜，迄今犹存："苏内村民凡有婚娶事，总要到灵圣公处卜取吉日，卜日的方式有两种，一种是由主家自己拟出日期，而后在神前卜杯以定；一种是由乩师扶乩决定。"[①] 足见灵圣公信仰与当地村民日常生活关系之密、渊源之深。但由于社会的变革，而今已无从复原灵圣公的本来面目。不过，查得海峡对岸永和市民族街 178 巷 1—3 号，还保有一所灵圣祠，奉祀主神灵圣公。传说该灵圣公本名姓"黄"，原住安乐路一带，清代咸丰年间，为保护住民而

---

① 粘良图：《晋江草庵研究》，第 84 页。

遭残杀，被后人奉为灵圣公祭拜，常显灵庇佑乡里，云云。① 显然，这是一个生为英雄、死后成神的典型故事。苏内村灵圣公本体之成神，是不是同样演绎这个熟透的套路，不得而知；而就名号看，则不难推定其同样为地方保护神。复蒙黄佳欣博士惠示南粤《泰宁李氏族谱》，亦载及"灵圣公"，见其所记一世祖李必贵，率全家同众从所居南雄府保昌县沙少水村，逃移南迁事，时在南宋咸淳九年（1273）：

> 斩竹结筏，浮水而渡，迄至连州海口，金乌西坠，万万余众，共泊长江。时夜将半，忽被涝水�滥打散竹牌。淹死人民甚众。公家属虽得保全，然苍穹遥远，海乌渺茫，昼夜乘槎，风波上下，凄惶盖万状矣。比流至江口，举目而观，有一牧童徐徐而来，公向前问曰："此地有何神灵？"童子答曰："有忠武侯灵圣公。"公即诣庙祈祷得吉，果蒙庇佑，遂放牌随水漂流，至广州路南海县西华坊歇居。一日，乃入于香山之榄溪亭子，步地奠居焉，今之泰宁坊也，时大宋咸淳十年甲戌正月初五日。②

查广东北江水系，发源于江西省信丰县石碣大茅山，主流经粤北南雄市、始兴县至韶关市，再折南经英德市、清远市至佛山市三水区思贤滘，与西江相通后汇入珠江三角洲，于广州市番禺区黄阁镇小虎山岛淹尾出珠江口。李氏家族南迁，显然是泛排此江；问讯牧童之处，或许就在这小虎山岛。查"忠武侯"是诸葛亮身后刘禅所追封，然现有文献未见诸葛亮另有"灵圣公"之封号，至若庙宇所在地乡民自行"追谥"，自是另一回事。考珠江三角洲一带，民众于诸葛亮崇拜有加，武侯庙多所分布，何诗莹先生曾考文献记载和

---

① 蒙黄佳欣君赐示"双和地区田野调查资料表（民间信仰—民间信仰—永和市）"，编号 A－Y－14，访查时间 2010 年 9 月 30 日。致谢！

② 《泰宁李氏族谱》卷 2，民国三年广州中外图书铅印本。

亲自田野调查，计发现 30 座有多。① 由是，牧童既以"忠武侯灵圣公"连答，则无论二者关系是同位语，抑或各为一神，都意味着早在宋代，珠江三角洲已流行"灵圣公"这一神号，甚至与诸葛武侯齐名并驱。由是，益证该神号纯属神州固有，与外夷莫涉。

境主宫是 20 世纪 30 年代重建，据考肇建年代则不迟于明代。② 而陪同摩尼佛入主境主宫的是"秦皎明使""都天灵相"，这就意味着，"千春公""灵圣公"之分别进入明教第二、第三神阶，应在境主宫肇建之前。具体年代的确认，自不容易。而从一般历史背景考察，元蒙实行宗教宽容政策，在南宋高压政策下几乎窒息的明教，终于得以复苏。至元五年（1268），摩尼光佛终于破茧而出，以石雕形象，入祀于草庵，公开接受当地及周遭乡民膜拜。逮至皇朝更替，明教便又遭到新一轮的迫害，"皇朝太祖定天下，以三教范民，又嫌其教门上逼国号，摈其徒，毁其宫"。③ 因此，窃意"千春公""灵圣公"之"加盟"明教，当在摩尼光佛石像面世后不久，时在 13 世纪末叶。

晋江苏内村乡民传统信仰的"千春公"和"灵圣公"，在 13 世纪末叶进入白玉蟾所云的明教神阶系列，这一身份更新的个案，进一步显示摩尼教在华变异民间化的趋向。

2021 年 12 月 19 日星期日

（作者系中山大学历史学系教授）

---

① 何诗莹：《中山南下村汉武侯庙考述》，载《广东史志》2018 年第 1 期。

② 据粘先生 2006 年 7 月 21 电子邮件赐示："苏内村境主宫肇建的历史，根据苏内、溪东两村肇基祖曾文举早在元代迁来，并早与草庵发生关系的事实，则苏内村祀奉明教神的境主宫肇建于明代是无可怀疑的。"另参拙文《泉州晋江新发现摩尼教遗迹辨析》，原载饶宗颐主编：《华学》第九、十辑（二），上海古籍出版社 2008 年版，第 754—767 页；又载《中古夷教华化丛考》，兰州大学出版社 2011 年版，第 20—39 页。

③ 何乔远编撰，厦门大学古籍整理研究所、历史学系古籍整理研究室《闽书》校点组校点：《闽书》第 1 册，福建人民出版社 1994 年版，第 171—172 页，引文见第 172 页。

敦煌石窟建筑起源的外来因素探渊

马　德

1992 年 9 月，我到中山大学历史学系攻读博士学位。在导师姜伯勤教授和系里的安排下，聆听蔡鸿生老师讲授"中外关系史"课程。蔡老师知识渊博，思路敏捷，深入浅出，风趣幽默，言简意赅，妙语连珠……让我这个在戈壁深山莫高窟待了 15 年的井底之蛙，有一种"山中方一日，世上已千年"的感觉。特别是蔡老师谦恭低调、与世无争，且对学生诲人不倦、倾尽囊中，无论是做人还是治学，都让我受益终身！毕业回到敦煌后，又多次得到蔡老师的教诲和指点。师恩如海，岁月如梭。谨以此文纪念敬爱的蔡鸿生老师！

闻名于世的敦煌文化的主体是古代佛教文化，敦煌石窟艺术是敦煌佛教文化的主要内容；敦煌石窟艺术有三大要素：建筑、彩塑、壁画；而石窟建筑则是敦煌佛教艺术和文化的载体。作为佛教建筑，敦煌石窟的起源受到诸多外来因素的影响。因为佛教及其石窟起源于印度，敦煌石窟受到印度石窟的直接影响。但石窟在印度也有一个逐渐形成的过程。人类历史上最先出现的文明，都会对后来的文化与文明产生一定的影响，晚于埃及的印度也不例外。而敦煌佛教艺术和文化作为人类古代文明的结晶和象征，自然离不开外来各种文化的交流和影响。笔者这里就敦煌石窟建筑起源的外来影响谈一点认识，以求教于方家。

一、石窟建筑的肇始：埃及的石窟陵墓

历史上，石窟建筑是以佛教艺术而闻名于世。但石窟建筑并不是

因为佛教而产生的，而是在佛教出现之前就已经有的建筑。只是它的形式和作用因为有了佛教而得到充分的发挥与利用。那么石窟作为一种建筑是什么时候有的呢？这大概应该从人类起源时说起。远在远古时代，人们就居住和生活在岩洞里，岩洞也可以说成是石窟，但它并不是由人们建造的，而是天然形成的，所以它还不能和我们所说的石窟相提并论。从这个意义上来说，可以用自然形成和人工建造来区分岩洞和石窟；也就是说，石窟一定是经人工建造的洞穴类建筑；除了供人们居住生活之外，更多地用于纪念和礼拜；而与此相适应的，则是人类进入文明时代以后才能实现的。另外，石窟是一种人为的建筑艺术，它与其他建筑不同、也是作为它的标志的是，它一开始就是融建筑与雕刻（雕塑）或绘画、或三者为一体的建筑艺术。

埃及是世界上最古老的国家之一，在那里产生了人类第一批巨大的纪念性建筑物——法老陵墓金字塔。石窟就是在金字塔之后作为这类纪念性建筑物出现的。那是在公元前两千多年前的古埃及中王国时代，王国首都从下埃及的尼罗河口三角洲迁到河中游峡谷的上埃及底比斯，金字塔艺术的构思不适合这里的地理环境，法老们便仿效当地贵族的传统做法，在山岩上凿石窟为陵墓。这种建在悬崖上的陵墓的格局是：崖前为用来祭祀的祀庙，后面连接凿在崖中的石窟，为停放尸体的圣堂。这一建筑艺术的代表作品，保存到现在的，就是大约公元前 2000 年建于戴尔埃尔巴哈利地方的孟突霍特普二世、三世墓遗迹。这座墓凿在山岩中的圣堂并不大，但它前面的大厅、柱廊、小金字塔等，也建在被凿修的山岩坪台上，下面是台阶、广场、石板路以及排列的皇帝群雕像和狮身人面群雕像。[①]这座建造在山岩上的前殿后堂的石窟陵墓，恐怕是世界上现存最早的石窟了。它在建筑艺术方面所达到的水平，除了它在吸收和融合了包括金字塔在内的古埃及建筑艺术方面的因素以外，作为建筑类型之一的石窟本身，也有一个从出现到发展和提高的过程。况且，

---

① 参见陈志华：《外国建筑史》，中国建筑工业出版社 1979 年版；黄世孟主编：《世界建筑全集 1》，台北光复书局 1984 年版，第 63、96 页。

在中王朝的法老们建造这种陵墓之前，即在埃及首都迁到这一带之前，当地贵族就已经建造这种陵墓，并且已有很长的历史了，石窟陵墓作为当地贵族们的长眠之所而一直存在着；具体是什么时间最早出现的，现在还无法确定。不过，在没有发现更早一些的有代表性的石窟之前，我们仍然可以将孟突霍特普二、三世墓看作是最早的石窟建筑。

公元前 13 世纪的古埃及新王国第十九王朝时期，由统治埃及 66 年之久的拉姆捷斯二世于他晚年营造了著名的阿布—西姆贝尔石窟神庙，用来表现和庆祝他当政时期的繁荣、强盛以及在他被征服国家中的中心地位。这座凿建于尼罗河边的砂岩崖内的石窟神庙，分大小两神殿，大神殿奉祀拉、亚门·拉、布达哈以及神格化了的拉姆捷斯二世四神，正面倚壁崖雕刻四尊近 20 米高的神像，小殿正面壁龛中雕刻拉姆捷斯二世与王妃等人和神的 6 座 10 米高的立像，崖壁上雕刻的部分有油彩涂盖过的痕迹。① 从保存到今天的这些遗迹看，它宏大的规模、别致的造型、精细的布局和周围栩栩如生的各类雕刻，都达到了极高的水平。作为一种祭祀和纪念的神庙建筑，它是古埃及石窟建筑艺术的代表作。因此，作为石窟建筑艺术，这已经是很完整的存在了。

众所周知，从上古的埃及时代，帝王陵墓一开始就是给后人提供的朝拜和缅怀的场所，金字塔的前面都安置有狮身人面像，象征金字塔下的主人，供人们礼拜。法老的金字塔陵墓与前面的狮身人面像形成一种组合，方便了人们进行祭祀和礼拜，这应该就是后来被称为"像教"的开端吧。后来的石窟陵墓虽然没有了狮身人面像，但墓门两边的雕刻神像和崖下另建了庙堂，让陵墓和庙堂形成一种建筑组合，使石窟陵墓无论其形式、性质和功能等方面都非常完美。以至于在它千年甚至二千年之后才陆续出现于印度、中亚和中国广大地区的佛教石窟摩崖造像之形制，与此并无大的异样。

---

① 参见黄世孟主编：《世界建筑全集 1》；卢鸣谷、史春珊主编：《世界著名建筑全集》，辽宁科学技术出版社 1992 年版。

二、印度早期佛教石窟：天然岩洞适应修行的需要

石窟即是开凿于山石、崖壁间的洞室。佛教石窟最初是佛教的修行之地，佛教术语叫"僧伽蓝"；把修行之所安在石崖壁间，可能是源于宇宙中心是须弥山的信仰，神都住在山上，因此，开窟于山、修行于窟就有了一种神圣的象征意义。另外是山崖间众人不易到达、有点远离尘世的境域，有利于苦修。当然这是印度最初的佛教石窟建筑，与后来成为社会化活动场所的情景完全不同。

在印度，佛教建筑早在佛教创立时期就出现了。佛祖释迦牟尼和他的弟子们从事修行活动的场所，如山林中的草蓬茅舍、山窟洞穴；释迦牟尼进行传教活动的场所，如祗园、竹林等，就是最初的原始的佛教建筑。石窟最早是因禅修和住宿需要而出现的，这就是单一的僧房，开始时也只是一处容纳一两名僧人的小型场所，后来逐渐扩大成为僧侣们聚集之地，其规模也随之逐渐扩大。最初的大型洞窟的形制是：一个大窟中，中间是僧侣们聚集的地方，两边并排凿住房。再后来，发展为礼拜窟和禅窟两种形式，这就是石窟的两种基本形制：支提窟和毗诃罗窟。供人们瞻仰礼拜的支提窟，基本上是按照寺院的格局建造的：有前后两室的，也有单独一室的；其平面有方形的，也有马蹄形的；主室内有中心塔柱的，也有无中心塔柱的；窟内四壁和中心塔柱周围都镌造雕凿佛龛、佛像和佛塔等佛教造像；中心柱周围供回旋巡礼之用。供僧侣们坐禅修行的毗诃罗窟的形制则比较小和简单，一般为一室，窟内一般也无绘画和造像；有一些中间聚集僧侣、两边为小禅室的洞窟，中间部分有绘画造像，而禅窟内没有。[①]

---

① 参见张法：《空间形式与象征意义：佛教石窟从印度到汉地的演化》，载《浙江学刊》1999 年第 1 期。

三、波斯的大流士墓：埃及陵墓的延伸与过渡

公元前 5 世纪中，波斯帝国先后建造的大流士一世、泽克西斯一世、阿它克泽克西斯一世、大流士二世等波斯亚克美尼斯诸帝王的陵墓，就是在著名的帕塞波利斯宫殿之北约 23 公里处的断崖上悬空开凿的石窟，被称作那克修依斯塔姆摩崖墓群①，从远处望去，它的外观与佛教石窟群足资比较。波斯的亚克美尼斯时代，形成世界性的大帝国，集中了当时全世界最先进的建筑技术、最优秀的建筑家和最优越的建筑材料，创造出了集古代东方建筑艺术之大成的各类建筑，代表当时世界建筑的先进水平。而统率这一时期的帝王们的陵墓群却是建造在断崖上的石窟群，说明了石窟建筑艺术在当时的至高无上。当时，波斯帝国领有包括埃及、印度在内的周围 23 个国家和地区，石窟建筑艺术即随着各种经济、文化的汇聚和融合，在以波斯为中心的辽阔地域内得到广泛的交流和传播。这一切都产生在佛教和佛教建筑出现之前。

波斯是人类古老的东方文明的聚焦点。不光是这里说的石窟建筑，包括石窟艺术在内的各种宗教和文化，都在这里经过交流和融合后传播到东方。特别是对于东方的古老文明，如埃及和两河流域的文明，最后都汇集成波斯文明。加上波斯本身地处地中海东岸，这对汇集来自各方的先进文化文明是非常有利的。但因近年有人对希腊文明与波斯文明提出疑问，似乎不无道理。但就石窟建筑方面讲，还没有能够证明也是近代造假的证据；不过有一点：即使没有波斯帝国，埃及艺术和文化也可以传到印度，并与当地的古老又先进的文化相结合而成就佛教石窟建筑艺术；即使没有希腊，石窟建筑的源头与传播路径也还是比较容易认可的时间和空间概念。

---

① 参见黄世孟主编：《世界建筑全集 1》，图版 35，第 102—103 页。

四、从修行到朝拜：佛塔的金字塔源头与石窟的陵墓源头

佛教艺术意义上的石窟是与佛塔一道产生的。印度早期佛教建筑以塔为中心，后来与崖壁上的洞窟相糅合，发展成为塔窟一体。关于这方面，先贤前辈们的论述较多①，不再赘述。这里只就印度早期佛教建筑的塔的来源谈一点认识。

毫无疑问，作为建筑，现存世界上最早的塔仍然是埃及的金字塔，而且其功能即是用于纪念和礼拜。桑奇大塔作为印度现存最早的佛教建筑，包括塔上的雕像，它的建筑文化的源头仍然可以从埃及金字塔及狮身人面像来追寻。金字塔与前面的狮身人面像是同时建造的建筑整体组合，当时的雕像与塔是分开的。但到了印度佛教建筑的桑奇大塔，雕刻与塔成为一体。也应该是印度本寺文化与外来文化的融合过程中的创造。

佛教后来也发展成为崇拜和祭祀的像教，就必然要出现佛教建筑和佛教艺术，就必然要吸收和运用包括石窟艺术在内的各类建筑艺术。因此，佛教石窟艺术分为建筑、绘画和造像三部分，或者是由这三个部分组成的整体。据佛教典籍记载，佛教绘画也早在释迦牟尼在世时就出现了。《根本说一切有部毗奈耶杂事》卷17记载了释迦允许并指定于给孤独园各处绘制各种变相的本生故事之事；同书卷38记述的佛涅槃后其大弟子迦叶组织绘制佛本缘故事（即佛传故事）画一事，在《付法藏因缘传》卷1有同样的记载。尽管这些记载有明显的渲染和夸大之处，但作为佛教绘画起源问题的记载还是可信的珍贵资料。佛教的绘画实际上一开始就与佛教建筑不可分割；而佛教雕刻亦是弘传佛教的一种形式。这就形成了建筑、绘画、造像三者相结合的佛教艺术整体。敦煌石窟就是这样的佛教艺术整体。

---

① 参见张法：《空间形式与象征意义：佛教石窟从印度到汉地的演化》。

从现存和近代考古发掘的实物来看，最早的佛教雕刻是公元前 3 世纪的阿育王时代的。阿育王石柱上同时雕刻佛教神像和敕文，此即为佛教造像之始。目前尚未发现有当时的石窟建筑。至于后来的宗教石窟建筑，也应是在本土传统基础上，吸收和融合了外来石窟建筑艺术而形成的。

印度现存最早的石窟是阿旃陀石窟，创建于公元前 2 世纪，主要是建筑形式是塔窟一体，窟中竖塔，另外就是壁画在石窟中的出现。著名的佛教建筑桑奇大塔出现在公元前 1 世纪；犍陀罗佛教艺术形成公元 1 世纪，秣兔罗则为公元 2 世纪的艺术品。这些都是佛教艺术和佛教石窟艺术的先声，对所有后来的佛教造像艺术产生过巨大影响。据国内外学者们的研究，公元前 4 世纪后期，亚历山大率领的马其顿—希腊军队东侵印度并建立过区域性的短暂的统治政权，后来又由留下的希腊军人们建立了由其统治的殖民政权，希腊的雕刻艺术传入印度，为佛教所利用而出现了佛教艺术。近年这一结论受到质疑，认为所谓的希腊艺术是欧洲文艺复兴时代造假出来的；如是，希腊艺术就与佛教造像的起源没什么关系。早就有学者认为，这一时期的佛教雕刻是与希腊艺术无关的纯粹印度的雕刻。①而早在上古时代，古埃及的石窟陵墓前就已经有了十分精美和完备的建筑与雕像的组合。这一文化现象通过波斯传播到印度，对佛教石窟建筑艺术的完备形成产生影响是顺理成章的。而且根据 20 世纪初的考古资料证明，作为世界文明古国之一，印度早在公元前 3500 年的哈拉帕王朝时期，生产力发展水平已经很高，特别是城市建筑技术和雕塑、雕刻艺术，就已经高度发达。② 所以，如果只是雕刻，希腊艺术的真伪都不太重要。问题是印度早期佛教雕刻与希腊艺术（人像类）十分接近。以往都是异口同声地认为印度佛像受到希腊神像的影响。但现在反过来说伪造的希腊艺术借鉴了印度佛教造像也

---

① 参见常任侠：《中印文化艺术的交流》，载《新建设》1952 年第 5 期。

② 参见［俄］弗·伊·阿甫基耶夫著，王以铸译：《古代东方史》，生活·读书·新知三联书店 1956 年版，第 603 页。

不是没有道理。如果没有希腊，那么印度早期的佛教石窟建筑和雕刻艺术或是借鉴了通过波斯传播而来的埃及石窟陵墓建筑和雕刻艺术，也是可以理解的。至于印度佛教石雕造像的人物造型与艺术风格，完全产生于本土也不无可能。

五、中亚的演进：印度佛教石窟向东传播的时空

有了确切的源头，再从印度往敦煌传播就有了比较明晰的时间与空间路径。佛教石窟从印度到敦煌，因为隔着一片空间，因此也就需要一个传播的过程。佛教石窟艺术是通过中亚的广大地区逐步传到敦煌的。从印度出现佛教石窟马雅、纳西克、阿旃陀等到敦煌鸣沙山的断崖上出现莫高窟的第一个洞窟之间的数百年间，在中亚的巴基斯坦、阿富汗、乌兹别克等国家和我国新疆天山南北的广大地区，也先后出现了犍陀罗、巴米羊、捷尔梅兹和克孜尔、库木吐拉等石窟群。其中在西亚、中亚和印度交汇点上的阿富汗巴米扬石窟，造有一东一西两座大佛，东大佛高 38 米，西大佛高 55 米，这种形式及其窟内的壁画内容在印度本土都没有出现过；之后在我国新疆龟兹地区和中原的大同云岗、天水麦积山等石窟陆续建造了一些大像窟；而敦煌和其他地方的大像窟出现则是唐代的事。

六、汉代崖墓：中国石窟建筑的先声

远古洞穴不说，凿岩造窟这种建筑技术和建筑形式，在我国东南和西南地区，早在 3000 多年前就已经出现了，其形式也是陵墓，被建筑学家和考古学家称为岩墓或崖墓（造在悬崖上者）。而且这种建筑形式在中国一直延续了下来。在佛教和佛教建筑传入之前，中国就已经有了自成体系的（非佛教的）石窟建筑艺术。与国外不同的是，中国崖墓的主人基本上都不是达官显贵，墓葬的规模小，陪葬品也少；但作为纪念性建筑物的性质和作用还是很明显的。另外，

汉代有一些建在山顶和半山腰的王公墓葬，如河北满城的刘胜墓、广州的西汉南越王墓等，主室与耳室的组合与后来佛教石窟的禅窟在建筑结构和布局上十分相近。如莫高窟最早出现在崖壁上的第 268 一组洞窟（建于公元 4 世纪）的毗诃罗式禅修窟，虽然在建筑形制上，基本上是沿袭印度的形式，但也带有汉墓的痕迹。

而且，在印度佛教和佛教建筑传入以前，中国已经是一个具有悠久历史文化并有自己独特的建筑艺术的国度。中国的传统建筑为各种形式的木构建筑，直接影响和应用于石窟方面的主要是以帐的建筑形象表现的阙、帐等形式。根据文献记载，阙和帐在我国的起源都很早。《诗经》中就已经有关于阙的记载，它由上古时代的观发展而来；阙的类型依我国古代礼制而分为宫阙、城阙、墓阙、庙阙 4 种，后来又有了坞壁阙；阙主要是建造在各类建筑的门上。帐的记载最早也见于周代文献《考工记》，系由帷幕演变而来；因其形式如倒扣之斗，故又称斗帐。① 长方形盘顶也是由帐演变而来。中国古老的大屋顶式的宫殿建筑形式，则是殿堂和阙的结合。敦煌石窟受到中国传统建筑的影响是毫无疑问的。这已经超出了本文范围，兹不赘。

结论：敦煌早期石窟建筑外来的人类上古文明源头

石窟作为一种建筑，随着人类文明的起源与发展，经历了从天然洞穴到人工建造、从一般的居处成为纪念性建筑物的漫长的历史发展过程。佛教石窟源于佛教发祥地印度，是人类最古老的埃及文明中的金字塔、石窟陵墓等建筑形式，通过波斯传到印度，与印度古老的哈帕拉城市建筑与雕刻艺术相结合而形成和发展起来的。印度佛教石窟建筑随着佛教的传播，通过中亚广大地区传到中国敦煌和北方广大地区，与中国古老的传统建筑相融合，形

---

① 参见萧默：《敦煌建筑研究》，文物出版社 1988 年版。

成了中国特色的石窟建筑艺术，并在僧团活动场所和纪念性建筑物的基础上又扩展为社会化的活动场所。因此，敦煌佛教石窟建筑作为集中了人类最古老的东方文明的艺术文化，被看作人类古代文明的结晶和象征。

（作者系敦煌研究院研究员）

中古粟特女性的法律地位考论[①]

——穆格山粟特文婚约研究之一

张小贵

2020 年 12 月 6 日，我刚刚参加完 11 月初敦煌学术会议，奉荣新江教授之命到蔡老师家中转呈荣先生新著《从学与追念》。这次蔡老师谈兴很浓，讲了 1 个多小时，重点谈到了穆格山粟特文婚约的问题。他说 1960 年就注意到里夫什茨发表的研究论文，时隔一甲子，对婚约的特点及其所反映的九姓胡婚姻关系和社会关系又有了新的思考，这些都是我前所未闻的。当我提起里夫什茨 2008 年又出版了粟特文书的新俄译本，2015 年有了英译本；关于粟特文婚约，时在芝加哥的俄裔学者雅库波维奇也有专门研究时，蔡老师还专门叮嘱我下次来时帮他复制一份。未料这竟是我最后一次拜见蔡老师，不久之后蔡师因病住院，直至逝世。从师母惠示的蔡师遗墨中，蔡师于 2020 年 3 月 30 日、11 月 14 日两次拟有《粟特〈婚约〉释义》写作计划，文章提纲完备，章节标题俱已明确，个别标题下面有进一步的写作说明。两次写作框架有不同程度的修改，说明近 1 年来蔡师一直在思考这个问题。中古胡汉关系特别是粟特文化及其在中古社会的遗存，一直是蔡老师重点研究和关注的领域。他的主要论文早于 1998 年便结集成《唐代九姓胡与突厥文化》出版，望重学

① 本文为 2019 年国家社科基金冷门"绝学"和国别史等研究专项（《中古波斯文法律文献译注与研究》，项目编号：19VJX058）阶段性成果。论文初稿曾提交 2021 年 6 月 25—27 日陕西师范大学人文社会科学高等研究院举办的"文明的推动与互动：丝绸之路上的粟特国际学术研讨会"讨论。谨对沙武田教授的周到安排和与会专家的宝贵批评表示感谢。

林，此后他也一直没有停止过对粟特研究的思考。本文根据蔡师所开示的问题，展开讨论，限于学力，对蔡师所拟研究大纲的 5 个部分只完成其一，且未尽如人意，谨以心香一瓣，献给恩师在天之灵。

有关中古时期粟特地区的婚姻习俗，玄奘在《大唐西域记》的序论中有详细记载："黑岭已来，莫非胡俗。虽戎人同贯，而族类群分，画界封疆，大率土著。建城郭，务殖田畜，性重财贿，俗轻仁义。嫁娶无礼，尊卑无次，妇言是用，男位居下。"①《安禄山事迹》也记载了这种"先母而后父"的胡人礼仪："时贵妃太真宠冠六宫，禄山遂请为养儿。每对见，先拜太真，玄宗问之，奏曰：'蕃人先母后父耳。'玄宗大悦。"② 根据研究，胡人家庭内部这种"妇言是用，男位居下"的夫妻关系至迟可追溯至汉代，自大宛以西至安息的西胡族类多"俗贵女子，女子所言而丈夫乃决正"③。自 1932 年始，在今撒马尔干以东约 120 公里的穆格山，相继出土了一批文书，其中编号 Nov. 3 者为婚约，是迄今为止发现的篇幅最长的粟特文法律文书，另有编号 Nov. 4 者为婚约所附保证书。婚约的具名格式按"某某是某某之子"的格式，婚约中新郎、新娘、证人和婚约书写人也均在本名之前冠上父名，表明粟特法律文书非常重视当事人的父系血统，与汉文献所记"妇言是用"和"先母后父"的母权制特征颇有出入。那么女性在中古粟特家庭关系中的地位究竟如何？本文拟在前人研究基础上，对这一问题试作讨论，以就教方家。

一、粟特婚俗的古伊朗因素

粟特文婚约在述及夫妻双方缔结婚约后，新娘的监护权会发生

① 玄奘、辩机原著，季羡林等校注：《大唐西域记校注》，中华书局 2000 年版，第 45 页。

② 姚汝能撰，曾贻芬点校：《安禄山事迹》（《开元天宝遗事·安禄山事迹》）卷上，中华书局 2006 年版，第 76 页。

③ 《史记》卷 123，中华书局 1959 年版，第 3174 页。

转换，其法律依据是一种"传统法律"①：

> Nov. 3 正面第 6—7 行
>
> 遵从传统法律，赤耳将［他的］监护权转予新郎……

著名突厥学家茨默（P. Zieme）称这份婚约可能与一种特定的法律，即突厥口头律法有关。伊朗学家德金（Desmond Durkin - Meisterernst）认为由于婚约所记夫妻双方是用粟特文书写的突厥人名，反映的应不是粟特律法，而是突厥法。其中第七行 swzwn 一词意思比较费解，里夫什茨（V. A. Livshits）认为可能是粟特语的突厥语借词"口头的"，字面意思是"他的言辞"。茨默进一步指出，这个词即突厥语 sözüɧ，在突厥法律文献中常见，söz 为古突厥语中的工具格，意为"言辞、命令"（如 sözüm，我的言辞；sözümüz，我们的言辞）。雅库波维奇（Ilya Yakubovich）认为，这个短语可以和巴克特里亚婚约中所记的"陆上已确立的法律"比较。因此粟特文婚约所见的习惯法，意为口头传承的法律。②

根据婚约记载，新郎的名字是乌特特勤（Ot - tegin），是典型的突厥化名字，意为"火王子"，为尊称，可能与古突厥人的拜火仪式有关。不过他的常用名是尼丹（Niδan），这是一个伊朗名。而新娘的名字叫多谷特谷娜赤（Dhγutγōnê），她的常用名是查托（Ĉat），她是维乌斯（Wiyūs）的女儿。查托更可能是一个突厥名。

---

① 有关穆格山粟特文婚约的译文，据张小贵、庞晓林：《穆格山粟特文婚约译注》，载包伟民、刘后滨主编：《唐宋历史评论》第 3 辑，社会科学文献出版社 2017 年版，第 107—125 页。下同。

② V. A. Livshits, *Sogdian epigraphy of Central Asia and Semirech'e*, translated from the Russian by Tom Stableford, ed. by Nicholas Sims-Williams, School of Oriental and African Studies, London, 2015, p. 30. Ilya Yakubovich, "Marriage Sogdian Style", in *Iranistik in Europa—Gestern, Heute, Morgen*, Herausgegeben von Heiner Eichner, Bert G. Fragner, Velizar Sadovski und Rüdiger Schmitt, Wien: Verlag der Österreichischen Akademie der Wissenschaften, 2006, p. 318.

她的身份是 zynβr'nch ynch，意为"一位被监护的女性"，表明她被当地国王监护，而原本的地位则不得而知。尽管新郎的名字是一个突厥名，新娘的常用名也带有典型的突厥化因素，里夫什茨认为婚约所反映的这对新郎和新娘之间的婚姻关系是典型的粟特贵族间的婚姻，"要求乌特特勤要对他的妻子查托相敬如宾，［为她提供］食物、衣物和饰品，尊敬爱护她，如一位夫人在他自己家里掌握权力，这是一位绅士对待自己的妻子，当其为贵妇的方式"。① 不过考虑到新郎的常用名是伊朗名，新娘的常用名虽是突厥名，但其本名应该也是伊朗名，而且契约和古代阿拉美、古波斯法律颇多相似之处，所以不能轻易将文书所反映的法律内容定为突厥法。②

婚约出现的其他人名中，具有明显伊朗语特色的尚有 2 个。一个是起草人拉姆替失的父亲胡失芬（Nov. 4 背面 14—16 行），一个是在场见证者查库沙克（Ĉakušak）之父娜娜赤（Nānê）（Nov. 4 背面 12—14 行）。胡失芬（Axušfarn）为常见的粟特人名，意为"拥有阿姆河的荣光"。③ 词尾带 farn 的名字是穆格山文书中通行的粟特男名，其意为"荣幸、运气"④，经过与唐代译例进行比勘，这一词尾就是汉文的"芬"。唐代文献和出土文书中多含有这类胡名，如石演芬（《新唐书》卷 193）、石宁芬（《唐石崇俊墓志》）、米继芬（《唐米继芬墓志》）、石失芬、安胡数芬、康羯师忿、何伏帝忿、石勃帝芬（敦煌《差科簿》）、曹莫盆（《吐鲁番出土文书》七，第

---

① V. A. Livshits, *Sogdian epigraphy of Central Asia and Semirech'e*, p. 22.

② Desmond Durkin-Meisterernst, "Sogdian Women in the Diaspora"，中译文参见德金著，胡晓丹译，荣新江校：《侨居地的粟特女性》，载荣新江、罗丰主编：《粟特人在中国：考古发现与出土文献的新印证》上册，科学出版社 2016 年版，第 86、94 页。

③ Ilya Yakubovich, "Marriage Sogdian Style", p. 323.

④ W. B. Henning, *Sogdica*, London, 1940, p. 6; *W. B. Henning Selected Papers*, Vol. Ⅱ, Leiden: E. J. Brill, 1977, p. 6.

475 页）。① 娜娜赤（Nānê），意为"属于娜娜女神的"。1907 年，斯坦因在敦煌附近长城烽燧遗址发现的粟特文古信札，即有含娜娜女神因素的人名，如第二号信札的发信人 Nanai‒Vandak，意为"娜娜女神之仆"②；镌刻于今天中巴高速公路巴基斯坦一侧的粟特人名中，也以带"Nanai"神名者居多。③ 汉文史料中也多见含有娜娜女神的粟特人名，如《周书》卷 50《突厥传》记的"大统十一年（545），太祖遣酒泉胡安诺盘陀使焉"中的"安诺槃陀"，吐鲁番出土文书中的"（曹）那宁（潘）""（安）那宁（畔）""（康）那宁（材）""（康）那你（延）"等，均为"Nanai"女神名字的不同对译。④

婚约最后署名"Ot-tegin 与 Ĉat 的婚约"（乌特特勤与查托的婚约），笔迹与正文一致，然而方向与正文相反。显然是文件被卷好放入管中并封上黏土封印后加上去的。类似署名的方式亦见于阿拉美法律文书。⑤ 婚约有多人在场见证，是为表明契约的严肃性，乃受阿契美尼时期巴比伦和阿拉美传统影响，也与后来的希腊、巴克特

① 蔡鸿生：《唐代九姓胡礼俗丛考》，原载《文史》第 35 辑，中华书局 1992 年版，第 109—125 页；此据氏著：《中外交流史事考述》，大象出版社 2007 年版，第 47—48 页。

② W. B. Henning, "The Date of the Sogdian Ancient Letters", *BSOAS*, XII, 1948, pp. 602‒605.

③ N. Sims-Williams, "Mithra the Baga", P. Bernard and F. Grenet eds. , *Histoire et cultes de l' Asie central préislamique*, Paris, 1991, p. 177; "The Sogdian Inscriptions of the Upper Indus: a preliminary report", K. Jettmar ed. , *Antiques of Northern Pakistan, Reports and Studies*, 1: Rock inscriptions in the Indus Valley, Mainz, 1989, p. 135.

④ 蔡鸿生：《唐代九姓胡礼俗丛考》，载氏著：《中外交流史事考述》，第 48—49 页；荣新江：《祆教初传中国年代考》，原载《国学研究》第 3 卷，1995 年，此据氏著：《中古中国与外来文明（修订版）》，生活·读书·新知三联书店 2014 年版，第 257—261 页。

⑤ R. Yaron, "The Schema of the Aramaic Legal Documents", *Journal of Semitic Studies*, 2/1, 1957, p. 54; V. A. Livshits, *Sogdianepigraphy of Central Asia and Semi-rech' e*, p. 35.

里亚及中古波斯文的婚约相似。① Nov. 3 背面 17 行记载，这一婚约在律堂缔结，"律堂"的粟特文写法为 βwnty-n'k'st'ny，疑即《隋书》卷 83《康国传》所记置胡律、进行决罚的袄祠："有胡律，置于袄祠，将决罚，则取而断之。重罪者族，次重者死，贼盗截其足。"② 若婚约所记的"律堂"就是汉文献中的"袄祠"的话，正符合古伊朗社会政教合一的传统。在萨珊伊朗社会，至迟从瓦赫兰一世（Wahram I，273—276 年在位）开始，法官从琐罗亚斯德教祭司阶层中选出。③ 此后长时期内，宗教首领都承担着世俗社会法律审判的职责。

当然，上文讨论的粟特人名所见伊朗文化因素，并不足以证明婚约的法律属性。不过婚姻双方为保证婚约的效力，乃以密特拉神的名义起誓，这种神人共鉴的方式具有浓厚的古伊朗文化特征，则是确凿无疑的。

Nov. 4 正面

（5—7）我的上帝，我从您那里娶了多谷特谷娜赤作为妻子，她的常用名是查托，她是维乌斯的女儿。

（7—12）然后对于赤耳陛下，我以上神密特拉（Mithra）的名义起誓，我承诺并承担责任，自此以后永生永世，只要查托和我在一起，作为我的妻子，我不会出卖她，把她作为人质，

---

① Ilya Yakubovich, "Marriage Sogdian Style", pp. 332 – 335; N. Sims – Williams, *Bactrian Documents from Northern Afghanistan I: Legal and Economic Documents*, Oxford, 2000 [2001], pp. 32 – 35; A. Perikhanian, *The Book of a Thousand Judgements (A Sasanian Law – Book)*, translated from Russian by Nina Garsoïan, Costa Mesa, California and New York: Mazda Publishers in association with Bibliotheca Persica (Persian Heritage Series 39), 1997, pp. 56 – 67, 74 – 85, 100 – 102; D. N. MacKenzie, "The model marriage contract in Pahlavi", *K. R. Cama Oriental Institute Golden Jubilee Volume*, Bombay, 1969, pp. 103 – 111.

② 蔡鸿生：《唐代九姓胡与突厥文化》，中华书局 1998 年版，第 8—10 页。

③ T. Daryaee, *Sasanian Persia: The Rise and Fall of an Empire*, London, New York: I. B. Tauris, 2010, p. 76.

把她作为礼物，或者将她置于［他人］保护之下。

此处新郎向密特拉神宣誓，以保证该项"契约"的合法性，显明粟特地区的密特拉神具有维护契约的职能。根据学者们的研究，古伊朗社会的密特拉即为契约之神，维持天则，其所掌管的契约领域甚广，分为不同的级别，小到人与人之间的关系，大到国家间和人与神灵间的契约关系。他必须保证契约执行，维持社会正常秩序，社会秩序一旦遭到破坏，他将会严惩那些违约者，当然也会奖赏遵纪守法之人。作为契约之神的密特拉赏罚分明，确保契约、誓言的执行，维持社会的稳定。而粟特婚约所示，密特拉是婚姻契约的守护神，保证双方遵循自己的誓言，说明这一职能与古伊朗密特拉的传统职能存在继承关系。而在当今伊朗社会的婚礼上，新郎和新娘各自尚会选择密特拉作为其保护者。[1]

综上所论，穆格山粟特文婚约反映了典型的古伊朗法律文化特征，因而萨珊波斯法律文献的相关记载，有助于理解婚约中的疑难隐晦之处。

二、粟特女性的监护权

婚约 Nov. 3 正面第（1—6）行记载，新娘在未出嫁前，乃受笈赤建（Nawēkat）的国王赤耳监护：

> 在国王突昏（Tarxūn）［在位］第十年，马斯博基赤（Masβōγīč）月阿斯曼（Asmān）日，乌特特勤，他的常用名是尼丹，从赤耳那里娶了一位妻子，赤耳是笈赤建的国王，是万哈拿克

① Wolfgang Lentz, "The 'Social Functions' of the Old Iranian Mithra", in Mary Boyce and Ilya Gershevitch eds., *W. B. Henning Memorial Volume*, London: Lund Humphries Publishers Limited, 1970, pp. 45 – 55; Mary Boyce, "On Mithra's Part in Zoroastrianism", *BSOAS*, 1969, Vol. 32. 1, p. 29.

(*Wanxānāk*) 的儿子，[也就是说] 他的妻子受 [赤耳] 监护，她被称为多谷特谷娜赤，她的常用名是查托，她是维乌斯的女儿。

正如前文指出的，新娘出嫁之后，"遵从传统法律，赤耳将 [他的] 监护权转予新郎"（Nov. 3 正面第 6 行），她并未成为完全自由人，而是转而受其丈夫监护。此处"监护"的含义为何，颇令人费解。萨珊波斯法律文献关于新娘法律地位的规定，或有助于理解粟特女性被"监护"的文化内涵。

在古伊朗社会，女性原则上并不是完全的法人，即便她们同意结婚并从新郎处获得财产保障，甚至被认可成为婚约双方当事人的一方，她们自身也并没有完全的法律行为能力，无法自行签订婚约。她们的法律地位如同未成年人，需要一位监护人（*sālār*）或者一位代理人（*Ǐādag-gōw*）来代为处理法律事务。在结婚前这一监护人往往是自己的父亲，而婚后则是丈夫。① 这一点与粟特婚约中规定女性无论婚前婚后都受人监护的情况类似。萨珊波斯时期"法律主体"的界定，取决于个人的出身、社会等级、宗教信仰、公民身份、性别与年龄等，个人的法律身份可划分为身为自由民的男子与女子或奴隶、伊朗公民与万王之王（*Ērānšahr*）的臣民或外国人、琐罗亚斯德教徒或异教徒、贵族或平民等。只有身为自由民的、臣服于万王之王的伊朗公民，且信仰琐罗亚斯德教，出身于贵族家庭的成年男子才被认为具有完全的法律行为能力（*tuwānīgīh*）。其他人并非完全没有权利，只是他们的权利可能仅限于某些领域。② 萨珊波斯时期

① Maria Macuch, "The Pahlavi Model Marriage Contract in the Light of Sasanian Family Law", in *Iranian Languages and Texts from Iran and Turan. Ronald E, Emmerick Memorial Volume*, ed. M. Macuch, M. Maggi, W. Sundermann, Iranica 13, Wiesbaden: Harrassowitz Verlag, 2007, p. 201.

② Maria Macuch, "Legal Constructions of Identity in the Sasanian Period", in Carlo G. Cereti ed. , *Iranian Identity in the Course of History* (Orientalia Romana 9), Roma: Istituto Italiano per l'Africa e l'Oriente, 2010, p. 194.

个人的法律地位取决于他的出身，这往往是由父母的身份决定的，法律地位又决定着个人合法权利和义务，只有在极少数情况下才能改变。① 由于女性一直受到父亲或丈夫监护，权利受限，仅在某些特殊情况下，她们才有权处置自己的财产。② 如夫妻双方正式成婚后，丈夫会将全部财产收入的一半交由妻子处置，并订立契约。需注意的是，萨珊波斯的财产法明确界定了财产本金以及盈利收入，妻子所获得的仅是盈利收入的一半，财产本金仍归丈夫或其家族所有。③ 粟特文婚约所反映出的婚姻关系与萨珊波斯时期最常见、最典型的婚姻类型即"完全权利婚姻"（*pādixšāy marriage*）相似，这种婚姻关系所组成的家庭可谓萨珊波斯社会最基层的社会单位，其最简单的形式包括丈夫即家长，以及由丈夫监护的妻子。"完全权利婚姻"通常是由新娘和新郎的家庭协商安排，新郎需要向新娘的父亲或监护人请求，将新娘的监护权转移到新郎家庭中。如帕拉维文婚约记载：

> 新娘以这种方式受新郎父亲监护，新娘再无法以他种婚姻形式或女儿的形式为其他人完成中间继承或替代继承。④

只有父亲或监护人同意，并签订婚姻契约，才算正式缔结了婚

---

① Maria Macuch, "Judicial and Legal System. iii Sasanian Legal System," in *Encyclopaedia Iranica* XV, 2009, p. 183.

② A. Perikhanian, *The Book of a Thousand Judgements (A Sasanian Law-Book)*, p. 95, no. 33. 1 – 3.

③ Maria Macuch, "The Pahlavi Model Marriage Contract in the Light of Sasanian Family Law", p. 191.

④ Maria Macuch, "Zoroastrian Principles and the Structure of Kinship in Sasanian Iran", in C. G. Cereti, M. Maggi and E. Provasi eds. , *Religious Themes and Texts of Pre-Islamic Iran and Central Asia: Studies in Honour of Professor Gherardo Gnoli on the Occasion of His 65th Birthday on 6th December 2002*, Wiesbaden: Dr. Ludwig Reichert Verlag, 2003, p. 240.

姻。婚后，妻子受丈夫"监护"，必须服从丈夫。① 这一点和粟特文婚约所透露的信息一致。

根据粟特文婚约记载，成婚之后，妻子在受丈夫监护的同时，丈夫也应当履行自己对妻子的义务，如婚约 Nov. 3（正面第 6—12行）记载：

> 遵从传统法律，赤耳将［他的］监护权转予新郎，要求乌特特勤要对他的妻子查托相敬如宾，［为她提供］食物、衣物和饰品，尊敬爱护她，如一位夫人在他自己家里掌握权力，这是一位绅士对待自己的妻子，当其为贵妇的方式。

里夫什茨认为此处新郎和新娘之间是典型的粟特贵族间的婚姻②，其中"ZNH xypδ x'n'kh p'txš'wnh wδwh"一句，意思是"女子在丈夫家拥有权力"，相似的表述亦见于巴克特里亚文书和帕拉维文文书，但不见于希腊文献，表明了粟特地区女子在家庭中的地位。女子处于丈夫的监护之下，成为家庭名义上的"女主人"，这种婚姻形式是伊朗和中亚常见的婚姻形态。③ "女子在丈夫家拥有权力"的表述与帕拉维文《宗教判决书》（*Dādestān ī dēnīg*）中所记"妻子成为家中的女主人"④ 的表述相一致。萨珊波斯法律文献有关"完全权利婚姻"中妻子权利的规定，可与粟特文婚约的有关内容相互证⑤：

① Maria Macuch, "The Pahlavi Model Marriage Contract in the Light of Sasanian Family Law", p. 193.

② V. A. Livshits, *Sogdian epigraphy of Central Asia and Semirech'e*, p. 22.

③ Ilya Yakubovich, "Marriage Sogdian Style", pp. 336 – 337.

④ Maria Macuch, "Zoroastrian Principles and the Structure of Kinship in Sasanian Iran", p. 241.

⑤ M. Macuch, *Das sasanidische Rechtsbuch "Mātakdān i bazār Dātistā" (Teil II)*, Wiesbaden: Dr. Ludwig Reichert Verlag (AKM XLV, 1), 1981, p. 73ff, no. 4.

（1）妻子成为家中的女主人（*kadag-bānūg*）。

（2）她的孩子都是丈夫的合法子女①。

（3）丈夫有义务给予她和孩子（们）抚养费，以满足妻儿日常基本开销②。丈夫可赠送贵重物品给妻子，但不能减少维持妻子日常生活所需的抚养费。

（4）妻子和孩子们有权在丈夫去世时继承"全部财产"（*abarmānd*）。

然而，因为婚后的女子受丈夫"监护"，所以她在享有婚姻权利的同时，也必须遵守相应的义务：（1）如果女子与原生家族外的男子缔结"完全权利婚姻"，则妻子的监护权从原生家庭转移到其丈夫家庭中。妻子受到丈夫监护（*sālārīh*，"*manus*"），有义务忠于丈夫。受监护人若不忠于监护人则犯了严重的罪过，称为 *atarsagāyīh*。萨珊帝国开国君主阿达希尔一世（Ardashir I，? —约 240 年）就曾颁布命令，禁止妻子不忠于丈夫。③ 当丈夫认为妻子不忠时，可向法院提出控诉。若妻子能自证清白，可在法庭上举证并反驳。若她不能成功自辩，法院会出具一份证明她不忠的裁决书。④ 丈夫若拿到这份法院出具的裁决书，就可以在遗嘱中取消妻子的继承权。丈夫剥夺妻子的继承权时，必须使用适当的法律术语，否则遗嘱无效。若剥夺继承权的遗嘱生效，妻子及所有子女的继承权都会被剥夺。⑤

---

① M. Macuch, *Das sasanidische Rechtsbuch "Mātakdān i bazār Dātistā" (Teil II)*, pp. 96 – 99.

② A. Perikhanian, *The Book of a Thousand Judgements (A Sasanian Law-Book)*, p. 257, no. 7. 8 – 11.

③ Mary Boyce transl., *The Letter of Tansar*, Roma: Istituto Italiano Per Il Medio Estremo Oriente, 1968, p. 40.

④ A. Perikhanian, "Iranian society and law", in *Cambridge History of Iran* 3 (2), Cambridge: Cambridge University Press, 1983, p. 648.

⑤ Maria Macuch, "The Pahlavi Model Marriage Contract in the Light of Sasanian Family Law", p. 196.

丈夫去世后，妻子的监护权转移到她成年儿子手中，他有权决定其母亲是否再婚。如果家中无成年儿子，则委托一名男性近亲作为家庭监护人，通常遗孀会与这名男子结婚。等到她的儿子成年后，必须得到他的许可，才能继续这段婚姻。① （2）"完全权利婚姻"中妻子最重要的义务是为丈夫生儿育女。如果妻子不孕，丈夫可以申请离婚。根据萨珊波斯的家庭法，为适应当时社会父系继承的传统，只有男性能完全代替家长成为他的继承人，承担家庭的所有责任。因此每位家长有责任在世时生育儿子，以便去世时不至于"无名"。一旦丈夫去世时没有儿子，则妻子需要成为他的"中间继承人"，与其他男子（亲戚或其他公民）结成另外一种婚姻形式"辅助婚"（čagar），为原配丈夫生下可成为直接继承人的法定儿子。在"辅助婚"中，妻子仍然是原配死去丈夫的法定配偶，她与二婚丈夫婚配而生的子嗣不是这位父亲的法定后代，而是母亲死去丈夫的法定继承人。② 担任中间继承人的义务会写进缔结"完全权利婚姻"的婚契中。若无子嗣的家长去世时没有妻子，则由他的女儿或者姐妹（如果有的话）担任"中间继承人"，与其他男子缔结"辅助婚"，为死去的家长诞下法定继承人。由此亦可见萨珊波斯家庭关系中强调父系的特征，也体现了丈夫对妻子的"监护"权。③

虽然"完全权利婚姻"均由作为监护人的父亲或兄弟安排，但仍需要征得女性的同意。④ 监护人不能强迫违背她的意愿，这是保

---

① A. Perikhanian, *The Book of a Thousand Judgements (A Sasanian Law-Book)*, p. 79, no. 26. 3 – 5.

② M. Macuch, *Das sasanidische Rechtsbuch "Mātakdān i bazār Dātistā" (Teil II)*, pp. 100 – 113.

③ Maria Macuch, "Incestuous Marriage in the Context of Sasanian Family Law", Maria Macuch, Dieter Weber and Desmond Durkin-Meisterernst eds. , *Ancient and Middle Iranian Studies. Proceedings of the 6th European Conference of Iranian Studies, held in Vienna, 18 – 22 September 2007*, Wiesbaden: Harrassowitz Verlag, 2010, pp. 142 – 143.

④ M. Shaki, "The Sasanian Matrimonial Relations", in *archív orientálí*, 1971, vol. 39, pp. 322 – 345.

护女子的重要规则。如果婚约是在她未成年时订立的，她有权在成年时取消婚姻。在这种情况下，婚约必须被取消，女子不得遭受任何损失。这至少是法律规定的，但并不确定实际生活中是否严格执行。① 如果丈夫去世，且没有留下儿子或其他兄弟，妻子可决定女儿的婚姻。② 另外，女性如果与家中血亲缔结"完全权利婚姻"，她就会比家中其他女子享有更多权利。③ 如前文所述，"完全权利婚姻"的妻子在不同类型妻子中地位最高，她作为丈夫的"中间代理人"，通过"辅助婚"为（无子嗣的）原配丈夫生育法律意义上的继承人，承担了"自然代理人"的角色，便可以继承丈夫财产中专为"代理继承"而准备的那部分。当然她继承的不是财产所有权，而是使用权，也就是说她可以使用财产的收益或利润来满足生活所需。④

三、解除婚约对女性的影响

婚约除了规定丈夫与妻子之间监护与被监护，以及在此框架下的权利义务之外，对于夫妻关系尚有其他规定。根据婚约的规定，丈夫可以另娶，前提是征得原配夫人的同意，如 Nov. 3（正面第16—22 行）记载：

> 然而，如果乌特特勤没有与查托离婚，而娶了另外一位女

---

① Janos Jany, *Legal Traditions in Asia: History, Concepts and Laws*, Cham: Springer Nature Switzerland, 2020, p. 98.

② M. E. Namin, "Legal Status of Women in the Sassanid's Era (224 – 651 AD) ", in *Cogent Arts & Humanities*, 2018, vol. 5, pp. 3 – 4.

③ Katarzyn Maksymiuk, "Marriage and Divorce Law in Pre-Islamic Persia: Legal Status of the Sassanid' Woman (224 – 651 AD) ", in *Cogent Arts & Humanities*, 2019, vol. 6, p. 4.

④ Maria Macuch, "Zoroastrian Principles and the Structure of Kinship in Sasanian Iran", p. 239.

子为妻或妾，该女子并不能令查托满意，则乌特特勤作为丈夫，应负责任，支付给妻子查托 30 上好的标准伊朗银币［类型］的迪拉姆（dirhams），而且不能纳前面提及的女子为妻或妾，则应该将她休了。

此句表明在阿拉伯征服前，粟特地区存在过多妻制，而且起码有 3 种结合形式，即正室（嫡配）、偏房和姘居。[①] 如果丈夫和妻子离婚，夫妻双方各自享有什么权益，婚约有明确的规定：

（Nov. 3 正面第 22—背面第 2 行）但是如果乌特特勤不再将查托当作妻子，而是与其离婚，他将补偿给她［她］应得的和继承的财产，［以及］收到的礼物，没有赔偿。［他］［也］不必负责，不必给她任何补偿，之后他可以另娶令他欢怡的女子。

（背面第 2—9 行）若是查托不愿和乌特特勤待在一起，而是离开他，她将归还给他完好的衣物细软，所有这些都是查托从乌特特勤那里接受的，但是她将获得自己应得的部分作为保障，而不必承担任何其他的补偿，此后他将续娶他所中意的女子为妻。

这说明若丈夫主动提出离婚，则需补偿妻子；若妻子提出离婚，则需归还丈夫给予的某些财物，同时应获得部分生活保障。当然更细节的内容，如是否要区分过错方等问题，并不被人所知。仅从婚约的文字记载来看，解除婚约时男方占主导地位，但对女方也有一定的物质保障。

萨珊波斯婚姻关系的解除同样有助于我们理解粟特文婚约的内容。根据萨珊波斯的法律文献，离婚只能由丈夫提出，但需要妻子接受。如果没有询问妻子的意见或妻子不同意，离婚无效。为了具

---

① 蔡鸿生：《唐代九姓胡礼俗丛考》，载氏著：《中外交流史事考述》，第 31 页。

有法律效力，离婚需签订一份文件（*hisht – nāmag*），将丈夫的部分财产作为离婚后的赡养费移交给妻子①，这一点和粟特文婚约所记"妻子离婚后，就会获得应得的部分"相一致。并指定一位不受前夫约束的人作为女子的监护人②。当然解除婚姻关系时，过错方应承担什么责任，粟特婚约也有明确的规定，如 Nov. 3 背面第 9—11 行记载，"如果乌特特勤行为错误，［他］将接受惩罚，为自己的行为补偿"。Nov. 3 背面第 13—14 行记载："如果女方行为错误，［她］将接受惩罚，为自己的行为偿还。"而萨珊波斯法律规定，在以下 4 种特例中，丈夫可不经妻子同意要求离婚，可视为女方犯了过错行为：（1）妻子与其他男性发生性关系（无丈夫许可）；（2）对丈夫隐瞒了她来月经（琐罗亚斯德教禁止在月经不洁期间发生性行为③）；（3）妻子不孕；（4）行巫术。④ 总的来说，法律对女性的保障是不够的，根据萨珊波斯法律规定，妻子必须忠于丈夫。如前文述及，一旦丈夫以不忠为由将妻子告上法庭，法庭也由此进行了判决，丈夫便可凭这份判决文件申请离婚或剥夺妻子在丈夫去世后继承遗产的权利，且妻子所生育孩子的继承权也被一并剥夺。从这一点来看，粟特文婚约虽然记载模糊，却赋予了女性可以主动离婚的权利，不知是否与新娘为粟特贵族有关？

离婚的妻子最重的损失是失去了继承权，萨珊波斯律法强调有监护权才有继承权。死者生前若有因不忠或其他原因离婚的妻子，因为妻子的监护权不再为丈夫所有，转移到其他人手中（可能是丈夫安排或是回到妻子的原生家庭中），妻子便不能成为替代继承人。

---

① Maria Macuch, "The Pahlavi Model Marriage Contract in the Light of Sasanian Family Law", pp. 183 – 204.

② A. Perikhanian, *The Book of a Thousand Judgements (A Sasanian Law-Book)*, p. 205, no. 87. 7 – 10.

③ S. Secunda, "Relieving monthly sexual needs: On Pahlavi daštān – māh wizārdan", in *DABIR*, 2005, vol. 1, pp. 28 – 31.

④ Katarzyn Maksymiuk, "Marriage and Divorce Law in Pre-Islamic Persia: Legal Status of the Sassanid' Woman (224 – 651 AD)", p. 6.

失去监护权是萨珊社会离婚完成的标志，由此前妻便不再有承担
"代理"继承的义务。然而到了6—7世纪，萨珊波斯的法官作出改
革，使成功离婚的前妻获得了继承前夫遗产的权利。如《千条律例
书》第6章第5—14节记载：

> 如果 Farraxv 得到关于其特许婚妻子 Zandbut 的不当行为的
> 文件，且没有声明"让我的财产不归她！"那么，妻子可带走在
> 他财产中属于女主人的份额。但倘若他去世前立遗嘱，写明
> "我的产业不可归她"，那么即使此时妻子没有离婚，仍属于这
> 个家庭中的一员，也不能得到遗产；假如（他）没有（写），
> 那么在这种情况下，她将得到她的份额，通过与另一名继承人
> 结合，共同继承遗产。①

上述案例表明，即使夫妻双方因妻子的不忠而离婚，只要前夫
没有明确地把前妻排除在遗嘱之外，前妻仍然可获得她作为前家庭
女主人份额的遗产，即合法儿子所能得到的份额。② 此外值得注意
的是，倘若死者此时没有合法的直接继承人，前妻还会成为他的替
代继承人，与另一名男子缔结辅助婚，为前夫生下男性继承人，以
避免他死后绝嗣的问题。在此过程中，如果前夫为替代继承留下财
产，身为替代继承人的前妻，依然可获得这部分财产的收益，以满
足她和子女的生活所需。③ 一般情况下，离婚后妻子除可获得前夫
给予的赡养费外，无其他财产权。婚姻存续期间妻子的嫁妆及产生
的收益为丈夫所有，即使离婚，妻子也无权收回。但到了6—7世

---

① A. Perikhanian, *The Book of a Thousand Judgements (A Sasanian Law-Book)*,
pp. 256 – 257.

② Yaakov Elman, "Marriage and Marital Property in Rabbinic and Sasanian
Law", C. Hezser ed., *Rabbinic Law in its Roman and Near Eastern Context*, Mohr Sie-
beck, 2003, p. 257.

③ Maria Macuch, "Zoroastrian Principles and the Structure of Kinship in Sasa-
nian Iran", p. 239.

纪，女性在离婚后可追回前夫曾经赠予其他人的收益。① 这一变化在一定程度上增加了女性的财产权，这或许并非出于立法者和丈夫的本意，但有助于解决有产贵族死后无嗣的问题。

当然，由于古波斯祆教鼓励血亲婚，这一婚俗在粟特地区也曾流行，其中也涉及已婚女儿与原配离婚，重新被父亲监护，甚至与父亲婚配，从而获得替代继承的问题。按照以前的替代继承规则，一般情况下，只有仍留在原生家庭中未婚的女儿才可担任替代继承人，因为后者的监护权仍在其家庭中。如果父亲希望已婚的女儿成为自己的替代继承人，需这个女儿离婚且监护权重回父亲手中，或父亲向法院申请，指定这个已婚的女儿成为自己的替代继承人，如《千条律例书》第21章第5—8节记载：

> 据记载，假若一名男子除一个已婚的女儿外，无妻无儿。如果女儿的丈夫与其离婚，但没有把监护权交还给她的父亲。那么，该名女子仅在父亲提出这一要求时，成为父亲的替代继承人。但是，如果（她的父亲）把监护权收归己有，那么她将自动成为父亲的替代继承人，父亲不必专门提出请求。②

萨珊波斯的法律规定，夫妻双方离婚的最终完成是以丈夫不再掌握妻子的监护权为标志的。若丈夫仅仅是宣布离婚，并未声明放弃监护权或转移监护权，则此期间妻子育有的任何孩子都算作丈夫的合法后代。③ 到了萨珊波斯晚期，未完全离婚的女儿也可成为父亲的替代继承人。假若父亲死后无嗣，若没有更合适的替代继承人人选（如特许婚妻子、未婚女儿或姐妹等），法官可要求已婚的女儿

---

① A. Perikhanian, *The Book of a Thousand Judgements (A Sasanian Law-Book)*, p. 251, no. 2, 17 – 3, 1.

② A. Perikhanian, *The Book of a Thousand Judgements (A Sasanian Law-Book)*, pp. 68 – 69.

③ A. Perikhanian, *The Book of a Thousand Judgements (A Sasanian Law-Book)*, p. 34, no. 3. 10 – 11; p. 35, no. 4. 9 – 10.

与原配丈夫离婚，承担其父系家族传承的责任，为死去的父亲生育合法的直接继承人，如《千条律例书》第21章第8—10节记载：

> 苏珊（Sōšans）说，一个已婚的女儿若与丈夫离婚，将成为她父亲的中间继承人，即使她是在父亲去世后才离婚的。①

苏珊的案例表明，即便父亲已去世，在世的女儿也可以和原配丈夫离婚，从而成为亡父的中间继承人。这涉及古伊朗血亲婚与替代继承及其关系等问题，笔者拟另文讨论，不赘。

萨珊波斯妇女在家庭关系中的权利与义务，与粟特文婚约的有关内容相比，颇多相似之处，在在证明了粟特婚俗的古伊朗文化特征。根据汉文史籍记载，粟特祆教与古波斯宗教有着直接的继承关系，如《旧唐书·波斯传》所记：

> 波斯国……俗事天地日月水火诸神，西域诸胡事火祆者，皆诣波斯受法焉。其事神，以麝香和苏涂须点额，及于耳鼻，用以为敬，拜必交股。②

粟特地区的胡律置于祆祠，也体现了古伊朗社会政教合一的传统：

> 康国者……名为强国，而西域诸国多归之。米国、史国、曹国、何国、安国、小安国、那色波国、乌那曷国、穆国皆归附之。有胡律，置于祆祠，决罚则取而断之。③

---

① A. Perikhanian, *The Book of a Thousand Judgements (A Sasanian Law-Book)*, pp. 68 – 69.

② 《旧唐书》卷198，中华书局1975年版，第5311页。

③ 《隋书》卷83，中华书局1973年版，第1848—1849页。

通过对古伊朗社会法律实践的考察，可更深刻地理解粟特文婚约的相关内容。此外，尽管穆格山粟特文婚约强调了当事人的父系血统，但是在婚姻和家庭关系中，女性仍然保有一定的权利和地位。当然，由于婚约及保证书是新郎乌特特勒和新娘查托双方所订立，属私人契约，并无法反映唐代九姓胡婚俗的全貌。因此婚约所体现的父权制特征与传世汉文史籍记载的"妇言是用、男位居下"的粟特婚俗，并非互相对立的两种婚姻关系，而是中古粟特地区复杂婚俗的真实写照。

（作者系暨南大学历史学系教授）

近代岭南学者景教研究评说

殷小平

一、选题缘起

2006 年秋，我博士三年级，到了博士论文撰写的紧要关头，几乎每天都去历史学系永芳堂二楼宗教文化研究所的办公室。那时候，除了林老师生病住院的日子，蔡鸿生先生几乎每天上午去永芳堂，每次必到二楼办公室坐坐，与林老师聊聊天。所以，只要上午去办公室，就一定能见到蔡老师。

10 月 16 日星期一早上，我带着博士论文第三章初稿去办公室见两位老师，随身还携带了广州博物馆曾玲玲同学转来的一篇文章《一件唐代景教石刻》，作者是龙门研究院的张乃翥先生，文中提到洛阳在 5 月出土了一块景教经幢。我把这个消息告诉老师们，蔡师听完特别高兴，直呼"太好了"。我说可惜这块碑是残缺的。蔡师微笑着，意味深长地说："小平啊，我告诉你，残才好啊！断臂维纳斯、八十回《红楼梦》，就是因为不完整！"以断臂维纳斯和《红楼梦》在艺术领域上的地位作比，洛阳景教经幢的重要性已不言自喻了。

第二天上午，老师们继续探讨昨天报道的那方景教石刻。原来，蔡师昨日回家后，一直在思考这块残碑，甚至初拟了一个短期的研究计划。蔡师说，我们要重视这一发现，发挥专业所长，尽快开展研究，发表看法，在学界产生"让别人无法忽略"的影响。熟悉蔡老师的人都知道，他为人谦逊低调，一向不主张快发文章。但在洛阳景教经幢上，蔡师却表现出只争朝夕的紧迫感。他的心情，如果对中国景教研究略有了解，便不觉奇怪了。自明季西安《大秦景教流行中国碑》出土以来，在近 300 年里，有关中国景教之研究，主要就是对西安碑的注疏解读。这个局面一直到 20 世纪初敦煌汉文景教写经的出洞才有所改变。新材料带来学科领域的新发展，20 世纪的景教研究就是围绕西安景教碑与敦煌汉文景经展开的，尤其后者，因恰好与敦煌学重合，众多敦煌学家同致力于此，因而取得了引人瞩目的成就。再以后，唐代景教就鲜有重大考古发现。

2006 年是进入新世纪的第 7 个年头，洛阳景教经幢的横空出世，不由得让人想起一个世纪以前敦煌藏经洞（以及吐鲁番景寺）的重大发现。地不爱宝，研究者自然更要抓住机遇，取用新材料以研求新问题，以把握"时代学术之新潮流"（陈寅恪语）①。

"新材料的发现可遇不可求。"② 长期关注中国景教的蔡、林二师，自不会对这一重大发现轻易放过。据葛承雍先生叙述，10 月 16 日林老师在得知洛阳景教经幢出土的信息后，就立刻发邮件与他联系，询问经幢下落。③ 18 日，林老师又发邮件联系素未谋面的张乃翥先生，以期获得经幢的更多信息。张先生回信告知，他已撰有一文介绍经幢的碑文信息，正待刊用。④ 这真是个好消息，它意味着经幢拓片很快便可以公布，供学界同仁研究使用。

23 日上午，蔡师从校医院体检后来到办公室，因时间稍晚，林老师不在，他便示意我次日再到办公室详谈，并让我叫上张小贵师兄和张淑琼师妹。第二天上午大概 10 点钟，师生共聚办公室。蔡师先向我们介绍洛阳景教经幢的发现及其学术价值，指出佛教的经幢

---

① 陈寅恪：《陈垣敦煌劫余录序》，载氏著：《金明馆丛稿二编》，上海古籍出版社 1980 年版，第 236 页。

② 蔡鸿生：《陈寅恪：志在求真的一代宗师》，载《中华读书报》2019 年 10 月 23 日第 9 版。

③ 葛承雍主编：《景教遗珍——洛阳新出土唐代景教经幢研究》，"前言"，文物出版社 2009 年版，第 1—4 页。

④ 张乃翥：《跋洛阳新出土一件唐代景教石刻》，载《西域研究》2007 年第 1 期，第 65—73 页。

刻着景教的经典与十字架，是多元文化的一种交融，洛阳景教经幢"既有胡汉的交流，又有佛教与景教的交汇"①。然后，蔡师进一步披露了他对该石刻的初步研究计划，还拟了几个值得探讨的题目，其中便有《景教研究与岭南近代学术》一题。②

蔡师非常重视洛阳景教经幢研究以及论文集的出版。2009 年，在蔡师的推动下，由文物出版社葛承雍先生主编的《景教遗珍——洛阳新出土唐代景教经幢研究》顺利出版，并如期在是年夏季的第三届奥地利萨尔茨堡国际景教会议上亮相，及时地向国外学者展示我国学者在唐代景教考古新发现上的首批研究成果。蔡师虽没有就洛阳景教经幢撰写论文，但他对是碑以及唐代景教的深刻理解，都详细记录在葛承雍先生所写"前言""编后记"以及封底折页蔡师的推介词里，真知灼见，令人常读常新。

回望 15 年前，蔡师之所以鞭策我们赶紧开展洛阳景教经幢研究，将之"做快、做大、做好"，除了课题本身"无论如何强调也不为过的"③ 的学术价值外，我以为也和中山大学历史学系与中国景教研究的渊源有关。岑仲勉先生曾写过 3 篇景教碑的考释文章，罗香林、朱谦之等先生曾执教于中山大学历史学系。而在当时，由

---

① 葛承雍：《景教遗珍——洛阳新出土唐代景教经幢研究》，"前言"，第 2 页。

② 蔡鸿生师最初计划经幢出土周年（2007）时能够结集相关论文出版，因种种原因未能实现。但师门未曾停止对洛阳景教经幢的关注，已刊布的相关论文有：林悟殊师与我合撰《经幢版〈大秦景教宣元至本经〉考释》《〈幢记〉若干问题考释》；林悟殊师《经幢版"三位一体"考释》《唐代景僧名字的华化轨迹》；张淑琼《朱一新〈无邪堂答问〉中的洋教观》；张小贵《从波斯经教到景教——唐代基督教华名辨析》；我与张展合撰《洛阳景教经幢图像再考察》等。

③ 据葛承雍先生记载，蔡鸿生先生认为："经幢上端刻十字架，这是多元文化的交汇，既有胡汉的交流，又有佛教与景教的交汇。但是公布的信息有限，应尽快将景教经幢拓片内容公布，以便大家共同研究，它对景教研究有着重大意义，无论如何强调也不为过。"葛承雍：《景教遗珍——洛阳新出土唐代景教经幢研究》，"前言"，第 2 页。

蔡鸿生先生亲手创办的宗教文化研究所，在多年辛苦经营后，也发展为我国三夷教研究的一个重镇。从继承中山大学中外关系史研究学术传统的立场出发，在洛阳景教经幢这一新世纪重大考古发现上，我们自然不能只做"旁观者"——蔡师曾自谦是唐代景教研究的"旁观者"。①

再往前追溯。100年前陈垣先生开启元代景教研究，提出了著名的华化研究理论；光绪年间广雅书院把景教作为研习西学的重要论题，杨荣锑率先介绍景教异端之源流，体现了岭南学界引领其时景教研究潮流的新气象。景教与岭南学术的关系，不可不谓之密切。

蔡老师一直教导我们："不要为了与国际接轨，而与传统脱轨。"梳理岭南学者景教研究的脉络，分析岭南景教研究的方法和视野的转变，正是为了更好地领会近代岭南学术的优秀传统，将学术的薪火相传，并发扬光大。是为本文撰作缘起。

二、晚清岭南景教研究

清代学术经历了"国初之学大，乾嘉之学精，道咸以降之学新"②的转变。岭南学术的崛起，乃至可与江浙皖相提并论，即在道咸以降的晚清时代。粤学以陈澧、朱次崎门下弟子为主流，以岭南为根据地，亦不乏进出京畿而与北学融合的大家；而至民国时期，粤人北上求学者众，粤人更被陈寅恪先生视为"南学"的主力。③从景教研究之一端，实可管窥晚清岭南学术之崛起并发展脉络也。

顾名思义，粤学乃以粤人为主体。依照桑兵先生对近代中国学术的地缘与流派之卓见，中国近代学术语境下的"粤学"，只能

---

① 蔡鸿生：《唐代景教再研究·序》，载林悟殊：《唐代景教再研究》，中国社会科学出版社2003年版，第1页。

② 王国维：《沈乙庵先生七十寿序》，载《观堂集林》卷23，河北教育出版社版，第574页。

③ 桑兵：《近代中国学术的地缘与流派》，载《历史研究》1999年第3期，第24—41页；关于粤人、南学的论述，参见同文第24—28页。

"言籍贯而不能言居处"①，也就是说，籍贯是主要依据。下文所论近代岭南学者，便依此为准；但籍贯之外，亦要考量其学术流派倾向。②

（一）梁廷枏与李文田

道光二十二年（1842），清朝被迫开放五口通商，随后，西方宗教和商品强势进入中国沿海及内地城市。在国家内忧外患之际，一批有识之士如林则徐、魏源、梁廷枏、徐继畬等，主动学习西方，以寻求自强救国之路，他们是最早一批"开眼看世界"的知识分子。

梁廷枏（1796—1861）为广东顺德人，代表作为《海国四说》。氏著开篇《耶稣教难入中国说》，讨论洋教问题。梁氏介绍了圣经故事和基督教教义，并从史籍中钩沉唐代大秦、火祆与摩尼史事，指明"大秦即景教也"，"大秦教之原于波斯也"。梁氏以景碑文字与《圣经》记载比对，发现景教教义与耶稣教教义十分吻合，如景碑"无元真主阿罗诃，判十字以定四方，鼓元风而生二气……匠成万物，然立初人"句，与耶稣教上帝创世说相合；景碑"三一分身，景尊弥施诃戢隐真威，同人出代，神天宣庆，室女诞圣于大秦"句，也与耶稣教"降世救民，童身感孕"说一致。③但他并不认为景教就是耶稣教。其一，景碑教主不称耶稣；其二，"判十字以定四方"与天主教"耶稣死于十字架情事"不合；其三，唐代正史中从未出现过"景教"二字。只是梁廷枏并不清楚景教的真正源头，所以只能避谈差异，而将其与摩尼教、伊斯兰教混为一谈，称：

---

① 桑兵：《近代中国学术的地缘与流派》，第40页。

② 例如朱一新，其为浙籍，但后来南下岭南，与陈澧门人交往密切，其晚年直至逝世一直在肇庆、广州讲学，乃至被时人划为粤学之代表。但当代学者对此颇不认同，认为朱一新之学问仍是浙学传统。参见於梅舫：《浙粤学人与汉宋兼采——朱一新〈无邪堂答问〉论学旨趣解析》，载《近代史研究》2010年第4期，第4—15页。

③ 梁廷枏：《海国四说》，中华书局1993年版，第38页。

末尼本同回回，而回回本同景教，是二是一，似皆从耶稣而来，仍与耶稣相混，其变乱于后人耳目，同而实异，异而实同。①

其同异具体为何，作者无法回答，只能以"未可为之一一剖其端而理其绪矣"，一语带过。②

梁廷枏的同乡李文田（1834—1895），咸丰九年（1859）探花，官至礼部侍郎，是京师学术圈举足轻重的岭南学人代表。李文田学问渊博，书法造诣深厚，尤擅金石学和边疆史地之学。李文田关注景教碑作为金石学材料之重要性，对景教本身其实并无太多了解。他认为"景教碑盖唐代之祆教，核其所云与今所谓天主耶稣者两不相涉。七日一荐及十字相合耳。西人所谓此碑即耶稣教，似不尔也"。③ 把景教当成祆教，是既不了解景教，也不了解祆教。李氏的看法在当时并不鲜见。徐继畲《瀛环志略》就说："景教即火教，中间景宿告祥、悬景日以破暗府、亭午升真云云，皆指太阳火也。又云判十字以定四方，七日一荐云云。又牵涉天主教。"④ 虽然，道光以后知识界热衷议论"夷务"，但对古代西域夷教，大部分士人仍是一知半解。毕竟，西洋宗教与西域宗教属于两个不同的文明体系，不能等量齐观。对徐、李二人认识上的局限，也就不必过多苛责了。

（二）广雅书院西学视野下的景教研究

从第二次鸦片战争到甲午战争时期，中国学习西方进入到办厂、办报、办学的更深层面。咸丰十一年（1861），清朝成立了总理各国事务衙门，总理洋务。曾国藩、李鸿章、左宗棠、张之洞等积极筹办洋务，创新式学堂，设翻译局，办时报。但学习西方越是深入，

① 梁廷枏：《海国四说》，第 41 页。

② 梁廷枏：《海国四说》，第 41 页。

③ 李文田：《论景教碑事》，载杨荣鋕：《景教碑文纪事考正》卷 1，光绪二十一年（1895）杨大本堂刊本，第 19 页。

④ 见魏源：《海国图志》，岳麓书社 1998 年版，第 813—814 页。

有关西学与中学的本末争论也就越激烈。守旧派反对一切西学，改良派和洋务派也不敢走得太彻底，当时的主流思想，是在"中学为体，西学为用"的框架下倡导西学。①

广雅书院就创办于这一时代背景下。光绪十三年（1887），时任两广总督的张之洞奏请在广州建立广雅书院，是为当时两广最高学府，首任山长为陈澧门人、番禺学者梁鼎芬（1888—1889 年在任）。广雅书院的创立被认为是张之洞在岭南最重要的教育实践，更是广东文化史上的一件大事。与张之洞创办的其他西式学堂不同，广雅书院尤能体现其"中体西用"的思想主张。学院以经史为本，同时设置性理、经济、词章、西学与时务等课程。其中，史学"以贯古今为主，不取空论""性理之学，以践履笃实为主，不取矫伪""经济之学，以知今用为主，不取泛滥"。② 广雅书院用人以岭南籍学者为主，但也吸收来自江浙等地的外省籍学者，如第二任山长朱一新便是浙省学者。除朱一新外，广雅书院历任山长皆为粤省人。

朱一新（1846—1894）于光绪十五年（1889）接替梁鼎芬，主持书院工作，直到光绪二十年（1894）去世。因其晚年活动主要在广东，交往圈更以陈澧门下的粤人为主，时人遂把朱一新纳入粤学一派。③ 光绪二十一年（1895），广雅书局出版了朱一新与广雅学人辨章学术的《无邪堂答问》。④ "无邪堂"是广雅书院的讲学厅，"答问"为回答式的讲学记录。蔡鸿生先生很早就注意到《无邪堂答问》对研

---

① 陈旭麓：《论"中体西用"》，原载《历史研究》1982 年第 5 期，第 39—55 页；又载氏著：《近代中国的新陈代谢》，商务印书馆 2018 年版，第 105—110 页。

② 吕鸿儒、张长法：《〈无邪堂答问〉"点校说明"》，载朱一新：《无邪堂答问》，中华书局 2002 年版，第 1 页。

③ 光绪十五年（1889），也就是朱一新接任广雅书院山长这一年，廖平曾提出此说，参见上揭于梅舫：《浙粤学人与汉宋兼采——朱一新〈无邪堂答问〉论学旨趣解析》，第 4—5 页，注释 1。

④ 张淑琼：《朱一新〈无邪堂答问〉之成书及其版本流传》，载《肇庆学院学报》2013 年第 1 期，第 46—47 页。

究清末广东学术史的重要性，特别提醒研究者注意氏著所反映的对西学、西教和西医的态度。① 《评黎佩兰景教流行中国碑考》是答问中唯一一篇讨论景教的文章，但篇幅最长，集中表现了朱一新与广雅学人对西教的看法。黎佩兰，字咏陵，广东高要人，《景教流行中国碑考》是其在广雅书院问学之作，惜原作未能寓目。② 我们只能通过朱一新讲学记录，来管窥广雅书院对景教与洋教的基本看法。

自明末耶稣会士和天学士大夫把景教目为基督教在华传播久远的明证以来，学界多把景教等同于天主教。朱一新力驳此说："旧说以景教为天主，非也"③。他引述唐代三夷教记载，指出景教、摩尼教、祆教"皆来自西方，在释教之外而皆与天主教无涉"。尽管朱一新学术造诣深厚，尤其能"以治史代治经"（钱穆语）④，但他对中国古代三夷教的认识几乎全错。他认为："大秦，则火教也；摩尼，则回教也；祆神，则婆罗门教也。"⑤ 因基本立论就有问题，导致后面的论证出现了连环性的误解。譬如，既然景教就是祆教，那么祆教的传法穆护"何禄"便是贞观九年（635）来华波斯胡僧"阿罗本"，景教上帝无元真主"阿罗诃"便是火祆教主"琐罗阿司德之对音"，三一分身"弥施诃"便是"摩醯首罗之对音"。⑥

朱一新没有局限于唐时文献来讨论景教问题。他从金代元好问《恒州刺史马君神道碑》，注意到马君庆祥"花门贵族"的身份以及"回鹘梵呗之所"的宗教蕴涵；在释读景碑"弥施诃"时，他还留意到元代《至元辨伪录》中"迭屑人奉弥失诃言得生天"的记载。⑦

---

① 蔡鸿生：《文献解读与文化研究》，载《广东社会科学》2004年第5期，第13页。

② 师妹张淑琼惠示，她曾查访港台图书馆，搜集张之洞辑录之6卷本《广雅书院课艺初集》（光绪二十八年刻本）而未果。

③ 朱一新：《无邪堂答问》，中华书局2000年版，第48页。

④ 钱穆：《中国近三百年学术史》，商务印书馆1997年版，第699页。

⑤ 朱一新：《无邪堂答问》，第48页。

⑥ 朱一新：《无邪堂答问》，第48—53页。

⑦ 朱一新：《无邪堂答问》，第60页。

朱一新还十分关注晚清在华传教士的研究，对《六合丛谈》中的文章多有援引。例如他参考英国传教士艾约瑟（Joseph Edkins）《东游纪略》，引马可·波罗游记、元代天主教传教士事迹，来论证天主教于元代传入中国，和唐代传入的景教毫无关系。

其实，朱一新长篇大论"景教非天主"，并不是真的对景教教义感兴趣，而是要通过撇清景教与天主教的关系，来阐发他对天主教的看法，即"洋教源出中国"。"洋教源出中国"，本质就是西学源出中国。显而易见，它正好回应了当时"中学""西学"体用争论的焦点。朱一新的立场当然是"中学为体，西学为用"。他说：

> 天主出于摩西，实则本诸释氏……然释氏慈悲，耶稣救世之说，其源出于墨氏。墨与杨虽异趣，要皆老氏之支流余裔……《道德》五千言，已尽括异端宗旨矣。①

这一说法明显与事实违背，经不起逻辑推敲，所以只能牵强附会佛老墨杨诸说。

以朱一新之博学，绝不可能对明代天学士大夫及近人梁廷枏等人的研究不知情，他断然否定景教与耶教的关联，不过是基于其反基督教的立场。张淑琼曾探讨这一立场的深层文化心理：

> 朱一新出任广雅书院山长时期，洋教已经深入内地，几乎遍及中国各地。同时民教冲突亦未曾间断。因此，朱一新作为一个爱国士人，对于洋教之隐患，自有更深的担忧，其对洋教的否定和批判也就完全可以理解了。②

总之，广雅书院所主张的"景教非天主教"，不过是为了阐发其

---

① 朱一新：《无邪堂答问》，第 69 页。
② 张淑琼：《朱一新〈无邪堂答问〉中的洋教观》，载《学术研究》2008年第 10 期，第 95 页。

反西教的文化立场，放置到"中体西用"的晚清学术脉络里，景教研究就转变为"西学"（耶教）与"中学"（儒释道）的本末关系之辨。这一研习目的，决定了广雅书院的景教研究不是一种真正的宗教史研究。

（三）杨荣鎏景碑纪事考正研究

杨荣鎏（1855—1919），字襄甫，广东番禺人。1879 年，杨荣鎏加入英国伦敦会，他致力教务，是中国教会本色化运动的先驱之一。他也致力时务，1908 年任广州慈善会总理，1909 年筹建广州青年会，1911 年组建光华医院。1915 年，杨荣鎏到协和神学院执教，教授比较宗教学和中国哲学等科目。他学贯中西，涉猎广泛，著有《释疑汇编》《四教创始论》《旧约圣经纲要》《景教碑文纪事考正》《两粤水灾善后策》等。①

《景教碑文纪事考正》（以下简称《考正》）是杨氏代表作，初版于光绪二十一年（1895）。其卷 1 收录清人关于景教碑的相关研究，以及杨氏的 8 篇古教考论——《大秦确考》《景教源流考》《开封府挑筋教人考》《火祆考原》《婆罗门考原》《释加牟尼考》《谟罕墨德考》《摩尼考略》。卷 2、卷 3 是对景教碑文的释读。

《大秦确考》和《景教源流考》介绍基督教教义与景教源流，兼论景教与天主教、中学与西学的关系，是氏著最重要的 2 篇文章。杨氏利用东方圣教史乘，辨析大秦景教与罗马天主教的区别，指出景教"实自耶稣降生后四百三十二年而始分"②，"谓景教与天主教

---

① 参见祝平一：《正教与异端：明、清时期"大秦景教流行中国碑"的注疏研究》，《"中央研究院"历史语言研究所集刊》91 本 2 分（2020 年 12 月）；吴昶兴主编：《大秦景教文献释义》，台北橄榄出版有限公司 2015 年版，第 336—337 页。

② 杨荣鎏：《大秦确考》，《景教碑文纪事考正》卷 1，杨大本堂刊本，第 23 页。聂斯脱里被破门逐出帝国教会为 431 年小亚以弗所宗教会议，学界一般将这一年视为景教诞生之始。光绪末年旅欧外交官钱恂在其《景教流行中国碑跋》中即更正为 431 年，参见钱单士厘：《癸卯旅行记·归潜记》，湖南人民出版社 1981 年版，第 173—174 页。

同源，则可；谓景碑之大秦即罗马之大秦，则不可"，叙利亚景教与罗马天主教"不同洲、不同国、不同文，而教亦不同宗派"①。

光绪二十七年（1901），《考正》由长沙思贤书局重刊，王先谦作序。王氏对卷 1 评价很高，认为"于西国文字之迁贸、舆图之分合、教宗之同异，剖析详明，为言职方者不可少之"；但卷 2、卷 3"以事释彼教"，实不足取。②

在笔者看来，《考正》一书最有价值的部分，的确是有关聂斯脱里教派异端思想及教会史之介绍。杨荣鋕指出，"景门"（指基督教）内分东西派，西宗为天主教，东宗为景教（卷 3 亦作"尼氏派"）；东宗景教是"土耳其监督"（君士坦丁堡大主教）"尼士陀利"所开创的异端派。③ 杨荣鋕是新教徒，自然坚决反对景教异端思想；他还经常借考正景教之名批判天主教，例如称天主教在宗教改革前已"深入魔道"。杨荣鋕的"考正"研究，绝非简单的考订正误，而是要通过对景教的追本溯源，品评基督教各派高下，以阐明新教为正统的宗教立场。④

在方法上，杨氏逐字逐句以《圣经》文字比对景碑文字，然后阐发其中的基督教思想（"取今之通行耶稣本经，以证释碑文者也"⑤）。例如，就"景"字释义，阳玛诺、李之藻等早就解作"光明广大"⑥。杨荣鋕也解释为"光明"之义，但强调该字的宗教内涵。他引《约翰福音》（8：12）耶稣告众人曰："我乃世之光，从

---

① 杨荣鋕：《大秦确考》，第 24 页。

② 王先谦：《重刊景教碑文纪事考正序》，载《景教碑文纪事考正》，台北思贤书局本 1901 年版，第 2 页。

③ 杨荣鋕：《景教源流考》，《景教碑文纪事考正》卷 1，第 37—39 页。

④ 祝平一：《正教与异端：明、清时期"大秦景教流行中国碑"的注疏研究》。

⑤ 王先谦：《重刊景教碑文纪事考正序》，第 2 页。

⑥ 阳玛诺："景者，光明广大之义"，李之藻："景者，大也，炤也，光明也"。阳玛诺：《景教流行中国碑颂正诠》，李之藻：《读景教碑书后》，载阳玛诺：《唐景教碑颂正诠》，上海慈母堂 1878 年版，第 1 页，第 3 页。

我者不行于暗，得生之光。"① 他还进一步引申，景教就是"真光之教"。② 又如，景碑所云"僧"者，借自释教，阳玛诺力图撇清景教与佛教的关系，认为此种借词只是"以当时所名而名之"。③ 而杨荣鋕则从"僧"这一借词，议论基督教的教士独身制度。他认为，根据景教教规，阿罗本、景净等主教当为不婚者，因此可效仿佛教而称僧，所以景碑上的"僧"为主教、监督等人，不是普通教友。④ 他又指出教士独身制度不是历史常态，而是受早期传教情势所迫，"婚不婚由其人之自主，未闻以为传道者之规"⑤。联系到独身制度是天主教教规，新教并不要求牧师独身，因而，杨氏这番讨论，显然是站在新教立场上来阐发的。在释读"三一妙身，无元真主阿罗诃"句时，杨荣鋕指出"三一妙身"即指基督教三位一体教义，只不过"妙身"一词是"假借佛家内典之文"，用于景教后内涵就完全转变。⑥ 在解读"判十字以定四方，鼓元风而生二气"时，杨荣鋕猛烈抨击景教的异端思想，指出景教"判十字"混入了波斯、埃及等东方异教思想，将十字架神秘化（"奥妙十字"），与基督教十字架的意义违背，是基督教各宗派中最可恶的异端思想。⑦ 杨氏反对以儒释道概念"格义"景教教义，认为是"自丧其道"。⑧ 比如"元风""二气"，采自太极阴阳之说，与景教教义无关，此等借用，最容易被人诟病和攻讦。

此书虽题为"纪事考正"，但有关唐代景教碑文的"纪事"内容，如波斯景教之入唐，中国景教在唐代历朝之发展，作者几乎没有展开。由前文已知，氏著考正的重点乃基督教教义思想，研究的

---

① 杨荣鋕：《景教碑文纪事考正》卷2，第1页。

② 杨荣鋕：《景教碑文纪事考正》卷3，第58页。

③ 阳玛诺：《唐景教碑颂正诠》，第3页。

④ 杨荣鋕：《景教碑文纪事考正》卷3，第59页。

⑤ 杨荣鋕：《景教碑文纪事考正》卷2，第2－3页。

⑥ 杨荣鋕：《景教碑文纪事考正》卷2，第13—17页。

⑦ 杨荣鋕：《景教碑文纪事考正》卷2，第17—19页。

⑧ 杨荣鋕：《景教碑文纪事考正》卷2，第21页。

目的是评述各宗派高下，而非在华景教传播历史，故而对后者略作不谈。钱恂遂批评杨氏："彼志在阐明教说，故广引新旧约，不免多所附会。"①

广雅书院与杨荣鋕的景教研究，反映了两种截然不同的价值立场。广雅书院站在捍卫传统文化的立场审视西学与中学的关系，为了批判以天主教为核心的西学，提出了"景教非天主说"和"洋教源出中国说"。杨荣鋕是虔诚的新教徒，讨论景碑即为阐明其新教立场，因此，他的"考正"研究，一方面抨击聂派异端邪说，一方面痛陈天主教积弊。

不过，无论广雅书院还是杨荣鋕，都已跳出了清代金石学的局限，他们顺应时代思想与学术潮流，以一种全新的西学视角来解读景教。尤其杨荣鋕《考正》一书，受时人关注尤多；学者虽对其重在阐释教理多有批评②，但在涉及景教教义的术语释读上，仍对氏著多所参考。③ 此书最早利用东方教会史书，厘清景教源流，译介景碑叙文，并能比较天主教、景教、东正教和新教诸派别之同异，其学术价值是不容忽视的。

三、陈垣也里可温研究及华化理论

陈垣先生（1880—1971）被公认是中国宗教史的开创者。陈垣是广东新会人，幼年在广州接受私塾教育，由于乡试屡考不中，遂弃科举而转西医，先后在博济医学院、广州光华医学专门学校学习，接受了西方科学研究的训练。青年时代的陈垣热心时事，曾与高剑父等人创办《时事画报》，发表时评文章。民国成立后，其活动重心

---

① 钱恂：《景教流行中国碑跋》，第 172 页。

② 钱恂：《景教流行中国碑跋》；朱侠：《〈景教碑文纪事考正〉跋》，载《文史杂志》第 2 卷第 7、8 期，1942 年，第 77—78 页。

③ 钱恂《景教流行中国碑跋》一文有关廿四圣、古叙利亚文字内容，皆参考杨氏著述。

从岭南转至北京，志趣也慢慢从时务转向了史学。

1917 年，陈垣发表第一篇史学论文《元代也里可温考》；此后又陆续发表《开封一赐乐业教考》（1919 年），《火祆教入中国考》（1922 年）、《摩尼教入中国考》（1922 年），是为著名的"古教四考"。通过对传统史册、碑刻、新出土敦煌文献等资料的旁征博引，条分缕析，他厘清了明清以来学界颇多误解的摩尼教、火祆教、也里可温教，在学术界获得崇高声誉，被陈寅恪先生推为我国"完善之宗教史"的第一人。①

陈垣宗教史研究注重整体观，率先提出中国基督教传播的四阶段论，即唐代景教、元代也里可温教、明清天主教以及鸦片战争以后的新教（耶稣教）。② 他对元代也里可温教和明清天主教用力最深，也很关注唐代景教，提出了不少有价值的问题，如阿罗本可能从海路来华，唐代善治眼症的大秦僧崇一可能是景僧，唐代景教对中国文士影响不广，等等。③ 另外，陈垣还关注敦煌景教写经的收藏与研究，曾亲睹李盛铎藏《志玄安乐经》与《宣元本经》，并抄有 10 行《宣元本经》，送给日本学者佐伯好郎氏研究。④

元代景教（也里可温教）是陈垣早年研究重点，除《元也里可温教考》外，他还相继撰有《元基督徒之华学》（1924 年）⑤、《元

① 陈寅恪："故严格言之，中国乙部之中，几无完善之宗教史。然其有之，实自近岁新会陈援庵先生之著述始。先生先后考释摩尼佛教诸文，海内外学者咸已诵读而仰慕之矣。"陈寅恪：《明季滇黔佛教考序》，载氏著：《金明馆丛稿二编》，第 240 页。

② 陈垣：《基督教入华史略》《基督教入华史》，载氏著：《陈垣学术论文集》第 1 集，第 83—92、第 93 页。

③ 陈垣：《基督教入华史略》《基督教入华史》。

④ 参见林悟殊：《敦煌本景教〈志玄安乐经〉佐伯录文质疑》，载《中山大学学报（社会科学版）》2001 年第 4 期，第 3 页。

⑤ 陈垣：《元基督教徒之华学》，载《东方杂志》第 21 卷纪念号，1924 年，第 43—52 页。

西域人华化考》（1923 年）①、《马定于内蒙发现之残碑》（1938
年)② 等文，不仅揭示出元代也里可温概况，更提出了重要的华化
理论，指导并推动了 20 世纪中外关系史研究的发展。

（一）"预流"的学术：元代景教

"也里可温"是元代官方记载中一个常见外来词语，含义一直难
解。钱大昕称"不知其所自出"③，魏源认为系回教教士。直到道光
二十二年（1842）阮元门人刘文淇校勘《至顺镇江志》，见卷 9 述
及也里可温流行于西洋之地薛迷思贤，遂推论"也里可温即天主教
矣"。④ 元代的薛迷思贤乃指中亚撒马尔罕，并不是清人所知的"西
洋"国家，但刘文淇仍是第一位把也里可温与基督教相联系的清代
学者。光绪二十三年（1897），洪钧在其《元史译文证补》卷 29
《元世各教名考》中，援引瑞典学者多桑《蒙古史》等西人著述，
指出也里可温为元代天主教，与唐代景教是一脉相承的关系，"也里
可温，当即景教之遗绪"。⑤ 此说虽然还有商榷的余地，但却提示后
人要沿着历史的纵向去思考唐元景教的关系。⑥ 洪钧的中外互证是
一种全新的研究视野，也直接促进了后来民国时期的也里可温研究。

---

① 《元西域人华化考》撰于 1923 年，前 4 卷发表于北京大学《国学季刊》
1 卷 4 号，后因该刊经费困难无以为继，后 4 卷直到 1927 年才在《燕京学报》
刊布。8 卷修订本 1934 年收入《励耘书屋丛刻》。

② 《马定先生在内蒙发见之残碑》，载氏著：《陈垣学术论文集》第 1 集，
第 244—248 页；Ch'en Yüan, "On the Damaged Tablets Discovered by Mr. D.
Martin in Inner Mongolia", *Monumenta Serica*, 1938, pp. 250–256.

③ 钱大昕：《元史氏族表》卷 2，载氏著：《嘉定钱大昕全集》第 5 册，
江苏古籍出版社 1997 年版，第 279 页。

④ 《至顺镇江志·校勘记上》，载《宋元方志丛刊》第 3 册，中华书局
1990 年版，第 2907 页。

⑤ 洪钧：《元史译文证补》卷 29，"元世各教名考"，载《丛书集成初编》
本，1937 年版，第 454 页。

⑥ 殷小平：《从"大兴国寺记"见元代江南也里可温之兴起》，载《中华
文史论丛》2006 年第 4 期，相关讨论见第 294—299 页。

1913 年，英华、马良在北京倡办辅仁社，将景教和也里可温列为学社课题；学员徐希德撰《元也里可温考》，便主要借鉴洪钧著作。① 1917 年，陈垣因批阅辅仁社学子文章，而对也里可温问题心生兴趣，"钩稽旬日，得佐证如干条，益以辅仁社诸子所得"，撰成《元代也里可温考》。② 氏文后来三易其稿，最后定稿为《元也里可温教考》。加一"教"字，表明陈垣所考并非"也里可温"一名词，而是要揭示这一宗教的全部历史。③ 文章发表后，不仅国内反响热烈，在海外也备受关注。1917 年 12 月 8 日，在东京访问的陈垣致信慕元甫："拙著《也里可温》，此间学者，颇表欢迎，将引起此邦学界之注意。"④

我认为陈垣也里可温研究之所以受到国内外学人推崇，在于其选题的前沿性和方法的科学性，"新问题"与"新方法"，正是引领新时代学术潮流的标准，陈寅恪先生称此潮流为"预流"：

> 一时代之学术，必有其新材料与新问题。取用此材料，以研求问题，则为此时代学术之新潮流。治学之士，得预于此潮流者，谓之预流（借用佛教初果之名）。其未得预者，谓之未入流。⑤

在当时，预流就是与国际学术接轨。陈垣的元也里可温教研究，便是这样一种"预流"之学术。

---

① 徐希德：《元代也里可温考》，载《青年会季刊》第 2 卷第 2 期，第 19—29 页。

② 参见《元代也里可温考》初版（1917）《缘起》及马相伯《跋》文（三版删），参见方豪：《国人对"也里可温"之再认识》，《食货月刊》复刊 8 卷 2 号，1978 年，第 2—3 页。

③ 方豪：《国人对"也里可温"之再认识》，第 2—3 页。

④ 陈智超编：《陈垣来往书信集（增订本）》，生活·读书·新知三联书店 2010 年版，第 35 页。

⑤ 陈寅恪：《金明馆丛稿二编》，第 236 页。

　　按元代景教虽不及唐代景教那样受瞩目①，但自 19 世纪中叶起也逐渐成为国际汉学界的一个热点。1866 年，裕尔（H. Yule）在其《契丹及其纪程》（Cathay and the Way Thither），专章考察"中国的景教"，勾画出唐元中国景教发展概貌。此书对伯希和、考迪埃有很大影响。20 世纪二三十年代，张星烺先生也将裕尔氏著节选汉译，收入《中西交通史料汇编》一编五章，予以推介。② 1872 年，俄国汉学家巴拉第（P. I. Kafarov）发表《中国史料中古老的基督教痕迹》，利用 29 种汉文资料考察中国古代基督教。③ 氏文创见甚多，尤其是发现了《至顺镇江志》中有关元代基督教传播的重要内容，这一发现堪称元代景教研究的重大突破。④ 1914 年，伯希和在《通报》发表名文《唐元时代中亚及东亚之基督教徒》，进一步利用《至顺镇江志》并与马可·波罗游记互证，揭示出撒马尔罕景教僧马薛里吉斯在镇江、杭州等地修建十字寺的事迹。⑤ 1915 年，穆尔与翟林奈将《至顺镇江志》卷 9 内容英译发表。⑥

---

　　① 耿昇：《外国学者对于西安府大秦景教碑的研究》，载《世界宗教研究》1999 年第 1 期，第 56—64 页；耿昇：《中外学者对大秦景教碑的研究综述》，载中外关系史学会编：《中西初识》，大象出版社 1999 年版，第 167—200 页；林悟殊：《西安景教碑研究述评》，载氏著：《唐代景教再研究》，第 3—26 页。

　　② 张星烺编注、朱杰勤校订：《中西交通史料汇编》（一），中华书局 1977 年版，第 196—256 页。

　　③ Палладия. Старинные следы христианства в Китае по китайским источникам. см. Воточный сборник. 1872г. Т. 1, вып. 1, стр. 1 - 64.

　　④ 陈开科：《巴拉第与晚清中俄关系》，上海书店出版社 2008 年版，第 187—222 页。

　　⑤ Paul Pelliot, "Chrétiens d'Asie Centrale et d'Extréme-Orient", T'oung Pao, v. 15, n. 5, 1914, pp. 623 - 645, 冯承钧中译文《唐元时代中亚及东亚之基督教徒》，载《西域南海史地考证译丛一编》，商务印书馆 1995 年版，第 49—70 页。

　　⑥ A. C. Moule & L. Giles, "Christians at Chên-chiang Fu", T'oung Pao, v. 16, n. 5, 1915, pp. 627 - 686. 后收入 A. C. Moule, Christians in China before the Year 1550, London, 1930, pp. 145 - 165；郝镇华中译本《一五五〇年前的中国基督教史》，第六章，中华书局 1984 年版，第 166—188 页。

可见，在陈垣《元也里可温教考》发表前，欧洲汉学界对蒙元时期的景教日益重视，尤其伯希和利用多语文文献互证的优势，勾勒中亚和东亚的景教传播史，发覆甚多，影响也最大。中国学者想要在这个领域做出让国际汉学界无法忽略的影响，就不得不扬长避短，另辟蹊径了。

据陈垣自述，他的研究是"专以汉文史料，证明元代基督教之情形，然后搜集关于也里可温之史料。分类说明之，以为研究元代基督教史者之助"，也就是在汉文献的整理、考订和辨析方面，做到外国学者无法企及的深度。学术见解与研究工作的重要性，并不直接与使用多少西文资料挂钩。对此，蔡鸿生先生曾说过：

> 学术研究有国际分工，对汉文献的解读，中国学者要发挥更大的作用，在西人面前不必有自卑心。当然，要重视西方相关的学术研究成果，但不可迷信。①

陈垣正是通过炉火纯青的汉文献解读功力，取得了国外汉学界不得不重视的学术成就。正因为如此，陈高华先生认为陈垣在元代景教研究上的贡献是可与伯希和并举的，二人是该领域学术贡献最大的二位宗师。②

（二）华化理论的提出

《元也里可温教考》发表时，陈垣对伯希和已揭示的汪古部奉景事迹并未措意。他在与张星烺先生通信切磋的过程中，获知汪古部马祖常、赵世延家族的基督教信仰，遂撰写《元基督教徒

---

① 蔡鸿生：《点评答问选辑》，载陈春声主编：《学理与方法——蔡鸿生教授执教中山大学五十周年纪念文集》，香港博士苑出版社2007年版，第104—105页。

② 陈高华：《陈垣先生与元代基督教史研究》，载《励耘学术承习录》，北京师范大学出版社2000年版，第52页。

之华学》（1924 年）一文，考察元代基督教世家的华学成就。大概在同一时期，陈垣先后发表《元西域人华化考》（1923、1927年），将华学研究扩及有元一代的入华西域人，最终提升为华化理论。对元代也里可温华学成就的考察，正是陈垣西域人华化研究之滥觞。

关于华化的内涵，陈垣开宗明义界定道："以后天所获，华人所独者为断。"中华文化所特有的儒学、诗词、散曲、书法和绘画，是华化考察的重点。而出于"先天所赋"或"人类所同"的成就，如忠义、孝友、政治、事功，则不属于华化范畴。[①] 在陈垣的华化理论里，华化的核心是儒化，"儒学为中国特有产物，言华化者应首言儒学"。[②]

"华化"是陈垣史学研究的一大特色，也是 20 世纪二三十年代我国中外关系史研究的一大潮流，乃至被日本汉学界所接受。桑原骘藏就极推崇陈垣《元西域人华化考》[③]，几乎全盘接受其华化理论，并应用到他对中古中国来华西域人之研究。[④] 1934 年，《元西域人华化考》重刻再版，陈寅恪先生为之作序，赞氏著精思博识，综合贯通，"庶几宋贤著述之规模"。[⑤]

1966 年，钱星海、富路特（L. C. Goodrich）将《元西域人华

---

① 陈垣：《元西域人华化考》，上海古籍出版社 1999 年版，第 3—4 页。

② 陈垣：《元西域人华化考》，第 9 页。

③ 桑原骘藏著，陈彬和译：《读陈垣氏之〈元西域人华化考〉》，原载《北京大学研究所国学门周刊》1 卷 6 期，1936 年，第 129—134 页，后载《元西域人华化考·附录》，第 145—152 页。

④ 1926 年，桑原骘藏发表《隋唐时代に支那に来往した西域人について》，何健民中译本改作《隋唐时期西域人华化考》（中华书局 1939 年版）。竺沙雅章指出此中译名"甚为恰当"，并认为桑原氏著与陈垣《元西域人华化考》有密切关系。参见竺沙雅章著，冯锦荣译：《陈垣与桑原骘藏》，《历史研究》1991 年第 3 期，第 14—16 页。

⑤ 陈寅恪：《陈垣元西域人华化考序》，载氏著：《金明馆丛稿二编》，第239 页。

化考》英译，题为"蒙古统治下的西亚与中亚人之汉化"（*Western and Central Asians under the Mongols: Their Transformation into Chinese*）。尽管时距《元西域人华化考》初版已 40 余年，但欧美汉学界还是予以热烈回应，杨联陞、牟复礼（Frederick W. Mote）、傅海波（Herbert Franke）纷纷撰写书评。[①] 西方汉学家在肯定陈垣考据成就的同时，也批评他只关注西域人所受汉文化之影响，而对汉人改易蒙古、色目礼俗的历史没有同等看待。[②] 杨联陞教授反驳了这些质疑：

> 牟复礼教授有一处批评我不能苟同。他说："作者在书中极力渲染中亚人被汉化的历史，却忽略了同时存在的相反的文化转变：外族文化同样渗透到了汉文化当中，许多汉人因此放弃了原有的生活方式。"这里，牟教授似乎忘了原著和译著书名的差异。就算假设陈垣的讨论有某种程度的汉文化中心的倾向，我也看不出当时社会存在着与"汉化"相对的"夷化"（barbarization），即如有汉人改易蒙古名，也不能就此判断中亚文化对汉文化产生了影响。更别说博学的陈垣会对此不知情。[③]

近些年来，有关中国历史上征服民族政权的"汉化"问题，争论尤其激烈，但相关讨论已非中外文化交流史的范畴，在此不予置评。以上主要是梳理民国时期华化研究兴起的背景及学术影响，由此把握陈垣在中国景教研究史上的贡献。笔者认为，陈垣的华化理论把窄而深的专门史扩展为对历史的通盘考察。通识眼界，学理丰

---

① Ch'ên Yüan, *Western and Central Asians under the Mongols: Their Transformation into Chinese*, translated by Ch'en Hsing-hai and L. Carrington Goodrich, Los Angeles, 1966.

② 牟复礼书评，载 *Journal of Asian Studies*, v. 26, n. 4, 1967, pp. 690 – 692。

③ 杨联陞书评，载 *Journal of the American Oriental Society*, v. 89, n. 2, 1969, pp. 425 – 426, 引文见第 425 页。

富，故历经 1 个世纪也未见过时。

蔡鸿生先生十分推崇陈垣宗教史研究，多次教导我们要重视陈垣的华化研究理论，与这一宝贵"传统"接轨：

> 上个世纪二三十年代以来，陈垣写了《元西域人华化考》，冯承钧写了《唐代华化番胡考》，"华化"一词，不是我做梦做出来的，是前辈学者研究提出来的。现常讲一个与国际接轨的问题。接轨是指不能与国外研究脱节。但我们有像陈垣、冯承钧这些传统，所以不要为了与国际接轨，而与自己的传统脱轨，从华化的角度去考察，路子会越走越宽；若局限于从文化遗迹的角度去立论，路子会越走越窄。各人有各人的取向，"各有灵苗各自探"，将来谁探出的东西近乎真谛，日后自会证明。①

与"华化"传统的脱轨是有其历史原因的。蔡先生认为，1949年后受政治环境影响，以前的"华、夷、胡、汉"研究，被"资、无、革、反"研究所取代。"华化"问题就渐渐被淡化。改革开放以后，学术界强调与西方接轨，西方人不怎么谈"华化"问题，因为他们是站在西方的立场看中国，与我们自己研究本国的历史，视角不同。②《元西域人华化考》英译本出版后，"华化/汉化"（Sinicization）概念之所以在华裔学者和西方学者两个不同群体中引起截然不同的两种意见，其根本原因即在于此。

四、岑仲勉景碑三考

岑仲勉先生（1886—1961）是一位"半路出家"的大家③，广

---

① 蔡鸿生：《"粟特人在中国"的再研讨》，载陈春声主编：《学理与方法——蔡鸿生教授执教中山大学五十周年纪念文集》，第12—13页。

② 2010年6月27日蔡鸿生教授在中山大学的讲话，笔者记录。

③ 蔡鸿生：《岑仲勉先生中外史地考证的学术风格》，载氏著：《中外交流史事考述》，大象出版社2007年版，第422—428页。

东顺德人。先生早年就读于两广大学堂和两广游学预备科，1912 年入读北京高等专门税务学校，毕业后供职于政府部门，后转入圣心中学任教。在圣心时期，岑先生坚持史学研究，1933 年开始在《辅仁学志》《金陵学报》《中山大学文史专刊》等发表论文。① 1933 年底，陈寅恪致信陈垣，肯定岑氏的研究，并发表了他关于"粤人"与"南学"的著名言论：

> 此君想是粤人，中国将来恐只有南学，江淮已无足言，更不论黄河流域矣。②

1934 年，岑先生《〈佛游天竺记〉考释》出版，好评如潮；在陈垣举荐下，他受聘于南京中央研究院历史语言研究所（1937—1948 年）。1948 年，岑先生回到广州，到中山大学历史学系执教。1952 年院系调整，岭南大学历史学系并入中山大学历史学系，中山大学校舍迁入原岭南大学康乐园校址，岑仲勉与陈寅恪作为历史学系两位隋唐史领域的资深教授，被师生们尊称为康乐园"二老"。③

岑先生治学广博，著作等身；景教在其弘富的著述中并不突出，但在中国景教研究史上却是不可忽略的。岑氏景教研究可概括为"景碑三考"，三篇考证文章分别是《景教碑书人吕秀岩非吕岩》（1946）、④

---

① 姜伯勤：《〈隋唐史〉前言》，载岑仲勉：《隋唐史》，河北教育出版社 2000 年版，第 1—3 页。

② 陈智超编：《陈垣来往书信集（增订本）》，第 377 页。

③ 陈寅恪先生于 1949 年从清华大学南下岭南大学任教；1952 年因院系调整而进入中山大学历史学系任教。参见蒋天枢：《陈寅恪编年事辑》，卷下，上海古籍出版社 1980 年版，第 137—145 页；蔡鸿生：《仰望陈寅恪》，中华书局 2005 年版，第 120—133 页。

④ 岑仲勉：《景教碑书人吕秀岩非吕岩》，载《真理杂志》第 1 卷第 1 期，1944 年，第 114 页；后辑补入《贞石证史》，载氏著：《金石论丛》，上海古籍出版社 1981 年版，第 150—151 页。

《景教碑之 SARAGH 为"洛师"音译》（1946）① 及《景教碑内好几个没有彻底解决的问题》（1951）。②

《景教碑书人吕秀岩非吕岩》是一篇很短的札记，但却纠正了日人佐伯好郎长期误导学界的一个问题。佐伯氏把景碑中的吕秀岩当成道教人物吕岩（纯阳子吕洞宾）。向达先生曾委婉指出，吕洞宾确有一名"吕岩"，但从未以"秀岩"一名行世。③ 岑先生从吕岩父亲吕让的史事入手，指出吕让生活年代为唐武宗朝，与吕秀岩书写景教碑的时代实有差距，不可能是同一人。

《景教碑内好几个没有彻底解决的问题》考察景教碑出土的时间、地点、僧人等关键信息。就景碑出土时间，岑先生检阅李之藻、徐光启、阳玛诺等观点的模糊矛盾之处，推论景碑应出土于"天启三年"。就景碑出土地点，岑先生驳斥佐伯好郎把"盩厔有大秦寺"与"景教碑立于盩厔大秦寺"两个不同的问题混为一谈，这种逻辑硬伤在景碑出土研究上误导了不少学人。他主张景碑出土于西安大秦寺，由于年久失修而掩埋地底，明末出土后，就近移入西安金胜寺。学者认为岑先生对景碑出土地点的研究堪称卓越，任何想要直接回避其结论而另起他说者，尚未之见。④

《景教碑之 SARAGH 为"洛师"音译》一文，虽是对景教碑中一个叙利亚语词的考释，但可视作岑氏中外关系史研究"以小见大"的典范。SARAGH 见于景教碑下端叙利亚铭文第 5 行，叙文转写如下：

$$Gab^h r\hat{\imath}'\acute{e}l \ qašš\hat{\imath}šàâ \ w^e'ark\hat{\imath}d^h \hat{\imath}yaq\hat{o}n \ w^e r\acute{e}š\acute{e} \ （d）\ ttâd^{he} K^h \hat{u}mdân$$

----

① 岑仲勉：《景教碑之 SARAGH 为"洛师"音译》，原载《东方杂志》第42 卷第 11 期，1946 年，第 24—26 页；又载氏著：《金石论丛》，第 323—327 页。

② 岑仲勉：《景教碑内好几个没有彻底解决的问题》，载氏著：《金石论丛》，第 302—322 页。

③ 向达：《唐代长安与西域文明》，第 107 页。

④ 林悟殊：《岑仲勉先生唐代三夷教观试诠释》，载《纪念岑仲勉先生诞辰 130 周年国际学术研讨会论文集》，中山大学出版社 2019 年版，第 513—534页。关于景碑出土地点的讨论，参见林悟殊：《西安景教碑研究述评》，第 18—22 页。

wad^he Sarag^h 助捡挍试太常赐紫袈裟寺主僧业利①

此句伯希和法译为 "Gabriel（moine Ye－li），prêtre et archidia-cre，chef de l'église de Kumdān et Sarage"。Kumdān 为长安，Sarage 为洛阳。② 整句意思就是："业利，牧师兼副主教，长安、洛阳两地教会领袖"。岑先生基本赞同伯希和、鲍狄埃、裕尔观点，并作补充。他联系中古早期佛经相关语词之翻译，指出梵文中"洛"（Saraga，娑啰誐）即洛阳、东京。景碑有"腾口于东周""讪谤于西镐"句，显明洛阳在唐代景教会中十分重要，Saragh 为洛阳无疑。此文看似是研究景碑语词，其实是概观了"Saragh"在中亚地区的流传。

以上三文均收入《金石丛考》，但其摒弃了传统金石学的局限，不再将景碑看成孤立的金石材料，而是作为唐史研究和中外关系史研究的重要历史文献，是一种"以碑证史""金石证史"的新视野。③

蔡鸿生先生曾分析过岑仲勉史地研究的学术风格，其中一点，是岑先生从专门史和断代史中追求一种通识，"求类乎通史之通"。④景碑三考便是这种以小见大的研究。又如岑先生名著《隋唐史》，把三夷教辟为一章，分别交代三者在华传播史及相关问题。读者通读该章，自可获得唐代"西方宗教之传入"的整体观。⑤ 从编写体例上，亦可看出岑仲勉先生十分重视史学研究的通识。

五、罗香林景教变异研究

罗香林先生（1906—1978）是广东兴宁人，1932 年清华研究院毕

---

① P. Pelliot, *Rechérches sur les Chrétiens d'Asie Centrale et d'Extrême-Orient, II, 1: La Stèle de Si-ngan-fou*, Oeuves Posthumes de Paul Pelliot, Paris, 1984, p. 57.

② P. Pelliot, *Rechérches sur les Chrétiens d'Asie Centrale et d'Extrême-Orient, II, 1: La Stèle de Si-ngan-fou*, p. 57.

③ 姜伯勤：《〈隋唐史〉前言》，第 1—19 页。

④ 蔡鸿生：《岑仲勉中外史地考证的学术风格》，第 427—428 页。

⑤ 岑仲勉：《隋唐史》，第 297—310 页，"景教"，第 301—306 页。

业后进入中山大学历史学系，1936 年兼任广东省立中山图书馆馆长，1945 年奉命创办广东文理学院。罗先生早年致力于中国古代史和客家研究，景教是其移居香港后新开辟的领域。1949 年，罗先生移居香港，1952 年接受香港大学中文系系主任林仰山教授（F. S. Drake）① 的聘请，正式执教于香港大学。② 林仰山是著名教会史家，对唐代景教素有研究。③ 受仰山氏影响，罗香林也开始关注中西交通史及景教问题。

罗先生研究景教的契机，缘于 1961 年聂克逊爵士（Sir. F. A. Nixon）向香港大学捐赠其所收藏的一批景教青铜十字器。④ 其时香

---

① 1933 年，香港大学校长康宁爵士（Sir Hornell）邀请齐鲁大学教授林仰山到港大中文系任教，林仰山因事未能赴任。1952 年，林仰山离开中国返回英国，适值刚刚履新的港大中文系主任赖欧（J. K. Rideout）去世，港大校长赖廉士爵士（Sir Lindsay Ride）遂礼聘林仰山接任中文系主任一职（直到 1964 年荣休）；1956 年开始兼任文学院院长（至 1961 年）。甫一到任，林仰山就延请罗香林、刘百闵为专任教师，饶宗颐为副讲师，形成了以林、罗、刘、饶和陈君葆为核心的五人教学团队。参见单周尧主编：《香港大学中文学院历史图录》，香港大学中文学院 2007 年版，第 72 页。

② 1952 年 8 月 6 日，林仰山致信罗香林，香港大学中文系已向大学评议会提交其为中国史讲师的书面申请，首个聘期从是年 9 月 1 日开始，为期 1 年。参 "林仰山教授致罗香林教授书信"，载广东省立中山图书馆、香港大学冯平山图书馆编：《罗香林论学书札》，广东人民出版社 2009 年版，第 7 页。

③ F. S. Drake, "The Nestorian ' Gloria in Excelsis Deo' ", *The Chinese Recorder*, 66, 1935, pp. 291 – 300; "The Nestorian Literature of the T' ang Dynasty I – III", *The Chinese Recorder*, 66, 1935, pp. 608 – 617, 677 – 687, 738 – 742; "The Nestorian Monasteries of the T'ang Dynasty and the Site of the Discovery of the Nestorian Tablet, " *Monumenta Serica*, 2, 1936 – 37, pp. 293 – 340.

④ 早在 1934 年，《齐大季刊》3、5 合期就刊布了聂克逊收藏的鄂尔多斯青铜十字图录，明义士、佐伯好郎将这批藏品定性为景教遗物。参见明义士：《汇印聂克逊先生所藏青铜十字序》《青铜十字图》《青铜十字图表》《马哥孛罗时代中国的基督教》；佐伯好郎撰，胡立初译：《中国绥远出土之万字十字架徽章》，均载《齐大季刊》3、5 合期。

港大学特意举办主题展览，林仰山做"景教十字架与中国的景教徒"的主题演讲①；罗香林则撰长文《景教入华及其演变与遗物特征》，介绍中国景教由唐至元的发展。在《唐元二代之景教·序》中，他详细交代了研究唐元景教的缘由：

> 余蒙昧无似，对有关景教文籍，宿鲜致力。惟自一九五一年，移席香港大学，讲授国史。越明年，承中文系主任林仰山教授（Professor F. S. Drake）命于中国史内，加授中外交通历史，乃试就西域南海二孔道，有关史实，略予爬梳，始于景教东传事迹，寝感兴趣。又数年，因英人聂克逊先生（F. A. Nixon），以所藏自包头一带所发现之元代景教铜十字项牌九百余枚，交大学展览，林教授嘱余为文论述。余以香港人士，或于景教东传，及其遗物种目，欲为先知梗概，因以"景教入华及其演变与遗物特征"为题，撰作长文。②

显然，聂克逊藏品就是罗香林景教研究的直接原因。这批藏品后来一直保存于香港大学冯平山博物馆（今冯平山美术馆）。2015年6月初，香港大学举办景教国际学术会议，其间特别向公众展出了这批珍藏。③ 在笔者看来，是次展览正有着纪念罗香林先生景教研究之贡献的深意。

《景教入华及其演变与遗物特征》是罗先生首篇景教论文，视野开阔，涉及景教教义、历史、文献和遗物，内容如次：（1）景教教会的教义及组织；（2）景教入华的世界史背景；（3）唐代景教徒的胡人身份；（4）景教的衰落；（5）唐后景教在西北、中亚及草原地

---

① F. S. Drake, "Nestorian Crosses and Nestorian Christians in China under the Mongols: A Lecture Delivered on December 11, 1961", *Journal of the Hong Kong Branch of the Royal Asiatic Society*, v. 2, 1962, pp. 11 – 25.

② 罗香林：《唐元二代之景教》，中国学社1966年版，第5页。

③ 香港大学2015年6月10日官网新闻"香港大学美术博物馆展出全球最大批景教铜十字"，https://www.hku.hk/press/press-releases/detail/c_12902.html。

区的流传；（6）元代也里可温教的复兴；（7）元代景教徒拉班·扫马与马可西行事迹；（8）敦煌出土景教写经七种；（9）其他非汉语景教文献尤其吐鲁番出土胡语文书；（10）中国境内景教刻石如西安景教碑、阿罗憾丘铭、元代白话碑、内蒙古百灵庙遗迹及耶律公神道碑、房山三盆山十字寺、泉州景教十字架墓石、绥远青铜十字元押佩项等；（11）唐元景教兴衰原因。

　　以上不厌其烦列举氏文主要内容，是因为此文相当于罗香林唐元景教研究的纲领。总的说来，罗香林的景教研究，乃立足于中国境内出土的"遗物"，讨论入华景教的"演变"。围绕这一论题，罗先生又陆续发表了系列论文，构成了《唐元二代之景教》（1966）的主体内容。蔡鸿生先生曾概括罗香林史学研究特点为"小口径"，"窄而深"。① 从《唐元二代之景教》一书的编排与选题来看，罗香林先生的景教研究的确体现出一种专题化的取向。

　　就内容与视野而言，我认为罗香林先生景教研究的突出特点，是运用变异理论来统一处理"景教入华及其演变"这一中心论题。变异就是华化，二者实为同一事物的一体两面。1932 年，罗香林先生的清华导师陈寅恪先生撰《莲花色尼出家因缘跋》，分析莲花色尼出家因缘原有七种恶报，传入中土后仅记六种，敦煌本故意阙记一种，盖因此种恶报有违华夏伦常观念。陈先生指出："橘迁地而变为枳，吾民族同化之力可谓大矣。"② "变异"与"华化"乃不谋而合！变异意味着华化，华化则关乎外来宗教能否真正植根于华夏大地。正所谓："为了保存一切就必须改变一切；应变意味着汉化。"③

---

　　① 蔡鸿生先生 2003 年 3 月 4 日在中山大学的讲座《中山大学中外关系史研究的学术传统》。

　　② 陈寅恪：《莲花色尼出家因缘跋》，载《清华学报》1932 年 7 卷 1 期，第 39—45 页；后收入《寒柳堂集》，上海古籍出版社 1980 年版，第 151—156 页；并参见蔡鸿生：《〈陈寅恪集〉中的中外关系史学术遗产》，第 75—85 页。

　　③ 蔡鸿生：《唐代景教再研究·序》；并参见蔡鸿生：《宗教传播史的方法论问题》，载陈春声主编：《学理与方法——蔡鸿生教授执教中山大学五十周年文集》，第 33—34 页。

罗香林注意到唐代景教在组织方面多有沿袭叙利亚与波斯等地聂派教规，但仪式却受到了中国传统礼俗尤其是佛教的影响，多有变异。例如：（1）长安大秦寺特设尊崇设像，此其变异者一；（2）唐时主教以上职位教士，可娶妻生子，此其变异者二；（3）沾染佛教色彩甚浓，如教士通称为僧，使徒与天使或圣者称为法王，此其变异者三；（4）李白《上云乐》中为天子祝寿的胡僧，实为景教僧人，为君王祝寿是唐代景教徒发展出来的新礼俗，此为变异者四。①四点变异当中，"变异者三"为唐代景教会向佛教借词的汉化问题，前人研究甚夥，不赘。"变异者四"所举例的祝寿胡僧其实并非景僧②，此处也略而不论。下面只讨论前两点。

变异者一，景教在寺院设像（"旋令有司，将帝写真，转模寺壁"），安置"五圣写真"，与亚述教会不设像礼俗不同。③

这一变异其实是景教作为新兴外来宗教势力，为获得官方支持，而不得不采取的上层路线。景教在教堂设"圣像"，关涉唐代宗教与政治之关系。对此，蔡鸿生先生很早就有高论，提请研究者注意景教碑中蕴含的"政教关系"：

> 碑所反映的政教关系，即为政教结合、圣道结合，碑文主旨就在于阐发这一点。碑的文与颂反映了从唐太宗到德宗六朝与景教的良好关系，宣讲政教合作之好处。④

"设像"是形式，这种"变异"较易辨认。形式背后蕴含的深

---

① 罗香林：《唐元二代之景教》，第16—19页。

② 参见林悟殊：《李白〈上云乐〉景教思想质疑》，载《文史》2007年第2辑，第169—186页；并参见胡屹：刘屹：《从周舍到李白——〈上云乐〉的艺术与宗教脉络再解读》，载朱玉麒、周珊主编：《明月天山——李白与丝绸之路国际学术研讨会论文集》，国家图书馆出版社2018年版，第44—58页。

③ 罗香林：《唐元二代之景教》，第16页。

④ 蔡鸿生：《点评答问选辑》，"关于西安景教碑"，载陈春生主编：《学理与方法——蔡鸿生教授执教中山大学五十周年纪念文集》，第104—105页。

层次原因，因涉及不同群体、制度与文化，就不容易找到答案。蔡先生指出，应该从宫廷与景教关系的不平衡性去把握。

变异者二，唐代景教主教娶妻生子的问题。罗香林从景教碑中三位景僧的身份关系，推导出这一结论。三位景僧分别是 Iazedbouzid、Miles 和 Adam。Iazedbouzid 为长安主教，是吐火罗司祭 Miles 之子；Adam（汉名"僧灵宝"）是 Iazedbouzid 之子。景教有主教以上神职人员不能结婚之规定，Iazedbouzid 娶妻生子（Adam）的做法与教规不合，罗香林先生推论这是入华景教变异的结果。

对景碑叙文僧名的考察难度很大，罗先生能发现其中不合常理之处，并从变异的角度进行阐释，是独具慧眼的。不过，就 Iazedbouzid 结婚生子一事，并不表明唐代景教会允许主教结婚。恰恰相反，唐代教会仿效佛教，实行严格的独身主义，Iazedbouzid 在景碑中不称"僧"、无汉文名，便是这一"变异"的重要体现。此处略作分析。

Iazedbouzid（汉译"耶兹卜兹"）、Miles（汉译"米利斯"）、Adam（汉译"亚当"）三人名见西安碑正面下端，以叙利亚文由左而右书写，计有两行。第一行叙文，转写汉译为："希腊纪元 1092 年（公元 781 年），吐火罗巴尔赫城米利斯牧师之子、京城长安主教尊者耶兹卜兹牧师立此石碑，以志救世主之法并吾等景士对中国诸皇帝所宣之道。"① 七八世纪中亚景教会允许主教以下的神职人员结婚，米利斯生耶兹卜兹，并不违教规。第二行叙文，匹配汉字"僧灵宝"；叙文转写汉译为： "乡主教耶兹卜兹之子、助祭教士亚当"。② "亚当"就是僧灵宝的叙文教名。我们推测，耶兹卜兹应该是在中亚任低一级神职人员时结婚生子的，后来他被提拔为长安主教，主持唐朝长安教会。由于唐朝僧籍管理制度非常严格，耶兹卜

---

① 叙利亚文转写及法译参见 P. Pelliot, *Rechérches sur les Chrétiens d'Asie Centrale et d'Extrême-Orient, II, 1: La Stèle de Si-ngan-fou*, p. 57。

② P. Pelliot, *Rechérches sur les Chrétiens d'Asie Centrale et d'Extrême-Orient, II, 1: La Stèle de Si-ngan-fou*, p. 57.

兹虽贵为主教和立碑者，却因其已婚身份，未能获得僧籍，因此在景教碑上没有显示其汉文僧名。我们可以这样理解，景碑上的僧人，有汉名者，即表示有唐朝僧籍；反之则无。从这一细节，我们推测唐代来华西域景教士，已放弃了中亚教会牧师可以结婚的制度，入乡随俗，效仿佛教，实行严格的独身制度。这是景教东渐以后本土化的一种表现，也是唐代入华景教的一种变异。

从变异的角度，罗香林先生大胆推测唐代景教藏匿于本土道教的可能性（如《系出波斯之李珣及其海药本草》《吕祖与景教之关系》等文），但论点想象成分居多①，乃至方豪先生批评其"极为有趣，可资谈助"。② 但我认为，罗先生大胆假设的观点，启发了后人去思考外来宗教入华以后汇入本土宗教的历史可能性。2018 年，林悟殊先生与王媛媛女史曾考察霞浦文书《吉思咒》，发现后者就有源自唐代景教的成分，进而揭示出景教、摩尼教融入民间信仰的一段不为人知的历史。③ 窃以为，罗香林先生这种"有板有眼""错得可爱"的推论，比起大多数"人云亦云""对得平庸"的研究（蔡鸿生先生语④），或更能启发后学打开研究的天地吧。

六、南下广州的宗教史家

虽然，近代中国学术视野下，"南学之于岭南只能言籍贯而不能

---

① 譬如，罗香林以吕祖"得火龙之法，炼还童体"比对基督教因受洗而重生得救，以吕祖"水化成酒"比对耶稣变水为酒，以吕祖以少许面使数百僧饱足比对耶稣奇迹，认为道教吸收了景教的因素。

② 方豪：《评〈唐元二代之景教〉》，载《方豪六十自选集》下册，台北学生书局 1969 年版，第 2433 页。

③ Wang Yuanyuan & Lin Wushu, "Discovery of an Incantation of St. George in Ritual Manuscripts of a Chinese Folk Society", *Monumenta Serica*, 66, 2018, pp. 115 – 130.

④ 蔡鸿生：《专门史与通识》，载陈春声主编：《学理与方法——蔡鸿生教授执教中山大学五十周年纪念文集》，第 7 页。

讲居处"①，但随着以大学和研究院为中心的民国学术体制的确立，学人的南北流动日益频繁，学术流派也逐渐打破地缘藩篱，"居处"的影响益重。与大批广东学者在北京形成气候②形成对照，是大量北方学者南下岭南学术之中心广州，不管其停留时间长短，都或深或浅地推动了当时岭南学术的发展。许地山、阎宗临、朱谦之等学者，虽不能划为"岭南学者"，却是在景教研究领域颇有建树、又与中山大学有着深厚渊源的前辈。遂在此专辟一节，多书几笔。

许地山先生（1893—1941）是我国著名文学家、宗教史家，燕京大学文学宗教学双学士（1920、1923年），哥伦比亚大学文学硕士（1924年），牛津大学文学宗教学双学士（1926年）。他通多国语言，尤擅梵文，专精佛道教，陈寅恪先生赞其"学问通博"。③ 许地山祖籍广东揭阳，但出生于台湾，甲午海战后举家（时年3岁）从台湾迁到福建，后又辗转至广州（时年5岁）。在成年之前，他在广东完成了国学及英文教育。1933年，已是燕京大学教授（兼北大、清华讲师）的许地山先生，受邀到中山大学讲学，重返广州，经停数月。④

许地山先生治学极广，人类学、社会学、民俗学无一不通，尤

---

① 桑兵：《近代中国学术的地缘与流派》，第40页。

② 作为人文研究之重心的北京，尤其吸引广东学子北上求学，以当时的北京大学为例，"自有大学以来，从四方至，执业肄习其间者，惟广东人最多，亦最勤学"，"相继聚集京师的广东学人形成气候"。参见桑兵：《近代中国学术的地缘与流派》，第26页。

③ 陈寅恪：《论许地山先生宗教史之学》："寅恪昔年略治佛道二家之学，然于道教仅取以供史事之补证，于佛教亦止比较原文与诸译本字句之异同，至其微言大义之所在，则未能言之也。后读地山先生所著佛道二教史论文，关于教义本体俱有精深之评述，心服之余，弥用自愧，遂捐弃故技，不敢复谈此事矣。"载氏著：《金明馆丛稿二编》，第316页。

④ 秦贤次：《许地山年表》，载杨牧编：《许地山小说选》，台北洪范书店1984年版，第383—402页。

擅道教与佛教，在景教和摩尼教领域亦有著述。他是我国最早研究法藏敦煌景教写本《三威蒙度赞》的学者。早在 1921 年，他就发表了《景教三威蒙度赞释略》，指出"三威蒙度"是"皈依三位一体而得救底意思"，"赞是礼拜时，会众合唱底歌词"，并称该经揭示在华景教的仪式与使用经典，其价值不低于西安碑。① 总之，对敦煌本《三威蒙度赞》的释读，氏文有发轫之功。②

阎宗临、朱谦之二位先生都是中山大学历史学系的老系主任，皆以博学著称。

阎宗临先生（1904—1978）是山西五台人，瑞士伏利堡大学世界古代史中世纪史硕士（1933 年）、瑞士国家文学博士（1936年）。③ 1937 年全面抗战爆发后，阎宗临先生毅然回国，先后在山西大学、广西大学、桂林师院执教。1946 年 7 月，他应聘为中山大学历史学系教授，后担任历史学系系主任（1948—1950 年）。1950 年阎先生回到故乡，在山西大学执教。④

阎宗临先生博学精思，中西会通，治学范围包括中西交通史、世界古代中世纪史、欧洲史和古籍笺注等⑤；其在华西方传教士研究"出类拔萃"，"为士林所推重"（饶宗颐语）。景教研究见于阎氏《古代中西文化述略》一文，相关篇幅不长，但言简意赅，宏观交代出景教的源流主张、景碑之时地人事、敦煌汉文景经几种，以及景

---

① 许地山：《景教三威蒙度赞释略》，载《生命》月刊第 2 卷第 1 期，1921 年 6 月，第 1—5 页。

② 林悟殊：《敦煌景教写本 P. 3847 再考察》，载氏著：《唐代景教再研究》，第 124 页。

③ 师道刚：《阎宗临先生传略》，载《山西文史资料》1996 年第 5 期，第 33—45 页。

④ 阎守诚：《〈中西交通史〉编者语》，载阎宗临：《中西交通史》，广西师范大学出版社 2007 年版，第 1—5 页；

⑤ 阎守诚：《〈中西交通史〉齐世荣序》，载阎宗临：《中西交通史》，第 1—3 页。

教必然衰落的结局。①

朱谦之先生（1899—1972）是一位"百科全书式"②的学者，毕业于北京大学哲学系。1932 年 8 月，他南下广州到中山大学历史学系任教，任中山大学历史学系系主任、文科研究所主任、文学院院长等职。1952 年院系调整，朱先生返回北京，先后在北京大学和中国科学院世界宗教研究所工作。在中山大学 20 年，朱先生大力提倡"南方文化运动"，积极改革文史课程体系，创办《现代史学》杂志，培养了大批学术人才，对中山大学哲学系和历史学系的发展贡献卓著。③

在粤时期，朱先生的治学已相当广博，佛教、太平天国史、西方哲学、历史哲学、史学理论、文化社会学、戏剧音乐等领域都有论作。④《中国景教》是他返京以后晚年潜研之作。书稿完成于 1966 年⑤，题为"中国景教——唐景教碑新探"，在他去世 20 年后才正式出版。⑥ 作为 1949—1978 年间中国大陆景教研究硕果仅存的一部专著，《中国景教》的学术价值并未因姗姗来迟的出版而被低估，甫一问世，就得到学术界一致肯定与高度赞誉，学者们公认氏著"资

---

①　阎宗临：《古代中西文化交流述略》，载《建设研究》第 6 卷第 2 期，1941 年；又载氏著：《中西交通史》，第 1—15 页；"景教"见第 12—13 页。

②　黄心川：《百科全书式的学者朱谦之先生》，载朱谦之：《中国景教》，人民出版社 1993 年版，第 1—13 页。

③　张国义：《朱谦之先生学术年谱》，载《世界宗教研究》2004 年第 3 期，第 143—145 页。

④　张国义：《朱谦之先生学术年谱》，第 141—146 页。

⑤　据朱谦之先生 1966 年 4 月 23 日的《序文》，此书初稿完成为 1966 年。张国义《朱谦之先生学术年谱》则指出，朱谦之先生 1966 年写就一稿，题为"唐景教碑新探——中国早期基督教研究之一"，1968 年又成一稿，题目改作"中国景教"。

⑥　朱谦之：《中国景教——唐景教碑新探》，世界宗教研究所 1982 年内部刊行本；朱谦之：《中国景教：中国古代基督教研究》，东方出版社、人民出版社 1993 年版；《中国景教》，人民出版社 1998 年重印本。

料丰富、视角广阔""内容详实、分析独到"、考证缜密、功底深厚，是"第一流大学问家的上乘作品"，"在景研究史上具有里程碑意义"。①

除了上述公认的学术价值，我认为氏著以"马克思主义的科学历史观"为指导，"力求跳出宗教的范畴"（朱谦之《自序》）的方法创新值得我们关注。朱谦之先生既有史学家的严谨与实证，又具有哲学家的批判与思考，使得本书在史事阐述、文献考证、经文释读、神学讨论等方面，都显示出深厚的功力，是一部思想性很强的宗教史著。

朱谦之先生讨论聂斯脱里的异端性，没有停留于聂派神学主张，而是深入分析其被逐的政治原因。他认为与其说是聂斯脱里派在基督本质上与正统派发生分歧，毋如说它是亚历山大教会与安条克教会政治争斗的牺牲品。② 宗教与政治是贯穿全书的一个重要议题。朱谦之以唯物史观来考察唯心主义之间的论争，最后得出了"异端"更先进的观点。他站在唯物主义的立场，认为聂派是开明的、进步的，西里尔派是神秘主义的、独断的、落后的。③

此外，景教是一支世界性的宗教，决定了中国景教研究要关注葱岭之外的中亚、西亚乃至欧洲，这种放眼世界的广阔视野，使朱谦之先生借鉴了比以往任何一部景教著作都更为丰富的中西文献，讨论的内容也远远超出了"唐景教碑新探"的范畴，更是一部波斯

---

① 任继愈、黄心川、汤一介、吕大吉、牟钟鉴等：《专家学者纵谈〈中国景教〉》，载《世界宗教研究》1996 年第 3 期，第 145—146 页。

② 朱谦之：《中国景教》，第 28—33 页。

③ 朱谦之：《中国景教》，第 33—38 页。并参见朱东华：《朱谦之与中国景教的溯源研究》，载《世界宗教文化》2019 年第 6 期，第 35—42 页；汤恺杰：《朱谦之论景教的"异端"问题——与佐伯好郎的对比》，载《世界宗教文化》2019 年第 6 期，第 43—50 页。汤文比较了佐伯好郎与朱谦之判断景教异端性的不同视野，指出朱谦之的唯物史观，"跳出了教派纷争的窠臼，把自身的研究视角置于一个不偏向任何一方的高度"。

景教东渐及衰亡的世界景教史。《中国景教》通过一种宏观的视野，说明景教确实是汤因比比较文明系统中的"流产文明"。①

总之，《中国景教》这一体大思精的宗教史专著确立了新时代景教研究的新起点，也预示着我国景教研究的新阶段，确实是一部经得起时间考验的里程碑式的经典。

七、结语

在中国景教研究 300 多年的学术史中，岭南学人对景教的关注

---

① 蔡鸿生先生非常赞同汤因比关于景教流产文明的卓论，他对中国景教的"流产"命运也有过深入的思考和洞察，见解独到，摘录如下：大秦景教的故乡，是一个与"中亚交通环岛区"齐名的"叙利亚交通环岛区"，在世界文明史中占有十分重要的地位。源出叙利亚的景教，按西方史学一代宗师汤因比的比较文明系统，独具一格，被确定为中世纪的"流产文明"。该教派自 5 世纪被赶出拜占庭之后，连遭厄运，无力响应外界的强度挑战，致使基督教文明在远东的诞生变成泡影："这一景教母体中的远东基督教文明的胚胎在流产之前，孕育在乌浒河—药杀河流域，但是在 737—741 年，由于这个地区遭到阿拉伯帝国的打击，结果被剥夺了出生的机遇。"（《历史研究》修订插图本，第 17 章）那么，在此之前 100 年，已从中亚两河流域遁入唐帝国的"大秦法"，为什么也没有改变"流产文明"的命运呢？据《大秦景教流行中国碑》的记述，安史之乱期间，景教徒曾活跃在助唐平叛的前线，"效节于丹廷，策名于王帐"，本来是有"机遇"可以乘隙勃起的。请看那位"赐紫袈裟僧伊斯"，他在汾阳郡王郭子仪的朔方行营里，不是赤心"为公爪牙，作军耳目"吗？可惜在兵荒马乱中，景教又遭逢一场来自佛门的严重挑战。在敛钱供军需这个关键问题上，以神会为首的佛徒，比以伊斯为首的景士做出更大的贡献："大府各置戒坛度僧，僧税缗谓之香水钱，聚是以助军需"，"代宗、郭子仪收复两京，会之济用颇有力焉"。（《宋高僧传》卷 8《神会传》）正是这笔度僧所得的"香水钱"，既为郭子仪助威，又使景教徒失色，完全压倒"十字架"的光辉。因此，如果着眼于一种文明的命运，建中二年（781）建立的景教碑就不是什么流行中国的光荣榜，而是一块验证大秦景教从流亡到流产的墓志铭了。（《〈唐代景教再研究〉序》）

和研究起步较晚，但因为正处于道咸以来传统学术向近代学术转型的过渡时期，岭南景教研究也因此经历了从"旧"到"新"的转变，从跳出传统金石学视野，到紧跟西学研究之潮流，最后在景碑纪事考证、景教的华化与变异等领域，取得瞩目成就。

道咸时期学界对古代西域宗教与近代西洋宗教之异同尚不能辨，岭南学人也不例外。李文田只见景碑而不解景教，梁廷枏仅是在研究耶稣教时顺带述及景教。光绪年间随着学习西方的进一步深入，岭南景教研究出现了两种截然不同的西学取向。以朱一新为代表的广雅学院，坚持"中学为体，西学为用"的立场，提出"景教非天主说""洋教源出中国说"。杨荣鋕中西互证，阐明景教是基督教聂斯脱里派异端，正本清源。不过，杨氏为新教徒，对天主教和景教持反对态度，他所采用的比较宗教学方法，看似辨析基督教各宗派之同异，其实为了抨击旧教（天主教）与异端（景教），以阐发个人的新教立场。这一时期的景教研究，还称不上真正意义的宗教史研究。

到了民国时期，岭南学术异军突起，以致1934年陈寅恪先生在读了岑仲勉刊于《圣心》之论文后，致信陈垣："此君恐是粤人，中国将来恐只有南学，江淮已不足言，更不论黄河流域矣。"[①] "粤人"的领袖当首推陈垣。[②] 在景教领域，陈垣、岑仲勉、罗香林三人的成就最高。陈垣元也里可温教考与西域人华化考，被誉为"示以准绳，匡其趋势"的重要发明[③]，迄今仍有着金针度人的意义。岑仲勉景碑三考，以小见大，把景教研究从金石学推进到"金石证史"的视野。罗香林《唐元二代之景教》为"小口径""窄而深"的专题研究，并把陈寅恪先生所提示的变异理论发扬光大。"华化"

---

① 陈智超编：《陈垣来往书信集（增订本）》，第377页。

② 桑兵教授在讨论陈寅恪信中"粤人"与"南学"之关系时，指出陈寅恪真正"引为同调"的粤人学者乃陈垣。参见桑兵：《近代中国学术的地缘与流派》，第26页。

③ 陈寅恪：《元西域人华化考序》，第238页。

与"变异",是近代岭南学术留给后世的宝贵遗产。

岭南学者原以粤人为中心,言籍贯而不言居处,20世纪40年代以后,则逐渐转向于以岭南的中山大学和岭南大学为中心(1952年院系调整后,两者合一),言籍贯亦言居处。在中大和岭大工作的陈寅恪、岑仲勉、朱谦之、阎宗临等先生,他们的史学遗产,通过其弟子(戴裔煊、朱杰勤、梁钊韬等),传承给下一代学子,培养出新一代的岭南学人。

学术的薪火世代相传。1991年,康乐园"二老"(陈寅恪、岑仲勉)的弟子蔡鸿生先生创办了宗教文化研究所,力倡古代外来宗教的传播史研究。在蔡先生的引导下,中外关系史师生继承陈寅恪、陈垣、岑仲勉等老一辈史学大师的学术传统,坚持以华化为导向,在包括景教在内的中古三夷教领域取得了突出的成绩。此是后话,拟另文讨论。

(作者系华南农业大学人文与法学学院副教授)

英译本《钓鱼岛列屿之历史
与法理研究》说明

郑海麟

2015 年起，国家开始设立中文著作外译项目，计划将国内出版的有代表性的优秀学术著作译成外文（主要是英、日文），交由外国出版公司出版发行。外译著作项目每年评审一次，由著名专家学者组成的评审团负责评审。中文著作则由国内各出版社负责推荐，择优录取。

拙作《钓鱼岛列屿之历史与法理研究》（最新增订本）于 2014 年由海洋出版社出版，次年即被该社推荐评上国家外译著作项目，英译后交由美国埃斯维尔（Elsevier）出版公司出版。

由于拙作涉及历史学和国际法等多学科的内容，英译过程中相对比较困难。尤其是历史学方面涉及明代大航海时代许多航海知识和专业术语，给英译工作增添了许多难度，致使英译过程进度缓慢，旷日持久，颇费周折。正所谓"艰难困苦，玉汝于成"是也。书成之际，笔者认为有几点个人意见有必要作特别说明。

（1）本书试图将钓鱼岛列屿问题的研究提升到科学的高度，将它放入中西交通史学科进行研究，运用该学科的知识（如语言学、地理学、史料考证学、地质构造学以及国际法原理）对钓鱼岛列屿的主权归属作较全面深入的考察研究，以上仅就钓鱼岛列屿问题研究的方法论而言。

（2）在钓鱼岛列屿的史料考释方面，尽量挖掘前人未见的新材料，并且对中、琉、日现存有关钓鱼岛列屿的历史资料作详细的诠释，正误补缺，钩玄提要，力求将研究谨严化、准确化，为钓鱼岛列屿的主权归属提供有力的证据。

（3）在钓鱼岛列屿相关条约的解释方面，力求准确全面而非断章取义地运用国际法的原理，分析钓鱼岛列屿的历史与现状，弄清其来龙去脉，阐明中国拥有钓鱼岛列屿领土主权的法理依据。

（4）在钓鱼岛列屿相关地图考释方面，力求解释详尽，清晰明了，查勘比定，附表释图，让世人阅后即可作出钓鱼岛列屿主权归属的正确判断。

（5）由于中日钓鱼岛之争，连带牵出东海划界问题，中华民族有识之士不能不慎重对待。有鉴于此，笔者自知日后还需进一步下功夫，对中日钓鱼岛之争及东海划界问题做更深入的研究，对原有的成果不断增补修订，写成一部对日交涉有理有利有节兼更具说服力的著作。

（6）本书初稿完成于1997年，属稿之际，深受陈寅恪先生之历史研究三法则（即"一曰取地下之实物与纸上之遗文互相释证，二曰取异族之故书与吾国之旧籍互相补正，三曰取外来之观念与固有之材料互相参证"）启发，于是萌发别创海疆史学三法则之愿，即将史实考证、法理诠释、地图佐证三者有机地结合在一起，形成一条有力的证据链，以便加强对钓鱼岛列屿主权归属的论证，使本书立论更有说服力。

以上6点着重就本书的方法论而言的。余虽不敏，然自知关乎国家领土主权的钓鱼岛问题研究实乃千秋之大业、不朽之盛事，故属稿之际，无不战战兢兢，取前贤之著述作圭臬，以《史》《汉》之笔法为楷模。书成之后，于1998年交由香港明报出版社出第一版。出乎意料的是，社会各界反应颇为热烈，不少学者撰文评介，有谓"健笔雄于十万师"者，咸认该书之出版，以学术保钓的立场，为祖国做了一件有意义的事。中华人民共和国外交部经审阅后也给予肯定。旋即交由中华书局出版。然后台湾的海峡学术出版社也出有几种版本。粗略统计，自1998年初版至英译本出版为止，该书不下10种版本，勉强可算差强人意。

古语云：史家著述，务求记实。余虽不敢以史家自况，然自忖还是能秉承史法、竭尽全力的。至于成败得失，只能由读者及后人去评说了。

追记

2021 年 2 月 16 日，接浙江大学韩琦教授和中山大学历史学系章文钦教授发来信息，得悉中山大学著名历史学家蔡鸿生教授不幸于 15 日下午逝世，悲从中来。蔡鸿生老师是引领我从事中西交通史研究的恩师，他不仅是一位知识渊博的学者，更是一位具有很高智慧的一代学人，这点殊为难能可贵。

记得 1984 年初，暨南大学历史学系朱杰勤教授获国务院学科评定委员会批准成为广东第一位历史学博士研究生导师，开始在广东招收首届中西交通史学科博士研究生。由于中西交通史是一门涉及多学科即科际整合的学问，需要比较宽广的知识面，当年我是抱着试一试的心理去报考的。由报名至考试还有大半年时间，在这段时间里，我每周一次前往康乐园蔡鸿生老师住家问学请益。在蔡老师的指导下，我将广州市各图书馆及中山大学图书馆有关中西交通史的图书资料（当时有 160 多种）借来认真研读了一遍。在跟随蔡老师读书的大半年中，不但使我知识暴涨，而且视野大开，知道中西交通史原来是一门大学问。陈寅恪、陈垣、岑仲勉、冯承钧、张星烺、季羡林、贺昌群、张秀民、方豪、周连宽、朱杰勤、韩振华，乃至国外的沙畹、伯希和、夏德、劳费尔、亨利·玉儿、高本汉、藤田丰八、羽田亨等一大批国际知名学者，都是通过研究中西交通史从而蜚声国际的。正是由于蔡老师的智慧和指点，我才得以哲学系的本科学历直接考取朱杰勤教授的博士研究生。

蔡老师一生勤学敏思，诲人不倦，著作等身，是一位有大儒风范的知识人，也是真正的读书人的榜样。

日前读到一篇余英时先生谈知识与智慧的区别的文字，也许是泛泛的访谈，我觉得余先生言犹未尽，远远不及 30 多年前蔡老师和我谈得深入透彻。按蔡老师的说法，知识就好像树的种子，一万粒种子撒下去，可以长出一万株苗，但一万株苗中有几株能够长成参天大树呢？恐怕只有为数很少的几株。能够长成参天大树的，都是获得阳光雨露培育的。在这里，获得阳光雨露培育就需要智慧。做学问也一样，只有知识而没有智慧，是成不了大器的，就像株苗得不到阳光雨露的培育成长不起来一样。

蔡老师和我谈知识和智慧的区别，目的是要告诉我在多读书积累知识的同时，要不断开拓视野和提升自己的境界，特别是要多读名家名著，从那里吸收"阳光雨露"。

从蔡老师问学，不但可以获得丰富的知识，而且还可获得许多智慧的启迪。我写《钓鱼岛列屿之历史与法理研究》这本书，很大程度上是受到蔡老师的启迪和陈寅恪先生的影响的。

我时常在想，做学问也同做官的原理一样，必须从基层即地方做起，由地方层级做到国家层级，最后上升到国际层级。做地方层级的学问，如能做到基础扎实，视野开阔和努力提升境界，也可上升至国家层级甚至国际层级。这种不断开阔视野、提升境界从而不断提高自己的学问层级的过程就叫"学境"，或者叫作"为学之道"，它与"为官之道"的原理是一样的。在这里我想强调一点，一位"学境"高远的国际学人的影响力绝对不比国际政治家差，这点只要搜查一下维基百科就知道了。

从我的观察和接触中，我认为蔡老师不仅是一位勤奋读书的学者，而且是一位十分注重提升自己的"学境"的学人。蔡老师的逝世不但使中山大学痛失良师，而且也是中国知识界的一大损失。

（作者系香港亚太研究中心主任）

暹罗湾兴盛一时的国际港埠

——河仙（港口国）海上交通与海洋贸易（1670 年代—1810 年代）

李庆新

    暹罗湾（今泰国湾）是南中国海最大的海湾，古称金邻大湾。大部分属热带季风气候，海湾内的海流受南海季风影响，当西南季风盛行时，呈顺时针方向环流，只湾口呈逆时针方向；东北季风盛行时，湾内海流仍呈顺时针方向环流，但湾内东部呈逆时针方向，是中南半岛濒海国家通往太平洋和印度洋的海上交通要道。

    暹罗湾沿海地区具有悠久的航海贸易的传统。考古发现显示，公元前 1000 纪末至公元 1000 纪上半叶"印度化"时期，暹罗湾马来半岛周边地区与印度洋世界已经存在"印度—太平洋类型玻璃珠的传播"，而这种玻璃珠的贸易和技术交流在两地之间是双向互动的。[①] 公元前 5 世纪末至公元 2 世纪，泰国克拉地峡东岸三乔山（Khao Sam Kaeo）地区出现了繁荣的海港城市，这个考古遗址发现了众多来自本土、印度、越南乃至中国汉朝的遗物。[②] 公元 1 世纪，扶南开始控制湄公河下游及其三角洲。从 3 世纪起，这个国家控制了越南南部、湄公河中游、湄南河流域及马来半岛峡地的一些小国，

---

    ① 谢尔盖（Sergey Lapteff）著，冯筱媛译：《公元前三千纪至公元前一千纪稀有商品贸易网络中的中亚——以青金石与玻璃为中心的探讨》，载《海洋史研究》第 13 辑，社会科学文献出版社 2018 年版，第 3—29 页。

    ② Berenice Bellina, *Khao Sam Kaeo, An Early Port-City between the Indian Ocean and the South China Sea*, École française d'Extrême-Orient, 2017.

成为左右东南亚局势的大国。① 1944 年，越南南部濒临暹罗湾的 OcEo发现了印度化时代的港口城市遗址。1979 年以后的研究显示，OcEo港口不仅是扶南国的重要港口，而且是中国与印度两大文明古国之间的贸易中心。② 10 世纪以后，东南亚地区与印度、中国的海洋交往更为密切，暹罗湾北岸出现迪石（Rach Gia）等重要港口，中国商民开始在大陆东南亚及马来半岛地区出现较大规模的华人聚居区。元朝人周达观记载，中国水手常到真腊国，"利其国中不着衣裳，且米粮易求，妇女易得，屋室易办，器用易足，买卖易为，往往皆逃逸于彼"。③ 泰国编年史记载，在阿瑜陀耶王朝，华人社会的力量已经不可忽视，富裕的华商曾经资助国王建设首都阿瑜陀耶最重要的寺庙越亚伦寺。④

1671 年（清康熙十年），广东雷州人鄚玖（Mac Cuu，1655—1735）不愿意接受清朝统治，"越海南投真腊国为客"，在暹罗湾北岸河仙地区建立起以华人为主体的独立性政权"港口国"，成为左右中南半岛国际局势的重要政治势力，而且将河仙建设成为暹罗湾海域人烟辐辏、经济繁荣的国际性港埠，控制着这片航运繁剧的国际贸易区域。鄚氏河仙政权灭亡后，越南阮朝从暹罗手中夺回对河仙

---

① 参见 G. 赛代斯著，蔡华、杨宝筠译：《东南亚的印度化国家》，商务印书馆 2008 年版，第 69 页；莽甘（Pierre-Yves Manguin）著，吴旻译：《关于扶南国的考古学新研究——位于湄公河三角洲的沃澳（OcEo，越南）遗址》，《法国汉学》第 11 辑《考古发掘与历史复原》，中华书局 2006 年版，第 248 页。

② 参见 Olov R. T. Janse, *Archaeological Research in Indo-China*, volume Ⅲ, *The Ancient Dwelling-Site of Dong-son（Thanh-Hoa, An Nam）General Description and Plates*, Pruges St-Catherine Press LTD, 1955。G. 赛代斯：《东南亚的印度化国家》，第 87、85 页。

③ 周达观著，夏鼐校注：《真腊风土记校注》"流寓"条，中华书局 2000 年版，第 180 页。

④ 克·苏尔梦著，周南京译：《华人对东南亚发展的贡献：新评价》，《南亚东南亚评论》第 3 辑，北京大学出版社 1989 年版，第 165 页。

地区的统治权，河仙成为越南南部重要港口，在近世西太平洋、东印度洋世界海上交通与海洋贸易中占有一席地位。

一、郑氏河仙政权："南港"、"港口国"、昆大吗与"本底国"

河仙，又名恾坎，柬埔寨语 Man Kham 的音译，相传河上有仙人出没，因名河仙，俗称竹幡城，又称铜柱镇，犹汉言芳城也。陈荆和考证，在高棉语中，"方""芳""幡"，皆作 Băm 或 Pam、Peam，意为港口；西方文献称为 Can Cao、Cancar、Ponthiamas，故河仙又称"港口国"。① 18 世纪中叶曾经游历越南的法国人波微（Pierre Poivre）把河仙称为一个名为 Cancar（即港口）的"小邦"：

> 从马来之陆地及岛屿可北抵一小邦，其名为 Cancar（即港口），海图则称为 Ponthiamas。……曾有一中国人（即郑玖）抱着其国人天性之慎重及机警，乘其商船屡访其地。他看到此地比诸其故乡远为肥沃而被弃于荒废，甚为惋惜，乃决意予以开发。依其计划，他招致数目可观之华人及邻近诸邦之农民，并获得临近最有力王侯之保护及其所派卫兵，而开发经营此地。……他以纯然赠与方式将土地分给农民，未曾向人民强制赋役或征取营业税等税款……他还购买为开发土地所需之所有农具以颁发农民，其领域已成为勤勉之人民安居乐业之处……不久，森林被伐开，荒土变成良田，从河川所引之运河四通于田间，而丰裕之收成予农民以充足之粮食，且为殷盛商业之货物。②

---

① 武世营著，陈荆和注释：《河仙镇叶镇郑氏家谱注释》，载《台大文史哲学报》第 7 期（1956 年 4 月），第 33—34 页。

② *Voyage d, un philosoph*, par Pierre Poivre, Yerdon, 1763, pp. 67 – 73. 转引自武世营著，陈荆和注释：《河仙镇叶镇郑氏家谱注释》，第 85 页。

在康熙开海以前，清人对河仙并不了解，亦不见文献记载。康熙开海以后，才出现"南港""港口"的记录。成书于 18 世纪初期的中国民间航海文献《指南正法》"柬埔寨南港往笔架并彭坊西"条指出：

> 港口，用乙辰看北势上昆峯尾齐，宜贪东，打水三托，泥沙地，正路。离浅了，用坤申十三更取真糍山。用单戌十更取大横山。用辛戌五更取小横山。用辛戌二十更取笔架山。用壬子五更取陈公屿及黎头屿。用壬子五更取乌泥浅，沿昆峯约二更见内山有塔是浅，乃彭坊西也。
>
> 回针：笔架开船，用单巳及巽巳二十更，用巽巳五更取大横山。若外过用乙辰，若内过用辰巽。十更取真糍山内过。用单寅十三更进南港是也。①

《顺风相送》原藏英国牛津大学鲍德林图书馆（Bodleian Library），20 世纪 50 年代末向达加以整理，连同《指南正法》合辑为《两种海道针经》，由中华书局出版。整理点校中，向达对"南港""港口"并没有作特别解释，仅指出"南港：柬埔寨港口"。② 可见对其具体地理位置并不确定。陈佳荣亦谓："南港，《顺风》柬埔寨南港往笔架并彭坊西条。在今越南湄公河口一带，或指巴沙（Bassac）河下游朔庄（Soc Trang）东面的槟廊（Bang Long），一说指古㺭（Cochien）河下游的茶荣（Tra Vinh）。"③

就地望而言，"南港""港口"在湄公河口一带大方位是不错的。然而湄公河入海口范围广阔，港口不少，不止朔庄（Soc

---

① 向达校注：《两种海道针经》之《指南正法》，中华书局 1982 年版，第 81—82 页。

② 向达校注：《两种海道针经》之《指南正法》，第 238 页。

③ 陈佳荣、谢方、陆峻岭编：《古代南海地名汇释》，中华书局 1986 年版，第 582 页。本文古地名注释，除特别注出外，均参考本书。

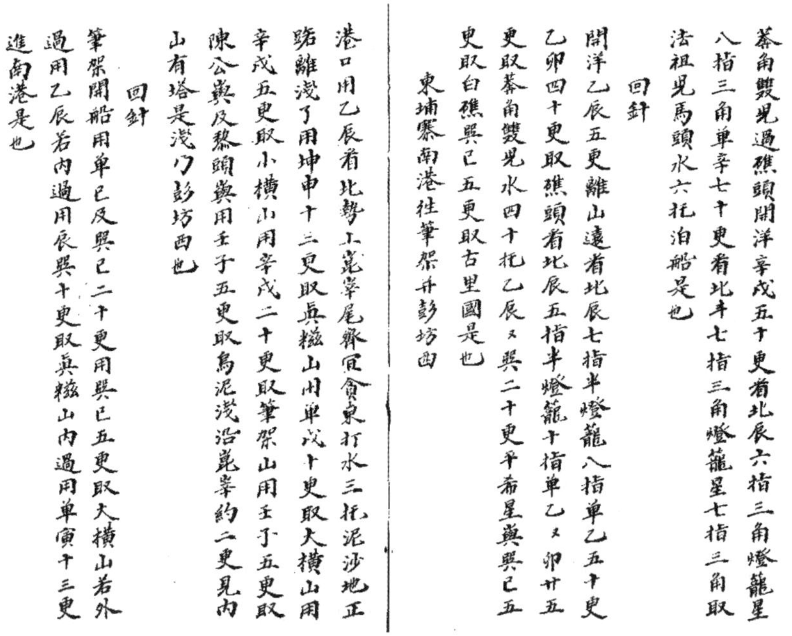

茶角雙見過礁開洋辛戌五十更肖北辰六指三角燈籠星
八指三角單辛七十更肖北辰七指三角燈籠星七指三角取
法祖見馬頭水六托泊船是也

回針
開洋乙辰五更肖離山遠肖地辰七指半燈籠八指單乙五十更
乙卯四十更取肖北辰五指半燈籠十指單乙又卯廿五
更取茶角雙見肖水四十托乙辰又與二十更平希星與乙五
更取白礁與巳五更取古里國是也

柬埔寨南港往筆架并彭坊囲

港口用乙辰肖北勢上崑崙尾鼠冠食象打水三托泥沙地正
駝離淺了用坤申十三更取真糍山山坤戌十更取大橫山用
辛戌五更取小橫山用辛二十更取筆架山用壬于五更取
陳公嶼及黎頭嶼用壬子五更取烏泥淺沿崑崙約二更見内
山有塔是淺門彭坊囲也

回針
筆架開船用單巳及與二十更用興巳五更取大橫山内
過用乙辰若内過用辰與十更取真糍山内過同單寅十三更
進南港是也

图1　《指南正法》记载从柬埔寨"南港""港口"到泰国"彭坊西"的海上航程

Trang）、茶荣（Tra Vinh）。就 18 世纪初柬埔寨的湄公河下游政治、经济局面而言，鄚玖统治下的河仙势力范围已经扩展到从金瓯角到磅逊湾的沿海地区，且处在上升趋势。其时柬埔寨积贫积弱，内外交困，备受广南、暹罗侵凌，委屈称臣；河仙政权巧妙地利用有利的国际时局，平衡周边各国势力，实质性地控制原属下柬埔寨后江以西的大片疆土，成为湄公河下游濒海地区的新主。河仙发展对外贸易，以"港口国"之名为东西方各国所熟知。所以，与其说"南港""港口"是指柬埔寨南部的某一个具体港口，倒不如说就是指鄚氏统治下的河仙政权——港口国，更符合实情。当然，如果将这片地区称柬埔寨旧地也无不可。

雍正、乾隆年间是河仙政权的鼎盛时期，清人与河仙有各种往来，对该地区也有了较多了解。成书于 1730 年（雍正八年）、浙江提督陈伦炯所撰《海国见闻录》说："广南国，亦称安南……强于交阯，南辖禄赖、柬埔寨、昆大吗，西南临暹罗，西北接缅甸。"①
这里的禄赖，亦作龙奈、陆奈、农耐、潦濑、柴棍，即越南西贡
（Sai gon，今胡志明市），其语源于东耐（Donnai）河，该河流发源
于越南中圻南部山地，西南流经西贡，注入南海。1780 年，阮福映
为阮氏西山政权所破，流亡至柴棍，故谢清高《海录》称龙奈为旧
都。昆大吗，也就是河仙，西文作 Ponthiamas、Po-Taimat。18 世纪中
叶曾经游历越南的法国人波微（Pierre Poivre）记述："从马来之陆
地及岛屿可北抵一小邦，其名为 Cancar（即港口），海图则称为 Pon-
thiamas。"②

　　陈伦炯很清晰地把河仙（昆大吗）与柬埔寨区分开来，并列视
为两个臣属于广南阮氏的政权，说明河仙享有与禄赖、柬埔寨一样
的特殊地位。李长傅校注《海国见闻录》有一段注释："昆大吗，
即南圻西南部之河仙（Ha tian）。暹罗，即 Ban Tnaimas，为十七世
纪末明遗民鄚玖（mac low，雷州人）所开辟，一七〇八年，广南王
授河仙总兵职。一七三六年，其子天锡（本名天赐）袭封琼德侯。
其时河仙为暹罗湾东岸贸易港，华侨及各国外侨云集，有'小广州'
之称。"③

　　《海国见闻录》附录"四海总图"，交阯、广南以南标有"占
城""禄赖""柬埔寨""昆大吗"等国家、地区名称。在马来半岛
上还有六坤、北大年、柔佛、彭亨等。"昆大吗"被标在海中一个岛
屿，地方虽小，但具有相当独立性。

　　王大海于 1791 年（乾隆五十六年）所著《海岛逸志》与《海

---

① 陈伦炯著，李长傅校注，陈代光整理：《海国见闻录》卷上《南洋
记》，中州古籍出版社 1984 年版，第 49 页。

② *Voyage d, un philosoph*, par Pierre Poivre, pp. 67 – 73. 转引自武世营
著，陈荆和注释：《河仙镇叶镇鄚氏家谱注释》，第 85 页。

③ 陈伦炯著，李长傅校注，陈代光整理：《海国见闻录》卷上《南洋
记》，中州古籍出版社 1984 年版，第 57 页。书中"暹罗，即 Ban Tnaimas"，
误，当为河仙，暹罗文 Ban Tnaimas；另外河仙（Hatian），当为河仙（Ha
tien）；鄚玖（mac low），当为鄚玖（Ma Cow）。

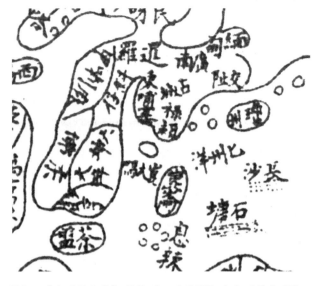

图 2　《海国闻见录》附录"四海总图"中之"昆大吗"

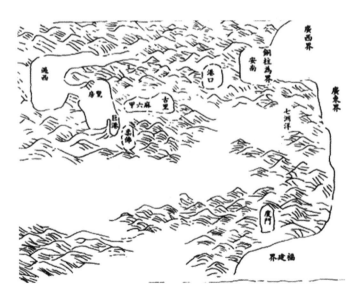

图 3　"港口"（河仙）在厦门至巴达维亚海上航程中的位置 [图片来源：王大海著，姚楠、吴琅璇校注：《海岛逸志》]

国见闻录》类似，所附两幅航海海图也把"安南"与"港口"分开标注，港口单独标在一个与安南有相当距离的岛屿上，与古里、麻六甲、巨港、柔佛等隔海相对。① 海图画得并不准确，但显示出河仙在盛清时人心目中具有特别的地位。

1766 年（乾隆三十一年）缅甸侵犯暹罗，阿瑜陀耶王朝灭亡，清朝指令两广当局派人到河仙打探情报；1769 年（乾隆三十四年）七月，差人返回，两广总督李侍尧将缅暹局势节略一件、郑天赐来文一件及《广东至暹罗城海道程图》上奏朝廷，其中《广东至暹罗城海道程图》在"安南国"与"暹罗国"之间，依次标出"东京""占城""河仙镇""占泽汶""暹罗城"，用相同的并列等级区域标识。② 东京，后黎朝首都，即今越南河内。占城实际上是指以顺、广地区为核心区的广南阮氏。占泽汶，即尖竹汶，是暹罗东南部水路交通便捷的滨海城市，有众多华人聚居，即今天泰国的庄他武里。在清朝官方看来，河仙是与"安南国"东京（郑氏）、占城（实为广南阮氏）、"暹罗国"占泽汶、暹罗城等量齐观的重要地区。

很明显，乾隆年间人们对河仙的了解增加了，清朝官方对河仙郑氏也表现出好感，视"港口"为一"国"。官修《清朝文献通考》一方面称河仙为"安南、暹罗属国"，另一方面又称之为"港口国"，并称郑天赐为"王"：

> 港口国，在西南海中，安南、暹罗属国也。王郑（应为"鄭"）姓，今王名天锡。其沿革世次不可考。国中多崇山，所辖第才数百里，有城以木为之，宫室与中国无异，自王居以下皆用砖瓦，服物制度仿佛前代。王蓄发，戴网巾纱帽，身衣蟒袍，腰围角带，以革华为履；民衣长领广袖，有丧皆衣白，平

---

① 王大海著，姚楠、吴琅璇校注：《海岛逸志》卷 1《西洋纪略》，香港学津书店 1992 年版，第 1—2 页。

② 两广总督李侍尧奏进《广东至暹罗城海道程图》，乾隆三十四年七月十四日，台北故宫博物院藏。

居以杂色为之。……其风俗重文学，好诗书。国中建有孔子庙，王与国人皆敬礼之。有义学，选国人子弟之秀者，及贫不能修脯者弦诵。其中汉人有傲居其地而能句读晓文义者，则延以为师，子弟皆彬彬如也。①

清代嘉应州（今广东梅州）人谢清高，年轻时出海做生意，因遭海难被外国商船救起，随外国商船游历海外各国，复居留澳门，海国见闻广博。1820 年（嘉庆二十五年），他与同乡杨炳南相遇，交谈甚欢，杨将谢清高所述记录加工，参酌他书，终成《海录》一书。这是一部清人记述南海诸国的重要著作，其中多处涉及"本底国"。

《海录》开篇"万山"条叙述从广州外海岛屿万山（一名鲁万山）下南洋的航程，穿越七洲洋进入越南海域后，"由龙奈顺北风，日余至本底国"。② 其后专条介绍"本底国"：

> 本底国在越南西南，又名勘明，疑即占城也。国小而介于越南、暹罗二国之间。其人颜色较越南稍黑，语言亦微异。土产铅、锡、象牙、孔雀、翡翠、箭翎、班鱼脯。又顺东北风西行约五六日至暹罗港口。③

关于本底国，《海录》诸版本皆有校注，说法不一。魏源注云：

> 越南之西都在顺化港，即占城旧地也。此别指本底为占城，非是。本底为柬埔寨，即古真腊国。《海录》出于贾客舟师之

---

① 清高宗敕撰：《清朝文献通考》卷 297《四裔考五·港口》，商务印书馆 1936 年版，考 7463 页。

② 谢清高口述，杨炳南笔录，安京校释：《海录校释》"万山"条，商务印书馆 2002 版，第 1 页。

③ 谢清高口述，杨炳南笔录，安京校释：《海录校释》"本底国"条，第 7 页。

口，故见闻虽真，而考古多谬。特附录而辨之。①

冯承钧谓：

> 占城十七世纪末年已灭于安南，此本底国除柬埔寨外莫属。柬埔寨（Kamboja）史称真腊，吉蔑（Khmer）人所建国也。安南史书名曰高蛮，与此勘明疑均为吉蔑之转。英语名此国曰Cambodia，殆谢清高闻之未审，而讹为"本底"。②

魏源、冯承钧关于"本底非占城"的论断是有道理的，可以采信，但断言"本底非柬埔寨莫属"则未必妥当。如前所述，在郑玖、郑天赐时代，河仙是广南属国，下柬埔寨后江以西大片濒海疆土的实际统治者，而广南也不断侵吞柬埔寨领土。18世纪30年代，阮氏军队占领嘉定西部地区，到70年代，后江以东也成为阮朝囊中之物。这样，下柬埔寨几乎被阮氏吞并，所以19世纪20年代成书的《海录》所记"本底国"，不可能是早已失去下柬埔寨的柬埔寨，而应该是名义上称臣于广南（越南）的郑氏河仙政权——港口国，这一政权迟至19世纪第二个十年才彻底退出历史舞台。魏源及冯承钧未审18—19世纪越南、柬埔寨、河仙之间的关系及各自疆土变迁之历史，对谢清高"贾客舟师之口，故见闻虽真，而考古多谬"及"清高闻之未审"的指陈也有失公允。

清同治年间，吕调阳对《海录》这段历史其实已经有正确的认识。他说本底国"即港口国也"。③《海录》的最新校释者安京对相关历史的阐释也比较准确：

---

① 谢清高口述，杨炳南笔录，安京校释：《海录校释》"本底国"条，第8—9页。

② 谢清高口述，杨炳南笔录，安京校释：《海录校释》"本底国"条，第8页。

③ 谢清高口述，杨炳南笔录，安京校释：《海录校释》"本底国"条，第7页。

港口国即 Pontameas，中国古籍称其为伊代吗、尹代玛、昆大吗等。越语称其地为河仙（Hatien），其地原属柬埔寨。17 世纪末 18 世纪初，广东雷州人郑（莫）玖（Mok Kui）占据此地，从事海外贸易，建立港口国（Kan Cao）。其后，高棉发生了王位之争，暹罗派水师进攻河仙，一般认为自此河仙地区受暹罗控制。1811 年，为越南占据。①

事实上，从 1820 年代郑玖入主河仙到 1870 年代，河仙无疑是中南半岛南部一股骎骎乎日上的政治势力，直到 1771 年遭到暹罗的毁灭性攻击，河仙才急剧走向衰落；即便如此，郑氏仍然是河仙名义上的统治者，不管是河仙的实际控制者暹罗，还是河仙名义上的宗主广南阮氏，都采取不改变河仙为"郑氏世业"现状之惯例，委任郑氏后人为河仙长官。1802 年（清嘉庆七年），广南阮氏攻灭阮氏西山政权，南北越归于统一，阮福映在富春称帝，建元嘉隆。嘉隆二年（清嘉庆八年，1803）嘉隆帝委任嘉定总镇官，总掌边和、潘安、定祥、永清镇军民庶务，又以河仙为附镇②，河仙变成嘉定管辖下的一个边镇。1810 年（清嘉庆十五年，嘉隆九年），嘉隆帝下令将权领河仙镇务郑公榆停职查办，派黎进讲权领镇事，暹罗表示反对。嘉隆帝命有司答复，表明河仙为阮朝疆土，设官之事，无须考虑暹王意见。更重要的是，阮朝强调河仙"本朝廷疆宇"，不是"圭田采邑，不可援为世业"。③ 从而彻底改变了以往"郑氏世袭"的惯例，河仙被并入阮朝版图。因而清光绪丁丑年（阮朝嗣德三十年，1877）王锡祺辑《小方壶斋舆地丛钞》本《海录》注曰："现

---

① 谢清高口述，杨炳南笔录，安京校释：《海录校释》"本底国"条，第 9 页。

② 潘叔直辑：《国事遗编》上集，香港中文大学新亚研究所东南亚研究室 1965 年版，第 23、27 页。

③ 《大南寔录正编》第一纪卷 39，嘉隆八年十二月，日本庆应义塾大学言语文化研究所昭和五十六年（1981）版，第 803 页。

并入越南。"①

19 世纪，越南文献《越史纲鉴考略》对"河仙镇"（港口国）疆域作了明晰的介绍：

> 港口，今南圻河仙省。当清康熙十九年，前明广东省雷州府海康县黎郭社郑玖，避地高蛮国，招集我越人、唐人、高蛮、阇闾，据富国、隆棋、芹渤、溔溃、沥架、哥毛等处，建河仙镇，为我大南附庸，传子天赐，设坚江、龙川二道。其地与安江省毗连，西南临海，接暹罗，北界高蛮，南北五十四里，东西一百十九里，东北至嘉定省城，七百七十三里。②

总的看来，郑氏河仙政权原属柬埔寨，又向广南称臣，曾经受到暹罗控制，在虎视眈眈、均怀有领土野心的强邻窥伺中夹缝中求生存。然而郑氏父子颇有雄才，经略有方，使河仙政权在 17—18 世纪东南亚国际政治与海洋经济版图中占有一席地位，一度叱咤风云。尤其在郑天赐时代，对清朝关系上灵活变通，得到清朝官方的认可，郑天赐打出了"高棉王"旗号，显示出王者风范。

二、郑氏统治时期河仙的海上交通

河仙是个港口条件比较优越的海港。它北倚湄公河下游三角洲，这里是东南亚最大的三角洲平原，地势平坦，水网纵横，宜于农耕，而且随着湄公河河水长年累月的泥沙搬运，淤积成陆不断扩大。与湄公河下游相接的河流自北南流，流经河仙城，最后注入暹罗湾。

---

①　谢清高：《海录》"本底国"条注，《小方壶斋舆地丛钞》，杭州古籍书店据光绪丁丑年本影印，1985 年。

②　阮通：《越史纲鉴考略》卷 5《港口考》；该书对魏源所谓"其国在西南海中，为暹罗属国"的观点持否定态度，认为是"传闻之讹辞"。此条史料系牛军凯提供，特致谢意。

河仙城即处在河海交汇的东湖之西畔。①

　　在鄚天赐时代，河仙建立起规模宏大的长方形府城，枕山面海，有城壕护卫，长 560 多丈；内分设文武衙署，布列军寨；置使馆公库，建关帝殿、三宝寺、鄚公祠、会同庙。区划街市，海夷杂居，为中南半岛濒临暹罗湾的一大雄镇。一份绘制于 1869 年 8 月 4 日的河仙地图显示，河仙外城为三面不规则城墙，仍然可以见到鄚天赐时代河仙的规模。西部城墙沿五座山丘（五虎山）而筑，大体呈南北相连走向，为河仙城西部屏障；南端为苏州山，呈半岛伸入海中，形势重要，山上建有一座城堡，捍御河仙海口。北面城墙依河流（R. Giang Thành）而建，该河大体呈东西方向注入东湖海湾，成为天然的护城河。

　　河仙镇公署在河仙城之内，南北向，整体上呈长方形，分南北

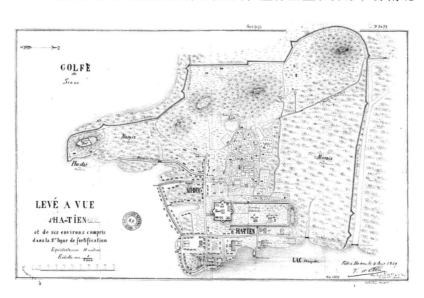

图 4　1869 年法国人绘制的河仙城图（吴鹏飞提供）

---

　　①　台北故宫博物院收藏《交趾中南半岛情形图》绘制于清乾隆年间，图上所标出的"河仙镇"，处在一条自北向南流入大海的河海交汇处左侧，此河当为湄公河下游两大分支之一的后江，而不是河仙河。参见林天人主编：《河岳海疆——院藏古舆图特展》，台北故宫博物院 2012 年版，第 178 页。

两部分。南城为一正方形城堡，南门面向东湖海湾，城门前有一东西走向长街，连接市区。内城北部为长方形，面积约比南城大三倍，北枕山丘；十字街将内城城区分为四大块，即地图标示的 Ancienne Citadelle。内城西墙有一门通城外，东城墙亦有一门通城外，至东湖。在内城与北部护城河之间，为一大片沼泽地。①

河仙内港长宽各一里，出海口海面广约二里，外有两山崎立，拱户海门；有西、西南、东南三条海道通海门内港。阮朝宋福玩、杨文珠描述河仙港口形势：

> 自沥蠔向北，海涯山崎叠嶂，水程半更至河仙海门，门广约二里，其中左右大小山，俗名矶獠客，居东，矶獠乳，居西。门分为三派：一派江心自洋海向西畔，近矶獠客，后背山通入河仙；一派江心自洋海西南中门，通入河仙，两傍近矶獠大小，江心广约四十寻，水深五尺，艨艟常出入；一派江心自左东南洋海，近矶獠乳，通入河仙镇，江广约七十寻，水浅，艨艟通行不得。自门内三派夹流，通入河仙大江潭中，潭广约一里，长一曲，周包西畔，畔上有一土墟，即是河仙镇，多庸市，各色民居稠密，唐人商艨所聚。②

河仙通过北方河流通湄公河下游流域，通过南方海路面向暹罗湾、马来半岛以南的"下洲"地区，控扼中南半岛海域交通之要冲，其交通商业网络覆盖了湄公河三角洲的巴萨河流域、柬埔寨内陆地区、马来半岛的东部沿海地带、廖内—林加群岛以及巨港—邦加地区，既是郑氏政权的政治中心，也是中南半岛上海洋贸易的重要港口。

---

① 李庆新：《从佛山到嘉定——18—19世纪中越交流的"书籍之路"》，载《地图》2014年第5期，第72—79页。

② 宋福玩、杨文珠著，陈荆和注释：《暹罗国路程集录》"涯海水程""海门水程"，香港中文大学新亚研究所东南亚研究室1966年版，第38—39、67页。

（一）河仙至中国以北地区的海程

从河仙启航前往中国的海道，就是中国《汉书·地理志》记载的从北部湾港口徐闻、合浦、日南至印度洋黄支国、已程不国海上航程的一段，借助每年 11 月至次年 3 月盛行的东北季风，或 4 月到 10 月盛行的西南季风，穿越暹罗湾海域。唐人贾耽记载了"广州通海夷道"的具体走向：从广州启航，东南经海南岛东南海域，航行至越南中部沿海的占不劳山、陵山、门毒国、古笪国、奔陀浪洲、军突弄山（今昆仑山），穿越宋代"上岸""下岸"海区分界，越过越南南部金瓯海域奥比（Obi）岛，即可进入河仙洋面了。这条航线的反向航程，就是河仙前往中国、东北亚地区的航程，绕过金瓯角（Ptede Camau）以后，穿越昆仑洋、大占海，进入海南东部的七洲洋，进入广东、福建等沿海地区港口，继续往东北方向航行，可至日本、韩国、菲律宾。

宋元以后，中国航海文献如《岛夷志略》《诸番志》《岭外代答》《郑和航海图》《两种海道针经》及越南阮朝典籍《海程志略》等，对河仙周边海域的海程均有记录。其中《指南正法》记载"柬埔寨南港往笔架并彭坊西"的往返航程、"福建往柬埔寨针路"、"福建往暹罗针路"、"柬埔寨南港往笔架并彭坊西"及"回针"、"柬埔寨往暹罗"及"回针"，以及《指南正法》之"大明唐山并东西二洋山屿水势"，皆记述了穿越昆仑山、小昆仑、假糍山等航段；"大担往暹罗针"及"回唐针"、"暹罗往日本针"、"暹罗往长崎日清"等，均需穿越金瓯角、暹罗湾河仙海面。①

1760 年（乾隆二十五年）缅甸发动对暹罗的战争，1767 年阿瑜陀耶王朝覆灭，清朝决定进行干预，一方面派兵从陆路进入缅甸，打到阿瓦附近，迫使缅王孟驳撤回暹罗的主力部队；另一方面传檄

---

① 向达校注：《两种海道针经》，中华书局 1982 年版，第 35—36、50—51、81—82、83、120—121、171—172、174—175、181 页。

暹罗，围堵缅军，同时传谕郑天赐协助，"留心防缉"。① 《清实录》详细记录了两广总督李侍尧遵照乾隆帝旨意，先后派许全、郑瑞等往河仙、暹罗公干及莫士麟（郑天赐）等积极回应的事件，对从广州到河仙的航程也有记载：

> 自广东虎门开船，至安南港口，地名河仙港，计水程七千三百里。该处系安南管辖，有土官莫姓驻扎。又自河仙镇至占泽问地方，计水程一千六百余里。统计自广东虎门至暹罗，共一万三百余里。九月中旬，北风顺利，即可开行。如遇好风半月可到；风帆不顺，约须四十余日。……兹查本港商船，于九月中旬自粤前往安南港口贸易，计到彼日期正系十一月。②

《清朝文献通考》记载："港口、东埔寨去粤东止七千里，在诸番中为最近。"③ 从珠江口东岸的虎门起航，9 月东北风起，即可扬帆出海，顺风两个月（11 月）可到河仙，航程为 7300 里。而从河仙前往广东，则在春夏，候西南风起，扬帆航向广东。这是广东至河仙贸易的一般情形，中外官方信使往来，多借助商舶。

2012 年 9 月，台北故宫博物院举办题为"河岳海疆——院藏古舆图特展"，其中"肇域四海"部分展出一幅题为《查询广东至暹罗水陆道里图》，为乾隆三十四年（1769）六月二十九日两广总督李侍尧呈奏《为遵旨查询暹罗国情形由》折件附图。该折件除本图外，还有附一《译出暹罗各头目禀》，附二《抄录游击许全跟兵原禀》，附三《抄录署游击郑瑞等访查节略》，附四《抄录河仙镇目莫士麟文》。④ 这批图文档案对研究乾隆年间清朝与暹罗、缅甸、安南、河

---

① 《清高宗实录》卷 849，乾隆三十四年十二月丁卯，中华书局 1986 年版，第 371—372 页。

② 《清高宗实录》卷 891，第 711—712 页。

③ 清高宗敕撰：《清朝文献通考》卷 297《四裔考五·港口》，考 7463 页。

④ 林天人主编：《河岳海疆——院藏古舆图特展》，第 181—183、188 页。

仙等国家、地区关系提供珍贵的历史资料。

纸本彩绘的《查询广东至暹罗水陆道里图》，纵 64 厘米，横 70 厘米。全图坐标西为上方，北在图右，图中在沿海各处贴黄记航海以"更"计算的航程，即船舶航行一更时间的距离。本图称每更为 70 里，其贴黄标示的航海里程依次为：

图 5　查询广东至暹罗水陆道里图（台北故宫博物院藏）

自广东虎门出海放洋至暹罗城，共一百四十八更，每更七十里，共计壹万零三百六十里。

虎门至琼州十八更。

琼州至外罗山二十三更。

外罗山至烟筒山十二更。

烟筒山至赤坎十三更。

赤坎至昆仑山十五更。

昆仑山至真薯山七更。

真薯山至大横山十五更。

大横山至笔架山三十更。

笔架山至暹罗城十二更。

从海图提供的信息看，从虎门到大横山为广东到河仙镇航程，共 103 更 7210 里。

值得注意的是，图中自琼州至昆仑山海域，海船穿越海南岛东七洲洋、西沙群岛海域后，沿着越南中南部沿海与中国"长沙"（南沙群岛）之间的狭长海域航行。其中外罗山，今越南中部沿海广东（Quang Dong）群岛之列（Re）岛。烟筒山，在今越南中部沿海灵山和华列拉角以北。赤坎，在今越南东南沿海格嘎（Ke Ga）角附近，或藩切（Prachuab）一带。昆仑山，即今越南南部沿海昆仑岛（Poulo Condore）。真薯山，又称薯岛或快岛，今越南南部沿海奥比（Obi）岛。大横山，今柬埔寨土珠岛，即布罗般洋（Poulo Panjang）。笔架山，今泰国曼谷湾内，或克兰（Khram）岛。暹罗城，暹罗首都阿瑜陀耶，即大城。这幅海图包含着广东、河仙、暹罗之间往返海程的历史信息，可与相关中文文献记载相印证。

台北故宫博物院藏《交趾中南半岛情形图》（编号为故机014906），为纸本彩绘，清乾隆年间绘制，纵 63 厘米，横 64.5 厘米。本图坐标北在上方，城池、山峦皆以形象绘出，暹罗、缅甸都城（"央瓦城"，又作"阿瓦城"）各以不同图形表示。该图释文认为，18 世纪末中南半岛国际关系混乱，缅甸企图吞并暹罗，并与清朝交恶。其后暹罗中兴名主郑昭（1734—1782）光复暹罗，建立统巫里王朝（即吞武里王朝，1767—1782），郑昭为与中国修好，将俘获的缅甸头目押送广东，并绘制水陆两图进呈，以助清军进剿缅甸。[1] 地图以暹罗阿瑜陀耶王朝都城暹罗城、吞武里王朝都城望阁城为中心，将一些"国"用圆圈圈画，例如东京（越南北部）、安南（广南，今越南中部）、柬埔寨、大年国（亦作佛打泥、大泥、

---

① 林天人主编：《河岳海疆——院藏古舆图特展》，第 178—179、188 页。

图 6 　交趾中南半岛情形图（绘制于清乾隆年间，台北故宫博物院藏）

北大年等，今泰国北大年府）、吉礁国（马来西亚吉打一带）等；
而将暹罗国内各重要地区用椭圆圈画，其中包括河仙镇及附近的万
勃岁、沾泽汶府、罗勇、望弄贡等等。河仙镇被当作暹罗疆域内的
一个"地区"（府）而不视为一个独立政权，也证明该图绘制于郑
昭统治下的吞武里王朝时期。

1771 年（乾隆三十六年），暹罗军队攻陷河仙，鄚天赐颠沛流离，
宣告鄚氏河仙政权告别盛世，走向衰亡。此后，暹罗在河仙派驻军队，
实施军事控制，直到 1782 年（乾隆四十七年）暹罗兵变，郑昭被处
死，曼谷王朝（亦名却克里王朝）建立。另外值得注意的是，地图东
部沿海标出中南半岛东部的东京、安南、柬埔寨和河仙，从广东、安
南（广南）至河仙的海面，则标出虎门、老万山、七洲洋、真薯山、
假薯山 5 个地名，说明广东与河仙之间存在海上交通与联系。

1783 年（乾隆四十八年），福建龙溪（今龙海）人王大海所著

《海岛逸志》，记录了从福建厦门经安南港口（河仙）等地到吧城的航程：

> 噶喇吧，边海泽国，极西南一大区处也。厦岛扬帆，过七洲，从安南港口，历巨港、蒌六甲，经三笠，而入屿城，至其澳，计水程二百八十更，每更五十里，约一万四千里可到。①

上文涉及的地名，噶喇吧，荷兰东印度公司所在地巴达维亚。七洲，海南岛东北海域的七洲列岛。安南港口即指河仙。巨港，印度尼西亚苏门答腊的巨港。蒌六甲，马来西亚马六甲。三笠，今印度尼西亚邦加海峡。屿城，今印度尼西亚雅加达湾外诸岛的总称。可见河仙是中国广东、福建等地下南洋商船必经之地，而河仙商船也常到广东、福建港口贸易。成书于雍正八年（1730）的《海国闻见录》记载了厦门下南洋经禄赖、柬埔寨等地，下柬埔寨的不少地方原来也属河仙地界。该书还谓："厦门至占城，水程一百更；至柬埔寨，水程一百一十三更。"② 可供参证。

据记载，1728、1729 年（雍正六、七年），鄚玖曾派遣刘卫官、黄集官前往日本，与幕府打交道，说明河仙与中国东南沿海之外的日本、菲律宾也有海上往来，保持海路畅通。其海程是先航行到广东、福建，再北上日本。从广东、福建前往菲律宾航线，唐宋时期已经开通，一般从广东、福建港口起航，经澎湖、琉球（台湾）至菲律宾。

（二）河仙至"下洲"的海程

暹罗湾及其以南地区历史上是海上经贸联系十分密切的海域，越南文献称为"下洲"，陈荆和、苏尔梦（Claudine Salmon）、韦杰

---

① 王大海著，姚楠、吴琅璇校注：《海岛逸志》卷 1《西洋纪略》，第 1—2 页。

② 陈伦炯著，李长傅校注，陈代光整理：《海国闻见录·南洋记》，第 49 页。

夫（Geoff Wade）等皆有精湛的研究成果①。越南史籍记载，暹罗与缅甸之间交通除了从六坤（泰国那空是贪玛叻府一带）、车加陆往缅甸的通道外，其次是经阇婆、红毛（英国人）诸国海岛，前往缅甸。前一条线路海陆兼程，途程较短；后一条则全走海路，绕航马来半岛海域和马六甲海峡，进入印度洋，沿着马来半岛西海岸抵达缅甸。嘉隆八年（清嘉庆十四年，1809），暹罗受到缅甸的攻击，向阮朝请求援兵，嘉隆帝与群臣商议，主张走海路而不走陆路，迂回进击缅甸。阮朝派神策都统制陈文能等率军1400人屯驻嘉定（越南胡志明市），待机而动，但最终没有成行。②

清乾隆年间暹罗所进《交趾中南半岛情形图》，地图南部标出了河仙至暹罗港口及马来半岛等地的沿海地名。地图右边贴有一带字纸条，上面写着："自河仙镇经由打吗山水路，直至暹罗港口"③，说明从河仙到暹罗首都望阁城、暹罗城是走海路的，打吗山岛（今越南南游群岛达马岛）是必经海域。图上所标示出的其他重要地名，例如海中的槟榔山，在打吗山北面；还有万勃岁、罗勇、沾泽汶府、丕昭望、望阁城、禄坤府、宋加、大年国、吉碾国、丹荖国等，都在暹罗湾区内，与河仙海路相通。

台北故宫藏清乾隆年间绘制的《暹罗航海图》（编号为故机014792），纸本彩绘，纵43.5厘米，横61厘米。该图北方在图左，西在图上方，以暹罗为中心，包括花肚番（缅甸）、无来由（马来亚），实际上为中南半岛海陆交通图。上半部为暹罗与花肚番（缅

---

① 宋福玩、杨文珠著，陈荆和注释：《暹罗国路程集录》；陈荆和：「阮朝初期の『下洲公务』に就いて」，「创大アジア研究第11号」，东京、创价大学アジア研究所，平成二年（1990）3月，第63—83页。苏尔梦（Claudine Salmon）：《越南使者对下洲或南方国家的观察（1830—1844）》，《海洋史研究》第16辑，社会科学文献出版社2020年版，第158—174页；韦杰夫（Geoff Wade）著，杨芹译：《18世纪以前中南半岛与马来世界之间的海上航线》，《海洋史研究》第5辑，社会科学文献出版社2013年版，第69—91页。

② 《大南寔录正编第一纪》卷38，嘉隆八年六月癸卯，第793（153）页。

③ 林天人主编：《河岳海疆——院藏古舆图特展》，第178页。

甸）的陆路交通图。下半部为航海图，以暹罗国为起点、以马来半岛南端无来由国枋行为中途站、以花肚国“红纱”（“洪沙国”）为终点的航程及航行时间，有两行弧形文字：

> 暹罗海路至枋行于九月十月之间，顺风扬帆约十五六日方得到；
>
> 枋行海路至红纱于十二月之间，顺风扬帆约十五六日方得到。

航程经过属于暹罗地界的他战、歌廊、佛坡、力坡、班、上本、苏游、龟山、蜂岭、奞仔、他坎、禄昆府、宋脚、珀真垅，无来由地界的大泥，武吉番地界的游佛，无来由国地界的枋行、蔴六甲、望匡、波罗抹、网悲、结魤，暹罗地界的望甲、望崎、忽笼、丹瑙、玛力、吒啤，花肚番地界的驼歪、打马、红纱。[①] 这条航线其实为古代南海与印度洋交通的传统航线，从暹罗港口至河仙洋面为其中一部分。

越南阮朝嘉隆七年（清嘉庆十三年，1808），暹罗王拉玛一世去世，嘉隆帝派遣宋福玩、杨文珠等为使臣前去吊唁，同时也传达了阮朝对河仙拥有主权的意图。九年（1810）七月，宋福玩、杨文珠等回国，向嘉隆帝呈递了一份手绘《暹地图》和记录阮朝至暹罗路程的《暹罗国路程集录》，记录了越南南部前往暹罗的6条水陆程，包括“陆行上路”“陆行下路”“涯海水程”“洋海水程”“洋海纵横诸山水程”“海门水程”，其中后面4条航程均经历河仙港及其南面海面，构成河仙对中南半岛乃至暹罗湾以南海域交通与贸易网络的组成部分。[②]

---

① 林天人主编：《河岳海疆——院藏古舆图特展》，第180页。

② 宋福玩、杨文珠著，陈荆和注释：《暹罗国路程集录》“涯海水程”，第16—19页；其中地名不少为喃字，多不能释读，今地不详。参见韦杰夫（Geoffrey Wade）著，杨芹译：《18世纪以前中南半岛与马来世界之间的海上航线》，第69—91页。

图 7　暹罗航海图（清乾隆年间绘制，台北故宫博物院藏）

三、郑氏统治下河仙的海上贸易

在郑玖时代，河仙按照中国传统的经商模式，把商人分为三类，赋予不同的经营业务：大商人经营长途贸易，中小商人经营本地贸易，官商则专营国家垄断商品和对外贸易。1728、1729 年，郑玖派遣刘卫官、黄集官前往日本，与幕府打交道，获得对日本贸易的"信牌"（朱印状）。[1]

河仙作为广南阮氏属地，双边关系自然非同一般。阮氏给予河仙贸易诸多政策优惠，包括免税或减税。丙辰十二年（清乾隆元年，1736），郑天赐继任河仙都督时，阮氏"赐龙牌船三艘，免其

---

① Tran Kinh Hoa, *Ho Mac va chua Nguyen o Ha Tien*, *Van hoa chau A*, Sai Gon, so71 – 1968, 转引自蒋国学：《越南南河阮氏政权海外贸易研究》，广东世界图书出版公司 2010 年版，第 91 页。

船货税例"①。"龙牌船"是阮氏发放给前来广南贸易的外国商船的特别凭证，有免税优惠。明万历时人张燮介绍中国商人到广南贸易时的情况：

> 贾舶既到，司关者将币投酋，舶主见酋，行四拜礼，所贡方物具有成数。酋为商人设食，乃给木牌于尘舍，听民贸易。酋所须者辇而去，徐给官价以偿耳。广南号令诸夷，埒于东京，新州、提夷皆属焉。凡贾舶在新州、提夷者，必走数日程，诣广南入贡，广南亦遥给木牌，民过木牌无敢哗者，斯风棱之旁震矣。②

这里的"木牌"，未知是否就是"龙牌"？但它用于对外贸易，在官方对外交易中具有代表朝廷与皇权的权威，则毫无疑问。法国学者梅奔（Charles B. Maybon）指出："南河（指广南阮氏）的税收体系是仿照中国建立起来的。"③ 张燮所说木牌，是贸易许可证，类似明前期朝贡贸易中使用的"勘合"。

1755年，暹罗国王因暹商在广南的商务纠纷而致书阮主，要求阮氏退还先前对暹商所征之税，给予十张龙牌，以便暹商往后在广南避风或免于被官差勒索；阮主在回信中解释了征税一事，但没有答应给予十张龙牌，信中指出：

> 若夫恳请龙牌十张，所与非伤惠也；但龙牌多得，只恐船主蹈杨成章之故辙，以私害公，以利害义。聊送一张，往来任意，今年如此，明年又如此，年年不绝，一而足矣，何用多为?④

---

① 郑怀德：《嘉定城通志》卷3《疆域志·河仙镇》，载戴可来、杨保筠校注：《岭南摭怪等史料三种》，中州古籍出版社1996版，第152、228页。

② 张燮：《东西洋考》卷2《占城》，《丛书集成初编》，商务印书馆1936年版。

③ 蒋国学：《越南南河阮氏政权海外贸易研究》，第160页。

④ 黎贵惇：《抚边杂录》卷4，景兴三十七年（1776）八月抄本，第164b页。

　　阮氏最终只答应发给暹商一张龙牌船，与河仙比较，"厚此薄彼"，显示阮氏对河仙的特别恩惠。

　　18 世纪的会安是广南国最主要的对外贸易港口，阮氏建立起一系列贸易管理制度，对河仙船采取减税优惠。会安对外贸易税制包括"到税"与"回税"，对河仙船的税收，每船到税、回税额均分别征 300 贯和 30 贯，仅为西洋船的 0.037%，为澳门船、日本船的 0.075%，上海船、广东船的 0.1%，暹罗船、福建船、吕宋船的 1.5%[①]。

　　郑氏河仙政权在国际邦交方面采取务实政策，以重商与自由贸易作为其基础，吸引国内外的客商，从马来半岛、苏门答腊、爪哇、暹罗、印度、福建、广东、海南来的船只都聚集在这里交易。从嘉隆八年推出的《河仙与暹罗下洲商船税额条例》可以看出，河仙贸易商品来自海内外，种类甚多，既有官府控制交易的金、银、盐、米、铜钱、琦楠、沉香、象牙、犀角、荳蔻、砂仁、肉桂、胡椒、苏木、乌木、红木等贵货，也有丝茧、绢布、沙糖、沫糖、石块糖等紧俏商品，还有国家控购的铁、钢等金属产品。[②]

　　河仙与中国的贸易主要在广东，一方面因为广东是对南洋贸易的主要地区，特别是乾隆二十二年（1757）实施对西洋"一口通商"政策之后，广州几乎囊括了清朝对海外的贸易；另一方面河仙政权的当政者是雷州人，境内多粤人，与粤地有地缘、人缘之便。当时河仙贸易繁盛，粤人聚集，建有雷琼会馆、潮州会馆，被称为"小广州"。研究显示，在瑞典人和荷兰人记录中，18 世纪中期河仙是东南亚对广州贸易的主要港口，在每年往来于广州与东南亚的 30 艘左右的帆船中，有 85%—90% 是广州驶往河仙与交趾支那（广南会安）的，而这些帆船主要属于广东十三行行商颜氏、叶氏、蔡氏、邱氏、潘氏和陈氏。[③]

---

　　①　黎贵惇：《抚边杂录》卷 4，第 31a—32a 页。

　　②　《大南寔录正编第一纪》卷 39，嘉隆八年八月，第 797（157）页。

　　③　李塔娜（Li Tana）、范岱克（Paul A. Van Dyke）：《18 世纪的东南亚水域：新资料与新观点》，载梁志明主编：《亚太研究论丛》第 3 辑，北京大学出版社 2006 版，第 190—209 页。

在河仙与广州的贸易中，输出物品主要有稻米、锡、藤条、西米、各种涂料等。稻米作为河仙及周边地区的主要农产品，大量出口中国缺粮省份广东是不难理解的。藤条细薄、有韧性、没有异味，是茶叶包装的上佳材料，主要用于茶叶包装，而且这些材料在卸货后还可以作为藤制品的原材料出售，具有多重价值。西米则是很好的防碎材料，可用于瓷器等易碎品的长途运输，而且与藤条一样具有多重价值，卸货后可以作为食品材料出售。西米在广东人的饮食中很受欢迎。

金属交易是河仙、广州贸易中特殊的大宗商品交易，以往没有受到应有的重视。锡是一种低熔点柔软金属，有良好的可塑性、延展性，可以用于制造合金；锡因其密闭性和无毒性，在储物方面得到广泛的应用，如密封得当，茶叶可在锡器中保持十年不变质，因此在清代中国茶叶包装与运输（包括外销）中特别受欢迎；同时锡还是海船很好的压舱物。因此，锡的行情在贸易中心广州很受经营茶叶生意的行商们的关注。河仙是锡的重要供应地，但河仙并不产锡。河仙出口的锡，主要由海外市场，如巨港、邦加等转贩而来。邦加地区大部分锡销往巴达维亚，但是有相当一部分锡在得到巨港素旦的默许后运往河仙，或者被邦加的华人走私运到河仙，最后销往广州。邦加锡矿的开采热为河仙锡贸易提供了重要的资源保证。

从荷兰、瑞典、丹麦等国东印度公司档案中"广州记录"可以看出，大量锡的进口与河仙有关。1758—1774 年广州从东南亚港口进口的锡有 79935 担，其中河仙进口 24688 担，占总量的 30% 强，数量仅次于巨港（47468 担）。1769 年，广州从河仙进口锡 6000 担；1774 年，一艘从河仙来广州的帆船运载锡 1400 担，还有其他两艘运载的也是锡，估计当年运到广州的锡有 5000 担。18 世纪 70 年代，巨量的锡源源不断从河仙运往广州，以至于关于河仙船到来的消息也会引起广州锡价的下跌。[①] 这一时期河仙是销往中国的锡的贸易

---

①　李塔娜（Li Tana）、范岱克（Paul A. Van Dyke）：《18 世纪的东南亚水域：新资料与新观点》，第 190—209 页。

中心。清初屈大均说："锡器以广州所造为良，谚曰：苏州样，广州匠。"① 可以这么说，清代广州锡器制造业的繁荣，应该归功于海外市场特别是河仙市场的支持。

锌为是常见的金属，俗称白铅，与多种有色金属可制成合金，如锌与铜、锡、铅等组成的黄铜等，可用于铸币与机械制造。《大南寔录》记载，因为"白铅有关国用"，阮朝曾命北城臣雇募货夫开海阳安朗社白铅矿，岁输铅税，每炉720斤。② 嘉隆三年（嘉庆九年，1804），免除澳门商船的"三礼钱"，即所谓进贡给阮朝御前、长寿宫、坤德宫的三种礼金，"令船来多载白铅，官市之，还其值"。③ 澳门的白铅显然是从中国内地市场特别是广东转贩而来。16世纪中叶以后澳门是广州的外港，澳门贸易是明朝"广中事例"、清朝"广州制度"的组成部分。阮朝鼓励葡萄牙人输入白铅，说明河仙、澳门、广东之间早已存在金属交易。

图8　越南"金瓯沉船"出水锌锭（Nguyen Dinh Chien, *The Ca Mau Shipwreck*, *1723 – 1735*, Ha Noi, 2002）

1998年，越南金瓯省南部海域发现一艘雍正年间来自广州的沉船，发现有386块锌条，每块重15—18千克，总重量5.7—7吨。④

---

① 屈大均：《广东新语》卷16《器语·锡铁器》，中华书局1985年版，第458页。

② 《大南寔录正编第一纪》卷41，嘉隆七年十二月，第833（193）页。

③ 《大南寔录正编第一纪》卷23，嘉隆三年二月戊辰，第647（7）页。

④ Nguyen Dinh Chien, *The Ca Mau Shipwreck*, *1723 – 1735*, Ha Noi, 2002.

目前虽然不能确定这艘沉船驶向何方，但是可以肯定锌也是广州输出的商品。清代铜、铅、锌等金属材料本来是禁止出口的，但在金瓯沉船出现如此巨量的禁运商货，说明 18 世纪清朝贸易禁令不起作用，澳门、广州、河仙之间存在清朝官府监管不到的金属原材料走私系统与市场网络。金瓯沉船的锌条在没有来得及进入市场之前就沉入河仙海底，但是它从被贩运出海起，已经汇入了中国与东南亚大规模的国际性金属交易物流之中。

四、郑氏失去政权后阮朝制订的河仙商税条例

郑天赐时代是河仙政权的黄金时代。到 18 世纪 60 年代，河仙境内战事不断，耗损国力。阮氏西山政权崛起之后，嘉定动荡，广南阮氏颠沛流离，河仙失去外围的支援。辛卯七年（乾隆三十六年，1771）暹罗王郑昭率大军亲征河仙，河仙陷落，郑天赐流离失所，后自杀。此后，河仙时属西山阮氏，时归广南阮氏，而暹罗在河仙派军留守，实际掌制河仙。广南阮氏以郑氏后人镇守河仙，但河仙屡经兵燹，人民流亡，昔日繁华荡然无存，地位一落千丈。

18、19 世纪之交，广南阮氏在对西山阮氏战争中占据优势。1802 年，广南阮军攻陷昇龙，西山阮朝灭亡，全越南北统一，阮福映在富春称帝，改元嘉隆。嘉隆七年（清嘉庆十三年，1808），暹罗王拉玛一世去世，拉玛二世继位。阮朝以黎进讲权领河仙镇事，改变了以往"郑氏世袭"的惯例，河仙实质性纳入越南统治。

阮朝初年致力于重建国家秩序，发展经济，在争夺河仙中取得重大胜利，其意义不仅仅在于把越南版图从中部顺广地区推进到湄公河下游三角洲的西南海边，奠定了越南与柬埔寨的西南边界，实现了世代推行"南进"政策的最终目标，同样重要的是在南方拥有了除面向南中国海的湄公河口港口群之外，同时拥有面向暹罗湾及"下洲"（暹罗、马来半岛以下地区）海域的优良海港河仙港。

嘉隆八年（清嘉庆十四年，1809），阮朝议定《河仙与暹罗下洲

商船税额条例》（以下简称《条例》），专门为河仙、暹罗贸易而制订法例：

一、河仙与暹罗商船，中心横六尺至六尺九寸，征港税三项之三钱四十缗；七尺至七尺九寸征三项之二钱五十缗；八尺至八尺九寸征三项之一钱六十缗；九尺至九尺九寸征二项之三钱九十缗；十尺至十尺九寸征二项之二钱一百缗；十一尺至十一尺九寸征二项之一钱一百二十缗；十二尺至十二尺九寸征一项之三钱一百五十缗；十三尺至十三尺九寸征一项之二钱一百八十缗；十四尺至十四尺九寸征一项之一钱二百十缗。

一、河仙与暹罗商船，横六尺至六尺九寸，输卖荷充铁子二千斤，或钢片四千斤；横七尺至七尺九寸，铁子二千五百斤，或钢片五千斤；横八尺至八尺九寸，铁子三千斤，或钢片六千斤；横九尺至九尺九寸，铁子四千斤，或钢片八千斤；横十尺至十尺九寸，铁子五千斤，或钢片一万斤；横十一尺至十一尺九寸，铁子六千斤，或钢片一万二千斤；横十二尺至十二尺九寸，铁子七千五百斤，或钢片一万五千斤；横十三尺至十三尺九寸，铁子九千斤，或钢片一万八千斤；横十四尺至十四尺九寸，铁子一万五百斤，或钢片二万一千斤。以上各项输卖如例者，听得商买丝茧、绢布、沙糖、沫糖、石块糖，又除免港税；不如例者，但听商买杂货，仍征其税。

一、荷充铁子百斤值钱六缗，钢片百斤值钱三缗，以为官买常价。

一、河仙与暹罗商船，中心横十五尺以上，照海南商船征收港税。

一、下洲商船来商诸镇，照麻六甲、阇婆商船征税。

一、金、银、盐、米、铜钱、琦楠、沉香，并禁，不得商买。

一、象牙、犀角、荳蔻、砂仁、肉桂、胡椒、苏木、乌木、红木诸贵货，河仙与暹罗商船有采买运回者，各照所买之价，每钱十缗，征其货税钱五陌；如运往诸镇转卖于本地人者，免其税。

一、河仙与暹罗商船，先入何镇海口，业已输卖铁子、钢片，或已供纳港税，而复往他镇商卖者，宜领所在官文凭，以免重征；回帆日但许买米人一方。

一、河仙与暹罗商船入口所在官，各照文凭检察船内人数，及至回日复检，如数给予文凭放回；倘有拐载本国人，不论男妇老幼，即行挨捉治罪，船主拐载杖一百，徒三年，船内人各笞五十；船内人拐载者，亦坐杖徒，船主杖六十，余人各笞五十，财物俱入官。船内人告发者，其人免罪，并不殁其货；外人告发，以犯赃钱一百缗充赏。

一、河仙与暹罗下洲商船，但听通商，自嘉定四镇至广义而止。

一、诸城营镇商民，与清人居本国者，不得擅往暹罗及下洲商卖。

一、度船法：以官铜尺为准度，自船头遏水版至船尾，遏水版得几丈尺为长，仍中分之为中心；以中心处度自左边盖板上面，外至右边盖板上面，外得几尺寸为横，零分不计。

一、诸镇据各商船一年来商征税之数，于岁底修簿甲乙二本，由该艚官转奏。①

阮朝《条例》内容相当详细，虽然有增加税收与贸易管制的内容，但是主要还是着眼于规范贸易管理，仍然体现阮朝对河仙的政策厚待。一方面体现了对两地过往有功于阮氏的"恩典"与回报，另一方面也体现阮朝对河仙的主导与重视。《条例》内容关乎重振河仙经济贸易，有几点值得注意：

一是按照河仙、暹罗商船大小，分等级征收数额不等的商税；其法当仿照明清时期广东、福建贸易管理之"丈量"与"船

---

① 《大南寔录正编第一纪》卷39，嘉隆八年八月，第797（157）页。

钞"法。

二是鼓励河仙、暹罗商船输入阮朝需要的物资铁、钢，官价收购，并给予商家相应的商货采买与税收优惠。

三是规定允许买卖的进出口商货，金银盐米等禁止交易，象牙、犀角等科以课税。

四是严禁拐带买卖人口，违者重刑惩罚。

五是规定通商贸易范围，河仙人与暹罗人可以自由往"下洲"及嘉定四镇、广义贸易，诸城营镇商民及清人不得擅往暹罗及"下洲"商卖。

六是设置该艚等官，管理河仙贸易。这里的该艚为阮氏旧制，系主管对外贸易的专门机构，艚司长官为该艚、知艚，该簿艚、该府艚、记录艚、守艚等。① 在郑玖、郑天赐时代，河仙地区是否设该艚、知艚等官管理贸易，不得而知。可以肯定，嘉隆八年实施《条例》之后，河仙地区贸易管理有艚司建制。

阮朝前期采取精简政治、招集流民、开垦荒地等措施，促进经济发展，《条例》对经历暹罗入侵与西山阮氏之乱洗劫后河仙地区的恢复发展具有积极意义，《大南寔录》谓：

> （嘉隆十年）帝以河仙为要阃，二人（指张福教、裴文明）熟知边情，故遣之教等至镇。政尚宽简，不事烦扰。整军寨，招流民，设学舍，垦荒地。经画街市，区别汉人、清人、腊人、阇婆人，使以类聚。河仙遂复为南陲一都会云。②

河仙对外贸易活跃，复为暹罗湾区一繁荣都会。阮朝明命六年（道光五年，1825），复议准对河仙商船按嘉定税额的十分之三征税，一方面是为了堵塞税收漏洞，另一方面强调河仙不能再搞特殊，要

---

① 李庆新：《会安：17—18 世纪远东新兴的海洋贸易中心》，载北京大学亚太研究院主办：《亚太研究论丛》第 4 辑，北京大学出版社 2007 年版。

② 《大南列传正编第一纪》卷 43，嘉隆十年八月。

求河仙对前来贸易的商船征收到税，不过比嘉定税额还是减少十分之三；对买载贵货的商船，照例征收回税。总的看来是为了增加税源，新税制对河仙仍然有利。然而由于地处越南南部极边地方，远离政治中心顺化（Hue），加上湄公河下游西贡—嘉定（Sài Gòn-Gi-aDịnh）、美萩（Mỹ Tho）等新兴港口的竞争，19 世纪以后河仙走向衰落，成为越南南部暹罗湾北岸的一般港口。

余论：河仙（"港口国"）——近世东南亚的"非经典政权"

在古代东南亚，出现过大大小小难以计数的各种类型的政权和国家。中国宋代周去非《岭外代答》、赵汝适《诸蕃志》，元代陈大震《南海志》、汪大渊《岛夷志略》等记载宋元时期与中国直接或间接有交往的国家或地区超过 100 个，陈大震《南海志》所记达到 140 多个，其中大部分在东南亚。对于前近代东南亚"国家林立"现象，欧洲的旅行家们也早有见闻。13 世纪末马可·波罗这样描述当时的苏门答腊岛："应知此岛有八国八王，居民皆属偶像教徒，各国自有其语言。"[1] 16 世纪中叶，曾经到过中国广州的葡萄牙多明我修士克路士（Gaspar da Cruz）对中南半岛许多国家印象深刻，他在《中国志》中罗列了交趾支那、老挝、大白古、顿那沙冷、吉他、马六甲、彭亨、北大年、暹罗、柬埔寨和占城等国家。[2]

对这些国家或政权的研究，长期以来是东南亚史研究的重要内容。20 世纪 50 年代，荷兰历史学家范·勒尔（Van. Leu）提出马来世界海岛地区的政治结构分两种模式：爪哇式（Javanese state）和苏门答腊式（Sumatran state），前者依靠农业为中心，是科层制的官僚

---

[1]　A. J. H. Charignon 注，冯承钧译：《马可波罗行纪》，河北人民出版社1999 年版，第 599 页。

[2]　博克舍（C. R. Boxer）编注，何高济译：《十六世纪中国南部行纪》，中华书局 1990 年版，第 52—53 页。

机构；后者依靠"商业权力"或"海洋权力"，位于面向海洋的靠海的河港，通过参与国际贸易获得权力，其政治是霸主式的。60年代，沃尔特斯提出室利佛逝和马六甲海峡地区政治中心、王国的首都常常在几个重要贸易港口之间转移；在政治中心之外的其他贸易中心，其地位相对半独立化，与中央的关系主要通过朝贡或联盟的形式维持，而不是以直接统治为主；马来历史的政治是不稳定的，政权存在时间很少能超过百年。70年代，美国学者B. Bronson提出了一个新的模式："河流流域脉络体制"（River-basin Model），认为东南亚沿海国家内部的交往主要依靠河流，在海外有一个大的商业中心，其农业不足以维持其强势政权的所有生活，需要海外贸易的补充。这种例子在东南亚史上频繁出现，今天的苏门答腊、加里曼丹仍然存在。①

澳大利亚国立大学瑞德（Anthony Reid）认为，在1450—1680年东南亚贸易时代，是一个城市持续发展的时代。在15世纪，出现权力中心从那些以劳动力和农产品为基础的旧式都市决定性地转移到了以贸易为基础的新兴城市。16世纪，滨海港口在缅甸、爪哇的政治文化生活方面也占据过主导地位。总之，东南亚历史上存在的许多政权与亚洲传统的大陆政权情况迥然不同，港口城市的政治地位越来越重要，或者成为某个国家的首都，或者发展成为半独立乃至独立的政权，它们重视商业，倚海立国，与海洋皆有关联，是以海外贸易为主的政治实体，这些政治实体可称为"港口国家"，这些新型港口国家直接参与日益扩大的国际贸易，在政治上和文化上开始主宰东南亚。②

---

① 参见牛军凯：《晚期占婆的港口及其政治模式》，载《海洋史研究》第3辑，社会科学文献出版社2012年版，第250—260页。

② 安东尼·瑞德（Anthony Reid），孙来臣、李塔娜等译：《东南亚的贸易时代，1450—1680》第二卷《扩张与危机》，商务印书馆2010年版，第70—71、225、229页。

东南亚"国家"众多，在历史上频繁出现，其政权形态之复杂、兴衰更迭之多端，以至于即使是当代最杰出的东南亚史学者要清晰地一一详加分类细述，恐怕也有难度。笔者以为，如果把以中国为代表的传统的以儒家思想为立国之本、重农抑商的大陆帝制国家视为东亚地区的"经典政权"的话，那么东南亚许多在政治制度与政权结构上"残缺不全"而又复杂多样的政治实体可以归类为"非经典政权"。本文讨论的河仙政权就是一个例子，另外同时代的荷属婆罗洲"兰芳公司"也可以视为"非经典政权"。

在东南亚"贸易时代"，"港口国"类型的"非经典政权"受海洋地理因素影响，通过海洋网络、港口体系发展出具有海国色彩的国际关系、政治架构与社会经济结构。郑氏河仙政权在18世纪中叶中南半岛上拥有相当程度的政治、军事、经济等独立性，对该地区国际关系、海洋局势都产生重要影响，当时一些西方人认为它就是一个"邦国"，是一个"有海港的繁荣公国"。河仙疆土狭小，缺乏天然屏障，迫使它必须面向海洋，依靠海洋网络拓展对外发展的空间和经济资源，因而有倚靠海洋立国的特点。河仙其实是在柬埔寨、广南阮氏、暹罗等国家的夹缝中求生存，必须妥善处理与强大而怀有图谋的邻近国家、政权的关系，审时度势，采取各种手段，甚至向强权俯首称臣，来保全自己。所以，河仙政权的政治史，在独立自治的主流中实际上夹杂着对外称臣、国际邦交、向外部世界发展等多种支流，涉及多边的国际关系，不仅仅是河仙的区域史，也不仅仅是河仙曾一度"臣服"过的某个"宗主国"（如柬埔寨、越南阮氏）的国别史或地区史。

历史上东南亚地区存在不少以商业为主导、倚海立"国"的"非经典"的"港口国"政权，它们的"国祚"都不长久。郑氏河仙政权两传就走向消亡，归根结底是因为河仙地区缺乏长期立国的基础，包括经济结构相对单一，过于依赖海洋与海外市场，综合实力毕竟有限。郑氏努力开拓海洋市场，并获得大量对外贸易的利益，但是河仙地区缺乏足够的面向海洋市场的生产能力，导致这种贸易缺乏深广的腹地支撑而显得脆弱，只能带来暂时的利益，其商业性重商主义的局限性与后果影响深远。这点也可以从奉行商业性重商主义的西班牙、葡萄牙、荷兰等老牌殖民帝国，到推行产业性重商主义的英国等新兴海洋帝国的兴衰更替得到参证。此外，河仙种族杂居、多种宗教的多元社会文化结构，使得河仙很难建构起像"经典政权"那样的大一统政治文明、社会结构与文化传统，并作为政权的"立国"基础。缺乏坚实稳固基础的政治体经不起国际政治风云变幻的冲击。东南亚多数"非经典政权"都有这样的共性和大体相同的命运，河仙也不例外。

附记

1980年，我考入中山大学历史学系学习。大一下学期，蔡鸿生老师给我们上世界中古史的基础课，虽然只有一个学期，但获益多，至今犹记蔡老师教导：做学问要切实训练基本功，反复操练历史考察的基本路数：前后、左右、表里、动静，即在纵向分析、横向分析、形式内容和动态静态等诸多方面进行"思维操练"。大学毕业参加工作后，我与蔡老师始终保持联系，时时请益。2007年，我主持广东省社会科学院历史与孙中山研究所工作，海洋史研究成为主要学科发展方向，与蔡老师的联系就更多更密切了。2009年，广东海洋史研究中心成立，蔡老师欣然受聘为中心和《海洋史研究》的学术顾问，一直关心、支持、指导中心工作，为海洋史学发展作出了重要贡献。记得他不止一次指出，海洋社会史研究应以人为本，人类与海洋的关系涉及海上交通、海神崇拜、海舶、海防、海商、海盗等一系列重要问题，值得重视。2016年年底，《海洋史研究》出了第9辑，拟至第10辑时结集出版1—10合集，蔡老师热情洋溢地题词："海洋史研究要以人为本，从人出发，向人回归。"为海洋史学发展开示了通向未来的方向和路径。

海洋史研究要以人为本，从人出发，向人回归。

蔡鸿生
2016.11.15.

蔡鸿生老师为《海洋史研究》（1—10 合集）出版题词，
2016 年 11 月 15 日

　　季羡林先生曾说："蔡先生的文章写得好，潇洒流利，生动鲜明。在当代人文社会科学家中，实属少见。"蔡老师从事教学科研数十年如一日，孜孜不倦，诲人不倦，培养了一大批史学人才，名重学林，为后辈学习的楷模。2014 年，蔡老师决定将毕生珍藏图书10000 余册捐给广州图书馆，作为学界研究教学参考之用，惠泽学林，而广州图书馆也为蔡老师开辟专门藏书室；遵蔡老师与馆方之命，我怀着崇敬心情为藏书写下了"鉴定意见"。梳理这批宝贵的学术文化财富，深深为蔡老师的道德文章、治学风范、学术建树所感动。值蔡老师辞世一周年之际，敬呈小文一篇，以志纪念。

壬寅年立春于广州
（作者系广东省社会科学院研究员）

张人骏海权观辨析

——以"二辰丸"事件为中心

徐素琴

一、引言

美国历史学家、地缘政治理论学家与海军战略理论家阿尔弗雷德·赛耶·马汉（Alfred Thayer Mahan）于 1890 年出版的《海权对历史的影响（1660—1783）》（*The Influence of Sea Power Upon History, 1660 – 1783*）一书，被认为是近代海权理论的奠基之作。[①] 该书出版后，在美国再版了 32 次，几乎所有的欧洲国家都翻译出版，并且也很快就传播到了日本。1900 年，该书被译介到中国。[②] 在传播的过程中，"海权"一词很快就成为"sea power"最广为接受的汉语对译。"海权"是一个由"海"和"权"组成的复合词。在古汉语中，"海"和"权"是两个能够独立表达不同意思的汉字，二者之间并

[①] 关于马汉海权论的评介，参见［美］A. T. 马汉著，安常容、成忠勤译：《海权对历史的影响》"序"，解放军出版社 1998 年版，第 3—6 页；冯承柏、李元良：《马汉的海上实力论》，载《历史研究》1978 年第 2 期；倪乐雄：《海权的昨天、今天和明天——读马汉〈海权对历史的影响〉》，载《中国图书评论》2006 年第 8 期；邓碧波、孙爱平：《马汉海权论的形成及其影响》，载《军事历史》2008 年第 6 期；陈海宏：《马汉和他的"海权论"》，载《山东师范大学学报（人文社会科学版）》2011 年第 5 期。

[②] 关于马汉海权论在中国的译介，详参见周益锋：《"海权论"东渐及其影响》，载《史学月刊》2006 年第 4 期；史春林：《1900 年以来马汉海权论在中国的译介述评》，载《边界与海洋研究》2019 年第 5 期。

无必然关联。从词源上看，"权"的初始语义为"秤锤"，是衡器的重要组成部分，并引申出"权衡""权势""权柄""权力""权利"等含义，随着晚清西方近代法学的传入，"权利"被用来对译英文的"right"，"权力"则对译英文的"power"。① 由于"权"字本身的多重含义，由"海"和"权"组成的复合词"海权"，导致了国人对"海权"的理解各不相同，对"海权"概念的定义也众说纷纭。这一现象已引起学界的关注和讨论。如黄娟通过分析晚清民国的报纸、杂志、时人诗文、信件等材料中对"海权"的记载，认为"海权"的内涵包括海洋权力（sea power）和海洋权利（sea right）两方面，其萌生应在晚清，并且存在着名（概念）与实（内涵）合二为一的过程，即从"power"的角度拓展到"right"，从而逐渐使"海权"兼具权力和权利两层含义。② 高月通过梳理清末民初的报刊，认为"海权"概念包含海军、制海权、领海、海洋经营权或海洋权益，还认为正是由于海权论传入中国的不系统性，导致国人对"海权"概念的理解并不一致，由此造成近代史料中"海权"概念的多种含义③；马榕婕注意到近代报刊资料中的"海权"存在海军与渔权两种认识。④ 娄成武、王刚从语言学的角度，认为清末民初"海权"

① 关于汉语"权利""权力"的语义在晚清的演变，详参见李康宁：《"权利"在中国的诞生、成长与成型——从语汇到观念和制度的历史进路》，《甘肃政法学院学报》2014 年第 1 期；童之伟：《中文法学中的"权利"概念起源、传播和外延》，载《中外法学》2021 年第 5 期。关于"权"字的本义，参见赵纪彬《释权——〈中国权说史略·绪论〉初稿》，载赵纪彬著，李慎仪编：《困知二录》，中华书局 1991 年版，第 250—262 页。关于"海权"概念，可参见史春林：《20 世纪 90 年代以来关于海权概念与内涵研究述评》，载《中国海洋大学学报（社会科学版）》2007 年第 2 期；娄成武、王刚：《海权、海洋权利与海洋权益概念辨析》，载《中国海洋大学学报（社会科学版）》2012 年第 5 期。

② 黄娟：《中国近代"海权"概念的形成与演变探析》，载《科学·经济·社会》2015 年第 2 期。

③ 高月：《近代中国海权思想浅析》，载《浙江学刊》2013 年第 6 期。

④ 马榕婕：《近代国人对海权认知的历程——基于报刊资料为核心的考察》，载《新西部》2020 第 17 期。

"海洋权力"并列的现象，主要是由于我国语言使用的特点，汉语在古代更提倡独字，而在近代乃至现代更多是习惯双字。这种语言使用的习惯很容易将"海洋权力"演化为"海权"，而缩译"sea power"造成了不必要的误解。① 高玉霞、任东升以概念话语的引进、本土化和再输出为视角，追溯"sea power"的早期汉译和传播，梳理了公认度最高的汉语译名"海权"在中国的再概念化情况，并将之称为"海权概念"本土化。② 江伟涛另辟蹊径，通过翔实考证，认为梁启超虽非中国接触马汉海权论的第一人，却是第一个将马汉海权论的核心观点较为清晰、完整地介绍给国人，同时又对"海权"的内涵从"权力"向"权利"加以延伸，构成近代国人海权观念演变的起点，并形成传播效应，"海权"从此成为近代中国报刊的一大热词。③

1908 年 2 月 5 日（光绪三十四年正月初四日），日本轮船"二辰丸"号为澳门广和店华商偷运枪支弹药，在澳门附近九洲洋海面卸货，被中国水师巡船及海关查获，船械被扣留，引起中日交涉。日本政府以战争相威胁，3 月 15 日，清政府被迫接受日方提出的无条件释放"二辰丸"、鸣放礼炮谢罪等 5 项要求，以平息事端，是为"'二辰丸'事件"。由于澳葡当局声称"二辰丸"停泊之处是葡萄牙领海，又引起中葡领海之争，使得"二辰丸"事件从中日商务纠纷的双边交涉演变成包括中葡领海争端的多边交涉。对于"二辰丸"事件，学者们从不同角度进行了探讨。刘利民在其博士论文《中国近代领水主权问题研究》中，以"二辰丸"事件为个案，讨论了晚清中国海关缉私权、领海管辖权及中国领海观念的产生等问题。④ 曾荣通过对比档案和时人记载，厘清了"二辰丸"走私军火的买主

---

① 娄成武、王刚：《海权、海洋权利与海洋权益概念辨析》。

② 高玉霞、任东升：《概念话语引进与再输出良性互动探究——以"sea power"为例》，载《外语研究》2020 年第 5 期。

③ 江伟涛：《中文"海权"起源考》，未刊稿。感谢广东省社会科学院海洋史研究中心江伟涛副研究员惠示其待刊新作。

④ 刘利民：《中国近代领水主权问题研究》，湖南大学博士学位论文，2004 年，第 321—340 页。

是谁、中国最终是否对"二辰丸"进行了赔偿等问题。① 吴起以三井物产会社为中心，分析了"二辰丸"事件引起的抵制日货运动与日本企业的应对。② 黄鸿钊注意到"二辰丸"事件是澳门勘界谈判的直接诱因。③ 台湾学者许峰源利用大量外交档案进一步厘清了"二辰丸"事件的具体交涉过程，认为清政府虽然对日妥协，但在随后的军火禁运谈判中还是取得了积极的成果。④ 汤熙勇以1908年旧金山《中西日报》的报道为中心，探讨美国华文报纸处理"二辰丸"事件及抵制日货运动的态度。⑤ 日本学者菊池贵晴的《二辰丸事件中的抵制日货》和《二辰丸事件的经过和背景》，至今对于"二辰丸"事件的研究仍具十分重要的参考价值。⑥ 吉泽诚一郎从澳门附近的缉捕权、广东地区的军火走私与社会治安、革命派在华南的活动等方面，从地域因素考察"二辰丸"事件的发生与交涉。⑦ 新加

---

① 曾荣：《光绪末年日本"二辰丸"号商船私运军火案》，载《历史档案》2018年第4期。

② 吴起：《1908年的抵制日货运动与日本企业的应对——以三井物产会社为中心》，载《世界历史》2021年第4期。

③ 黄鸿钊：《清末澳门的勘界谈判》，载《南京社会科学》1999年第12期。关于"二辰丸"事件中的中葡交涉，少见专题研究。相关论述大多见于澳门史研究的论著中，如邓开颂、陆晓敏主编《粤港澳近代关系史》（广东人民出版社1996年版）、费成康《澳门：葡萄牙人逐步占领的历史回顾》（上海社会科学院出版社2004年版）、黄庆华《中葡关系史（1513—1999）》（黄山书社，2005年版）、徐素琴《晚清中葡澳门水界争端探微》（岳麓书社2013年版）。

④ 许峰源：《1908年中日二辰丸案交涉始末》，载《东吴历史学报》第22期，2009年12月。

⑤ 汤熙勇：《美国华文报纸处理广东二辰丸案及抵制日货运动之态度——以1908年旧金山〈中西日报〉的报道为中心》，载《辅仁历史学报》第2期，2010年7月。

⑥ 本文关于菊池贵晴研究的评价，来自吴起、汤熙勇、许峰源、赵莹等学者。

⑦ ［日］吉泽诚一郎：《1908年二辰丸事件及其历史背景》，载黄贤强主编：《文明抗争——近代中国与海外华人论集》，香港教育图书公司2005年版，第131—159页。

坡学者吴龙云以澳洲《东华报》为基本史料，探讨澳洲华人1908年抵制日货运动的宣传与发展，分析澳洲华人抵制日货的若干特点。[1]

张人骏是晚清重臣。在两广总督任内（光绪三十三年七月至宣统元年五月），张人骏在中英西江缉捕权、英国测量惠州海域、中日"二辰丸"案、中葡澳门海域争端、收回东沙岛等重大对外交涉事件中表现出色，捍卫了国家主权。关于张人骏的专题研究不多。胡绳武评价张人骏"是一个对清王朝极为忠诚的正统的封建官僚"，并认为他是一个对新政持否定态度的保守派。[2] 李细珠认为张人骏虽根据清廷的部署按部就班推行新政，但其思想仍在传统政治思想范围内打转。[3] 赵莹分析了舆论对张人骏处理"二辰丸"事件的影响，认为张人骏能够在"二辰丸"事件中获得很高的声望，除了依靠他本人的执政手腕外，还有赖于舆论的宣传。[4] 周鑫在其有关光绪三十三年（1907）发生的中葡关于澳门内港主权争端的研究中，涉及张人骏的海权认知。[5] 此外，在有关清末民初中国维护南海主权的论著中，

---

① ［新加坡］吴龙云：《澳洲华人与1908年抵制日货运动》，载黄贤强主编：《文明抗争——近代中国与海外华人论集》，第223—243页。

② 胡绳武：《序言》，张守中编：《张人骏家书日记》，中国文史出版社1993年版，第1—24页。

③ 李细珠：《张人骏其人及其对新政的态度》，载《河北广播电视大学学报》2012年第4期；《张人骏与江苏谘议局》，载中国社会科学院近代史研究所政治史研究室、杭州师大浙江省民国浙江史研究中心编：《中国社会科学论坛文集·政治精英与近代中国》，中国社会科学出版社2013年版，第207—227页。

④ 赵莹：《清末舆论与地方督抚之互动——以中日"二辰丸"案与粤督张人骏为中心的考察》，第十二届"两岸三地历史学研究生论文发表会"，2011年，北京。

⑤ 周鑫：《光绪三十三年中葡澳门海界争端与晚清中国的"海权"认识》，载李庆新主编：《海洋史研究》第6辑，社会科学文献出版社2014年版。笔者注：光绪三十三年的中葡澳门海界争端，是由澳门内港中国渔船的停泊以及渡船执照引起的，主要由署两广总督胡湘林处理。张人骏到任时，该事件已基本完结。

有不少都涉及张人骏收复东沙岛、派军舰巡视西沙群岛的事迹。①

上述先行研究为本文提供了良好的学术基础。但既往关于晚清海权观的研究，多是从分析当时报纸杂志的刊文来归纳时人的海权观；对"二辰丸"事件的研究，则由于近代日本对中国的巨大影响，学界更多关注的是事件中的中日交涉及随后发生的抵制日货运动，对事件中的中葡交涉则多见于澳门史研究的论著，缺乏专题研究；而有关张人骏的研究，主要集中于他在清末新政中的思想和行为，以及他对维护中国南海主权的贡献，均未专门讨论张人骏的海权观。

近代海权不仅是一种思想理论及相关的知识体系，也具有很强的实践性，处在中外交涉前沿的沿海地方官员和外务部朝官，在中外领海争端的外交实践中体现了怎样的"海权观"？本文拟通过辨析张人骏在"二辰丸"事件②及其引发的中葡澳门海域争端中体现的海权观，为晚清中国近代海权观提供一个个案研究。

二、"二辰丸"事件中的中葡海域争端

广东地方政府早在日本商船"二辰丸"航抵中国前，即已获悉其欲向澳门走私军火。③ 由于清政府禁止民间私购外洋军火，而澳葡当局允许军火进口，不法奸商为牟取暴利，先将军火贩运入澳，

---

① 如郭渊：《晚清时期中国南海疆域研究》，黑龙江教育出版社 2010 年版；张建斌：《端方与东沙岛交涉——兼补〈西沙岛东沙岛成案汇编〉之不足》，载《中国边疆史地研究》2017 年第 2 期。

② 汤熙勇认为，"二辰丸"事件有狭义和广义之分，狭义的，指广东水师船查扣"二辰丸"及其所引发之国际交涉事务；广义的，除了狭义的范围外，兼及抵制日货运动及其造成直接与间接之影响。参见汤熙勇：《美国华文报纸处理广东二辰丸案及抵制日货运动之态度——以 1908 年旧金山〈中心日报〉的报道为中心》，载《辅仁历史学报》第 2 期（2010 年 7 月）。笔者认同这一观点。

③ 《日本国公使林权助携翻译高尾亨来署问答（光绪三十四年正月二十五日下午三钟）》，载经莉编：《国家图书馆藏清代孤本外交档案续编》第 17 册，全国图书馆文献缩微复制中心 2005 年版，第 7536 页。"二辰丸"在中国档案中尚有"第二辰丸""大辰丸""大苏轮船二号""辰丸号""辰丸""大造丸第"等称呼。

然后向内地走私,澳门继鸦片走私之后,又成为军火走私的重要基地。走私枪械绝大部分落入匪盗之手,造成广东地区土匪武装蜂起的局面,"粤中匪盗专恃枪械,得械则张,失械则伏,寻常毛瑟、拗兰短枪,值仅数元,购来资盗资匪,动值十余元数十元不等,利市十倍,奸商设肆,倚澳门以为薮"①。两广总督为抑制军火走私,多次与澳门总督或葡驻广州领事协商,均无成效。因此,张人骏获悉该消息后,即令广东水师提督李准派出官兵,协同九龙关验货员驾水师兵轮"宝璧"号在澳门附近海域加紧巡逻。

光绪三十四年正月初四日(1908年2月5日)上午,"二辰丸"驶近澳门。由于澳门港湾严重淤塞,"二辰丸"吃水深无法入口,遂停泊于路环岛以东2海里半九洲洋海域,准备在此卸船起货。巡海的中国官兵上船查验,发现该船准备向来自澳门的驳船卸下既没有中国军火护照,也没有拱北海关准单的枪械,认定该船违禁起卸走私军火,日本船主无可置辩,遂对"宝璧"号巡船管带吴敬荣行贿以求释放,遭到严正拒绝后,不得不承认这是违法行为,表示愿意接受中国方面的处罚。按照"洋商私载军火及一切违禁货物",应将"船货入官"的海关章程,第二天上午"二辰丸"即被中国水师兵船解往虎门。由于查验过程中"忽有澳门派来葡国兵船,势将恃强干涉",中国水师巡弁为避免葡人干预,经与"二辰丸"船主商量,暂时将船上所悬日本国旗降下,换上大清国黄龙旗,待葡兵船驶离后,立即将黄龙旗收回。②

鸦片战争后,清政府对外交涉制度经历了从钦差大臣到五口通商大臣、再到总理衙门及南北洋通商大臣的演变,其演变逻辑是中外交涉基于"防夷"思想在地方办理的原则。光绪二十七年(1901)外务部建立后,地方督抚仍负有对外交涉的职责和权利。③ 因此,"二辰

① 《粤督张人骏致外部日船运械济匪若交涉失败则约章成废纸电》,载王彦威纂辑,王亮编,王敬立校:《清季外交史料》卷211,书目文献 出版社1987年版,第3233页。

② 《粤督张人骏致外部辰丸事请商日使照章会讯电》,载王彦威纂辑,王亮编,王敬立校:《清季外交史料》卷210,第3223页。

③ 关于晚清中国外交制度的演变,详参见〔日〕川岛真著,田建国译,田建华校:《中国近代外交的形成》,北京大学出版社2012年版。

丸"被扣后，张人骏原拟与日本驻广州领事交涉结案，但日本驻广州领事拒绝与广东地方政府交涉，并将事件加以饰词电告本国政府，"二辰丸事，我本欲和平办结。明知国事艰难，何必起衅强敌？故第一次照会止叙捕获情形，并无充公字样。欲俟日领陪话，即留械释船。而日领贪澳匪之贿，不敢来见。电告本国，架词耸听"①。张人骏遂于光绪三十四年正月初六、初八、初九（1908 年 2 月 7、9、10日）连续致电外交部，汇报事件原委和查办经过，并请外交部"照知日使，转饬日领遵办"。② 但外务部仍希望在地方交涉，于初八致电张人骏："日商船私运军火，在华界面起卸，既经尊将船扣留，照章办理，本部毋庸照知日使。"③

不过日本拒绝把"二辰丸"事件局限在地方层面。2 月 14 日（正月十三日），日本驻华公使林权助按本国政府训令，向清政府外务部发出强硬照会，抗议中国扣留"二辰丸"，要求清政府放船、道歉、惩官、赔偿。此后"二辰丸"事件主要由外务部与日本驻华公使进行交涉。在日本的强势压迫下，外务部被迫妥协，于二月十三日（3 月 15 日）接受日本提出的所有条件。④ 本文主要讨论"二辰丸"事件中的澳门海域争端问题。

---

① 张守中编：《张人骏家书日记》，第 113 页。

② 《外务部收粤督张人骏电（光绪三十四年正月初六日）》《外务部收粤督张人骏电（光绪三十四年正月初八日）》《外务部收粤督张人骏电（光绪三十四年正月初九日）》，载经莉编：《国家图书馆藏清代孤本外交档案续编》第 17册，第 7453—7460 页。

③ 《外务部发两广总督电（光绪三十四年正月初九日）》，载经莉编：《国家图书馆藏清代孤本外交档案续编》第 17 册，第 7461 页。此后虽然主要在外务部与日本驻京公使之间交涉，但外务部一直没有放弃劝说日本公使把交涉权交给日本驻广州领事和两广总督。

④ 关于"二辰丸"事件中的中日交涉，详参见许峰源：《1908 年中日二辰丸案交涉始末》，载《东吴历史学报》第 22 期，2009 年 12 月；［日］吉泽诚一郎：《1908 年二辰丸事件及其历史背景》；黄庆华：《中葡关系史（1513—1999）》中册，第 882—894 页。

日本最开始打算在领海问题上做文章。在日本公使2月14日致外务部的照会中,日方提出了"二辰丸"事件完全是中国的错误的三条理由:"二辰丸"停泊处是公海,不是中国领海;"二辰丸"运送的军火"曾经由该口葡官允准有案",不是走私船,中国无权将其扣留;巡查员弁"撤去本国国旗,尤为狂暴"。日使还具体指出"二辰丸"停泊之处的经纬度为"东经一百一十三度三十八分二十秒、北纬二十二度九分四十五秒"。① 按照这一经纬度,"二辰丸"停泊点在路环以东3海里外,那么,根据当时国际法3海里领海的规定,则"二辰丸"抛锚的地方是公海而非中国领海,如此一来,就可证明中国无权扣留"二辰丸"。外务部接到日本公使照会,有些出乎意料和措手不及,次日即电询张人骏具体情况。② 正月二十四日(2月25日),外务部照会日本公使,根据张人骏提供的证据,指出"二辰丸"抛锚处是"经东一百一十三度三十七分三十秒、北纬二十二度八分十秒",该处距路环岛东面2海里半,"经纬度证解系中国领海"③,日使公海说的证据被推翻,日方遂放弃"公海"论据,主要就"二辰丸"是合法运载军火到澳门,不是在中国领海走私武器,以及撤旗一事进行交涉。④

正当中日交涉胶着之际,葡萄牙又横生枝节。2月18日(正月十七日)代理葡萄牙驻京公使柏德罗照会清政府外务部,声称"二辰丸"是在葡萄牙领海喀罗湾(即过路环)海域被扣留,"该船系装载枪支运卸澳门,该船被拿,有背葡国所领沿海权,并有碍葡国

① 《日使林权助致外部辰丸被粤扣留奉令抗议希饬速放照会》,载王彦威纂辑,王亮编,王敬立校:《清季外交史料》卷210,第3222页。

② 《外务部发两广总督电(光绪三十四年正月十四日)》,载经莉编:《国家图书馆藏清代孤本外交档案续编》第17册,第7479—7482页。

③ 《外务部发日本国公使林照会(光绪三十四年正月二十四日)》,载经莉编:《国家图书馆藏清代孤本外交档案续编》第17册,第7515—7519页。

④ 《外部致张人骏日使是否相符希妥筹速复电》,载王彦威纂辑,王亮编,王敬立校:《清季外交史料》卷212,第3246页。

主权，阻害澳门商务"，要求清政府"即刻释放"该船。① 2 月 25 日（正月二十四日），葡公使又到外务部进行交涉，声称"按照公法，领海地面以三海里为度。此次拘拿军火之处，系在澳门领海两海里半之内，其为澳门领海无疑"。② 2 月 28 日（正月二十七日），葡公使再次照会外务部，进一步论证该处是葡领海面，"该轮船在北纬道二十二度八分十秒，英国中经东经道一百十三度三十八分十秒两道相交处被捕获，有书为凭，就系距喀罗湾岛两迈半远。喀罗湾岛系本国所属之岛，轮船被捕之处，就实在葡国所领海面，被捕之处距中国最近之地，有三迈半有余之远……"③ 柏德罗还面见日本公使林权助，妄言"二辰丸"停泊处是葡萄牙"领海"④，希图借助日本之力，争夺澳门海域的主权。

如此一来，"二辰丸"事件就由中日双边交涉变为中日、中葡多边交涉。面对复杂局势，外务部采取把"二辰丸"案与澳门界务分开办理的策略："澳界历年未定，葡使照会，先由本部驳回，自与辰丸案无涉，应分别办理，以免纠葛。"⑤

首先，在与日本的交涉中，一旦日本将"二辰丸"事件与澳门界务牵扯在一起，外务部均严正声明"二辰丸"案与澳门界务无涉。葡萄牙妄言"二辰丸"停泊处为葡国"领海"后，放弃了"公海"

---

① 《外务部收葡国公使柏照会（光绪三十四年正月十七日）》，载经莉编：《国家图书馆藏清代孤本外交档案续编》第 17 册，第 7487—7488 页。

② 《署葡国公使柏德罗与外务部左侍郎联芳会晤问答》，载中国第一历史档案馆、澳门基金会、暨南大学古籍研究所合编：《明清时期澳门问题档案文献汇编》（四），人民出版社 1999 年版，第 47 页。

③ 《收葡国署公使柏照会（光绪三十四年正月二十七日）》，载经莉编：《国家图书馆藏清代孤本外交档案续编》第 17 册，第 7555—7558 页。

④ 《收日本国公使林照会（光绪三十四年正月二十七日）》，载经莉编：《国家图书馆藏清代孤本外交档案续编》第 17 册，第 7553 页。

⑤ 《外务部为澳界与二辰丸案应分别办理等事致两广总督张人骏电》，载中国第一历史档案馆、澳门基金会、暨南大学古籍研究所合编：《明清时期澳门问题档案文献汇编》（四），第 66 页。

证据的日公使，捡起了"葡萄牙领海"的证据。2 月 28 日，日本公使在给外务部的照会中，先是威胁外务部"该处究属中国领水与否，尚难明定。若该处并非中国领水，则贵国水师强扣日轮之举动，不法尤甚。贵国所负之责任更动（引者注：原文如此，应为'重'）"，然后援引《中葡和好通商条约》和葡萄牙公使"该轮实在葡国领水"的谬言，表明"广东水师之举动，益见其不法"。① 在外务部的驳斥下，日本公使不得不表示"该辰丸停泊处究竟属中属葡，日本亦不作为此案之主脑"。② 与此同时，日本外务省亦跟随声称"二辰丸"停泊的海域是葡萄牙"领海"，清朝驻日公使李经芳严加驳斥，声明此案"与葡界并无牵涉"，"二辰丸"停泊处"是否中国领海，自有中葡两国约章可据，不能由日本武断"。③ 二月初二日（3 月 4 日），外务部向日本公使提出由英国海军将领公断的建议。日使不同意，并反将一军："假使中日两国请英提督公断该处海面究系属何国领辖，不能不一并查及，则葡国亦不能不使之干预，贵国可能愿意?"外务部大臣明确回应："公断是专断此案。领水是另一件事，不能使葡国干预同断，且葡国所主张者，全属无据，曾有照会来部声明，我们已经驳复。"④ 日本认识到所谓的葡萄牙"领海权"不足以作为谈判的根据，此后的谈判主要围绕撤旗和"二辰丸"没有走私军火、中国水师无权缉捕两点上。

---

① 《收日本国公使林照会（光绪三十四年正月二十七日）》，载经莉编：《国家图书馆藏清代孤本外交档案续编》第 17 册，第 7551—7553 页。二十九日，日本公使再次照会外务部，除个别字句外，基本与二十七日照会相同，《收日本国公使林照会（光绪三十四年正月二十九日）》，载经莉编：《国家图书馆藏清代孤本外交档案续编》第 17 册，第 7559—7562 页。

② 《收日本国公使林节略（光绪三十四年二月初七日）》，载经莉编：《国家图书馆藏清代孤本外交档案续编》第 17 册，第 7598 页。

③ 《使日李家驹致外部辰丸事日外部不允会讯电》，载王彦威纂辑，王亮编，王敬立校：《清季外交史料》卷 211，第 3228 页。

④ 《日使林权助与那中堂等会商二辰丸语录》，载王彦威纂辑，王亮编，王敬立校：《清季外交史料》卷 210，第 3229 页。

其次，对葡萄牙政府有关过路环岛附近海面是葡有"领海"的妄言，外务部援引国际公法，依据张人骏提供的证据，多次进行批驳。综合外务部和张人骏的照会，要点有：一、路环是中国领土，道光末年葡人非法侵占该岛西隅之地，但中国从未承认。二、即以光绪十三年（1887）《中葡和好通商条约》言之，其所称现实情形不得改变一节，亦仅指路环西角一隅而言。而"二辰丸"的停泊处在路环东面，距葡占西隅之地相距甚远，其为中国领海无疑。三、中国允准葡萄牙永居管理的只是葡人原租住地，并未允附近海面为公海。附近海面皆为中国所有，为粤省辖权所及，在澳门附近不存在所谓的"葡领海面"。

3 月 13 日（二月十一日），日本公使前往外务部晤谈，并递交节略，提出道歉、赔偿等五项条件，其中第四款为"中国政府应声明，俟查核扣留第二辰丸实情，将应担其责之官员自行处置"。① 二月十三日（3 月 15 日），外务部致日使林权助节略，表示接受日本提出的条件以了结"二辰丸"案，并一一答复日本公使 3 月 13 日的节略，其中第四条特别增加"致在本国领海内" 7 个字："中国官吏为自保治安起见，致在本国领海内发生此次交涉，应由本政府查明此案实在情形，如有误会失当之官吏，由中国政府酌量核办。"② 次日，外务部在告知张人骏"二辰丸"案已办结的电文中，专门解释了第四条的用意："查辰丸停泊之处，确系中国领海，已于致日使条件内声明，自与葡界并无牵涉，断不虑其藉口侵占。"③ 3 月 17 日（二月十五日），外务部收到日公使照会，除表示日本政府对外务部二月十三日节略"所报各节，蔑有异议，自可照允"外，还对外务

---

① 《收日本国公使林节略（光绪三十四年二月十一日）》，载经莉编：《国家图书馆藏清代孤本外交档案续编》第 17 册，第 7613 页。

② 《外部致林权助辰丸案贵政府愿和平办结足征顾念邦交节略》，《清季外交史料》卷 212，第 3250 页；《发日本国公使林节略（光绪三十四年二月十三日）》，载经莉编：《国家图书馆藏清代孤本外交档案续编》第 17 册，第 7625 页。

③ 《外部致张人骏日船案领海与禁运均可办到宜速商结电》，载王彦威纂辑，王亮编，王敬立校：《清季外交史料》卷 212，第 3252 页。

部在第四条所加"致在中国领海内"表达了看法:"再,贵部节略第四,有致本国领海内生此次交涉一句。查,断定二辰丸原泊之处系中国领海与否,非我交涉之目的,早经声明。此次和平商定,实与领海问题无涉,本国政府之所关系,不以此时断定此问题之争论为紧要。"① 此看法虽与外务部把"二辰丸"事件与澳门界务分开办理的策略相符合,但也隐含了"二辰丸"停泊的路环岛以东九州洋海域是争议海域之意。为免遗患,外务部于二月十七日(3月19日)照会日公使,郑重声明:"至二辰丸原泊海面虽非此案交涉之目的,惟该处确系中国领海,自属毫无疑义。"②

葡萄牙欲借助"二辰丸"事件侵夺九州洋海域的企图落空,引起葡人不满,认为政府在处理"二辰丸"事件中过于软弱,未乘此机会将澳门周边岛屿及水域争为葡有,"所有向来争论未决之权利,本可乘此收取,而竟失此机会。……设使我国当时与日本同时用外交之法,向中国威迫恫吓,则不但捕获"二辰丸"之事可以得极佳之结果,则澳门一切大小权利亦可收得矣"。③ 澳门总督为此引咎辞职。④

三、张人骏海权观辨析

(一)近代海权论的传播

"海权(sea power)"是马汉海权论的核心概念,由其在《海权对

① 《收日本国公使林照会(光绪三十四年二月十五日)》,载经莉编:《国家图书馆藏清代孤本外交档案续编》第 17 册,第 7634 页。

② 《发日本公使林照会(光绪三十四年二月十七日)》,载经莉编:《国家图书馆藏清代孤本外交档案续编》第 17 册,第 7637 页。

③ 《外务部收粤督张人骏函》,载黄福庆主编:《澳门专档》(二),台北"中央研究院"近代史研究所 1993 年版,第 157 页。这份函件后面附录了葡萄牙 1908 年 12 月 1 日《绘图日报》上有关"二辰丸"案件的报道。

④ 《澳门总督因二辰丸案辞职》,载《沪报》1908 年 5 月 30 日第 16 版。

历史的影响（1660—1783）》中提出。马汉在总结了近代西班牙、葡萄牙、荷兰、英国、法国等国家的兴衰后，认为海权决定国家的兴衰，对世界历史有决定性影响。海权论认为产品、海运、殖民地是海权的三大环节；由海军和商船队组成的海上力量、殖民地与海上基地、海上交通线是海权的构成要素，地理位置、自然结构、领土范围、人口、民族特点、政府的特点和政策是海权发展的影响要素。①

在马汉海权论被译介到中国前，"海权"一词已经出现。曾任清政府驻德公使的李凤苞于光绪十一年（1885）主持翻译的《海战新义》一书，系统阐释海军战略和海战理论等内容，目前学界认为中文"海权"一词最早即出现于该书，但该书未界定"海权"的内涵和外延。② 晚清著名思想家、翻译家严复的译著《原富》《法意》也多次出现"海权"一词。严复在他的译著中介绍了马汉海权论，应是最早接触马汉海权理论的中国人。③ 1899 年《知新报》刊载《比较英国海权》一文，在比较了英国海运在世界海运中所占比例后，认为"自一千八百四十年以来，海权以英国为雄，沿至今日，天下海权，英国占其过半"。④ 但"海权"一词的广泛使用、传播是在马汉海权论被译介到中国以后。

20 世纪初年，马汉的海权理论传入中国。其传播方式大致有两种：

---

① 参见［美］A. T. 马汉著，安常容、成忠勤译：《海权对历史的影响》，"前言""绪论"及"第一章"。

② 皮明勇：《海权论与清末海军建设理论》，载《近代史研究》1994 年第2 期。

③ 王荣国：《严复海权思想初探》，载《厦门大学学报（哲学社会科学版）》2004 年第3 期。笔者注：晚清出现许多以"权"为后缀的新词汇，既涉抽象概念如"主权""国权""民权""女权"等，也涉具体指向性概念如"路权""渔权""矿权"等。在严复的译著中，也多次出现"民权"等概念。由此或可推论，在语言学的层面上，"海权"一词不仅与"权"字的本义在晚清的嬗变有关，也与晚清外来词的构词规律有关。

④ 《比较英国海权》，载《知新报》1899 年第95 期，第19—20 页。

一是直接翻译。晚清共有两次翻译。第一次是 1900 年 3 至 4 月间，译者是日本人剑潭钓徒，发表在由日本乙未会主办、在上海出版发行的中文月刊《亚东时报》第 20、21 期，第 20 期译名为《海上权力要素论》，21 期为《海上权力论：论地理有干系于海权》。不过这次只翻译到该书的第一章第一节"地理位置"。1909 年，中国留日海军学生创办的《海军》① 杂志也刊载了马汉该书的汉文译文，题目是《海上权力之要素》，译者齐熙。《海军》杂志曾计划将该书全部译成汉文，不过遗憾的是，仅翻译到该书第一章第二节"自然结构"，《海军》即因各种原因停刊，一共连载了 4 期。这两次翻译均是从日文版转译。

二是通过知识界的阐释、论述进行传播。笔者在"晚清期刊全文数据库（1833—1911）""晚清期刊全文数据库增辑（1833—1911）"输入"海权"进行搜索，共有 54 篇题目含有"海权"一词的文章，涉及《华北杂志》《清议报》《济南报》《振华五日大事记》《游学译编》《大陆报》《南洋兵事杂志》《经济丛编》《外交报》《北洋官报》《四川官报》《新民丛报》《广益丛报》等 24 份刊物。这些文章的内容可粗略地分为三类：第一类是事件报道，如《振华五日大事记》对 1907 年澳门内港湾仔渔船事件的报道，将渔船、渡船的管辖权视为海权②；《济南报》摘译的德国柏林关于俄在日俄战

① 《海军》创刊时间似乎有不同说法，一些学者在说到该杂志时均用 1910 年左右的模糊说法。根据上海图书馆编《中国近代期刊篇目汇录》第二卷（下册，第 2664 页注，上海人民出版社 1979 年版），该刊创办于 1909 年 6 月，在日本东京出版，季刊，由留日海军学生所组织的海军编译社编辑和发行，有"论说""学术""历史""地理""海事新报""杂件""小说""文苑""图画"等栏目，停刊时间不详。根据《中国近代期刊篇目汇录》和"晚清期刊全文数据库（1833—1911）"，齐熙的译文载《海军》1909 年第 1、2 期"学术"栏目。

② 《葡人以澳门至湾仔为占有之海权耶》，载《振华五日大事记》第 22 期（1907 年），第 42—43 页。

争已失海权的报道，将俄国海军的战败视为丧失海权①。第二类是对国外海权状况的介绍，如《经济丛编》转载法国报纸消息，报道日本借国债大力扩充海军以张海权②；《清议报》刊登的《英俄法之海权》，介绍了英俄法海军船舰、兵力的对比③；这两篇文章均以海军力量为海权。1903 年《北洋官报》刊登的《世界海权》一文，介绍了 1902 年英国在世界海运中的占比，以海运能力为海权④。第三类是对海权的阐释和讨论，如 1903 年梁启勋在《新民丛报》上发表《论太平洋海权及中国前途》一文，其核心观点是"所谓帝国主义者，语其实则商国主义也。而商业势力之消长，实与海上权力之兴败为缘。故欲伸国力于世界，必以争海权为第一义"，极富远见地指出，"太平洋海权问题，实为二十世纪第一大问题"。⑤《南洋兵事杂志》发表《筹复海军议》的长篇论说，文章的论述逻辑是，海权关系国家的富强，"有海权之国强，无海权之国弱。得海权之利者国富，失海权之利者国贫"，中国负陆面海，有发展海权的地理优势，"倘早知重海以立，于海权竞争之时代，则出其无尽之藏以运输天下，揽东南之商权兵柄，出而与各国争衡"，却由于不重海权，咸丰、同治之交开始建立海军时，"不慎厥初，鲜克善后"，致使中国海疆遭受巨大损害，优良军港（港口）尽为外国强租，因此必须重建海军以张海权。该文还提出了定经费、设管制、兴教育、立军港、讲制造 5 个重建海军的措施。⑥ 此外，这个时期的报刊还刊载了不少国外海权评论文章的译文，如《外交报》刊发《论英宜注视德人之

---

① 《海权已失》，载《济南报》第 102 期（1904 年），第 8 页。

② 《竞争海权》，载《经济丛编》第 19 期（1902 年），第 2 页。

③ 《英俄法之海权》，载《清议报》第 45 期（1900 年），第 4125—4128 页。

④ 《世界海权》，载《北洋官报》第 132 期（1903 年），第 17 页。

⑤ 梁启勋：《论太平洋海权及中国前途》，载《新民丛报》汇编，1903 年，第 475、477 页。

⑥ 《筹复海军议》，载《南洋兵事杂志》第 38 期（1909 年），第 1—12 页。

扩张海权①,《国风报》刊登译文《巴拿马运河与海权》②,等等。总体而言,第一、第二类文章对海权的理解比较多样化,而第三类文章,大多是留学生或旅居外国的华人撰写的论说,以及国外海权评论文章的翻译,因此这些文章更接近马汉的海权思想。

虽然晚清中国国内对马汉海权论的译介总体而言较为零散,涉及内容有限,缺乏系统性,但通过对马汉海权论的译介与引进,中国思想界在一定程度上树立起了经略海洋的观念。③ 然而正如前文所说,近代海权不仅是一种理论思想及相关的知识体系,也具有很强的实践性。透过张人骏在处理"二辰丸"事件时的海权观,可以为观察近代海权理论思想在中外海洋交涉实践中的展现提供个案。

(二)张人骏海权观辨析

张人骏在出任两广总督之前,曾三次任官广东。第一次是光绪二十年(1894)十一月至光绪二十一年(1895)十二月,任广东按察使,颇得时任广东巡抚马丕瑶的赏赐。马曾上密疏推荐:"才明守洁,躁释矜平,镇静安详,事无不理,不求异于人,而风规自远。"④ 第二次是光绪二十一年十二月由按察使改任布政使,至二十四年(1898)七月调任山东布政使。在广东布政使任内,张人骏对闱姓承包制进行改革,"公款所入骤增数十万。在任二年,整纷剔蠹,库帑大盈"。⑤ 第三次是光绪二十九年(1903)九月至光绪三十一年(1905)六月任广东巡抚,任内按照清廷指令,对粤海关监督任免制度进行改革,成绩颇著,"粤海辽阔,关弊最深,府君钩稽访察,不吴不扬,尽得其症结所在。视事三月,严剔中饱,化私为公,

---

① 《论英宜注视德人之扩张海权》,载《外交报》第 7 卷第 21 期(1907 年)。

② 《巴拿马运河与海权》,载《国风报》第 2 卷第 12 期(1911 年)。

③ 史春林:《1900 年以来马汉海权论在中国的译介述评》,载《边界与海洋研究》2019 年第 5 期,98 页。

④ 张守中:《先府君行述——张人骏生平资料的新发现》,载《人物春秋》2014 年第 1 期,第 71 页。

⑤ 张守中:《先府君行述——张人骏生平资料的新发现》,第 71 页。

积弊尽祛，商悦民服，税饷每岁增收四十余万"。① 可见张人骏行政
经验丰富，能力出众。

如前文所述，在晚清，作为封疆大吏的督抚负有办理对外交涉
事务的职责。此外，光绪十二年（1886）六月，两广总督张之洞在
总督衙门附近设立"办理洋务处"，以广东布政使、按察使、盐运
使、督粮道为办理洋务处的"总办"，在此四司道之下，设专职人员
办事②，因此，布政使和按察使亦为晚清广东负有对外交涉职能的
主要官员之一。故这三次任官广东，使张人骏对广东面向海洋、交
涉繁难的省情有比较深刻的认识。光绪二十三年（1897），张人骏主
持编纂《广东舆地全图》。在该书的卷首序言中，张人骏对广东海疆
地理空间及其产生的影响有这样一番阐述："粤东边海，为南洋首
冲。西邻法越，近接港澳。蹐瑕抵隙，在在堪虞，慎固之，几间不
容发。互市处所，城西而外，若潮州之汕头、廉州之北海、琼州之
海口，沿边散布，敞我门庭。"③ 正是对广东海疆地理空间能洞明利
害，数年后在广东巡抚任内，张人骏对广东中西部沿海的行政建置
进行了调整。"府君以粤属钦州，边接越南，仅一直隶州知州，有事
不可恃，虽历有大员统兵督防，而拨分势隔，仍不足资控制；又以
粤省夙无漕运，屯卫六裁，督粮道俨同虚设，乃定疏与总督合请裁

---

①　张守中编：《张人骏家书日记》，第 59 页；张守中：《先府君行述——
张人骏生平资料的新发现》，第 72 页。关于粤海关监督任免制度，详参见陈国
栋：《清代前期的粤海关与十三行》第一章"粤海关监督的派遣"，广东人民出
版社 2014 年版。

②　吴义雄：《清末广东对外交涉体制之演变》，载《学术研究》1997 年第
9 期，第 75 页。关于按察使与晚清对外交涉的关系，参见孙洪军、高廷爱：
《按察使与晚清省级外交机构的演化》，载《江苏科技大学学报（社会科学版）》
2013 年第 1 期。

③　张人骏编：《广东舆地全图》卷首"张人骏序"，第 6 页上。有关此图
的内容及编纂过程，参见周鑫：《宣统元年石印本〈广东舆地全图〉之〈广东
全省经纬度图〉考：晚清南海地图研究之一》，载李庆新主编：《海洋史研究》
第 5 辑，社会科学文献出版社 2013 年版。

督粮道缺，改设廉钦兵备道一员，驻钦州；改雷琼道为琼崖道、高廉钦道为高雷阳道，改肇罗道为广肇罗道，移驻省城；各道所属州县量移改隶，得旨俞允。是举也，费不加益，而责明权专，其后钦廉用兵深得其力。"①

此外，在广东布政使任内，张人骏还向当时的两广总督建议设立"洋务课吏局"，并拟写了《洋务课吏局章程》11 条。在章程开头，张人骏解释了设立洋务课吏局的必要性："本省广、潮、琼、廉及西江之三水县均为通商口埠。广州逼近港澳，钦州接壤越南，加以洋人游历，教士传教，洋商领单贸易，皆可直入内地，是交涉之事，几于无处蔑有，无时不办。举凡语言之问答，函牍之往返，自非深明约章，不能斟酌允当"，但粤省缺乏办理交涉的人才，因此，他建议从候补试用人员内选拔"心术端正，资性明敏，文理通顺，年在四十以下"的人进行涉外交涉能力的专门培训，以满足粤省日益繁重的对外交涉的需要。②

由此可知，光绪三十三年（1907）七月张人骏由河南巡抚调任两广总督时，他对广东的内政外交是心中有数的。张人骏到任后，上奏禀报接篆情形时，简要概述两广情势，涉外性被放在第一位："两广为交通华洋之地，总督有统属文武之权。况当新政繁兴，又值边隅不靖，粤汉路工开创规模甫具，经理尚待择人。钦廉匪势初平，余孽尤存，搜缉还须选将。他如兴学练兵，理财察吏，课工艺以宏商务，劝农桑以厚民生，凡此大端，尤关紧要。"③

两广对外交涉事务之繁重确如张人骏所料。张人骏是光绪三十三年八月十三日（1907 年 9 月 8 日）到达广州的。④ 在他到达广州前的八月初九日，外务部就给他发了一封函件，谈了与澳门有关的

---

① 张守中：《先府君行述——张人骏生平资料的新发现》，第 72 页。
② 《广东布政使张详请设立洋务课吏局章程》，载《岭学报》1898 年第 5 期。
③ 《两广总督张人骏奏接篆日期折》，载《政治官报》光绪三十三年九月初十日第十号。
④ 《两广总督张人骏奏接篆日期折》，载《政治官报》光绪三十三年九月初十日第十号。

两件事，一是希望他派遣"熟悉洋务司道大员"前往澳门调查实在情形，以便确定护理两广总督胡湘林提出的与葡萄牙勘定澳门界址之事是否可行；二是有关湾仔渔船与渡船的争端，则由外务部根据胡湘林的意见"另案"核办。① 八月十九日，即到任 6 天后，张人骏致电外务部：

> 澳门地方，界址久未划定，葡人日思占越。历年以来，如附近之青洲水面及大小横琴岛、洋船湾、十字门各处，私造兵房镫塔及编列门牌、勒缴地租等事，不一而足。虽经各前督迭与争论，而葡人侵占狡谋，迄未稍息。本年五月间，葡兵忽至澳门对海之湾孜（笔者注：即湾仔）华界，迫令大小渔船改泊澳界，并用火轮强行拖去。节由胡护督诘问葡领，并将办理情形录咨均部在案。乃葡领不认违约，竟谓湾孜海面之权全属澳门，其强词夺理，有意侵占，已可概见。查公法领海之权，各有限制，断无全归一国之理。此次葡人越界强拖渔船，并谓海权全属葡国，实属蔑视邦交，无理取闹。若澳门界址不早划定，则葡人侵越之事，更恐日多，将来交涉尤为棘手。拟请大部迅商葡使，彼此各派妥员来粤勘明澳门界址，早为划定，以杜侵占。②

这份电文首先归纳了湾仔渔船管辖权冲突前葡人对澳门周边中国岛域主权的侵犯事实，然后将湾仔渔船管辖权的冲突定义为"海权"争夺，最后从"海权"的角度说明勘定澳门界址事不宜迟。电文使用了"海面之权""领海之权""海权"三个词，仔细分析电文的内容和书写逻辑，可以体会到这三个词之间是有区别的，"领海之

---

① 《外部发两广总督张人骏函》，载黄福庆主编：《澳门专档》（二），第46—47 页。

② 《外部收两广总督张人骏电》，载黄福庆主编：《澳门专档》（二），第49 页。

权"偏重于"领海",即按照当时的国际法,一国拥有的海域范围;"海面之权"偏重于"领海主权",即一国对其领海及其资源具有的所有权及对其中人、物、事具有的管辖权;"海权"一词则由于语法结构导致的在表意上具有的模糊性,而兼有"领海"和"领海主权"之意,即"海权"既指"领海",也指由"领海"延伸出的各项权利。张人骏认为,葡人认为澳门湾仔"海权"全属葡萄牙是违反国际法的,但鉴于葡人长期以来的"侵占狡谋",唯有早日勘定澳门界址,才能保护中国的主权不受侵犯。以"海权"来表达"领海"或"领海主权"的做法,在数月后发生的"二辰丸"事件中得到延续。

在"二辰丸"事件中,张人骏发送外务部的函、电非常频密,尤其是电报。分析这些函、电,可以发现,从正月初四日捕获"二辰丸",到二月十八日(3月20)致电外务部陈明按协定释放"二辰丸"的情形这一段时间,由于日本先后以公海、葡国"领海"为依据来证明广东地方政府缉捕"二辰丸"是对日本权利的侵犯,葡萄牙也妄称"二辰丸"停泊海域是葡国"领海",因此张人骏主要从国际法、海关章程、历史依据等赋予的"海权"来证明"二辰丸"停泊的九州洋海域是中国领海。

正月十八日(2月19日),张人骏致电外务部,用海关缉私权来证明九州洋海域是中国领海:"(九州洋海面)距澳门甚远,该处为洋关缉私轮船巡缉界内,葡使称为葡领海面,实属强词。"① 外务部随后在致葡萄牙公使的照会中,完全采纳了张人骏的观点:"该处既经勘测,又为海关巡缉界内,自系中国领海,中国官员在领海内

---

① 《收粤督张人骏电(光绪三十四年正月十九日)》,载经莉编:《国家图书馆藏清代孤本外交档案续编》第17册,第7497页。笔者注:档案记录正月十九日外务部收到此电报,因电报末有"人骏。巧",依照清末韵目代日的电报纪日方法,"巧"为正月十八日,对应公历为2月19日。又,引文内"洋关"指粤海洋关,第二次鸦片战争后,粤海关形成二元管理体制,粤海常关由粤海关监督管理,粤海洋关由外国税务司管理。

有巡缉私运之权，与葡国所领沿海权毫不相关。"①

正月二十六日（2 月 27 日），外务部致电张人骏，提出先释放"二辰丸"，只将枪械扣留商议的解决办法。张人骏遂派洋务委员魏瀚、温宗尧与日本驻广州领事会晤，转达外务部的意见。二月初一日（3 月 3 日），张人骏向外务部陈明此次会晤情况，更明确地将海关缉私权与领海联系起来：

> 彼仍坚持奉伊外部训令，只索放船，并所要求亦不通融，不特未允由船主结存海关待查，所运军火，亦不允起存，且谓当日该船停泊之处系属葡界。经魏道等面拆（斥），以当日辰丸停泊处所，我国海关缉私权所及，向来澳关贩运烟膏出口，在该处装载轮船，必须中国拱北关核给准单，关权所至，即我国领海铁证。况葡人驻澳，本无领海，界址尚未查定，何有葡界之说。②

这封电文还坚持中国政府"葡人无领海"的一贯原则。

中日交涉胶着时，外务部曾向海关总税务司赫德征询意见。赫德向外务部递交一份"条议二辰丸案办法节略"，罗列了 17 条意见，认为广东地方政府处置不当，因此，中国若想和平商办，应向日本道歉并赔偿。其中第 9 条是："又澳门既居洋界地位，则澳门前列之海面，即为通行之海，并非中国之水面。"③ 赫德提出的 17 条意见，大部分与海关章程有关，张人骏可能是认为粤省洋务处的洋务委员

---

① 《外部发葡国公使柏德罗照会》，载黄福庆主编：《澳门专档》（二），第 57 页。

② 《两广总督张人骏为请与日使商明二辰丸案事致外务部电文》，载中国第一历史档案馆、澳门基金会、暨南大学古籍研究所合编：《明清时期澳门问题档案文献汇编》（四），第 53 页。

③ 《外部致张人骏税司赫德条议处置捕获日船办法电》，载王彦威纂辑，王亮编，王敬立校：《清季外交史料》卷 210，第 3226 页。

不熟悉海关章程,因此令粤海关税务司庆丕(King,P. H.)① 对赫德的节略逐条进行签复,其中第9条的签复是,"中国虽允与澳门划界,未允前列海面为公海,且与葡原订章程声明,未划界前,悉须仍旧,是澳门前列之海,定系中国水面,实为粤省辖权所及"。② 这个答复显然也是从"海面之权"的角度来认定澳门周边海域是中国领海,但该答复也有不足和错误之处,即未明示中国关于葡萄牙无"澳门领海"的一贯原则,且当其时,中国并未允诺与葡萄牙会勘澳门界址。张人骏虽接受了粤海关税务司的签复,并于二月初一日将该签复通过电报发送给外务部,但显然不满意。二月初三日(3月5日),张人骏致电外务部,开篇即云"辰丸案迭证以华洋官商论列之言,皆无不合,赫税司所持异议,不知何见云",然后详细说明澳门的现状及其原为租借地的历史,以历史依据驳斥葡萄牙宣称拥有"澳门领海权"的妄言,最后直指如对日妥协,将危及中国领海:

> (澳门)本属租界,后因粤官漫不经心,致被任意占据,俨然视为属地。然于领海权初无所有也,又误于金登干分界之说,彼始占及十字门水面。然界址究未划定,且经声明,未定界前,仍照旧址,广东官商士民现在仍不明认。即今澳门鸦片膏出口,盘上商船,亦需拱北关核给凭照,况枪支枪码进口乎?若因此案遂并九洲洋而认为彼界,将广州所属各口岸东扼香港,西扼澳门,中国反无领海矣。③

---

① 张人骏电文只写"粤关税司",笔者依据孙修福编译《中国近代海关高级职员年表》(中国海关出版社2004年版,第106页)补全该税务司中英文姓名。

② 《粤督张人骏致外部条复赫税司论日船事祈核示电》,载王彦威纂辑,王亮编,王敬立校:《清季外交史料》卷210,第3231页。

③ 《两广总督张人骏为二辰丸案事关大局请设法维持事致外务部电文》,载中国第一历史档案馆、澳门基金会、暨南大学古籍研究所合编:《明清时期澳门问题档案文献汇编》(四),第61页。

张人骏还直言此案交涉若失败，则中国"从此于各国商轮私运军火无敢过问，国权浸失"①，将领海管辖权与国家主权相联。

3月9日（二月初七日），日本公使向外务部递交一份节略，先援用葡萄牙驻京公使"九洲洋海面中国海关缉私权是葡国许可，不能以此作为该处海面属于中国"的说法，然后表示："该辰丸停泊处究竟属中属葡，日本亦不作为此案之主脑"。② 二月初八日（3月10日），外务部在致张人骏的电文中，将日使节略原文转述。③ 二月十一日（3月13日），张人骏致电外务部，详驳日使节略：

> 澳门本为租界，葡人即欲视为属地，当以两国派员划定界限、立约签押之日，方足为据。自千八八七年以后及界未划定之前，葡国擅自占据之处，均不能作准，中国海关更无可任意将中国领海让送之权。所称海关声言葡国拿获沙船之处系葡领水之说，其不足为凭，不辩自明。是葡国岂能在中国并未让与之领水界内认有主权，与他国私相授受，违碍中国条约禁令。日使既称辰丸停泊私图起卸军火之水面管辖权，不作为此案主脑，与之多论，固属无谓。④

----

① 《两广总督张人骏为二辰丸案事关大局请设法维持事致外务部电文》，载中国第一历史档案馆、澳门基金会、暨南大学古籍研究所合编：《明清时期澳门问题档案文献汇编》（四），第61页。

② 《收日本国公使林节略（光绪三十四年二月初七日）》，载经莉编：《国家图书馆藏清代孤本外交档案续编》第17册，第7598页。

③ 《外务部为请详查二辰丸案案据以备驳辩事致两广总督张人骏电文》，载中国第一历史档案馆、澳门基金会、暨南大学古籍研究所合编：《明清时期澳门问题档案文献汇编》（四），第71页。

④ 《两广总督张人骏为详驳日使节略各款事致外务部电文》，载中国第一历史档案馆、澳门基金会、暨南大学古籍研究所合编：《明清时期澳门问题档案文献汇编》（四），第77页。

电文中提到的"海关声言葡国拿获沙船之处系葡领水"一事，指的是光绪二十五年（1899）澳门当局在九洲洋非法拘捕中国船只，拱北海关外籍税务司处置不当，致留口实，张人骏所说中国海关无将中国领海让送之权，也是针对此事。这封电文有两点值得注意，一是张人骏继续运用历史依据和中葡条约说明葡萄牙无领海；二是张人骏将日使"该辰丸停泊处究竟属中属葡，日本亦不作为此案之主脑"的表述，改为"辰丸停泊私图起卸军火之水面管辖权，不作为此案主脑"，很明显，日使节略指的是"领海"，而张人骏更关注的是"领海主权"。

"二辰丸"事件交涉结束后，澳葡当局立即开始侵犯中国领海：将设于澳门内港中心用来系船的浮标移到湾仔岸边，以示湾仔海面均为葡属；派遣巡河小轮 2 艘、舢板 4 艘，终日在内港梭巡，凡有船只来往，均归其约束，中国水师兵船前往，也要受其稽查，并指定湾泊处所；阻碍中国兵船航行内港并停泊银坑水面；在氹仔岛鸡颈山外海面设置浮标，等等，不一而足。张人骏一面照会葡萄牙驻广州领事表示抗议，并请外务部照会葡驻京公使进行抗议，一面加强粤澳边界的防务，在关闸以内吉奢、湾仔、银坑、横琴等地增派军队，饬令前山同知派遣巡船加强对湾仔、银坑海面的巡缉防守，要求巡河官弁拒绝葡人的无理稽查。澳葡当局指责中国增兵湾仔、前山等地是"置兵澳境"，葡驻京公使多次照会外务部，要求中国撤兵撤舰。张人骏多次致电外务部，从"海权"的角度反对撤兵撤舰：

> 自九龙属英租界，东道已梗，澳门葡若再任侵占，西路又梗，粤中领海势将尽失主权。①

---

① 《两广总督张人骏为查明澳门华界各岛扎营地并非新设事致外务部电文》，载中国第一历史档案馆、澳门基金会、暨南大学古籍研究所合编：《明清时期澳门问题档案文献汇编》（四），第 117 页。

葡人争界，关系海权，彼日进，则我日退……二辰丸案出，更欲藉日人狡卸私运军火、争执泊界之便，实行其侵占中国领海之志……失此不争，粤中门户尽去，势将无以立省……总之，约章只许澳门有属地，未许澳门有属海，彼岂能觊觎华海环澳之湾仔、青角、横琴、过路冈、鸡头山各岛地及其水面。①

案查澳门界务，葡人侵占之渐，启于咸、同军兴未遑兼顾之时。近数十年，该处商务不振，地僻于西，又非航路冲途，当事者类以瓯脱置之。而彼益肆其无厌，几于环澳各岛，尽归掌握，骎骎欲操九洲一带海权矣。港界扩于东，澳界再拓乎西，粤省门户将无领海。②

上面三条电文均提到失去澳门海权，粤中门户将无领海。这与广东的海防地理空间格局密切相关。明清时期广东海防分东、中、西三路。"嘉靖中，倭寇闽浙，滋漫亦及于广东，议者谓广东海防当分三路。三路者，左为惠、潮，右为高、雷、廉，而广州居中。"③至道光时仍分为三路，"粤海三路说昉明，东指惠、潮，中属广州，肇、高、雷、廉、琼五管毗连，并居西境"。④晚清张之洞则将海南岛单列出来，分为中路广州省防、东路潮防、西路廉防、南路琼防，而广州省防"东出香港，西连澳门，界乎其中则九龙寨，汲水门、大屿山、十字门在焉"。⑤香港、澳门分居珠江东、西出海口，从海

---

① 《两广总督张人骏为葡有属地而无领海派员驻扎旧址庶几日后划界不致损失致外务部电》，载黄福庆主编：《澳门专档》（三），第367页。

② 《外务部收两广总督张人骏电》，载黄福庆主编：《澳门专档》（一），第505页。

③ 顾祖禹：《读史方舆纪要》第九册卷100《广东方舆纪要》，中华书局2005年版，第4578、4579页。

④ 卢坤、邓廷桢主编，王宏斌等点校：《广东海防汇览》卷首《凡例》，河北人民出版社2009年版，第1页。

⑤ 张之洞：《广东海图说》，广文书局1969年版，第1—6页"总叙"。

上交通来看,"香港、澳门一带,为粤省海道之咽喉。澳门附近之马骝洲一厂,乃粤省赴高、廉、雷、琼四府海道必由之路。香港附近之汲水门、九龙、佛头洲、长洲四厂,粤省东赴惠、潮两府,及由香港赴澳门海道、陆行必由之路"。① 职是之故,张人骏对澳门周边的防守,自张之洞后逐渐废弛的状况"夙夜焦思,不寒而栗"②,忧心如焚之下,迅速增兵调舰,以保中国海权不失。

综上所述,张人骏海权观的核心是保护领海主权及其延伸的海洋权利和权益,这与马汉海权论的核心思想相去甚远。其实,那一时代许多中国官员都是从"领海""领海主权"这个角度来使用"海权"这一概念的。光绪三十四年十二月十八日(1909 年 1 月 9日),外务部委派驻法国公使刘式训前往葡萄牙商谈澳门勘界事宜。宣统元年二月初三日(1909 年 2 月 22 日),刘式训在函告外务部商谈情况时,从国际法的角度谈到"海权"的问题:"葡人勘界,意在争领海权。凡让人占据管理之地,是否与割地无异,并应否给与领海权,此公法问题二也。弟思奥国占据并管理土尔其之保士尼亚及黑次戈温二省历三十年,而复有通告收入版图之举,是占据管理显与割地有别,如葡国将来争领海权,似可据此成案以驳之。"③ 10多天后,他在另一封致外务部的函件中,把"领海权"简化为"海权":"又查葡欲勘界萌芽于二辰丸之案,意在争索海权。"④ 宣统元年十月中葡勘界谈判无果而终后,外务部把谈判之所以失败的根本原因归结于中葡双方都不肯放弃海权,"粤人所注意者在海权,葡人所注意者亦在海权,是则海权实为彼此必争之点,彼既断不能不切

① 《总署收两广总督张之洞函》,载黄福庆主编:《澳门专档》(一),第231 页。

② 《两广总督张人骏为葡有属地而无领海派员驻扎旧址庶几日后划界不致损失致外务部电》,载黄福庆主编:《澳门专栏》(三)第 367 页。

③ 《外务部收驻法大臣刘式训赴葡情形函》,载黄福庆主编:《澳门专档》(二),第 141 页。

④ 《外务部收驻法大臣刘式训告与葡外部续议各节函》,载黄福庆主编:《澳门专档》(二),第 146 页。

以要求，我亦断不能轻以放弃。通融办法，只有两端：一公管河海，一合办警务"。① 这段话的"海权"，其义为"领海主权"。需略微一提的是，民间士绅也多有从"领海"角度来理解"海权"的。"二辰丸"事件期间，广东士绅闻知外务部有屈服日本之意，189 人联名上书张人骏表达意见，中有"据公法家言，海权不一其说，然必于领海尽限外若干里，始有公海"。② 勘界谈判期间，中葡界务研究社向军机处、外务部、民政部递送禀文，揭露葡人侵犯澳门海权之心。"葡人要索，除澳门旧界半岛内属地数处外，远及对面山、大小横琴、九洲诸岛，内而澳门海湾，外而海权数里，均在囊括之列，此而可让，我粤之门户何存？"③ 此种理解，当有其深刻历史背景。马汉海权论传入中国时，中国刚刚经历了甲午中日海战的失败，北洋水师全军覆没。战后，西方列强乘机掀起了瓜分中国的狂潮，采取各种手段纷纷强租优良港湾，中国正面临严重海疆危机，保护领海主权不受侵犯是当务之急。

四、余论

本文通过辨析张人骏在"二辰丸"事件交涉中的海权观，认为其海权观的核心是保护领海主权及其延伸的海洋权利和权益，这种认识，有着实践经验的基础，是一种从历史实际出发的理解和认识。此外，当时许多官员和士绅也是从这个角度对海权进行理解和认

---

① 《外务部拟澳门勘界办法》，载黄福庆主编：《澳门专档》（三），第527 页。

② 《两广总督张人骏为转陈粤绅邓华熙等办理二辰丸案管见事致外务部电文》，载中国第一历史档案馆、澳门基金会、暨南大学古籍研究所合编：《明清时期澳门问题档案文献汇编》（四），第82 页。

③ 《中葡界务研究社陈席儒等为沥陈勘界愤虑所及事致民政部等禀文》，载中国第一历史档案馆、澳门基金会、暨南大学古籍研究所合编：《明清时期澳门问题档案文献汇编》（四），第406 页。

知的。

很显然，张人骏对海权的理解和认知，与马汉"海权涉及了有益于使一个民族依靠海洋或利用海洋强大起来的所有事情"① 的思想和理论体系相去甚远。然则，张人骏的海权观是如何形成的，与晚清海权观的传播有无关联？本文最后拟对此略作探究。由于缺乏直接材料，只能做大致的推论。

报刊或许是张人骏海权观形成的主要途径之一。张人骏对报刊的心态很复杂，一方面深怀顾忌，另一方面又很重视从报刊获取相关信息。赵尔巽是清末新政的积极推动者，张人骏却认为他脱离实际，盲目冒进，原因是"报毒太深，求新过甚"。② 他还曾这样评价报刊："报馆昌言，肆无忌惮。但有一人以一纸交之，不独刊登报章，且复力肆诋毁。"③ 虽然张人骏对报刊有很负面的评价，但仍非常重视报刊的言论和信息。光绪三十年（1904），张人骏长子、户部郎中张允言奉命与军机大臣徐世昌、礼部铸印司员外郎陈璧等人筹设户部银行，对户部拟定的银行试办章程，当时的中外报刊多有评论，其中不乏讥评，张人骏在致其子的家书中，要求他"设法购阅，亦可借以自警"。④ 张人骏是有读报习惯的，在他的家书中，不时提到他从报刊得来的消息。⑤ 在"二辰丸"事件的交涉中，张人骏也非常重视从国内外报刊获取相关证据。如在光绪三十四年二月初八日（1908年3月10日）给外务部的电文中，张人骏陈明华洋各报都刊登了"二辰丸"船主给日本神户辰马商会的报告书，该报告书显示，"二辰丸"所载军火的货主曾致函船主曰："二辰丸"吃水深，无法停泊澳门港口，要求其在中国海面停泊。张人骏认为此份报告书"尤为欲在华界起卸军火的铁证"，因此特别将"华洋报所

---

① ［美］A. T. 马汉著，安常荣、成忠勤译：《海权对历史的影响（1660—1783）》，第1页。

② 张守中编：《张人骏家书日记》，第51页。

③ 张守中编：《张人骏家书日记》，第44页。

④ 张守中编：《张人骏家书日记》，第44页。

⑤ 张守中编：《张人骏家书日记》，第48、49、93、96、98、115、121等页。

载船主报告书录呈钧核"①，二月十三日（3 月 15 日），又归纳日本国内关于此案的报刊言论发送给外务部。② 宣统元年二月二十三日（1909 年 3 月 14 日），张人骏一天内给外务部发了两封函件，每封函件后均附有多份刊载澳门问题的葡国报刊言论。③

　　1900 年马汉海权论被译介到中国后，"海权"一词很快就频繁见诸报端，此在前文已述。张人骏光绪三十三年（1907）八月十三日到任两广总督时，中葡关于湾仔渔船停泊和渡船执照的争端已发生数月，报刊多有报道和评论，有些直接以"海权"为题，如《振华五日大事记》以"葡人以澳门至湾仔为占有之海权耶"为题的报道④，《外交报》以"力争海权"为题的报道⑤，《关陇》以"会议澳门海权问题"为题的报道⑥，《吉林官报》以"葡人侵夺澳门海权"为题的报道。⑦"二辰丸"事件发生后，中外报刊的报道更多，虽然大部分关注的是中日交涉，但仍有关于中葡澳门领海争端的报道。因此，笔者推论，报刊是张人骏获得"海权"概念和知识的途径，当不至为妄论。

　　与洋务委员等下属的互动或许是张人骏海权观形成的另一个途径。张人骏非常重视外交人才，在其任广东布政使时，曾建议设立

---

　　① 《两广总督张人骏为钞呈华洋报所载日轮船主报告书事致外务部电文》，载中国第一历史档案馆、澳门基金会、暨南大学古籍研究所合编：《明清时期澳门问题档案文献汇编》（四），第 73 页。

　　② 《两广总督张人骏为据东洋密电日人屈于公论渐就和平乞始终坚持事致外务部电文》，载中国第一历史档案馆、澳门基金会、暨南大学古籍研究所合编：《明清时期澳门问题档案文献汇编》（四），第 85 页。

　　③ 《外部收粤督张人骏函》《外部收两广总督张人骏函》，载黄福庆主编：《澳门专档》（二），第 152—169 页。

　　④ 《葡人以澳门至湾仔为占有之海权耶》，载《振华五日大事记》第 22 期（1907 年），第 42—43 页。

　　⑤ 《力争海权》，载《外交报》第 7 卷第 19 期（1907 年），第 7 页。

　　⑥ 《会议澳门海权问题》，载《关陇》第 1 期（1908 年），第 157—158 页。

　　⑦ 《葡人侵夺澳门海权》，载《吉林官报》第 13 期（1907 年），第 10 页。

"洋务课吏局"，培养谙熟国际法、中外条约的外交人才。他赴任两广总督时，带两人一同前来，"温姚实皆可用之才，故挈之来粤……温于应付外交，姚之办理文案，粤中官场尚无其敌"。① 引文中的"温"即温宗尧。

温宗尧（1876—1946），字钦甫，广东新宁（今台山）人，光绪八年（1882）入香港官立中央书院就读，毕业后留学美国，回国后曾任北洋大学堂教习、香港皇仁书院（前身即香港官立中央书院）英文教员。光绪二十四年（1898）入天津海关道办理对外交涉。光绪三十年（1904），任英藏订约副大臣，随全权大臣唐绍仪赴印度。② 光绪三十二年（1906），入广东洋务处任洋务委员。光绪三十四年（1908）六月，因外交才干调任驻藏帮办大臣。温宗尧是张人骏对外交涉的极重要助手，其调任离粤，令张人骏极为不满，甚至成为他请辞两广总督的重要原因。"温钦甫办理交涉颇为得力，今忽为赵次山窃取而去。虽调严璩，究未经大事，不知能及温否。其余意中尚无可调之人。澳门画界事，不久必办，如何敷衍？广东若无能办交涉之人，无事不棘手，断难再在此久做也。""严伯玉已到，人绝秀挺，惟老练恐不如温宗尧耳。政府之不谅我如此，离粤之念愈固结矣。"③ 张人骏显然对新任洋务委员严璩不够满意，在严到任两个多月后，于家书中说："粤东事太繁而少好帮手，事事须亲裁，加以洋务丛杂，而温钦甫为赵次山所夺，又添出无数忙事，实觉精力难至。"④

魏瀚是张人骏办理对外交涉事务的另一个重要助手。魏瀚（1850—1929），名植夫，字季渚，福建闽侯人，中国近代造船专家。同治六年（1867）入读福建船政局前学堂学习造船专业，光

---

① 张守中编：《张人骏家书日记》，第105页。

② 刘绍唐主编：《民国人物小传》第8册，上海三联书店2015年版，第346—348页。

③ 张守中编：《张人骏家书日记》，第125、127页。

④ 张守中编：《张人骏家书日记》，第135页。

绪元年（1875）与林泰曾等 5 人随法国专家日意格出使欧洲考察英、法、德、奥等国。光绪三年（1877）船政局派出首批留学生赴欧洲留学，尚在欧洲的魏瀚转为留学生，就读法国削浦官学，除造船外，还兼修法律，获法学博士，被法国皇家律师工会聘为助理员。魏瀚学习出色，当时担任留学生监督，同时出任驻德国、奥地利、比利时、荷兰、法国等国公使的李凤苞赞其"果敢精进"。光绪五年（1879）回国后长期担任船政局工程处总监工，还曾做过湖广总督张之洞的翻译，辅助张之洞对外交涉，"丰议言论，外宾心折"。光绪三十年（1904），应两广总督岑春煊之邀赴粤，总办黄埔造船厂并所属中学校及石井兵工厂。光绪三十三年（1907）派充广九铁路总理。① 尚需一提的是，岑春煊到达广州后，旋即赴广西剿匪，历时两年，因此，魏瀚实际上是在时任广东巡抚张人骏的领导之下开展工作的。

温、魏留学期间，欧美海权思想、理论持续发展。19 世纪后半期，法国海权研究者如达留士、德费莱、达利乌和契尔波茨等法国海军军事家对海权思想的理论化作出了卓著的贡献，首次提出海军战略和掌握制海权的理论，为马汉建立海权理论奠定了基础，并构成日后马汉学说的重要组成部分。② 魏瀚留学法国时就读的削浦官学是一所海军学校（即瑟堡海军工程学院），所学为造船业，"于驾驶、制船窾窍，外洋内港施用异宜，确能发其所以然之妙，洵为学有心得"。③ 勤奋好学的魏瀚，在专业学习之余，涉猎有关海军战略和制海权理论等书籍，应在情理之中，加上兼修的法律专业，光绪五年（1879）学成回国的魏瀚，可说是清末不可多得的复合型人才。

---

① 刘传标：《船政人物谱》（下），福建人民出版社 2017 年版，第 871—877 页；林恩燕：《福建船政与中国近代外交》，载郑新清主编：《船政文化研究》第 8 辑，鹭江出版社 2015 年版，第 102 页。

② 冯传禄：《法国海权研究综述》，载《法国研究》2014 年第 3 期，第 12—13 页。

③ 中国史学会主编：《中国近代史资料丛刊·洋务运动（五）》，上海人民出版社 1961 年版，第 236 页。

温宗尧留学美国时，正是美国海权论形成与快速发展的时期，马汉于 1890 年出版《海权对历史的影响（1660—1783）》、1893 年出版《海权对法国革命和法帝国的影响（1793—1812）》，1905 年出版《海权与 1812 年战争的联系》，被誉为"海权论三部曲"。对温宗尧在美国的学习经历，笔者未详，因此温宗尧是否接触了马汉的海权论，只能姑且不论。但温宗尧自启蒙起，就在香港接受正规西式教育，而香港对中国近代思想的重要影响，在学界多年来的深耕下，已众所周知。光绪十八年（1892），17 岁的温宗尧即与杨衢云、谢瓒泰等人成立辅仁文社，提倡新学。从上述张人骏拟写的《洋务课吏局章程》来看，其心目中的外交人才，要熟知中外条约、外务部颁布的章程、各省交涉成案、国际公法，他认为"以约章为主，辅以成案，参以公法，果能融会贯通，讲求精熟"，交涉时，就可以"操纵合宜，轻重克当"。① 而从张人骏对温宗尧的看重，可知后者深知国际法、中外条约以及中外交涉的实际状况。

因此，笔者认为，魏瀚、温宗尧是有条件对张人骏有关"领海""领海主权""海权"的认知产生影响的。"二辰丸"事件发生前 3 个月，光绪三十三年九月初五日（1907 年 10 月 11 日），外务部致电张人骏，命其调查被日本人侵占的、港澳附近与美属小吕宋群岛连界之间的荒岛"旧系何名，有无图籍可考"②，收复东沙岛事件由此展开，历时 3 年，至宣统元年十月初七日（1909 年 11 月 5 日），中国正式收复东沙岛。③ 温、魏深度参与"二辰丸"事件与收复东沙

---

① 《广东布政使张详请设立洋务课吏局章程》，载《岭学报》1898 年第 5 期。

② 《为日商西泽据我港澳附近之荒岛为己有事》（光绪三十三年九月初五日），发两广总督张人骏电，国家清史工程数据库电报档，档号：2－05－12－033－0838。转引自张建斌：《端方与东沙岛交涉——兼补〈西沙岛东沙岛成案汇编〉之不足》，载《中国边疆史地研究》2017 年第 2 期。该档案又载陈天锡编著《西沙岛东沙岛成案汇编·东沙岛成案汇编》，广东实业厅 1928 年版，第 4 页。

③ 张人骏于该年七月莅任两江总督，袁树勋继任两广总督。

岛事件的交涉①，多次受张人骏指示，调查事件真相，与日本驻广州领事磋商、谈判，他们完成调查或磋商后，自然要向张人骏详细汇报。这一过程，既是张人骏了解交涉情况、制定下一步行动方略的过程，也是他深化对国际公法、海权等西方近代思想和知识的理解和认知的过程。

总之，马汉海权论传入中国后，当"sea power"的对译舍弃语义更为明确的"海上权力"，而选择"海权"这一表意模糊的复合词时，或可表明当其时，人们是从诠释意义上，而不是概念上来理解、认知海权，由此导致海权内涵的多样性，但大致不出海军力量、制海权、海运、海上商贸、领海、领海主权、渔权等范围。张人骏在"二辰丸"事件中体现出来的海权观，核心是保护领海主权及其延伸的海洋权利和权益，这种认知，既是其个人价值观的体现，更是时代特征的体现。

附记

本文为纪念恩师蔡鸿生教授而作。1981 年我入读中山大学历史学系，本科论文是在蔡师悉心指导下完成的，后来又入蔡师门墙继续修读硕士、博士学位。从我跟随蔡师读书，到离开学校参加工作，数十年来，蔡师不仅是我学术的引导人，更是我人生的引路明灯。

---

① 光绪三十四年六月，清廷加派温宗尧为驻藏帮办大臣，七月二十一日，军机处奉旨"着温宗尧改由海道迅即赴藏"（西藏自治区社会科学院、四川省社会科学院合编：《近代康藏重大事件资料选编》，西藏古籍出版社 2001 年版，第 422 页），再结合前引张人骏家书，温宗尧最晚应于七月底离开广州，因此，此后东沙岛事件应主要由魏瀚负责具体交涉事务。或需一提的是，该年八月，英驻广州领事傅夏礼致函粤省洋务处，问及东沙岛是否中国属岛，英国可否在该岛设置灯塔。陈天锡认为该函是给温宗尧的，应误，因为温此时已经离粤赴藏。且该函抬头写的是"迳启者"，并未言明是给温宗尧的。陈天锡编著：《西沙岛东沙岛成案汇编·东沙岛成案汇编》，第 7 页。

2011 年，单位安排我为研究生开中国海洋史课程，这也是我第一次讲课，心中无底，遂登门向蔡师求教。蔡师从"海"的原始语义开始，提纲挈领讲述了中国海洋史的基本规律和阶段性特征，最后语重心长地指出海洋史研究要以人为本，就像陆上丝路不能见路不见人，海上丝路不能见船不见人，历史研究三要素时、地、人，人是最重要的。蔡师的真知灼见，拨开了我心中的迷雾。犹记得，2014 年小女赴美留学前，我携小女向蔡师辞行，聆听教诲，蔡师惠赠"静者心多妙"，勉励小女沉潜心思，安静向学。其实，蔡师最得"静者心多妙"之真谛。蔡师并非两耳不闻窗外事，相反，他对时事很关注，针砭时弊，切中肯綮，然而他于纷繁世事中，始终保持着安静、干净的心灵，故而能一以贯之地持守陈寅恪先生"独立之精神，自由之思想"的精神遗产。恩师之德，高山仰止！

（作者系广东省社会科学院研究员）

大秦灯

——兼论古代晚期①的印度洋贸易

林　英

一、　导论

泰国国家博物馆有一件引人注目的展品——在泰国南部湄公河

---

① 18世纪爱德华·吉本的《罗马帝国衰亡史》奠定了此后西方晚期罗马史研究的基调：3世纪之后，罗马帝国的经济衰退，社会动荡，随后的蛮族大迁徙运动加剧了帝国衰亡的步伐，最终导致476年西罗马帝国的崩溃，而罗马帝国东部则演变为君主专制的基督教帝国，即拜占庭帝国，此后的一千年中，拜占庭帝国虽然曾经几度复兴，但已经无法重现昔日罗马帝国的辉煌，最终于1453年被奥斯曼帝国取代。因此，欧洲中世纪的历史，就西部而言，就是建立在罗马废墟上的日耳曼诸王国逐步崛起的历史，而在原来罗马帝国的东部，则是拜占庭逐步衰落的历史。20世纪20年代，"罗马衰亡"的研究模式受到比利时史家亨利·皮雷纳（Henry Pierre）和奥地利史家道普什（A. Dopsch）的挑战，他们从社会经济史的观察视角和更宽广的地理区域出发，提出环地中海经济圈和长途贸易直到8世纪依然延续，随着阿拉伯帝国的兴起，自古代所形成的统一的地中海贸易才被割裂，将阿尔卑斯山以北地区从地中海贸易中分离，使得查理曼统治的加洛林帝国不得不转入自给自足的庄园经济，西欧的封建时代由此开启。皮雷纳的经典表述就是"没有穆罕默德就没有查理曼"。皮雷纳理论对20世纪后半期的欧洲古代中世纪史研究影响深远，推动了"罗马转型""古代晚期"等新史学观念的提出，促使人们从新的视角去认识晚期罗马帝国时期的地中海世界。1983年，R. Hodge和D. Whitehouse出版了《穆罕默德、查理曼和欧洲的起源》，运用大量考古材料支持了皮雷纳理论，指出古代地中海世界的长途贸易并没有随着古典世界政治和国家系统的瓦解而停止，此后，P. Horden、N. Percell、C. Wickham分别从不同的地理区域视角出发，论证了地中海世界的贸易直到阿拉伯人占领初期仍然活跃，因此，古典世界的以地中海为中心的经济生活并没有在中世纪初期崩溃。参见李隆国：《从"罗马帝国衰亡"到"罗马世界转型"——晚期罗马史研究范式的转变》，载《世界历史》2012年第3期，第113—126页；R. Hodge and D. Whitehouse, *Mohammed, Charlemagne, and the Origin of Europe*, London, 1983; P. Horden and N. Purcell, *The Corrupting Sea: A Study of Mediterranean History*, Oxford, 2000; C. Wickham, *Framing the Early Middle Ages: Europe and the Mediterranean 400 – 800*, Oxford, 2005; Maria Mundell Mango, *Byzantine Trade, 4th – 12th Century*, Ashgate Publishing House, 2009.

岸的村庄彭图（Pong Tuk）征集到的希腊—罗马式铜灯。20世纪20年代戈岱司在《暹罗学会学报》发表考古报告（图1a、1b），认为这件灯具属于1到2世纪的罗马灯具。① Ch. Picard则从塞林努斯（Silenus）② 的头像和海豚装饰出发，提出这些装饰图案都指向古希腊的宗教信仰，因此彭图铜灯很可能是希腊化时期埃及亚历山大里亚城的出品。③ 1990年，R. L. Brown和A. M. Macdonnell比较了地中海地区有明确出土纪年的同类铜灯，认为彭图铜灯的年代更可能是公元5—7世纪，也就是早期拜占庭时代的制品。对于灯上面的装饰图案，他们认为基督教艺术并没有完全排斥古典艺术的元素，如同古希腊的胜利女神被转化成基督教图像中的天使，海豚也成为信徒前往死后世界的向导，海豚的形象经常出现在基督徒墓葬艺术中，

图1a 彭图铜灯，现藏 Bankok National Museum

图1b 彭图铜灯的灯座和灯柄是从当地两个农夫手中分别征集的，戈岱司判断出它们属于同一铜灯。图片转引自Charles Pichard, "La lampe de Alexanderine de P'ong Tuk（Siam）", *Artibus Asiae* 18（1955），figs 2 and 3

① G. Coedès, "The Excavation at P'ong Tuk and it's Importance for the Ancient History of Siam," *Journal of the Siam Society* 21（1928），pp. 195 – 209.

② 在希腊神话中，塞林努斯是酒神狄奥尼索斯的老师，曾陪伴酒神四处游历。

③ Charles Pichard, "La lampe de Alexanderine de P'ong Tuk（Siam）," *Artibus Asiae* 18（1955），pp. 137 – 149.

一直延续到文艺复兴时期。此外，他们将彭图铜灯和希腊化时期的同类型铜灯做了形制上的比较，发现在希腊化时期，同类型铜灯的灯座和灯柄几乎是水平的（图2），而拜占庭时期的灯座和灯柄则呈仰角或直角（图3），二者有着明确的差别。①

图2　转引自 Robert L. Brown and Anna M. Macdonnell，"The Pong Tuk Lamp：A Reconsideration"，*Journal of the Siam Society* 77（1990），fig. 4

图3　转引自 Robert L. Brown and Anna M. Macdonnell，fig. 3

R. L. Brown 和 A. M. Macdonnell 的看法确实更有说服力，就笔者目力所及，至少有两件早期拜占庭铜灯和彭图铜灯有着相似的意匠，一件为纽约大都会博物馆的藏品②（图4），另一件铜灯则出自埃塞俄比亚的马他拉（Matara，图 5a、5b）③。Matara 这件灯具属于埃塞俄比亚阿克苏姆王国时期，约公元6

图4　转引自 Kurt Weitzmann ed.，*Age of Spirituality, Late Antique to Early Christian Art, Third to Seventh Century*，New York and Princeton，1979，object from daily life：321 lamp

①　Robert L. Brown and Anna M. Macdonnell, "The Pong Tuk Lamp: A Reconsideration," *Journal of the Siam Society* 77（1990），pp. 9 – 20.

②　New York, The Metropolitan Museum of Art, Dodge Fund, 1962, 62. 185, Kurt Weitzmann ed. , *Age of Spirituality: Late Antique and Early Christian Art, Third to Seventh Century*, New York and Princeton, 1979, pp. 340 – 341.

③　F. Anfray, "Matara," *Annales d' Ethiopie* 7（1967），pp. 46 – 48.

世纪。① 同样形制的灯具在斯里兰卡也被发现（现藏 Art Institute of Chicago）。

图 5a 转引自 F. Anfray, "Matara",
Annales d'Ethiopie 7（1967）, fig. 9

图 5b 转引自 F. Anfray,
"Matara", fig. 10

值得注意的是，中国史籍也记载了罗马铜灯在 3 世纪晚期传入中国。

《艺文类聚》卷 80 载晋殷巨《鲸鱼灯赋》云：

> 横海之鱼，厥号惟鲸。普彼鳞族，莫之与京。大秦美焉，乃观乃详。写载其形，托于金灯。隆崤矜尾，鬐甲舒张。垂首挽视，蟠于华房。状欣欣以竦峙，若将飞而未翔。怀兰膏于胸臆，明制节之谨度。伊工巧之奇密，莫尚美于斯器。因绮丽以致用，设机变而罔匮。匪雕文之足玮，差利事之为贵。永作式于将来，跨千载而弗坠。②

---

① 关于阿克苏姆王国，参见 Stuart Munru-Hay, *Aksum: An African Civilization of Late Antiquity*, Edinburgh University Press, 1991。

② 欧阳询著，汪绍楹校：《艺文类聚》卷 80《鲸鱼灯赋》，上海古籍出版社 1982 年版，第 1369 页。同卷载：殷巨字元大。仕吴为偏将军，统家部自城夏□。入晋历苍梧、交远郡太守。

由此赋可知，鲸鱼灯是大秦国所制。《艺文类聚》卷85又载殷巨《奇布赋》，开篇写道：

> 惟泰康二年，安南将军广州牧滕侯作镇南方。余时承乏，忝备下僚。俄而大秦国奉献琛，来经于州，众宝既丽，火布尤奇。①

据此，我们可以推测，鲸鱼灯很可能是泰（太）康二年（281）来自大秦的众宝之一。

按照诗歌的描述，此灯用金属材料制成，灯的上面托起了动感十足的鲸鱼雕像。"蟠于华房"意味着灯包括两部分，上面是鲸鱼雕像，下面是灯座，"怀兰膏于胸臆，明制节之谨度"指放置灯油的地方很可能位于灯座的中央，因此，作者称赞这一位置"制节谨度"，既不影响鲸鱼雕像的美观，又很好地发挥了燃灯的功用。而这种形制正是我们前文讨论的早期拜占庭式样的铜灯。

虽然并未在中国出土过彭图式样的罗马铜灯，但是本文基于《鲸鱼灯赋》提出的问题是：罗马铜灯为什么会在3世纪晚期传入中国，又为什么会出现在泰国，这背后的动力是什么？全文包括三个部分：首先，通过中国史籍的相关记载说明3—6世纪有关大秦即罗马帝国的新信息仍然不断地传入中国，主要是通过海路传入的。其次，从中国史籍来看，扶南国是罗马物品入华的关键，随着扶南与中国联系的密切，大量新信息涌入中国。再次，学界普遍认为，中国与地中海世界的联系在1—2世纪即罗马帝国盛期达到了高峰。②但是，上述文献记载与考古发现说明，在古代晚期（3—7世纪），地中海世界以埃及为起点，依旧同东方保持着活跃的贸易联系。如果我们观察这一时期的印度洋贸易网络，可以发现从阿克苏姆直到

---

① 欧阳询著，汪绍楹校：《艺文类聚》卷85《奇布赋》，第1463页。

② D. D. Leslie and K. H. J. Gardiner, *The Roman Empire in Chinese Sources*, Roma, 1996.

东晋南朝的中国，新兴的区域性政权构成了推动贸易链条扩展的强大动力，与前一阶段不同的是，政治因素成为古代晚期印度洋贸易网络繁荣的重要力量。

二、3 世纪之后中国史籍中关于大秦的新知识

东汉时期，中国主要通过陆路即安息帝国和中亚地区获得关于大秦的种种传闻。这些来自陆路的传闻以各种珍奇宝物为中心，认为大秦是一个神异的多宝之国，靠近仙界。此外，这些传闻中会突出安息的中介作用。[①] 2 世纪晚期（东汉桓帝延熹九年），大秦自日南徼外来贡，此后历三国、西晋，与大秦相关的人与物多从南海道，经交广地区入华。西晋太康年间（282—289），南海诸国曾频繁入贡，大秦鲸鱼灯也是随着这一朝贡的高峰来到中国的。

《晋书》列传六十七《南蛮传》记：

> 林邑国本汉时象林县，则马援铸柱之处也，去南海三千里。后汉末，县功曹姓区，有子曰连，杀令自立为王，子孙相承。其后王无嗣，外孙范熊代立。熊死，子逸立……自孙权以来，不朝中国。至武帝太康中，始来贡献。
>
> ……
>
> 扶南西去林邑三千余里，在海大湾中，其境广袤三千里，有城邑宫室。……贡赋以金银珠香。亦有书记府库，文字有类于胡。丧葬婚姻略同林邑……武帝泰始初，遣使贡献。太康中，又频来。[②]

---

① Lin Ying, "The Roman Empire on the Silk Road from the First to the Fifth Century: Centered on Chinese Sources", in *Eurasian Studies*, Vol. 4, 2016, Center for Eurasian Studies of CASS, Beijing, pp. 158 – 179.

② 房玄龄等：《晋书》卷 97《四夷·南蛮》，中华书局 1974 年版，第 2545—2547 页。

又《晋书·武帝纪》载，武帝太康五年（284）：

十二月庚午，大赦。林邑、大秦国各遣使来献。①

除了《鲸鱼灯赋》之外，殷巨还曾为另一件大秦宝作赋赞叹，《艺文类聚》卷85载殷巨《奇布赋》，全篇如下：

惟泰康二年，安南将军广州牧滕侯作镇南方。余时承乏，忝备下僚。俄而大秦国奉献琛，来经于州，众宝既丽，火布尤奇。乃作赋曰：伊荒服之外国，逮大秦以为名。仰皇风而悦化，超重译而来庭。贡方物之绮丽，亦受气于妙灵。美斯布之出类，禀太阳之纯精。越常品乎意外，独诡异而特生。森森丰林，在海之洲，煌煌烈火，禁焉靡休，天性固然，滋殖是由，牙萌炭中，类发烬隅，叶因焰洁，翘与炎敷，焱荣华宝，焚灼萼珠，丹辉电近，彤炯星流，飞耀冲霄，光赫天区。惟造化之所陶，理万端而难察。燎无烁而不燋，在兹林而独昵。火焚木而弗枯，木吐火而无竭。同五行而并在，与大椿其相率。乃采乃柙，是纺是绩，每以为布，不盈数尺。以为布帊，服之无斁，既垢既污，以焚为濯，投之朱炉，载燃载赫，停而泠之，皎洁凝白。

火布也就是火浣布，是著名的大秦宝，范晔《后汉书·大秦传》云：

土多金银奇宝……作黄金涂、火浣布。②

值得注意的是，《梁书·诸夷传》中提道：

---

① 房玄龄等：《晋书》卷3《帝纪第三·武帝》，第75页。
② 范晔：《后汉书》，中华书局1965年版。

又传扶南东界即大涨海，海中有大洲，洲上有诸薄国，国东有马五洲。复东行涨海千余里，至自然大洲。其上有树生火中，洲左近人剥取其皮，纺绩作布，极得数尺以为手巾，与焦麻无异而色微青黑；若小垢洿，则投火中，复更精洁。或作灯炷，用之不知尽。①

我们看到在 3 世纪的歌赋中，大秦火浣布的产地从遥远的西方转变为南海上的岛屿，背后反映的是与海洋和东南亚地区关联的地理知识。

从中国史籍来看，有关南海诸国与罗马关系的明确记载始于东汉时期，到了孙权黄武五年（226）则更为明确。《梁书·诸夷传》云：

汉桓帝延熹九年，大秦王安敦遣使自日南徼外来献，汉世唯一通焉。其国人行贾，往往至扶南、日南、交趾，其南徼诸国人少有到大秦者。孙权黄武五年，有大秦贾人字秦论来到交趾，交趾太守吴邈遣送诣权。权问方土谣俗，论具以事对。时诸葛恪讨丹阳，获黝、歙短人，论见之曰："大秦希见此人。"权以男女各十人，差吏会稽刘咸送论，咸于道物故，论乃径还本国。

上述记载说明公元 2—3 世纪，大秦商人已经来到南海诸国。秦论来到中国之前很可能已经在南海诸国停留了一段时间，然后跟随诸国的使节来到中国。从三国至南朝，有关大秦的新知识经南海诸国传入中国。《梁书·诸夷传》提道：

苏合是合诸香汁煎之，非自然一物也。又云大秦人采苏合，先笮其汁以为香膏，乃卖其滓与诸国贾人，是以展转来达中国，

① 姚思廉：《梁书》，中华书局 1973 年版。

不大香也。

对于大秦商人航海东来的路线，希腊罗马文献所记甚为简略。罗马记载中的东方贸易航线，基本上都是以印度为界，详于西而略于东①，如 1 世纪的《红海周航记》对于印度以东地区的记载：

> 过了这些地方，向东航行，大海在右边，越过余下的地方然后转左，你就到了恒河流域及附近地区，到达了大陆向东方的最远地区，这里叫金洲（Chrysê）。附近一条河，名叫恒河，是印度所有河流中最大的一条，它像尼罗河那样有潮水的涨落。河上是一个同名的贸易港，从这里可以装运印度肉桂、恒河乳香、珍珠，还有质量最好的棉布袍，被称为恒河布袍。据说此地还有金矿，有一种金币，叫 kaltis。河流附近的海域中有个岛屿，是有人居住的世界的最东端，位于太阳升起的地方，名叫金洲（Chrysê）。这里出产的玳瑁是爱脱利亚海各地中质量最好的。②

整个南海地区在这段记载中简略为一个名为金洲的海中岛屿，这里唯一为罗马商人所了解的物产就是玳瑁。这种情形直到拜占庭帝国早期也没有改变。Cosmas Indiopleutes 在他的《基督教世界风土记》（547 年）中对于斯里兰卡（Tarporabane）以东地区几乎没有了解：

> 印度最有名的贸易地点是：信度（Sindu）、奥罗塔（Or-rhotha）、卡里亚那（Calliana）、西波（Sibor）以及梅尔（Male）

---

① E. H. Warmington, *Commerce between the Roman Empire and India*, London, 1928. Grant Parker, *The Making of Roman India*, Cambridge, 2011.

② *The Periplus Maris Erythraei* 63，由笔者译自 Lionel Casson, *The Periplus Maris Erythraei, Text with Introduction*, Princeton University Press, 1989。

的 5 个贸易市场，那里出口胡椒，它们的名字是 Parti、Manga-
routh、Salopatana、Nalopatana、Poudopatana。在印度以外的大洋
上，从印度大陆航行 5 个日夜，就到达 Sielediba（Tarporabane，
斯里兰卡），在这片陆地上还有 Marallo，是个出口印度海螺
（chank shell）的市场，然后是 Caber，出口 alabandenum，在更远
的地方就是丁香国，接着是秦尼扎（中国），那里生产丝绸。①

我们从希腊罗马文献里比较清楚地知道从埃及和红海沿岸港口
到达印度或者斯里兰卡的航海路线，但是南印度以东的情况就完全
模糊了。另一方面，3—6 世纪的中国史籍则比较清晰地勾勒了从南
印度到达交广地区的海上航线是如何随着东南亚早期王国的兴盛逐
步形成的。

《梁书·诸夷传》记扶南国云：

> 扶南国，在日南郡之南海西大湾中，去日南可七千里，在
> 林邑西南三千余里……其南界三千余里有顿逊国，在海崎上，
> 地方千里，城去海十里。有五王，并羁属扶南。顿逊之东界通
> 交州，其西界接天竺、安息徼外诸国，往还交市。所以然者，
> 顿逊回入海中千余里，涨海无崖，船舶未曾得径过也。其市，
> 东西交会，日有万余人。珍物宝货，无所不有。

扶南是古代东南亚地区的重要国家，其辖境大致相当于今柬埔
寨全部国土以及老挝南部、越南南部和泰国东南部一带，兴盛时间
为 1—7 世纪末，恰好是罗马盛期到拜占庭帝国初期的时段。古典作
家对这个王国一无所知，印度宗教文献中也没有明确指出此国，相
反，从 3 世纪开始，中国史籍对扶南多有记载，涉及政治、经济、

---

① Cosmas Indicopleustes, *Xristianikh Topografia*, book XI，笔者译自 J. W.
McCrindle tr., *The Christian Topography of Cosmas A Egypt Monk*, The Hakluyt Socie-
ty, 1897, http://www.tertullian.org/fathers/cosmas_11_book11.htm。

土俗、使节往来等等。①《梁书》卷54记叙南海诸国，并没有像传统的正史西域传一样在开篇指出诸国的道里远近，而是以扶南为中心讲解了南海的地理形势，指出其南界为顿逊国，之外更有毗骞国，其东界则有诸薄国、马五洲、自然大洲，这说明扶南在当时南海地区的重要地位。从中国史籍可以看出，从3世纪开始扶南与中国建立了直接的联系，此时的扶南已经是南海上的大国。《梁书》卷54提道："及吴孙权时，遣宣化从事朱应、康泰通焉，其所经及传闻百数十国，因立传记。"朱应著《扶南异物志》，康泰著《扶南传》（亦作《扶南外国传》《扶南土俗》），从朱应、康泰出使扶南了解的航海路线来看，扶南对于以东通向中国交广地区，以西经马来半岛到达印度、斯里兰卡的航线都是熟悉的，甚至也了解从斯里兰卡或者南印度利用季风前往罗马的航程，这既表明扶南是印度洋贸易中东西交汇的重要中介，也反映出到了3世纪，这一种航海知识已经比较成熟，所以才能够在中国史籍中得到清晰的记述。②

三、4—5世纪道教文献中的扶南王与大秦王

《道藏》洞神部众术类兴字三号收录《太清金液神丹经》上中下三卷，卷下记大秦国云：

> 大秦国，在古奴斯调西，可四万余里，地方三万里，最大国也。人士炜烨，角巾塞路，风俗如长安人。此国是大道之所出，谈虚说妙，唇理绝殊，非中国诸人辈，作一云妄语也。道

---

① P. Pelliot, "Le Fou-Nan", in *Bulletin de l'Ecole française d'Extrême-Orient*, 1903, 3, pp. 248 – 303. 最近的讨论与考古发现见 John Guy ed. , *The Lost Kingdoms, Hindu-Buddhist Sculpture of Early Southeast Asia*, New York, 2014。

② 陈连庆：《孙吴时期朱应康泰的扶南之行》，载《东北师范大学学报》1986年第4期，第32—40页。

士比肩，有上古之风，不畜奴婢，虽天王王妇犹躬耕籍田，亲自抱桑织经，以道使人，人以义观，不用刑辟刀刃戮罚，人民温睦，皆多寿考，水土清凉，不寒不热。士庶推让，国无凶人，斯道气所陶，君子之奥丘，显罪福之科教，令万品奉其化也，始于大秦。国人宗道以示八遐矣，亦如老君入流沙化胡也。从海济入大江七千余里，乃到其国。天下珍宝所出，家居皆以珊瑚为栿橹，琉璃为墙壁，水精为阶阼。

昔中国人往扶南，复从扶南乘船，船入海，欲至古奴国，而风转不得达，乃他去。昼夜帆行不得息，经六十日乃到岸边，不知何处也。上岸索人而问之，云是大秦国。此商人本非所往处，甚惊恐，恐见执害，乃诈扶南王使谐大秦王。王见之大惊曰：尔海边极远，故复有人，子何国人乎来，何为扶南使者。答曰：臣北海际扶南王使臣，来朝王庭阙，北面奉首矣。又闻王国有奇货珍宝，并欲请乞玄黄，以光鄙邑也。大秦王曰：子是周国之边民耶，乃冒洪海二十万里朝王庭，良辛苦也。向见子至，恐观化我方，察风俗之厚薄，睹人事之流味耳。岂悟远贪难得之货，开争竞之门户哉。招玄黄以病耳目，长奸盗以益勤苦耶。何乃轻性命于洪川，箧一身于大海乎。若夫周立政，但以轻货为驰骋者，岂不贱也，岂不弊哉。吾遥睹其化，乱兆已表于六合，奸政已彰于八外矣。然故来请，乞复宜赐以往反。乃付紫金夜光，五色玄珠，珊瑚神璧，白和朴英，交颈神玉琼虎，金刚诸神珍物，以与使者，发遣便去。语之曰：我国固贵尚道德，而慢贱此物，重仁义而恶贪贼，爱贞贤而弃淫佚，尊神仙以求灵和，敬清虚以保四气，晒此辈物斑驳玄黄，如飞鸿之视虫蜻。子后复以此货物来往者，将竞吾淳国，伤民耳目，奸争生于其治，风流由此而弊，当敕关吏，不令子得进也。言为心盟戒之，使者无言而退也。还四年，乃到扶南。

使者先以船中所有彩绢千匹，奉献大王。王笑曰：夷狄彩绢，耳何猥薄。物薄则人弊，谅不虚耳。非我国之所用，即还不取。因示使者玉帛之妙，八采之绮，流飞苍锦，玉缕织成之帛，金间孔文之碧，白则如雪，赤则如霞，青过翠羽，黑似飞乌，光精耀辉，五色纷敷，幅广四尺，无有好粗。而忽见使者凡弊之躬，北地之帛，真可笑也。自云大秦国无所不有，皆好，中国物永无相比方理矣。至于灶炊，皆然薰陆术为焦，香芳郁积，国无秽臭，实盛国者也。使既归具说本末，如此自是以来，无敢往复至大秦者，商旅共相传如此，遂永绝也。

此道经的成书年代为三国后期至东晋初期，饶宗颐先生认为其反映了公元 420 年之前中国人对南海地理的认识①，虽然只是一则故事，却能够反映出有关罗马帝国的知识如何通过南海诸国传递到中国。按照正史的记载，大秦商人曾经来到南海诸国经商，而南海诸国的商人则很少到达大秦。但是道经中的这则故事，则与正史记载恰好相反，讲述一位中国商人从扶南出发，想去古奴斯调国，却意外地到达了大秦国，受到大秦国王的款待和训教，最后带着大秦珍宝，经过 4 年的航行回到了扶南。

从以上故事线索可以看出，故事中有两位主角：诈称扶南王国使的中国商人和大秦王，虽然这段故事充满了理想化色彩和道德说教，但是都围绕这两个人展开，因此，我们不禁要问，中国商人和大秦王的历史原型何在呢？

《神丹经》中的大秦故事令人联想到《梁书》卷 54《中天竺国传》中的一段记载：

---

① 收录这段海外奇谈的《太清金液神丹经》卷下被认为成书于三国后期至东晋初期，20 世纪以来颇受中外汉学家的重视，马伯乐（Henri Maspero）、饶宗颐都曾注意到这份记录了大秦故事的道教文献。Henri Maspero, "Un Texte Taoiste Sur L'Orient Roman", in *Melanges Posthumes Sur Les Religions et L'Histoire de la Chine*, vol. Ⅲ, Paris: Civilisations du Sud, S. A. E. P. , 1950, pp. 93 – 108；有关考证参见丁宏武：《葛洪扶南之行补证》，载《宗教学研究》2005 年第 4 期，第 125—132 页；《〈道藏〉洞神部所收的一篇葛洪佚文及其文献学价值》，载《宗教学研究》2012 年第 1 期，第 1—7 页。

汉和帝时，天竺数遣使贡献，后西域反叛，遂绝。至桓帝延熹二年、四年，频从日南徼外来献。魏、晋世，绝不复通。唯吴时扶南王范旃遣亲人苏物使其国，从扶南发投拘利口，循海大湾中，正西北入，历湾边数国，可一年余到天竺江口，逆水行七千里乃至焉。天竺王惊曰："海滨极远，犹有此人。"即呼令观视国内，仍差陈、宋等二人以月支马四匹报旃，遣物等还，积四年方至。其时吴遣中郎康泰使扶南，及见陈、宋等，具问天竺土俗，云："佛道所兴国也。人民敦庬，土地饶沃。其王号茂论。所都城郭，水泉分流，绕于渠绠，下注大江。其宫殿皆雕文镂刻，街曲市里，屋舍楼观，钟鼓音乐，服饰香华；水陆通流，百贾交会，奇玩珍玮，恣心所欲。左右嘉维、舍卫、叶波等十六大国，去天竺或二三千里，共尊奉之，以为在天地之中也。"

扶南王范旃遣苏物出使中天竺国的路线，大体是从拘利口（克拉地峡），沿着孟加拉湾的海岸，经过 1 年多的航行到达天竺江口（即恒河口）。① 这是当时扶南王国的一件盛事，但是《梁书》的记载中有一点模糊之处，除了扶南使者苏物，还有名为陈、宋的两个人，这两个人似乎是在苏物之前到达天竺的中国商人，他们已经在天竺停留了一段时间，而且这两个人很可能在天竺王面前自称扶南国使，所以文中说"仍差陈、宋等二人以天竺马四匹报旃"，接着又说"遣物等还"，从上下文来看，苏物使团和陈、宋二人实际是两批人马，但是他们一起回到扶南。

又《水经注》卷 1 引康泰《扶南传》：

> 昔范旃时有嘾杨国人家翔梨。尝从其本国到天竺，辗转流贾至扶南，为旃说天竺土俗，道法流通，金宝委积，山川饶沃，

---

① 天竺江口，参见《吴时外国传》："发拘利口，入大湾中，可一年余，得天竺江口，名恒水。"（《水经河水注》引）

恣其所欲，左右大国世尊重之。旃问之，今去何时可到，几年可回。梨言天竺去此可三万余里，往还可三年余。及行，四年方返，以为天地之中。

这一段所言应该是范旃派苏物出使天竺的缘起，扶南王因为见到曾去天竺的商人家翔梨，了解到天竺是周围国家非常尊重的大国，所以向天竺派遣了使节，原来从商人口中所知的往返时间为3年余，实际上扶南使节的行程用了4年的时间。由此，我们更可以发现，苏物使团和所谓的陈、宋不是一回事，陈、宋很可能是范旃统治时期经过扶南前往天竺的中国商人，他们早于苏物使团和天竺国王见面，而这二人就是《神丹经》中诈称扶南国使的中国商人的原型。

《神丹经》中的大秦王和中国商人的对话和天竺王与扶南使节苏物的对话很相似，不过，大秦王还另有所本，《梁书》卷54《扶南传》云：

顿逊之外，大海洲中，又有毗骞国，去扶南八千里。传其王身长丈二，头长三尺，自古来不死，莫知其年。王神圣，国中人善恶及将来事，王皆知之，是以无敢欺者。南方号曰长颈王。国俗，有室屋、衣服，啖粳米。其人言语，小异扶南。有山出金，金露生石上，无所限也。国法刑罪人，并于王前啖其肉。国内不受估客，有往者亦杀而啖之，是以商旅不敢至。王常楼居，不血食，不事鬼神。其子孙生死如常人，唯王不死。扶南王数遣使与书相报答，常遗扶南王纯金五十人食器，形如圆盘，又如瓦埞，名为多罗，受五升，又如碗者，受一升。王亦能作天竺书，书可三千言，说其宿命所由，与佛经相似，并论善事。

毗骞国与《神丹经》中的大秦有许多相似处，一是此国不接受商贾前往，"有往者亦杀而啖之"；二是国土出金，"金露生石上，无所限也"，并送给扶南王很多金器作为礼物；三是国王为不死"圣王"，通晓过去与未来。这段记载很可能是来自朱应、康泰出使带回的消息。《南史》（李延寿撰，7 世纪）卷 49《刘杳传》云：

> 约又云："何承天《纂文》奇博，其书载张仲师及长颈王事，此何所出？"杳曰："仲师长尺二寸，唯出《论衡》，长颈是毗骞王，朱建安《扶南以南记》云：'古来至今不死。'"约即取二书寻检，一如杳言。①

另外，文中提到这位圣王"南方号为长颈王"，而《神丹经》中的中国商人在大秦王面前自称是"臣北海际扶南国使"，这里的"南方"应怎样理解呢？我们从三国以来有关扶南的中国史籍，特别是《梁书·扶南传》得出的印象是，扶南王国与印度的贸易首先是通过马来半岛和南印度地区的贸易，无论是建国者混填的身世②，还是俄厄出土的大量南印度风格的文物③，都说明了这种联系。扶南与南印度的交通中转站是顿逊（今马六甲海峡附近），控制顿逊对扶南非常重要，因此《梁书·扶南传》在介绍了扶南的地理位置后，接着就谈到顿逊，说明这一地区是扶南的属地，从扶南的角度来看，顿逊是沟通东西的要道，如《梁书》卷 54《扶南传》的记载：

> 顿逊之东界通交州，其西界接天竺、安息徼外诸国，往还交市。所以然者，顿逊回入海中千余里，涨海无崖岸，船舶未曾得径过也。其市，东西交会，日有万余人。珍物宝货，无所不有。

---

① 姚振宗提出朱建安即朱应，参见氏著《三国艺文志》和《隋书经籍志考证》，陈佳荣：《朱应、康泰出使扶南和〈吴时外国传〉考略》，载《中央民族学院学报》1978 年第 4 期，第 77 页。

② 混填的身世，见梁书和伯希和的考证。

③ Louis Malleret, *L'archeologie du delta du Mekong: La civilization materielle d'Oc-eo*, Paris: Ecole Francaise d'Extreme-Orient, 1960.

《梁书·扶南传》中的所谓"南方"也就是指印支半岛南部、马来半岛直到印度东南海岸的广大地区。但是，到了范旃统治扶南的时代，通过苏物出使天竺，扶南开拓了向北与中印度地区联系的通道，这条路就是前文提到的从拘利口出发，沿着孟加拉湾海岸，最终到达恒河河口，由此，扶南向北与中国往来，向西南控制了马六甲海峡，向西北通过孟加拉湾海岸和中印度的王国建立了外交联系，这是扶南历史值得大书特书的盛事，因此，《梁书·中天竺传》中云：

> 中天竺国，在大月支东南数千里，地方三万里，一名身毒……从月支、高附以西，南至西海，东至槃越，列国数十，每国置王，其名虽异，皆身毒也。汉时羁属月支，其俗土著与月支同，而卑湿暑热，民弱畏战，弱于月支。国临大江，名新陶，源出昆仑，分为五江，总名曰恒水……其西与大秦、安息交市海中，多大秦珍物——珊瑚、琥珀、金碧珠玑、琅玕、郁金、苏合。

如果我们比较这段记载和前引的顿逊传，就可以发现，关于中天竺的这段记载源于扶南。在 250 年苏物出使之前，扶南只是通过顿逊才能和南天竺、安息贸易，但是随着苏物出使归来，扶南直接和中天竺以及波斯湾国家有了交往。恰逢中国使节朱应、康泰来到扶南，因此从中国商人陈、宋处了解到天竺国的情况。

四、结语：东晋南朝、扶南王国与古代晚期的印度洋贸易

3 世纪末殷巨在广州看到的大秦鲸鱼灯，5—7 世纪出现在扶南王国的彭图铜灯，同一时期在埃塞俄比亚的阿克苏姆王国现身的拜占庭式样的铜灯，以及许多同类型的制作于君士坦丁堡、叙利亚和埃及的拜占庭铜灯，向我们展示出 3—7 世纪印度洋贸易的新格局。

公元 530—531 年，拜占庭皇帝查士丁尼曾派遣使者朱利安

（Julian）来到阿克苏姆，请求信奉基督教的国王 Kaleb 帮助他打败阿拉伯半岛南部的统治者 Dhu Nuwas，因为后者信奉了犹太教，并且大肆迫害境内的基督教徒，这一事件由拜占庭史家塞奥法尼斯记录下来：

> 同一年（527 年），罗马人和波斯人打破了他们之间的和平。因为西姆亚莱特阿拉伯人派到罗马人这里的使节，波斯战争重新开始了。罗马人派遣朱利安携带皇帝的书信从亚历山大里亚出发，沿着尼罗河，通过印度海（即红海），去见阿来萨斯，即埃塞俄比亚国王（Arethas，即国王 Kaleb）。国王满怀喜悦接待了罗马使者，因为阿来萨斯一直希望获得罗马皇帝的友谊。
>
> 回到君士坦丁堡之后，朱利安报告说……当国王读了皇帝的信，他发现需要赶快武装起来以迎战波斯王国，摧毁临近的波斯国土，将来也不同波斯人结盟。皇帝的信里写道，要让西姆亚莱特阿拉伯人的土地和埃及的亚历山大里亚通过尼罗河建立贸易联系（这样就使得贸易不再受到萨珊波斯帝国在红海的控制）。
>
> 当着使者的面，国王立刻调兵遣将。他对波斯人发动战争，赶走了波斯人掌控的阿拉伯人。他自己则前往波斯人的领土，将那里劫掠一空。结束征服战争后，国王就送给朱利安和平之吻，然后让他携带着丰盛的酬劳和礼物回国。①

由此，我们可以发现，发生在阿拉伯半岛南部的这场战争，背后不仅牵涉到拜占庭帝国与萨珊波斯帝国在印度洋上的商业与军事冲突，而且包括了阿克苏姆王国和阿拉伯半岛南部的政治局势。西

---

① 参见 Theophanes the Confessor, *The Chronicle of Theophanes Confessor: Byzantine and Near Eastern History, AD 284 – 813*, translated with introduction and commentary by Cyril Mango and Roger Scott, Oxford University Press, 1997, pp. 264 – 269.

姆亚莱特阿拉伯人原本是阿克苏姆王国的附庸,这里的阿拉伯也门王国聚居着许多来自拜占庭和阿克苏姆王国的基督徒商人,但是国王 Yusuf 改信了犹太教,宣布不再接受阿克苏姆王国的统治,并大肆屠杀境内的基督徒,严重削弱了拜占庭帝国在印度洋上的商业利益。

如果说 1—2 世纪印度洋贸易的繁荣得益于"罗马和平",在"忧伤的 3 世纪"之后,罗马帝国东部是否还保持着比较繁荣的国际贸易,这种贸易的广度与深度如何,它对拜占庭帝国的政治、经济和军事有何影响,这一直是欧洲中世纪史和拜占庭史上的大问题。当我们将视线从地中海转向印度洋,我们仍然面对着相同的问题,1—2 世纪随着"罗马和平"而兴盛的东方贸易,经过 3 世纪的社会经济动荡之后情形如何?《红海周航记》中所描述的从埃及红海沿岸港口开始的印度航线是否继续下去?拜占庭帝国与萨珊波斯帝国在红海贸易上的对抗是否说明了印度洋贸易对于帝国经济生活的重要性?早期拜占庭时期的东方贸易影响的广度如何?

如果我们将这些问题与前文的讨论结合起来,可以发现 3 世纪之后,印度洋贸易依然活跃。借用"古代晚期"的时间框架来看,3—7世纪,从中国南海直到红海沿岸,有好几个强大的王国在推动这个广大海域内的远途贸易,这背后涉及许多值得我们继续探索的内容。

首先,3 世纪左右,环印度洋地区出现了诸多新的区域性王国。220 年之后,汉帝国被魏蜀吴三国替代,260 年,西晋建立。从 317年直到 589 年,中国一直处于南北分裂的政治局面。南方政权包括东晋(319—420)和南朝(420—589)的宋齐梁陈,这些区域性王国要同北方王朝对抗,除了军事冲突之外,经济的发展、外交与文化宗教上的竞争都是非常重要的,因此,东晋和南朝对于南海贸易都采取了积极的态度。与两汉时期不同的是,这些新王朝没有像秦汉时期的帝王们(如秦始皇和汉武帝)以开拓疆土、建立中原王朝的行政管理体制(郡县制)为目标,相反,新统治集团以外交和经济利益为政策核心,努力开拓同东南亚地区的政治与经济联系,既是为了在与北方王朝的竞争中突出自己的正统地位,也是为了发展经济,促进本地的繁荣。因此,3—7 世纪中国南方政权与南海诸国的关系，虽然在政治话语上没有脱离中国与四裔（蛮夷）和朝贡体制的传统框架，但是实际上呈现出国与国的对等关系。

在南海诸国，我们同样看到类似的新兴王国。从中国史书的记载来看，扶南王国的兴起始于一位名为混填的印度商人。1—2世纪他从南印度来到扶南，与本地女王柳叶结婚，开创了新的王国。显然，扶南从开始创建就与印度洋贸易密切相关。到3世纪晚期，吴国使节朱应、康泰到达扶南的时候，扶南向东北已经与中国南方建立了稳固的贸易联系，向西南拓展到孟加拉湾。除了传统的经过克拉地峡到达南印度和斯里兰卡的商路外，从上文我们可以看到，此时扶南已经有能力经孟加拉湾到达恒河河口，与中印度地区建立了联系。总之，野心勃勃的扶南有力地推动着从印度到中国南部的海上贸易。

在红海地区，阿克苏姆王国也在同一时期成为西印度洋贸易网络中的新兴政治力量。阿克苏姆尽管从建国初期（约1世纪）就仰赖红海贸易，但是我们可以发现，正是在忧伤的3世纪之后，随着罗马帝国在这一地区的政治控制减弱，阿克苏姆王国开始强大，不断插手阿拉伯半岛南部的政治，扩大在红海区域的政治影响力，这些政治和军事行动无疑和获取更多的商业利益密切相关。

总之，无论在从红海到波斯湾的西印度洋贸易圈，还是在从南中国海到孟加拉湾的东印度洋贸易圈，3—7世纪的远途海上贸易不但没有随着大帝国的衰弱而停止，反而更加活跃，背后的动力就是沿岸新兴的区域性王国。因此，这一时期东西方的史籍里出现了一系列强大的国王形象：中国记载中富有传说色彩的大秦王、扶南王，罗马史籍中强大的查士丁尼皇帝、阿克苏姆国王，乃至萨珊波斯的库斯老一世（531—579），以及代表着他们的意志奔走在印度洋贸易路线上的使节们。

如果将"古代晚期"的时间框架从以罗马—拜占庭史为中心的视角扩展到更为广阔的印度洋贸易网络，我们无疑会得出不少新的观察和结论。在这一时期，原来的大帝国如罗马、汉、贵霜、安息都在政治和社会动荡后走向分裂，转变为区域性的强国，以往，我们惯于用传统罗马史的框架，即罗马—安息的对抗和罗马—印度东方贸易的框架去描述古代晚期的印度洋贸易，所以，拜占庭与萨珊波斯之间的冲突被放在首位，成为解释3—7世纪西印度洋政治与商业格局的关键因素。但是，从整体的印度洋贸易网络来观察，拜占庭、萨珊波斯与阿克苏姆、扶南乃至东晋南朝的中国都可以被视为同类型的区域性强国，拜占庭的力量局限于地中海东部和红海北部，萨珊波斯则控制了波斯湾，并延伸到阿拉伯海，拜占庭与萨珊波斯在红海地区的对抗虽然延续了罗马—安息的传统模式，但是，双方在此都需要通过代理人即当地的强大王国去完成对抗。

对于无所不包的大帝国来说，对国家政治身份和文化身份的界定不是一个急迫的任务，大帝国是自我中心的，他们周围没有需要抗衡的对等国家。但是，3世纪之后新兴区域性王国强烈地需要利用各种因素突出自己的合法性和唯一性。从东到西，古代晚期的世界呈现着强烈的宗教色彩，正如E. H. Seland所说，在古代晚期，印度洋上的各种商人群体不仅通过传统的共同地域、语言和文化背景建立纽带，而且借助于宗教和政治的力量去表达自己的身份认同。的确，这一时期关于印度洋贸易网络的文献中没有出现《红海周航记》那样的商业航行指南，但是出现了众多组织在宗教框架中的地理文献，如4世纪印度僧人在广州译出的《十二经游记》、拜占庭景教僧Cosmas Indiopleutes的《基督教世界风土志》。值得注意的是，这些宗教地理文献都想涵盖东西方不同地区，呈现一个整体而又独一无二的世界。回到同时期的中国，佛教迅速的发展与南北朝之间的文化对抗有着极为密切的关系。来自南印度的达摩法师在建康得不到梁武帝的赏识，就前往北方闭关精修，最终开创了禅宗。像他一样，许多僧人往来于南北朝政权之间，他们受到统治者和政治集团的欢迎和资助，开创新的教义和僧团，成为支持统治者"正统"性的文化资源。同样，景教被拜占庭帝国宣布为异端后，却被萨珊波斯王朝庇护，最终以波斯为基地建立了东方教会，开启了它在中亚、印度和中国的传教旅程。因此，与其说这些世界性的宗教是随着商人集团的流动而扩展，不如说它们的传播得到了新兴地区性王国的热烈欢迎。《梁书·诸夷传》中的一段记载颇能说明这一时期区域性政

权与世界性宗教之间的互助关系:

> 干陀利国,在南海洲上。其俗与林邑、扶南略同。出班布、吉贝、槟榔,槟榔特精好,为诸国之极。宋孝武世,王释婆罗那怜陀遣长史竺留陀献金银宝器。天监元年,其王瞿昙修跋陀罗以四月八日梦见一僧,谓之曰:"中国今有圣主,十年之后,佛法大兴。汝若遣使贡奉敬礼,则土地丰乐,商旅百倍;若不信我,则境土不得自安。"修跋陀罗初未能信,既而又梦此僧曰:"汝若不信我,当与汝往观之。"乃于梦中来至中国,拜觐天子。既觉,心异之。陀罗本工画,乃写梦中所见高祖容质,饰以丹青,仍遣使并画工奉表献玉盘等物。使人既至,模写高祖形以还其国,比本画则符同焉。因盛以宝函,日加礼敬。后跋陀死,子毗邪跋摩立。十七年,遣长史毗员跋摩奉表曰:"常胜天子陛下:诸佛世尊,常乐安乐,六通三达,为世间尊,是名如来。应供正觉,遗形舍利,造诸塔像,庄严国土,如须弥山。邑居聚落,次第罗满,城郭馆宇,如忉利天宫。具足四兵,能伏怨敌。国土安乐,无诸患难,人民和善,受化正法,庆无不通。犹处雪山,流注雪水,八味清净,百川洋溢,周回屈曲,顺趋大海,一切众生,咸得受用。于诸国土,殊胜第一,是名震旦。大梁扬郡天子,仁荫四海,德合天心,虽人是天,降生护世,功德宝藏,救世大悲,为我尊生,威仪具足。是故至诚敬礼天子足下,稽首问讯。奉献金芙蓉、杂香、药等,愿垂纳受。"普通元年,复遣使献方物。

干陀利王在高僧指引下梦见了中国圣主,国王的儿子就亲自前来中国,证实了梦境的真实。遥远的南海诸国被编织进了以大梁天子为中心的佛教世界之中,传统的朝贡体制就这样获得了新的合法性与正统性。总之,3—7世纪印度洋贸易网络中区域性王国的兴起为海上贸易提供了新的动力,在古代晚期,东西之间的海上交流并未随着大帝国的瓦解而衰落,而是继续发展,许多新的特征在出现,如世界性宗教的海路传播，由共同地域、语言与宗教信仰组织起来的商人群体，以及为了适应新的政治与宗教需求进入贸易网络的新商品①，上述新现象值得我们去探究与思考，或许，这就是中国史籍记载中的大秦灯与东南亚地区出土的罗马式铜灯给予我们的启示。

（作者系中山大学历史学系教授）

---

① 参见刘欣如关于佛教七宝的论述，Xinru Liu, *Ancient India and Ancient China: Trade and Religious Exchanges, AD 1 – 600*, New Delhi: Oxford University Press, 1988。

南汉"蟾妃"妃号意涵蠡测

王媛媛

南汉（917—971）是继南越国之后岭南历史上第二个割据政权，后世褒贬不一，有认为其"坐拥百粤，闭关自擅，而不毒民"[1]，也有抨击刘氏政权"不务施德，而虐及无辜"[2]。至后主刘𬬮时，宋太祖闻其"奢酷"，誓言"吾当救此一方之民"，于开宝四年（南汉大宝十四年，971）攻灭南汉[3]。在史料记载中，作为亡国之君的刘𬬮，于国事并无建树，专以侈靡声色为乐。每年荔枝成熟时，刘𬬮便率"女侍中卢琼仙、黄琼芝、蟾姬、李妃、女巫樊胡子及波斯女"，于广州城郊甘泉苑流花桥畔设"红云宴"，"雨后往往拾得遗钗珠贝，知为亡国之遗物也"[4]。刘𬬮妃妾中的这位"蟾姬"，史籍又作"蟾妃"，其所冠"蟾"一字，有异于古代常见嫔妃号，寓意值得玩味。

---

[1] 王夫之撰，刘韶军译注：《宋论》，中华书局2013年版，第54页。

[2] 吴任臣：《十国春秋》卷58《南汉一》，中华书局1983年版，第850页。

[3] 《续资治通鉴长编》卷12，中华书局1979年版，第260—261页。

[4] 屈大均：《广东新语》卷17"名园"，载欧初、王贵忱主编：《屈大均全集》第4册，人民文学出版社1996年版，第427页。有研究指出刘𬬮设红云宴于昌华苑，该苑位置有两说：一说在今广州西关荔枝湾一带，泮塘、荔湾湖公园之南；一说在番禺小谷围岛北亭村青云里、大道坊附近。参见广州市文物考古研究院、南汉二陵博物馆编著：《汉风唐韵——五代南汉历史与文化》，文物出版社2020年版，第123页。

一、"蟾妃"其人

这位"蟾妃"的详细生平已不可考，她的记载都与五代宋初陶毂《清异录》"扇子仙"一条有关：

> 南海城中苏氏园，幽胜第一。广主尝与幸姬李蟾妃微至此憩，酌绿蕉林，广主命笔大书蕉叶曰"扇子仙"。苏氏于广主草宴之所，起扇子亭。①

清初吴任臣撰《十国春秋》亦引此典故：

> 李蟾妃，事□□得殊宠。南海有苏氏园者，雅称幽胜，□□携蟾妃微行至此，憩酌绿蕉林中，大书蕉叶，曰"扇子仙"。后人构亭于上以志异，名为扇子亭云。②

又如梁廷枏《南汉书》记：

> 李蟾妃，不知何时人，入宫有殊宠。时兴王府城外苏氏园景绝幽胜，妃尝随上微行至此，憩蕉林中。酒酣，大书蕉叶曰"扇子仙"。好事者构扇子亭其上，以纪胜云。③

---

①　陶毂：《清异录》卷上"草木门"，《全宋笔记》第一编之二，大象出版社 2003 年版，第 34 页。对于《清异录》，后世虽偶有学者疑其为假托之作，但大多认同该书确由陶毂所撰，是五代宋初的一部重要笔记，见张子才：《陶毂的〈清异录〉》，《辞书研究》1998 年第 2 期，第 134—140 页；邓瑞全、李开升：《〈清异录〉版本源流考》，载《古籍整理研究学刊》2008 年第 4 期，第 48—55 页。

②　吴任臣：《十国春秋》卷 61《南汉四》，第 879 页。

③　梁廷枏著，林梓宗校点：《南汉书》卷 7，广东人民出版社 1981 年版，第 36 页。

吴兰修撰《南汉纪》亦引《清异录》云:

> 南海城中苏氏园,幽胜第一,广主常与幸姬李蟾妃微行至此,憩酌绿蕉林。广主命笔大书蕉叶曰:"扇子仙"。苏氏于广主幸宴之所,起扇子亭。[1]

从以上可知蟾妃李氏为刘铱所宠幸,出入宫苑皆随驾在侧。《南汉书》中,在上揭李蟾妃一段之前载有"红云宴"上的数位妃妾:

> 贵妃李氏,后主妃,内官李托所养长女也。后主广选后宫嫔御,托养二女皆有色。大宝五年,并进之。既得幸,大被宠怜,即日册为贵妃。
>
> 美人李氏,托所养次女也。与其养姊同时进御,亦得宠。后主既册其姊为贵妃,李氏亦得封美人。宫中以汉之飞燕、合德拟之。
>
> 卢琼仙,咸宁人。中宗时宫人,体轻盈,肌肤雪白。乾和中,与黄琼芝等十余人并为女侍中,朝服冠带,出参朝政。后主嗣位,进拜才人。女巫樊胡子为玉皇言谓后主:"琼仙等皆我遣辅尔,不得治其过。"后主信之,无大小,悉决焉。每详览章奏,以琼仙言为可否,不复有所增减。琼仙遂结内官龚澄枢、陈延寿辈,专握朝柄。廷臣但备员听中旨,卒以此亡国。
>
> 波斯女,不知其姓,后主宫人。貌黑脂而光艳,性绝慧巧,得人意。每见幸,能曲尽淫态。后主甚嬖之,赐名"媚猪"。尝挈之游幸,离宫数十所,环历殆遍。所至必一月或旬日乃还宫。后主本荒纵,得女益淫亵无度,多求方士媚药以助之;又好观人交,选恶少年数辈入官,使与宫婢就后苑褫衣露偶,扶女往来循观为笑乐,号"大体双"。时与女戏狎,宫妾满前不令避。

---

① 吴兰修:《南汉纪》卷5《后主纪》,载傅璇琮、徐海荣、徐吉军主编:《五代史书汇编》第10册,杭州出版社2004年版,第6656页。

鸟兽习见之，亦能效其状。国亡后不知所终。①

比之蟾妃，其余诸女的记述相对清楚。李贵妃、李美人为宦官李托养女，962年被送入宫中，李托则"父凭女贵"，"为内太师，居中专政"。② 此二女以色进，得专宠，这从时人将她们比作汉成帝的赵飞燕、赵合德姐妹可见一斑。"媚猪"为波斯女，同样艳丽绝伦、淫乱后宫。梁廷枏论云："李托二女鱼贯而前，媚猪妖邪，日倍游辇。"③ 说的正是三人以色侍君。和该等宫闱艳闻相比，蟾妃的"扇仙"逸事则显得颇为雅致。与李托二女、波斯女不同，蟾妃并不以貌美著称，而颇具诗才。

> 屈大均曰：尝考广州女子被选入官者，南齐有区美人，以贤淑称；至唐武曌时，南海进七岁女子，则以能诗；顺宗时，南海贡奇女卢眉娘，则以巧于刺绣；南汉刘晟时，苏才人博通经史，才貌兼美，披庭以大家称之；刘铱时，黄琼芝、卢琼仙、李蟾姬辈，皆为女侍中，日侍红云之宴，与诸学士赋诗为乐，皆广州人也。然妖曼蛊淫，卒致其君于倾覆，论者无取焉。④

屈大均所考诸女，或贤淑奇巧，或才貌双全，没有仅凭美色邀宠者。他称蟾妃能与学士赋诗唱和，应有史料可依。文末指摘其"妖曼蛊淫"，不过是传统士人对亡国后妃例行的口诛笔伐，屈氏其实很惋惜"卢琼仙、黄琼芝、李蟾姬之流，诗皆不传"。⑤ 不过，在

---

① 梁廷枏著，林梓宗校点：《南汉书》卷7，第35—36页。

② 《新五代史》卷65《南汉世家第五》，中华书局1974年版，第818页；又参见《续资治通鉴长编》卷3，第78页。

③ 梁廷枏著，林梓宗校点：《南汉书》卷7，第32页。

④ 屈大均：《翁山文外》卷3《女官传》，载《屈大均全集》第3册，第105页。

⑤ 屈大均：《翁山文外》卷3《女官传》，载《屈大均全集》第3册，第109页。

中国古代文学史上，南汉的影响并不突出。李调元《全五代诗》收南汉诗歌1卷，共载20人、38首诗。《五代诗话》卷5"吴越南汉"名下收录14位诗人，仅3人属南汉，南汉的文学成比较有限①。在如此薄弱的文学氛围下，虽然蟾妃的才情略高于一般姬妾，但也不可高估。

囿于史料，我们目前无从知晓李氏蟾妃的生平，其家世背景或许并不显赫，但应出于文士之家，受过一定的教育。蟾妃受后主恩宠，常伴君侧，但与李托二女、波斯女的艳名相比，其获宠恐怕不是因为姿容出众，更可能是才德性情颇合刘铢心意，而刘铢赐予她的妃号"蟾"，与传统大异其趣，只怕是古今唯一。

二、南汉以前的妃号传统

尽管历史上好色君王不少，以色侍君者亦众，但古人理想中的后宫女子当"有关雎之德，是幽闲贞传之善女，宜为君子之好匹"②。要求后妃"性行和谐，贞专化下，寤寐求贤，供奉职事，是后妃之德也"③。因此，自古以来，妃号大多选择与美德有关的字眼，寓以贤良温恭、端庄柔顺之意。

五代以前的后妃制度可在史料中找到详细记载。汉袭秦制，后宫妃号凡十四等，各有爵位：

> 汉兴，因秦之称号，帝母称皇太后，祖母称太皇太后，适称皇后，妾皆称夫人。又有美人、良人、八子、七子、长使、

① 李最欣：《关于南汉政权和文学地域特征的考察》，载《广州大学学报（社会科学版）》2013年第3期，第64、66页。

② 郑玄笺，孔颖达疏：《毛诗正义》，载阮元校刻：《十三经注疏》（上），中华书局1980年版，第273页。

③ 郑玄笺，孔颖达疏：《毛诗正义》，载阮元校刻：《十三经注疏》（上），第269页。

少使之号焉。至武帝制倢伃、姪娥、傛华、充依，各有爵位，而元帝加昭仪之号，凡十四等云。①

至曹魏时，沿用汉法，皇后以下有贵嫔、夫人、淑妃、淑媛、昭仪、昭华、修容、修仪、倢伃、容华、美人、良人十二等：

> 魏因汉法，母后之号，皆如旧制，自夫人以下，世有增损。太祖建国，始命王后，其下五等：有夫人，有昭仪，有倢伃，有容华，有美人。文帝增贵嫔、淑媛、修容、顺成、良人。明帝增淑妃、昭华、修仪；除顺成官。太和中始复命夫人，登其位于淑妃之上。②

两晋南朝，妃制时有变动，但嫔妃号仍体现以"淑懿"为本。③而"淑"这一频见于妃妾名号中的字眼，即"温恭之称"④：

> 晋武帝采汉魏之制，置贵嫔、夫人、贵人，是为三夫人，位视三公；淑妃、淑媛、淑仪、修华、修容、修仪、婕妤、容华、充华，是为九嫔，位视九卿；其余有美人、才人、中才人，爵视千石以下。宋武帝省二才人，其余仍用晋制。……及孝武孝建三年，省夫人，置贵妃，位比相国。进贵嫔比丞相，贵人比三司，以为三夫人。又置昭仪、昭容、昭华，以代修华、修仪、修容。又置中才人、充衣，以为散位。……及明帝泰始二年，省淑妃、昭华、中才人、充衣，复置修华、修仪、修容、才人、良人；三年，又省贵人，置贵姬，以备三夫人之数；又

---

① 《汉书》卷 97 上《外戚传》，中华书局 1962 年版，第 3935 页。
② 《三国志》卷 5《魏书·后妃传》，中华书局 1982 年版，第 155 页。
③ 《三国志》卷 5《魏书·后妃传》（第 155 页）诚曰："惟色是崇，不本淑懿，故风教陵迟而大纲毁泯。"
④ 《南史》卷 11《后妃传》，中华书局 1975 年版，第 317 页。

置昭华，增淑容、承徽、列荣；以淑媛、淑仪、淑容、昭华、昭仪、昭容、修华、修仪、修容为九嫔；婕妤、容华、充华、承徽、列荣，凡五职，亚九嫔。美人、才人、良人三职为散役。……及齐高帝建元元年，有司奏置贵嫔、夫人、贵人为三夫人，修华、修仪、修容、淑妃、淑媛、淑仪、婕妤、容华、充华为九嫔，美人、中才人、才人为散职。……梁武拨乱反正，深鉴奢逸，配德早终，长秋旷位。定令制贵妃、贵嫔、贵姬为三夫人；淑媛、淑仪、淑容、昭华、昭仪、昭容、修华、修仪、修容为九嫔；婕妤、容华、充华、承徽、列荣为五职；美人、才人、良人为三职。……陈武光膺天历，以朴素自居，故后宫员位，其数多阙。①

北魏自道武帝"始立中宫，余妾或称夫人"，太武帝"稍增左右昭仪及贵人、椒房等"，孝文帝时"改定内官：左右昭仪位视大司马，三夫人视三公，三嫔视三卿，六嫔视六卿，世妇视中大夫，御女视元士"。② 此后，北齐"河清新令"颁布了详细的夫人、嫔、世妇、御女之号：

河清新令：内命妇依古制有三夫人、九嫔、二十七世妇、八十一御女。又准汉制置昭仪，有左右二人，比丞相。其弘德、正德、崇德为三夫人，比三公。光猷、昭训、隆徽为上嫔，比三卿。宣徽、凝晖、宣明、顺华、凝华、光训为下嫔，比六卿。正华、令侧、修训、曜仪、明淑、芳华、敬婉、昭华、光正、昭宁、贞范、弘徽、和德、弘猷、茂光、明信、静训、曜德、广训、晖范、敬训、芳猷、婉华、明范、艳仪、晖则、敬信为二十七世妇，比从三品。穆光、茂德、贞懿、曜光、贞凝、光范、令仪、内范、穆闺、婉德、明婉、艳婉、妙范、晖章、敬

① 《南史》卷11《后妃传》，第316—317 页。
② 《北史》卷13《后妃传》，中华书局1974 年版，第486 页。

茂、静肃、琼章、穆华、慎仪、妙仪、明懿、崇明、丽则、婉
仪、彭媛、修闲、修静、弘慎、艳光、漪容、徽淑、秀仪、芳
婉、贞慎、明艳、贞穆、修范、肃容、茂仪、英淑、弘艳、正
信、凝婉、英范、怀顺、修媛、良则、瑶章、训成、润仪、宁
训、淑懿、柔则、穆仪、修礼、昭慎、贞媛、肃闺、敬顺、柔
华、昭顺、敬宁、明训、弘仪、崇敬、修敬、承闲、昭容、丽
仪、闲华、思柔、媛光、怀德、良媛、淑猗、茂范、良信、艳
华、徽娥、肃仪、妙则为八十一御女，比正四品。武成好内，
并具其员，自外又置才人、采女，以为散号。①

这是自秦以来按《礼记》规定设置后妃的最完备记录。② 所列
名号皆不离贤德温婉之意，充分体现了古人对后宫女子德行品性的
期望与要求。进入隋代，文帝时"妇官位号，未详备焉"，炀帝则
"参详典故，自制嘉名，著之于令"③：

贵妃、淑妃、德妃是为三夫人，品正第一。顺仪、顺容、
顺华、修仪、修容、修华、充仪、充容、充华，是为九嫔，品
正第二。婕妤一十二员，品正第三。美人、才人一十五员，品
正第四，是为世妇。宝林二十员，品正第五。御女二十四员，
品正第六。采女三十七员，品正第七，是为女御，总一百二十，
以叙于宴寝。④

杨广所制"嘉名"依然以"淑""德"为首。唐初，在沿袭隋
三夫人制的基础上增立"贤妃"：

---

① 《北史》卷 13《后妃传》，第 487 页。
② 毛佩琦：《中国后妃制度述论》，载《中国人民大学学报》1990 年第 6
期，第 86 页。
③ 《北史》卷 13《后妃传》，第 488 页。
④ 《北史》卷 13《后妃传》，第 489 页。

隋氏依《周官》，立三夫人。皇朝上法古制，而立四妃，其
位：贵妃也，淑妃也，德妃也，贤妃也。今上以为后妃四星，
其一后也，既有后位，复立四妃，则失其所法象之意焉。因省
嫔妇、女御之数，改定三妃、六仪、美人、才人四等，共二十
人，以备内官。其位：惠妃也，丽妃也，华妃也。妇德、妇容、
妇言、妇功，可以坐而论礼者则进，无则阙焉。①

玄宗将四妃改为三妃，又有"六仪"（即淑仪、德仪、贤仪、
顺仪、婉仪、芳仪）、美人、才人等。由以上南汉之前的史事记载可
知，古代妃号充分体现了儒家伦理道德观念，反映了对后宫女子德
行品性的要求。以"蟾"为号，古未有之，且在五代之后亦不曾见，
如至明朝，"诸妃位号亦惟取贤、淑、庄、敬、惠、顺、康、宁为
称，闺房雍肃，旨寓深远"②。由此可见，刘钅长以"蟾"名妃，显然
没有因循传统，这一"自制"妃号所表达的也并非传统的贤良淑德、
贞静柔婉之意。

三、"蟾"可能之意涵

蟾蜍自古便与月亮密切相关。闻一多先生认为，屈原"夜光何
德，死则又育？厥利维何，而顾菟在腹？"一句中，"顾菟"即蟾蜍
别名，汉以前蟾蜍便与月联系在一起。③ 月中有蟾、兔之说的形成

---

① 《唐六典》卷12，中华书局1992年版，第347—348页。

② 《明史》卷113《后妃传》，中华书局1974年版，第3504页。

③ 闻一多：《天问释天》，载《清华学报》1934年第4期，第887—891
页。闻氏观点得到诸多学者赞同，如钟敬文：《马王堆汉墓帛画的神话史意
义》，《中华文史论丛》1979年第2辑，第86—97页；袁珂：《中国神话传说词
典》，上海辞书出版社1985年版，第87页；萧兵：《楚辞与神话》，江苏古籍出
版社1986年版，第124—125页；孙作云：《天问研究》，中华书局1989年版，
第124—125页；姜亮夫：《楚辞通故》第三辑，云南人民出版社1999年版，第
544—545页。

早于两汉，其起源应较为古远。① 两汉谶纬流行，蟾蜍更被视为"月精"。② 因此，人们由蟾蜍联想到月亮是十分自然的。

（一）月宫嫦娥之意

后世史籍鲜有提及李氏蟾妃者，至明清尤其是清代，偶见以"蟾妃""蟾仙"之名入诗。明代祝允明《伤春》："三更坐月蟾妃觉，十日衔花蝶使怜。"③ 清代余集《徐云轩秋心庵坐月图》："幽人秋思蟾妃觉，定有天仪降彩辀。"④ 祝、余二氏应认为"蟾"与月有关，故将两者并提。除此之外，其他文人多借"扇子仙"典故影射女子误国，如苏廷魁《题洛神图》："谁知南汉风流事，貌得蟾妃扇子仙。"⑤ 谭莹《扇子仙》："扇子仙题兴土木，蟾妃微笑千家哭。"⑥ 并未涉及"蟾"字含义。在后世研究中，薛爱华（Ed. H. Schafer）《朱雀》一书解读了古代岭南意象，他认为"蟾"是刘铢为了诙谐而故意起的妃号，喻指李氏美貌如嫦娥，并想象这位美人肌肤胜雪，光洁如玉，双瞳剪水。⑦

除"蟾妃"外，又有称"蟾仙"者，如黄遵宪《南汉修慧寺千

① 刘惠萍：《图像与神话：日月神话研究》，陕西师范大学出版社 2019 年版，第 45 页。

② ［日］安居香山、中村璋八辑：《纬书集成》（中），河北人民出版社 1994 年版，第 586 页。

③ 钱谦益辑：《列朝诗集》丙集卷 9，中华书局 2007 年版，第 339 页。

④ 余集：《梁园归棹录》，载《清代诗文集汇编》第 395 册，上海古籍出版社 2010 年版，第 83 页。

⑤ 苏廷魁：《守柔斋诗钞》初集卷 1，载《清代诗文集汇编》第 606 册，第 571 页。

⑥ 谭莹：《乐志堂诗集》卷 5，载《清代诗文集汇编》第 606 册，第 373 页。

⑦ ［美］薛爱华著，程章灿、叶蕾蕾译：《朱雀：唐代的南方意象》，生活·读书·新知三联书店 2014 年版，第 376 页。

佛塔歌》："大体双双学猪媚，微行侧侧携蟾仙。"① "蟾仙" 既与
"猪媚" 对，显指本文所论之蟾妃李氏。从字面看，"蟾仙" 或为
"蟾妃" 与 "扇子仙" 合成，似暗喻其为月宫仙子。不过，笔者以
为 "蟾仙" 所指不一定是嫦娥，因为此 "仙" 恐非彼 "仙"。陈寅
恪先生已指出，唐代 "仙（女性）之一名，遂多用作妖艳妇人，或
风流放诞之女道士之代称，亦竟有以之目倡伎者"。② 而 "蟾仙" 多
见于清代文献，当时确为女妓之名，如《粉墨丛谈》有载：

> 　　姑胥台畔有妙伶焉。陈其姓，桂林其名。年如荔支娘之数，
> 隶名大雅部。以丁亥新春来沪，沪之人慕芳名久矣。至此无论
> 识与不识，咸以一亲玉貌为荣。每一登场，貂冠满座，后至者
> 虽欲插足而不能。桂林温然其容，娟然其貌，羞羞涩涩，顾影
> 生怜，宛如十二三女郎，微露腼腆之致。最爱其演《折柳》，
> 《阳关》一曲，柔情蜜意，宛转迟回。歌至 "他鞭丝有分多奇
> 女，你红粉无依一念奴" 之句，泪痕融颊，差疑带雨梨花，伤
> 心人诚别有怀抱也。迩来屡从周桐荪游，举止言谈，渐臻佳妙，
> 不似从前之乍见生人红霞满脸矣。小蓝田忏情侍者深相眷爱，
> 字之曰蟾仙。③

不论是与 "猪媚" 并称，还是作为娼妓之名，"蟾仙" 指的都
是妖冶淫荡的风流女子，绝非玉洁冰清的广寒仙子。其实，上揭祝
允明诗中的 "蟾妃" 虽看似与月相关，但或许也暗指娼妓，因祝氏

---

①　黄遵宪著，钱仲联笺注：《人境庐诗草笺注》卷 10，上海古籍出版社
1981 年版，第 916 页。

②　陈寅恪：《读莺莺传》，载《元白诗笺证稿》，商务印书馆 2015 年版，
第 111 页。

③　梦畹生著，陆菁标点：《粉墨丛谈》卷上 "小桂林" 条，杨逸等著，
陈正青等标点：《海上墨林·广方言馆全案·粉墨丛谈》，上海古籍出版社 1989
年版，第 174 页。

533

整日与女伎狎游，以"好酒色六博"闻名。①

总之，黄遵宪笔下的"蟾仙"含贬义，如苏、谭二氏之"扇子仙"，都是讥责刘铱好色亡国。娼妓被称"蟾仙"，目前所见史例不多。这一别号的具体由来不明，或许因李氏亡国后妃的形象使"蟾妃"一名在传世过程中逐渐带有歧视、卑贱的色彩，或许另有来源，此处不赘。

在中国悠久且深厚的传统文化氛围下，不少事物都被赋予了特定的含义，形成较为固定的文化符号和象征意义。正是在这种传统符号体系下，人们会习惯性地由蟾联想到月亮或嫦娥，故认为"蟾妃"喻指李氏如月宫仙子。但本文所论之"蟾"，并非在月夜感怀或中秋咏物的诗歌语境下，它是一位国君赐予宠妃的妃号，因此，若回到"蟾"字最初的语境，这一妃号或许还有他解。

（二）俗世祥瑞之意

尽管蟾、兔、嫦娥、桂树等是公认的月亮的象征②，但自古形容女子美貌，有"花容月貌""羞花闭月"等，直接用"蟾"字的不多见，毕竟蟾蜍的外貌与美挂不上钩，且有"戚施、蟾蜍、蝘蜓喻丑貌"③一说。而作为嫔妃号，传统汉字中有不少比"蟾"更合适的字眼，上引北齐妃号中就有"艳光""明艳"之类。因此，刘铱选用"蟾"字不一定与李氏姿容有关，且李氏也并不以美貌著称。其实早在唐代，"蟾蜍"便与妃嫔联系在一起，但寓意不佳。李白"《古风》五十九首"之二曰："蟾蜍薄太清，蚀此瑶台月。圆光亏中天，金魄遂沦没。蟏蛛入紫微，大明夷朝晖。浮云隔两曜，万象

---

① 钱谦益：《列朝诗集小传》丙集"祝京兆允明"条，上海古籍出版社1959年版，第299页。

② 也有观点认为东汉后人们把蟾蜍从月中逐出，只保留了玉兔。见陈才训：《嫦娥·蟾蜍·玉兔——月亮文化摭谈》，载《江淮论坛》2002年第3期，第107页。

③ 《太平御览》卷949，上海古籍出版社2008年版，第435页。

昏阴霏。萧萧长门宫，昔是今已非。桂蠹花不实，天霜下严威。沉叹终永夕，感我涕沾衣。"① 综合诗作背景，有认为蟾蜍影射的是害王皇后被废的武惠妃②，也有认为其暗指杨贵妃③。不论惠妃还是杨妃，皆是史家笔下惑君乱政的"祸水"，而刘铱赐封"蟾妃"，意在称美，定然不是责其惑君。因此，笔者颇疑刘铱的初衷不一定是从月亮象征的角度来考虑，"蟾"一字或许另有所寄。

蟾蜍，广泛分布于温带、热带地区。岭南地区常见的有隐耳蟾蜍、黑眶蟾蜍、中华蟾蜍华西亚种及中华蟾蜍指名亚种等，它们生活于住宅及耕地附近的石下、草丛和土洞中。清晨及暴雨后出外活动，多在路边、田野、旱地杂草间觅食。④ 蟾蜍是岭南日常生活中常见的动物，其形象也流行于信仰仪式生活中，是铜鼓上必不可少的灵物。铜鼓，是中国南方和东南亚地区青铜时代的一种代表性文物，它从重要的祭仪乐器逐步发展为象征权威的神器⑤，是骆越、俚僚等少数民族首领身份和权力最重要的象征。⑥ "铜鼓，铸铜为之，虚其一面，覆而击其上。南夷扶南、天竺类皆如此。岭南豪家则有之，大者广丈余。"⑦ 刘恂《岭表录异》亦载铜鼓见于蛮酋墓：

---

① 王琦注：《李太白全集》卷 2，中华书局 1977 年版，第 89—90 页。

② 王琦注：《李太白全集》卷 2，第 94 页；李白撰，杨齐贤集注，萧士赟补注：《元本分类补注李太白诗》卷 2，国家图书馆出版社 2016 年版，第 3—5 页。

③ 方东树著，汪绍楹校点：《昭昧詹言》卷 7，人民文学出版社 1961 年版，第 205 页；曾国藩撰，安忠义点校：《子海精华编：求阙斋读书录》卷 7，山东人民出版社 2018 年版，第 194 页。

④ 费梁等编著：《中国动物志·两栖纲》（中卷），科学出版社 2009 年版，第 496、514、516、528、533、535 页。

⑤ 梁志明：《东南亚的青铜时代文化与古代铜鼓综述》，载《南洋问题研究》2007 年第 4 期，第 57 页。

⑥ 凌纯声：《记台大二铜鼓兼论铜鼓的起源及其分布》，载《中国边疆民族与环太平洋文化》，台北联经出版事业公司 1979 年版，第 67 页。

⑦ 杜佑：《通典》卷 144，中华书局 1988 年版，第 3674 页。

> 僖宗朝，郑细镇番禺日，有林蔼者为高州太守。有乡墅小
> 儿，因牧牛闻田中有蛤鸣，蛤即大虾蟆，牧童遂捕之。蛤跃入一
> 穴，遂掘之，深大，即蛮酋冢也，蛤乃无踪。穴中得一铜鼓，
> 其色翠绿，土蚀数处损阙，其上隐起，多铸蛙黾之状。疑其鸣
> 蛤即铜鼓精也。①

古人对蟾与蛙并不做严格区分。蟾蜍幻化为铜鼓精，似从神话
角度解释铜鼓上常见的蟾蛙铸饰。弗朗茨·黑格尔（Franz Heger）
对中国、东南亚、印度的铜鼓做过系统研究，绝大多数铜鼓上都有
蟾蛙塑饰②。唐宋时期的岭南地区，此类铜鼓盛行。南海神庙的铜
鼓"自唐以来有之，《番禺志》已载。其制度，凡春秋享祀，必杂
众乐击之以侑神"。③ 庙中东鼓"边际旧有六蛙"，西鼓"四角旧有
金虾蟆"。④ 宋代铜鼓"制如坐垫而空其下，满鼓皆细花纹，极工
致。四角有小蟾蜍"⑤，或"正圆而平其面，曲其腰，状若烘篮，又
类宣座。面有五蟾，分据其上，蟾皆累蹲，一大一小相负也"⑥。罗

---

① 刘恂：《岭表录异》卷上，鲁迅、杨伟群点校：《历代岭南笔记八种》，
广东人民出版社2011年版，第51—52页。

② ［奥］弗朗茨·黑格尔（Franz Heger）著，石钟健、黎广秀、杨才秀
译：《东南亚古代金属鼓》，上海古籍出版社2004年版，第253页。有蟾蛙装饰
的铜鼓从今广东、广西、贵州、云南，到越南北部、泰国、缅甸东北，覆盖了
最主要的铜鼓分布区，详参见蒋廷瑜：《铜鼓艺术研究》，广西人民出版社1988
年版，第82页。

③ 方信孺撰，刘瑞点校：《南海百咏·南海杂咏·南海百咏续编》，广东
人民出版社2010年版，第36页。

④ 檀萃：《楚庭稗珠录》卷3，鲁迅、杨伟群点校：《历代岭南笔记八
种》，第240页。

⑤ 范成大：《范成大笔记六种·桂海虞衡志》"志器"，中华书局2002年
版，第115页。

⑥ 周去非著，杨武泉校注：《岭外代答校注》卷7"乐器门"，中华书局
1999年版，第254页。

香林先生认为，传世铜鼓上的蟾蛙图案与雷神祭祀有关①，表达了对雷神的信仰和对雨水的祈求②。蟾蜍，自古就被用于四时祈雨仪式中③。"虾蟆群聚，从天请雨。云雷集聚，应时辄与，得其愿所。"④ 正因如此，蟾蜍通常具备风调雨顺、年丰民安的寓意。铸于南汉大宝八年（965）的敬州（今梅州）修慧寺千佛铁塔，"自第二至第六层，皆方隅。下有檐，宽约四寸。檐角有蟾蜍形，似以之系铃者。"塔铭祈求"禾麦丰饶、军民宁□、风雨顺调"。⑤

此外，南汉国主曾先后招方士炼丹药以求长生⑥。"蟾蜍寿三千岁"⑦，是永寿长生的象征。道教认为"五芝"可"令人飞行长生"，五芝中的"肉芝"即"万岁蟾蜍"⑧。南汉高祖刘䶮曾凿西湖（又名仙湖）药洲，与之相比，刘鋹求长生药的实际行动似无明确记载。不过，他信赖女巫樊胡子，"自言玉皇降胡子身。鋹于内殿设帐幄，陈宝贝，胡子冠远游冠，衣紫霞裾，坐帐中宣祸福，呼鋹为太子皇帝，国事皆决于胡子，卢琼仙、龚澄枢等争附之。胡子乃为鋹言：

---

① 罗香林：《古代越族文化考》，中南民族学院民族研究所编印：《南方民族史论文选集》，1982年，第94、97—98页。

② 蒋廷瑜：《壮族铜鼓研究》，广西人民出版社2005年版，第13页。

③ 董天工笺注，黄江军整理：《春秋繁露笺注》卷16"求雨第七十四"，华东师范大学出版社2017年版，第207—211页。不止在中国，蟾蜍与阴雨有关的自然属性是世界上许多民族的共识。弗雷泽指出："青蛙和蟾蜍跟水的密切关系，使他们获得了雨水保管者的广泛声誉，并经常在要求天下大雨的巫术中扮演部分角色。一些奥里诺科印第安人，把蟾蜍奉为水之神或水之主人，从而惧怕杀死这种生物。"参［英］詹姆斯·乔治·弗雷泽著，汪培基、徐育新、张泽石译：《金枝》上册，中国民间文艺出版社1987年版，第110页。

④ 《焦氏易林注》"大过之第二十八"，"中央编译"出版社2012年版，第305页。

⑤ 黄遵宪：《人境庐诗草笺注》卷10，第900页。

⑥ 陈欣：《南汉国史》，广东人民出版社2010年版，第422页。

⑦ 《抱朴子内篇校释》卷3"对俗"，中华书局2018年版，第47页。

⑧ 《抱朴子内篇校释》卷11"仙药"，第196、197、201页。

'澄枢等皆上天使来辅太子，有罪不可问'"。① 刘铢对胡子言听计从，后者曾以"芝菌生宫中"为符瑞，使群臣入贺。② 除胡子外，共同参决政事的还有卢琼仙、黄琼芝，她们"自中宗时久干外政，至后主而大恣狐威，党朋阉竖因之"。③ "仙""芝"即仙药。二人受宠虽始自中宗刘晟，但她们在后主时权势更盛，亦表明刘铢对长生术的浓厚兴趣。

南汉极重视雷神信仰④，国主又谋求长生不死。在这样的文化信仰氛围里，蟾蜍作为物阜民安、人寿年丰的祥瑞象征，频见于日常生活与祭仪典礼，其形象及文化意涵已深入人心。或许，刘铢以"蟾"为妃号也考虑到了它的美好祯祥。在许多亚洲传说中，长生不老药即真菌灵芝或灵芝，它们长在蟾蜍的头上。⑤ 而在山东、四川等地发现的汉代墓室画像中，蟾蜍已被赋予协助升仙的功能，是掌管不死药的祥瑞。⑥ 有趣的是，李商隐曾以"彩蟾"暗指其所恋慕的女道士。⑦ 这样看来，"蟾"似与掌管仙药的奉道女子联系在一起了。遗憾的是，已知史料无从判断蟾妃李氏与道教的关系，但或许

① 《新五代史》卷65《南汉世家第五》，第817页。陈欣认为刘铢崇奉胡子是其信仰道教的表现（参见氏著：《南汉国史》，第423页）。观樊胡子言行，应非正统道教，更像民间巫道之流，她能堂而皇之地参决国事，也与岭南自古尚巫鬼之俗相符。林富士曾指出，粤地巫风从汉代一直发展至宋代都没有改变，参见氏著：《汉代的巫者》，稻香出版社1999年版，第170页。

② 《新五代史》卷65《南汉世家第五》，第818页。

③ 梁廷枏著，林梓宗校点：《南汉书》卷7，第32页。

④ 王承文：《唐代环南海开发与地域社会变迁研究》第六章第二节《论唐宋岭南南部沿海的雷神崇拜及其影响》，中华书局2018年版，第942—946页。

⑤ ［美］马蒂·克伦普（Marty Crump）著，黎茵译：《两栖爬行动物的神话与传说》，贵州人民出版社2020年版，第94页。

⑥ 刘惠萍：《图像与神话：日月神话研究》，陕西师范大学出版总社2019年版，第274页。

⑦ "彩蟾"一词，参见李商隐《月夜重寄宋华阳姊妹》"偷桃窃药事难兼，十二城中锁彩蟾"。详参见黄世中：《十二城中锁彩蟾——李商隐咏女冠诗探解》，载《温州师专学报》1986年第2期，第39—45页。

可以为理解"蟾"字含义提供一条线索。

在中国早期"避兵术"中，又有蟾蜍避兵之说。《抱朴子》云："或问辟五兵之道……或以月蚀时刻，三岁蟾蜍喉下有八字者血，以书所持之刀剑。"① 又云："肉芝者，谓万岁蟾蜍，头上有角，颔下有丹书八字再重，以五月五日中时取之，阴干百日，以其左足画地，即为流水，带其左手于身，辟五兵。若敌人射己者，弓弩矢皆反还自向也。"② 按阴阳五行说，应是以蟾蜍之至阳克兵器之至阴。③ 刘铄即位后数年，963 年，北宋平高继冲，控制湖南，兵临南汉北境。南汉主动出击，先后于 963 年八月"数寇桂阳及江华"，被潭州防御使潘美击走；964 年攻潭州仍为潘美所败，并失郴州；968 年，攻道州未果。④ 至 970 年，劝降南汉无效后，宋太祖正式出兵，数月灭之。大宝十年（967），刘铄敕建光孝寺东铁塔，铭曰："保龙躬有庆，祈凤历无疆。万方咸使于清平，八表永承于交泰。"⑤ 有学者认为该塔是为庆祝后主寿诞。⑥ 其时，南汉对宋已两连败，郴州不守，刘铄用邵廷琄屯兵洸口。⑦ 建塔虽为贺寿，但铭文中的"万方清平""八表交泰"可能也表达了对战事胜利、边境无虞的希冀。后主在位十余年间多有战事，且以兵败居多，直至最后亡国。蟾，自古用于避兵制胜之术，为征战凯旋之祥瑞，刘铄选该字未知是否亦有此意？

在传统文化体系内，蟾蜍是月亮的象征，由"蟾妃"联想到月

---

① 《抱朴子内篇校释》卷 15 "杂应"，第 269—270 页。

② 《抱朴子内篇校释》卷 11 "仙药"，第 201 页。

③ 苏晓威：《中国早期的"避兵术"》，载《中国文化》第 44 期（2016年），第 178 页。

④ 陈欣：《南汉国史》，第 212—214 页。

⑤ 《东铁塔记》，阮元主修，梁中民点校：《广东通志·金石略》，广东人民出版社 2011 年版，第 133 页；广州市文物考古研究院、南汉二陵博物馆编著：《汉风唐韵——五代南汉历史与文化》，第 23 页。

⑥ 陈鸿钧：《广州光孝寺南汉东西二铁塔铭考释》，载《岭南文史》2012年第 2 期，第 29 页。

⑦ 《续资治通鉴长编》卷 6，第 155 页。

中仙子也在情理之中。但正如不少学者所怀疑的，刘䶮及其后继者并不像在儒家仁义道德传统礼教熏陶下成长起来的中土之人。[①] 刘鋹没有遵循古代妃号的传统惯例，"蟾"字的初衷也不一定是传统的月亮意象。依笔者揣测，他更有可能依从于岭南本土文化及风俗。试看刘鋹为其他宠姬所起之别号，也与传统的雅致含蓄无关，更贴近于本土风物。

据前揭史料，刘鋹姬妾中有位波斯女子，号"媚猪"，在后世作品中常被引用与蟾妃相对。此女"黑脂而慧艳，善淫，曲尽其妙"。[②] 劳费尔曾指出南海波斯（马来波斯）与西域波斯（伊朗波斯）的差别。[③] 蔡鸿生先生也提醒我们需重视这一"劳费尔命题"。[④] 从"波斯女"的肤色外貌来看，她更有可能来自马来波斯，而非伊朗波斯。刘鋹呼"媚猪"，自是戏称其身形丰满。不过，钱锺书先生早已指出"以豕之象拟示淫欲"。[⑤]《左传》载："昔有仍氏生女，黰黑，而甚美，光可以鉴，名曰玄妻。乐正后夔取之，生伯封，实有豕心，贪婪无餍，忿类无期，谓之封豕。有穷后羿灭之，夔是以不祀。"[⑥] 有学者认为玄妻即猪的化身。[⑦] 玄妻外貌"黰黑"而

---

① 张强禄：《南汉刘氏统治的后世评说》，载《岭南文史》2016年第2期，第12页。

② 陶毂：《清异录》卷上"君道门"，第19页。

③ ［美］劳费尔著，林筠因译：《中国伊朗编》，商务印书馆2001年版，第315页。

④ 蔡鸿生：《广府波斯舶旧闻释证》，载氏著：《广州海事录——从市舶时代到洋舶时代》，商务印书馆2018年版，第52—62页。蔡鸿生先生在文中整理考释了史籍、僧传、诗文、笔记和墓志中岭南地区的波斯痕迹。

⑤ 钱锺书：《管锥编》第1册，生活·读书·新知三联书店2007年版，第49页。

⑥ 杜预注，孔颖达正义：《春秋左传正义》卷52，载阮元校刻：《十三经注疏》（下），第2118页。

⑦ 孟冬冬：《先秦豕意象的生成及文化意蕴》，载《古籍整理研究学刊》2019年第4期，第101页。

"甚美",恰与波斯女形似。这样看来,刘铄以"猪"字不仅描述了波斯女肥黑的外貌,也暗示其善淫的品性。巧合的是,猪和蟾一样,不仅是岭南日常生活中常见的物种,而且都与雷神信仰有关。粤地雷神的形象即是猪头:

> 尝有雷民,因大雷电,空中有物,豕首鳞身,状甚异。民挥刀以斩,其物踣地,血流道中,而震雷益厉,其夕凌空而去。自后挥刀民居室,频为天火所灾。虽逃去,辄如故。父兄遂摈出。乃依山结庐以自处,灾复随之。因穴崖而居,灾方止。或云,其刀尚存。雷民图雷以祀者,皆豕首鳞身也。①

又,裴铏《传奇》"陈鸾凤"一条记:

> 唐元和中,有陈鸾凤者,海康人也。负气义,不畏鬼神,乡党咸呼为"后来周处"。海康者,有雷公庙,邑人虔洁祭祀,祷祝既淫,妖妄亦作。邑人每岁闻新雷日,记某甲子。一旬,复值斯日,百工不敢动作。犯者不信宿必震死,其应如响。时海康大旱,邑人祷而无应。鸾凤大怒曰:"我之乡,乃雷乡也。为神不福,况受人莫酹如斯;稼穑既焦,陂池已涸,牲牢飨尽,焉用庙为?"遂秉炬爇之。其风俗,不得以黄鱼彘肉相和食,食之亦必震死。是日,鸾凤持竹炭刀,于野田中以所忌物相和啖之,将有所祠。果怪云生,恶风起,迅雷急雨震之。鸾凤乃以刀上挥,果中雷左股而断。雷堕地,状类熊、猪,毛角,肉翼青色,手执短柄刚石斧,流血注然,云雨尽灭。②

---

① 房千里:《投荒杂录》"雷公形"条,载《广州大典》第 34 辑·史部地理类·第 5 册(总第 214 册),广州出版社 2015 年版,第 604 页。

② 裴铏著,周楞伽辑注:《传奇》,上海古籍出版社 1980 年版,第 48 页。

在这则神异故事中，雷神的形象亦类猪。当然，笔者并不认为"媚猪"之称受到了雷神形象的影响，但不可否认"蟾""猪"都是岭南本土常见之物事，文化形象及意涵也正相符，它们有可能成为刘铢的取材来源，恰好体现其所思所想。

土地与土地上的动物有一种地域性的联系，动物是地方色彩的一项要素，兼具自然特征、精神（道德）内涵和灵异力量。[①] 蟾，与古代岭南的日常生活、信仰世界息息相关，其形象为时人所熟识，意蕴也更为丰富深远。它是祭祀仪式上的灵物，是象征人寿民安、风调雨顺、征战胜利的祥瑞。对内外交困中的后主刘铢来说，能让他获得慰藉的不一定是虚幻的广寒宫，而是四方宁靖、国祚绵延的愿景。我们虽不能完全排除"蟾妃"之号含有月宫仙子之意，但是，蟾，作为世俗祥瑞、祭祀灵物，其所代表的吉祥美好的寓意，可能是刘铢这位亡国之君当时更迫切的想往；以"蟾"名妃，可能也寄托了他对国运昌顺的祈盼。

余 论

学界对南汉皇族刘氏的血统问题有过不少争论。藤田丰八、陶懋炳怀疑刘氏乃入华大食人或波斯人的后裔。[②] 河原正博、刘美崧则证其为岭南俚僚酋首出身。[③] 刘文锁认为刘氏系从河南上蔡迁至

---

① ［英］胡司德著，蓝旭译：《古代中国的动物与灵异》，江苏人民出版社 2016 年版，第 141 页。

② ［日］藤田丰八著，何健民译：《南汉刘氏祖先考》，载《中国南海古代交通丛考》，商务印书馆 1936 年版，第 137—150 页；陶懋炳：《五代史略》，人民出版社 1985 年版，第 139 页。陈寅恪先生仅对藤田氏关于伊斯兰教徒多刘姓一说表示"其说诚是。"参陈寅恪：《刘复愚遗文中年月及其不祀祖问题》，《金明馆丛稿初编》，生活·读书·新知三联书店 2001 年版，第 365 页。

③ ［日］河原正博：《汉民族华南发展史研究》，日本吉川弘文馆 1984 年版，第 229—252 页；刘美崧：《南汉主刘氏族属为俚僚》，载《历史研究》1989 年第 5 期，第 187—190 页。

闽粤经商的华化贾胡之后裔。① 唐森不赞同"外来说"或"俚人说",认为其为由河南蔡州之上蔡南迁之汉族。② 王承文也指出南汉刘氏原籍上蔡,晚唐时为逃避中原战乱而迁徙闽粤。③ 本文所论虽与刘氏血统无涉,但从刘𬬮以"蟾"名妃,而非以"贤、德、贞、静"命名,可见其并未考虑和遵循中原传统。这似乎也和刘𬬮本人的知识背景相符,其生长于岭南,对中原文化风物甚为陌生。《清异录》载:

> 南汉地狭力贫,不自揣度,有欺四方、傲中国之志,每见北人,盛夸领海之强。世宗遣使入岭,馆接者遗茉莉,文其名曰"小南强"。及本朝,𬬮主面缚伪臣到阙,见洛阳牡丹,大骇叹。有缙绅谓曰:"此名大北胜。"④

此段意在讥嘲南汉夜郎自大,但刘𬬮不识洛阳牡丹,可见其对中原风土之陌生与隔阂。学者已从康陵哀册、陵园形制等方面,指出南汉刘氏对中国传统礼制的阳奉阴违与标新立异⑤,而刘𬬮所起

---

① 刘文锁:《南汉〈高祖天皇大帝哀册文〉考释——兼说刘氏先祖血统问题》,载《汉学研究》第 26 卷第 2 期,2008 年,第 306—307 页。

② 唐森:《南汉刘氏族属平议》,载《暨南学报》1993 年第 1 期,第 70—78 页。

③ 王承文:《再论南汉王室的族属与来源》,载《历史研究》2018 年第 3 期,第 131—146 页;又载氏著:《唐代环南海开发与地域社会变迁研究》,第 760—808 页。

④ 陶毅:《清异录》卷上"百花门",大象出版社 2003 年版,第 37 页。此事也见《十国春秋》:"(乾和十四年)周遣使来聘,帝(中宗刘晟——笔者注)欲盛夸岭南之强,馆接者遗使者以茉莉,文其名曰'小南强',盖讥之也。宋时后主入汴,诸臣不识牡丹,有朝臣谓之曰:'此名大北胜。'盖报此语。"吴任臣:《十国春秋》卷 59《南汉二》,第 859 页。

⑤ 刘文锁:《南汉〈高祖天皇大帝哀册文〉考释——兼说刘氏先祖血统问题》,第 306 页。

妃妾之号，显明其与父祖一脉相承。也就是说，刘氏一族即便迁徙自中原，其对中原传统并不重视，言行章法也鲜见中原的影响与痕迹。

"蟾"作为妃号，其蕴意中虽无外来因素，但有违中原传统，它体现了浓厚的岭南本土文化意味。南汉作为割据岭南的王朝，具有明显的本土化倾向。① 蟾或蛙是岭南生活中常见的动物，其民俗与宗教意义也为当时当地人所熟悉。或许，刘铱是在岭南本土文化范畴内选择了"蟾"字，以期带来祯祥。虽然我们在对"蟾妃"的遥想中，其形象不一定是无人企及、清丽无俦的月中仙子，但"蟾"作为祛邪纳福之祯祥，却表达了在那个割据战乱的年代，大多数世人对人寿年丰、国泰民安的向往。

本文探讨"蟾"作为妃号，选题自显得十分狭小。不过，季羡林先生当年为蔡鸿生先生《唐代九姓胡与突厥文化》所写序言中，于蔡先生惯用小题目做文章称赞有加，有曰："在学术探讨中，题目的大小，并不意味着意义的大小。关键在于钻研之深浅与夫方法之疏密。"② 假如拙文于"蟾"作为妃号的意涵论证并不离谱的话，则庶几可进一步证明外来统治者在宫廷生活的意识形态上，亦免不了受到当地风土文化的影响，这一命题自不无学理价值。

附记

2007 年夏，我进入中山大学历史学系跟随林悟殊先生做博士后研究，之后的两年是我人生中颇为愉悦的时光，可以自由读书出游、能经常与蔡老师聊天。一般，蔡老师会在上午 9、10 点钟之间到办

---

① 王承文：《唐代环南海开发与地域社会变迁研究》第六章第二节《论唐宋岭南南部沿海的雷神崇拜及其影响》，第 944 页。

② 季羡林：《唐代九姓胡与突厥文化·序言》，载蔡鸿生《唐代九姓胡与突厥文化》，中华书局 1998 年版，第 1 页。

公室。每当我听到外面走廊上轻轻的脚步声，便在心里暗数三下，抬头，正好蔡老师踱到办公室门口，白色的短袖衬衫，精神矍铄。与蔡老师聊天，是一件放松且快乐的事。他对史料烂熟于心，西域南海信手拈来，娓娓而谈，风趣且生动。记得当我写作遇瓶颈时，蔡老师会点拨我关注白衣观音、大相国寺；在我外出考察前，他会叮嘱我认认真真在陕西历史博物馆看一天，也会提醒我不妨试试南普陀的素饼。我于学术并无悟性，聊天中只会插科打诨。"媚猪"女，便是蔡老师被我"带歪"之后提到的南汉逸事。当时只是好奇一位国君起出如此接地气的小号，但后来看到"蟾妃"时，我便再也无法不正视它了。自古文人士子便对仙凡恋有各种绮丽的遐思，而后主刘铣竟将"女神"直接从仙圣界拽到了动物界。蔡老师曾鼓励我关注南海，但因懒惰成性，我一直没能认真读书，愧对蔡老师在学术、学理上的指导与教诲。对"猪""蟾"的好奇，最初源于和蔡老师的一次闲聊，故以这则小文，记那段能常常与蔡老师聊天的时光。

（作者系中山大学历史学系副教授）

唐宋广州港再认识

——读蔡鸿生先生《市舶时代广府的新事物》有感

曾玲玲

《市舶时代广府的新事物》一文，收录于蔡鸿生先生《广州海事录——从市舶时代到洋舶时代》中，该文聚焦唐宋时期广州因市舶贸易催生的新事物，具体包括新官制、新族群、新社区、新舶货、新行业、新礼仪 6 大类，涉及官、商、民，对城市结构和社会变迁产生深远影响。[1] 同时，该文又被置于该书的上篇市舶时代 9 篇论文的首位，足见其在蔡先生有关市舶贸易历史研究中的重要性及提纲挈领之功。本文以读书札记的形式，从城市史研究的角度，谈谈个人的心得体会。

一、广州：古代中国对外贸易最重要的港口城市

蔡鸿生先生在"引言"部分首先引用了清代岭南学者梁廷枏有关"边关互市"与"口岸市舶"的论述[2]，提醒读者注意这两种物资流通、商品交换的方式除了海陆之分，更有本质区别。蔡先生认为市舶贸易是以海舶为载体的口岸贸易，而唐宋两朝是市舶贸易制度化的关键时期，这种贸易形式直至明代中期西方航海国家东来，南海舶商被西洋商人取代，转变为洋舶贸易，鸦片战争后进一步变

---

[1] 详见蔡鸿生：《市舶时代广府的新事物》，载氏著：《广州海事录——从市舶时代到洋舶时代》，商务印书馆 2018 年版，第 39—51 页。

[2] 蔡鸿生：《广州海事录——从市舶时代到洋舶时代》，第 39 页。

成了条约贸易，性质发生了根本改变，因此《广州海事录——从市舶时代到洋舶时代》被分为上下两篇，分述市舶时代与洋舶时代以广州为主导的海外贸易历史及其特征。

从市舶时代到洋舶时代，在南海之滨的广州港始终是各国商舶东来的最重要目的地，被誉为"两千年永不关闭的门户"。由于不同时期广州的贸易伙伴来自不同地区和国家，他们赋予了广州不同的历史称谓，印度人称广州为"支那"（Cina），阿拉伯人称广州为"广府"（Khanfu），西洋人称广州为"广东"（Canton）①，这段分析实则是蔡先生基于对广州海外贸易两千年历史的长时段考察，从专有名词研究的角度，对其历史变迁与时代特征的高度概括，值得我们细细思量。那么唐宋时期的广州如何开展和促进市舶贸易？因口岸市舶出现了什么新气象？这座港市因此形成了怎样的口岸文化？蔡先生逐一拨开历史的浓雾，为我们提供了一个崭新的认识。

二、市舶贸易制度先行先试之地

在第一节"新官制"中，蔡先生开宗明义："广州濒临南海，是市舶贸易的发源地"，汉代广州（时称"番禺"）已是海外舶来品集散地。至唐代中期，以广州为中心的市舶贸易逐渐繁盛，蔡先生回顾了唐朝政府在广州设立主持市舶事务的常设性职官市舶使、宋太祖开宝四年（971）广州设置市舶司、元丰三年（1080）修定并推行《广州市舶条》，"设官、置司和立法，体现了国家行政职能在新条件下的发展"，真实记录了中古时期市舶贸易制度如何形成并不断发展、完善，而所有这些具有开创性的举措均在广州最早实施，切实可行后再推广至沿海诸路，充分说明广州口岸的重要性及其不可替代。笔者认为，之所以选择广州港作为市舶贸易制度建设的试验田，既基于其面向南海、商舶云集的独特地理位置，也缘于其始于汉代、延续不断的海外贸易历史与丰富的通商往来经验。因此，广州既是市舶贸易的发源地，

---

① 蔡鸿生：《广州海事录——从市舶时代到洋舶时代》，第 40 页。

也是市舶贸易制度设立和改革的前沿地，市舶使、市舶司、市舶宴均首创于广州，尤其是古代中国历史上首个为市舶立法、为海商立法、为海洋立法的《广州市舶条》亦被官方冠以广州之名，这些前无古人的创新举措，均被实践证明是有效且成功的，唐宋时期的"广州经验"在市舶时代被推广至全国沿海诸港，并成为元、明两朝制定、完善市舶制度、法则的参照范本，意义重大。

三、"天子南库"的称谓源于何时？

市舶司作为市舶时代专门管理市舶事务的官方机构，不仅在当时发挥了举足轻重的作用，也被视为后世"海关"的雏形，影响深远。蔡先生在论述宋代广州市舶司的官员构成时，引用了《宋会要辑稿·职官四四》所载：

> 初于广州置司，以知州为使，通判为判官，及转运司掌其事。又遣京朝、三班、内侍三人专领之。

根据这则史料得出结论，"宋初广州市舶司的班子，是由地方官和京朝官联合组成的。后者所谓'三班'，即来自'三班院'（供奉官、殿直、承旨）的官员"。但是，"知州虽兼市舶使，而其权则分散在转运使与三班内侍。以专任市舶官的资格而与市舶最有直接关系者则为三班内侍"，进而揭示了市舶贸易制度中职官权力的内幕及其根本原因："其所以由京官掌实权，就是因为'市舶者，其利不赀，摧金山珠海，天子南库也'"，蔡先生明示，"市舶者，其利不赀，摧金山珠海，天子南库也"一句源自宋代叶廷珪所撰《海录碎事》。[1] 这段论述不仅阐明了广州市舶贸易收益对宋王朝的重要性，也证实了用"天子南库"指代广州并非源于屈大均《广东新语》，

---

[1]　详参见叶廷珪撰，李之亮校点：《海录碎事》，中华书局2002年版，第680页。

而是早在宋代即已出现的民谚，广州在国家赋税收入的重要地位延续了近千年。

四、"蕃坊"按归化体制管理

市舶时代的帆船贸易在很大程度上受限于季候风，因此在等候季风来临时，不少外国商人居住在唐代广州城内。随着人数和频率的增多，为了便于管理，唐朝政府在广州划定专门的区域让海外舶商居住，这一形式史称"住唐"，这一特设社区也被命名为"蕃坊"。这是唐宋时代广州的创举，随后推广至泉州、扬州等外国商人较为聚集的港口。

蕃坊位于唐代广州城西，大致范围为北至今中山六路、东至解放路、南至大德路、西至海珠路。蔡先生在文中指出，在这个新社区里，唐朝政府实行的是归化体制管理，此处所谓"归化"，应是指外国侨民接受唐朝政府的统治，并入籍之意，因此蕃坊与近代通商口岸的租界有本质区别。蔡先生引用撰于851年的《中国印度见闻录》和北宋初年随父宦游广州的朱彧所著《萍洲可谈》的记载，说明唐代广州蕃坊的行政长官蕃长并非蕃商推举，而是由"中国长官委任"，代表唐朝政府管治这个新社区。因此这位"汉置蕃官"的管理权限只有惩罚之责，没有审判之权；"巾袍履笏如华人"，除管理蕃坊内行政、宗教事务，也代表唐朝政府招邀蕃商入贡。通过以上论述，蔡先生进一步厘清了蕃坊的性质，"是归化现象而不是异化现象"，这一结论值得治广州史和从事广州城市史陈列的同行们关注。广州博物馆现藏一方清光绪十六年（1890）重修蒲氏家族墓碑，"蒲"姓是唐宋时期阿拉伯人来华后惯用的汉姓。据该碑碑文所载，其先祖在宋朝或更早时期已入华定居并改用汉姓，之后经科举考试晋身仕途，受封为朝官，至清光绪年间落籍南海甘蕉及番禺蒲村、鱼珠。① 这

---

① 详参见香港历史博物馆编著：《东西汇流——粤港澳文物大展》，2005年，第73页。

一珍贵的碑刻史料有力印证了唐宋广州蕃坊内阿拉伯侨民归化之举。笔者不禁想起向达先生《唐代长安与西域文明》一书，向先生深入考察唐代流寓长安的西域人，一方面其将西域文明传入中土，致长安城出现胡风①；另一方面不少西域人倾慕华风，取汉姓、衣华服、志墓立碑、胡汉通婚，数代之后华化益深②。唐代长安与广州具有许多共性：如同为贸易路线上的重要孔道，寓居外国人较多；胡汉或蕃汉杂居甚至通婚，多元文化并存；城市结构及社会风俗因对外贸易及外来人群发生较大变化。同时因前来贸易及定居的外国人族属不同、国都长安与港市广州的定位不同，外来人群及外来文化对城市历史、文化的影响力、辐射力亦有所区别，需具体情况具体分析，但将这两座城市进行比较研究，不失为一个有趣的课题。向达《唐代长安与西域文明》和蔡先生《广州海事录——从市舶时代到洋舶时代》两本专著，为我们提供了坚实的研究根基。

关于宋代广州蕃坊人家的生活状态，蔡先生另辟专文论述③。该文选取大食舶主、蕃长辛押陁罗、宗女刘婿、三佛齐客、巨商蒲亚里、土生蕃客、民家庑女、波斯妇家、蕃坊铺户等10个案例，涵盖舶主来贡、蕃坊管理、蕃汉通婚、入华落籍、蕃商居所、蕃客奉佛、女性蕃客、社区商业等诸多方面，可以窥见宋代广州蕃坊多元文化汇聚以及新族群带来的新气象。文末蔡先生归纳了蕃坊社区的人文特征，包括族属多元性、信仰多元化、生计多样化、世代有差别、社会分化不可避免5个方面，提醒学人注意：蕃坊以大食蕃客为主体，此外还有阿曼人、三佛齐人、波斯人杂居其中；蕃坊也不是清一色的穆斯林社区，还有佛教徒、祆教徒；蕃客入华后，除了

---

① 向达：《唐代长安与西域文明》，河北教育出版社2001年版，第3—121页。

② 详见向达：《唐代长安与西域文明》第八小节《长安西域人之华化》，第93—111页。

③ 详见蔡鸿生：《宋代广州的蕃坊人家》，载氏著：《广州海事录——从市舶时代到洋舶时代》，第92—102页。另可参见甘正猛：《唐宋时代大食蕃客礼俗考略》，载《广州与海洋文明》，广东人民出版社1997年版，第5—48页；陈学军：《宋代广州的蕃姓海商》，载《广州与海洋文明》，第49—126页。

继续当舶主、商贩，也可能改入仕途等；坊内既有刚抵达的住唐蕃客，也有土生蕃客，华化程度不一，也分化为不同的阶层。这个8世纪左右在广州城西出现的新社区，曾是这座港市最具有活力、最耀眼的一个区域，它不仅仅是海商暂时旅居之地，更是许多蕃客安身立命、世代侨居之地。这里曾活跃过的人、事、物，没有随着时间的推移而消逝，而是早已融入广州的历史文脉中。期待更多的文献与考古材料的发现，也期待学界更多地关注这个社区的昨天与今天，继续推进我们对广州唐宋蕃坊的认识。

五、史籍中的舶货与文物研究

蔡先生将唐宋时期的舶货分为两类，一为见于史书的批量商品，如南宋绍兴十一年（1141）十一月户部裁定的三百余种"市舶名药各色"，需经市舶司"阅货"，是经官方渠道入华的"进口名优产品"；一为不见于官书、由蕃商私带入境的"奇器"，蔡先生特意从宋人诗词中选取了两个例子加以说明，分别为高价出售于"五羊市"（即广州市场）、能使热水迅速变凉的"冷瓶"和由大舶输入"番禺宝市"的琉璃瓶。这两件舶货珍品令笔者眼前一亮，须知唐宋史籍浩如烟海，蔡先生淘得这两件珍宝实属不易，而笔者从事文博工作多年，却未用心留意已出土的唐宋文物及其特殊用途，实在惭愧！

蔡先生引用宋代诗人文同《丹渊集》卷9《冷瓶》一诗，为我们介绍了这种其貌不扬的陶水壶外形：体圆、颈肿、足跛、质粗、色暗，曾有海商带到广州，用帛巾层层包裹，它能使沸水顷刻变冷。文同在诗中并未解释冷瓶的原理，估计是制瓶材料特殊，可降温，又或是瓶中加入了降温物品。笔者查找了目前已出土并公开发表的宋代广州文物，暂未发现符合冷瓶外形的器皿，或许当时传入广州的冷瓶数量本就稀少，且经年累月已破损不存。但是蔡先生的这段论述提醒我们要更加关注唐宋文物，尤其是一些目前暂无法确认用途又看似寻常的，也许正是海舶遗珠，如1999年广州市横枝岗内环路工地出土的唐代青釉象首形瓶和唐青釉托盘注壶，器型与中土常见器物迥异，有研究人员根据两器均有莲瓣装饰，推断为佛堂供奉用品。① 笔者认为仍需继续寻找同类器物进行对比研究，如能找到文献印证其用途，真相方可水落石出。

北宋张耒的诗《琉璃瓶歌赠晁二》描述了一种"非石非玉色绀青"的琉璃瓶，刻花为饰，高度透明，蔡先生认为其被用于盛装蔷薇水（玫瑰露），是大食国的名牌货，宋代"海师"将其比作南海观音手中的杨枝瓶。这种非石非玉色绀青的琉璃瓶，在广州考古中已有发现，其中一件于 2003 年在广州番禺小谷围岛南汉康陵地宫出土，口径约 5.5 厘米，底径约 5 厘米，高约 12 厘米，整器呈湖水绿色，较厚处墨绿色，外壁印有凸起的竖棱纹。② 这件琉璃瓶的材质、色泽、透明度及器型与张耒诗描述的较为相似，唯一不同点是瓶身并无刻花，这种瓶子的大小也适合盛装当时名贵的进口蔷薇水，只需在瓶口加一木塞即可。此物出土于南汉高祖刘岩的陵墓康陵地宫，疑为皇室生前所用的舶来珍品，也是符合历史逻辑的。刘岩卒于 942 年，虽然比北宋张耒（1054—1114）早了 100 多年，仍有比较研究意义。曾有考古人员认为已出土的南汉波斯蓝釉陶瓶也是盛放蔷薇水的，但是这种陶瓶为黄褐泥质胎，器表及内壁均施孔雀蓝釉，釉层较厚，不透明，根据复原后器型判断可能原有较大执耳③，无论材质、色泽、透明度及尺寸均与张耒诗描述的琉璃瓶区别较大，是何功用还需进一步研究。

六、港口历史与市舶贸易研究的紧密结合

在文章的后半部分，蔡先生论述了唐宋广州港出现的新行业、

---

① 参见黄庆昌：《广州海上丝绸之路的考古发现》，岭南美术出版社 2011 年版，第 134—135 页。

② 参见黄庆昌：《广州海上丝绸之路的考古发现》，第 79 页。

③ 2008 年广州市中山五路景豪坊工地出土南汉波斯蓝釉陶瓶，复原后口径 18 厘米，腹径 41 厘米，残高 61 厘米，参见黄庆昌：《广州海上丝绸之路的考古发现》，第 137 页。

新礼仪，这些要素与前述新官制、新族群、新社区、新舶货均是市舶时代的新事物，带来了整座城市结构变化乃至社会变迁，共同构建了唐宋广州的新形象。它们随季候风潮起潮落，让这座五羊城瞬息万变、生机无限。

蔡先生言："透过纷扰的'互市'现象，既见物又见人，从人出发向人回归，是研究市舶史者应有的学术自觉"①，无论人口流动、物资流通还是风俗传播、文化交融，都离不开人的活动，因此脱离了对人的研究，就等于无根之木、无源之水。无论是研究港口史还是市舶贸易，"以人为本"是共同的研究方法。在这篇字数不多的研究专文中，蔡先生不仅为我们介绍了唐宋市舶的制度、社区、族群、商品、行业、礼仪，更讲述了市舶司官员群体、波斯僧、昆仑奴、大食舶主、蕃长、宗女、三佛齐客、巨商、土生蕃客、民家庆女、波斯妇家、蕃坊铺户、和香人、解犀人、译人、舶牙等人群的故事。在蔡先生这篇文章及该书相关章节中，这些历史人物都出现在相应的历史场景里，形象和细节更加清晰、鲜活了。读完之后，不仅找回了历史记忆，仿佛回到了唐宋广州城，这座城市因这些人和事流动起来，有了温度和热度。

2018 年 5 月，蔡先生多年研究的力作《广州海事录——从市舶时代到洋舶时代》由商务印书馆正式出版。8 月间，笔者有幸拜访先生并聆听他讲述撰写该书的思路和理念。先生指出，"要关注海外贸易、海上交通的概念和符号，例如蕃坊、蕃长，只是史籍中出现的概念，没有实体化；蕃坊里面有人家，蕃长也在史籍中留下事迹，要尽力搜罗资料后整理，为广州蕃长画像"。先生还强调，"海事即人事，人事就要考察人心，这是以往学界较少关注和研究的，也是以人为本的研究理念。因此书中探讨了海洋意识的觉醒，真正觉醒是在唐代，而且与广州息息相关"。可见蔡先生将唐代视为古代中国海外交通历史上具有里程碑意义的朝代，而且强调广州在唐代对外贸易活动中独一无二的地位。此次谈话的最后，先生提醒：考察海

---

① 蔡鸿生：《广州海事录——从市舶时代到洋舶时代》，第 51 页。

事活动，既要立体观察又要动态观察，不是凝固不动的，如他早在2007 年"1730—1830：广州与长崎比较研究，荷中日关系"国际研讨会提出"广州口岸与腹地商帮"的研究课题，10 多年来一直在思考，海外贸易活动虽然发生在口岸，但与腹地商帮密不可分；近代从"一口"变成"五口"，商帮因而转移活动区域，口岸就随之衰落了，因此必须动态地考察口岸历史变迁。同样他对广州海事的考察，也是从唐宋延续至明清，通过长时段的动态考察，综合时间、空间、人物、事件乃至海洋意识、海商伦理多方要素，为学界奉献了一部全景式、立体化的《广州海事录——从市舶时代到洋舶时代》。

笔者作为广州文博的一员，多年来从蔡先生的论著和提点中获益良多。城市博物馆以收藏、研究、展示、宣传城市历史文化为己任，以物说话是我们举办展览、出版图录、宣传推广的基本原则，但是往往见物不见人，在城市史的叙事中多有宏观叙述，少见人群故事。如前所述，广州作为一座两千年永不关闭的港口，其历史、文化与港口贸易密不可分，因不同的贸易制度、外来人群及文化碰撞对城市结构和社会形态发生深远的影响。因此对相关文物的研究，不能仅停留在对器型、用途的基础研究，需对特定历史时期的城市发展脉络有较为准确的把握，努力爬梳文献，挖掘同时期更多的相关信息，不断加深对文物的研究和认识，进而挖掘文物背后的人物故事和时代印记。蔡先生此文犹如一篇范文，提醒我们除了唐宋时期正史、官书、典章，还要广泛搜罗佛书、笔记、诗词及外国人游记，虽如大海捞针，但若能将这些散落的珍珠串起来，必将有助于我们了解更多的市民群体生活状态，从而抓住广州港市历史文化特色，将书中文字与实物结合，更好地呈现城市历史与生活变迁。

掩卷深思、意犹未尽，蔡先生的这篇文章值得一读再读。多年来笔者在康乐园向蔡先生请教、问学的情景，历历在目。作为读而思、思而后行的结语，以下几点与诸位同仁共勉：

一、由唐及宋，广州作为市舶贸易最重要的港市，在市舶管理及制度建设方面不断探索、创新，逐渐走向常态化、规范化，为其他港市及后世对外贸易管理树立了典范。在对古代港市、口岸的研究过程中，我们要注意时空变化，对具体的港口进行不同时段具体分析，用史料和文物说话，不可生搬硬套。

二、蔡先生的论述提示我们关注唐宋时期中央王朝和地方的互动，包括市舶官员的选派、市舶收入的管理、进口商品的控制、蕃坊的社区管理、市舶礼仪、南海神祭拜等等，需对两者互动关系进一步研究探讨。

三、唐宋蕃坊居民的性质问题。归化人群经数代的文化、血脉融合，已融入这座城市的市民群体中，虽肤色、毛发、语言有别，但与原住民在习俗、文化各方面日益接近，已成为这座城市历史文化的缔造者之一。因此在讲述唐宋广州历史时，不可将蕃坊居民置于异化的位置，应一并考察。

四、在唐宋广州城市史的展示中，如何展现多元文化的融合？除了文物，还需从建筑、饮食、物种、语言、街道命名、习俗多方面挖掘材料，使之更加立体化、形象化。

五、唐宋来往广州的商船、商人来自不同国别，目前我们更多依靠国内文献和文物进行分析研究，对于东南亚、西亚乃至阿拉伯半岛的材料关注较少、掌握的信息很有限，无法按照唐宋海交历史实际进行对等研究，难免以偏概全，乃至失之毫厘、谬以千里。因此，仍有许多有待开辟或拓展的研究课题，任重道远。

（作者系广州博物馆研究馆员）

晚明霞漳陈天定之宦海浮沉

——从艾儒略"欲度"之人到逃僧遗民 *

林金水　代国庆

漳州又称"霞漳""清漳",隶闽极南,介泉、潮二州山海之区,明万历时辖龙溪、漳浦、龙岩、长泰、南靖、漳平、平和、诏安、海澄、宁洋 10 县。此地曾受朱熹教化,又蒙阳明学熏陶,故漳州士君子自溢为"大贤过化之邦","君子重礼节而博书记,野人力耕而作而尚谨悫驯"。① 迨明代,儒家文化繁盛,"一以礼宗显,一以儒学称"。② 明季"同志重文社,多者数十人,少者十数人,按期拈题,呈能角胜。虽穷乡僻壤,亦汇集邮致,以证先辈竟以此为乐事焉"。③ 可见,偏居一隅的漳州儒士好交接结社,并不乏登庙堂之人,在晚明政局的纷争之中亦见其身影。"漳虽风土不殊",但"壤接岭南,海山环抱,扼厦门、澎湖、台湾之险,其控制抚驭比他郡

---

　　* 国家社科基金重点项目"明清福建天主教文献整理与研究"（13AZJ007）阶段性成果。

　　① 陈洪谟修,周瑛纂,张大伟等点校,福建省地方志编纂委员会整理:《大明漳州府志》,中华书局 2012 版,第 747 页。

　　② 乾隆《龙溪县志》卷 10《风俗》,载《中国方志丛书》第 90 号,台北成文出版社 1967 年影印本,第 104 页。

　　③ 光绪《漳州府志》卷 48《纪遗上》,《卷之首旧序》,载《中国地方志集成·福建府县志辑》第 29 册,上海书店、巴蜀书社、江苏古籍出版社 2000 年版,第 1147 页。

为重且难"①，成为晚明中外商贸及文化交流、冲突的中心之地。西儒教士、海上巨寇不时前来，其间裹挟着经济、军事、文化等多元诉求，与当地儒宦纠葛不清。龙溪乡贤林釬、陈天定"中表兄弟"，官位显赫，是闽漳士子的典型代表，他们不可避免地牵连到朝野上下、中外之间。陈天定历经天启、崇祯、隆武等朝，其跌宕起伏的宦海生涯成为晚明纷杂历史的一个缩影。

陈天定、林釬本为同胞兄弟，林釬为长。因其母舅膝下无子，天定过继，改姓陈。② 继叶向高、张瑞图之后，林釬是又一位入阁拜相的闽士。林釬，字实甫，万历丙辰科（1616）进士，天启七年（1627）五月，"任国子司业。监生陆万龄请建魏忠贤祠于太学旁，具簿醵金，强釬为倡。釬援笔涂抹，即夕挂冠棂星门径归"。③ 至崇祯朝起复，"九年由礼部侍郎入阁，有谨愿诚恪之称"，但"未半岁而卒"。④ 对此，《明史》语焉不详。据《台湾外纪》载，林釬卷入郑芝龙招安事，崇祯旧事重提，林釬"遂服药死"。⑤ 陈天定深受胞兄林釬的影响。陈天定，字祝皇，号欢喜道人，世称慧山先生，僧名圆慧。他曾在龙溪梧浦村岐山上的瑞竹岩读书。"林釬在瑞竹岩上"筑'介石云巢'为八角形凉亭；陈天定凿山通道，门径幽绝。悬岩之上，镌有'海日江春'四个大字。陈天定后任吏部郎中，曾在岩上大殿的石柱上题写'风静潮初满，山空月正中'。大学士林釬也题刻石柱联云：'夙根有慧皆森发，上善无声自广长'。"⑥ 陈天定，天启甲子年（1624）举人，次年"会试中式。时魏忠贤方炽，不对策归"，迨"崇祯四年，始补试成进士。授行人，迁文选主事，屏绝

① 光绪《漳州府志》卷首，第 16 页。

② 林群明：《回望来路》（未刊），第 128 页。

③ 《明史》卷 251《徐光启传》，中华书局 1974 年版，第 6495 页。

④ 《明史》卷 251《徐光启传》，第 6495 页。

⑤ 江日昇撰，陈碧笙点校：《台湾外纪》卷 1，福建人民出版社 1983 年版，第 12 页。

⑥ 龙海市地方志编纂委员会主编：《龙海村社》，中国文联出版社 2007 年版，第 250 页。

尝例，时称开门吏部"①。陈天定在朝在野、于中于外都有所参与、建树，但终究难逃易代浩劫，以致归隐了世。

一、御寇救荒：陈天定与郡守施邦曜

从1625年至1631年，近7年时间里，陈天定在乡慧眼山房闭户著书，"日与友人谈经史，操时艺。选政海内，操觚家宗之"。② 时值海疆不靖，"终明之世，龙（溪）之兵乱无宁息焉"。海上之祸接连不绝，"海盗、奸民、凶徒、逸囚、罢吏、黠僧、不第书生以及不逞之人，尚在横行海上，骚扰沿海城乡"。③ 当时海防松懈，海防士兵滥竽充数，武备松弛，"战舰如草棚，衣甲如破被"，"海盗一来，军民争道走逃"。④

辞官不就的陈天定并未弃守经世之责。在居家期间，陈天定力所能及地施以援手，解困乡民厄境。天启六年（1626）春，陈天定返乡之初，叛军海盗"据海岛，载商粟。闽中洊饥，望海米不至，于是求食之民多往投之"。⑤ 七年，"龙溪、漳浦、海澄、南靖、长泰大饥，斗米四钱百，饿殍遍地，天定挺身而出，到处捐资劝赈，活民无数，民为立祠勒石记其事"。⑥漳州天灾人祸与时局动荡交织，内乱不已。尤其是郑芝龙海上武装集团卷入明廷、荷兰争斗的漩涡，不仅陷漳州于战乱之中，还累及在朝施政的林釬。

由于明廷海防废弛，抗荷入侵的中坚力量是地方武装郑氏集团。

---

① 钱海岳：《南明史》卷44《陈天定传》，中华书局2006年版，第2135页。

② 李清馥撰，徐公喜等点校：《闽中理学渊源考》卷83《黄石斋先生道周学派·陈祝皇先生天定》，凤凰出版社2011年版，第847页。

③ 黄超云：《陈天定传略》，林群明：《回望来路》（未刊），第101页。

④ 黄超云：《陈天定传略》，载林群明：《回望来路》（未刊），第101—102页。

⑤ 谷应泰：《明史纪事本末》卷76《郑芝龙受抚》，中华书局1977年版，第1311页。

⑥ 黄超云：《陈天定传略》，载林群明：《回望来路》（未刊），第102页。

郑芝龙原从颜思齐为盗,"至齐死,结十八芝,渠为首,名芝龙"。①
芝龙势力由此崛起壮大,引起明朝政府的恐慌,并派兵围剿。"天启
七年丁卯正月,芝龙从粤回闽铜山。沿海戒严,全队泊漳浦之旧
镇。"② 福建巡抚朱之凭"檄骁将都司洪先春,会把总许心素、陈文
廉等合剿"。③ 漳州地区一时陷入战事,郑芝龙部显然占绝对优势。
崇祯元年(1628)二月,在芝龙大队合攻之下,明军溃败,"春首尾
受敌,坐潮而遁。诸船无帅,咸星散焉"。④ 六月,芝龙再败明军之
围剿。芝龙对他们"不追、不杀、不掠者,实有归罪之萌"。⑤ 九
月,"芝龙举其众降"。⑥ 新任福建巡抚熊文灿准芝龙招安,候旨定
夺,遂以"义士郑芝龙收郑一官功"题,委为海防游击。⑦ 招安之
日,芝龙重赂当道缙绅林釬,时"林釬五十大寿,郑芝龙派人奉上
千金为寿礼,以表示谢意"。⑧ "独林釬不见其使、不受其礼,反其
牍背署之曰:'人有向善之心,而不与人为善者,非也;与人为善,
而又因以为利者,亦非也。'遂以'义士郑芝龙收郑一官功'题报,
授职。后釬拜相,一日侍讲,崇祯偶问及。釬以有人密奏其事,不
敢对,附会其说。"⑨ 崇祯所问及的是:"'芝龙、一官,是一人耶?
或是二人?'釬愕然不能对。奏曰:'臣待罪京师,梓里之事不能详

---

① 江日昇撰,陈碧笙点校:《台湾外纪》卷1,第13页。芝龙曰:"我今
为首,取名芝龙,季弟蟒二为芝虎,四弟为芝豹,从弟莞为芝鹤(后改名为芝
莞),族弟香为芝鹏,余者芝燕、芝凤、芝彪、芝麒、芝豸、芝獬、芝鹄、芝
熊、芝蛟、芝蟒、芝鸾、芝麟、芝鹗等,各写就放盒内,告天拈著者,即名之,
以应十八日之数"。(第14页)

② 江日昇撰,陈碧笙点校:《台湾外纪》卷1,第18页。

③ 江日昇撰,陈碧笙点校:《台湾外纪》卷1,第18页。

④ 江日昇撰,陈碧笙点校:《台湾外纪》卷1,第19页。

⑤ 江日昇撰,陈碧笙点校:《台湾外纪》卷1,第27页。

⑥ 江日昇撰,陈碧笙点校:《台湾外纪》卷1,第29页。

⑦ 江日昇撰,陈碧笙点校:《台湾外纪》卷1,1983年版,第29页。

⑧ 黄超云:《明朝东阁大学士林釬》,载林群明:《回望来路》(未刊),
第131页。

⑨ 江日昇撰,陈碧笙点校:《台湾外纪》卷1,第13页。

知。容查实回奏。'出，遂服药死。"① 远离梓里，在朝当政的林釺仍难逃故里旧事的羁绊，他所言的"查实回奏"不过是聊胜无言之举。林釺清醒地知道，无论如何"查实"都不会纠正"密奏其事"，也不会打消崇祯的猜疑。其自尽之举，或可作畏罪伏法，或可视以死明志。"亦有言其清者，得谥文穆"②，于君于臣算是一个体面的结局。

郑芝龙招安，"不但安民生，且为国家得人用……愿充辕门犬马报效，所有福建以及浙、粤海上诸盗，一力担当平靖，以赎其罪"。③ 从此沿海地方稍得宁靖。但漳州地区仍受"海寇横行"之患，以刘三老、刘香等"二十四将"为首的海盗蹂躏海澄、龙溪一带，地方当局组织乡贤和民间力量联合擒灭诸盗。值此，漳州知府施邦曜和陈天定同商共事，"郡守施邦曜与共商捍敌之策，天定缮乡兵，轻衣治戎，自城以东皆主之，筑堡于镇门两岸以固郡，围贼尝一夜以轻舟泊浦头，天定乘月黑要之，贼几不得出，自是不敢内犯"。④ 可见，陈天定对于军事、御敌亦有经略，并得到施邦曜的肯定，称天定所筑城堡为"陈公城"："谓镇门南北二城，在郡东三十里。明万历末，邑绅陈天定筑，知府施邦曜易以石，记曰：镇之有城也，自陈公祝皇始也。余因而廓焉，名其城曰陈公城。"⑤

施邦曜，字尔韬，号四明，余姚人。"举万历四十年浙江乡试，四十一年赐进士，明年授顺天府武学教授。天启元年升工部营缮主事，四年为云南考试官。归，晋员外。"⑥ 施邦曜是东林党人，天启六年（1626）党派之争炽热，魏珰政盛，"魏忠贤一手障天，以泰山压卵之势，逆之者辄糜。人当时一缕正道，则死辱随之，智士达人

---

① 江日昇撰，陈碧笙点校：《台湾外纪》卷1，第 12 页。

② 《明史》卷 251《徐光启传》，第 6495 页。

③ 江日昇撰，陈碧笙点校：《台湾外纪》卷1，第 28—29 页。

④ 康熙《龙溪县志》卷8《人物》，漳州市图书馆 2005 年影印本，第 160 页。

⑤ 光绪《漳州府志》卷 40《古迹》，第 941 页。

⑥ 陈鼎辑：《东林列传》卷 10《施邦曜》，载周骏富辑：《明代传记丛刊·学林类 3》第 5 册，台北明文书局 1991 年影印本，第 493—494 页。

如欲苟全性命，虽刚介之性，亦不得不出于委蛇，而况彼伊阿龊龊者乎？"① 时为工部员外郎的施邦曜，负责皇宫修缮工程，屡受魏珰刁难，后"擢稍迁屯田司郎中，太监涂文辅奉命督户、工二部，邦曜耻为之屈，亟请外出为漳州知府"②，时在天启丁卯（1627）。③ 在对待魏珰的态度上，施邦曜与林釬、陈天定立场一致，这为他主政漳州时，能同天定合谋处事奠定了基础，以致在漳政显。邦曜"明爽廉干，被服布素，而丰仪峻整，人不敢干以私。下车首锄诸豪强不法者。赈旱荒，平盐政，威惠并行，漳人呼为施青天"。④

崇祯二年（1629），邦曜采石筑万松关，额曰"天宝维雄"，"关隘险峻，素有'麟蹲凤翔，襟带中原'之说"⑤，成为漳州城东的屏障。这座为防御海盗而兴建的军事堡垒很快就发挥了重要作用。时值海盗刘香、李魁奇猖獗，施邦曜"筑万松关，起镇门（今镇头宫处）两炮台护以城，募勇士出其不意攻之，香自刎，魁奇大恐，请抚求如郑芝龙故事。邦曜谓巡抚邹维琏曰：'闽蠹一之为甚，其可再乎？'卒与维琏讨平之"。⑥ 施邦曜建关之举同样得到了林釬的肯定，并专门著文《施公新筑万松关记》给予赞誉："施使君来守吾郡，拮据于寇警腾沸之日，内戢民心，外循捍卫，两镇城址既定，爰履斯关，谓可以固漳郡。"⑦ 崇祯四年（1631），陈天定、林釬等本乡官宦、乡绅、盐商为施邦曜立《施郡侯镇门功德碑》。⑧ 其后，

---

① 张岱：《石匮书》卷196《逆党列论总论》，第1页b。施邦曜在漳知郡8年之久，在历任之时，于崇祯八年（1635）刊刻出版《阳明先生集要》一书，在闽漳儒学史上作出了重要贡献。

② 陈鼎辑：《东林列传》卷10《施邦曜传》，第495页。

③ 张岱：《石匮书后集》卷20《施邦曜传》，中华书局1959年版，第142页。

④ 光绪《漳州府志》卷25《宦绩》，第503页。

⑤ 黄剑岚主编：《龙海县志》，明代彩色照片。

⑥ 光绪《漳州府志》卷25《宦绩》，第503页。

⑦ 林釬：《施公新筑万松关记》，康熙《龙溪县志》卷9《艺文》，第260页。

⑧ 此碑现存，参见龙海市政协文史委编：《龙海文史资料》第26辑《碑文专辑·西溪卷》，2017年版，第344页。

施邦曜擢升福建巡海道，这不仅与他在漳期间御寇安邦的举措直接相关，也得益于陈天定等闽漳儒宦的认可和支持。

《施郡侯镇门功德碑》树立后，陈天定离漳。崇祯四年，陈天定返京任职，踌躇满志的他或许意料不到，他将面临一场更加严峻的党争。就在天定回京之前，同为漳州乡老的黄道周陷入党争非议。在黄道周案中，陈天定、施邦曜出于不同缘由牵连其中，两人的政治命运再次交集。

二、"党与之乱"：陈天定与黄道周案

黄道周案是崇祯年间东林党与阉党余孽之争而引发的一场案件。崇祯即位，首先要治理的是门户之见、党派之争，清除逆党，反对诸臣结党营私、拉帮结派。魏珰虽倒台，党争倾轧并未消解，反而愈演愈烈。明史专家谢国桢先生曾云："崇祯立，始渐收用，而朋党已成，小人卒大炽，祸中于国，迄明亡而后已。"[1] 漳州虽然远离江、浙党派之争的漩涡之地，但党派之争是他们想躲也躲不过的坎。黄道周作为东林党的重要人物，力为东林党人遭受的冤假错案上疏辩护并举荐人才，这不仅招惹崇祯对黄道周的各种处罚，降调、贬职、入狱，还制造出莫须有的"福党"，陈天定位列其中而招祸上身。

黄道周，字幼玄，一字螭若，漳浦人。天启二年（1622）进士，改庶吉士，历编修、经筵讲官。崇祯初，起原官，迁右中允。崇祯二年（1629），"会钱龙锡以袁崇焕事下狱，周延儒等必欲杀之，廷臣无敢讼冤者"。[2] 钱龙锡为东林党人，因与逆党抗争，被扣上"东林鹰犬"之罪名，削籍为民。[3] 崇祯三年（1630），黄道周"三疏救

---

① 谢国桢：《增订晚明史籍考》，上海古籍出版社 1981 年版，《序》，第 6 页。

② 钱海岳：《南明史》卷 40《黄道周传》，第 1961—1962 页。

③ 辛德勇：《记南明刻本〈西曹秋思〉——并发黄道周弹劾杨嗣昌事件之覆》，载《燕京学报》新 18 期，2005 年。

故相钱龙锡，降调，龙锡得减死"。① 崇祯"逆案之定，半为龙锡主持，奸党衔之次骨"。② 逆党图谋通过对东林党人的打击推翻崇祯钦定的逆案名单，他们以袁崇焕被捕诬陷钱龙锡为"逆党"，"时群小丽名逆案者，聚谋指袁崇焕为逆首，钱龙锡为逆党，更立一逆案相抵"。③ 对此，道周上疏一针见血指出，奸党小人借帝"有大君之实"，而"怀干命之心"，"乱视荧听，浸淫相欺，驯至极坏，不可复挽"。④ 崇祯帝复明，深叹朝廷人才难得，小人难绝。黄道周以天下人才"不在廊庙则在林薮"，举荐"在仕籍者有徐良彦、曾樱、朱大典、陆梦龙、邹嘉生，皆卓荦骏伟，使当一面，必有可观"。⑤ 道周上疏，矛头直指欲翻逆案的总后台，"语皆刺大学士周延儒、温体仁"。"时体仁方招奸人构东林、复社之狱，故道周及之。"其结果道周反而招致"帝益不怿，斥为民"。⑥ 时在崇祯五年（1632）。黄道周成了这场反逆案风波的受害者。

崇祯十一年（1638）六月，道周上疏劾庇护阉党的杨嗣昌等3人，再次成了奸党攻击的对象。七月，嗣昌党徒张若麒上疏攻讦，"道周及其徒党造作语言，亏损圣德"。崇祯帝"贬道周六秩，为江西按察司照磨"。⑦ 黄道周命运多舛，即便被逐出京，仍被"庸劣充位"者忌惮，以致被控"党与之乱"，掀起了晚明党派之争的又一案例。崇祯十三年四月戊午（1640年5月27日），"巡抚江西右金都御史解学龙荐举左领官及布政司都事黄道周。有旨，道周党邪乱政，学龙抗貌，俱除名"。⑧ 时任大学士魏照乘恶意毁谤，诬道周"党与之乱"，"滑县票旨以：'群臣结党标榜，欺侮君父，屡旨训

---

① 《明史》卷255《黄道周传》，第6592页。

② 《明史》卷251《钱龙锡传》，第6485页。

③ 《明史》卷251《钱龙锡传》，第6486页。

④ 《明史》卷255《黄道周传》，第6592—6293页。

⑤ 《明史》卷255《黄道周传》，第6594页。

⑥ 《明史》卷255《黄道周传》，第6594页。

⑦ 《明史》卷255《黄道周传》，第6599页。

⑧ 谈迁撰，张宗详注解：《国榷》卷97，中华书局1958年版，第5862页。

诚，毫不省改'"。① 引起崇祯"怒其朋比"，"立削二人籍，逮下刑部狱。责以党邪乱政，并杖八十，究党与"。② 十三年八月癸丑（初四，1640 年 9 月 19 日），"黄道周、解学龙逮至。廷杖。下刑部"。③ 翌年二月丙辰（十一，1641 年 3 月 21 日），转锦衣卫镇抚司狱，并牵连一批同僚："词连黄文焕、陈天定、文震亨、孙嘉绩、杨廷麟、刘履丁、养河、田诏，俱讲学友也"。④

所谓"党与"，是奸党小人杜撰出来的"福党之说"。"当是时，告讦公行，小人创为'福党'之说，以激上怒，必欲杀先生而后已。"⑤ 以"党与者"之罪，"株连者几二十人"。⑥ 上文提到的 8人，4 人为闽人：陈天定、刘履丁为道周同乡，是黄道周的学友、畏友；黄文焕（永泰人）、董养河（闽县人）。其余 4 人为：孙嘉绩（浙江人），杨廷麟（江西人），文震亨（江苏人、文震孟弟），田诏为内竖官。其后牵连之人愈多，包括漳浦涂忠吉和长乐马思理。涂忠吉，字德公，"为太学生，负气节，毅然以天下自任"。⑦ 涂仲吉疏救道周，"以孤童担囊走万里外，上书北阙，予杖下狱。狱吏希

---

① 文秉：《烈皇小识》卷 7，神州国光社 1951 年版，第 186 页。

② 《明史》卷 255《黄道周传》，第 6599 页。

③ 谈迁撰，张宗详注解：《国榷》卷 97，第 5871 页。

④ 谈迁撰，张宗详注解：《国榷》卷 97，第 5887 页。民国《山东通志》则云："道周照磨之贬在崇祯十一年后之系狱，史不言何岁，今以此编（按：《西曹秋思》）跋语考之，盖十四年辛巳也。"（民国《山东通志》卷 146 上，民国七年铅印本。）

⑤ 黄宗羲：《明儒学案》卷 56，中华书局 1985 年版。转引自洪思等撰，侯真平、娄曾泉校点：《黄道周年谱》附录一，福建人民出版社 1999 年版，第 156 页。

⑥ 康熙《漳浦县志》卷 15《人物志·黄道周传》，光绪再续版，李林昌、林祥瑞点校，2004 年，第 463 页。

⑦ 康熙《漳浦县志》卷 15《人物志·黄道周传》，光绪再续版，李林昌、林祥瑞点校，第 470 页。清军入闽，涂忠吉与曹学佺皆自刭。载计六奇撰，任道斌等点校：《明季南略》，中华书局 1984 年版，第 68 页。

迎，拷掠荼酷，至死不屈，以明道周之冤"。① 涂仲吉为涂纳言次子，道周"始识之圮司"。②马思理，字达生，天启壬戌进士，历右通政官。③ 其他抗疏救道周的还有东林党刘宗周的门生户部主事叶廷秀，"与道周未相识，冒死论救，获重罪，处之怡然"。④ 施邦曜因涂仲吉被罢官，"涂仲吉上书，讼之书抵银台门，邦曜大署副封曰：书上无益。此论不可不存。上知其副封署语怒，并夺邦曜官，归。"又云涂"激于义，壮年发愤，纳言施邦曜，坐落职"。⑤

黄道周案是晚明的一大冤案，然牵连的"党与"者是谁供出则又是一悬案。文秉《烈皇小识》指"学龙、道周俱遣缇骑逮下诏狱，鞫讯同党姓名。道周供出编修黄文焕、吏部主事陈天定、工部司务董养河及从父共四人，俱下刑部狱"。⑥ 文秉是东林党文震孟之子。道周供出陈天定等诸友"应是依据当时北司编造案卷而未考察，不可信"。⑦ 黄道周被究入狱后受到缇骑厚遇，他愿自己如法，不可罪及诸友。查继佐《国寿录》云："道周囊无一钱，守土及乡绅士争捐赀饷缇骑，道周曰：'吾罪应尔。今行金乞稍假，是欺朝廷。且吾费，累诸公犹可，以罪及诸公不可，愿如法。'瘁肌肤不恤。缇骑亦感谢不取，益厚遇道周。"⑧

---

① 《陈子龙请广忠益》，计六奇撰，任道斌等点校：《明季南略》，第68页。

② 黄道周：《涂纳言墓志铭》，光绪《漳州府志》卷46《艺文志》，第1121页。

③ 福州市地方志编纂委员会整理：乾隆《福州府志》卷61《马思理传》，海风出版社2001年版，下册，第368页。

④ 《明史》卷255《黄道周传》，第6602页。

⑤ 黄景昉：《黄道周志传》，载计六奇撰，任道斌等点校：《明季南略》，第318页。

⑥ 文秉：《烈皇小识》卷7，第186页。

⑦ 辛德勇：《记南明刻本〈西曹秋思〉——并发黄道周弹劾杨嗣昌事件之覆》，第93页。

⑧ 查继佐：《国寿录》，转引自洪思等撰，侯真平、娄曾泉校点：《黄道周年谱》附录一，第138页。

查氏记载之细，真实反映了道周入狱时的心理状态。文秉所言与其他文献记载多左。入狱诸友受到锦衣严讯，为脱离干系作辩护是难免的，但谈不上他们结党拉派，工部主事孙嘉绩更是独善其身，"诸生与道周往来多诡词自脱，独嘉绩无所隐。"狱中他为向道周学《易》，"躬亲饮食汤药，力调护之，因从受《易》"。① 清人全祖望同样认为诸生只是"当巽词以求免"：

> 时漳浦黄忠烈公亦得罪，上以嗣昌故，欲杀之，先拜杖而后入狱。其家人以橐饘至，俱遭阻遏。公彻己服用，奉之甚谨，稍间从而受《易》，世所称漳浦《三易洞玑》之学，莫有知者，公兀兀听之。会诸生涂仲吉上书救忠烈，上益震怒，移忠烈于厂狱，其狱中相与往来者，尽掠治之。公与黄文焕、陈天定、文震亨、杨廷麟、刘履丁、董养河、田诏皆被责诘。或谓当巽词以免。公曰："吾得为夏侯胜之黄霸足矣，何必讳乎？"闻者以为名言。②

据谈迁《谈氏笔乘》，诸生涂仲吉供出其他非闽籍"党与"，"黄先生送吴骏公祭酒之南京，以本乡涂监生托之，不言其名。吴抵任，闻石斋廷杖下狱。因阅籍，则监生涂仲吉，果闽人也。召问，遣之北行，遗二十金为橐。仲吉竟自疏救，并下狱，拷供七人，主使杨廷麟、王维等。幸不及吴祭酒"。③ 谈氏之说妥否待考。据福建地方志记载，福州董养河、马思理、陈天定等人是文震亨供出。乾隆《福建通志》云："适漳浦黄道周下狱，中书文震亨等疏救，下锦衣卫拷问，供养河与杨廷麟、马思理等为道周党，并下狱。东宫

---

① 《明史》卷 240《孙嘉绩传》，第 6255 页。

② 全祖望撰，朱铸禹汇校集注：《全祖望集汇校集注》外编卷 4《明兵部尚书兼东阁大学士赠太保谥孙公神道碑铭》，上海古籍出版社 2000 年版，第 795 页。

③ 谈迁：《谈氏笔乘》，https://www.zhonghuashu.com/wiki/% E8% AB% 87% E6% B0% 8F% E7% AD% 86% E4% B9% 98。

密解，乃赦出，避居海滨。"① 《福州府志》亦云："适宫詹（马思理）、黄道周廷杖下狱，监生涂忠吉抗疏论救，廷臣疑思理主使，后拷文震亨，供为道周同党，与杨廷麟、陈天定、董养河等俱下狱。东宫密解，乃赦出，避居海滨。"② 若文震亨作为东林党人文震孟之弟，供出诸友，可谓匪夷所思。族子文秉讳言，而指称道周，出于常情但却昧于事理。

这场冤狱直接催生了诗集《西曹秋思》。"道周纠杨嗣昌夺情，忤旨勘问，词连养河，下狱。帝怒不测，将实极刑。养河处之泰然，日唱和，为《西曹秋思》。"③ 《西曹秋思》是董养河、叶廷秀、黄道周3人狱中唱和诗。养河子谦吉、师吉。谦吉与父同为复社人，"字德受，崇祯四年进士，历建宁教授、国子博士、户部员外郎。弘光、隆武时召用。国亡，为僧浙江山寺，纵就卒"。④ 小子师吉"顺治四年任（广东惠州府）河源知县"。⑤ 《西曹秋思》是师吉录自西曹狱中，并作后记。现有罗溪阁藏版，其校定者是倪元璐。⑥

《西曹秋思》书影

---

① 乾隆《福建通志》卷43《董养河传》，《文渊阁四库全书》本，台湾商务印书馆1986年版，第482页。

② 福州市地方志编纂委员会整理：乾隆《福州府志》卷61《人物·马思理传》，下册，第368页。

③ 民国《闽侯县志》卷66《董养河传》，载《中国方志丛书》第19号，台北成文出版社1966年影印本，第682页。

④ 钱海岳：《南明史》卷33《董养河传》，第1649页。

⑤ 乾隆《河源县志》卷4《县令》，乾隆十一年刻本，第4页。

⑥ 辛德勇：《记南明刻本〈西曹秋思〉——并发黄道周弹劾杨嗣昌事件之覆》。

由上可以看出，与道周相善的诸友，有的出于乡谊，有的出于师情，有的出于友情，他们抱团在一起，并没有加怨、出卖道周。诸友为求免，"诡词"也好，"巽词"也罢，他们心中都很清楚，这是逆党余孽挑起的"钩党之祸"。陈天定即为其中的受害者，"时党论方兴，天定忧之叹曰：'奈何以此贾祸？'然竟以黄道周故，与闽县董养河、永福黄文焕同系狱"。①

可见，诸友入狱，逆党余孽以"福党""党与"诬告，引起崇祯疑虑和迁怒是最直接的原因。道周入狱后，泉州挚友如黄景昉、蒋德璟等出于乡情与友情，以不违上意的方式，让道周脱罪或减刑。据《明纪》记载，道周被逮下刑部狱系十三年夏四月戊午（初七，1640 年 5 月 27 日），黄景昉求助谢陛，于四月己卯（廿八，6 月 17 日），晋礼部尚书。②在黄、蒋二人努力下，道周躲过这一劫，"道周狱久未解，（黄景昉）为阴请政府司寇甚力，始得从编戍去"。③崇祯十四年（1641）十二月，道周戍辰州卫。至杨嗣昌兵败绝食死，蒋德璟"乘间为上言"④，道周"贫且病，乞移近戍"。而宜兴周延儒上疏比蒋德璟更激进，"既道周有学，便可径用，何言移戍"⑤，帝"笑而不言"，念公意，"以清操力学，尚可策励"⑥，御书"原官起用"。道周对周延儒并不领情，"见延儒专政"⑦，"坚辞，乞致仕，

①　乾隆《龙溪县志》卷 16，第 215 页。

②　陈鹤：《明纪》卷 55，同治十年江苏书局刻本，载《四库未收书辑刊》第 6 辑第 7 册，北京出版社 1997 年影印本，第 118 页。

③　张岱：《石匮书》卷 13《黄景昉传》。

④　洪思：《黄子传》，载洪思等撰，侯真平、娄曾泉校点：《黄道周年谱》，第 128 页。

⑤　黄宗羲：《明儒学案》，载洪思等撰，侯真平、娄曾泉校点：《黄道周年谱》附录一，第 156—157 页。

⑥　郑亦邹：《黄石斋年谱》，载洪思等撰，侯真平、娄曾泉校点：《黄道周年谱》，第 114 页，

⑦　张岱：《石匮书后集》卷 37《黄道周列传》，转引自洪思等撰，侯真平、娄曾泉校点：《黄道周年谱》附录一，第 163 页。

归邺山讲学诸翁之下"①。闽、浙党派之争，由此亦可见一斑。在对待西人西教事上，亦复如是。值得注意的是，上述围绕陈天定、黄道周诸事而牵连的闽籍人士复多与艾儒略交往。

三、南国磨杵：陈天定与艾儒略

明朝厉行海禁，漳州却因海外私人贸易而兴。隆庆开关（1567年），在漳州海澄月港设对外贸易市场，"准贩东西洋"。万历年间，漳州百姓家殷户足，"甲第连云，朱甍画梁，负妍争丽"。② 明代漳州经济的繁荣也招来外来宗教对漳州的关注，漳州是天主教在华传播最早的府县之一。葡萄牙耶稣会士、西班牙多明我会士先后前来敷教，而龙溪后坂严氏是漳州最早接纳天主教的家族之一。③ 明清之际艾儒略在严赞化（字思参）、严谟父子的伴随下，多在漳游历。艾儒略足迹遍及八闽，受到闽地儒生的敬重，这在一定程度上得益于晚明闽地儒宦之首、东林党魁的叶向高的加持。1624年底，致仕归家的叶向高延请艾儒略入闽，后多与艾儒略论学并赠诗称赞他

---

① 洪思：《黄子传》，载洪思等撰，侯真平、娄曾泉校点：《黄道周年谱》，第128页。

② 张燮：《清漳风俗考》，乾隆《龙溪县志》卷23《艺文》，第351页。张燮著有中西交通史名著《东西洋考》，与何乔远、曹学佺齐名。"闽中著书三家，侯官曹学佺、晋江何乔远、龙溪张燮也。佺有友徐𤊹亦尝游漳与燮往来，博闻多识，善草隶，书积数万卷，以布衣终。"（光绪《漳州府志》卷50《纪遗下》，第1196页。）曹学佺与何乔远均有艾儒略相交。

③ 据新修《龙海县志》载，"明万历二十九年（1601年），后坂村举人严世同举人在南京接受西班牙教士罗如望施洗入教，后严回乡，全家信教。万历四十四年（1616年），政府禁传外教，罗如望曾逃匿到严世同家"。"孙女嫁到港尾古城，天主教便又在该处传播，后传播到后坂的李厝、吴厝、岭东等地。"参见黄剑岚主编：《龙海县志》卷36《宗教·天主教》，东方出版社1993年版，第991—992页。上述说法有可疑之处。首先罗如望是葡萄牙耶稣会士，而非西班牙教士。另张先清认为严世同受洗时间值得怀疑，参见张先清：《小历史：明清之际的中西文化相遇》，商务印书馆2015年版，第82—83页。

"言慕中华风，深契吾儒理"，并表示"拘儒徒管窥，达观自一视。我亦与之游，冷然得深旨"。① 这其实让艾儒略不自已地沾染上了党派的色彩。在叶向高的示范带领下，具有东林、复社背景的闽地士子、官宦多与艾氏交友、唱和：

> 若吾闽则张令尹夏詹（笔者按：张赓）、柯侍御无誉（柯士芳）、叶相国台山（叶向高）、何司空匪莪（何乔远）、苏司徒石水（苏茂相）、林宗伯季翀（林欲楫）、蒋相国八公（蒋德璟）、黄宪副友寰（黄鸣乔）、学宪孙凤林（孙昌裔）、铨部周公日台（周之训）、陈公祝皇（陈天定），当道则前兴泉道令冢宰曾公一云（曾樱，号二云）、前漳南道令司徒朱公未孩（朱大典），此数十公者，或谊笃金兰，或横经北面。②

上述士人中，陈天定是闽漳本地士子，而朱大典则是在漳州为官的儒宦，他们均与艾儒略友善，这表明漳州天主教有了长足的发展。艾儒略两次抵漳州。第一次在崇祯六年二月（1633 年 3 月），"艾先生有清漳之行，从严子思参请也"。③ 第二次之行是在崇祯十年八月三日（1637 年 9 月 20 日），"先生之清漳，尔宣从"。④ 他在漳州活动 1 个多月，10 月 28 日后离开漳州，陪同弟子有严思参、张赓、颜维圣等，而问教的信徒有吴任恒、徐羽伯、孙儒理等。在此前后，艾儒略也注重与当地官宦交接，以获取他们的好感和支持，这得到陈天定的积极回应，并赠诗曰：

---

① 叶向高等：《熙朝崇正集——闽中诸公赠泰西诸先生诗初集》，载吴相湘主编：《天主教东传文献》第 1 册，台湾学生书局 1982 年版，第 648 页。

② 李嗣玄：《泰西思及艾先生行述》，康熙二十八年抄本，巴黎国家图书馆，中文编号 1017 号。

③ 艾儒略：《口铎日抄》卷 4，载耶稣会罗马档案馆：《明清天主教文献》第 8 册，台北利氏学社 2002 年影印本，第 256 页。

④ 艾儒略：《口铎日抄》卷 7，载耶稣会罗马档案馆：《明清天主教文献》第 7 册，第 513 页。

汗漫来南国，辛勤欲度人。

苍苍原有主，墨墨奈何身。

把认金针颖，敲磨铁杵尘。

吾忧斯未信，辟谬汝扶真。①

天定于崇祯四年（1631）离乡，他与艾氏相识早于艾氏首次漳州之行。陈天定是艾儒略抵闽后早期（1625—1628 年）支持他传教并赠诗的 5 位福建士大夫之一，其余 4 位分别是叶向高、何乔远、林欲楫、黄鸣乔。故此诗当作于 1625—1628 年期间，恰逢天定居乡。此诗表达了艾儒略历尽千辛万苦，远航来南国漳州传教之情，把艾儒略描述成一位不辞劳苦的度化之人，以去邪扶正，金针度人，希望漳人能敲磨铁杵洗去异教的尘埃，对外来文化与本地漳人信仰之间的撞击、东西文化之间孰真孰谬，表明了他鲜明的态度。在此诗中，陈天定显然赞赏艾儒略，因为他不仅拥有"金针度人"的诀窍，还有"磨杵成尘"的毅力。

朱大典，字延之，号未孩，浙江金华人。② 万历四十四年丙辰（1616）进士，东林党人。"天启二年，迁兵科给事中。客氏、魏忠贤假保护功予阴袭，大典抗疏谏。转工科兵科左。五年，忠贤用事，出大典为福建副使、进参议，以病归。"③ 同治《福建通志》记载，天启年间，朱大典任福建左参政、左参议，分守漳南道。④ 正是在此期间，大典与艾氏交接。大典与陈天定的政治抉择多有相似。他们都避让魏忠贤，耻与共事。崇祯朝，大典得到黄道周的极力推荐，称之"人才难得"。大典亦不负所望，在弘光、隆武两朝受到重用，后因阮大铖叛变而殉国。"初，阮大铖在金华，大典与之阅城，至西

---

① 叶向高等：《熙朝崇正集——闽中诸公赠泰西诸先生诗初集》，第 650 页。

② 计六奇撰，任道斌等点校：《明季南略》卷 6，第 299 页。

③ 钱海岳：《南明史》卷 78《朱大典传》，第 3762 页。

④ 同治《福建通志》卷 96，载《中国省志汇编》之九，台北华文书局 1968 年版，第 1886 页。

门，语大铖曰：'此门新筑，土未坚，有事备御宜严。'乃是，大铖专用大炮攻西城，城遂塌。"为报复东林党人对他为逆党余孽的指控，城陷后大铖"焚戮甚惨，以报讨檄之恨"。① 朱大典与守城官兵近40人环坐，自点城中火药，同死而烬。"隆武赠大典文华殿沛国公。"② 可见，党争之恨甚于国亡之忧。

此外，漳州士子刘履丁、柯而铉亦曾赠诗艾儒略。刘履丁，字渔仲，漳浦人。崇祯十一年（1638）以荐辟为广西郁林知州。作为黄道周弟子，刘履丁被归为"福党"之列，在黄道周案中与陈天定一并下狱。在此之前的1633年，即艾氏首次入漳之时，刘履丁与艾氏相逢，颇得艾氏所传之道，并把艾氏比为隐士不就的巢父、许由；或者不为钱财折腰的颜回、闵损。在刘履丁看来，西儒艾儒略颇具古风之雅。这其实也是刘履丁个人的人格追求，故赠诗曰：

> 相逢白首国交深，不为无弦废鼓琴。
>
> 绕桂欲寻公子意，和匏喜得道人心。
>
> 巢由入世犹辞聘，颜闵凭谁来铸金。
>
> 独有髭毛堪共证，却离山水亦清音。③

柯而铉赠诗二首曰：

> 教铎从天振，灵槎自海来。
>
> 身贞偕白玉，世劫等浮灰。
>
> 引接婆心苦，弘扬帝力开。
>
> 缅谭真实理，昭事信无猜。

---

① 李天根著，仓修良、魏得良校点：《爝火录》卷15，浙江古籍出版社1986年版，第668—669页。

② 钱海岳：《南明史》卷78《朱大典传》，第3766页。

③ 叶向高等：《熙朝崇正集——闽中诸公赠泰西诸先生诗初集》，第658页。

学到知天处，前修道每因。

祇怜劳阐绎，为幸得参询。

盛世文同治，大原理一均。

殷勤席未煖，怅别此江滨。①

此二首赠诗除表达漳人对艾儒略个人的友情与赞誉外，特别提到中西文化交流的兼容并蓄，有资治国。不过陈天定赠诗隐约透露出，在当时艾儒略并非受到所有人的认可接纳，对其说亦有"辟谬"者。在晚明之世，漳州既为天主教传布的中心之一，亦是反天主教运动的风暴眼。而指名道姓艾儒略并给予驱逐的正是曾与陈天定共事的施邦曜。在艾儒略第二次入漳游历甫结束，时任巡海道的施邦曜于崇祯十年十一月初一（1637 年 12 月 7 日）在福州发布告示，站在儒家道统的立场上斥责天主教，"此正孟子所谓'无父无君人道而禽兽者也'。其为邪说惑人，明白易见"，并指责"青衿儒士，投诚礼拜，坚信其是而不可移易"。② 其后福建提刑按察司徐世荫、福州知府吴起龙亦同时发告示，将艾儒略辈驱出境外。③

与施邦曜相呼应，漳州儒生黄贞更是"不远千里，呼朋辟邪"。他之所以如此激烈反对天主教，与漳州天主教的发展盛况直接相关。他尝言，艾儒略"到吾漳，而钝汉逐队皈依，深可痛惜。更有聪明者素称人杰，乃深惑其说，坚为护卫，煽动风土，更为大患"。④ 据

---

① 叶向高等：《熙朝崇正集——闽中诸公赠泰西诸先生诗初集》，第 689 页。

② 施邦曜：《福建巡海道告示》，载徐昌治编辑，周骃方校：《圣朝破邪集》卷 2，《明末清初天主教史文献丛编》第 2 册，书目文献出版社 2001 年版，第 140a 页。

③ 徐世荫：《提刑按察司示》、吴起龙：《福州府告示》，载徐昌治编辑，周骃方校：《圣朝破邪集》卷二，《明末清初天主教史文献丛编》第 2 册，第 142b、143b 页。

④ 黄贞：《请颜状其先生辟天主教书》，载《圣朝破邪集》卷 3，第 3 册，第 147b 页。

黄贞言，自艾儒略首次入漳的崇祯癸酉（六年，1633），黄贞就开始辟天主教，并奔走"吴越之间"，"极力激劝，乞同扶大义"。对此，同为漳州士子且为黄贞老师的颜茂猷有切身之感，"不审此秋季（按：丁丑年，1637），艾妖辈踵至吾漳，既已归人如市，又欲买地构堂，几令人目击心怖"。① 另一位漳州士人苏及寓指传教士藉技艺器物"使公卿士大夫相率歌咏之，文赞之，疏荐之"。清漳王忠亦言"应其书札为之吹嘘，使中国之士大夫共相传说，称扬其美，因亦以书札为之往来"。显然，这些反教的漳州士人对与艾儒略交好晋接的陈天定、刘履丁等人颇有微词，但这并未妨碍他们在科场、仕途上同舟共进。颜茂猷、陈天定以及另一位辟教的福州士人周之夔均是天启四年（1624）中举，而施邦曜与陈天定有金石之交、战友之谊。更令人不解的是，在此应黄贞之邀反教著文的蒋德璟、周之夔"向与西士游"，并赠诗艾儒略。

此一复杂态势反而给予艾儒略从容的斡旋空间。此后近 1 年时间，艾儒略为躲避政府禁教告示，不见行迹。1638 年 9 月 23 日才现身，过莆田，而泉州，寻求礼部尚书朱继祚和大学士张瑞图对耶稣会士的庇护，"十一年（1638）戊寅八月既望（9 月 23 日），艾先生过莆，访朱宗伯"。② "越明年己卯春正月主日（1639 年 2 月 6 日），先生在温陵"③ 至 1639 年返回福州，"（十二年）夏六月，艾先生至三山"。④ 在闽地士大夫的保护下，艾儒略终究躲过此场风波，得以

---

① 颜茂猷：《圣朝破邪集示》，载徐昌治编辑，周骋方校：《圣朝破邪集》卷 2，《明末清初天主教史文献丛编》第 3 册，第 146a 页。关于此次反教涉及的诸人及其关联，参见拙文《晚明党社与崇祯教案新探》，《世界宗教研究》2022 年第 2 期。

② 艾儒略：《口铎日抄》卷 8，载耶稣会罗马档案馆：《明清天主教文献》第 7 册，第 528 页。

③ 艾儒略：《口铎日抄》卷 8，载耶稣会罗马档案馆：《明清天主教文献》第 7 册，第 538 页。

④ 艾儒略：《口铎日抄》卷 8，载耶稣会罗马档案馆：《明清天主教文献》第 7 册，第 543 页。

继续安居福建。围绕西人西教，即便有誉教、斥教之歧见，当面临鼎革之变、存亡之际，这些闽地士子多秉持气节，要么殉国成仁，要么隐居不仕，写就了悲壮的篇章。陈天定的人生旅程亦伴随此一巨变而走向了终点。

四、"井里春深"：陈天定与隆武朝

甲申之变，三月明亡。五月十五日（1644 年 6 月 19 日），福王朱由崧在南京即位，是为弘光。南方诸省科举并不因之而中断，陈天定"弘光时，转考功员外郎，与林明兴（原名林明顺）同主广西乡试"。① 弘光元年（1645）五月，弘光帝被捕身殉。在郑鸿逵、黄道周等人的支持下，拟奉唐藩监国于闽省。闰六月二十七日丁未，监国朱聿键即皇帝位于福州，以本年七月以后为隆武元年，"以福建为福京，改福州为天兴府，定布政使司署为行殿（司为王审知故宫），额鼓楼门为行在大明门"。② 时隆武政权仍辖"云贵、两广和福建，兼有湖南及湖北、江西的各一部分，版图非不广"。③

隆武帝任命的崇祯朝旧臣，多可见与艾儒略交好者，如蒋德璟、黄景昉、礼部尚书林欲楫、朱继祚，兴泉道曾樱、漳南道朱大典等任大学士，曹学佺任礼部尚书，还有温陵周廷鑨任太常卿、李佺台任光禄卿，福州孙昌裔代光禄卿。④ 陈天定升任太仆卿。阁臣共有 30 多位，"然而或就职，或不就职，一切谕旨，多由皇帝自己起草"。⑤

---

① 钱海岳：《南明史》卷 44，第 2135 页。

② 陈遵统等编纂：《福建编年史》中册，福建人民出版社 2009 年版，第673 页。又见《思文大纪》卷 2。

③ 朱维幹：《福建史稿》下册，福建人民出版社 1986 年版，第 290 页。

④ 李佺台，由浙江左布政使，迁南京光禄卿，"绍宗即位，仍故官，未几乞归，卒"。后由孙昌裔"代佺台为光禄卿"。钱海岳：《南明史》卷 44，第2139 页。

⑤ 陈遵统等编纂：《福建编年史》中册，第 674 页。

如蒋德璟以足疾辞。① 隆武政权诸臣"皆雍容矩度，应含吕钟，固盛世鸿鹭之列也"。② 有的"以儒雅显"，如周廷鑨③、陈天定等；有的"以节概称"；有"以干翮著"，如有李佺台等。后人对隆武政权用人作这样评价："绍宗稽古右文，福京草创，汲汲辟四门，兴贡举，临雍讲经，开馆修史，追东京之轨迹，成一代之大典。"④ 隆武即位，抗击清兵武事是第一要务，郑氏颇多倚重。郑芝龙是天主教徒，握有海上的私人舰队，"非领有郑氏令旗，不得航行海上"，在家乡安平"拥兵自卫，军饷自筹"，宛如"一个独立的王国"。⑤ "郑芝龙据海滨立唐王，唐王败□，与弟之豹、叔鸿逵、郑联、郑彩，各拥兵自树，十邑纷纷，城池屺峗。"⑥ 郑芝龙长子郑森，隆武元年八月十四日，随芝龙朝见隆武帝，"赐森朱姓成功"，时仅22岁，任命为御营中军都督，仪同驸马都尉，并兼宗人府宗正⑦，是南明抗击清兵的中坚。此外，不乏南明遗臣组织起来的民间力量，隆武元年（乙酉，1645）十月，陈天定在龙溪县步文镇蓝田村建石城楼，"花岗岩砌，平面呈四方形。石楼残墙长53.5米，宽48米，残高3米"，并为楼门额手书，正面门镌刻"溪山日丽"，西门额镌刻"井里春深"。现城楼已毁，城门和镌刻保存完好，当地文保部门命名为

---

① 在隆武进福州城那天，即隆武元年闰六月初七日，"敕谕吏、兵二部，起大学士蒋德璟于泉州。敕曰：'今中兴伊始，朕志切亲征，密勿必得匡赞之臣，始可或从行、或分任居守燮理之重务。原任辅臣蒋德璟，简重于先帝，久饫其经纶，况学博古今，度具忠亮，著以原官起用佐理。'德璟以足疾辞。"陈燕翼：《思文大纪》卷1。

② 钱海岳：《南明史》卷44，第2152页。

③ 周廷鑨，绍宗即位，与何乔远之子等同召。"廷鑨以詹事、侍读学士兼太尝（常）卿，提督四夷馆。廷鑨工诗文，风流儒雅，为时所重。福京亡，屡征不起卒。"钱海岳：《南明史》卷44，第2139页。

④ 钱海岳：《南明史》卷44，第2151页

⑤ 朱维幹：《福建史稿》下册，第288页。

⑥ 康熙《龙溪县志》卷4《兵乱》，第58页。

⑦ 陈遵统等编纂：《福建编年史》中册，第692页。

"井里春深"门额

蓝田楼。①

从镌刻书写时间"乙酉岁孟冬谷旦"看，根据一般建造石城的习惯，石匾上的日期就是建城的时间。陈天定作为隆武官员，乙酉建造石城楼，主要是为了抵抗清兵，保护一方百姓。乙酉九月八日清兵入泉州，十九日入漳州。②"取漳州时，漳南道傅云龙、知府金丽泽、知县涂世名死难；取泉州时，大学士蒋德璟死难。"③清军入漳后，天定遂遁迹龙溪花山（华山），建华山书院，授徒讲学，与方进、吴公布等人善交，"福京（按：隆武政权）亡，偕门人方进④为僧，名圆慧"。⑤"同邑又有吴公布者，字大生。幼孤力学，工诗文。隆武元年恩贡。福京亡，隐北溪鲈山，共天定、进为方外游，世号'鲈山三逸'。"⑥

天定等人作为逃遁志士，敛迹山林，俨然"戢影方外"。他们不问政治，但以诗为乐事，以寄所思。陈天定为吴公布《江蒨居集诗》⑦作序。其诗淋漓激宕，善写胸臆，极镌刻之，思而归于沉雄，比之谢翱、郑所南（按：郑思肖）云。⑧作为明遗民，归隐的"鲈

<hr>

① 该资料由漳州市政协海峡文史馆江焕明、阎铭提供。

② 陈遵统等编纂：《福建编年史》中册，第766页。

③ 陈遵统等编纂：《福建编年史》中册，第766页。

④ 方进，字渐侯，龙溪人。诸生。钱海岳：《南明史》卷44，第2136页。

⑤ 钱海岳：《南明史》卷44，第2135页。

⑥ 钱海岳：《南明史》卷44，第2136页。

⑦ 光绪《漳州府志》卷24《艺文》，第968页。

⑧ 光绪《漳州府志》卷31《人物》，第661页。

山三逸"与南宋闽乡志士谢翱、郑思肖隔代相交，他们对故国的恋念是一脉相承的。吴公布后因隐居罐山之穷苦，自罐山出而寓九龙潭①，有感赋并寄讯陈天定、方进云，描述了他们在罐山的生活场景：

> 羁迹罐山亦岁余，梦魂何苦绕穷庐。
> 多缘作赋思皇甫，又为同舟德子鱼。
> 白月千潭犹共镜，苍云半亩与谁锄。
> 今年积雪宁如昨，风雨潇潇问起居。②

龙潭离漳州 34 公里，"龙潭以山高涧窄，兵法所谓死地"，陈天定《北溪纪胜》之郡守施邦曜书稿序云："龙潭有日中之市，上下游舟次鳞集，北溪熙攘者以此为最，潭水深缓不流。梁天监间，有九龙群戏于此，故邑号龙溪里名九龙，概称北溪为仙乡。"③ 陈天定隐居花山，漳浦布衣张士楷作《春日怀花山陈先生栖隐处》，描述了陈天定由入世"金马客"到避世"事玉华"的人生巨变：

> 博山罐上妙香焚，白鹤青鸾各一群。
> 避世昔为金马客，移家今事玉华君。
> 霜清百丈龙潭水，日薄千盘鸟道云。
> 才到人间花落尽，何由春信共相闻。④

---

① "龙潭一名漫潭，两山如壁十余里，潭水深缓，不流，梁九龙戏处也。其上流大小滩三十六。"《龙溪县志》卷 2《山川》，第 80 页。龙溪之名，由此而来。

② 光绪《漳州府志》卷 41《艺文》，第 987 页。

③ 乾隆《龙溪县志》卷 24《艺文》，第 882 页。

④ 光绪《漳州府志》卷 41《艺文》，第 988 页。

陈天定诗交的另一明遗民是龙溪的方文耀。① 陈天定与方文耀为同志，并寄诗曰：

> 离黍荒荒泪不干，蕨薇人老未凋残。
>
> 最怜佳句何从录，又领深心到处安。
>
> 海阔但凭舟一叶，天空漫叱剑双丸。
>
> 归来且筑桃花坞，路接龙津拂钓竿。

又云：

> 处世如今总汗颜，君行度岭我依山。
>
> 坚持七尺纲常事，万里来归鳄海湾。

从诗中不难看出，二人"悲离黍，慰蕨薇，以坚持七尺相敦勉"。②"泪不干""未凋残""剑双丸"表明了作者满腔的抱负，但又不得不"筑桃花坞""拂钓竿"，报国无门，无所事事，难免"总汗颜"。亡国之痛，溢于言表。不仅如此，更令天定痛惜的是人将相食的"亡天下"之恨。

---

① "方文耀，字怀岵，龙溪人。崇祯十三年进士。授户部主事，典试云南，迁郎中，出为河间知府，督饷辽东。北京亡，道梗不得归，又传闻车驾南迁，乃间从海道抵金陵，适安宗立，与马、阮不合，投劾致仕。绍宗即位，擢兵部左侍郎，内艰归。清兵陷漳州，有帅闻名欲见之，文耀不可。复厚为赠遗，无所纳，亦不报。遂遁迹肇庆莫罗山，缁衣皂帽终。子坰、垓工诗文，亦终身不应举。"钱海岳：《南明史》卷43，第2077—2078页。不过据其他文献载，文耀于甲申之变时殉国。文秉《烈皇小识》卷8：甲申三月初四，闯贼陷保定"知府方文耀见城破，即自杀"。（第231页）；钱士馨《甲申传信录》卷7（清抄本）："河间知府方文耀不降，贼挟之，大骂死"；计六奇《明季北略》卷21："贼陷城，公不屈，贼杖之，大骂不绝口，死之"（第560—561页）。《罪惟录》《平寇志》等均有相同记载。

② 光绪《漳州府志》卷49，第1188页。

明郑据海守险，不时兵扰沿海。曾经的出海门户漳州海澄成为明郑反攻的前哨。在漳州一带，清军与明郑对峙、拉锯，陷漳州于绝境，人寰惨烈，不可胜书。顺治九年（永历六年，1652），漳州之围给当地人带来灭顶之灾。三月，"角尾所战役"，郑成功大败陈锦清军。四月，郑军进攻漳城。七月，围困漳州，"时城中乏粮，至食人肉，百姓多饿死"。八月，城内"粮米益尽，百姓饿死过半。虏（清）兵有至食萍充饥者，有逃出降者，俱称欲夺路共逃，亦有欲降者"。清兵"不敢遁，只得饿守"。① 康熙《龙海县志》记载："（郑军）顺治九年败我陈锦于江东，遂围郡城。三月总督陈锦以大师救长泰，战于江东大败，其奴库成栋刺之，以降成功斩之，遂围漳城。四郊居民各逃入城依所亲，城门坚闭，后悉饿死。逢知来援，食人炊骨，幸而古县告捷，重围乃解，即墨之守虽固，睢阳之城已空。"② 对于这场郑、清军之战残酷的场面，陈天定特作《壬辰围城》三首，以"人命关呼吸"的人道主义，流露出了他对这场惨绝人寰围城之战的悲悯与无奈：

一

举国吹沙眼尽迷，凭谁细语与悲啼。

画兰底事无些土，归燕同心有独栖。

秋后蝶飞花已老，宵中鸟唤月全低。

凄凉未敢呼天阙，一卷骚文乏酒携。

二

日望长驱眼欲枯，夜间不寐听啼乌。

始知人命关呼吸，谁把流民入画图。

着饭吃衣空有术，毛风血雨更无肤。

---

① 杨英撰，陈碧笙校注：《先王实录》，福建人民出版社 1982 年版，第 45—48 页。

② 康熙《龙溪县志》卷 4《兵乱》，第 58 页。

繁华卷地弥天恨，多少姬姜泣路隅。

三

扶杖邅迴步不前，满城人鬼共号天。

迟来旬日看沟壑，缓死须臾羡壤泉。

果有肉糜供鹄面，绝无火色称鸢肩。

哀今郊草青垂尽，空忆农皇着赭鞭。①

这次围城战是由清军入漳直接引起，而漳州地区群雄鼎峙，如汤沸火。战争使人丧失了理智，民间百姓的"细语与悲啼"无人关心。以抗清为己任的明郑反而杀民养兵，征收粮饷。对此，陈天定和同仁林明顺并不认同，但郑军并没有拘捕他们，"入郡，诸富绅以征饷故，累囚相对，独明顺、陈天定两人不与云"。此时，陈天定和林明顺一样也"隐郡北桃林，不出"。而漳州城陷入因围城带来的饥馑之祸，导致"满城人鬼共号天"。陈天定昼夜关注，目睹残像而无可奈何，眼见衣食无着的百姓"毛风血雨更无肤"，只能寄希望于"农皇"的垂怜。"繁华卷地弥天恨，多少姬姜泣路隅"，出于对生民哀怜而满怀弥天之恨，但却无力解救，只能著文寄托，"凄凉未敢呼天阙，一卷骚文乏酒携"。

对于壬辰围城，陈天定立场鲜明地给予鞭挞，"弥天恨"超越了"亡国恨"，陈天定的遗民气节得以升华，而心中的愤懑苦情又何人来解？陈天定把人生最后的一程寄托于佛门，在朝天岩为僧，取名圆慧。不久卒，葬鹤鸣铺（今步文乡蓝田社）。②"陈慧山墓：陈天定葬鹤鸣铺，学者表其阡曰'慧山陈先生墓'。其墓道碑阴纪御寇救荒功德文，李宓书并刻，字甚工。"③李宓，字义民，明代后期漳州

---

① 康熙《龙溪县志》卷9《艺文上》，第211页。

② 黄剑岚主编：《龙海县志》卷39《人物》，东方出版社1993年版，第1068页。

③ 康熙《龙溪县志》卷11《古迹》，第308页。

著名书法家。清人陈常夏后祀天定遗像，留诗纪念：

> 自装野艇养衰残，时放江流百尺宽。
> 来吊先生无恸哭，喜于遗像见衣冠。
> 人尊标格思元礼，我爱风期诵幼安。
> 世上猵狸都噉尽，芳名独得久相看。①

天定虽为明遗民，其为人清介，仍获清人的肯定。康熙《龙溪县志》评价天定："慧山出处几于和矣，不隐贤，不枉道。迨于晚节褒衣自费，其闻柳下之风乎！"② 著有 "《陈氏说书》及《慧山诗文全集》《太极说参论》《松石轩读史》《慧眼山房书抄》《古今小品》十七种，几若千卷"。《古今小品》"网罗唐虞以来，下逮朱明之季，始赋歌乐府，迄杂着散抄，分类二十有四"。原书久佚，民国中华书局从藏书家借得善本，"重加选择，严事校雠，得文合三百七十余首，分上下两卷，圈点评骘，悉仍陈氏原书。一展卷间，不翅染指于汉魏六朝三唐两宋元明诸作家之鼎，尝其胾而噬其藏也。持此以饷学子，可不谓精之又精、约之又约乎！故名曰《古今小品精华》"。③ 后辑入《四库禁毁书丛刊》。

结　语

陈天定生活的晚明是中国历史上一特定历史阶段，学界多认为始于万历朝，至明亡后的弘光政权。④ 陈天定跌宕起伏的人生就是一部晚明史的生动写照。他科举出仕，结社士人，多番出入朝野并敢于与魏珰抗忤。陈天定虽为不党之人，却遭党祸之害。在鼎革之

---

① 乾隆《龙溪县志》（光绪补刊本）卷 11《古迹》，第 118 页。
② 康熙《龙溪县志》卷 8《人物》，第 160 页。
③ 陈天定：《古今小品精华》叙，上海中华书局 1927 年铅印本。
④ 商传：《走进晚明》，商务印书馆 2014 年版，第 18、22 页。

际，陈天定自甘归隐为僧，面对生灵涂炭含"弥天恨"而逝。晚明恰好是"西学东渐"和"东学西被"相交汇的重要时期。天定胸襟开阔，善于接纳远人西教，与艾儒略唱和相交。陈天定的生涯不可谓不坎坷，而品性不可谓不特立。这正是那个时代士君子的风貌风骨。西儒艾儒略也受此一时代风潮的影响。艾儒略接触的人与事，无不与福建士大夫在崇祯、隆武政权供职、聚集有关。他们或为东林、复社之人，抑或作明遗民。艾氏虽力图皈化中国士人，但在易代变革之际，这位身居耶稣会华南区省会长的西儒并没有像京廷耶稣会士那样供职新朝，以获得继续在华传教的允诺。而是犹如南明遗民一样，到闽北山区僻处隐居，放弃了回福州继续传教的机会。永历三年（顺治六年，1649），艾儒略殁于延平。艾儒略虽有意度化陈天定，天定却由儒入禅。两人走向了不同的信仰之路，但却殊途同归，均以身殉晚明，其气节是相通、相连的。这也是他们留给我们的最为珍贵的历史遗产，虽然有信仰上的差异，但在归宿问题上作出了一致的人生抉择。正因如此，他们互为欣赏、美美与共的唱和咏调永留八闽山水之间，值得后人品味、景仰。

附记：蔡鸿生先生永远是我心中的一位老师

1978 年我在中国社会科学院研究生院历史系中外关系史专业学习，导师孙毓棠先生，要求我要修好朱杰勤先生编注的六册《中西交通史料汇编》和英国汉学家赫德逊的《欧洲与中国》两门课及有关中西交通史的著作。1981 年毕业后，有幸在福建师范大学历史学系中国基督教史著名专家陈增辉先生手下工作，他也是中西交通史专家，十分推崇朱杰勤、蔡鸿生老师对中外关系史的研究，他一直说要去广州拜访朱老师和蔡老师。1990 年 5 月，我和陈老要赴美国哈佛大学费正清东亚研究中心作访问研究之前，要去美国驻广州领事馆办签证，这就促成我们拜访了朱老师和蔡老师。这是我第一次与蔡老师的相见。没想到蔡老师见到我这位初出茅庐的学生就说：

你在中华书局《文史》发表的《利玛窦在广东》，我们广东没人去写，你却写了。这一下子就把我和蔡老师的距离拉近了。从此，我有了向蔡老师求教的机会，一直书信往来，他也一直是我敬仰的中西交通史的老师，

后来，差不多每年我都有机会去参加他的博士生论文的评审和答辩。每每看到蔡老师博士生的论文，从选题，到内容都新颖独特，他们的史学基础很扎实，资料收集很详尽，理论性强，令我耳目一新；每每听到蔡老师的发言，我都受到很大的启发，觉得中西交通史的好多知识，有的我还没有掌握到。实际上对我来说每次的论文答辩，是难得再学习的机会，是"为自己的学业进补"。蔡老师送给我的《学境》《俄罗斯馆纪事》初版与增订本、《仰望陈寅恪》《中外交流史事考述》等书，使我获益不少，让我知道了研究中西交通史要读"二陈一钱"的书，写文章要"一层一层剥下去""剥掉数层方下笔"……这与业师告诉我写历史文章，要把文中的水榨得干干的，有异曲同工之妙。这些教诲一直贯穿着我对研究生的培养和自己的研究中。

值得一提的是，2004年11月蔡老师还应邀参加我们在武夷山举办的"中西文明的交融与兴衰暨陈增辉先生诞辰一百周年国际学术会议"，我特别感恩！

与蔡老师30年的交往，他对我的情谊历历在目，我永远怀念他！

（作者林金水系福建师范大学社会历史学院教授，代国庆系华南师范大学历史文化学院副教授）

行商、英商及其他

——英国东印度公司广州商馆中文档案中人物信息的考察与整理

吴义雄

英国东印度公司之中文档案蕴藏着研究鸦片战争前中西经济文化交流史和中英关系史珍贵的第一手史料。以往中外学者因条件所限，未能加以运用。目前存世的英国东印度公司对华贸易中文档案（以下简称"广州商馆中文档案"），庋藏于英国国家档案馆，较为集中的是编号为 FO 1048 的全宗，共 1200 余件档案；编号为 FO 233/189 的卷宗，也有 250 件左右的档案文件。这些档案形成于对华贸易日益繁盛的清代中叶，对于相关学术问题的研究，可以在多个方面弥补其他史料之不足。近年，渐有研究者开始接触利用这批珍贵的材料。笔者主持的国家社科基金重大项目的子课题之一，即对这些文献进行整理，在此过程中阅读这些资料，获益匪浅，亦曾撰文加以介绍。① 该文发表后，笔者为这些文献编制目录和简易提要，须再读这批史料，对其价值产生进一步认识，觉得应对其学术价值再作阐述。本文侧重于以这批档案为基础挖掘有关广州口岸史上的人物信息，请学界同仁不吝指正。

---

① 吴义雄：《海外文献与清代中叶的中西关系史研究——英国东印度公司广州商馆中文档案之价值》，载《广东社会科学》2018 年第 3 期。该文主要介绍 FO 1048 之史料价值，本文则将 FO 233/189 中的 200 余篇文献与 FO 1048 中的文献一并论述、介绍。

一

　　在清中叶广州口岸人物资料方面，首先值得注意的是有关十三行行商的信息。由于十三行行商留下的直接史料相对较少，导致人们对这个群体的情况难以全面了解。马士《东印度公司对华贸易编年史》一书提供了不少有关行商的具体资料。历史学家梁嘉彬先生的名著《广东十三行考》则在此基础上参阅中西文献，对这一商人群体及其组织的信息进行了系统的整理，为学者研究相关问题带来极大便利。陈国栋先生的近著《经营管理与财务困境——清中期广州行商周转不灵问题研究》（以下简称"陈著"）在前人研究基础上，整理了1760—1843年间十三行行商的历年详细名单以及行商身份的表格。① 陈先生整理的两份表格提供了相当完整的十三行行商名单，成为研究者研究十三行与中西关系问题的新依托。

　　不过，在行商名单方面，上述英藏相关档案仍可提供进一步的信息。FO 1048中有大量行商与英国商馆大班之间的通信，其中以行商集体的名义发出的函件，均在函末列出所有行商名字②，这就使我们可以了解中西贸易和交涉的实际过程中，行商作为一个群体的构成及其变迁情况。同时，值得注意的是，这些文件中行商署名的次序，在同一年份或更长的时间内相对稳定，反映当时行商之地位或在贸易中所占份额之状况；而其间的变化（包括同一年份中的变化）也反映了行商群体的变化情况。

　　自1801年后，档案中的有关行商名单的信息堪称完整。由于这些信息散见于各年度文献，笔者也认为用表格的形式加以整理较为适当。

---

　　① 陈国栋著，杨永炎译，陈国栋校译：《经营管理与财务困境——清中期广州行商周转不灵问题研究》，花城出版社2019年版，表1.1和表1.2，第16—24页。

　　② FO 233/189中的文件为整理后的抄件，相关文件中的行商名单常被略去，只有少数函件列有完整名单。

表 1　1801 年（嘉庆六年）至 1838 年（道光十八年）行商名单

年份	行商名单	资料来源	备注
1801	潘启官 卢茂官 伍佩官/伍浩官 叶仁官 刘章官 倪榜官 郑侣官 潘昆水官	FO 233/189 嘉庆六年四月二十四日、七月十九日潘启官等行商致英国大班	伍佩官，其他论著、文献中多作"伍沛官"潘昆水官，其他论著中多作"昆水官"
1805	潘启官 卢茂官 伍浩官 刘章官 倪榜官 郑侣官 潘昆水官 邓兆祥官 黎六官 麦蟠官 周礼官	FO 233/189 嘉庆十年五月二十七日潘启官等行商致英国大班多林文	"麦蟠官"或作"麦礋官"，但档案中前者出现的次数较多
1807	潘启官 伍浩官 刘章官 潘昆水官 邓兆祥官 黎六官 周礼官 麦蟠官 沐士方官	FO 1048/7/1 嘉庆十二年八月初五日潘启官等行商致英国大班剌佛等函件	陈著仍列卢茂官；邓兆祥官作"邓兆祥"；沐士方官作"沐方官"；潘昆水官作"昆水官"
1809	卢茂官 伍浩官 倪傍官 刘章官 郑侣官 潘昆水官 邓贤官 黎六官 麦蟠官 梁经官 李发官 谢鳌官	FO 1048/9/7、13、19、27 嘉庆十四年卢茂官等行商致英国大班多封函件	陈著仍列周礼官；邓贤官作"邓兆祥"；潘昆水官作"昆水官"本年度多封函件上卢茂官未具名
1810	卢茂官 伍浩官 倪傍官 刘章官 郑侣官 潘昆水官 邓贤官 黎六官 麦蟠官 梁经官 李发官 谢鳌官	FO 1048/10/36、42、48、49、50、51、52、54、56 嘉庆十五年卢茂官等行商致英国大班多封函件	刘章官和倪榜官、邓贤官与黎六官排列次序有所变化本年度多封函件上卢茂官未具名，倪榜官、郑侣官亦在有些函件上未署名陈著中列入"关成发"

续表

年份	行商名单	资料来源	备注
1811	卢茂官 伍浩官 刘章官 潘昆水官 黎六官 麦蟠官 梁经官 李发官 谢鳌官 <u>关九官</u>	FO 1048/11/7、11、17、19、20、32、47、54、67、71、79 嘉庆十六年卢茂官等行商致英国大班多封函件，及粤海关监督谕令	关九官有时作"关成发官"；谢鳌官有时作"谢庆泰官"，或自署"谢鳌""谢鳌观"（FO 1048/11/48，12/31，23/4 等） 刘章官有时不署名 陈著中，关九官作"关成发"（下同，不另注）
1813	伍浩官 <u>卢荣官</u> 刘章官 潘昆水官 黎六官 麦蟠官 梁经官 李发官 <u>谢梧官</u> <u>关九官</u>	FO 1048/13/13 嘉庆十八年八月十一日伍浩官等行商致英国大班函件	自本年起，谢鳌官经常写作"谢梧官"，或自署"谢嘉梧" FO 1048/13/25 行商上粤海关监督禀帖开具各自商名 陈著中，卢荣官作"二代卢茂官"，谢梧官作"谢鳌官"（下同，不另注）
1814	伍浩官 卢荣官 刘章官 <u>潘昆水官</u> 黎六官/黎柏宜 麦蟠官 梁经官 李发官 <u>关九官</u> 谢梧官 八月廿六日后，署名顺序：伍浩官 卢荣官 刘章官 <u>潘昆水官</u> 麦蟠官 梁经官 李发官 <u>谢梧官</u> <u>关九官</u> 黎柏官	FO 1048/14/4、12、13、14、16、23、25、28、47、54 嘉庆十九年伍浩官等行商致英国大班多封函件	西成行黎柏官（黎华柏）取代黎六官于八月廿六日开始在函件署名，但十月初三日伍浩官等四行商致英大班信，仍有谢鳌官署名 李发官、关九官、谢梧官位置有时变化 黎六官在有些文件中未署名

续表

年份	行商名单	资料来源	备注
1814			1048/14/15 小行商致英国大班，黎六官署名"黎西成" 陈著中，未记黎柏官
1817	伍浩官 卢荣官 潘启官 刘章官 潘昆水官 麦蟠官 梁经官 李发官 谢梧官 关九官 黎柏官	FO 1048/17/22、32、40、66 嘉庆二十二年伍浩官等行商致英国大班多封函件	
1818	伍浩官 卢荣官 潘启官 刘章官 潘昆水官 麦蟠官 梁经官 李发官 谢梧官 关九官 黎柏官	FO 1048/18/10 1818年8月1日英商馆大班觅加府等致伍浩官等行商	此大班信件中所用行商名及其顺序与行商致大班信件一致，说明行商名与顺序有固定写法
1821	伍浩官 卢荣官 刘章官 潘焰官 潘昆水官 麦蟠官 梁经官 李发官 谢梧官 关九官 黎柏官	FO 1048/21/11、19 道光元年伍浩官等行商致英国大班多封函件	陈著中，潘焰官作"二代潘启官"
1822	伍敦元 卢棣荣 刘东 潘长耀 潘绍光 麦觐廷 梁经国 李万源 谢庆泰 关成发 黎光远	FO 1048/22/18、22、76 道光二年伍浩官等行商致英国大班多封函件	本年度行商集体自署，均径写商名而非官名，但个别行商则在函件中署官名，如"刘章官""梁经官"等 李应桂被称为李添官（FO 1048/22/7） 卢棣荣和刘东位置有互换的情况 潘氏家族中，有潘珍官、潘启官与大班通信（FO 1048/22/63）

续表

年份	行商名单	资料来源	备注
1823	伍敦元 卢棣荣 刘东 潘绍光 潘长耀 麦觐廷 梁经国 谢庆泰 关成发 黎光远 李应桂	FO 1048/23/7 道光三年五月十三日伍浩官等行商致英国大班函件	本年起行商集体函件中多以姓名签署 谢庆泰多次在个人函末署名"谢鳌观"（如FO 1048/23/4）
1827	伍受昌 卢文锦 刘东 潘绍光	FO 1048/27/9 道光七年五月十九日伍受昌等行商致英国大班函件	陈著中，列九行商名
1828	伍受昌 卢文锦 刘东 潘绍光 谢棣华 李应桂 梁承禧	FO 1048/28/8、9、17、20、28、49、51、53、55、56、58 道光八年伍受昌等行商致英国大班多封函件	卢文锦和刘东位置有互换的情况 陈著中，仍列关成发名
1829	伍受昌 卢文锦 刘东 潘绍光 谢棣华 李应桂 梁承禧	FO 1048/29/14、15、16 道光九年伍受昌等行商致英国大班多封函件	
1830	伍受昌 卢文锦 刘东 潘绍光 谢棣华 李应桂 梁承禧 严启祥 潘文涛 马佐良 潘文海	FO 1048/30/2、3、10、11、14、17、85 道光十年伍受昌等行商致英国大班多封函件	严启祥 潘文涛 马佐良 潘文海于是年三月后入列 刘东于闰四月后退出 陈著中，严启祥误作"严启昌"（下同），启昌乃启祥之兄，后充行商

续表

年份	行商名单	资料来源	备注
1831	伍受昌 卢文锦 刘东潘绍光 谢棣华 李应桂 梁承禧 严启祥 潘文涛 马佐良 潘文海	FO 1048/31/13、15 道光十年十二月初九日伍受昌等行商致英国大班函	陈著中,潘文涛、潘文海分别作"潘明官""潘海官"(下同)
1832	伍受昌 卢文锦 潘绍光 谢棣华 李应桂 梁承禧 严启祥 潘文涛 马佐良 潘文海 <u>王达通</u> 吴天垣 <u>黄学海</u>	FO 1048/32/9、10、12、13、15、19、20、27、29 道光十二年伍受昌等行商致英国大班多封函件	黄学海于闰九月初六日函件中列入,闰九月十八日函中未再出现 陈著中,王达通作"王通官",吴天垣作"吴爽官" 陈著中,无黄学海
1833	伍受昌 卢文锦 潘绍光 谢棣华 李应桂 梁承禧 严启祥 潘文涛 马佐良 潘文海 吴天垣 王达通	FO 1048/33/27 道光十三年六月初十日伍受昌等行商致英商查马体逊公司函件	陈著中,有"三代浩官"即伍绍荣
1834	伍绍荣 卢文锦 潘绍光 谢棣华 李应桂 梁承禧 严启祥 潘文涛 马佐良 潘文海 吴天垣	FO 1048/34/1 道光十三年十二月初八日伍绍荣等行商致英商查典函件及 FO 1048/35/23、24 等文件 另参考佐佐木正哉《鸦片战争前中英交涉文书》道光十四年	FO 1048/35/23、24 二件未标年份,笔者据内容判断; 《鸦片战争前中英交涉文书》中,第5、7件伍绍荣作"伍怡和",第22件作"伍绍荣";兴泰行商亦作严启祥
1835	伍绍荣 卢广利 潘绍光 梁承禧 谢有仁 严启昌 潘文涛 马佐良 潘文海 吴天垣	佐佐木正哉《鸦片战争前中英交涉文书》道光十五年第14件,第64页	本年兴泰行由严启昌取代严启祥充任行商 陈著中,1835年东裕行商仍作"二代谢鳌官",列入罗福泰

续表

年份	行商名单	资料来源	备注
1836	伍绍荣 卢继光 潘绍光 梁承禧 谢有仁 严启昌 潘文涛 马佐良 潘文海 吴天垣 易元昌 罗福泰 容有光	佐佐木正哉《鸦片战争前中英交涉文书》道光十六年第 6、10 件，第 76、79 页 道光某年二月初一日，伍绍荣等行商致英商查厘，见 FO 1048/35/25	陈著中，1836 年东裕行商仍作"二代谢鳌官" FO 1048/35/25 此件未标注年份
1837	伍绍荣 卢继光 潘绍光 梁承禧 谢有仁 潘文涛 马佐良 潘文海 吴天垣 易元昌 罗福泰 容有光	佐佐木正哉《鸦片战争前中英交涉文书》道光十七年第 17 件，第 100 页	义律函件中有称"伍绍荣官"者（第 130、132 页） 陈著中，1837 年仍列兴泰行商严启昌
1838	伍绍荣 卢继光 潘绍光 梁承禧 谢有仁 潘文涛潘文海 马佐良 吴天垣 易元昌 容有光	佐佐木正哉《鸦片战争前中英交涉文书》道光十八年第 24 件，第 152 页	陈著中，1838 年仍列兴泰行商严启昌

说明：1. 本表仅整理东印度公司商馆档案中的行商名单，有些年份因档案残缺无名单信息，则任其空缺。

2. 历年行商个人信件署行名、官名、商名情况不一。

3. 表中行商名加下划线者，表示此与其他著作中所列有别。

4. 佐佐木正哉《鸦片战争前中英交涉文书》亦来自英藏档案，故上表根据其中的资料录出 1835—1838 年的行商名单。

从上表备注栏可以看出，广州商馆中文档案的相关文件中保存的十三行行商名，与包括陈著在内的书中所录行商名，存在一定的差异，陈先生的表格还存在需要进行补充、更正之处，而文件中行商名单的次序与陈著名单次序也常有不同。当然，由于上述广州商馆文件并非完整的历史档案，其反映的情况与陈先生的表格不同时，也不能简单地认为何者正确或错误。笔者认为，两种资料可供研究者对比参照。

二

在 1834 年前的漫长历史时期内，行商交往最多的外国人就是东印度公司广州商馆特选委员会的大班们。马士的《东印度公司对华贸易编年史》（以下简称"马士著作"）提供了该委员会历年成员的名单。但这些成员在与中国官员、行商群体交往过程中，在书面和口头使用的是其汉文名。这些人名构成鸦片战争前中西关系史上不可忽视的元素。在中国保存的相关文献中，可以找到其中一些人名。但以往由于缺乏直接史料，难以觅得完整的名单；而中国文献中可以发现的人名中，有的可能不止一个汉文名，有的可能存在书写错误的情况。现在，根据上述档案文献，可以大体上解决这些问题。

按马士的叙述，东印度公司早期的对华贸易，在中国各口岸（包括广州）由大班们（Supercargoes）管理。① 随着对华贸易的发展，东印度公司又在舟山、广州等地设立由大班组成的管理会（Council of Supercargoes）之类的机构。② 如 1724 年，东印度公司董事部便令驶往广州的 4 艘商船的大班组成"一个固定管理会以便处理我们在中国的事务"。又如 1730 年贸易季度，在广州的"管理会成员为大班八人"。而在随后的年头，大班组成的管理会成为常设性在华贸易管理机构，只是形式上因时而变。③ 马士著作也提供了广

① 参见［美］马士著，中国海关史研究中心组译：《东印度公司对华贸易编年史（1635—1834 年）》（第一、二卷），中山大学出版社 1991 年版，第 1 卷第 6 章等章节。

② 参见［美］马士著，中国海关史研究中心组译：《东印度公司对华贸易编年史（1635—1834 年）》（第一、二卷）第 1 卷第 10、15 章等章节。

③ ［美］马士著，中国海关史研究中心组译：《东印度公司对华贸易编年史（1635—1834 年）》（第一、二卷），第 168、196 页。不过早期的管理会情况并不稳定，如 1736 年，"广州有三个管理会"，1739、1741、1742 年都有 2 个（第 239、264、277、284 等页）；1755、1756 年则有 3 个（第四、五卷第 411、459 等页）。

州的管理委员会成员的名单，如 1755 年和 1756 年的皮古、洛克伍德、佩斯利和金纳斯利，1760 年的洛克伍德、金纳斯利和伍德。① 管理会设立主任一职。在该书关于 18 世纪有记载的各年份，几乎都可以看到作者从资料中找出的管理委员会成员的姓名，这里就不一一引述了。

马士指出，法国人和荷兰人较早采用大班分别在广州和澳门度过每个贸易年份不同季节的做法。但"英公司在 1770 年以前，只有两次试过这个方法，而董事会对这种结果不满意，通常的办法是大班随着该年的船只同来"，办妥相关事务后离去，而到"1770 年，董事部指令大班不再随同他们有关的船只来往，而是组成一个永久性的管理会"。② 这实际上是后来特选委员会的早期形式。1779 年，东印度公司开始在广州设立特选委员会（select committee），首届成员是菲茨休（Thomas Fitzhugh，主席）、比凡（Thomas Bevan）和雷珀（立巴，Mathew Raper）。③ 不过，这个首届特选委员会因成员的个人原因而于 1781 年解散，而大班管理会随之恢复，直到 1786 年，董事部命令管理会"将管理权移交特选委员会接收"，这届特选委员会"由六位有资历的大班组成，以波郎为主席"。④ 此后，该委员会一直存在到 1833 年贸易季节结束。同样，马士著作在相关年份都记录了特选委员会成员的姓名。

不过，我们现在看到的早期历年该委员会成员汉文姓名，除波郎、多林文等少数人外，多为从其英文名而来的现代译音。以下主要根据东印度公司广州商馆中文档案，整理从 18 世纪中后期开始的

① ［美］马士著，中国海关史研究中心组译：《东印度公司对华贸易编年史（1635—1834 年）》（第四、五卷），第 459、499 页。

② ［美］马士著，中国海关史研究中心组译：《东印度公司对华贸易编年史（1635—1834 年）》（第一、二卷），第 324 页。

③ H. B. Morse, *Chronicles of the East India Company Trading to China*, vol. 2, Oxford：at the Clarendon Press, p. 39.

④ ［美］马士著，中国海关史研究中心组译：《东印度公司对华贸易编年史（1635—1834 年）》（第一、二卷），第 384、439 等页。

管理会和特选委员会成员汉文姓名名单。若干年份的档案文献不全甚至全缺。但马士著作提供了每个年份管理会和特选委员会成员的英文名单，笔者据此可以补齐中文档案所缺的信息。下表各位成员的英文名，均根据马士著作的英文版，表中对此不再一一作注；凡备注栏标明"据马士著作"，根据其英文版补齐档案文献缺漏的信息。凡中外档案中未查到汉文名的成员，笔者未自行翻译，只列英文名，可参见中译本。

表2 1760—1833年英国东印度公司广州商馆特选委员会（管理会）成员中文名单

年份	中文名	英文名	备注
1760	六活 等	Thomas Lockwood	FO 233/189 乾隆二十五年八月初五日广州府正堂谕英国大班六活，及六活上广州府禀帖。六活为管理会主任，另有2名成员，姓名不详
1761	哥打带 等	不详	据 FO 233/189 乾隆二十六年十二月二十一日南海、番禺二县致英国公班衙照会。但查马士著作英文版，是年管理会成员屡次更换，然无姓名与哥打带音近者
1777	立巴 等	Mathew Raper	FO 233/189 乾隆四十二年英国大班立巴上广东巡抚禀帖及总督答复（无具体日期）。查马士著作，1777—1778年 Mathew Raper 任广州商馆管理会主任
1778	立把（巴）等	Mathew Raper	FO 233/189 乾隆四十三年八月粤海关监督图明阿批立把（巴）禀帖
1779	立巴	Thomas Fitzhugh Thomas Bevan Mathew Raper	据马士著作。中译本将3人姓名分别译作菲茨休、比凡和雷珀

续表

年份	中文名	英文名	备注
1792	波朗 亚厘 免质臣	Henry Browne John Harrison George Cuming	据 FO 233/189 乾隆五十七年十一月二十八日广州府谕洋商蔡世文等波朗为主席（以下任此职者均占首行）；波朗或作"波郎"
1793	波朗 免质臣	Henry Browne George Cuming Thomas Kuyck Van Mierop	据马士著作，是特选委员会主席仍为波朗，免质臣为委员 档案文献中未见另二位成员 Thomas Kuyck 和 Van Mierop 之中文名
1794	波朗 免质臣	Henry Browne George Cuming Thomas Kuyck Van Mierop	据马士著作，本年特选委员会主席仍为波朗，免质臣为委员，另 2 名成员档案文献未见其中文名
1795	波朗 免质臣	Henry Browne George Cuming	同上
1796	波朗 免质臣 必治	Henry Browne George Cuming Samuel Peach	据马士著作，委员会及主席在 1795 贸易季节结束后更换，波朗返回英国，继任者为哈（Richard Hall） 必治名据 FO 233/189 嘉庆六年六月二十七日丽泉行商潘昆水官致特选委员会
1797	哈 免质臣 必治	Richard Hall George Cuming Samuel Peach	"哈"之名据 FO 233/189 嘉庆五年二月初八日两广总督吉庆等下洋商潘致祥等谕、嘉庆六年七月初六日洋商伍浩官致英国大班，分别称其"大班未士哈"或"未氏哈"（Mr. Hall），另参考马士著作记录 必治名见 1801 年备注

续表

年份	中文名	英文名	备注
1798	哈 兔质臣 必治	Richard Hall George Cuming Samuel Peach	名单据马士著作
1799	哈 必治 多林文	Richard Hall Samuel Peach Francis Turnly James Drummond George Sparkes	名单据马士著作 必治、多林文名见 1801 年备注
1800	哈 必治 多林文	Richard Hall Samuel Peach James Drummond	名单据马士著作 3 人汉文名见 1801 年备注
1801	哈 必治 多(丞)林文	Richard Hall Samuel Peach James Drummond George Sparkes	FO 233/189 嘉庆六年正月十三日广州府下潘致祥等谕，本年潘启官等行商致特选委员会函件多封，特选委员会禀帖多封 嘉庆六年六月二十七日、七月初七日丽泉行商潘昆水官致特选委员会；特选委员会十月呈粤海关监督禀帖 潘昆水官函等文件中又将多林文作"丞林文"；多林文在 1800 贸易季节结束后继哈为主席
1802	多林文 必治	James Drummond Samuel Peach George Sparkes	名单据马士著作
1803	多林文 必治	James Drummond Samuel Peach George Sparkes David Lance	据马士著作 档案文献中未见 George Sparkes 和 David Lance 汉文名

续表

年份	中文名	英文名	备注
1804	多林文 必治 剌佛	James Drummond Samuel Peach J. W. Roberts	据马士著作 在 FO 233/189 中，"剌佛"之名最先出现于嘉庆十年六月初八日潘启官等行商致英国大班多林文、剌佛函件
1805	多林文 剌佛	James Drummond John W. Roberts	是年 FO 233/189 中有数份 2 人收、发文
1806	多林文 剌佛 罢蓝臣 不厘	James Drummond John W. Roberts William Bramston Thomas C. Pattle	名单据马士著作 "不厘"及"罢蓝臣"之名据 FO 233/189 嘉庆十二年某月日特选委员会上两广总督等禀帖
1807	剌佛 不厘(八厘) 罢蓝臣 （布林臣、 巴厘臣） 益花臣 跛令	John W. Roberts Thomas C. Pattle William Bramston John Elphinstone William Baring	FO 233/189 嘉庆十二年正月二十一日英国大班剌佛等上安南国王书；二月十七日特选委员会上广东督抚等禀帖；嘉庆十二年三月二十日广州府正堂张谕英国大班剌佛、巴厘等；另见 FO 1048/7/1 潘启官等行商致特选委员会 益花臣、跛令名据马士著作补入 跛令汉文名来源见 1808 年备注
1808	剌佛 不厘 罢览臣 益花臣 跛令	John W. Roberts Thomas C. Pattle William Bramston John Elphinstone William Baring	"跛令"名见嘉庆十三年十月十六日十三行行商致特选委员会等数件文件，FO 233/189

续表

年份	中文名	英文名	备注
1809	剌佛 八厘 罢览臣 益花臣	John W. Roberts Thomas C. Pattle William Bramston John Elphinstone	据 FO 233/189 及 FO 1048/9/7、13、19、22、25、27 卢茂官等行商致特选委员会等文件
1810	剌佛 八厘 罢览臣 益花臣	John W. Roberts Thomas C. Pattle William Bramston John Elphinstone	据 FO 1048/10/36、38、42、50、51 - 54、56、59、61、66、69 - 71、76 伍浩官等行商致特选委员会函件，及 FO 1048/10/43、48 等特选委员会致行商函件
1811	益花臣 巴礼 八厘	John Elphinstone William Parry Thomas C. Pattle	据 FO 1048/11/27、28 潘昆水官等行商致特选委员会等文件（是年伍浩官等行商集体致函多单独致益花臣，以及斯当东）
1812	益花臣 剌佛 巴礼 八厘	John Elphinstone John Roberts William Parry Thomas C. Pattle	据 FO 1048/12/18、22、24、33、43 麦蟠官等行商致特选委员会函件 剌佛9月返回，但居于澳门，未到广州，中文档案未列其名
1813	益花臣 剌佛 八厘 罢览臣	John Elphinstone John Roberts Thomas C. Pattle William Bramston	据 FO 1048/13/13 伍浩官等行商致特选委员会函件 剌佛因广东官方抵制，一直未到广州商馆就任，11月死于澳门，罢览臣递补 是年行商致特选委员会函收件人多署益花臣，特选委员会发函则多署益花臣名

续表

年份	中文名	英文名	备注
1814	益花臣 罢览臣 八厘 斯当东	John Elphinstone William Bramston Thomas C. Pattle George Thomas Stauton	据 FO 1048/14/4、5、12 - 16、19、21、23、25、28、33、47、54 伍浩官等行商致特选委员会函件 罢览臣在 1813 贸易年度后退出，1814 年贸易年度斯当东加入 特选委员会发文多署益花臣或"益花臣等"
1815	益花臣 八厘 斯当东	John Elphinstone Thomas C. Pattle George Thomas Stauton	名单据马士著作 本年度中文档案残缺，未见相关文件
1816	斯当东 觅加府 吉顿 咸臣	George ThomasStauton Theophilus J. Metcalfe Joseph Cotton James Brabazon Urmston	据 FO 1048/16/16、17 潘昆水官等行商致斯当东等特选委员会成员函件，和 FO 1048/16/20、31 斯当东等特选委员成员致行商函件
1817	觅加府 吉顿 咸臣 马罗尼	Theophilus J. Metcalfe Joseph Cotton James Brabazon Urmston James Molony	据 FO 1048/17/22、23、32、67，特选委员会致潘昆水官等行商函件，FO 1048/17/28、40、41、66、82、85 伍浩官等行商致特选委员会函件 英方署名多用"马罗尼"之名，中方函件多用"万罗厘"；觅加府有些中文文献作"觅家府"，六月十二日李添桂函中将觅加府写作"勿急府"
1818	觅加府 吉顿 咸臣 马罗尼	Theophilus J. Metcalfe Joseph Cotton James Brabazon Urmston James Molony	据 FO 1048/18/10 特选委员会致伍浩官等行商函件

续表

年份	中文名	英文名	备注
1819	觅加府 咸臣 端 费礼渣	Theophilus J. Metcalfe James Brabazon Urmston Francis Hatings Toone William Fraser	名单据马士著作 是年中文档案残缺 费礼渣名据 FO 1048/20/5 茶商巅馨致特选委员会函件；"端"之姓名据 FO 1048/17/11 美士端致伍浩官（无日期）
1820	咸臣 费礼渣 万罗尼 务生杰	James Brabazon Urmston William Fraser James Molony William Bosanquet	据 FO 1048/20/5 茶商巅馨致特选委员会
1821	咸臣 万罗尼 罗白士 费礼渣	James Brabazon Urmston JamesMolony Robarts William Fraser	据 FO 1048/21/19 伍浩官等行商致特选委员会函件
1822	咸臣 罗百师 富理士	James Brabazon Urmston Robarts William Fraser	据 FO 1048/22/6 - 8、42、43、55、60 特选委员会致李添官等行商函件，FO 1048/22/9、14、29、37、41、48、54、57 - 59、63、66、67、73、75、76 麦觐廷等行商致特选委员会函件 英人函件中，罗白士、费礼渣署名分别改为罗百师、富理士，但行商有仍称其旧名者；富理士另有称其"吠礼渣""吠礼查""费礼查""费礼喳""礼查""佛礼查"者 另有刘章官、黎光远等多封函件收件人包括"四班扣篓顿"者，应为误解

续表

年份	中文名	英文名	备注
1823	咸臣 罗百师 富理士 端	James Brabazon Urmston Robarts William Fraser Francis Hatings Toone	据 FO 1048/23/1－7 潘长耀等行商致特选委员会函件 行商对富理士汉文名仍有各种写法，如"费厘查""费礼楂"等
1824	咸臣 罗百师 富理士 端	James Brabazon Urmston Robarts William Fraser Francis Hatings Toone	据马士著作中译本第4、5卷第90页、英文原版 vol. 4，p. 87 本年中文档案残缺，未见相关文件
1825	咸臣 端 部楼顿	James Brabazon Urmston Francis Hatings Toone William Henry Plowden	名单据马士著作 本年中文档案全缺
1826	咸臣 富理士 端 部楼顿	James Brabazon Urmston William Fraser Francis Hatings Toone William Henry Plowden	名单据马士著作 本年中文档案全缺
1827	富理师(士) 部楼顿 美律 马治平 德秘师	William Fraser William Henry Plowden Charles Milett Charles Majoribanks John Davis	据 FO 1048/27/1、2 、7 梁经国等行商致特选委员会函件；FO 1048/27/4、6、8、11、12、15 富理师等大班致伍秉鉴等行商、海关监督函件、禀帖等文件行商函件中，部楼顿写作"扣篓顿"或"扣娄顿""扣缕顿"；富礼师仍有各种写法如"费礼者"；德秘师之名参考下年资料

续表

年份	中文名	英文名	备注
1828	部楼顿 盼师 美律 班侬文 德秘师	William Henry Plowden William Baynes Charles Milett James Bannerman John Davis	据 FO 1048/28/6、10、12、13、21、23、46、47 特选委员会致关成发等行商函件，FO 1048/28/9、14、20、30、35、37、40、45、49、51、53、55、56、58 伍受昌等行商致特选委员会函件 德庇时在行商文件中作"爹庇士"
1829	部楼顿 盼师 美律 班侬文 覃义理	William Henry Plowden William Baynes Charles Milett James Bannerman Frederick Nugent Daniell	据 FO 1048/29/14/15、16 伍受昌等行商致特选委员会函件 覃义理又作"单爹厘"，均据下年文件
1830	盼师 美律 班侬文 覃义理 马治平 德秘师 师密	William Baynes Charles Milett James Bannerman Frederick Nugent Daniell Charles Majoribanks John Davis Thomas Charles Smith	据 FO 1048/30/2、3、10、11、17、18 伍受昌等行商致特选委员会函件，FO 1048/30/7、40、41、52、54－56、62、85、86 特选委员会呈两广总督等官员禀帖，FO 1048/30/20 特选委员会致伍受昌等行商函件 马治平 11 月取代盼师为主席 有些行商函件将覃义理作"单爹厘" 英人禀帖中师密又作"士蔑"
1831	马治平 德秘师 覃义理 士蔑	Charles Majoribanks John Davis Frederick Nugent Daniell Thomas Charles Smith	据 FO 1048/31/7、11、16、31、39 特选委员会呈两广总督等官员禀帖，FO 1048/31/13 伍受昌等行商致致特选委员会函件

续表

年份	中文名	英文名	备注
1832	德秘师 覃义理 美律 部楼顿	John Davis Frederick Nugent Daniell Charles Milett William Henry Plowden	据 FO 1048/32/9、10、12、13、15、16、19－21、27、29 伍受昌等行商致致特选委员会函件，FO 1048/32/11、23、24 特选委员会致伍浩官等行商函件 部楼顿 8 月回任委员会主席
1833	部楼顿 德秘师 覃义理	William Henry Plowden John Davis Frederick Nugent Daniell	名单据马士著作，是年档案文献中未见带有各位委员名单之文件

从上表大体可见自 18 世纪末到 1833 年东印度公司在华贸易管理机构的汉文名单。在其他中文文献中，我们也可以见到这些人士汉文名的一些写法。研究者固然可以决定在这些人士的各种汉文名中使用哪一种，但笔者认为，在具有确切文献依据的情况下，这些外国人自定的汉文名，以及与他们关系密切的行商及广州官员在交往、交涉中所用的外国人汉文名，是应该优先采用的。

三

行商和特选（管理）委员会两个群体是 18 世纪到 19 世纪前期从事中西贸易的主体，故个人信息在档案中保存得相对完整。但广州口岸的中西经济文化交流作为早期全球化浪潮的组成部分，吸引或卷入了各个阶层的人群。在中西商人之外，还有为数更多的职业群体支撑着贸易体系的运作。其中多数人身份低微，没有在史书中留下自己的名字，在浩瀚的文献中也难觅痕迹，倘若偶现其踪，便成为我们了解既往历史丰富性之难得史料。在广州商馆中文档案中，我们便可以努力发掘一些这样的史料。例如，在广州口岸中西交往中发挥过重要作用的通事、买办、引水的具体材料一向较难寻觅，但他们的名字及其所作所为的信息，就出现在各个不同时期形成的档案文献中。但对这几个群体情况的考察在资料方面受到明显的限制。

通事是一个与中西交往相伴而生的职业群体。通事是中外商人之间、外国商人与中国官府之间沟通交涉的媒介，但广州商馆档案中有关他们的信息却不多，也不连贯。这里简单叙述一下情况。见于档案最早的通事名字，是1760年的林成、林望和蔡景。① 此后多年未再见有文件提及通事姓名，直到1800年。是年和下一年，后来成为行商的通事谢鳌的名字出现在番禺县的谕示和行商致英国大班的信中。② 1809年，见于文献的通事名字有杨超、陆辋、蔡懋、黄昌和林广。③ 1814年，通事的名字则有林广、陆辋、蔡懋、黄昌和张森华④，除个别者外，变化不大。事实上，在1814年前后各年份的文献中零星出现的通事名字，也都在这几个人的范围内。直到1822年，见于广州商馆档案中的通事名字，还是只有陆辋、蔡江和张允森。⑤ 可见，这个群体的构成具有相当的稳定性。到1831年，在文献中出现的通事名字有蔡懋、鲍良、何煇和黄源。⑥ 黄源获粤海关监督批准和英国大班默认后退役，到次年买办就只剩下蔡懋、

①　乾隆二十五年七月初五日粤海关监督尤拔世谕通事林成、林望、蔡景，FO 233/189。范岱克的博士论文中列出了18世纪90年代几位通事的名字（西文），见 Paul Van Dyke, *Port Canton and the Pearl River Delta, 1690 – 1845*, PhD thesis, University of Southern California, p. 326。

②　FO 233/189 嘉庆五年正月二十九日署番禺县正堂谕洋商；嘉庆六年五月十五日潘启官、卢茂官致英国大班未氏哈。

③　FO 1048/9/9 嘉庆十四年八月初四日署理广州知府英谕通事杨超等。

④　FO 1048/14/75 官方文件汇抄（无日期），蔡懋又写作"蔡江"。

⑤　FO 1048/22/56、57、63、64、71 – 73、76 长茂通事馆陆辋致英国大班（无日期）、道光二年七月初五日刘章官致英国大班、七月潘启官等与英国大班往来函件。

⑥　FO 1048/31/4 道光十年十一月两广总督李鸿宾咨南海县令潘尚楫，FO 1048/31/4、14 道光十年十一月通事蔡懋等致英商查顿。

鲍良和何辉，可见这个群体大体上实现了对 20 年前就形成的队伍的替换，但蔡懋依然留在其中。上述通事中，蔡懋的执业时间最长①，陆辂的执业时间也相当长，他们在中西交往中的作用和影响也值得重视。

　　档案文件还显示了几个通事馆的名字。如 1822 年，陆辂的"长茂"通事馆、蔡江（懋）的远孚通事馆和张允森的"东成"通事馆。② 1831 年，蔡懋、鲍良、何辉和黄源的通事馆名称分别为"宽和""和生""悦来""长盛"。③ 这些通事馆由上述在各类文件中具名或出现的通事经营。

　　在他们之下，还有为数更多的从事具体业务的通事。文献显示，这些人在当时被称为"通事帮办"，1832 年的一份文献中就出现了 3 个通事帮办的名字，分别是"亚担""亚同""亚江"。④ 次年，另一位通事帮办蔡宪的名字也出现在一份由他署名的文件中。⑤

　　另一个本应注意的群体是买办。由于"买办"作为一个经济—政治阶层在近代史上具有特殊地位，有关鸦片战争前的买办的研究比关于通事的研究起步更早，成果也很多。但在广州商馆档案中，有关买办的信息更为稀少零落。笔者在 FO 1048 的 1811—1833 年各年份文件中，只看到 10 多个买办的名字。考虑到买办是一个人数较

---

　　① 蔡懋执业的时间直至 19 世纪 40 年代，见 Paul Van Dyke, *Port Canton and the Pearl River Delta, 1690 – 1845*, p. 330。

　　② FO 1048/22/56、57、63、64、71 – 73、76 长茂通事馆陆辂致英国大班（无日期）、道光二年七月初五日刘章官致英国大班、七月潘启馆等与英国大班往来函件。

　　③ FO 1048/31/4、14 道光十年十一月两广总督李鸿宾咨南海县令潘尚楫、通事蔡懋等致英商查顿；FO 1048/32/16、17、18 道光十二年八月伍受昌等行商致英国大班、通事蔡懋等与英国大班往来函件。

　　④ FO 1048/32/21 道光十二年八月二十七日伍受昌等行商致英国大班。

　　⑤ FO 1048/33/1 道光十二年十一月十五日通事帮办蔡宪致英商查顿。范岱克博士论文中有 1837 年和 19 世纪 40 年代通事的名字，可以参考 Paul Van Dyke, *Port Canton and the Pearl River Delta, 1690 – 1845*, p. 329, p. 330。

通事为多的群体，这十几个人显然只是其中的很小的一部分，且同一年的文件出现的不超过 2 个。买办一般执业的时间也很长，但这十几个人名也极少有出现在多年文件中的。这说明，这些人的材料不具备专作整理的价值。

与通事、买办相比，有一个群体——引水的材料却保存得相当不错。

引水这个群体在中西贸易体系中无疑处于较下层的地位，但这却是一个职业性群体，具有相当的专业性。范岱克的研究表明，引水可区分为"外部引水人"和"澳门引水人。"① 在嘉道年间，澳门引水人由澳门同知负责招充。道光十年（1830），澳门同知的一份告示称：鉴于两名年老引水"俱倚年老不肯偕同查办，当经讯明斥革，追缴印照戳记，涂销在案"，所遗二缺在"军民蛋户"当中召充，"如有土著殷实，谙晓蕃语，熟识水路，情愿承充引水者，许即备俱族长保邻切实甘结，亲身禀缴本分府，以凭当堂验明，给照许充"。② 这段史料表明，承充引水需具一定资质、程序，由澳门同知统一管理，而且具有一定员额。这样招充的引水集中管理之处为"引水房"，设于澳门同知所在的前山。③ 至于名额，据 1828 年一份引水集体给英人的函件，可知其时引水共 14 名。④

在当时，引水事务是整个贸易体系中不可缺少的一个重要环节，而且是外国商船来华进入贸易事务体系首先遇到的环节。嘉庆十九年（1814）广州官员在一份禀帖中说："（外国）船至万山，须用引水看过，船只实有货物，问明来历，始赴澳门挂号。挂号后引至虎

---

① 范岱克著，江滢河、黄超译：《广州贸易：中国沿海的生活与事业（1700—1845）》，社会科学文献出版社 2018 年版，第三章。

② 澳门军民府告示（抄件），FO 1048/30/57。

③ 英国大班觅加府呈两广总督禀帖，称引水房不能自前山移至更合适位置"为可惜"，嘉庆二十二年五月十三日，FO 1048/17/47。

④ 14 名引水致马礼逊函，FO 1048/28/36。据范岱克研究，18 世纪 60 年代有 8 位，19 世纪 20 年代领有执照的引水有 14 位，到 19 世纪 40 年代初则有 22 位（《广州贸易：中国沿海的生活与事业（1700—1845）》，第 43 页）。

门报验，方始引进黄埔。旧例相徇已久。"① 广州官员的这个说法并未区分"外部引水人"和"澳门引水人"，这一点也值得我们注意。引水事务与外国船只进入中国水域的过程相始终，而外船出口也同样需要引水引领。对引水事务的重要性，官商各方都有足够认识。② 1809 年广东官方请英国船只协助清剿珠江口水域海盗时，就指示通事："但恐该夷船未悉水道情形，且沿途堵捕动需伙食"，"带同买办二名、引水二名"随同英船。③ 当外国来华贸易船只进出口时，在必要时亦专门请求官方指派引水。④ 引水人如果不能即时到船，会对船只安危造成影响，引起外商投诉。⑤

引水的资料在东印度公司的商馆档案中保存下来，是因为 18 世纪末以降，珠江口海域情况日趋复杂，虽然直至鸦片战争前并无大的武力冲突，但因中西关系演变的大势和其他各种原因，这片水域暗潮汹涌，纠葛不断，西洋（主要是英国）各国战船或其他船只违规停泊和各种异动，是朝廷和地方统治者非常关心的动向；其违犯清朝海域管理规例的行为，则会引起守土有责的官员们向外方严正交涉。最先接触外来海上力量、且在相关交涉中扮演一定角色的引

---

① 广州知府杨健、佛冈同知福荫长禀两广总督蒋攸铦等，FO 1048/14/73。

② 当代学者对这个群体也进行过一些研究。除范岱克《广州贸易：中国沿海的生活与事业（1700—1845）》一书有专章叙述外，李恭忠《晚清的引水业与引水人》（《浙江海洋学院学报》2005 年第 1 期）、程美宝《水上人引水——16—19 世纪澳门船民的海上世界》（《学术研究》2010 年第 4 期）、王涛《清代广州对外贸易中的引航制度》（《历史教学》2014 年第 6 期）等文都论述了引水人的角色及其作用。

③ 署理广州知府英谕通事杨超等，嘉庆十四年八月初四日，FO 1048/9/9。

④ 如嘉庆十四年十一月十三日，英国大班剌佛因过半公司船亦满载，"要移出濠墩"，具禀请派引水（FO 1048/9/34）；嘉庆二十二年十月二十二日，荷兰大班皮理地文向两广总督呈禀，请求嗣后外国船只到鸡颈洋即派引水，以便开行免遭劫掠，同日英国大班觅加府亦呈禀提出同样要求（见 FO 1048/17/42、FO 1048/17/43）。

⑤ 见嘉庆十七年二月某日英国大班益花臣呈粤海关监督禀帖，FO 1048/12/9。

水人，便因此而频繁地出现在各种官方禀帖、谕令和其他通信中，这就为我们留下了堪称珍贵的引水人信息。兹仍以表格形式整理如下。

表3　英国东印度公司广州商馆中文档案中引水人名录

年份	引水人姓名	涉及事件	资料来源
1799	胡廷瑛	英国兵船一只驶近三角洋面	FO 233/189 嘉庆四年十二月二十四日粤海关监督佶山谕洋商潘致祥等
1802	胡廷瑛 王绍禹 何琼昌	英国兵船图占澳门，官府谕确查并催令开行	FO 233/189 嘉庆七年三月初八日香山县左堂王峤谕澳门夷目委黎多；潘启官等致英大班多林文（五月十三日）；行商呈粤海关监督三义禀帖（七月）
1802	布旭明	英国兵船图占澳门，官府谕确查并催令开行	FO 1048/2/1 粤海关监督谕行商
1809	袁有廷	东印度公司商船7只来粤，官府谕在口外安静等候待命	FO 1048/9/17 澳门军民府谕英国大班
1811	徐国亮 刘启芳	英国"北礼"号、"家刺佛"兵船湾泊鸡颈洋不去，官府不得近泊虎门，尽早开行	FO 1048/11/54、55、76 粤海关监督谕行商、澳门军民府谕英国大班
1812	陈有胜 吴朝宁 宋德宽 王以祺 袁有廷	英国"刺时"号等多艘兵船湾泊潭仔不去，违令近泊虎门，官府谕催令开行	FO 1048/12/81、83、85、88 香山县左堂、澳门军民府谕英国大班，粤海关监督谕行商等文件

续表

年份	引水人姓名	涉及事件	资料来源
1813	梁显茂	英国"加力佛"号无货船只湾泊潭仔,官府谕催令开行	FO 1048/13/1 粤海关监督谕行商
1813	陈秉祥	英国"罢蕴仁"号兵船湾泊十字门内海面,官府谕催令开行	FO 1048/13/53 粤海关监督谕行商
1814	陈秉祥 袁有廷 黄蕃瑛 何琼昌	英国"罢蕴仁"号、"刺时"号兵船在中国洋面长期湾泊并攻击美国船只,官府催令开行	FO 1048/14/3、5、6、22、42 澳门军民府佛山分府、香山县正堂谕英国大班,粤海关监督谕行商
1816	何琼昌 刘启芳 黄锡爵	英国小兵船"孖力"号、"刺时"号湾泊潭仔,官府谕大班确查,催令开行	FO 1048/16/12、18、26 香山县正堂谕英国大班
1817	陈秉祥 王以祺	英国"亚林时"商船、"架刺佛"小战船湾泊潭仔,官方分别催令速进黄埔贸易、开行回国	FO 1048/17/30、40、46 两广总督谕行商
1821	曾学瑛 朱永昌	英国小兵船"比力活"号湾泊潭仔,官府谕催令开行	FO 1048/21/14 两广总督谕行商
1822	何琼昌	英国"罗巴"号港脚船逗留口外,官府谕催令进埠贸易	FO 1048/22/58 粤海关监督谕行商
1823	刘启芳	英国"勿仑"号港脚船逗留口外,官府谕催令开行	FO 1048/23/10 粤海关监督谕行商
1824	何琼昌 曾学英	英国"非立"号、"勿仑"号港脚船湾泊零丁洋,官府谕催令二船开行	FO 1048/24/10 粤海关监督谕行商

续表

年份	引水人姓名	涉及事件	资料来源
1824	陈秉祥 陈俊超	美国船"谷"号湾泊零丁洋，官府谕催令二船开行	FO 1048/24/14 粤海关监督谕行商
1830	朱永昌	官府发布招充引水告示	FO 1048/30/57 澳门军民府告示
1831	何成光	民人黄权富在伶仃洋遭外人枪杀，官府促查办	FO 1048/31/29 广州府谕行商
1833	朱永昌 韦允兆 梁顺华 吴智光 何成光 吴其昌 陈能广 曾士莲	"度轩""沙""益打""力吉""晏度""卑""鼻厘""利是"等无货港脚船寄泊九洲、潭仔、零丁、磨刀、金星门等处洋面，官府谕催令开行	FO 1048/33/18、23、33、35、47 粤海关监督、两广总督谕行商

　　由于相关档案文献均非以引水的情况为记述对象，故上表各年份资料并不全面。若以 1828 年引水函件中所说的 14 人为引水的固定名额，则上表各年份的引水姓名都极不完整。不过，从上表也可以看出，引水人是一个相对固定的群体，他们很可能是长期从业的。如何琼昌的名字在 1802 年的文件里出现，到 1824 年仍在承担引水之责。其他如刘启芳、陈秉祥、朱永昌等都有超过 10 年的从业记录。这或许可以告诉我们，出现在表格中的这些名字中，有相当部分可能同时是那个 14 人群体的成员。

　　笔者整理的以上几个群体人物的名单，基本上是根据东印度公司广州商馆的中文档案。这些档案数量接近 1500 件，但相较于 18 世纪后期至 19 世纪前期漫长的历史时段，其所包含的史料仍然有限，故各表资料的欠缺依然明显。笔者也诚恳希望有兴趣的学者继续收集资料加以补正。事实上，笔者从档案文献中所见的人物资料信息也不止以上几类。除本文未加以整理的关于买办的零星信息外，文献中还有十三行一带地保、差人，甚至洋行仆役等人物的姓名。这些人都是地位更为卑下的小人物，但都是鸦片战争前中外贸易"广州体制"的重要因子。如果有机会对这些在史书中看不见的人物的资料进行较多的发掘，则我们对历史的认识会更为丰富、鲜活。

附记

谨以本文纪念敬爱的蔡鸿生老师九十诞辰。蔡老师品行高洁，学问深湛，是众所崇敬的楷模。我在中山大学历史学系工作数十年，一直受他老人家学人风范之感召，亦曾多次蒙他教诲勉励，种种情景历历在目，我将永远铭记！

（作者系中山大学历史学系教授）

晚清外交官张德彝的旅俄见闻

王　熙

　　张德彝（1847—1919）是晚清中国一位平实而不平凡的职业外交家，前后 40 余年外交生涯中他曾先后 8 次出使和游历英、法、俄、德、西班牙、意大利、比利时、荷兰、瑞典等多个国家。他善于观察、勤于记录，根据数十年的所见所闻写成《航海述奇》，是记录晚清知识界对欧洲观感的珍贵文献和世界见闻录。蔡鸿生先生曾在其经典著作《俄罗斯馆纪事》附编中，以《〈四述奇〉彼得堡纪事释证》①为题，对张德彝在其《航海述奇》所记载的"俄事"一一勾陈。蔡老师指出张德彝的《四述奇》是清朝人的俄国观"最具体、最生动的表现"②，其文化价值远出同类著作之上。1997 年，我重新回炉再造，跟随老师攻读博士学位，在老师指导下以张德彝及其《航海述奇》为研究对象，探讨近代中国外交官走向世界的历程。本文是在蔡老师"俄事"钩沉的基础上，进一步深入研读张德彝《四述奇》中关于俄罗斯的记录，力图从物质文明、精神文明和政治文明等不同层面，对罗曼诺夫王朝末期的社会情况进行梳理，通过展现张德彝对俄国社会现实的认识，一窥近代中国外交官走向世界的历程。

一、张德彝其人其书

　　张德彝，祖籍福建，后祖辈迁居辽宁铁岭。清朝建立后大批汉

---

　　① 蔡鸿生：《〈四述奇〉彼得堡纪事释证》，载氏著：《俄罗斯馆纪事（增订本）》，中华书局 2006 年版，第 202—214 页。

　　② 蔡鸿生：《〈四述奇〉彼得堡纪事释证》，第 203 页。

人归降于清朝，铁岭张氏祖辈也归降于满洲王族，被编入八旗的镶黄旗，入关后世居北京。张德彝道光二十七年（1847）出生在北京，满族名字叫"德明"，张德彝系汉名。同治九年（1870）第三次出洋前改名德彝，字在初，一字峻峰。咸丰十年（1860），清朝成立"总理通商各国事务衙门"（以下简称"总理衙门"），专门处理外交事务。1862 年，"京师同文馆"创办，张德彝作为"义学生"进入同文馆学习英文，力图由此进入仕途。同治四年（1865），张德彝时年 18 岁，以优异成绩毕业，成为京师同文馆首届学生。不久他被保奏为八品官，开始踏上仕途，随时准备接受外事安排。同治年间，外国政府在中国纷纷设立驻华机构，清朝不得不走向被动开放，张德彝因而才有机会成为"一个走向世界的八旗子弟"①。

总理衙门成立之后，英籍中国海关总税务司赫德（R. Hart，1835—1911）积极鼓动清政府向外派遣官员。清政府决定派遣赫德带队，带领中方官员斌椿以及张德彝在内的 3 名同文馆学生等，于同治五年正月二十日（1866 年 3 月 6 日）出使英国，张德彝正式开启其外交生涯，时年 19 岁。此次出使，斌椿、张德彝一行又游历了比利时、荷兰、瑞典、芬兰、俄国等。张德彝也第一次有机会游历俄罗斯，对俄罗斯有了初步的感受。斌椿使团是近代中国第一个访问外国的使团，到达了以前清朝官员从未造访到达过的西欧和北欧，开创了中外关系史上的先例。斌椿等的成功出访，部分打消了清廷对遣使异域所怀有的疑惧心理。

同治六年（1867），清政府面临"转瞬又届十年修约之期，（欧美列强）必多方要挟，如开铁路，造铜钱等事再三恳请"② 的新形势，忧虑西方列强乘机得寸进尺，挑起纷争。总理衙门将遣使外交

---

①　本人 2004 年在中山大学历史学系完成的博士学位论文，即以《一个走向世界的八旗子弟》为题。

②　周家楣：《期不负斋政书》，政书一，载沈云龙编：《近代中国史料丛刊》，台北文海出版社 1973 年版，第 3 页。

作为当务之急，组成了由美国前任驻华公使蒲安臣（A. Barlingame，1820—1870）率领的清朝使团出使欧美。清朝钦差使节"办理中外交涉事务大臣"则是地位不高的记名海关道志刚、礼部主客清吏司郎中孙家谷。刚随使团从欧洲归来的张德彝，因熟悉英文和夷情，再次被派为使团通事，从学生身份转变为见习外交官，正式登上清末外交舞台。此次随志刚随员访问欧美 11 国，得以第二次游历俄国。

同治九年（1870），因天津教案，朝廷派三口通商大臣宫保崇厚前往法国修好，这是清朝专派大员出使西方国家，张德彝奉命随行。

光绪二年至六年（1876—1880）中国第一次派遣"驻外"使节，礼部左侍郎郭嵩焘出使英国，张德彝作为翻译官随同出使。此后，清廷使节步出国门联翩驻外。使英期间，张德彝在光绪四年（1878）奉调随崇厚，乘火车经由德国赴俄国议界修约，第一站抵达"俄京彼得堡"，开始第三次访问俄罗斯。1880 年 2 月 15 日，完成出使任务，从圣彼得堡启程，经柏林、巴黎至伦敦，结束此次俄罗斯之行。6 月底，悉父病，张德彝获准于 7 月初启程返国，8 月 20 日到达上海。这是张德彝的第四次出洋，也是他驻俄国最长（15 个月）的一次出使。

之后，张德彝仍作为职业外交官 4 次出使。具体如下，光绪十三至十六年（1887—1890）随大使洪钧出使德国；光绪二十二至二十六年（1896—1900）随罗丰禄出使英国（此次他携长子荣骅求学英伦）；光绪二十七年（1901）随那桐出使日本；光绪二十八至三十二年（1902—1906）张德彝更登上了自己职业外交官生涯的顶峰，成了清朝"驻扎英国钦差大臣"（驻英大使），得以携夫人金氏、季子荣骥、孙女佑英一并至"日不落帝国"。

张德彝每次出国都将自己所见所闻所感，一一详细写成日记，依次成辑《航海述奇》《再述奇》《三述奇》《四述奇》直至《八述奇》，共约 200 万字，向国人展示其所见之异国风土人情和自己的思索，显得尤其珍贵。钟叔河先生率先肯定了张德彝的历史地位："不仅可以当之无愧地被称为十九世纪中国最多产的旅游作家，而且在中国外交史上也称得上很多个'第一'。"① 钟叔河更进一步指出随着出洋次数的增多，张德彝对西洋的认识一次比一次深入，不过他"一方面津津有味地记述了在美国和欧洲接触的新文化、新生活，另一方面却又念念不忘自己是一个封建士大夫或准封建士大夫，不断发表一些散发着封建气味的议论"②，具有两重性。虽然存在"认识上的矛盾，确实妨碍了他接受新思想的洗礼，但是却没有妨碍他对新事物进行观察和作出记录"，因此钟叔河先生指出，"像张德彝这样一个人，即使是在不自觉的情况下，只要他被历史潮流卷入了走向世界的道路，也就不可能不承认新的、多样化的世界确实是客观存在这样一个事实"。③

因此，张德彝 8 次出洋的经历，清楚反映了晚清中国外交被迫面对西方压力而转型的历程。从个体而言，就是近代中国外交官如何出现及如何向西方靠拢的过程；就全局而言，则是近代中国如何由具有封建意味的中世纪"朝贡"状态被迫进入近代外交的转型过程。由于中国国力衰弱及所处的劣势国际地位，这种外交转型处于不平等对话的状态，张德彝 8 次出使正是这一转型、过渡状态的缩影。

二、张德彝所见罗曼诺夫王朝末年的社会统治

光绪四年（1878）张德彝在伦敦接到札文，得知总理各国事务大臣崇厚已于八月十五日上奏要求奏调张德彝赴俄，称张德彝"练达勤能，留心洋务，迭次奏带出洋，于外国情形最为熟悉"，而郭嵩奏在札文中对张德彝也有较高的评价，"该员趋公勤敏，练达谨慎，

---

① 钟叔河：《航海述奇》序，载张德彝著，杨坚校点：《航海述奇》之《四述奇——随使英俄记》（以下简称《四述奇》），岳麓书社 1986 年版，第 5 页。

② 参阅钟叔河：《二述奇》序、《三述奇》序、《四述奇》序。

③ 钟叔河：《走向世界——近代中国知识分子考察西方的历史》，中华书局 1985 年版，第 94、107 页。

足资委托"。① 张德彝随后于 14 日启程前往法国，在那里等待崇厚一行共赴俄国。此次崇厚使俄是在光绪三年（1877）清兵平定新疆阿古柏之乱后，与俄交涉归还其非法侵占中国伊犁（1871 年）的背景下进行的。光绪四年（1878）五月，清廷命令吏部左侍郎崇厚出使俄国。崇厚出使携带随员有头等参赞邵友濂（小村）、三等参赞蒋斯彤（丹如）、二等翻译官张德彝、三等翻译官桂荣（冬卿）、塔克什讷（木庵）、俄人夏干（原为同文馆俄文教习）等，另外俄驻京公使也遣回柏百福（字茂林，俄名帕·斯波波夫，1877 年升为俄驻华使馆一等翻译）、璞志（俄名波兹德涅耶夫，1899 年海参崴东方学院的创办者）两位翻译。

光绪四年（1878 年 12 月 31 日）崇厚一行乘火车经由德国赴俄国议界修约，于是张德彝就有了再次了解俄国的机会。他对这一段历时最长的旅俄工作，秉承一以贯之的"述奇"原则，就这 14 个多月的活动以及俄国"风土人情"进行了详细记载，主要包括正式外事活动、游览参观、参加社会活动等等。② 尽管他不通俄文，又时值严冬，行动受到限制，但张德彝中对俄国政治变革、统治状况及社会形态进行了仔细观察和详细记录，随着了解的不断深入，感悟也逐渐深刻。

（一）废除农奴制

沙皇亚历山大二世自从 1855 年即位后，就着手效法西欧诸国，进行社会、文化和政治方面的改革，在其推行的诸种改革中影响最深远的是农奴制改革。1857 年，亚历山大二世成立"农民事务总委员会"，为废除农奴制做准备，1861 年 3 月 3 日（俄历 2 月 19 日）正式在法律上宣布废除农奴制度，又称"1861 年改革"，成为俄国

---

① 张德彝著，杨坚校点：《四述奇》，第 638 页。

② 张德彝等人在俄罗斯的社会活动，详情参见王熙：《一个走向世界的八旗子弟——张德彝〈稿本航海述奇汇编〉研究》（中山大学博士学位论文，2004 年），第 99—101 页。

历史上重要的转折点。

张德彝详细记载了这一重要事件："十数年前，通国俄民约八千余万，其三分之二为奴，属各世爵富产。至俄历一千八百六十三年（即同治二年）三月初三日，俄皇阿来三德虑其分势，乃下诏改奴为民。盖各奴原为主家耕种，在奴被释无依，在主亦难招种，乃经官定：各地仍令耕作，视为佣佃，按年核其所入，给以十分之四而偿之。第一年令奉主一百卢布，以谢释放；又恐一年所获无几，乃定当年只奉二十卢布，其余八十卢布由官垫给，限于四十九年内陆续偿还。"① 不过，张德彝上述所记，误公历 3 月 3 日为"俄历"。由于农奴获得解放的条件苛刻，加剧了当时俄国社会由于乡村人口迅速增加而正在发展的危机，"在俄国农村平静的外表下面，暴力行动已成一触即发之势"②，同时农奴主（即"世爵富产"）也怀有不满。于是俄国逐渐陷入了恶性循环，农村的贫困限制了国内市场，从而妨碍了工业发展；而工业的缺乏又是造成贫困的主要原因，即过剩的农民人口无法被吸收。俄国农奴制改革在法律上废除了农奴制，农奴成为"自由人"可以为俄国资本主义发展提供大量的自由劳动力。此外，巨额的份地赎金则为俄国资本主义的发展积累大量资金，俄国从此走上了资本主义发展的道路。不过，废除农奴制改革仍然保留了大量封建残余，俄国民主革命的任务依然十分艰巨。

（二）报刊新闻的管制与检查制度

亚历山大二世即位之初，废除了尼古拉一世时期所施行的严苛的书刊审查措施，给予报纸、杂志等一定言论自由，对报刊管理相对松弛，于是 1856—1865 年期间俄国报刊数量大增，竟达到了前 10 年的 10 倍。但是，随着国际国内局势变化及频繁"弑沙"事件的发生，沙俄对报刊、新闻的检查制度变得越来越严厉，一些批评沙俄

---

① 张德彝著，杨坚校点：《四述奇》，第 694—695 页。

② ［英］欣斯利主编，中国社会科学院世界历史研究所组译：《新编剑桥世界近代史》第 11 卷，中国社会科学出版社 1999 年版，第 465 页。

政府的报刊被迫停办，其中沙俄鹰犬之一御前办公厅第三局（简称"第三局"，一译"第三厅"，撤销于 1880 年）起了助纣为虐的作用。张德彝对此有所记载，1879 年 4 月 22 日，他写道："凡由他国寄新报到俄，皆经官寓目，查其是否关碍公务，然后按家分送，间有以墨涂抹而后送者"，如"德国新报，屡有责言，直斥俄国官民之弊，故俄恐民知而涂抹之"。由此张德彝叹道："亦掩耳盗铃之故智也"，"防人不如治己也"。①

到 20 世纪初张德彝使英期间，他仍对同期沙俄的报刊管理不以为然，愤于沙俄官方私拆他人信件、议论"各国新报，除俄国外，皆畅所欲言而不禁，然人心不同，官场每有一事，无论巨细，必肆论其是非"②，这也是俄"不如英法"之处。

（三）"通国以君为教皇"的东正教会

沙俄东正教会与国家的关系，在俄国彼得一世（1682—1725）时代发生了深刻的变化。彼得一世经过长达 20 年的教会改革，通过强力手段实行对封建教会的控制和改造，按专制主义原则将其彻底国家化，终于把东正教就变成了俄国中央集权国家的工具，俄国开始了教权彻底从属于政权的时代③，"教会变成了国家的普通工具，变成了对内进行压迫和对外进行掠夺的工具"④。

对于俄国的宗教种类、地理分布、信教民众人数等，张德彝有所记载，而对于东正教及其政教合一的国家工具、御用教会的特征，他当然有所察觉："按俄人所奉之教，为老天主教，一切规模，较他国天主、耶稣两教稍异，故称曰'老教'，又曰'东教'，因其始自

---

① 张德彝著，杨坚校点：《四述奇》，第 692 页。

② 张德彝：《稿本航海述奇汇编》第 10 册，北京图书馆出版社 1997 年版，第 449 页。

③ 蔡鸿生：《俄罗斯馆纪事》，第 10 页。

④ 中共中央马克思恩格斯列宁斯大林著作编译局编译：《马克思恩格斯全集》第 10 卷，人民出版社 1965 年版，第 141—142 页。

东方也。通国以君为教皇。"① "俄国通国礼拜堂共二万九千余所，
高大壮观者五百，教士共七万名，前俄皇彼得罗第一及喀萨林第二
之世，费款甚巨，统出官项。迩来除南北京城及各大省城之礼拜堂
仍照前章外，余皆俭省，抽归国用。各堂虽有人民生养女家娶死葬
之进款，仍不足用。"②

（四）新兴资产阶级的活动与警察统治

1877—1878 年的俄土战争，虽然沙俄军事上取得胜利，但外交
上却失败了。战争加剧了俄国社会的混乱，革命力量得以壮大。战
争前后"民粹派"得以扩展，"土地与自由党"与"民意党"等产
生。新兴资产阶级革命组织热衷于采取刺杀之类的恐怖行动，在俄
国制造了多起事件。张德彝描述了这一时期多起刺杀沙皇事件，反
映出当时俄国社会矛盾的激化。1879 年 3 月 26 日，张德彝记道：
"闻迩来俄人新立一党，意欲改易国政"③，此"新立一党"应指
1878 年成立的"土地与自由党"，由民粹派组织"暴动派"中幸免
于沙俄迫害的残余分子组织成立。次年（1879）夏，该党又分裂出
了"民意党"，该党纲领把刺杀沙皇亚历山大二世作为头等大事。在
同日记载中张德彝又称："月前，俄皇接一匿名帖云：不弑汝，必殒
各大僚之命"。④ 以后，张德彝还曾"闻墨斯哥通城墙壁贴有'造
反'二字，不知何人所粘，官亦不究"⑤。

1879 年 4 月 14 日（俄历 4 月 2 日）张德彝记录了"弑沙事
件"："巳正（上午十点），忽闻放炮三声，询知俄皇于巳初步游宫
右御园，派有巡捕二名，暗侍左右。途次突遇一人，着官衣，年近
三旬者，趋而进，免冠鞠躬。俄皇以右手扶帽答之，见其神色可疑，

---

① 张德彝著，杨坚校点：《四述奇》，第 674 页。
② 张德彝著，杨坚校点：《四述奇》，第 770 页。
③ 张德彝著，杨坚校点：《四述奇》，第 681 页。
④ 张德彝著，杨坚校点：《四述奇》，第 681 页。
⑤ 张德彝著，杨坚校点：《四述奇》，第 770 页。

俟其过，回顾时，伊已取出后枪。未及呼，已连施三枪，幸而脱。夫俄皇被惊，此第四次也。其第三次，亦在宫前步游，经人放枪行刺，系俄历一千八百六十六年（即同治五年）四月初四日，按日计之，比前次早两日耳。闻昨日街市墙壁，粘有匿名告白云：明日弑君，戮诸大僚。巡捕见而抹去，未经禀官。"① 此次在彼得堡夏季花园刺杀沙皇者为著名的民粹派革命家索洛维约夫，张德彝所记的"第三次"系发生于公元 1866 年 4 月 16 日青年贵族大学生德—弗—卡拉科佐失的刺杀。4 次刺杀沙皇均未成功，并未阻止"土地与自由党""民意党"的暗杀步伐，在当年 12 月 2 日②、次年 2 月 17 日（张德彝乘 15 日的火车从彼得堡返程，是日抵柏林，故未记）、3 月 13 日又连续 3 次暗杀，并最终在 1880 年 3 月 13 日成功地暗杀亚历山大二世，同日，惊慌失措的新沙皇历山大三世（1881—1894 年在位）即位。

除了沙皇被刺事件外，张德彝还记录了 1878 年 8 月 16 日俄都巡捕"大提督（警察局长）梅森赛甫被人刺死"③、1879 年 3 月 26 日俄都巡捕"大都督戴纶坦"遇刺无恙④，以至"自巡捕提督被恐后，凡大僚有关于捕务者，出门皆有马兵随护，以防不虞"⑤，后来行刺戴纶坦者"在米拉斯吉城被获"⑥ 等等诸如此类的事件。此外，俄国发生的多起未遂刺杀案，如"某镇火车栈房"搜出爆炸物⑦，彼得堡巡捕（警察）于某街"搜得造作地雷之物"⑧，"拾得若许轰药及造地雷之具"⑨，莫斯科警察"察看一屋，内有印成俄、德、

① 张德彝著，杨坚校点：《四述奇》，第 687 页。
② 张德彝著，杨坚校点：《四述奇》，第 763 页。
③ 张德彝著，杨坚校点：《四述奇》，第 681 页。
④ 张德彝著，杨坚校点：《四述奇》，第 681 页。
⑤ 张德彝著，杨坚校点：《四述奇》，第 685 页。
⑥ 张德彝著，杨坚校点：《四述奇》，第 763 页。
⑦ 张德彝著，杨坚校点：《四述奇》，第 775 页。
⑧ 张德彝著，杨坚校点：《四述奇》，第 783 页。
⑨ 张德彝著，杨坚校点：《四述奇》，第 770 页。

英、法文谋反告白，及造地雷器具物料甚多"①，这些新闻都引起了张德彝的关注。可见，沙俄罗曼诺夫王朝后期史上的刺杀活动不断，成了严重的社会问题。1905 年，当时已出任驻英大使的张德彝，在伦敦还记录了其闻知的"俄皇叔色尔格斯公""毙于京民炸弹"②。

面对资产阶级革命派极端主义者的刺杀活动，沙皇及其国家机器以白色恐怖来答复。1879 年 6 月 10 日，张德彝写道："闻前日放枪行刺之人，是日官定绞罪，据供因国法太严，民受荼毒，总由君上不明、廷僚贪墨之故。"③ 类似的官方严厉镇压的措施，张德彝闻见多种。如 1878 年 8 月至 1879 年 12 月，彼得堡军事法庭就处决了17 名弑沙者。于是，张德彝日记中出现了俄京宵禁④，"各街巡捕以及本署差官，随时访察，遇有谈国事、形迹可疑者，即捕获入监，闻已拘系一百六十余名"⑤。惊魂未定的沙皇亲自在全城布置警察大搜捕："谕令通城各家雇人，看守门户，昼夜坐卧出入皆须问明，日日报官。遇事鸣号聚众，以助巡捕。自示谕后，即派人访察，有未经雇人看守者，初次罚五百卢布；再不雇，则罚一千；三次不雇，即将房主监禁半月。"⑥

社会危机加剧，社会持续动荡，除了政治运动外，俄国社会上刑事犯罪活动亦多。张德彝记录当中不乏各种罪案，包括杀害幼童案、谋财害命案、骗珠宝案，以及偷盗银行大案等等，甚至有城市（洛斯多浦城）出现一次"经巡捕拿获流民及游手而偷盗者共一千四百九十六名，一概入监"⑦ 的奇观，致使张德彝产生了俄国"盗贼蜂起"⑧ 的印象。

---

① 张德彝著，杨坚校点：《四述奇》，第 775 页。

② 张德彝：《稿本航海述奇汇编》第 10 册，第 271 页。

③ 张德彝著，杨坚校点：《四述奇》，第 710 页。

④ 张德彝著，杨坚校点：《四述奇》，第 776 页。

⑤ 张德彝著，杨坚校点：《四述奇》，第 683 页。

⑥ 张德彝著，杨坚校点：《四述奇》，第 695 页。

⑦ 张德彝著，杨坚校点：《四述奇》，第 755 页。

⑧ 张德彝著，杨坚校点：《四述奇》，第 671 页。

张德彝的描述让我们隐约看到，当时的彼得堡已经建立起了一种全面的警察统治。据俄国官方公布的数字，彼得堡警察与居民的比例 1881 年（光绪七年）为 1∶531；1900 年（光绪二十六年）增至 1∶298 了，20 年内俄国首都警察几乎增加一倍。这些事实证明了列宁的诊断："沙皇专制就是警察专制。"①

（五）官场黑暗

张德彝在俄京期间也得知并记录了多起官场丑闻，可以让我们一窥俄国统治阶级的内幕。如"南京"莫斯科某"副总督"，与正总督"专理通省事务"，竟"与一店主人阿克萨呐瓦之妻相识，不意竟拐去三万卢布，另觅温柔。数日前被获，解往南京对质，其人竟至手无一考贝焉"②；又有冬宫"头等侍卫行凶杀人"③、"某世爵衙门亏短巨款"④、炮台军官私自变卖军事物资以饱私囊⑤等多起官场丑闻。在俄期间，张德彝还闻听一起国家工作人员集体贪污案："闻俄东省格洛讷欧城内，设三大信局，共人五十余。昨日被官查出，妄报信数含混钱财者三十九人，皆于是日逐出。"⑥

对于俄国政治的黑暗和官场的贪墨，使俄结束后张德彝还多次予以记载，如 1880 年 3 月 10 日他在巴黎得知泰西有"美人无话不言，英人无物不食，义人无曲不歌，法人无式不跳，俄人无所不贪"之谚，认为"历历详查，名实似符"⑦；1888 年 1 月初张德彝在柏林，闻人说俄国"贿赂公行，行同市稽，把持权柄，肆势凌虐"⑧，他也表示赞同。

---

① 列宁：《给农村贫民》，载中共中央马克思恩格斯列宁斯大林著作编译局编译：《列宁全集》第 6 卷，人民出版社 1959 年版，第 333 页。

② 张德彝著，杨坚校点：《四述奇》，第 759 页。

③ 张德彝著，杨坚校点：《四述奇》，第 719 页。

④ 张德彝著，杨坚校点：《四述奇》，第 755 页。

⑤ 张德彝著，杨坚校点：《四述奇》，第 758 页。

⑥ 张德彝著，杨坚校点：《四述奇》，第 755 页。

⑦ 张德彝著，杨坚校点：《四述奇》，第 794 页。

⑧ 张德彝：《稿本航海述奇汇编》第 5 册，第 113—115 页。

（六）国债高企、赋税沉重、民生困苦

由于社会危机日益加剧，俄国无法提供资本主义发展所需的资本，不可避免要依赖外国贷款。尽管到 19 世纪末，俄国才最终出现国家财政依靠对外借贷的畸形态势，但在张德彝驻俄期间，这种趋势已现苗头。他在 1879 年 6 月 21 日记道："因俄国前与土耳其鏖兵，亏款甚巨，竭力筹画，拟于民间借贷，以九十三卢布为一百。"[1] 又于 1880 年 2 月 10 日写道："俄国出入款项，按一年所收各项，如地丁税项及钱局、信局、电报、房屋等各杂款，共五万万七千零一十三万八千三百余卢布。至所出各项，如文武官员俸薪、水陆兵马船炮钱粮，以及制造枪炮船只、修建房屋炮台，与各杂项，共五万万五千六百一十万零五千四百余卢布。以上所入，仅敷所出者，因设法各处搜括，始得如是耳。盖二年前有事于土耳其，一年所入，只五万万卢布，而所出至六万万卢布之多。库藏支绌，国家原有民债，近年又贷外国银钱，公私债积至十九万万六千七百万卢布。故俄历一千八百七十六年（即光绪二年）改用纸钞，先出七万万九千七百三十二万张卢布，次年又出二万万八千万张卢布。前十数年，俄皇喀色林第二之世，曾出二万万纸卢布。""至与法国鏖兵时，钞值落至一银卢布易四纸卢布十八考贝。兵息后，值虽稍长，仍三纸卢布易一银卢布。国家知其无益，设法抽回，乃设银号兑换纸、银卢布：二纸卢布或一纸卢布半易一银卢布。今民间仍有六万万之多，遂以之而取利焉。"[2]

张德彝观察到俄国卢布由于"库藏支绌"，对英镑的汇率也起伏不定[3]、"俄钱钞破烂官亦不收回"[4] 等怪现象。

亚历山大二世政府除了大借"公私债"以解决发展资本主义所

---

① 张德彝著，杨坚校点：《四述奇》，第 713 页。

② 张德彝著，杨坚校点：《四述奇》，第 786—787 页。

③ 张德彝著，杨坚校点：《四述奇》，第 655 页。

④ 张德彝著，杨坚校点：《四述奇》，第 695—696、726 页。

需资本外，还设法各处搜刮，张德彝对此亦有耳闻目睹及亲身经历。张德彝看到俄国处处"利中求利"①，"俄京税务极重，无物不税。值十卢布者，输半卢布。税索实银，不收纸钞，不收考贝。无实银则以一纸卢布三十考贝抵之"②。崇厚等人也曾有过"官府""搜钱"的经历："俄京官府，处处搜钱。人固有税，至城内住户有外宿一夜者，每人须给巡捕厅十考贝。故前日星使赴黑海画押，往来数日，迨回时。此次星使率众启行，又按人索十考贝。计前后共取四卢布六十考贝。"③

赋税杂多，执行官吏却从中舞弊，转嫁负担于平民百姓，因此征收赋税过程中出现了不少怪现象。对此张德彝有所揭露："按俄国人丁共八千余万，无论男女老幼，每人一年各纳五卢布税；异邦人之侨寓本国者，每人一年纳三卢布八十六考贝。一年计收四万万余卢布。闻上年本国丁税，收二百七十四万八千卢布；外国寄居者，收三万卢布。以人数计之，所收不足十分之一，究不知所收何如此之少耳。"④

此外，从19世纪70年代起，沙皇俄国政府就采取强有力的措施，扩大黄金的流入而阻止其流出，重新恢复了1857年部分放弃的"保护关税制"，张德彝1879年7月看到"俄国征进口税极重，不收钞票，而收银钱"，即与此相吻合。这种做法保证了俄国工业资本家获得高额利润，也是俄国资本主义发展资金的另一大来源。不过，也直接造成了贫民、农民的赤贫化和无产阶级的扩大化，以及彼得堡城市贫民、郊区农民的赤贫化。张德彝虽未能揭示其根源，但却为后人留下了直观的实录。

对于俄京下层的劳动群众，张德彝曾有多处记录，如戏园艺人及车夫、泥水匠、扫雪锹夫、杂夫、卖蜂蜜者、水果小贩等"劳动

---

① 张德彝著，杨坚校点：《四述奇》，第780页。
② 张德彝著，杨坚校点：《四述奇》，第689—690页。
③ 张德彝著，杨坚校点：《四述奇》，第748页。
④ 张德彝著，杨坚校点：《四述奇》，第752—753页。

者群像"。① 对于他们，张德彝则颇为同情。他在 1879 年 8 月 21 日写道："俄京诸事，虽逊他国，然街市楼房无坍塌摧折者，男女无披发跣足、囚首丧面者，无喧哗吵闹者，无堆粪土污秽处者。"② 张德彝还观察到："自客冬随使驻节以来，查其土民，尚属温厚老诚，街行鲜有如英、法人之追随呼叫者。每遇幼童，多免冠，幼女皆屈膝为礼，以明恭敬华人之意也。"③ 对于"俄都贫民"，张德彝也有所记述："俄都贫民，率皆安分守命，竭力谋生，鲜有囚首丧面、赤身跣足而沿门乞食者"④，"俄京贫民虽多，而无乞丐。间有讨钱于街市者，无论男女，皆整衣净面，手执青布一块，方一尺，上缝黄布十字，向人指示，视以吉语"⑤，"又俄京通城有紫黑灰鸽千万，镇日结队，飞舞啄食，毫不畏人。盖既少挟弹之王孙公子，亦无举枪之游手闲人也"⑥。俄都市区尚可，一旦走出市区，郊区乡村的景象就"鄙陋"不堪了。1879 年 10 月下旬，张德彝等前往郊区"阿来三德村拜孟第"，但见"路皆石子铺埋，泥泞异常。房屋矮小，鄙陋不齐。粪土成堆，鸡鸭杂处。土人多囚首丧面，衣履残破"。由此也可见当时俄国农民的赤贫状态。

三、张德彝所见之俄国的近代化历程

19 世纪中叶起，俄国的产业革命刚刚兴起，"在解放农奴后的25 年内仍然没有起色，和西欧同时期的工业发展相比尤为逊色"⑦。

---

① 蔡鸿生老师曾在其论文《四述奇彼得堡纪事释证》中，对"劳动者群像"进行了仔细描绘和论证，参见蔡鸿生：《俄罗斯馆纪事》，第 210—211 页。

② 张德彝著，杨坚校点：《四述奇》，第 732 页。

③ 张德彝著，杨坚校点：《四述奇》，第 672 页。

④ 张德彝著，杨坚校点：《四述奇》，第 682 页。

⑤ 张德彝著，杨坚校点：《四述奇》，第 710 页。

⑥ 张德彝著，杨坚校点：《四述奇》，第 770 页。

⑦ ［英］欣斯利主编，中国社会科学院世界历史研究所组译：《新编剑桥世界近代史》第 11 卷，第 466 页。

因此亚历山大二世 1855 年即位后，开始学习西欧国家，着手社会、文化、政治等方面的改革，张德彝对俄国有"一切治法、制度之与欧罗巴各国相似者，皆由效法而得耳"① 的议论，应该由此而来。因此，张德彝初至俄国，就隐约感其与英、法、德、意等欧洲国家存在较明显不同。经过一段时间的考察，张德彝进一步意识到俄国在政治、社会、经济、城市建设和文化等诸多方面都与西欧国家存在差距，多次提到俄国多方面"不如英法"，甚至"远逊"于英法。的确，俄国资本主义发展较同期其他西欧国家明显落后，这些落后表现在法律制度、国民文化素质、文明程度、个人修养这些"软件"方面，也表现在工农业经济、卫生状况、城市建设等"硬件"方面。

（一）法律、习惯及行为方式

张德彝认为俄国法律虽然严厉，但执法或失于轻，或失于重，原因在于"俄律虽严，较英、法究无定例"②。从统治阶级来看，张德彝认为"俄京绅富""气焰颇盛"："俄京绅富男女之乘单、双马车、雪床者，御者随行呼喝，气焰颇盛。平等之马车、雪床，闻而避路，英、法则否。噫，亦近亚洲之故欤？"在守时上，俄人亦不如西人："西人每事订时，无论何等人，毫不爽约。至俄京则不能，如赴宴会及他约，皆晚到一小时为迟。工役尤甚，苟订明日某事，必逾一日或二日，问则对以某日礼拜六，某日礼拜一，或例应休息，或因醉未醒，诸多推诿。虽大僚订期会晤，亦有如是者。每言一点钟，必延至四五点钟始至焉，亦风俗之使然也。""大僚"延时可说是官僚主义作风，而诸等人均不能守约，说明当时俄国社会"风俗"之普遍情况。与崇厚谈判的沙俄重臣布策亦有类似举动。1879 年 8 月 18 日，原订布策来中国使团所租之寓署与崇厚举行第 19 次谈判，

---

① 张德彝著，杨坚校点：《四述奇》，第 739 页。
② 张德彝著，杨坚校点：《四述奇》，第 753 页。

待时将致，"伊致电信，偶抱采薪之忧（不适），改于次日会晤"。①
皇太子及政府所定的舞会，在"守时"上同样不能坚持，也经常改
变会期。如 1879 年 2 月 12 日，"是日俄太子请星使，邵、蒋二参赞
亥正入温宫赴跳舞会。亥初一刻，忽接俄礼部飞咨，今日停止，其
故未详"。2 月 14 日，"数日前礼部贴请今晚亥初入温宫赴跳舞会，
忽于酉初来函，言国戚公爵司托洛果讷甫病笃而止"。②

当时俄国刚在俄土战争中获胜，"俄兵由土国凯旋"③，军官更
是趾高气扬、招摇过市："（武官）镇日街市往来，佩刀而行者，不
下十之五六，一为自夸荣耀，一为恫喝愚民耳。"④ 军官的"军威"，
崇厚、张德彝一行人均曾"领教"。1879 年 2 月 19 日，俄京"商会
首领阿努臣、马特威叶甫，同请星使及彝等晚酌"，席共 11 桌，"共
人二百五十四"，阿努臣举酒致词时，"忽厅前二人喧哗，询知因失
菜单口角。马、阿二公闻即趋往弹压，令作乐以混其声"；次日方
知，这"喧哗"的二人"一为守备，一为商人"，"谈及昨晚二人喧
哗，据云是为俄国陋习：凡为官者，骄傲自大，易于动怒"。⑤

一般俄国民众的酗酒，张德彝也多有所睹："兵民之醉卧当途
者，数武辄见之。"⑥ 遇上节日，大醉者众，如光绪五年五月十七日
（1879 年 7 月 6 日）值俄国圣伊万诞辰兼礼拜之期，圣彼得堡涅瓦
河北岸乃"设有大会"，"赴会者多因醉酒而归，竟有至今（次日）
未醒者，故各行工役停止作工"⑦。因酗酒影响工作的情况经常出
现："俄国除每七日一礼拜外，又多该教先贤生诞节期，故匠役休息
之日甚多，且皆嗜酒，每饮必醉，有连醉二、三日方醒者。事必预
日告嘱，方可兴工，否则诿以多词，不能工作，虽命来取值，亦多

---

① 张德彝著，杨坚校点：《四述奇》，第 731 页。
② 张德彝著，杨坚校点：《四述奇》，第 661—663 页。
③ 张德彝著，杨坚校点：《四述奇》，第 657 页。
④ 张德彝著，杨坚校点：《四述奇》，第 661 页。
⑤ 张德彝著，杨坚校点：《四述奇》，第 668—670 页。
⑥ 张德彝著，杨坚校点：《四述奇》，第 690 页。
⑦ 张德彝著，杨坚校点：《四述奇》，第 717 页。

推却，其懒惰有如此。"① 若此言属实，可见当时俄国社会酗酒成风已成了较为严重的社会问题。

（二）工农业经济发展

1866 年初第一次访问俄国，张德彝就记录了俄国工业的一些情况："（涅瓦河）两岸数里，楼房红白不一，系制造铁器、轮船、火车之所。"13 年后再访俄国，张德彝进一步了解到俄国工业发展的真实情况："俄京一切精巧绸缎器皿，以及桌凳玩物，皆来自英、法、德、瑞各国。间欲定造一物，则云无此巧匠，亦无此等材料。是制造不如他国也。"由于俄国资本主义发展较为缓慢，与同期欧洲、美国发达资本主义国家存在着较大差异，国际贸易方面俄国出口大多为农副产品、原料，进口以工业机械、大工业产品为主。张德彝 1879 年 6 月 18 日记道："俄商贸易，在欧罗巴、亚细亚走白海、波罗的海及其南省沿黑海各码头。与欧罗巴通商，最著者为英、德两国。俄之出口货为：谷、麻、麦、木麻子、芝麻、绳缆、猪鬃、皮革、羽毛、鱼胶、玳珇油、乌柏油等。由德、法、英、美各国之入口货为：棉线、绒呢、绸缎、生熟铁、细木器、油画、纸画、各种机器以及精巧器皿陈设。"②

由于俄国社会所需大批工业机器、大工业产品依赖从欧美进口，以沙俄的第一大进口国普鲁士（1871 年统一后为德意志帝国）为例，1861—1875 年，它在俄国贸易中的地位越来越重要，并最终超过了英国，在俄国进口方面居第一位，在 70 年代中期，在俄国所输入的全部外国商品中，五分之二来自普鲁士。因此，1877—1879 年在俄国期间，张德彝亲自观察到欧美各国大批工业机器、产品充斥圣彼得堡城乡之间。其中包括"造自英美"的"铁辙海车"即有轨电车："各车皆造自英美二国，非土人之工也"③；"来自英美"的船

① 张德彝著，杨坚校点：《四述奇》，第 721 页。
② 张德彝著，杨坚校点：《四述奇》，第 713 页。
③ 张德彝著，杨坚校点：《四述奇》，第 695—696 页。

厂机器:"本街西首船厂主人约游,遂同夏干随邵署使(友濂)往。其地大周数里,铁架大房数所,往来运物有铁路,各处有官兵举枪把守。然工少材乏,机器亦无大者,且皆来自英美二国"①;产自德国的银器:"俄京各银器铺所售,名曰银器,其实上等者,造以呢根,及别色假银","且呢根亦非本国所产,来自日尔曼也"②;购自国外的大船:俄京船厂"所造船只,无非鹏舶拂婕之类,虽有一、二铁甲炮船,长不逾五丈;至瞻舟大船,则售自他国"③。此外诸如"俄不产铁,皆来自英美各国"④,"作煤气灯用"之煤亦"皆运自他国"⑤ 等等,这些记录都显示出俄国工业发展的落后。

此外,俄国也依赖国外进口的一些农产品和矿石原料,其中包括来自意大利的橡木,张德彝看见船厂"所用橡木,土产短小,其长而大者,皆来自义大利"⑥;来自他国的"菜蔬","见俄京所产菜蔬,晚于他国:豌豆、黄瓜,未食其嫩而已老;萝卜不如英法之嫩而肥。"俄国"五谷来自外邦。菜蔬虽有,冬亦运自别国",由于菜蔬贵于肉食甚多,张德彝感慨道:"是茹素难于茹荤也"⑦。不仅五谷、菜蔬有"来自外邦",张德彝推测甚至一些水果"亦来自他邦"。1879 年 6 月 5 日,张德彝记道:"现为西历六月中旬,始见地椹、黄李,每枚值三十考贝,合银一钱有奇,想亦来自他邦也"⑧;7 月 2 日,张德彝"见大街果肆,有醉瓜(即甜瓜)、西瓜,料亦来自他邦,或俄南省也"⑨。10 月 17 日,张德彝"见果肆有卖木瓜者,

---

① 张德彝著,杨坚校点:《四述奇》,第 773 页。
② 张德彝著,杨坚校点:《四述奇》,第 681 页。
③ 张德彝著,杨坚校点:《四述奇》,第 773 页。
④ 张德彝著,杨坚校点:《四述奇》,第 718 页。
⑤ 张德彝著,杨坚校点:《四述奇》,第 697 页。
⑥ 张德彝著,杨坚校点:《四述奇》,第 773 页。
⑦ 张德彝著,杨坚校点:《四述奇》,第 683 页。
⑧ 张德彝著,杨坚校点:《四述奇》,第 709 页。
⑨ 张德彝著,杨坚校点:《四述奇》,第 717 页。

颇大，嫩色清香，与华无异，据云来自义大利"①。

由于欧美工业品在俄国的倾销及沙俄上层社会的崇法风习，俄国出现了"以法语为官话，以德语作商言"的怪现象："俄京开张大铺，多日耳曼人，或瑞、法二国人。俄通国之人多能德、法语，故以法语为官话，以德语作商言。他邦来此游历者，不必定通俄文，惟能德、法语言足矣。"② 张德彝在俄期间对这些在俄京"开张大铺"的外国商人也略有接触，如 1879 年 4 月他曾应佛克斯函请往赴跳舞会，佛克斯系"在俄京开张酒肆"的巨商，为德国人。③

（三）城市建设、规划及卫生条件

城市建筑方面，张德彝描绘圣彼得堡，"俄都楼高五、六、七层不等，式如西贡、新嘉坡之洋房，较英法不能相垺"。④ "俄京楼房较他国稍逊。门窗皆两层，各铺户牖俱小，而内极阔大，盖为防避寒气也。"⑤ 当然，"俄京楼房"并未一无"长处"，张德彝指出俄京"楼房地基较英国稍为开展"⑥。俄京街道不如英法"平坦""洁净"："（街市地面）石子嶙峋，虽云不如英法平坦，较他国又差强人意矣。"⑦ "各街虽间有激水筒（泵水筒），数日前天干日燥，风起攘尘，不如英法之洁净；间巷皆境以大小石子，既无激水筒，亦无喷水器，然较他国之路途不壕、污秽灰尘者，则此又加人一等矣。"⑧ 张德彝观察到，俄之币制、市镇地图也不如英法："英法铜钱，今制比古钱体重而工精；俄则不然，今钱较古钱既小而薄。……在英法，虽小村镇亦有地图出售，俄罗斯大国也，墨斯哥

---

① 张德彝著，杨坚校点：《四述奇》，第 747 页。

② 张德彝著，杨坚校点：《四述奇》，第 678 页。

③ 张德彝著，杨坚校点：《四述奇》，第 690 页。

④ 张德彝著，杨坚校点：《四述奇》，第 654 页。

⑤ 张德彝著，杨坚校点：《四述奇》，第 654 页。

⑥ 张德彝著，杨坚校点：《四述奇》，第 659 页。

⑦ 张德彝著，杨坚校点：《四述奇》，第 682 页。

⑧ 张德彝著，杨坚校点：《四述奇》，第 698 页。

南京老大城也，十年前尚有地图，今则不惟无图，即板亦漫漶而渐废矣。"① 圣彼得堡之卫生状况堪忧，不如西国。光绪五年（1879）三月初十，张德彝记录："自上月天气微暖，即有蝇蚊，凉而去，暖而复出；今则红头青翼，扰扰营营，客眠不安于枕矣"②；"不安"尚可，更有"憎恶"："按西国住房厨灶，固有青蝇，而不如俄国之多。虽值隆冬，亦来群集。迩因天气稍暖，厨中杯盘残沥，砧几余腥，而营营之声大作，麾之不去，殊堪憎恶"③。蝇蚊之外，又有蚤与臭虫："俄京蝇、蚊、蚤三种极多，体大易于扑捉。又闻仆室中更有臭虫焉。"④

四、俄国与他国之比较——不如英法、强于他国

从上述法律、工业制造、农业生产、市政设施、卫生状况、城市建筑等种种"硬件""软件"情况看，俄罗斯与西欧诸国均有不少差距。不过，张德彝也认识到尽管这是俄国的实际情况，但与西欧之外的其他国家相比，俄国社会整体发展水平仍属良好，张德彝谓之"较他国又差强人意矣"⑤。他之所以这样说，细心观察之外，也与他在俄期间与他国人士互相交流有关。

《四述奇》中记录了张德彝在圣彼得堡期间与"土耳其游士蒋果云"的两次深谈。一次是 1879 年 9 月 26 日，他与这位"能英、法语"的"土耳其游士""谈及鸦片之害"，蒋果云详细介绍了土耳其国戒"神豆汤"（神豆类似鸦片）之事。⑥ 另一次是 10 月 13 日，蒋果云"谈及土国时事"，坦言"本国……治法不善，以致国势日

---

① 张德彝著，杨坚校点：《四述奇》，第 678 页。

② 张德彝著，杨坚校点：《四述奇》，第 696 页。

③ 张德彝著，杨坚校点：《四述奇》，第 785 页。

④ 张德彝著，杨坚校点：《四述奇》，第 712 页。

⑤ 张德彝著，杨坚校点：《四述奇》，第 682 页。

⑥ 张德彝著，杨坚校点：《四述奇》，第 740—742 页。

弱，弊病日深"，认为"如仿泰西"，则"种种不法""恶习可以渐除矣"。① 除蒋果云外，张德彝还与"土耳其人谭喜什武"交谈。谭氏"年近六旬，能英、法语"，谈起其国买妾等陋俗，谭氏深表不满，对于土耳其国内政治，谭氏也指责良多："官府不清，刑罚太重，弊端百出，贿赂公行，良民遭害者指不胜屈。故前有战俄之败，兵丁之困苦、田地之旱荒、人民之瘟疫，实为上干天怒，以致如此"。②

除土耳其人谈论自己国家弊漏百出、陋俗应革之外，波斯（伊朗）人也认为本国弊端太多，应予改革，俄国胜于本国"百倍"。1879 年 8 月 11 日，张德彝与一位"能英语"的"波斯人姜喜庆"交谈，姜喜庆认为俄国"较敝国实胜百倍"，波斯国内陋俗种种"弊病日深，一言难罄"③；8 月 15 日，张德彝再次"遇波斯人姜喜庆及其友席武果"，席武果将本国与俄国作了一番比较，认为"俄非以弱而畏他国，非以强而抗他国，实因彼此通商、互保子民而固友谊也。敝国则否"。痛陈波斯国之弊后，席武果感叹波斯当权者"何不自强以图复耶？予力不从心，徒深愤懑。倘假以权位，保数十年后，富强可敌万国"，乃至席武果"言毕，怒发冲冠，大呼负负而已"，一副斗志难酬之态。④

张德彝所记土耳其人、伊朗人对本国的描述是大致符合事实的。以奥斯曼土耳其帝国而言，这个地跨亚、欧、非三洲的帝国在 19 世纪 70 年代已处于多民族国家即将解体的前夜，巴尔干半岛和帝国多瑙河省地区欧洲民族主义者要求独立，发生了诸如 1875 年夏黑塞哥维那人的起义、塞尔维亚—土耳其战争，1876 年保加利亚人起义等，国内穷兵黩武，政局动荡，要求改革的呼声越来越高，但改革的阻力重重，国家处于破产边缘，1877—1878 年俄土战争几乎消灭了欧

---

① 张德彝著，杨坚校点：《四述奇》，第 746—747 页。

② 张德彝著，杨坚校点：《四述奇》，第 732 页。

③ 张德彝著，杨坚校点：《四述奇》，第 727 页。

④ 张德彝著，杨坚校点：《四述奇》，第 729 页。

洲土耳其，其帝国体制也摇摇欲坠，做最后的挣扎。① 所以土耳其人蒋果云、谭喜什武所言基本可信。而验诸同期伊朗王国的基本态势，也可说波斯人姜喜庆、席武果所言无不道理。

可见，张德彝的观感中，俄国虽逊于英、法、德、美等国，但比土耳其、伊朗等国则"实胜百倍"，他多次在记载中表达这样的意思。如议论俄京街市地面，"虽云不如英法平坦，较他国又差强人意矣"，"然较他国之路途不堰、污秽灰尘者，则此又加人一等矣"。此处的"他国"则应是土耳其、伊朗等，甚至可能暗指清朝。1877年11月29日张德彝在伦敦，也议论了土耳其等国落后的原因："迩来西国互求妙法，择善而从。最师心自用，而以学习他国为耻者，恐终无进益，甘受其侮，如土耳其、印度、埃及等国是也。"② 可见，张德彝对于土耳其、波斯、印度、埃及等国之所以饱受外侮，见解与他在俄京所遇土、波二国人士不谋而合。

从19世纪70年代欧洲形势看来，张德彝观察到的欧洲国家国力座次基本属实。英国学者欣斯利曾指出，1871年的欧洲，与德、英、法、俄、意、奥匈帝国6大国并列的有11个较小国家：土耳其帝国、西班牙、瑞典—挪威、丹麦、葡萄牙、荷兰、瑞士、比利时、希腊、塞尔维亚、内的内哥罗。11个较小国家中，只有土耳其、瑞典—挪威、丹麦是完全的主权国家。③ 所以，英、法、德发展居前，俄次之，土耳其等又次之。这一事实正是张德彝所观察到的。

从18世纪70年代欧洲工业革命以来，西欧诸国先后进入被马克思主义经典作家称为"帝国主义"的阶段，世界历史正在发生重大转变。这一时期也正是晚清中国外交被迫面对西方压力，从具有封建意味的中世纪朝贡状态被迫进入近代外交的转型时期。张德彝

---

① 详情参见［英］欣斯利主编，中国社会科学院世界历史研究所组译：《新编剑桥世界近代史》第11卷，第422—461页；［苏］波克罗夫斯基著，贝璋衡译：《俄国历史概要》上册，商务印书馆1994年版，第322—323页。

② 张德彝著，杨坚校点：《四述奇》，第505页。

③ 参见［英］欣斯利主编，中国社会科学院世界历史研究所组译：《新编剑桥世界近代史》第11卷，导言，第45页。

有机会成为职业外交家，访问欧西诸国。他从传统中国文化出发，观察和分析俄国社会，认识到俄国虽与欧美发达资本主义国家相比存在诸种不足，却仍比土耳其、波斯、印度、埃及等国家先进，隐约中对这些国家饱受外侮的原因也有所认识。更为可贵的是，他已产生了"学习他国"之意，这种见识远高于同期驻外的其他外交人员。因此，在这个转变过程中，张德彝其人其书有不可忽视的历史地位。虽然认识上他依然牢固保持着传统的夷夏观念，但实践上他已经走出了封闭的文化圈，可以说是19世纪中国人从"开眼看世界"到"走向世界"的个案，成了名副其实的"走向世界的八旗子弟"。不过，他的"述奇"信息量大，新观察少，终归"述奇"多于反思，与"向西方寻找真理"大异其趣。不过，他自身经历了一个不断磨炼的过程，隐约透露出中国近代外交在走向世界的进程中步伐缓慢而沉重。

（作者系广东粤壮园林建设有限公司董事长）

晚清中俄经贸关系史研究的两个问题

陈开科

一、中俄条约体制的建构与清代中俄贸易的变化

近代中俄关系史的研究相当长时期一直紧跟政治风向，形成了诸如"中苏友谊史""沙俄侵华史"等研究范式。其中，"沙俄侵华史"研究范式坚持时间较长、影响较大，早在民国时期就已经相当流行。①

---

① "沙俄侵华史"研究范式出现于民国时期。出版较早的研究成果如文公直：《俄罗斯侵略中国痛史》（上海新光书店 1929 年版）；黎孤岛（际涛）：《俄人东侵史》（商务印书馆 1930 年版），渐开民国"沙俄侵华史范式"之风气。此范式在台湾大盛于 20 世纪 50 年代。同类著述包括李迺扬：《苏俄侵略亚洲史话》（台湾书店 1949 年版）；周西村：《苏俄侵略中国史》（台北"国防部"政治部 1952 年版）；孙福坤编著：《苏联掠夺新疆纪实》（台北福利书店 1952 年版）；于鸿霖编著：《俄侵华实录》（台北中国生命线杂志社 1954 年版）；吴相湘：《俄帝侵略中国史》（台北"国立编译馆"，1954 年）；董铎：《俄帝侵华史》（台北华国出版社 1954 年版）；徐与武编著：《俄帝侵华史》（台北东方日报社 1955 年版）；何保禄：《俄国侵略东北纪事》（台北自由出版社 1955 年版）；周孝友编著：《俄帝侵华史大纲》（台北帕米尔书店 1955 年版）；宋念慈：《俄人窥台史略》（台北"中央文物供应社"1961 年版）；王昇、曹敏：《俄帝侵华策略之研究》（台北黎明文化事业公司 1977 年版）；郭廷以：《俄帝侵略中国简史》（台北文海出版社 1983 年版）。同时，台湾学人王汉中还翻译了美国人魏尔琪的《俄帝侵华秘录》（台北中华文化出版事业委员会 1954 年版）。大陆"沙俄侵华史"范式则开始于 20 世纪 70 年代，虽然起步稍迟，但成果迭出，比较著名的有吉林师范大学历史学系革命大批判写作组编：《新老沙皇侵华史》（吉林师范大学出版社 1970 年版）；北京大学历史学系：《新老沙皇侵华简史》（北京大学出版社 1972 年版）；史达所著多种版本的《沙俄侵华简史》（中华书局 1976 年版）；中国社会科学院近代史研究所：《沙俄侵华史》（4 卷，人民出版社 1978 年版）；复旦大学历史学系编：《沙俄侵华史》（上海人民出版社 1975 年版）；戎疆编写：《沙皇俄国是怎样侵略中国的》（人民出版社 1979 年版）；《沙俄侵略我国蒙古地区简史》（内蒙古人民出版社 1979 年版）；李翼诚编：《沙俄对中国西藏的侵略》（中华书局 1980 年版）；黄心川：《沙俄利用东正教侵华简史》（辽宁人民出版社 1980 年版）；傅孙铭编：《沙俄侵华史简编》（吉林人民出版社 1982 年版）；吴克明：《俄国东正教侵华史略》（甘肃人民出版社 1985 年版）；刘民声：《十七世纪沙俄侵略黑龙江流域史资料》（黑龙江教育出版社 1998 年版）；等等，不下数十种。值得注意的是，上述这些著述，均未涉及中俄经贸关系史问题。这说明，学界已经基本形成一种共识：沙俄侵华主要集中于政治外交和文化交流领域。

然即使行内专家亦极少注意到：在"沙俄侵华史"的系列著述中，基本视野均为政治外交史，偶尔涉及文化交流问题，而经济贸易史则根本不入其眼，似乎经济贸易乃两相情愿，跟"侵略"无甚关联。应该说，这种观念失之偏颇。因为清代中俄贸易史的发展和变化离不开中俄条约体制的建构和变化。平等条约体制下的中俄贸易史与不平等条约体制下的中俄贸易史完全是两种风景。大致而言，中俄条约体制的建构始自 17 世纪末。自此至 19 世纪中叶，为中俄平等条约体制时期。这个时期，基于中俄平等的条约体制，中俄两国的贸易由商队贸易即"京师互市"顺利过渡到恰克图边境贸易。其间虽然边境纠纷一度影响到贸易，但总体而言，可以称之为中俄贸易的黄金时期。正是在这个时期，中俄茶叶贸易发展成为中俄贸易的代名词。基于平等的法律基础，中俄双方都通过贸易获取了利益，并良性影响到中、俄两国国内经济的发展。① 但是，自 19 世纪中叶以后，中俄条约体制的性质发生了质变，由平等条约体制一变而为不平等条约体制。基于不平等条约体制，俄商深入中国内地贸易享有优越于华商的税务特权，从而有能力排挤华商，致使华商十不存一。此时的中俄贸易过渡到俄商和华商分开各自单独经营且俄商独享绝大部分利益的局面。

历史地看，中俄平等条约体制始自 1689 年中俄《尼布楚条约》，终于 1851 年中俄《伊犁塔尔巴哈台通商章程》。这一时期，可以称之为中俄"平等条约体制"时期。因为这一时期所签署的中俄各个条约无论就条约签署的程序、条约的条文、条约内容所涉及的有关中俄双方的权利义务，都基本上性质平等。这一时期的中俄条约计 7 个，见下表②：

---

① Единархова Н. Е. Кяхта и кяхтинская торговля（40 – 60 – е гг. Ⅹ Ⅸ в.），Иркутск. 2015г. с. 60 – 102.

② 王铁崖编：《中外旧约章汇编》第 1 册，生活·读书·新知三联书店 1957 年版，第 1—30 页。

序号	签署时间	条约名称	备注
1	1689 年 9 月 7 日	《尼布楚界约》（条约有满文、俄文、拉丁文 3 种文本）	划定中国中俄东段边界、确立边界中俄两国人民的往来及贸易秩序
2	1727 年 9 月 1 日	《布连斯奇界约》（条约有满文、蒙古文、俄文、拉丁文 4 种文本）	划定中国中俄中段边界，确立中国中俄中段边界及贸易秩序
3	1727 年 10 月 21 日	《恰克图界约》（别称《喀尔喀会议通商定约》，有满文、俄文和拉丁文 3 种文本）	实际上是中俄两国对《尼布楚界约》有关恰克图边界勘界、通商条文的落实，确立中俄往来、贸易秩序
4	1727 年 10 月 24 日	《阿巴哈依图界约》（有俄文、蒙文 2 种文本）	实际上是落实《布连斯基界约》划界条约的勘界（恰克图以东部分）
5	1727 年 11 月 8 日	《色楞额界约》（有满文、蒙文、俄文 3 种文本）	实际上是落实《布连斯基界约》划界条约的勘界（恰克图以西部分）
6	1768 年 10 月 30 日	《修改恰克图界约第十条》（有满文、蒙文、俄文 3 种文本）	主要完善《恰克图界约》第十条有关边境交涉事件（缉盗、越境等）的处理规则
7	1792 年 2 月 20 日	《恰克图市约》（有满文、蒙文、俄文 3 种文本）	主旨在规范中俄恰克图贸易及恰克图中俄边界秩序

　　上述 7 个中俄条约构建了中俄平等条约体制。从国际法理论的视野来看，这些条约内容性质平等，完全是近代西方国际关系体制的产物。这说明，古老中国的天朝体制"接受"了近代西方国际关系体制。这实际上也可以阐释为中国的天朝体制对近代西方国际关系体制的一种包容，或者更确切地说是一种施舍。从现存汉文条约的表述可见，这种依靠"施舍"建构的平等条约体制包含了两个特

色表述：一是"和平"，《尼布楚界约》中称为"永好""和好"，处理边境地区纠纷的基本原则为"遣使和平议结，不得因两国边界人民犯罪，轻启战端"。《修改恰克图界约第十条》中称为"平和条约"。二是隐含天朝上国赏赐利益的思维定式。中俄平等条约体制的主要内容涉及边界划界、勘界和商贸秩序的建构，其中中国政府尤重中俄两国政治秩序的建构，而轻视商贸利益秩序的建构。所有涉及商贸利益的内容，都隐含有"赏赐"之含义。《恰克图市约》中就直接规定："恰克图互市于中国初无利益，大皇帝普爱众生，不忍尔国小民困窘，又因萨拉特衙门乐请，是以允行。"① 这些话既暴露了天朝体制相对近代西方国际关系体制的优越感，又反映了条约体制建构中天朝体制对西方国际关系体制的包容。历史上，中国文化在很多时候都显示了包容异域文化的胸怀，天朝体制与西方国际关系体制并非如过去所认识的那样仅仅只有抵触和斗争。当然，这种包容的前提是天朝体制的强盛。康熙时期是清朝强盛的时期，在中俄雅克萨战争中，清朝最终在武力上打败了俄国哥萨克的侵略。在此基础上，天朝体制并未抵制近代西方国际关系体制，而是包容了近代国际关系体制，与俄国签署了平等的《尼布楚条约》。并且，此后又继续签署了6个平等性质的中俄条约，完善建构了中俄平等条约体制。直到1842年中英《南京条约》签署，中外关系开始发生本质变化：强盛的近代西方国际关系体制开始奴役衰落的天朝体制，而不是包容。自此，衰落的天朝体制慢慢从属于西方近代国际关系体制。中外关系体制从此过渡到不平等条约体制。但中英不平等条约体制最初并未影响到中俄条约体制。中俄不平等条约体制的建构要从1851年中俄《伊犁塔尔巴哈台通商章程》才肇始。

　　1689年建构起来的中俄平等条约体制之诸条约关乎中俄贸易的内容主要有如下几点：

　　首先，确立了中国东段、中段中俄边境贸易的秩序。1689年中俄《尼布楚界约》之第五条即规定："自合约已定之日起，凡两国

---

① 王铁崖编：《中外旧约章汇编》第1册，第29页。

人民持有护照者，俱得过界来往，并许其贸易互市。"① 但于何时何处以何种规模贸易，却未明确规定。即使如此，该条约仍然直接影响到中俄贸易的发展。凭此，中俄两国的商人在中俄东段边境偏西地区开始了合法的边界贸易，而且这种贸易以商队的形式一度深入到中国嫩江、齐齐哈尔等地。② 至于《布连斯奇界约》则规定了中俄边界主要由守护官兵经营的"卡伦贸易"。该条约规定："北自恰克图河流之俄国卡伦房屋，南迄鄂尔怀图山顶之中国卡伦鄂博，此卡伦房屋暨鄂博适中平分，设立鄂博，作为两国通商地方。"③

其次，确立了俄商进入中国京师贸易的秩序。依据中俄《尼布楚条约》的模糊规定，1693 年以前，俄商利用"投递公文"的机会，名义上以公职人员为领队，3 次组织商队至北京贸易，包括 1689 年信使隆沙科夫（Лоншаков Г. И.）商队、1691 年普洛特尼科夫（Плотников А. Л.）商队、1692 年莫洛多伊（Молодой С.）商队。④ 1693 年，俄商至北京贸易就已成"定例"了。是年，伊杰斯（Э. И. Идес，1657—1708）使团及其附属商队到达北京。经交涉，康熙皇帝与俄使达成"京师互市"协议："俄罗斯国，准其隔三年来京贸易，一次不得过二百人。在路自备马驼盘费，一应货物不令纳税，犯禁之物不准交易，至京时安置俄罗斯馆，不支廪给，限八十日起程还国，此在京互市著令之始也。"⑤ 于是此后便有了俄国商队定期定额至北京贸易的"京师互市"。随后，这个"定例"的相关内容于 1727 年被写进了《恰克图界约》，正式奠定了中俄"京师互市"贸易的法律基础："既已通商，其人数仍照原定，不得过两百人，每间三年进京一次。"

---

① 王铁崖编：《中外旧约章汇编》第 1 册，第 2 页。

② 陈侠君：《筹鄂龟鉴》卷 2，上海赐书堂，光绪二十二年，第 274—275 页。

③ 王铁崖编：《中外旧约章汇编》第 1 册，第 6 页。

④ 孟宪章主编：《中苏贸易史料》，中国对外经济贸易出版社 1991 年版，第 51 页。

⑤ 何秋涛：《朔方备乘》卷 29，载沈云龙主编：《中国边疆丛书》第 2 辑第 17 册，台北文海出版社 1964 年版，第 754 页。

再次，确立了中俄边境贸易的秩序。《恰克图界约》载："除两国通商外，另允许两国交界地区零星商人在色楞格的恰克图、尼布楚地区的某地，选择指定的妥当地方酌量建造房屋、墙垣、栅子等贸易。所有商人均循指定正道行走，倘若绕道或迷路，或往他处贸易，则将其货物没收入官。"① 上述条文中的"恰克图"后来发展成为著名的中俄边境贸易镇，镇中有路隔开，路北部分称"恰克图"，为俄国商人居住；路南部分称"买卖城"，为中国商人居住。至于"尼布楚地区的某地"，后来被指定为额尔古纳河左岸的祖鲁海图（Цурухайту），隔岸对应则为库克多博（Куку-добо②，即今之四卡）。③ 后来因为交通及地理环境等原因，祖鲁海图（库克多博）并未发展成繁荣的中俄边境贸易镇。

很明显，该条约将中俄中段、东段西部地区也纳入到了俄中商务边界的范围。

1762 年后，俄罗斯国家商队贸易被废止，京师互市遂停，中俄专注发展边境贸易——恰克图贸易。自此，"彼以皮来，我以茶往"，成就了欧亚大陆著名的"万里茶道"，而恰克图这个边境小镇则顺势成为"万里茶道"的枢纽。所谓"名初不著，互市故，始大显"④，终成所谓"西伯利亚的汉堡""沙漠威尼斯"。⑤ 至 19 世纪中叶，恰克图贸易达于极盛。这个时期，中俄茶叶贸易由俄商和华商以恰克图为关节合作经营，双方互相获利。就俄国而言，不但丰富了国库收入，还带动俄国西伯利亚地区乃至欧俄地区的经济发展；就中国方面而言，不但丰腴了国库的税收，也带动了广阔的产茶区经济的

---

① Русско-китайские отношения в ХVⅢ в. Документы и Материалы. Т. 3，1727 – 1729．М，2006．с.189．俄文版《恰克图界约》于该内容之后并未明确提到"概不征税"。

② Там же，с.247．

③ 承呼伦贝尔学院俄语系陈昭明老师提供资料，谨此致谢。

④ 何秋涛：《朔方备乘》卷 37，第 760 页。

⑤ Mark Mancall，*Russia and China: Their Diplomatic Relations to 1728*，Cambridge，Mass.：Harvard University Press，1971，p. 263．

发展，并由此兴起"晋商"票号，闻名中外。这个时期，据俄罗斯的统计数据，俄国在中国对外贸易中所占份额仅次于英国，处欧洲列强对华贸易份额的第二位。同时，对华贸易占俄国对外贸易的比重也在缓慢增长：1802 年，恰克图贸易占俄国亚洲贸易的 63%，1807 年这个数据上升到 70%。① 由此可见，完善的平等条约体制，如果大家都遵守，依法守法，是能够推动国际交流与贸易发展的。中国的天朝体制与沙俄近代西方国际关系体制，通过相互包容和协调所达成的中俄平等条约体制，是 18 世纪以降中俄万里茶道蓬勃发展起来的基石。

　　不过，注意到鸦片战争后中国国际地位的下降，俄国开始不满足于中俄平等条约体制，尤其不满足局限于中俄边镇恰克图一隅之地的中俄合作贸易体制，力图将中俄商务边界扩展到中俄边境的全境甚至中国内地。

　　1803 年三月四日（2 月 20 日），俄国商务大臣鲁缅采夫（Н. П. Румянцев）上奏亚历山大一世（Александр I Павлович），正式提出派使团访华，谈判扩展俄中贸易之事：一是试图派遣商队参与广州海路贸易②，并于 1803 年单方面擅自派遣环球航行的船队载着货物直驱广州进行贸易③；二是试图开辟俄国与中国西境地区包括西藏、新疆乃至整个额尔齐斯河一线的贸易。④ 甚至试图要求清朝政府允许俄国向中国所有内地和边境城市派遣商队，或者至少允

---

① Рожкова, М. К. Экономическая политика царского правительства на Среднем Востоке во второй четверти XIX века и русская буржуазия［Текст］. М., 1949. с. 37.

② АВПРИ, Ф. СПБ, Главный архив, 1 – 7, оп. 6, 1802г. д. 1, п. 2, л. 2. Внешняя политика России XIX и начала XXвека: Документы Российского министерства иностранных дел. Т. 1, М. 1960г. с. 386.

③ ［苏］约·彼·马吉多维奇著，屈瑞、云海译：《世界探险史》，世界知识出版社 1988 年版，第 725 页。

④ АВПРИ ф. Главный архив, 1 – 7, оп. 6, 1805г. д. № 1 – a, п. 20, л. 68 – 79. Там же, с. 88 – 91.

许向北京、脑温和呼图克图领地自由派遣商队，要求向中国阿穆尔河和广州派驻商务代办，重新与中国政府谈判俄中贸易的规则①，等等。

不过，俄国上述商贸愿望随着 1805 年戈洛夫金使团访华失败遭到抑制。② 直到在 19 世纪 50 年代，俄国政府才开始重新拾起过去的图谋。此时，国务大臣布卢多夫（Д. Н. Блудов）、俄罗斯驻北京布道团天文台台长斯卡奇科夫（К. А. Скачков）等主张经中亚地区发展俄中边境贸易。具体而言，指将俄中商务边界扩展至中国西部边境伊犁、塔城等地。③ 为此，俄国政府千方百计促使俄国商人深入中国内地直接经营俄中贸易，并努力将俄中贸易扩展至整个俄中边境地区。④

1851 年 8 月，在俄国主导下，中俄签署《伊犁塔尔巴哈台通商章程》：一是规定俄国单方面拥有在华领事裁判权⑤；二是规定俄商在伊犁和塔城两地开辟通商点，由俄国商人自行建造"贸易亭"，以便俄商居住和经商。但是条约没有规定华商在俄国拥有领事裁判权，以及华商可以到俄境建造类似的贸易亭。这就形成了权利的不对等。

---

① АВПРИ ф. Главный архив , 1 – 7, оп. 6, 1805г. д. № 1 – a, п. 20, л. 98，100 – 101，102，103，110. Там же с. 179 – 181，183.

② 详见陈开科：《嘉庆十年——失败的俄国使团和失败的中国外交》，社会科学文献出版社 2014 年版。

③ Единархова Н. Е. Кяхта и Кяхтинская торговля （40 – 60 гг. ⅩⅨ в.），Иркутск，2015г. с. 121.

④ Сычевский Е. П. Экономические и политические отношения России и Китая в 30 – 60 – х годах ⅩⅨ века：Автореф. дисс⋯ канд. ист. наук. Л. 1953г. с. 121.

⑤ Мартенс Ф.，Россия и Китай：Историко-политическое исследование，СПБ，1873г.，с. 50；Богоявленский Н. В.，Юрисдикция русских консулов в западном Китае и судебная деятельность Чугучакского консульства，ЖМЮ，СПБ，1898г.，Ⅲ，с. 30；尼·维·鲍戈亚夫连斯基：《长城外的中国西部地区》，第 278 页；郦永庆：《〈中俄伊犁塔尔巴哈台通商章程〉再研究》，载《近代史研究》1995 年第 3 期。

该条约标志着中俄之间不平等条约体制的开始。① 随后，中俄签署了一系列不平等条约，形成中俄不平等条约体制。其中涉及中俄贸易的条约内容如下②：

序号	签署时间	条约名称	涉及贸易的内容
1	1851 年 8 月 6 日	《伊犁塔尔巴哈台通商章程》（满、俄文本和汉、法译本）	确立了俄国人在中国西段边界中国领土伊犁、塔城中俄两国的贸易秩序
2	1858 年 5 月 28 日	《爱珲城和约》（满、蒙、俄文本）	确立中国中俄东段边界及黑龙江、乌苏里江和松花江贸易秩序
3	1858 年 6 月 13 日	《天津条约》（满、俄文本）	确立了中俄陆路通商、海路七口通商的商务秩序，取得了设立领事馆、领事裁判权、片面最惠国待遇等特权
4	1858 年 10 月 16 日③	《塔尔巴哈台议定赔偿条约》（满、俄文本）	约定赔偿俄国商人在塔城贸易圈多受损失，设立俄国领事官
5	1859 年 4 月	《黑龙江通商条规》	确立中国领土黑龙江流域的中俄贸易秩序
6	1860 年 11 月 14 日	《北京续增条约》（俄、汉文本）	重开京师互市贸易、增开喀什噶尔贸易、中俄商人均可深入中俄两国内地贸易、中俄均可在对方国境内增设领事馆（唯俄国要求在喀什噶尔、库伦设领事馆，中方未提要求）、强调了俄国在中国的领事裁判权

----

① 陈开科：《俄总领事与清津海关道——从刻本史料看同治年间地方层面的中俄交涉》，载《中国社会科学》2012 年第 4 期。

② 王铁崖编：《中外旧约章汇编》第 1 册，第 78—80、85—86、114—115、142—143、149—153、179—186、213—214、271—272、381—385、386—391、422—423 页。

③ 此日期只是塔尔巴哈台参赞大臣奏折的日期，实际签订日期不明，且原约无名称。

续表

序号	签署时间	条约名称	涉及贸易的内容
7	1862 年 3 月 4 日	《陆路通商章程：续增税则》《陆路章程详细办法》	详细规定了俄国商人在中国各通商口岸和内地经营各种货物（洋货、土货）的优惠税率（正税、子税）及免税、低税、纳税程序、纳税管理等问题
8	1864 年 3 月 8 日	《陆路俄商三联单章程》	
9	1869 年 4 月 27 日	《改订陆路通商章程》	主要目的是规定俄商在华经商活动中的免税、减税情况
10	1881 年 2 月 24 日	《改订条约》（汉、俄、法文本）	主要规定了俄商在中国北部地区（自西而东）享有低税、免税和自由贸易特权；并在伊犁、塔城、喀什噶尔、库伦、肃州、吐鲁番等地设立领事
11	1881 年 2 月 24 日	《改订陆路通商章程》	明确规定俄商在中国西部北部地区自由贸易的权利、免税和低税优惠率
12	1883 年 4 月 4 日	《议定俄属商人贸易地址条约》（汉、回文本）	重新在塔城划定俄商新贸易圈

　　由上述中俄不平等条约体制所涉有关中俄贸易秩序的条约内容来看，俄国彻底打破了恰克图一口通商的传统中俄贸易格局，将中俄商务边界扩展至整个中俄边境及中国内地，从喀什噶尔到伊犁、塔城、乌鲁木齐、科布多、库伦、张家口、天津、黑龙江、乌苏里江和松花江流域、长江流域上海—汉口段的广大地区以及中国周边领海区如上海、宁波、福州、厦门、广州、琼州、台湾，到处是俄商的影子。而俄商走到哪里，俄国的领事馆就开设到哪里，领事裁判权进一步被强调。当然，某些条约确实规定华商也

可以自由到俄国各地贸易，中国政府也可以到俄国各地设置领事馆。① 从条约文本上看，这些规定看似平等，然实际上隐含着不平等因素：条约里详细规定了俄商在中国土地上经商所享有的管理、免税、低税的优惠权利，但却没有详细规定华商在俄国境内经商享有何种管理和税务优惠权利。并且，事实上中国政府也没有去俄境设置领事馆，华商即使去了俄国，也得不到中国政府的保护。所以，这种条约文本上的平等实际上隐含着不平等。然而，以往的研究者极少注意到的是：在这种中俄不平等条约体制下，中俄贸易格局实质上发生了巨大变化。平等条约体制下传统中俄恰克图贸易由中、俄两国的商人合作经营，总的来说是俄商、华商双赢。但在不平等条约体制下，中、俄商人不再合作经营，此时中俄贸易实质上已变为俄商和华商各自单独经营。而且，整个中俄贸易的利润绝大部分都落入了俄商的口袋。甚至形成了一种商业史的千古奇观：华商在自己的国土上居然被俄商排挤破产。根据中俄不平等条约体制的规定：俄商在税收、厘金方面拥有低、免优惠，而华商在自己的土地上却毫无优惠。根据前述《陆路通商章程》，俄商在中国经商，拥有税务优惠，他们只需要缴纳一次进口子税，即正税的一半。另外，在许多城市，还享有纳税特权。像张家口，俄商不但可以销售自己从俄国带来的两成货物，且只需要缴纳正税的 2/3。这样一来，贩卖同等数量的货物，俄商的成本要远低于华商。1865 年 7 月，张家口的税关监督麟书称："近来俄罗斯自行贩茶只有津关纳税一次，沿途并无厘金出口，又无票厘，较之内地商货价本重轻悬殊。"② 1863 年，税务司马福臣曾计算出俄商和华商同量货物在中国境内的运费和税项数量③，见下表：

---

① 王铁崖编：《中外旧约章汇编》第 1 册，第 151 页。
② 台北"中央研究院"近代史研究所档案馆藏档，01 - 20 - 004 - 06 - 003。
③ 台北"中央研究院"近代史研究所档案馆藏档，01 - 20 - 026 - 01 - 011。

俄商	茶	60斤	（箱）税费＋运费合6.4两（银）
	砖茶	72斤	（包）税费＋运费合4.43两（银）
华商	茶	60斤	（箱）税费4.56两（银）＋运费5.3两（银）合9.86两（银）
	砖茶	72斤	（包）税费3.106两（银）＋运费5.35两（银）合8.456两（银）

由上表数据可知，每箱普通茶叶（60斤），俄商的税费和运费要比华商低3.46两（银），华商的税费和运费比俄商要高54%；每包砖茶，俄商的税费和运费要比华商低4.026两（银），华商的税费和运费比俄商要高91%。在此背景下，华商自然无法生存："华商利为所夺，大半歇业。"① 以张家口为例，咸丰年间在口华商尚有70余家，到1868年仅余六七家了。② 光绪七年（1881）王先谦也发现："自江汉关开关后"，俄商深入汉口，开设洋行，将红茶、砖茶用轮船运至天津、然后走陆路运往俄罗斯："运费省俭，所运日多，遂将山西商人生意占去三分之二"。③ 不独如此，俄商深入中国内地直接经营茶叶贸易，凭借中俄不平等条约体制的免税减税特权，给清政府的国家税收亦造成巨大损失。据统计，自咸丰十一年（1861）至同治四年（1865）八月仅张家口税关俄商免税银数就达近39000两。④

可见，中俄不平等条约体制保障了俄商的绝对商业垄断和绝对的竞争力，毫无疑问，是俄商制胜的法律基础，当然也是华商破败的法律基础。俄商依靠中俄不平等条约体制，不但严重损害了华商的商业利益，更损害了中国政府的国家税收利益。如果忽略

① 中华书局编辑部整理：《筹办夷务始末（同治朝）》卷57，中华书局2014年版，第2308页。

② 台北"中央研究院"近代史研究所档案馆藏档：01－20－024－02－001。

③ 台北"中央研究院"近代史研究所档案馆藏档，01－20－005－05－009。

④ 据"俄货过张家口改由津关征税案"整理，总理各国事务衙门清档，中国第一历史档案馆藏抄本。

了这个大背景，我们就无法描绘清代中俄（茶叶）贸易的立体风景。

二、晚清华商赴俄贸易、华工赴俄谋生的问题

如前所述，自从 1851 年中俄《伊犁塔尔巴哈台通商章程》签署后，中俄关系开始进入不平等条约体制阶段。在中俄不平等条约体制框架内，俄商绕过华商，直接进入中国内地产茶购茶，凭借中俄不平等条约体制赋予的种种特惠权利，逐渐垄断了中俄茶叶贸易。根据资料，俄国茶商早在 1860 年就到了茶叶销售中心汉口考察，并于 1863 年就在汉口注册了俄国茶商洋行"伊万诺夫、奥古洛夫和托克马科夫洋行"（Иванова，Окулова，Токмакова и К°）。① 此后，俄商蜂拥而入。根据《申报》记载，到 19 世纪 80 年代，仅汉口就有俄国洋行 24 家之多，包括顺丰、阜昌、新泰、源泰、恒宝顺、恒昌②、恒顺、履泰③、百昌、德和、德昌④、久有、礼记、和昌、得和⑤、得昌⑥、隆昌、天裕、宝顺、慎昌、吕泰、祥泰、美昌、巨昌等。

有关俄商避开华商深入中国内地经营，以及利用不平等条约体制所规定的优惠税额等利权，让华商衰落破产等问题，有很多人研究，不再赘述。在此，笔者准备就大家较少关注的华商、华工入俄经营、谋生的问题，略作研究。实际上，中俄不平等条约体制并非仅支持俄商入华经商，同样也支持华商入俄经商。关键在于：中俄不平等条约体制并未规定华商在俄境经营应享有同等管理及税务优惠。

---

① Попов А. Ф. Путевые заметки о Хань – коу и русских чайных фабриках. Записки Имп. Рус. Геогр. Общ. по отделению Статистики, 1871, т. II. с. 292 – 293.

② 《申报》1879 年 12 月 7 日第 2 版。

③ 《申报》1883 年 5 月 18 日第 2 版。

④ 《申报》1888 年 5 月 14 日第 2 版。

⑤ 《申报》1888 年 5 月 27 日第 2 版。

⑥ 《申报》1888 年 5 月 28 日第 2 版。

根据目前掌握的资料，中国商民进入俄境经商主要经北路恰克图、东路珲春等边境口岸。在中俄平等条约体制时期，恰克图是北疆中俄陆路边境贸易的唯一口岸。这里集中了绝大多数对华贸易的俄商和几乎所有对俄贸易的晋商，他们彼此合作经营，共谋双赢。在中俄不平等条约体制建构后，俄商与华商分道扬镳，深入中国内地，直接经营茶叶贸易。而与此同时，先前与俄商合作经营的晋商等同样进入俄境经营茶叶贸易。

据台北"中央研究院"近代史研究所藏档，首批入俄经营茶叶贸易的中国商人是恰克图的一些小商户，时间在咸丰十一年（1861）。华商入俄经营的背景是俄商深入中国内地直接经营，不再与华商合作，恰克图贸易开始衰落："至咸丰十一年，中外通商以后，俄人自赴两湖贩运茶叶，华商之利大不如前，渐次萧索，以致歇业日多。现在领票商人赴两湖贩茶只剩七家。张家口情形本与恰克图相同。恰地商人歇业如此之多，则张家口歇业者必不能少。"当时倒闭的主要是资金雄厚的华商大商户，那些华商小商户的损失倒不是很大，不过利润已是微乎其微了。于是，这些艰难维持的小商户遂"群相计议：中外既已通商，俄人可以竟到内地，则内地商人亦可到彼国贸易"，何况中俄不平等条约体制亦允许华商入俄经营。就这样，那些小本商人开始尝试进入俄境贩茶。根据当时中国恰克图贸易的管理制度，这些小本商人是没有资格领取部票的。所以，严格而言，这些小本商人的经营属于非法经营。但因为数量多，一切都靠自己吃苦耐劳，故入俄境经营稍有利润："此等小商较大本票商能以负苦且无大欲，只须单身一人，自带粮饭押运货车，便可前往。脚力川资既得从省，并不贪图厚利，其货到彼自亦容易售卖。"小本商人入俄经商获利一事一度引起恰克图部票大商户的注意，以致有一些票商如"大兴玉"①"亦将茶货运载前往，及至运到彼国川资脚力，既属昂贵，货物得利无多，以为往返徒劳，甚不合算，仅

---

① 大兴玉记为"恰克图八甲首"之一。《恰克图八甲首花名册》，"台北蒙藏委员会"藏"蒙古国国家档案局档案"，029－009，第093页。

止走过一次，后亦终止"。也就是说，恰克图的那些大票商确曾动过深入俄境经营茶叶贸易的心思。但是，俄国广袤，运输遥远，且运费十分昂贵，利润微薄，大商户随即失去经营的兴趣。于是，恰克图票商纷纷将剩余的货物低价卖给小本商人运至俄境销售。

但是，这些小商人前往俄国做买卖，均无资格领取部票，属于非法经营，无法管理。刚开始，人数较少，没有引起中俄边境管理者的关注。但后来入俄华商人数增多，逐渐引起中俄边境管理衙门的关注。同治四年（1865）八月间，中国驻恰克图章京庆征与俄国少校（玛雨尔，Майор）边务官面商，酌定了相关章程："凡有华商贩运茶货前往俄国，不拘人数，必须先向职司署内呈报，由职司验明茶货并该商姓名，按其所往之地计算路程酌定限期，一一注于执照之内，盖印发给。该商持赴俄官玛雨尔处，另换俄国印单，交该商收执能运货出口。"也就是说，无论是票商，还是小本商人，入俄境之前均须于恰克图章京处领取执照。这些小本商人拿着执照进入俄境，散布到各大城市，如白恰拉湖城、吾近斯科、七近斯科、业尔近斯科、必得狼斯科、东木斯科、波尔古、近扎旺达、古纳令、雅兰尼等，"现在白恰拉湖城中国商人尚有十数人未回，其赴他处未回者，则人数更为众多，均系未经限满之人"。同治七年（1868）四月初三日，库伦办事大臣收到恰克图俄国边务衙门来函，称"以本国恰克图累年进口出口印单内载，华商运茶叶等货往白恰拉湖城等处，同治四年其本银不过一万六千两，五年即至十一万两，上年直至五十万余两"。[1] 由华商入俄经营资本的增长可以看出，中国商人赴俄国境内经商的人数和资本呈逐年增加之势，最终票商亦位列其中。

同治九年（1870）十一月三十日，绥远城将军定安呈报总理衙门，有归化城商民程化鹏，结保商民李步堂等呈请部票四张，申请由恰克图假道俄境，赴西洋诸国贸易："一、商民李步堂请领部票三张，于本年十月二十八日起程，由恰克图假道俄境赴西洋诸国贸易，限旋回日呈缴。商人李步堂，年四十岁，系忻州人。元字第四号照

---

① 台北"中央研究院"近代史研究所档案馆藏档，01 - 20 - 024 - 02 - 003。

票一张：珠兰茶四十四箱，重五千二百八十斤；篓子千雨茶五十六包，重六千七百二十斤；元字第五号照票一张：篓子千雨茶一百包，重一万二千斤；元字第六号照票一张：篓子千雨茶一百包，重一万二千斤。二、民韩泰邦请领布（部）票，于本年十月二十八日起程，由恰克图假道俄境赴西洋诸国贸易，限旋回日呈缴。商人韩泰邦，年四十六岁，系忻州人。元字第七号照票一张：珠兰茶，三十四包，重四千零八十斤；篓子千雨茶，六十六包，重七千九百二十斤。"①

光绪七年（1881）二月三十日，绥远城将军丰文通告恰克图章京："商民彭晏请领部票一张，于本年十一月初五日起程，由恰克图假道俄境赴西洋诸国贸易，限旋回日呈缴。商民彭晏，年四十八岁，系忻州人。辰字二号照票一张，珠兰茶一百包，重一万二千斤；辰字三号照票一张：千两茶十包，重一千二百斤，珠兰茶九十包，重一万八百斤。"②

光绪七年（1881）十二月初五日，绥远城将军丰绅报称，九月："归化城商民程化鹏结保商民孔广蝶请领部票二张，由恰克图假道俄境赴西洋诸国贸易"："孔广蝶，年四十八岁，系忻州人。宿字一号照票一张：珠兰茶一百包，重一万二千斤；宿字二号照票一张：珠兰茶一百包，重一万二千斤。"③

光绪八年（1882）三月十七日，绥远城将军丰绅报称，光绪七年十二月："归化城商民程化鹏结保商民王正，请领部票二张，由恰克图假道俄境赴西洋诸国贸易"；"商民王正，年六十三岁，系忻州人。宿字四号照票一张：珠兰茶一百包，重一万二千斤；宿字五号照票一张：珠兰茶一百包，重一万二千斤"。④

可见，自同治末迄光绪初，由恰克图入俄的商民大都已是资本

---

① 台北"中央研究院"近代史研究所档案馆藏档，01 - 20 - 026 - 02 - 021。

② 台北"中央研究院"近代史研究所档案馆藏档，01 - 20 - 030 - 02 - 043。文中"本年"即光绪六年。

③ 台北"中央研究院"近代史研究所档案馆藏档，01 - 20 - 030 - 02 - 045。

④ 台北"中央研究院"近代史研究所档案馆藏档，01 - 20 - 030 - 02 - 047。

比较雄厚的票商了。有学者说："山西商人穿沙漠，过瀚海，在俄国的莫斯科、多木斯克、耶尔古特斯克、克拉斯诺、亚尔斯克、新西伯利亚、巴尔纳乌、巴尔古今、比斯克、上乌金斯克、涅尔琴斯克、彼得堡等城设有很多分号，从业人数多达 10000 人以上，向俄输出大宗商品为茶叶，输入主要为呢绒及金属制品。"① 比如张家口所谓"四大玉"中的"独慎玉"就"在贝加尔湖一带和莫斯科设有分号"。② 一般而言，经恰克图入俄的中国商民有两个活动方向：一是沿传统茶叶之路（20 世纪初为西伯利亚大铁路）从伊尔库茨克、托木斯克、鄂木斯克、喀山、莫斯科、圣彼得堡西行；二是往东至外贝加尔地区如上乌金斯克、楚戈利斯克、涅尔琴斯克等地经商。1911 年 3 月，某氏从北京出发游历考察，在恰克图曾遇到"锦泰亨"司事刘某。当时，刘某兼任买卖城商务调查局董事，从事俄中贸易多年。据他说："莫斯科、伊尔库茨克、阔什阿戛赤等处皆有锦泰亨分号。"5 月 5 日傍晚 6 时"抵上乌金斯克，见有我国山东人做小买卖者"，又见"华商在此贸易者，以山西人为主，概从恰克图来此。自铁道即通，山东人营工者亦甚夥"。③

据俄国学者的统计，1864 年经恰克图入俄境外贝加尔地区的中国商人有 56 人，1867 年有 290 人，1869 年有 557 人，1894 年有 674 人。当然，也有在俄罗斯铁路务工的，如 1902 年，外贝加尔铁路上乌金斯克段就有中国工人 180 人，楚戈利斯克段有中国工人 191 人。1902 年，在赤塔有 27 名中国商人。④

---

① 阳泉市政协文史资料委员会编：《晋商史料与研究》，山西人民出版社 1996 年版，第 241 页。

② 李志强：《张垣晋商对俄贸易和驼队运输》，载《张家口文史资料》第 21 辑（社会卷上），1992 年，第 116 页。

③ 毕奥南整理：《清代蒙古游记选辑三十四种》上册，东方出版社 2015 年版，第 669—671 页。

④ Дацышен В. Г. Китайцы в забайкалье в первой четверти XX века. Россия и Монголия в начале XX века：дипломатия，экономика，наука. 2014，Книга 3，Часть 1，с. 136 – 137、139.

其次是珲春口岸（偷渡地点则密布于黑龙江乌苏里江沿岸）。利用不平等条约体制有关中国商民可以赴俄境经商的规定，山东及东三省的商民基于种种原因大量申请赴俄贸易和佣工。但整体而言，绝大多数只是去谋生（佣工），而非经商。晚清很多有关俄罗斯远东地区华侨华人生活的历史资料就表明了这点。①

光绪七年（1881）五月二十七日，东海关道方汝翼报告北洋通商大臣李鸿章，山东烟台号商西公顺等陆续呈报："赵善交等共一百零七名由烟台附西公顺号所租厦门夹板船，赴珲春、海参崴、窝里干等处贸易佣工，请给护照。"经过东海关道调查，这些人都是因为家乡粮食歉收，希望去俄境谋生。这 107 名"贸易佣工"都有基本信息：

> 赵善交，系登州府蓬莱县人，年二十九岁；张学瀚，系登州府福山县人，年二十六岁；任明亮，系莱州府掖县人，年五十岁；张秀春，系济南府历城县人，年三十岁；张同瀚，系登州府福山县人，年三十一岁；陈华芳，系登州府福山县人，年四十岁；刘永茂，系登州府宁海州人，年二十二岁；聂淔，系登州府海阳县人年，三十一岁。以上八名，系华商西公顺号具保。陈渭川，系福建省漳州府诏安县人，年二十二岁。以上一名，系华商福兴栈具保。牟同声，系登州府福山县人，年二十七岁。以上一名，系华商通成号具保。黄镇坤，系莱州府昌邑县人，年三十岁。以上一名，系华商益顺永号具保。滕三合，系莱州府掖县人，年三十九岁；朱尧岗，系莱州府昌邑县人，年二十二岁；高嘉瑞，系莱州府掖县人，年二十二岁；高鸿飞，系莱州府掖县人，年二十九岁；姜殿甲，系莱州府掖县人，年三十五岁。以上五名，系华商顺利栈具保。李守田，系莱州府

昌邑县人，年四十九岁；陆京泰，系莱州府昌邑县人，年三十五岁；马维行，系莱州府昌邑县人，年四十二岁；马清珍，系登州府黄县人，年四十岁。以上四名，系华商利源盛号具保。曲维香，系登州府宁海州人，年三十六岁。以上一名，系华商隆盛号具保。陈恒和，系登州府福山县人，年三十岁；于岭，系登州府福山县人，年十九岁。以上二名，系华商恒太永号具保。邢国珠，系登州府福山县人，年三十三岁；邢国亮，系登州府福山县人，年三十一岁；岳万丰，系登州府福山县人，年三十六岁。以上三名，系华商大兴利号具保。刘福，系莱州府掖县人，年二十岁。以上一名，系华商洪兴号具保。幕化南，系登州府栖霞县人，年四十三岁；幕希公，系登州府栖霞县人，年二十一岁。以上二名，系华商公兴和号具保。陶荩臣，系莱州府平度州人，年三十八岁；陶发田，系莱州府平度州人，年二十八岁。以上二名，系华商泰顺栈具保。杜世安，系登州府福山县人，年二十七岁。以上一名，系华商公兴永号具保。王肇钦，系登州府福山县人，年三十五岁。以上一名，系华商恒泰利号具保。刘文伦，系登州府福山县人，年三十七岁；张忠福，系登州府宁海州人，年三十二岁；姜连庆，系登州府福山县人，年二十四岁；迟云福，系登州府福山县人，年三十三岁。以上四名，系华商增祥栈具保。孙可位，系登州府黄县人，年三十五岁；姜德仲，系登州府黄县人，年二十二岁；薛茂宽，系登州府黄县人，年二十九岁；吕廷瑞，系登州府黄县人，年十七岁；田守仁，系登州府黄县人，年十九岁；曲殿清，系登州府黄县人，年二十一岁。以上六名，系华商宝顺栈具保。邓玉分，系莱州府掖县人，年三十六岁。以上一名，系华商庆和号具保。初汝新，系登州府宁海州人，年四十四岁；何合义，系登州府宁海州人，年三十五岁；张恭言，系登州府宁海州人，年三十三岁。以上三名，系华商隆丰号具保。王自成，系登州府荣成县人，年三十九岁；王兰亭，系登州府荣成县人，年二十一岁。以上二名，系华商同兴店具保。成中天，系登州府黄县人，年二十一岁；闫会兴，系登州府黄县人，年三十六岁；高如文，系登州府黄县人，年三十四岁；曲云集，系登州府黄县人，年四十五岁；刁燕利，系登州府黄县人，年三十二岁；王瑞五，系登州府黄县人，年二十八岁；王利珍，系登州府黄县人，年五十岁。以上七名，系华商德玉斋具保。吴凤德，系登州府黄县人，年三十岁；吴凤栖，系登州府黄县人，年四十岁。以上二名，系华商瑞盛号具保。孙日达，系登州府黄县人，年三十五岁；孙钟珂，系登州府黄县人年二十一岁；姜义集，系登州府黄县人，年三十六岁；迟元来，系登州府黄县人，年二十四岁；迟臻，系登州府黄县人，年五十三岁；乔志岐，系登州府黄县人，年五十一岁；傅汉漳，系登州府招远县人，年三十一岁。以上七名，系华商永兴栈具保。赵善佑，系登州府福山县人，年二十六岁。以上一名，系华商隆源栈具保。王之珍，系登州府福山县人，年二十六岁。以上一名，系华商庆成号具保。霍振东，系登州府黄县人，年五十四岁；霍日昭，系登州府黄县人，年三十四岁；霍中德，系登州府黄县人，年四十岁；霍廷彬，系登州府黄县人，年二十七岁；王大山，系登州府黄县人，年五十八岁；王云起，系登州府黄县人，年三十九岁；于发增，系登州府黄县人，年二十八岁。以上七名，系华商德成居具保。邓在殿，系莱州府掖县人，年三十一岁；邓庚，系莱州府掖县人，年十四岁；翟臻祥，系莱州府掖县人，年二十六岁；赵化林，系莱州府掖县人，年三十一岁；翟宝修，系莱州府掖县人，年十七岁；翟宝山，系莱州府掖县人，年二十岁；安居祥，系莱州府掖县人，年十七岁；王苏，系莱州府掖县人，年二十二岁；孙乃虞，系登州府福山县人，年三十三岁。以上九名，系华商同德栈具保。迟德亮，系登州府宁海州人，年四十六岁；迟曰忠，系登州府宁海州人，年二十一岁。以上二名，系华商丰裕号具保。王裕通，系登州府黄县人，年四十八岁；连忠本，系登州府黄县人，年三十五岁；王财言，系登州府黄县人，年二十二岁；王常顺，系登州府黄县人，年二十六岁。以上四名，系华商德生泰号具保。杨坤厚，系莱州府掖县人，年四十二岁；杨作舟，系莱州府掖县人，年四十六岁；原清文，系莱州府掖县人，年三十七岁；吴文希，系莱州府掖县人，年二十三岁；郝世俊，系莱州府掖县人，年三十六岁。以上五名，系华商洪成号具保。张蓬岛，系莱州府昌邑县人，年三十五岁。以上一名，系华商锦生号具保。初文敏，系登州府宁海州人，年二十四岁；麻克敏，系登州府宁海州人，年二十岁；张成言，系登州府宁海州人，年十九岁。以上三名，系华商源丰号具保。王允元，系登州府黄县人，年二十八岁。以上一名，系华商东恒兴号具保。邓长安，系莱州府掖县人，年三十八岁；邓寿选，系莱州府掖县人，年二十七岁；李廷桐，系莱州府掖县人，年三十八岁；王景山，系莱州府掖县人，年二十五岁；王景美，系莱州府掖县人，年三十三岁。以上五名，系华商长盛彩具保。周长奉，系登州府宁海州人，年三十九岁；姜日省，系登州府宁海州人，年三十六岁；姜辰令，系登州府宁海州人，年二十五岁。以上三名，系华商义兴号具保。以上供计一百零七名。

上述资料表明，这些山东人（个别祖籍福建）入俄均不是经商，而是为了谋生。他们入俄后的身份只是佣工。资料涉及佣工的姓名、籍贯和年龄。据方汝翼称：华工入俄打工当时已是常态。此前，俄国驻华公使凯阳德（Кояндер А. И.）曾通过韦贝（Вебер К. И.）领事向东海关转达俄国滨海边疆区的意见：有很多游手好闲的中国人在俄国滨海区诸城生事，因此，希望中国海关严格把关。凡是前往俄国打工的，一定要发给执照。无照的人都不再允许入关。对此，中国海关采取了相应措施，对入俄的华工开始进行严格管理。上述107名要求入俄的华工都属于"自备川资，甘愿前往"，不但登记姓名、籍贯和年龄等基本信息，颁给"护照"，同时，还需要当地商号担保。且海关与当地官员配合，对申请赴俄的佣工"逐一查讯"，看是否有"拐骗及为匪情事"。① 从资料可以看出，商号、商人均可担保。

---

① 台北"中央研究院"近代史研究所档案馆藏档，01－17－029－04－001。

上述类似佣工名单还有很多。如光绪七年（1881）五月二十八日，有孙绍谌等96名佣工赴俄①；光绪七年七月二十八日，有赵培祚等112名佣工赴俄②；光绪七年闰七月二十七日，有迟仁昌等97名佣工赴俄③；光绪七年八月初八日，有邓公选16名佣工赴俄"④；光绪八年（1882）四月十二日，有滕广业等239名佣工赴俄⑤；光绪九年（1883）九月十三日，有王永秀等10名佣工赴俄。⑥

可以肯定，上述名单都只是领取了护照的商民佣工，还有很多偷渡的无照商民佣工未能统计。而且，就算是领取护照入俄的商民名单也很不齐备。俄文资料记述了俄滨海区中国各类商民和佣工人数：1897年为3567人、1909年为2597人、1910年为3210人；而活动在阿穆尔州的中国商民佣工人数：1897年为1076人、1909年为351人、1910年为467人。⑦ 1893年春，有1万多名中国人到达符拉迪沃斯托克。⑧

据曹廷杰调查，当时入俄的商民主要有3种类型：一是坐商，也就是开商店，做买卖；二是行商，即从中国运货至俄境，买卖完结后回乡，每年约千人；三是介乎二者之间兼具二者特性的商民。⑨这些入俄境经商的华商内部还因地域而分帮。如哈巴罗夫斯克的中

---

① 台北"中央研究院"近代史研究所档案馆藏档，01－17－029－04－002。

② 台北"中央研究院"近代史研究所档案馆藏档，01－17－029－04－003。

③ 台北"中央研究院"近代史研究所档案馆藏档，01－17－029－04－005。

④ 台北"中央研究院"近代史研究所档案馆藏档，01－17－029－04－006。

⑤ 台北"中央研究院"近代史研究所档案馆藏档，01－17－029－04－007。

⑥ 台北"中央研究院"近代史研究所档案馆藏档，01－17－030－01－004。

⑦ Граве В. В. Китайцы, корейцы и японцы в Приамурье［Текст］. （Труды командированной по высочайшему повелению Амурской экспедиции）Вып. XI. СПб. , 1912, с. 363.

⑧ ［俄］聂丽·米兹、德米特里·安洽著，胡昊、刘俊燕、董国平译：《中国人在海参崴》，社会科学文献出版社2016年版，第96页。

⑨ 丛佩远、赵鸣岐编：《曹廷杰集》上册，中华书局1985年版，第125—126页。

国商民就分为东（山东）、宁（宁波）、关（关东）、广（广东）四帮，另外还有北（直隶）帮。①

再晚些，从山东、东北入俄的中国人大都不是商民了，而是难民贫民。他们去俄境主要从事种地、淘金、小贩、苦力等。当然也产生了少数类似纪凤台之类的大商人。据有关资料记述，纪凤台于1873 年从山东经珲春到达俄罗斯哈巴罗夫斯克。刚开始，他创办了一个叫"利成行"的商行。1875 年，他获得了"二等商人"称号。② 1895 年，他荣获俄罗斯"一等商人"称号。纪凤台的生意经营范围十分广，包括毛皮、烟草、粮食、蔬菜种植、木材等，同时还经营实业如面粉厂、砖厂、锯木厂、建筑等。最终成为俄罗斯远东地区知名的大商人。③ 不过，俄罗斯远东地区的华商极少经营茶叶贸易，除了资本单薄、商民家乡并非传统的产茶地等原因外，还有就是晚清时期，俄国垄断了中俄茶叶贸易。尤其到了 19 世纪末，茶叶资源被俄国等列强垄断。此时，正值俄商茶叶倒灌的时期，华商根本无力插手。以 1914 年为例，俄商经中东路运进中国东北地区倒灌销售的茶叶就达 54638 普特。④ 不过，有资料表明：茶叶仍然是在俄罗斯远东地区中国人经营商品的一种。1904 年，中国商人在比金河（Р. Бикин）一带曾用 1 普特满洲茶交换 6 只黑貂。而在帝国湾一带，8 块茶砖可以交换一只黑貂。⑤

---

① 《东方杂志》第 4 卷第 11 期（1907 年）。

② 根据俄国 1824 年颁布的《商人等级制度和其他阶层商贸的补充条例》，拥有 5 万卢布资产即可获得"一等商人"证书，拥有 2 万卢布的商人可以获得"二等商人"证书。Дополнительное постановление об устройстве гильдий и о торговле прочих состояний. СПБ, 1824г. с. 14.

③ 潘晓伟：《俄国远东地区中国人活动史（1860—1917）》，中国社会科学出版社 2020 年版，第 26—29 页。

④ 郭蕴深：《中俄茶叶贸易史》，黑龙江教育出版社 1995 年版，第 180 页。

⑤ Сорокина Т. Н. Хозяйственная деятельность китайских подданнных на Дальнем Востоке России и политика администрации Приамурского края（конец XIX-начало XX вв.）. Омск : ОмГУ, 1999. с. 82.

关于华商入俄贸易的具体情况，由于史料缺乏，很多问题都不太清楚。同治八年（1869）七月，总理衙门致函库伦办事大臣张廷岳，要求搞清华商入俄经商的情况。张廷岳随即派司员前往恰克图询问入俄华商。计划询问的问题有："究竟该商等自入俄境后，俄国官员与其地民人等相待若何；沿途经过关口如何收税之法，抽查货物呈验执照能无耽延时日，行抵该国先在何处存货，贩运之货究在何处销售，该国能无格外需索并借端欺侮之处，该商等自假道以来所得利益若何，并札饬恰克图部员将假道俄境之商民人等到恰克图时除交票规外，如何抽查货物，出入商卡如何收税"，等等。当时，从绥远城领照经恰克图入俄经商的商号共有 3 家：广益永、敬亨泰和南极祥。这 3 个商号在恰克图领取四联执照，并将茶叶名色、觔重数目注册于执照。按此前章程，每联收取票规库平银 25 两，别无其他费用。然后验看茶货相符，发给商人假道俄境的路照。五月下旬，恰好敬恒泰、南极祥两家商号的伙计王铭和李培春从俄国回到了恰克图，他们回答了司员所要了解的问题：

1. 商户自恰克图衙署领取部票后，便过境去俄国边务衙门换取俄国文字路照。

2. 商户雇佣俄国车马脚夫拉运茶货，由恰克图启程，至东木斯科（即托木斯克），每 500 斤茶货花车脚银钞钱 749 文，合中国银二两九钱九分六厘。

3. 商民所坐马车用一二匹或三四匹马拉，马车顺俄国台路行走。价格每一里每匹马给银钞钱一文半，车费算清后即刻放行。

4. 每逢打尖，食物商民自带，俄国人预备茶水，离开时随意付给银钞钱十数文不等。如遇天晚，商民在此住宿不用另付房费。

5. 商民行走 20 余台至"业尔近斯科（Нерчинск）"，商民在此地纳税。先将随带货物报明该处官员验看，茶货每百斤纳税银钞钱二吊一百四十二文，合中国银八两五钱八厘（如前所述，比俄商在中国购茶税率高很多）。纳税完毕，每包茶货系一小铅牌为凭。除此之外，"沿途并无经过关口纳税之处，亦无留难阻滞等事。其所过地方俄国官长及名人相待颇优，并无相欺之处"。

6. 本次赴俄华商的具体情况为：商民到了东木斯科，正值当地河水泛滥，道路难行，因雇佣不到车脚，只好暂时租赁房屋数间囤放货物，每月每间租金银钞钱 1500 文，合中国银 6 两。①

有关此后华商在当地经营情况如何，这两人先期回国，均不清楚。不过，基于华商在中、俄境内面临沉重的税率，华商的货物没有价格优势。估计在俄商的竞争下，经营情况不会太好。其实，当时清政府一些有点见识的官员都看到了这点。有官员就曾呼吁政府减轻华商的重税。此时赴西口的晋商依旧走陆路，赴东口的晋商则模仿俄商，由招商局轮船自汉口将茶叶运天津，"免天津复进口半税"，但"仍须完内地税厘，不得再照俄商于完正半两税外概不重征，仍难获利"，"是以只分二成由汉运津，其余仍走陆路，以较俄商所运，则成本贵而得利微，深恐日后俄商运茶更多，而山西商人必致歇业"。对此，江海关道刘端芬就曾建议："将华商运俄之茶，亦准照俄国通商税则，只完正半两税，概不重征税厘。其红茶、砖茶应照则完税外，帽盒茶每担仅值银三四两，向无税则，准照各国通商章程估价完税，值百抽五"。王先谦也认为："华商运赴俄国之茶，亦照俄商完税，免其重征，无非欲使成本相同，不令俄商独擅其利，自属可行，第须明定限制。臣请仍如同治十二年东口华商所禀，凡由招商局运茶自汉运津者，只完正半两税，以外概不重征，庶几有利可图，商情自能踊跃矣。"但是，这种观点最终还是遭到海关方面的反对，最终"仍照旧章，毋庸另议"。② 但一些地方官一直在呈请政府降低华商税额。光绪八年（1882），绥远城将军丰绅就多次会同副都统具奏："为假道赴洋商民委因途长税重连年折本，请停四联执照。"③ 但结果如何，未见下文。

至于通过珲春入俄国远东各城"佣工"的山东耕地贫民在俄境生活如何，因相关史料较为缺乏，同样不太清楚。不过，清政府相

① 台北"中央研究院"近代史研究所档案馆藏档，01 - 20 - 026 - 02 - 013。
② 台北"中央研究院"近代史研究所档案馆藏档，01 - 20 - 005 - 05 - 009。
③ 台北"中央研究院"近代史研究所档案馆藏档，01 - 20 - 030 - 02 - 052。

关官员亦曾关注此事。光绪七年（1881），东海关方汝翼就调查过这些事情："据各号商声称，由烟赴珲春等处贸易佣工者，未经请领护照以前人数甚多，盖因商贩前往该处贸易获利较厚，即手艺工作之人，每年佣值除去食用尚可余数十金。往来自由，视为乐土。上年中俄重议和约，人皆疑虑。是以请照前往者尚少。今年前赴该处者自必较多各等语。职道详加查察，各号商所称均系实情。登、莱两郡所收粮食本不敷用，年壮力强者纷纷出外谋生，由来已久，势难阻止。惟有仍饬委员会同地方官，有时严察稽察，以杜洋人私行招诱之弊。"① 可见，华工在俄境能养活自己。这也充分说明俄国远东劳工的缺乏。

总之，晚清时期，在不平等条约体制下，华商华工为了扩展生计，请求去俄国经商谋生。对此，清政府采取了支持的态度。这在19世纪中叶以前恰克图贸易的全盛时代是几乎不可想象的事情。无论如何，这也算是清政府在国家管理和思想上趋向近代化的一种表现吧。时代在变，天朝体制也在不断尝试适应新的世界秩序。

三、简要的结论

笔者的博士后合作导师蔡鸿生先生曾著文《"商队茶"考释》②，以茶叶贸易为主线，梳理了清代中俄贸易史的基本历史线索，迄今嘉惠后人。现在，我们立足于前人的肩膀，基于视野的开阔和史料的进一步挖掘，我们有信心在前人研究的基础上窥遗补漏，让中俄经贸关系史变得更加丰腴。我们一直在思考，为何中俄贸易一直没有进入"沙俄侵华史"研究范式的视野？难道沙俄没有掠夺过晚清中国的经济利益？为此，笔者特别考察了清代中俄条约体制的建构、发展与中俄经济贸易史的关系，终于发现：平等条约体制时期的中俄贸易与不平等条约体制时期的中俄贸易，是完全不同的两种风格

---

① 台北"中央研究院"近代史研究所档案馆藏档，01-17-029-04-002。

② 蔡鸿生：《"商队茶"考释》，载《历史研究》1982年第6期。

的图景。平等条约体制时期，中俄两国商人在恰克图相互合作共赢，大家都获得了利益，并且都对各自国家的整体经济造成了一定的良性的影响。可是，在不平等条约体制时期，中俄两国商人不再合作经营，而是各自经营。俄商基于不平等条约体制所赋予的免税、低税的优惠特权，几乎垄断了中俄贸易的利益。而华商则无法享受中俄两国的税务优惠，丧失了竞争力，最终不得不黯然离开中俄贸易合作的舞台。尽管清政府一些有见识的地方督抚也曾采取措施干预，但杯水车薪，毕竟抵不住时代大潮的冲击。所谓"西帮""南柜"均不堪一击，最终不得不"奄奄一息"。① 在中俄不平等条约体制下，俄商不但严重损害了华商的商业利益，还损害了中国政府的国家税收利益。但中华民族一直自强不息。尽管 19 世纪 60 年代以后，俄商利用不平等条约体制单方面掌控了中俄贸易，但华商一直在奋争。他们也利用不平等条约体制的一些规定，纷纷涌入俄国经营中俄贸易。先是小商贩，然后是大商号，在报请政府批准后，携带货物，克服一切困难进入陌生的俄国，很快就散布于俄境万里茶道的各个城镇。而山东、东北等地的劳苦人亦纷纷从珲春出关，进入俄境打工谋生。尤其难得的是：一贯守旧反对华民出洋的清政府，居然全力支持。过去是洋人进来，现在是华民出国。也许正是从这个时候开始，中国才真正开始走出抵触世界的窠臼。任何一个时代，只有勇敢地走到这个世界大潮中去锻炼，民族才能觉醒，国家才能强大。

（作者系中国社会科学院近代史研究所研究员）

---

① 蔡鸿生：《俄罗斯馆纪事》，中华书局 2006 年版，第 157 页。

清代潮州海商网络与妈祖信仰①

陈景熙

引言：问题与案例

在妈祖文化研究的学术领域中，夏立平曾指出："妈祖文化是中华民族海洋文化的精华，是构建 21 世纪海上丝绸之路的纽带和桥梁，并将在推进 21 世纪海上丝绸之路建设中发挥重要作用。"② 这是受到普遍认同的共识。不过，对于历史上妈祖信仰与存在于特定地区（特别是商业口岸）之间、特定社会群体（比如某一商帮）之中的商业网络的具体关系，则鲜见深入探讨。本文在清代海洋贸易的历史背景下，选取从事海上贸易的潮州商帮为案例，力求以历史学的实证研究，为 21 世纪民心相通的跨国社会经贸文化网络的建构与维护，提供历史借鉴。

源自福建莆田湄洲的妈祖信仰，早在宋代即传播至粤东潮汕地区③；由宋以降，以迄于今，广泛流布于海内外潮人聚居区。④ 有清一代，由广东籍远洋帆船"红头船"季风贸易联结起来的若干商业

---

① 本文曾以《海上丝绸之路中的妈祖信仰与华商网络：清代潮州商帮的案例》为名，刊载于《世界宗教文化》2021 年第 1 期，第 122—130 页。

② 夏立平：《妈祖文化在海上丝绸之路建设中的作用》，载《福建日报》2017 年 2 月 28 日"理论周刊·新论"。

③ 参阅谢重光：《宋代潮州主要从福建接受外来文化说》，载饶宗颐主编：《潮学研究》第六辑，汕头大学出版社 1997 年版，第 35 页；黄挺、陈占山：《潮汕史》上，广东人民出版社 2001 年版，第 195 页"妈祖信仰"。

④ 关于潮汕地区妈祖信仰的分布情况，参见林俊聪：《潮汕庙堂》，广东高等教育出版社 1998 年版。

口岸、市镇，诸如华东地区的苏州、上海，潮州本地韩江出海口澄海县城、汕头埠，以及东南亚的商业重镇新加坡等，曾先后出现过由潮州商人建立的供奉妈祖的潮州会馆、具有潮州会馆或潮州海商行会性质的天后宫，并都以"万世某"或"万年某"作为社团自称。本文运用碑刻、方志、海关报告等资料，依时间顺序，梳理清代潮州地区及海内外潮州商人、潮州移民聚居地中，先后出现的"万"字系统的妈祖庙堂的历史脉络，希望藉此探讨流行于"向海而生"的清代潮州族群中的妈祖信仰文化与特定地域、特定行业人群的历史关系。

本论题的研究与论文的撰写，发端于笔者对尊敬的蔡鸿生教授1991 年发表的《清代苏州的潮州商人——苏州清碑〈潮州会馆记〉释证及推论》[1] 一文的学习。兹承蒙蔡师母蒋老师不弃浅陋约稿，谨修订此续貂拙文呈奉，借以深切缅怀蔡鸿生太夫子之绵长教泽，并企望诸师友不吝赐正。

一、苏州潮州会馆："万世荣"

潮州商人在国内最早建立的会馆，是明代南京潮州会馆。而踵其武者，是清初建于苏州北壕、康熙四十七年（1708）徙建于上塘的苏州潮州会馆。乾隆四十九年（1784），落款"潮郡七邑众商万世荣等公记，郡人汉阶马登云书"的《潮州会馆记》云：

> 我潮州会馆，前代创于金陵。国初始建于苏郡北壕，基址未广。康熙四十七年，乃徙上塘之通衢。……敬祀灵佑关圣帝君、天后圣母、观音大士。已复买东西旁屋，别祀昌黎韩夫子。[2]

---

[1]　蔡鸿生：《清代苏州的潮州商人——苏州清碑〈潮州会馆记〉释证及推论》，载《韩山师专学报》1991 年第 1 期，第 183 页。

[2]　江苏省博物馆编：《江苏省明清以来碑刻资料选集》，生活·读书·新知三联书店 1959 年版，第 340 页。

该碑记落款中出现的"郡人汉阶马登云",蔡鸿生教授据乾隆四十九年（1784）所立马登云《后序》、"澄邑浩合姚振宗识并书"《后跋》碑，考证此公是潮州府潮阳县人，乾隆三十七年（1772）壬辰科进士，乾隆四十七年至四十九年间（1782—1784），任苏州潮州会馆董事；蔡老师指出："会馆董事人选的出身，反映了乾嘉时代'士为商用'的社会风气"，并揭示了潮州商人所建潮州会馆祭祀天后圣母等神明的文化心理。① 而笔者更感兴趣的是，《潮州会馆记》中的"万世荣"，究竟指什么？

苏州潮州会馆的碑刻中，在《潮州会馆记》之后、《后序》之前，尚有一通落款为"粮户万世荣"的碑记《潮州会馆祭业》，详细开列苏州潮州会馆在苏州、北京所购置的地产，其中提道：

> 以上契买会馆并续置市房行屋，昔年均未丈明基址实在数目，其钱粮惟听地总立户收办，亦有原户历年收纳。经乾隆三十五年间，奉吴县尊褚清厘田荡，当随具呈请饬查丈明确，就三十五年漕粮册起，并收入阊门五图老户万世荣完纳，通共屋基八亩三厘一毫，每年该完漕米一石三斗七升六合，条银九钱六分七厘。②

可见，"万世荣"一名，是苏州潮州会馆在当地缴纳赋税的粮户名称。按上文中有"阊门五图老户万世荣"云云，查上引《潮州会馆祭业》，苏州潮州会馆所购置的地产，除 1 处在北京（详下）外，其余 17 处均位于吴县阊门，其中康熙四十七年（1708）至乾隆十二年（1747）、乾隆二十六年（1761）至乾隆四十一年（1776）购入的，均位于吴县阊门五图。则"万世荣"户开立时间，很可能是康熙四十七年（1708）旅居苏州的"潮郡七邑众商"为苏州潮州会馆

---

① 蔡鸿生：《清代苏州的潮州商人——苏州清碑〈潮州会馆记〉释证及推论》，载《韩山师专学报》1991 年第 1 期，第 183 页。

② 江苏省博物馆编：《江苏省明清以来碑刻资料选集》，第 343 页。

购置首宗地产（即上塘馆址）时①立户的。

要之，康熙四十七年（1708），旅居苏州的潮州府商人集资购置上塘地产，将清初建于苏州北壕的潮州会馆徙建于上塘，供奉妈祖等神明。在购地建馆时，旅苏"潮郡七邑众商"依照清朝赋税管理制度，向苏州地方政府申请开立完纳赋税的粮户"万世荣"，隶属于"阊门五图"。此后康熙至乾隆年间，苏州潮州会馆在苏州、北京陆续购置地产，这些会馆祭业，都在乾隆三十五年（1770）起统一以"粮户万世荣"名义向地方政府登记。而"潮郡七邑众商万世荣等"也就成为苏州潮州会馆的所有权人的集体名称，"万世荣"等同于旅苏"潮郡七邑众商"。

综上，就笔者管见所及，清代潮人社会中，最早出现的"万"字系统的崇奉妈祖的庙堂，是清代康熙四十七年（1708）徙建的苏州潮州会馆。

二、上海潮州会馆："万世丰"

乾隆年间开始，潮州商人在江南地区的商贸中心，由苏州逐渐转移至上海。"上海为滨海通衢，广东潮州航海通商，帆樯络绎，即仕官进京，道多经此。"②就在康熙四十七年（1708），潮州商人在苏州购置首宗地产，建立崇奉天后圣母等神明的苏州潮州会馆的 51 年后，乾隆二十四年（1759），潮州商人在上海购置了首宗房产，初创上海潮州会馆。③

按同治五年（1866）《创建潮惠会馆碑》，由潮州府航海而懋迁于上海者，包括了潮阳、海阳、澄海、饶平、揭阳、普宁、丰顺、

---

① 江苏省博物馆编：《江苏省明清以来碑刻资料选集》，第 341 页。

② 《苏松太兵备道为赎回法人强占之地永为潮州会馆产业告示碑》，载上海博物馆图书资料室编：《上海碑刻资料选辑》，上海人民出版社 1980 年版，第 425 页。

③ 《潮州会馆祭业勒契碑》，载上海博物馆图书资料室编：《上海碑刻资料选辑》，第 251 页。

惠来凡八邑商人，按属地远近在上海分为三帮：潮（阳）惠（来）帮、海（阳）澄（海）饶（平）帮、揭（阳）普（宁）丰（顺）帮。[1] 而首创上海潮州会馆者，按同治二年（1863）《苏松太兵备道为赎回法人强占之地永为潮州会馆产业告示碑》记载，是海澄饶帮：

> 据广东潮州海、澄、饶号商蔡永……禀称：……乾隆四十八年，潮属海、澄、饶三邑绅商，捐资契买洋行街地基公造会馆一所，供奉天后圣母。并于照壁后相连架造公栈两间，为各绅商登岸驻足之所。[2]

据饶宗颐先生总纂：《潮州志》追溯，上海潮州会馆的创建，缘起于广东籍远洋帆船——红头船的主要港口，位于海澄饶三县交界之处的澄海县樟林、东里一带商人在上海建筑货运码头：

> 相传樟、东人曾在上海置地建筑码头以供商船停泊，厥后乃扩建而成上海潮州会馆。[3]

由以樟东商人等海澄饶帮潮州商人主导的上海潮州会馆，所崇奉的神明，按上述文献及上海潮州会馆嘉庆十六年（1811）"粮户万世丰立石"《上海县为潮州会馆契买市房以充祭业准予备案告示碑》，为天后圣母：

> 据潮州会馆粮户万世丰等禀称：丰等籍隶广东潮州，

---

① 《创建潮惠会馆碑记》，载上海博物馆图书资料室编：《上海碑刻资料选辑》，第 325 页。

② 《苏松太兵备道为赎回法人强占之地永为潮州会馆产业告示碑》，载上海博物馆图书资料室编：《上海碑刻资料选辑》，第 425 页。

③ 饶宗颐总纂，黄仲琴分纂：《潮州志·实业志六·商业志》，潮州修志馆 1949 年版，第 1 页。

□□□□，历有年所。前□创建会馆，虔①天后圣母，岁时□赛□神麻而联乡谊。②

至同治五年（1866）潮惠帮独立鼎建"潮惠会馆"，"为堂二，于其前祀天妃，后之堂为楼，以祀关帝，其左右祀财星、双忠，春秋报赛"。③ 仍以妈祖为主要祭祀对象。

在前揭嘉庆十六年（1811）《上海县为潮州会馆契买市房以充祭业准予备案告示碑》《潮州会馆祭业勒契碑》④，上海潮州会馆的粮户名称为"万世丰"，与苏州潮州会馆称"万世荣"一脉相承。

三、澄海南门外天后庙："万世保"

乾隆三十二年（1767），在苏州潮州会馆将所有祭业赋税"并收入阊门五图老户万世荣完纳"的 3 年前，在苏州潮州商人的家乡之一、广东籍远洋帆船红头船的主要始发地潮州府澄海县的县城南门外，乾隆二十八年（1763）"知县金廷烈帅庙僧会庆募建"⑤ 的火神庙，因"自鼎建以来，邑中屡有回禄之灾。乾隆三十二年丁亥，邑人吁请于署知县陆元淳，移建城外之北隅焉"。⑥ 火神庙移建后，原庙址被改建成天后宫。改建时间，嘉庆《澄海县志》记载为乾隆三十四年己丑（1769）：

> 天后宫，在南门外，即火神庙旧址，乾隆三十四年己丑万

---

① 笔者按，此处疑有脱字。

② 上海博物馆图书资料室编：《上海碑刻资料选辑》，第 249 页。

③ 《创建潮惠会馆碑记》，载上海博物馆图书资料室编：《上海碑刻资料选辑》，第 325 页。

④ 上海博物馆图书资料室编：《上海碑刻资料选辑》，第 251 页。

⑤ 乾隆《澄海县志》卷 7《坛庙》，第 15 页。

⑥ 嘉庆《澄海县志》卷 16《祀典》，第 5 页。

世保等募建，祠费皆出自邑商。①

不过，该天后宫石匾实物尚存于世，匾文曰：

> 乾隆丁亥冬月/天后宫/邑商万世保立。②

可证，澄海县城南门外火神庙旧址改建成天后宫，时间亦与火神庙移建同年——乾隆三十二年丁亥（1767）。

对于乾隆三十二年（1767）移建火神庙、改建天后宫之事，邑人陈芝所撰《建南门外天后庙记》有详细记载：

> 岁在癸未，明府金奉藩宪檄建火神祠，择地于邑城之南百余武，鸠工聚众，焕然一新。顾自鼎建以来，回禄告灾，屡经灰烬。邑之人咸以庙之位置未当。故邑绅陈世盛倡众环呈邑侯陆公，允万世保等移建于城之北隅，而以旧址改祀天后。陆公之允请，从舆情也。计正殿三栋，拜亭一座，厢房十五间，庭院两回廊，门之西偏铺房一间，门外为戏台，歌舞以祀神，第基隘而逼，堪舆家屡言之。适春夏之交，山水泛滥，邑侯方公仍倡万世保等改毁台地，式廓丕基，就庙前筑墙一道，堂后添拜亭一座，祀天后于内殿，而庙貌遂为之改观焉。……是役也，住持僧会庆实司其事，而捐赀倡率则开州之力居多云。③

上述各文献中，屡屡出现"万世保等募建""邑商万世保立""允万世保等移建""倡万世保等改毁台地"等词句，究竟"万世保"所指为何？

《建南门外天后庙记》中提及倡议移建火神庙、改建天后宫的主

---

① 嘉庆《澄海县志》卷16《祀典》，第5页。
② 原石匾现位于汕头市澄海区文祠东路某小区，笔者据原石匾移录文字。
③ 嘉庆《澄海县志》卷25《碑记》，第6—7页。

角"邑绅陈世盛""开州"其人，嘉庆《澄海县志》之《仕籍·例仕》曰：

> 陈世盛，下外人，贡生，候补同知，借补开州知州，捐金川军需，照例准加三级随带，有传。①

同书《人物·循吏》中，陈世盛传云：

> 陈世盛，字智新，号月亭，下外人，器宇轩昂，深沉有伟略。由贡生援例授同知。乾隆丁丑分发贵州借补开州知州。黔人不谙蚕织，募江右之工其业者教以辟缫织素之法。旧俗凡遣徒者率传食民间，为设法尽革之。又设书院，给诸生膏火，科目寖盛。上游重其才，署知贵阳府事，后以艰归。②

虽然上引二处均提及陈世盛为贡生出身，但嘉庆《澄海县志》之《选举表》中清代贡生栏，却不见其名字出现。③ 所以，陈世盛应该是一位通过捐纳途径获取功名仕籍的地方富裕人士。而在乾嘉年间的澄海，此类人士，通常是仰仗妈祖庇佑，借助季风经营红头船（粤籍远洋帆船）运销业的商人④，此即《建南门外天后庙记》所谓：

> 粤于职方为南，澄尤居粤之南……顾地滨大海，烟涛浩淼，天水弥茫。生斯土者，群以海为命，自富贾大商以暨龙户渔人，咸于是托业焉。当风利潮高，扬帆飞渡，瞬息千里。操奇赢者，

---

① 嘉庆《澄海县志》卷17《仕籍·例仕》，第30页。

② 嘉庆《澄海县志》卷18《人物·循吏》，第27页。

③ 嘉庆《澄海县志》卷17《仕籍·选举表》，第9—27页。

④ 陈景熙：《清代前期的潮汕儒、商、绅——以澄海县城陈天眷家族为例》，"中国地方史国际学术研讨会"，会议论文，潮州：韩山师范学院，2006年11月。

贸易数省，上溯津门，下通琼趾，布帛菽粟与夫锦绣皮币之属，千艘万舶履焉如夷。果何所恃以无恐？则天后实默相之。①

至于《建南门外天后庙记》作者陈芝，乾隆乙酉年（1765）中举，曾掌教澄海县地方学府"景韩书院"13年。② 在嘉庆《澄海县志》之《人物传》部分，依托祖父二代经营红头船贸易积攒的经济实力捐纳江西广信府同知的陈时谦的传记里，记载了"士为商用"的陈芝曾配合传主陈时谦鼎建北京延寿街潮州会馆新馆：

> 其（指陈时谦）在都门日，见外廊营潮州会馆湫隘，捐银千余两，与孝廉陈芝择地构屋于前门外延寿街。自是公车选人，至如归焉。高风义举，至今七邑犹啧啧称道勿衰。③

这桩产业，在苏州潮州会馆的《潮州会馆祭业》碑中，被记录为该会馆的公产：

> 乾隆三十四年，契买京都张素亭房屋一所，价银一千两正，坐落京都琉璃厂延寿街……门口有潮州新馆匾额。④

可见，在方志上贴以"循吏""文学"身份标签的陈世盛、陈时谦、陈芝，都与清代前中期潮州地区与苏州等江南地区的红头船贸易有着密切关系。

因此，对于澄海县城南门外天后宫的鼎建主体，前揭嘉庆《澄海县志》之《祀典》记作："万世保等募建，祠费皆出自邑商。"⑤ 前揭

---

① 嘉庆《澄海县志》卷25《碑记》，第6—7页。
② 嘉庆《澄海县志》卷29《文学》，第10—11页。
③ 嘉庆《澄海县志》卷18《循吏》，第26—27页。
④ 江苏省博物馆编：《江苏省明清以来碑刻资料选集》，第343页。
⑤ 嘉庆《澄海县志》卷16《祀典》，第5页。

庙匾曰："邑商万世保立。"① 陈芝《建南门外天后庙记》则表述为：

> 邑绅陈世盛倡众环呈邑侯陆公，允万世保等移建于城之北隅，而以旧址改祀天后。……邑侯方公仍倡万世保等改毁台地，式廊丕基，就庙前筑墙一道，堂后添拜亭一座，祀天后于内殿，而庙貌遂为之改观焉。……是役也，住持僧会庆实司其事，而捐赀倡率则开州之力居多云。

三者的对读，使我们明白"万世保"是指"邑商"社会群体，而陈世盛是"邑商万世保"中之翘楚。

参照苏州潮州会馆粮户万世荣、上海潮州会馆粮户万世荣的二桩案例，我们还可以推断，具名筹建澄海县城南门外天后宫的"万世保"，也就是红头船商人集体开立、用于向澄海县官府缴纳赋税的粮户名称。

按澄海县城士绅陈鼎书 1982 年发表的《澄海县城祠宇寺观》一文忆述：

> 天后庙：祀天后圣母，即海澄饶会馆，在南门外五卅马路头，乃火神庙旧址……抗战前为澄海县商会会址。②

可见，集资兴建澄海县城南门外天后宫的商人群体，并不止限于澄海籍红头船商人，而是以澄海籍红头船商人为主导的海澄饶籍红头船商人集团，即前揭上海潮州会馆、苏州潮州会馆的主要创建群体。该商人群体在乾隆三十二年（1767）改建澄海县城火神庙址

---

① 　笔者据原石匾移录文字。

② 　陈鼎书：《澄海县城祠宇寺观》，原载高雄市潮汕同乡会 1982 年编印：《乡讯》第 8 期；转引自澄海市文博研究会编印：《文博信息》第 57 期；又汇编于蔡英豪、杜亭主编：《〈文博信息〉百期选》（澄海市文博研究会 2000 年内部出版），第 9—18 页。本文援引自《〈文博信息〉百期选》，承蒙澄海博物馆蔡文胜馆长提供，谨此敬致谢忱！

为天后宫之后，以迄民国年间，一直以该天后宫为行会、商会会所，借以发挥联络旅外潮商团体的社会功能。

而就《潮州志》的记载及传世量器实物看来，以"万世保"自称的澄海籍红头船商人主导下的海澄饶籍红头船商人集团，还制定地方标准量器"万世保斗"①，发挥着维护地方商业秩序的社会功能。

四、新加坡粤海清庙："万世顺公司"

清代中后期，随着海上贸易的潮州商人贸易重心的南移，以妈祖为崇奉对象，以"万世某"为名称的潮州商人团体，开始出现在东南亚地区的新加坡，是即"粤海清庙"及其信托组织"万世顺公司"。

按潘醒农先生《马来亚潮侨通鉴》：

> 当轮船未发明以前，放洋南来之乡人，均乘搭高头之大帆船，俗称为红头夹板船。潮州及闽南各地滨海人民，最信奉天后圣母，所以凡行洋过海、冒险南来之乡侨，如能安抵目的地，即认为神保佑。无论由潮汕暹越苤星，抵坡时务必到粤海清庙礼拜天后圣母，以答神恩，或酬神还愿，或喜敬捐题。因此日积月累，乃有资额积存。此资额指定供每年阴历三月初三日，用以酬拜天后圣母，而"万世顺公司"或由是而诞生焉。万世顺公司创立之年月日，已不可考。大概系取万世调顺之意。据传万世顺公司之创始人为林泮君，因其善使双铜，所以俗称为"秦琼泮"。彼于清初曾渡洋来星，后于乾隆三年被惠潮嘉道台赖大鹏（原注：又名龟腰道）所斩决。②

---

① 饶宗颐总纂，黄仲琴分纂：《潮州志·实业志六·商业志》，第 84 页。

② 潘醒农：《马来亚潮侨通鉴》，新加坡南岛出版社 1950 年版，第 333 页。

潘氏又云：

> 据传英人莱佛士未抵星以前，新嘉坡尚属一渔村，而粤海
> 清庙前则为一海滩。当时有我潮海阳人十余名抵星，尝被当地
> 巫人所残杀。其后陆续由暹罗徙来星洲，群居于"山仔顶"，即
> 今之粤海清庙也。粤海清庙最初据谓系一亚答庙，由林泮等所
> 建，至清乾隆三年已改建多次。①

上引二段通常被引述为粤海清庙史略的记载，将该庙的创立时
间，追溯至乾隆三年（1738）之前。而在当代新马学术界中，吴彦
鸿先生认为粤海清庙建立时间是 1820 年。② 林纬毅博士则认为"万
世顺公司"成立时间"是在 1826 年之前"，并指出，"妈祖信仰虽
然源自福建湄洲，但是从当时潮州与新加坡海上交通的起点看，粤
海清庙天后宫的妈祖应当承自樟林古港"。③

不过，黄光武老师据《清实录》考证，被指认是新加坡粤海清
庙创建者、万世顺公司创始人的林泮，和另一位樟林洋船（即红头
船）业豪富林五，二人被处决的时间，是嘉庆十年（1805）三月至
十二月之间④，而不是潘氏所记载的乾隆三年（1738）。所以，新加
坡粤海清庙、万世顺公司的创立时间，是 1805 年之前。

林泮其人，按黄光武老师的稽考：

> 原籍福建莆田，茶商家庭出身，慕樟林繁荣而来定居，从

---

① 潘醒农：《马来亚潮侨通鉴》，第 351 页。

② 吴彦鸿：《新加坡风土志》，新加坡潮州八邑会馆文教委员会 1997 年
版，第 86—87 页。

③ 林纬毅：《万世顺公司与新加坡潮人的妈祖祭祀》，"百年来的新马华
人社会国际研讨会"会议论文，吉隆坡：马来西亚华社研究中心，2003 年。

④ 黄光武：《嘉庆十年澄海二林通匪案——兼谈樟林新兴街、新围天后庙
的有关历史问题》，载饶宗颐主编：《潮学研究》第 5 辑，汕头大学出版社 1996
年版，第 116 页。

事洋船业。这是樟林乾隆年间经济迅速发展的一个特点：大量外地资金涌入，大办放洋。这类非本地人的洋船商被称为"外埠主"，他们为樟林港的发展做出了贡献。[①]

因而，粤海清庙的分香，来自樟林或莆田，都有可能。而具体传香人群，则应该如潘氏所言，是来自潮州府韩江出海口澄海县樟林港的林泮、林五之类的红头船商人。

1845 年，由佘有进等旅居新加坡的澄海县、海阳县十二姓潮州人联合组织了"义安公司"，掌控了包括粤海清庙在内的新加坡潮州人公产，但在粤海清庙的祭祀事务上，"万世顺公司"与"义安公司"有着传承至今的明确分工，前者专祀粤海清庙左祠天后宫，而后者则专祀粤海清庙右祠玄天上帝宫。[②] 因此，林纬毅博士对前者如是界定："万世顺公司是新加坡潮州人最早成立的祭拜妈祖的宗教慈善信托组织。"[③]

由上，1805 年之前，来自潮州的红头船商人在新加坡创建了供奉妈祖、玄天上帝的潮州帮群庙宇粤海清庙，并援引苏州、上海潮州会馆及澄海县南门外天后宫的成例，将该妈祖庙的管理方命名为"万世顺"，在此过程中，原本为"粮户"名称的"万世某"在域外演变成为"公司"——海外华人社团名称。

五、汕头埠六邑会馆："万年丰"

1860 年，潮州府澄海县下辖的汕头港，按照《天津条约》的规定，开埠成为通商口岸。随即，在条约口岸汕头埠，出现了由潮汕本地商人组成的"六邑会馆"，又称"万年丰会馆""汕头公会"。

---

① 黄光武：《嘉庆十年澄海二林通匪案——兼谈樟林新兴街、新围天后庙的有关历史问题》，载饶宗颐主编：《潮学研究》第 5 辑，第 114 页。

② 潘醒农：《马来亚潮侨通鉴》，第 331—334、350—351 页。

③ 林纬毅：《万世顺公司与新加坡潮人的妈祖祭祀》。

1891 年 12 月 31 日，卸任前的潮海关税务司辛盛（C. L. Simpson）在其撰写的《1882—1891 年潮海关十年报告》中指出：

> 这里最有势力的会馆是万年丰，外国人称之为"汕头公会"。它分为两个部分：一个代表海阳、澄海和饶平三个地区；另一个代表潮阳、普宁和揭阳三个地区。这个机构据说已有 25 年历史。……上述两个部分各选出 24 个主要商行作为他们的代表。每月由各边的两个代表选出两名可靠的雇员分别执行会馆的会计和司库的职责，并处理一般事务。有 48 名这样的值事，按月轮值，每次四人。①

据此，六邑会馆成立时间，大概就是汕头开埠 5 年之后的 1865 年。其创立经过，按王琳乾先生考证：

> 当年倡建六邑会馆，火船行出力最大，又得到总兵方耀的支持。在商董商定下，从海坦展拓地中，圈定一片海坦填筑为馆址，由火船行负担较多建造费，那时自澄海移来老会馆内的海澄饶公所首先响应，而潮普揭公所亦宣布成立，于是两个公所磋商，支持合建会馆，并定名"六邑"［六邑即海阳（潮安）、澄海、饶平、潮阳、普宁、揭阳］。他们还商定，会馆建成之后，左边房屋给潮、普、揭公所（公会）办公，右边房屋给海、澄、饶公所办公。两公所产业，由各自推选人员管理。平时凡以六邑会馆名义摊派的酬神、应酬等各项费用，按三份分摊，海、澄、饶公所代表同意出二份，潮普揭公所出一份，成为会馆经济开支的惯例。②

---

① 潮海关税务司辛盛（C. L. Simpson）：《1882—1891 年潮海关十年报告》，载《潮海关史料汇编》，中国海关学会汕头海关小组、汕头市地方志编纂委员会办公室 1988 年版，第 23 页。

② 王琳乾：《多次变迁的六邑会馆》，载《汕头特区晚报》2009 年 5 月 13 日。

可见，创建六邑会馆的主要经济势力，在行业背景上以火船行为首，在商人籍贯上以海澄饶商人（特别是澄海商人）为主导。所谓的火船行，实际上就是由清代前期的红头船运销业脱胎而来的，以汕头埠为主要港口、以轮船为主要运输工具的近代潮商船运业。① 所以，主导六邑会馆创立的社会群体，是来自海澄饶的船运业潮州商人。

关于六邑会馆的社会功能，西方著名的中国问题专家马士（H. B. Morse）曾有论说。他在《中国行会考》（*The Gilds of China*，初版于 1909 年）一书中介绍汕头行会时就指出：

> 本港口的贸易，甚至贸易中的一切细枝末节，都在称为"万年丰"的汕头行会的绝对控制之下。在其他港口的汕头人也全部组织了同乡会馆，他们与汕头本地的行会保持着联系，并接受其指导。②

在管理本地贸易方面，六邑会馆在量器上袭用了乾隆三十二年（1767）创建澄海县城南门外天后宫（海澄饶会馆）的商人集团"万世保"所制定，并通用于汕头埠母体的澄海县（很可能还包括海阳县、饶平县的部分区域）的"万世保斗"。该斗自此行用于汕头埠，使其扩展成为 20 世纪 40 年代末以前流行于"澄海县属至汕头及潮安、饶平两属接壤地区"，适用于"米谷杂粮等买卖"的潮汕地区民间交收的标准量器。③ 在祭祀方面，六邑会馆供奉妈祖，并以妈祖神诞作为该会馆的最为重要的祭祀仪式。

辛盛的《1882—1891 年潮海关十年报告》引用了由六邑会馆海澄饶成员制定于 1885 年的会馆规章：

---

① 饶宗颐总纂，黄仲琴分纂：《潮州志·实业志六·商业志》，第 76 页。

② 马士：《中国行会考》，载彭泽益主编：《中国工商行会史料集》，中华书局 1995 年版，第 87 页。

③ 饶宗颐总纂，黄仲琴分纂：《潮州志·实业志六·商业志》，第 84 页。

　　第二条会规详述"天后诞生纪念日"每一会员应送礼物，要求亲自参加或派代表出席，以祈求天神的好感。缺席者罚以爆竹一万枚，其他诸神的庆宴只须当月值班人员参加。

　　从这份会馆规章中的"对缺席特别会议者的处罚是一万枚爆竹"[1] 及其他规定，我们得悉，对于缺席妈祖神诞者和缺席特别会议者的处罚，并列为最高程度的惩罚。由此可见妈祖信仰在六邑会馆中的崇高地位。

　　综上所述，大约 1865 年，以海澄饶籍船运业商人为主体的潮商群体，在汕头埠创立了供奉妈祖的六邑会馆，又名万年丰会馆，对于汕头港的商业贸易实施有效控制，并在各口岸潮州会馆组成的潮商网络中居于枢纽地位。这家会馆以"万年丰"为名，显然是受到此前从事海上贸易的潮州商人（特别是海澄饶商人）所创立的"万"字系统的妈祖信仰会馆、庙堂，特别是汕头埠之母体澄海县的南门外天后宫"万世保"的影响。

六、陆丰县潮州万年兴会馆[2]

　　在汕头万年丰会馆成立 10 余年后，光绪六年（1880），在沿着潮汕海岸线向西延伸的惠州府陆丰县新墟（今汕尾市陆丰县东海镇），旅居当地的潮州商人群体建立起集潮人商会办公、潮人子女就读及妈祖祭祀等功能于一体的潮州会馆。[3]

　　这座供奉妈祖的潮州会馆的建立经过，见诸中华民国二十年

---

　　① 潮海关税务司辛盛（C. L. Simpson）：《1882—1891 年潮海关十年报告》，载《潮海关史料汇编》，第 27 页。

　　② 本部分资料主要承蒙韩山师范学院郑守治副教授掷赐。谨此敬致谢忱！

　　③ 国家文物局制表，陈伟治、黄怀滨、郑海丹调查，谢翰州审定：《第三次全国文物普查不可移动文物登记表·编号：441581－0208，广东省汕尾市陆丰县"潮州万年兴会馆"》，调查时间：2009 年 10 月 7 日，审定时间：2010 年 3 月 18 日。

（1931）陆丰县长范国彦所立的《陆丰县政府布告（第十一号）》碑记：

> 为布告事，现据侨东潮商代表朱寿民、方贻海、罗絜之、陈柏卿、庄启敌、郑竞生、张茂琼等呈称……窃代表籍隶潮州，来陆经商已历年所。前因感于潮人侨商此地，每逢大小庆会，难觅妥适地点，又以培育子弟，苦乏相当馆舍，爰特邀集侨陆全体潮商，于前清光绪年间，集资价买陆丰县城新墟神农社右畔地段，创建潮州万年兴会馆一座，另馆后瓦厝一连三间，右畔围外菜园一片。落成以后，年推董理主持其事，并经呈准陆丰县公署备案。附设韩潮学校于会馆内，藉以造就青年，培育后进。……万年兴会馆系为潮商私有产业，且每年间办学校有案可稽。①

据上，该会馆全名为"潮州万年兴会馆"，简称"万年兴会馆"。从其祭祀对象、具体名称来看，依然属于信仰妈祖的"万"字头潮州会馆、潮州商人庙堂系统。从"万年"二字与汕头六邑会馆相同，且成立于汕头六邑会馆之后而言，很可能是直接受汕头六邑会馆（万年丰会馆）影响而产生的。

结语：民间信仰、"我群"认同、社会经济网络

综上所述，有清一代，由前期的康熙朝至后期的光绪朝，潮州海上贸易商人先后在苏州、上海、澄海、新加坡、汕头、陆丰六地，建立起崇奉天后圣母、以"万某某"（其中4家为"万世某"，2家为"万年某"）为名称的组织。此外，在今北马槟州威省峇都卡湾一带，

---

① 中华民国二十年（1931）十二月三十日陆丰县长范国彦立《陆丰县政府布告（第十一号）》碑记。

潮州人大概在 19 世纪初即建立起供奉玄天上帝的"万世安庙"。①

而据曾于 2015 年 8 月 26 日在莱顿大学汉学研究院聆听笔者以本文初稿《妈祖信仰与清代潮州海商网络》做学术报告的中国留学生徐冠勉君发表的论文②，清代潮州商人在华北的天津，华南地区的雷州半岛、海南岛，还建立了下列会馆、庙宇③：

地区	名称	始建年份	自称	是否奉祀妈祖
华北	天津闽粤会馆	乾隆年间	万世盛	是
雷州半岛	（遂溪）赤坎潮州会馆	不晚于 1783 年	万世瑞	是
雷州半岛	（石城）安铺潮州会馆	未知	万世春	未知
雷州半岛	（电白）水东潮州会馆	未知	万世丰	未知
雷州半岛	徐闻县城潮州会馆	乾隆早期	万世泰	未知
雷州半岛	（徐闻）海安潮州会馆	未知	未知	未知
雷州半岛	（徐闻）迈陈潮州会馆	未知	未知	未知
雷州半岛	（徐闻）曲界潮州会馆	未知	未知	未知
海南岛	（琼州）海口潮州会馆	1756 年	万世隆	未知
海南岛	（琼海）嘉积潮州会馆	1807 年	未知	未知
海南岛	（琼州）白沙门兴潮天后宫	1755 年潮州、兴化商人合建	未知	未知
海南岛	（万宁）万州潮州会馆	1771 年	未知	未知

上述凡 12 家中，已知供奉妈祖的潮州商人会馆暨潮州商人背景妈祖庙 8 家、玄天上帝庙（新加坡粤海清庙之上帝宫、槟州威省峇都卡湾"万世安庙"）2 家，已知以"万世某"命名者有 10 家，以

---

① 陈剑虹：《槟榔屿潮州人史纲》，槟榔屿潮州会馆 2010 年版，第 285 页。

② 徐冠勉、吴子祺：《埠与墟：商业会馆与清代粤西南地方社会》，载《历史人类学学刊》第 17 卷第 1 期（2019 年 4 月）。

③ 该表据徐冠勉、吴子祺前揭论文的正文及附录整理。

"万年某"命名者有 2 家。其中，在中国本土者，"万"字名号是潮籍船运商人在聚居地购地建立会馆、庙宇时登记注册的粮户名称，在东南亚的新加坡、马来西亚则被袭用为当地潮籍人士以华人民间信仰为纽带、以庙宇为社群公共空间的帮群组织的名称。

在地理分布上，从华北天津，到华东苏州、上海，到华南潮州府澄海县、汕头埠，惠州府陆丰县、雷州半岛、海南岛，中国海岸线上共有 17 家；在东南亚地区，新加坡、马来西亚各 1 家。在地域分类上包括潮州本土（澄海县、汕头埠），不同历史时期潮州船运业（从帆船到轮船）对口的华北、华东港口城市、商贸集中地，和海外潮州商人、潮州籍移民的聚居地三者。而主导建立上述潮州商人会馆、信仰组织的潮州船运业商人的原籍，以潮州府海阳县（1915 年改名潮安县）、澄海县、饶平县居多，尤以红头船出海主要港口樟林港所在的澄海县人士最为集中。

在经济方式上，此类潮州船运业商人，从清代早期以借助季风驱动的粤籍帆船红头船，到晚清主要以轮船为货运工具，运销潮糖、米谷等南北土产，其中外销者多为潮糖。乾隆《潮州府志》谓：

> 粤人好贾，越外洋售奇货而百倍其赢。……潮民力稼穑，收果木蔗糖及鱼盐之利，经商不出布帛米粟之门。[1]

嘉庆《澄海县志》则曰：

> 澄海富商巨贾，当糖盛熟时，持重赀往各乡买糖，或先放账糖寮，至期收之，有自行货者，有居以待价者。候三四月好南风，租舶艚船装所货糖包，由海道上苏州、天津。至秋，东北风起，贩棉花、色布回邑，下通雷、琼等府。一往一来，获息几倍。以此起家者甚多。[2]

---

[1] 乾隆《潮州府志》卷 12《风俗》。
[2] 嘉庆《澄海县志》卷 6《风俗·生业》，第 8 页。

清代潮州人的经营蔗糖业，除了将原乡出产蔗糖运销外地，特别是华北、华东沿海地区，还存在着于侨居地种植甘蔗、生产土糖的方式。据巴素《马来亚华侨史》记载，在 1800 年以前，今北马威省峇都卡湾一带，已经有华人在种植甘蔗。① 而就在这片潮州人聚居的甘蔗产区，供奉玄天上帝的"万世安庙"大概在 19 世纪初即建成。② 道光二十六年（1846）该庙重修前，已经是"年久渐朽"③。王琛发博士曾对该庙名提出疑问："南方新加坡的'万世顺'与北方'万世安'峇都交湾两庙命名相近，是否互相呼应?"④ 窃以为，大致同一时期建立的这两座潮人庙宇，二者的"互相呼应"之处，其实就在于以潮籍海商为主体，以糖业（运销或生产）为主要经济方式的经济史背景。而潮州人在东南亚地区在地化生产蔗糖的经济作业过程中，在袭用"万"字名号的同时，之所以选择了玄天上帝为信仰对象，可能与以会党作为帮群组织方式相关，也可能与早在康熙八年（1669）在今印尼雅加达的丹戎格罗戈尔区所建立的目前所知东南亚第一座玄天上帝庙有关。⑤ 该庙由移居当地种植甘蔗的华人集资建成，具有东南亚华人宗教信仰史、经济史复合的在地历史背景。上引嘉庆《澄海县志》文中提及的"由海道上苏州、天津。……下通雷、琼等府"，以及众所周知的清代中国帆船乘着东北季风南下的航线、停靠港口，正与本文与徐冠勉、吴子祺文所考察的 19 家潮州商人会馆、信仰组织的地理分布相吻合。

---

① 巴素著，刘前度译：《马来亚华侨史》，槟城《光华日报》社 1950 年版，第 216 页。

② 陈剑虹：《槟榔屿潮州人史纲》，第 285 页。

③ 《万世安碑记》，道光二十六年（1846）立，现存于马来西亚威省峇都卡湾万世安庙前。

④ 王琛发：《故土情结、异地认同与族群意识——当玄帝信仰应化为马来西亚潮州人的开拓意象》，"2008 年宗教艺术国际学术研讨会——玄天上帝信仰文化艺术国际学术研讨会"会议论文，屏东：屏东教育大学，2008 年 10 月 3 日。

⑤ 李天锡：《东南亚华侨华人玄天上帝信仰举要》，载詹石窗主编：《道韵》第三辑《玄武精蕴》，台北中华道统出版社 1998 年版，第 240 页。

因此，在清代海洋贸易的视野下，我们以潮州商帮、潮州籍移民为案例，通过本文的考稽和梳理，可见有清一代，主要来自广东潮州府澄海县、海阳县、饶平县的潮州籍船运商人、移民群体，通过建立以"万世某""万年某"为名号，主要供奉妈祖的庙堂（会馆或庙宇），先后在从华北至华南，乃至于东南亚地区的贸易航线各起点、终点口岸，建立起主要服务于"潮糖"等潮州土产出口及各地货物进口的潮州商人船运业、运销业，以及潮州社群跨地域流动的社会经济网络。从而借助妈祖信仰的凝聚力，运用"万"字符号的建构，强化潮州地域认同，建立起清代潮州船运商人、海外移民的"我群"认同，推动本社群主导的跨地域海上贸易的赓续发展。

（作者系汕头大学文学院教授）

他国之犬与本土语境的变迁

——18 世纪英国人国民性（Englishness）的他者观照

周　湘

　　1937 年，钱锺书在牛津大学完成了题为《17 和 18 世纪英国文献中的中国》（"China in the English Literature of the Seventeenth and Eighteenth Centuries"）的硕士论文。他开篇明义："17 和 18 世纪均可被称为前汉学时代的中国研究时期（pre-sinological age of Chinese studies）：当时对中国的兴趣更多是人文主义的（humanistic）而非哲学的或实用主义的（pragmatic）。"① 他观察到了这么一种历史现象：17 世纪的英格兰高度赞誉中国文化，然而在英国 18 世纪的文学作品中，"中国事实上已被剥夺了她的荣耀"。② 在对比了英法文著作的基础上，钱锺书指出，尽管 18 世纪的英国作家们依然从法国耶稣会士的作品中获取大量中国历史与文化的素材，但法国人此时仍高度赞扬中国，而在英国的知识界，中国文化的地位却逐渐下降。③ 钱氏的判断有其依据，相较于法国，英国人确实较早表现出了对中国的轻视之意，然而根据近人的研究，法国在彼时也逐步凸显出了"恐华"（sinophobia）的心态。④ 英国的"中国书写"在 17 世纪到 18

---

① Qian Zhongshu（Ch'ien Chung-Shu），"China in the English Literature of the Seventeenth Century", in Adrian Hsia ed. , *The Vision of China in the English Literature of the Seventeenth and Eighteenth Centuries*（Hong Kong: The Chinese University Press, 1998）, p. 30.

② Qian Zhongshu（Ch'ien Chung-Shu），"China in the English Literature of the Seventeenth Century", p. 61.

③ Qian Zhongshu（Ch'ien Chung-Shu），"China in the English Literature of the Seventeenth Century", p. 118.

④ Basil Guy, *The French Image of China before and after Voltaire*（Liverpool: Liverpool University Press, 1963）. 该书的第 6 章分析了启蒙运动时期法国思想家们对中国哲学思想的反思及由此产生的负面看法，见该书第 295—351 页。

世纪间发生了转向，作品的基调不再与欧洲大陆作者们的论调产生共鸣，这种现象暗示着：除了经济上的"大分流"，18 世纪的英国还逐渐地编织着新的文化认知脉络，展现出了新的自我文化定位方式。

对"他者"的认识拓展了文化共存的场域，既可察他国之奇风，亦能鉴本土之俗变，即文化交流不仅塑造了"他者"，也在表达自我身份的认同。这是一个动态的过程，自我身份的界定因时而变、因"他者"的立场而变，并无定式。① 近代人群流动的增加，使得自我身份的界定更难以固化。② 近代早期英国人的"中国印象"之变化，可被看作是英国人身份认同变迁在文化交往场域的投影。对这一问题的探讨，应尝试从"印象说"的解释路径之外另辟新途。有关近代早期欧西人士之"中国印象"的论述，多以中国的政治、宗教、哲学等单一固化的维度为标的，意在展现其宏观的面貌，其诉求在于以中国为镜像来进行自我的观照。③ 这一研究路径是以"自我的

---

① Ania Loomba, "'Delicious Traffick': Racial and Religious Difference on Early Modern Stages", in Catherine M. S. Alexander and Stanley Wells eds., *Shakespeare and Race* (Cambridge: Cambridge University Press, 2000), pp. 201 – 203.

② Robert J. C. Young, *Colonial Desire: Hybridity in Theory, Culture and Race* (London and New York: Routledge, 1995), pp. 2 – 3. 作者指出，19 世纪英国人身份的固化，"无疑是都市社会及殖民地社会均快速变化与转型的产物与响应"。这意味着身份的固化是表象，真实的历史场景是"不稳定的""断裂的""冲突的"与"变化的"。

③ 比如 Danielle Elisseeff – Poisle 的文章《从 16 到 18 世纪中国在法国的影响》就探讨了在华法国传教士、法国的百科全书派思想家等对中国的宗教、哲学及审美等思想形态的整理与借鉴的历程。Danielle Elisseeff-Poisle, "Chinese Influence in France, Sixteenth to Eighteenth Centuries", in Thomas H. C. Lee ed., *China and Europe: Images and Influences in Sixteenth to Eighteenth Centuries* (Hong Kong: The Chinese University Press, 1991), pp. 151 – 163. 又比如 David Martin Jones 的著作《西方社会与政治思想中的中国形象》的第一章指出，西方的思想家们利用传教士的文献，按照自身的需求建构了中国的形象。David Martin Jones, *The Image of China in Western Social and Political Thought* (New York: Palgrave, 2001), pp. 33 – 36. 有关中国与德意志启蒙运动的研究，多以莱布尼兹、布封、赫尔德、黑格尔等人为研究对象，Bettina Brandt and Daniel Leonhard Purdy eds., *China in the German Enlightenment* (Toronto: University of Toronto Press, 2016)。

形象"已然成型为前提的。然则跨文化交往背景下的身份塑造具有流动性，"自我的形象"与"他者的印象"的二元对立关系在多维网络中必然难以锚定，以固化图景为参照系的跨文化关系研究，可能会导致相互观照的主、客体随着流动的历史语境而渐行渐远。

在近代早期中英文化交流的视域下，英国"自我形象"的流动，实质上是以中国文化为背景，衬托英国文化国民特性（Englishness）的变迁轨迹。也就是说，观察中英文化的交流，非仅以"中国形象"的探寻为标的，亦可聚焦于英国主体性的建构。[①] 近年来，部分学者已经尝试从"社会—文化"的复合角度来探讨近代早期英国的现代性建构过程所见之中国因素，如文学作品、戏剧演出等，均有研究成果面世[②]，一些"新兴的"史学论题如景观、审美趣味等也已初见成果。[③] 18世纪的欧洲社会，在审美上有着对"中国风"（chinoiserie）的偏好，因此，无论是舞台背景装饰的宝塔抑或是花园里的中式凉亭，都是对中国元素的吸纳。

吸纳不等于全盘照收，其间包含着对异文化元素的甄别与选择，

---

① Eugenia Zuroski Jenkins, *A Taste for China: English Subjectivity and the Prehistory of Orientalism* (Oxford: Oxford University Press, 2013) , "Introduction: Writing China into the English Self", pp. 1 – 15.

② Eun Kyung Min, *Chinese and the Writing of English Literary Modernity, 1690 – 1770* (Cambridge：Cambridge University Press, 2018) ; Dongshin Chang, *Representing China on the Historical London Stage：From Orientalism to Intercultural Performance* (New York and London：Routledge, 2015) . 相关的研究并不仅限于近代早期的中英关系，比如 Adrienne Ward 的著作 *Pagodas in Play：China on the Eighteenth-Century Italian Opera Stage* (Lewisburg：Bucknell University Press, 2010) 探讨的就是意大利戏剧舞台上的中国因素。但此书中的论题核心不在于意大利主体性的建构，显然与 Min 的著作有着方法论上的差异。

③ Yue Zhuang and Andrea M. Riemenschnitter eds. , *Entangled Landscapes: Early Modern China and Europe* (Singapore: NUS Press, 2017) . Venessa Alayrac-Fielding, "From Jehol to Stowe: Ornamental Orientalism and the Aesthetics of the Anglo-Chinese Garden", in Claire Gallien and Ladan Niayesh eds. , *Eastern Resonances in Early Modern England: Receptions and Transformations form the Renaissance to the Romantic Period* (Palgrave Macmillan, 2019) , pp. 139 – 162.

抑扬臧否固然是出于自身的需要，同时是特定思考方式的"自我呈现"。有论者认为，17—18 世纪，"欧洲总体上追求的是（中国的）某种完美权势的男性气概（masculinity）。而负面的'中国'代表着这种男性气概的反面，欧洲是要与之划清界限的"。[1] 这表明近代早期的跨文化交往未必是互通有无，也有可能是按图索骥——根据自身的认知来选定他者的特性。近代英国社会文化中对男性气概的表征路径之一，是通过赋予动物或美好或丑恶的特质来表达其形象，狗是最常被提及的动物。[2] 在提取"狗的特质"时，国家的特性也是重要的视角，狗与国家特性的关联，甚至在近代之前就已经出现了。比如西班牙猎犬（spaniel）一词在 14 世纪后期出现的时候，既是指一种狗，也可以用作形容词，指"西班牙人的"。[3] 在"比较—重塑他者—取舍"的过程中，近代的英国逐渐地建构了自身的国民文化特性（Englishness）。[4] 与很多把英国国民性研究集中于文学领域

---

[1]　Xiaojing Wang, "Hopeful Disappointment: Cultural Morphology and the Relation Between China and Europe", in Fred Dervin and Regis Machart eds. , *Intercultural Communication with China: Beyond (Reverse) Essentialism and Culturalism* (Singapore: Springer Nature and Higher Education Press, 2017) , p. 19.

[2]　Sarah Amato, *Beastly Possessions: Animals in Victorian Consumer Culture* (Toronto: University of Toronto Press, 2015) , pp. 73 – 80.

[3]　John Beusterien, *Canines in Cervantes and Velázquez: An Animal Studies Reading of Early Modern Spain* (Surrey and Burlington: Ashgate Publishing, 2013) , pp. 13 – 17.

[4]　"英国国民文化特性"（Englishness）一词在 19 世纪初期已被使用，从那时起，这个词就具有"英国特性"的意涵。进入 20 世纪以后，该词汇在有关从近代到当代英国的民族身份建构的研究中被广泛应用。词根 English 并非仅与"英格兰"对等，它包括了不列颠联合王国的其他区域的文化整合，特别是与英语（书写或口语）参与的文化构造相关，以此来凸显近代英国文化建构上的整体性。有论者指出，"英国国民文化特性是镌刻在贯穿了整个近代英国民族话语的构造之上的，既有书面语也有口语，既有标准英语也有变体"。（斜体字为原书作者所加——笔者按）参见 Antony Easthope, *Englishness and National Culture* (London and New York: Routledge, 2005) , p. 25. 沿着语言学转向的研究思路，有学者归纳出了与英国国民性相关的多种面向的行为准则及道德特性，有关这个话题及对 Englishness 一词意涵的梳理，参见 Paul Langford, *Englishness Identified: Manners and Character , 1650 – 1850* (Oxford: Oxford University Press, 2000) 。

的考察不同①，本文将把以他者文化观照视野下的 18 世纪英国社会的话语变迁作为主线来梳理跨文化互动中的自我文化特性塑造语境。

在国民文化的自我呈现过程中，对"他者"的选取，是文化主体依据自身的品味与价值观来进行的。过去的研究者也有讨论对比视野下的英国国民性塑造，比如与近代法国的对比。② 这样的对比大致是将双方置于同一时间线来衡量的，所谓的"观照"，是指对客体的观察返诸己身的跨文化交往行为。主客体之间由于各自动态发展的状况，观照的"定点"可能存在错位；"对比"的方法强调两者间的异同，而"观照"强调的是主体通过对"他者"的谛视进而将之融入新语境的文化认知方式。③ 对于文化主体而言，谛视他者的同时也包含了自我凝视的进程，毕竟谛视的焦点是根据自身的认知要素而决定的。"他者"未必是单一的整体，而是按需"捏造"出来的各种媒介物（intermediary）。如上文所示，18 世纪的英国在以中国为"他者"时，有以园林、戏剧、手工艺品等为媒介物来进行自我观照的时刻。作为 18 世纪英国国民文化特性中重要媒介物——狗及其社会生存状况也成了英中跨文化交往的特殊语境所在。本文将从此出发，探讨近代早期尤其是漫长的 18 世纪时期英国人在塑造国民特性的进程中，如何化中国之犬为其文化观照的对象，从而扩展了缔造英国国民文化特性的语境空间。在此过程中，历史记忆及他者想象是观念流播的重要工具，文本的创造及再诠释为英国人的国民性塑造提供了更为广阔且深入的场域，其自我认知因而得到了新的呈现（representations）。

---

① 例如有研究者通过小说《简·爱》来探讨其中呈现的英国性，Sue Thomas, *Imperialism, Reform, and the Making of Englishness in Jane Eyre* (New York: Palgrave Macmillan, 2008)。还有研究丁尼生（Alfred Tennyson）、浪漫主义小说、19 世纪女性作家作品等各种著作，不一而足。

② Krishan Kumar, *The Idea of Englishness: English Culture, National Identity and Social Thought* (Ashgate, 2015), chapter 3 and chapter 8.

③ 跨文化交往研究中，对他者的"观照"是自我独立呈现的程度的重要维度。参见 Richard M. Sorrentino and Susumu Yamaguchi eds., *Handbook of Motivation and Cognition Across Cultures* (Elsevier Science, 2011), pp. 106 – 107。

一、肉食洁净观与近代国民特性的延伸

英国文化中将狗与国民文化特性关联的现象，早在 18 世纪之前就已初步显现。[①] 英国人对欧洲他国的直观印象反映在了对他国的犬文化之描述上，其所异者，英国人对中国犬文化最初的了解，来自间接的途径，早期的信息提供者，多为前往亚洲的传教士。欧洲传教士笔下有关中国之犬的记载，主要是食用狗肉的"奇俗"。这样一种观察习惯或者说历史记忆，影响到了英国人对中国之犬的叙事模式。英国东印度公司对华贸易的主要口岸是广州，因此，英国人对中国食用狗肉习俗的直接了解，应是以广州为起点。他们对广州狗肉铺的纪事，承继了基督教传教士的叙事要素。

1556 年，多明我会的葡萄牙籍传教士克路士（Gaspar de Cruz）获准进入广州并停留了 1 个月。他看到：

> 广州沿城墙外还有一条饭馆街，那里出卖切成块的狗肉，烧的煮的和生的都有，狗头摘下来，耳朵也摘下来，他们炖煮狗肉像炖煮猪肉一样。这是百姓吃的肉，同时他们把活的狗关在笼里在城内出售。[②]

这可能是西人著述中最早记录广州狗肉铺的一段文字。数十年后，法国人约翰·莫凯（John Mocquet）也在他的航海志中述及广州人吃狗肉。其法文原著出版于 1616 年，英文版则是在 1696 年才与读者见面。[③] 明末来到澳门的英国商人彼得·孟第（Peter Mundy）

---

① Ian MacInnes, "Mastiffs and spaniels: gender and nation in the English dog", *Textual Practice* 17 (1), 2003, pp. 21–40. 在这篇文章中，MacInnes 主要回顾了 16—17 世纪的英国如何用不同的犬种来塑造性别差异及民族认同。

② 引文出自克路士《中国志》，载 C. R. 博克舍编注，何高济译：《十六世纪中国南部行纪》，中华书局 1990 年版，第 94—95 页。

③ John Mocquet, translated by Nathaniel Pullen, *Travels and Voyages into Africa, Asia, and America…* (London: William Newton, 1696), p. 266.

称其在市集上看到了待售的活蛇，而"狗肉据说是主要的食物"。①
1747—1748 年间，英国人诺卜（Charles Frederick Noble）搭乘东印度
公司的船只前往巴达维亚及广州等地，他提到广州的市场上有出售狗、
猫、田鼠（rat）、青蛙等以供人食用。② 据他了解，中国人对任何肉
食都没有顾忌。③ 上述几位笔下有关广州狗肉市场见闻的文字多为
平铺直叙，只陈述了一个事实，但没有更多的细节描写。同时，英
译著作的用词值得斟酌，清初随同荷兰使节来到中国的尼霍夫（Jo-
han Nieuhof）提及，中国普通人可以食用各种"腐肉"（carrion），
包括了"马、驴、骡、狗，或任何其他生物"。④ "腐肉"这一词汇，
说明尼霍夫关注的已不是肉食种类的多样化，而是肉食的洁净程度。

对照之下，1704 年来到广州的英国东印度公司雇员查尔斯·洛
克耶（Charles Lockyer）的文字透露出了更多的主观情绪：

> 他们［指广州人——笔者按］都爱好几种肉类，按我们的
> 说法，只是比魔法药剂好那么一点点。狗肉、猫肉、田鼠肉、
> 蛇肉和青蛙肉都是佳肴；青蛙肉的价格几乎是市场上其他肉类
> 的两倍；调味煎煮（frigacy'd）以后，就如印度的最好的乌鸡那
> 样美味。……对于不挑食的人来说，田鼠肉好吃，蛇羹是病人的
> 补品；但是对狗肉和猫肉，我说不出鼓励尝试的话。有人言之凿
> 凿地说，诸如此类的奇风异俗是鞑靼人（Tartars）带来的，在我
> 们的全部记载中他们都是野蛮人。但我不确定这种说法的依据，
> 因为中国人不像是会违心地放弃自己对事物的选择权的。我根本

---

① Richard Carnac Temple ed. , *The Travels of Peter Mundy in Europe and Asia* ,
1608 – 1667 （London: Hakluyt Society, 1909）, vol. Ⅲ, part 1, p. 190.

② Charles Frederick Noble, *A Voyage to the East Indies in 1747 and 1748*
（London: T. Becket and P. A. Dehondt, 1762）, p. 211.

③ Charles Frederick Noble, *A Voyage to the East Indies in 1747 and 1748* ,
p. 151.

④ John Nieuhoff, *An Embassy from the East-India Company of the United Prov-
ince to the Grand Tartar Cham Emperor of China…* （London: Printed by John Macock,
1669）, p. 176.

没办法区分这些不同的人群。他们身量相近、面貌相仿，尽管我与他们共处了 5 个月，我并不能仅凭长相就把他们认准了。①

洛克耶此处提到了中国人食用狗肉风俗的外族来源说，并指出有人以族群的特性来区分日常习尚，在他看来，这是无稽之谈。他对将食物与族群特性挂钩的观点有所耳闻，说明 18 世纪伊始，这种说法已经有了一定的受众。尽管洛克耶的言辞有较多的感情色彩，但他并没有全盘否定广州人"奇异的"饮食习惯，他很有可能尝试过所有这些肉类，所以才会说不鼓励别人这么做。

综合上引的数则文献，近代早期英国人有关中国人食用狗肉的记载，其叙事模式脱胎于前人的著述，但是英国人开始形成自己的看法。他们的记述中都表达了对中国人肉食的惊诧之意。近代早期的远航见闻，向包括英国人在内的欧洲人简介了中国人的饮食习俗，而其中的"另类"之处，成为判断中欧文化差异的标尺。即令没有来过中国，欧洲的作者们也会从诸如此类的前人著述中寻找足资呈现中国"特色"的佐证，饮食的偏好通常是足以引起读者回响的主题。杜赫德的《中华帝国全志》就呈现了这样的一幕：

百姓们（vulgar）非常喜欢吃马肉和狗肉，哪怕这些动物是老死的或者是病死的；他们甚至轻轻松松地吃猫肉、老鼠肉（mice）、田鼠肉，诸如此类的动物在大街上出售。看着屠夫将狗肉送去各处，或者他们牵着五六只狗去屠户那里，真能让人无暇旁顾（diversion）。因为，街上所有的狗，被那些送去屠户那儿的狗的吠叫声或者是狗肉的气味所吸引，全都聚拢了过来，攻击那些屠夫，屠夫们只得拿着长杆或者鞭子来自保，并且为了安安稳稳地做生意，他们还要紧闭大门。②

---

① Charles Lockyer, *An Account of the Trade in India* ... (London: Samuel Crouch, 1711) , p. 167.

② Jean-Baptiste Du Halde, *The General History of China* ...(London: J. Watt, 1741) , vol. 2, 3rd edition, p. 237.

　　《中华帝国全志》在欧洲影响很大，有多个译本，因而相关的内容被多种著作转引。有的作者在转引时还改动了杜赫德的原文，比如，19 世纪初法国出版界的名人布列敦（Jean Baptiste Joseph Breton de La Martinière）编纂了《微观中国》一书，提及猫肉、田鼠肉的时候，他用了"让人倒胃口"（dégoûtans）一词。① 杜赫德《中华帝国全志》的法文版并没有这样的表述。② "倒胃口的动物"，在布列敦的笔下，指的是猫肉和田鼠肉，他虽然不赞同吃狗肉，但并没有用"倒胃口"一词来形容狗肉和马肉。有文献表明，直到 19 世纪上半叶，巴黎及周边的屠场仍在宰杀马匹甚至是猫狗，当中相当一部分供人食用。③ 法国人布雷兹（Elzéar Blaze）在其撰写的历史著作中议论道："亨利四世围困巴黎时［此事发生在 1590 年——笔者按］，人们吃了很多狗；上级下令在居民区捕捉它们。《星星报》（L'Estoile）说，穷人吃了很多狗肉。至于有钱人，他们吃马肉、骡肉和驴肉；猫肉、狗肉和老鼠肉都被嫌弃了。这些人真没道理：我在军队里吃过几次狗肉和猫肉，我觉得它们比马肉美味。"④ 可见 19世纪上半叶的法国人仍有食用狗肉的习惯，而且不惮于在公开场合去议论自己的食用体验。

　　广州位于南方丘陵地带，并没有养马的风尚，为什么杜赫德会将马肉和狗肉并列呢？由于杜赫德的著作乃汇纂他人的记载，要回

---

　　① Jean Baptiste Joseph Breton de La Martinière, *La Chine en Miniature…* (Paris: Nepveu, 1811), Tome Troisieme, p. 81. 本书英译本将此处翻译为"disgusting"。M. Breton, *China: Its Costume, Arts, Manufactures* (London: J. J. Stockdale, 1812), p. 59.

　　② J. B. Du Halde, *Description de L'Empire de la Chine…* (Henri Scheurleer, 1736), p. 163.

　　③ 法国人 Duchatelet 撰写的《公共卫生》一书中即有论及巴黎的动物屠宰场，其英译见 "Hygiene Publique, par A. J. B. Parent-Duchatelet. 2 Tomes, pp. 552 and 704. Bailliere, 1836", *The Medico-Chirurgical Review*, No. LⅡ, January 1 to April 1, 1837, pp. 429–434。

　　④ Elzéar Blaze, *Histoire du Chien chez tous les peoples du Monde* (Paris: Tresse, Libraire, 1843), p. 213.

答这个问题，须得找到这段话的出处。从现有材料看来，这番话有可能取材自利玛窦（Matteo Ricci）的记述。利玛窦说："但是尽管有这么丰盛的肉食供应，马、骡、驴和狗的肉也和别的肉一样受欢迎，这些马属或狗属的肉在各处市场上都有出售。"[1] 需指出的是，利玛窦《中国札记》的早期法译本并无"马属或狗属"的字眼，其页边提示语也只是说"中国人吃马肉"[2]，因此，杜赫德的话也许有更早的文献来源。无论如何，将马肉与狗肉并列为中国人肉食选项的表述方式，似乎由于杜赫德著作的缘故，在欧洲流传开来了。这也表明，文献的传递而不是实地的考察，为交通隔阻时代的人们，提供了观察他者文化的途径，文献的流转，也塑造了独特的认知语境。

如果继续回溯更早期的文献，在利玛窦东来之前数百年，已有欧洲人在著作中提到了亚洲人食用马肉和狗肉的习俗，大名鼎鼎的《马可·波罗游记》即是其一。在描写"鞑靼人"（tartars）的章节，马可·波罗写道："他们完全依赖肉类和奶类维生……他们吃所有的肉食，马肉、骆驼肉甚至是狗肉，只要它们膘肥体壮就可以。"[3] 论游历亚洲的时间，马可·波罗只能算是"后来者"。在他之前数十年，几位方济各会的修士曾经分别奉命出使蒙古汗帐，他们都观察到了"鞑靼人"的肉食习惯。柏朗嘉宾（Giovanni da Pian del Carpine）说的是，"他们的食物是用一切可以吃的东西组成的。实际上，他们烹食狗、狼、狐狸和马匹的肉，必要时还可以吃人肉"。[4] 鲁布鲁克（Guillaume de Rubrouck）的记述更简单且直接"（鞑靼人）嗜饮鲜

---

① 利玛窦、金尼阁 著，何高济、王遵仲、李申译：《利玛窦中国札记》，中华书局 1983 年版，第 12 页。

② Matteo Ricci, Nicolas Trigault, translated by David Floritius Riquebourg-Trigault, *Histoire de l'expedition chrestienne au royaume de la Chine…* (Lille: Pierre de Rache, 1617), p. 9.

③ Marco Polo, L. F. Benedetto, translated by Aldo Ricci, *The Travels of Marco Polo* (London: George Routledge & Sons. Ltd. , 2001), p. 204. 马可·波罗在此处提到的"鞑靼人"是指蒙古各部。

④ 耿昇、何高济译：《柏朗嘉宾蒙古行纪》，中华书局 1985 年版，第 41 页。

血，撕裂、吞噬人肉狗肉……"① 不同于两位方济各会修士的是，马可·波罗的措辞显然更为含蓄——对于"鞑靼人"肉食习惯的记载没有使用负面的词汇。这可能是因为马可·波罗在亚洲各地长期侨居，对当地文化更为熟悉，没有那么明显的知见之障。早期的旅人笔下，食用马肉狗肉的主要是"鞑靼人"。在当时欧洲的语境中，"鞑靼人"这个词汇是亚欧大草原上游牧人群的泛称，并非特定的民族或国家的称谓。②

从鲁布鲁克、马可·波罗到利玛窦，欧洲旅人对他者饮食文化的记载，不仅着眼于"求异"，而且还以之为媒介，将"他者"的塑造从人群的差别逐步转向了国族（nations）的分野。欧洲人的文化认知路径，在此期间显然正发生着变化。到了18世纪，界定国族文化的特性乃是欧洲社会的知识创造过程中的重要主题。杜赫德及布列敦等人的相关记载，得自于途说而非见闻。据《中华帝国全志》英译本"献言"的作者布鲁克斯（R. Brooks）称，那些高贵的读者将可从他国的历史文化经验中获得道德上的训诫，了解曾经自认为是世界上最讲究礼仪（politest）国度的礼仪、风俗、政治以及宗教的情况，可以使人开阔胸怀。③ 在18世纪的英国，以中国作为观照对象来呈现欧洲邦国的国民性，路径之一就是利用教会人士的知识架构，以宗教的准则来展现世俗观念的"正当性"。从中世纪到近代早期的教会人士亚洲纪行或中国见闻就成了重要的信源。

因此，考虑到文本的早期渊源，尽管近代早期的欧洲读者们对中国有"最讲究礼仪国度"的嘉许之词，但他们对文本的阅读必然是在基督教的正统观念范畴内展开的。当利玛窦等传教士罗列中国人大量的肉食时，固然可能是在证实中国的富庶及其人民的勤劳。④然而，我们不能遽然下结论称："在18世纪之前，中华文明足够强

---

① 耿昇、何高济译：《鲁布鲁克东行纪》，中华书局1985年版，第188页。

② Carl Waldman and Catherine Mason, *Encyclopedia of European Peoples* (New York: Facts On File, Inc. , 2006), p. 795.

③ *The General History of China*, "Dedication".

④ Robert Markley, *The Far East and the English Imagination*, *1600 – 1730* (Cambridge：Cambridge University Press, 2006), p. 85.

大，成为大航海时代西方冒险家、商人、传教士向往的乐土，食狗在他们笔下往往成为物产丰饶的神奇国度的象征。"① 须知利玛窦等人肩负着传道差会使命东来中土，他们著书立说是为了向欧洲的读者展示传道的成果，因此，在出版前必然会根据基督教的教义及各自传道会的宗旨进行修改，以使文本内容能够与各自传道差会的宏旨相符。即便是"原创性"相对较高的耶稣会士的书信在出版前都经过多次修改，利玛窦的《札记》亦不例外。② 因此，利玛窦的著作应以反映基督教会的正统立场为首要前提。基督教的教义继承了犹太人的食物洁净观念，认为狗肉是不洁的，不应食用。③ 马肉的宰杀方式，也让它不会成为常规的肉食来源，在中世纪的欧洲，存在马肉的食用禁忌。④ 当然，事物随时而变。到了19世纪，巴黎的街头出现了马肉专门店。⑤ 上述数位基督教修士或传教士著作中对"鞑靼人"多种肉食的罗列，应是中世纪基督教观念的展现，恰恰反映出了基督教肉食洁净观对其他人群肉食多样化习俗的鄙夷态度。

鲁布鲁克和柏朗嘉宾二人的著作不涉及当时的中国人，以基督徒之名对中国人食用狗肉的习惯表示不赞同的，始见于马可·波罗

---

① 张龙平：《明清时期来华西方人对岭南食狗习俗的认识与西方的中国观念》，载《文化学刊》2017年第3期，第52页。

② Rachana Sachdev, "European Response to Child Abandonment, Sale of Children, and Social Welfare Policies in Ming China", in Rachana Sachev and Qingjun Li eds. , *Encountering China: Early Modern European Responses* (Lweisburg: Bucknell University Press, 2012) , p. 22.

③ 其实不仅是犹太人禁止食用狗肉，古代近东地区的不少人群（如琐罗亚斯德教徒）也有食用狗肉的禁忌。Frederick J. Simoons, *Eat Not This Flesh: Food Avoidances from Prehistory to the Present* (Madison: The University of Wisconsin Press, 1994) , second edition, revised and enlarged, pp. 87 – 90.

④ Susanna Forrest, *The Age of the Horse: An Equine Journey through Human History* (New York: Grove Atlantic, 2017) , chapter 6.

⑤ Kenneth F. Kiple and Kriemhild Coneè Ornelas eds. , *The Cambridge World History of Food* (Cambridge: Cambridge University Press, 2000) , vol. 1, pp. 542 – 544.

的著述。在讲述"行在"的城市生活时，他说这里的人"吃所有的肉类，包括狗肉和其他肮脏的动物，我们基督徒是无论如何不会吃得下去的"。① 虽然马可·波罗没有明言食用狗肉的是哪些人，但他也没有像在描写"鞑靼人"的章节中那样明确表示相关人群的族属特性，所以有理由相信，食用狗肉的不是"行在"城内特定的居民群体，而是比较普遍的现象。他把基督徒与食用狗肉的人对立起来，针对的对象大概就是没有食物宗教禁忌的居民。马可·波罗的观点在中世纪晚期的欧洲得到了共鸣，15 世纪初，一套专门为《大汗之书》（*Li livres du Graunt Caam*）创作的插画在比利时完工，此书取材于马可·波罗的游记，插画师通过想象描写了充满异域风情的东方大国形象。当中包括了想象中的"行在"图景："意味深长的是，画师只强调了书中对行在的两处负面描写"，其一就是"行在"的居民对各种肉食是来者不拒，包括了狗肉，于是画师将画面处理为在中国人崇拜的偶像脚下，有一个狗头。② 马可·波罗的千言万语，偏偏选取这个画面来进行表达，可见 15 世纪初期的欧洲人已将食用狗肉的习俗归纳为中国人的文化特色了。

马可·波罗有关中国人肉食的说法，通过不同的渠道被欧洲人所了解。19 世纪时，有论者认为，英国文学巨匠乔叟（Geoffrey Chaucer）《坎特伯雷故事集》中"乡绅的故事"（*The Squire's Tale*）

---

① Marco Polo, L. F. Benedetto, translated by Aldo Ricci, *The Travels of Marco Polo*（London：George Routledge & Sons. Ltd.，2001），p. 241. 裕尔翻译的版本大致相同："无论什么都不能诱使基督徒吃（狗肉）。"见 Translated by Henry Yule, *The Book of Ser Marco Polo, the Venetian: Concerning the Kingdoms and Marvels of the East*（Cambridge: Cambridge University Press, 2010），vol. 2, p. 147。

② Debra Higgs Strickland，"Text, Image, and Contradiction in the Divisement dou monde", in Suzanne Conklin Akbari and Amilcare Iannucci eds.，*Marco Polo and the Encounter of East and West*（Toronto：University of Toronto Press，2008），p. 51. 这套插画现在收藏在牛津大学博德利图书馆，有电子版可供浏览，Bodleian Library MS. Bodl. 264：https://digital. bodleian. ox. ac. uk/objects/ae9f6cca – ae5c – 4149 – 8fe4 – 95e6eca1f73c/。

就包含了马可·波罗游记中的有关"鞑靼人"肉食种类的信息。①
这一说法遭到了反驳，注解了乔叟作品的波拉德（A. W. Pollard）认
为有关"鞑靼人"吃狗肉和马肉的说法，不仅见于马可·波罗的著
作，在"柏朗嘉宾、博韦的文森特（Vincent of Beauvais）、鲁布鲁
克、曼德维尔（Mandeville）及其他作者的笔下，鞑靼人的食物皆是
如此"。② 因此，内容相近的资讯在近代早期的欧洲并非"独家报
道"，并且有可能随着积年累月的流传，已经成为较为普遍的"知
识"了，马可·波罗只是其中较为有名的一个。裕尔与高第（Henri
Cordier）合注《马可·波罗游记》的导读部分，也不认同乔叟的写
作直接受到了马可·波罗《行记》影响的说法。③ 从柏朗嘉宾及鲁
布鲁克两人的文字看来，狗肉是与"人肉"并列的，马可·波罗的
行纪中并无此种表达。乔叟的表述虽未必直接参考了马可·波罗的
叙事，且二人的叙事形式亦有差别，但他们以肉食为划分人群标准
的一致性，表明了这样的观念并非短暂地闪现，而是具有持续性。
概言之，在中世纪末期及近代初期，欧洲人已经形成了关于"鞑靼
人""奇异"肉食习俗的"成见"。特定的食物成了不同人群身上的
标签。观念一旦形成，就在文本中被传递下来了——由此成了有关
他者文化的历史记忆，在多种的场景中被回顾并重申。19 世纪中叶，
有的英文文学作品中有"吃马肉的鞑靼人，吃狗的哥萨克人"的表
述④，即是将肉食与人群挂钩的例子。

马可·波罗游记中提到的"鞑靼人"，指的是当时的蒙古各部，
17、18 世纪之后，tartars 一词指向的人群已经发生了变化。然而，

---

① Walter W. Skeat, "An Account of the Sources of the Canterbury Tales", in *The
Complete Works of Geoffrey Chaucer* (Oxford: Clarendon Press, 1894), p. 474.

② A. W. Pollard ed., *Chaucer's Canterbury Tales: The Squire's Tale* (London:
Macmillan and Co., 1899), p. 29.

③ "Introductory Notices", in *The Travels of Marco Polo: The Complete Yule -
Cordier Edition* (New York: Dover Publications, 1992), vol. Ⅰ, p. 128.

④ "Mysteries of Kanoba; or the Mesmeric Waren, No. Ⅱ", *The Dublin Universi-
ty Magazine: A Literary and Political Journal*, vol. XXXV, January to June, 1850,
p. 452.

欧洲的作者们依然转述着马可·波罗的狗肉叙事。19世纪初，普鲁士探险家亚历山大·洪堡（Alexander Humboldt）出版了他的游记，其中指出"吃狗肉的做法……是鞑靼人的习俗，并且传播到了整个亚洲东部地区"。① 差不多同一时间，《新爱丁堡评论》上摘录了一篇有关"克里米亚鞑靼人"（Crim Tartar）的文章，文中称"长久以来，吃马肉的习俗被归罪到克里米亚鞑靼人身上，人们强烈地否认在他们中间存在这样的习俗，或者说现在并没有被实践"。② 这两处所说的"鞑靼人"，显然是不同的人群，而具体辨识这些"鞑靼人"的身份，不是相关作者们写作的任务，他们展现的是他者的"奇异"之处。早期的文本被直接套用，进而毫无障碍地成了对中国人生活习俗的模块化叙事，于是在有关广州的记述中，就有了马肉与狗肉并置的状况。

食狗不仅是奇闻，逐渐地还成了划分族群特性的一项指标。近代早期欧洲的基督徒强调食物的"洁净"，因为他们相信——食物塑造了他们的身份。不仅肉食的种类与持信者的虔诚程度有关，而且肉食的数量也有明文限制。③ 有论者指出，1565年出版了《新世界史》的意大利人贝佐尼（Girolamo Benzoni）在美洲面对"异教徒"时，为免受到影响，极力强调自己的基督徒身份，拒绝美洲本土食物是他努力保有基督徒身份的策略。④ 与贝佐尼生活时间相近且同为意大利人的利玛窦，罗列中国人肉食种类繁多的文字，实质暗含

---

① Alexander de Humboldt and Aimé Bonpland, translated by Helen Maria Williams, *Personal Narrative of Travels of the New Continent, during the years 1799 – 1804* (London: Longman, 1827), vol. v, p. 672.

② Mary Holderness, "Notes relating to the Manners and Customs of the Crim Tatars; written during a four years' residence among that People", *The New Edinburgh Review*, January 1822, No. Ⅲ, p. 95.

③ Johanna B. Moyer, "'The Food Police': Sumptuary Prohibitions on Food in the Reformation", in Ken Albala & Trudy Eden eds., *Food and Faith in Christian Culture* (New York: Columbia University Press, 2011), pp. 59 – 82.

④ Heather Martel, "Dirty Things: Bread, Maize, Women, and Christian Identity in Sixteenth-century America", in Ken Albala and Trudy Eden eds., *Food and Faith in Christian Culture* (New York: Columbia University Press, 2011), pp. 83 – 104.

了批评的态度，由是向欧洲的读者表明，他身处的异文明反差如此之大，需要更进一步的支持才能将传教事业推进下去。因此，描写异邦的文字背后，是一种自我身份的表达。反差愈大，则自我的认同愈为明晰，故此，哪怕是异文明的亲历者叙事策略中，也难免会夸大其词了。

18 世纪之前，英国人主要通过各种译著来了解异族的肉食习惯，这些译著主要译自法语出版物，上文提及的莫凯、杜赫德、布列敦等人的著作皆在此列。法语著作的英译不仅给英国人带去了各个时代欧洲人的观感，而且还包括了欧洲以外其他人群的中国游历见闻。比如在 1733 年，英国出版了译自法语的《有关印度与中国的两种阿拉伯语古代记录》一书。① 该书收录了 9 世纪时阿拉伯商人的著述，他在中国看到，"中国人的粮食是大米，有时，也把菜肴放入米饭再吃。王公们则吃上等好面包及各种动物的肉，甚至猪肉和其他肉类"。② 比马可·波罗晚了半个多世纪来到中国的大旅行家伊本·白图泰（Ibn Battuta）留意到，"中国的异教徒食用猪狗之肉，并在市街上出售"。③ 晚唐来华的阿拉伯商人谈及中国人的肉食习惯时，看到的是贫富差别；而在元朝来华的白图泰看到的是异教徒的习俗。以宗教信仰的区别来评判他人的习俗，不仅存在于基督徒的观念中，也是穆斯林叙事的一种结构。来自法文著作的知识，在近代英国的知识建构过程中得到了当时人的称许，甚至于有的作品，尽管其部分文字撷取自英国本土的作品，也要把"贡献"悉数归于法国耶稣会士的著作。1772 年，英国出版了一本中国游记的汇编，编者在前言部分宣传，耶稣会士因其所受的教育及博学，还有对中国语言的熟悉程度，完全有资格向英语读者介绍有关中国的历史知识。编者列举了杜赫德、李明（Louis Le Compte）和马

---

① Eusebius Renaudot, *Ancient Accounts of India and China, by Two Moham-medan Travellers, Who went to those parts in the 9th century, translated from the Arabic* (London: Printed for sam Harding, 1733). 该书有中译本，穆根来、汶江、黄倬汉译：《中国印度见闻录》，中华书局 1983 年版。

② 穆根来、汶江、黄倬汉译：《中国印度见闻录》，第 11 页。

③ 马金鹏译：《伊本·白图泰游记》，宁夏人民出版社 2000 年版，第 541 页。

若瑟（Joseph de Prémare）等人的名字，说明了他们的著作对于这本汇编的重要性。① 然而书中有相当一部分的材料并非录自各位耶稣会会士的著作，比如有关狗肉销售的部分，其文字实则来自诺卜的游记。编译的知识作为对他者认知的渠道，并不意味着英国的知识建构复制了原文来源地的认知路径，英国人从法国的出版物获取了大量的异域知识，但文本的流转不等于英国人重复了法国人身份建构的途径。在文本的基础上，英国在近代发展起来的新的认识论是他们塑造有关他者知识的基石之一。

二、从猎奇到"知识"的汇编

近代早期的英国人从各种文本中获得了有关中国人食用狗肉的知识，这些关涉宗教信仰的记忆，被逐步转化为有关不同国家国民特性的叙述。此般思维方式，其来源不仅包括了对早期文本的阐发，还有对他者的想象。通过想象，人们选定"差异"的片段，进而拼接出他者的形象。② 树立具有普遍性的他者形象，意味着自身的整体认同也逐步完备了。简单地复述早期文献的内容，仅是近代英国以他国之犬来进行自我观照的路径之一，将零星的文献记忆转化为广泛的认知，需要将之纳入自身的知识体系之中。如果说 18 世纪之前有关中国人食用狗肉的记载多出于猎奇的话，那么从这个时候开始，零星的猎奇被逐步整合成了汇编的知识。

马可·波罗以及乔叟等人的古老文字，并不容易被一般读者所接受，他们讲述的事情年代久远而难于考据，并且语焉不详，难以满足新时代读者对细节的追求。为了"完善"这些早期的叙事，使其摆脱"失真"的弱点，18 世纪逐步推广的博物学知识及日用知

---

① Collected from Du halde, Le Compte, and Other Modern Travellers, *The Chinese Traveller*... (London: Printed for E. and C. Dilly, 1772), Ⅲ – iv.

② 德勒兹（Gilles Deleuze）指出，想象可以创"新"，由此抽取出差异。Gilles Deleuze, translated by Paul Patton, *Difference and Repetition* (London and New York, 2001), p. 78.

识，以"客观"的叙事，将中国人食狗的现象引向了更为多层次的陈述。

18世纪后期英国知识界的名人萨缪尔·约翰逊在其游记中感慨：

> 人们同意食用某些动物的肉而拒绝接受另外一些动物，要确定其主要原则，并非易事。此项原则既不显著，也不一致。有的国民视某种肉类为珍馐，其邻国之人却避之不及。最近那不勒斯人在饥荒中拒绝吃土豆。要劝说英国人和意大利人一道吃蜗牛、和法国人一道吃青蛙或是和鞑靼人一道吃马肉，可真不容易。①

约翰逊的这番话，依然是重复了以食物来划分人群的基调，然而英国人、意大利人、法国人等概念，既可指民族亦可指国家，"鞑靼人"这一称呼则含混不清，可见以肉食作为区分界线的"准则"，已从宗教的差异延用于民族的分别了。在欧洲各国国族文化的对比衬托下，似乎"鞑靼人吃马肉"这样的陈述，也已摆脱了原来猎奇的成分，俨然成了"他者"民俗知识的一部分。从猎奇的叙事到民俗知识的表达，意味着对远人文化的认知模式发生了变化。

所谓从"猎奇"（curiosity）到"知识"建构，并不是指两者的替代关系，而是指近代西人思维中对"猎奇"行为的价值判断模式发生了变化。中世纪基督教神学家们并不赞同猎奇的行为或心态，视之为"罪恶"（vices）。② 因此，上文述及的马可·波罗、柏朗嘉宾以至于明末清初的传教士们在言及"奇事异物"时，"猎奇"不是为了探求新知识，而是为了确定基督教教义中的善知（good knowl-

---

① Samuel Johnson, *A Journey to the Western Islands of Scotland*, in *The Works of Samuel Johnson* (London: Luke Hanford, 1801), a new edition, vol. VⅢ, p. 281.

② Simone Broders, *The Age of Curiosity: The Neural Network of an Idea in Eighteen - Century English Literature* (Berlin and Boston: Walter de Gruyter, 2021), pp. 88 – 91.

edge），也就是确定教义的正确性。① 近代英国的思想家们逐渐改变了"猎奇"与"知识"的负面语境设定，最早提出新想法的是大名鼎鼎的培根（Francis Bacon）。在他的影响下，17 世纪初期，只有零星的声音质疑对"猎奇"的道德厌恶，而到了 17 世纪末，质疑的声音汇聚成了"合唱"。② "猎奇"从危险而无用的思维方式，变成了良知（virtuous）且具有创造力（productive）——并且是符合道德的。17 世纪的相关探索集中在"自然哲学—科学"领域，而到了 18 世纪，"猎奇"逐渐地在更多的领域获得了认可，"知识"的范畴扩大了。

从"猎奇"到"知识"，其中一个重要的转折在于"猎奇"反映的是叙事者的主观欲望，而知识则被尽量地以"客观的"面貌呈现。约翰逊在说明人们的食物偏好时，用了举例、假设、比较等论证方式来强化自己的观点，并且，他文章中法国人吃青蛙、意大利人吃蜗牛等现象，也是出自英国人的观察所得——可信度很高。如此的叙事链条层层递进，进而强化了"鞑靼人吃马肉"的"知识"表述，并且通过这样的叙事方式，来自早期文献的"说法"与有关欧洲各民族肉食差异的"知识"就具有了"共时性"。18 世纪的欧洲，知识"被定义为社会的产物，实用且具有可操作性，世俗而又具有创新性。然而，将经验的原始数据转化为知识并非简单而机械的过程；它是人的思维通过内在的方式——如判断、量度和比较——来处理数据而得以实现的"。③ 约翰逊的话，正反映了这样的

---

① 关于这一点，可参考布鲁门伯格（Hans Blumenberg）的经典著作《现代的合法性》，特别是第三部分《理论好奇心的磨练》（The "Trial" of Theoretical Curiosity）的第 5 节和第 6 节。Hans Blumenberg, translated by Robert M. Wallace, *The Legitimacy of the Modern Age* (Cambridge: MIT Press, 1985), pp. 309 – 324, "Curiosity Is Enrolled in the Catalog of Vices", and, pp. 325 – 342, "Difficulties Regarding the 'Natural' Status of the Appetite for Knowledge in the Scholastic System".

② Peter Harrison, "Curiosity, Forbidden Knowledge, and the Reformation of Natural Philosophy in Early Modern England", *Isis*, 92 (2001), pp. 265 – 290.

③ Alan Swingewood, "Industrialization and the Rise of Sociological Positivism", in Murray E. G. Smith ed., *Early Modern Social Theory: Selected Interpretive Readings* (Toronto: Canadian Scholars' Press, 1998), p. 76.

一种知识生产的过程。

约翰逊的话还反映了掌握民俗知识的行动方式——远游。如何能与法国人同吃青蛙或与意大利人同吃蜗牛呢？在国际餐馆尚无踪影的 18 世纪，亲履其地应是观风察俗的最佳方式。在 18 世纪欧洲知识阶层热衷于"壮游"（the grand tour）的背景衬托下，约翰逊的此番言论就更有其根由了。约翰逊曾经出版过一本杂志，名为《漫游人》（Rambler），足见其对于出游行为的赞赏之意。他为该刊物撰文探讨追求知识的话题，其文曰：

> 对知识的渴求，尽管常常是被外在的或偶然的（adventitious）动机所鼓动，但是似乎在多数情形下并非出于对任何其他准则的依从。我们渴望去观看和去聆听，并没有任何将我们的观察引向更深层次的意图；我们登上高山是为了纵览平原；我们在风暴中奔向海滨，或是为了思忖海水的汹涌；我们在城市间漫游，不是为了研究建筑或者堡垒；我们航向彼岸，仅仅为了看到未加修饰的自然，或是废墟的壮美……①

在那个时代，"观看"与"聆听"均需亲临其境，约翰逊否定学习过程中的唯目的论倾向，强调个人的经验，但他也肯定出行的重要性。知识的获取有赖经验的累积，猎奇与求知的在这个维度上是有差异的。柏朗嘉宾时代的欧洲人通过阅读来想象异乡奇俗，到了 18 世纪，人们逐渐将阅读的经验转化为身在其中的行旅"观察—叙事"，新的知识产生了。1713 年 4 月的《卫报》上有文章谈及了"绅士"的素养，在作者看来，一名绅士应有的品质中包括了宽阔的知识面，为了拥有各种美好的品德，"他必须去旅行以开拓心智（mind），大开眼界，了解外国的政治及有趣味之处（interests），并

---

① Samuel Johnson, *The Rambler* (Edinburgh: W. Gordon, 1751), vol. IV, no. 103, 12 March 1751, p. 194. 另可参见 Barbara M. Benedict, *Curiosity: A Cultural History of Early Modern Inquiry* (Chicago: The University of Chicago Press, 2001), pp. 183–186。

能提升与完善自我，剔除国族的偏见……"①"绅士"代表了中产阶级的身份，他们获取知识、出门游历的目的是在于求取"新知"，在这位作者看来，旅游是为了消除国家之间的偏见。在18世纪上半叶，"趣味"（interest）一词与"善的知识"密切相关，它是作为褒义词被使用的。② 因此，在如此知识转型的背景之下，18世纪以降英国出版物中有关中国人食用狗肉的叙事，不是对马可·波罗故事的复述，它的语境已经发生了变化。就其主旨而言，如果说17世纪之前的相关记载是中世纪基督教准则的表述，那么18世纪之后相关的记载更多地反映的是中产阶级的道德观。

约翰逊从食物的角度来区分国族文化，是近代早期欧洲人的惯常思维方式的一个例子。当时欧洲人区分美洲人群差异的话语核心就是食物，"正确的"食物可以保护欧洲人应对新世界及其环境的挑战，为此，西班牙人在16世纪及17世纪都极力地维护美洲殖民地的食物供应。③ 近代欧洲人认为，使用异乡的食物会改变自己的身体，因此，对"特殊"食物的警惕，是为了捍卫自己的身体，也就是捍卫自己作为欧洲人的身份。

思维方式的转变，意味着18世纪欧洲人书写广州人吃狗肉的话题时，不是对数百年前文献的旧调重弹，而是发其"新声"。诺卜的游记出版时，编者在前言强调——这是"真实"的旅人记录，游记作者是"精到"（accurate）的观察者，所书乃所见。这位编辑进一步说明，作者的描述是"自然且恰如其分的"，他的评语"公正"而不落俗套、不拘一格，他有着世界公民的情操，而又不失英国人

---

① *The Guardian*, vol. I , no. 34（20 April, 1713），the fifth edition（London: J. Tonson, 1729），p. 141.

② Neil Kenny, "The metaphorical collecting of curiosities in early modern France and Germany", in R. J. W. Evans and Alexander Marr eds. , *Curiosity and Wonder from the Renaissance to the Enlightenment*（Aldershot and Burlington: Ashgate, 2006），p. 61.

③ Rebecca Earle, "'If You Eat Their Food…': Diet and Bodies in Early Colonial Spanish America", *The American Historical Review*, vol. 115, issue 3, June 2010, pp. 688 –713.

的本位。① 对照上文的论述，不难发现这位编辑的观点正是因应了 18 世纪知识转型期的社会观念：在旅途中通过观察来获取知识；文化的对比要有新的立意，并且是为了强化自己的国族认同。诺卜在谈论中国人的文化习俗时的行文正是循着这样的思维方式展开的：

> 他们（指中国人——笔者按）服装之朴实远不如其饮食；他们也不比我们欧洲的新教徒们迷信；他们甚至是没有那么迷信，因为他们不仅食用我们吃的肉类、鱼类和禽类，甚至马肉也被认为是恰当的食物。他们也不认为狗肉、猫肉、蛇肉、青蛙肉，甚至是任何有害的肉类是不受欢迎的伙食。②

通过食用肉类的种类，诺卜比较了欧洲新教徒与中国人的差别，实质上暗含了英国人的自我定位——既区别于欧洲新教徒也不同于中国人。在近代早期，食物作为身份认同的象征在很大程度上是知识结构转向的结果。在约翰逊、诺卜等英国人看来，自己的食物与众不同，意味着英国人身份的独立性。然而，其他欧洲人并不一定作如是观。在一部 18 世纪的德语戏剧中一位在萨尔斯堡的伯爵先是对去巴黎旅行提出了质疑："据我所知，有好些家庭就因为去了一趟巴黎而被毁掉了；他们所得的不过是在那里被人嘲笑，而回来后在这里被嘲笑。至于说到伦敦，那是很不一样的地方。"他虽然肯定了伦敦的独特性，但他接着马上说道："一个人如果有料理马肉的拿手技巧，在伦敦也可能如在巴黎那样迅速致富的"。③ 伯爵的身份意味着这个角色的文化观念与中产阶级不一样，故而他认为去旅行无非是徒增笑料。但他也指出了巴黎人善于料理马肉以及伦敦人的饮食并非迥异于巴黎人。观点有异而思维的路径相类，欧洲人显然仍喜以肉食来比较彼此间的异同。可见英国人强调自身食物与其他人群

---

① "Preface by the Editor", in Noble (1762), iv.

② Noble (1762), p. 151.

③ Cornelius von Ayrenhoff, *The Set of Horses*, act 1, in *Dramatic Pieces from the German* (Edinburgh: Printed for William Creech and T. Cadell, London, 1792), p. 161.

的区别，未必是事实的呈现，而是认知方式的体现。试再举一例，英国天文学家及发明家亚当·沃克（Adam Walker）在1785年游历巴黎。他写道，"此间的牲畜跟我们的比起来，就好像驴子跟马比。肉铺里装点的牛肉和羊肉就像我们在英国的狗房边上看到的树枝那样。我们的餐桌上摆着一条羊腿，'约翰牛'可能会误以为这是诺福克火鸡腿吧。"[1] 视觉上对肉食的关注反映了欧洲人观察他人文化时的倾向性，这种倾向不仅在于肉食本身，它也与近代欧洲人认为食物与人的身体有关的观念相关，身体也是视觉观看的对象，并且反映了人与人之间的差别。[2] 需要指出的是，旅游书写所表达的观念与日常生活中的行动不能等同，尽管英国人对外国食物表达了警惕的态度，而实际上在17世纪的时候，外来食品已经越来越多地被食用，并逐步改变了英国的饮食文化。[3] 在近代欧洲，并没有真正的全国性食品，地方性食品的存在更接近于历史真实，并且不同阶级间的食物有着巨大的差异。[4]

---

[1]　Adam Walker, *Travelling Remarks Written on the Spot in an Excursion to Paris, through Brightelmston, Dieppe, and Rouen, in the Year M, DCC, LXXXV* (London: Printed for G. Nicol, 1792), p. 178.

[2]　Trudy Eden, "Food, Assimilation, and the Malleability of Human Body in Early Virginia", in Janet Moore Lindman and Michele Lise Tarter eds., *The Centre of Wonders: The Body in Early America* (Ithaca and London: Cornell University Press, 2001), pp. 29 – 42. 埃利亚斯（Norbert Elias）较早探讨了欧洲人的肉食变迁史，指出了不同阶层人群肉食消费的差异。Norbert Elias, translated by Edmund Jephcott, *The Civilizing Process: Sociogenetic and Psychogenetic Investigations* (Malden and Oxford: Blackwell Publishing, 2000), revised edition, pp. 99 – 108.

[3]　Jillian Azevedo, *Tastes of the Empire: Foreign Foods in Seventeenth Century England* (Jefferson: McFarland & Co., 2017), chapter 2 "' Let the Skie raine Potatoes': Foreign Foods in English Plays", pp. 49 – 71.

[4]　Ken Albala, *Food in Early Modern Europe* (Westport and London, 2003), chapter 4, "Cuisine by Region", pp. 115 – 117. 对此，也有学者提出了不同的意见，认为至少在观念上，欧洲人16、17世纪的时候已经开始陈述全国性食物的观念。参见 David Gentilcore, *Food and Health in Early Modern Europe: Diet, Medicine and Society, 1450 – 1800* (London and New York: Bloomsbury Academic, 2016), chapter 4, "Regional Food: Nature and Nation in Europe", pp. 76 – 77.

从个人观察所得到的经验到社会知识的建构，还有一个重要的环节在于个人经验的应用，个人经验得以传播方能使之为人所用。18 世纪见证了欧洲人思维方式的改变，在新知识建构的过程中，旅人的个人经验叙事被纳入博物学知识的汇编范围之内。

前引杜赫德的中国街头狗追逐屠户的文字，可能是引用了西班牙传教士闵明我（Domingo Fernández Navarrete）的著作《中华帝国概述》，在描写了大街上的奇观及罗列了中国人食用肉类的多样性之后，闵明我还写下了这么一句话："我自己尝过了马肉、狗肉和老鼠肉，说真的，我还挺喜欢它们的。"[1] 这句话是完全出于闵明我的个人经验，然而，经过杜赫德的编辑之后，它没有被保留在《中华帝国全志》中。尽管闵明我著作的英译本在 18 世纪初已经刊印出版，但这句话同样没有被各种主要的博物学著作收录。"出格的"个人经验并不适宜转化为社会知识，类似的例子还见于平托（Ferdinand Mendez Pinto）的著作，他在书中说看到很多船只满载陈皮（dried orange pils）用于烹饪狗肉时去除膻味及改善肉质。[2] 平托游记的英译本在 17 世纪中叶已经出版，并且在 1663 年和 1692 年再版两次，然而这段记述也没有被 18 世纪的博物学著作转录，说明博物学的知识编纂并不是个人经验的直录，编者着眼的是知识的普遍价值。法国商人德经（Chrétien-Louis-Joseph de Guignes）曾经在中国居住 17 年，并且担任荷兰使节德胜（Issac Titsingh）的翻译，随使团前往北京。他出版的有关德胜使团的著作中，提到了中国人吃狗的习惯："中国人特意把幼犬养肥，然后把他们勒死；接下来他们把狗烤了，切成几大块，并且仔细清理干净。我观察到他们是私下做这个工作

---

[1]　Dominick Fernandez Navarrete, *An Account of the Empire of China, Historical, Political, Moral and Religious…* (London: Printed for Awnsam and John Chruchill, 1704), p. 65.

[2]　Ferdinand Mendez Pinto, translated by H. C. Gent. (Henry Cogan), *The Voyages and Adventures of Ferdinand Mendez Pinto…* (London: Printed for Henry Cripps and Lodowick Lloyd, 1653), p. 123.

的，不喜被人看到。狗肉有催情的作用，既不美味也不难吃。"① 最末一句表明，德经应是尝试过狗肉的味道。德经的书在 19 世纪没有英译本。把这段话介绍给英文读者的是《微观中国》的英译本，书中引用了这段文字，但是删去了最后一句有关狗肉味道的话。② 显然，知识的剪裁有着隐藏的原则：将欧洲人食用狗肉的情节隐去，以凸显中国人行为的奇异，唯有对比鲜明，才更具观照的价值。

狗追屠户的文字，出现在 18 世纪出版的多种博物学、地理学著作中。奥利弗·戈德史密斯（Oliver Goldsmith）的著名博物学著作《地球及动物的历史》初版于 1774 年，该书在 18 世纪后期到 19 世纪前期曾多次再版，其中包括了详注本。③ 书中有关"犬类"的条目，在转抄了闵明我所记广州街市群狗追逐屠户的内容之前，作者先行发表了一番议论："在别的一些地方情况也差不多，这种可爱且忠诚的动物，没有被依其天性而善用，只是作为肉食被喂养。"④ 戈德史密斯显然对这一细节印象深刻，后来还在和塞缪尔·约翰逊、詹姆斯·博斯韦尔（James Boswell）等人的饭局上讲到了狗追屠户的话题。⑤ 这本书出版之后不久，有关广州狗肉街市的记载就被转抄入一本书名为《父亲对孩子们的教导》的儿童读物，出现在了一

---

① Chrétien-Louis-Joseph de Guignes, *Voyages à Péking, Manille et l'Isle de France faits dans l'Intervalle de Années 1784 à 1801* (Paris: De L'imprimerie Impériale, 1808), Tome Second, pp. 276 – 277.

② 法文原版见 M. Breton (1811), Tome Troisieme, p. 81。英文版见 M. Breton, *China: Its Costume, Arts, Manufactures & c.* (London: Printed for J. J. Stockdale, 1813), vo. 3, p. 58。

③ 1817 年，出版商将此书与 G. F. Shaw 的《植物学诸要素》（*The Elements of Botany*）合订出版，书名为《自然全景》。*The Panorama of Nature, Or a Comprehensive View of Natural History and Botany...* (London: Printed and Published by R. Edwards, 1817).

④ Oliver Goldsmith, *A History of the Earth and Animated Nature*, a new edition in six volumes (London: Printed for F. Wingrave, 1791), vol. III, p. 23.

⑤ James Boswell, *The Life of Samuel Johnson* (London: John Murray, 1848), vol. III, p. 275.

篇题为《狗》的文章中，作者将其归类为"道德故事"。① 书作者托马斯·帕西法尔（Thomas Percival）在书名的副标题中表明，这本书是为了"促进对美德的热爱、对知识的品味以及对自然类作品的早教"。这一说法并非随意标榜，他是近代第一位系统地阐述医疗伦理的人，并且，这本书中还收录了关于基督教的讨论。② 可见当有关广州的街市狗肉铺的旅游记述被转化为博物学的知识，之所以转化的是狗追屠户的故事而不是闵明我认为狗肉味道"还不错"的原话，大概是因为博物学的作者们认为这不符合美德的需求，不能被纳入自然知识的范围内。在知识的建构中，刻意剪裁前人文献，是为了追求其"善知"的特性。该书的第一版出现在 1776 年，至 1777 年已经是第三版了，可见这本书受欢迎的程度，在 18 世纪末到 19 世纪初的二三十年间，这本书多次再版。大量的阅读需求说明了彼时知识建构中对道德的强调是普遍的需求而非个别作者的苦心孤诣。此书最初的版本并没有录入《狗》③，1777 年都柏林的版本也没有④，这篇文章出现在了同年伦敦印刷的版本中。这说明帕西法尔是在初版完成之后才看到了《地球及动物的历史》，他认为有关街市狗的记述有价值，才会将之录入新版当中，新版扩充了"道德文章"部分，意味着这一部分在著作编纂中的重要性。19 世纪初，《狗》这篇文章在被收录到了美国的教育文选中，于是街市狗的故事成了跨大西洋道德教育的一个例子。⑤ 这本教育文选的编者认为，它

---

① Thomas Percival, *A Father's Instructions to His Children* (London: Printed for J. Johnson, 1777), p. 66.

② Robert M. Veatch, *Disrupted Dialogue: Medical Ethics and the Collapse of Physician—Humanist Communication, 1770–1980* (Oxford: Oxford University Press, 2005), pp. 61–62.

③ Thomas Percival, *A Father's Instructions to His Children*... (London: Printed for J. Johnson, 1776). 此书在 1776 年一年之内再版了 3 次。

④ Thomas Percival, *A Father's Instruction to His Children*... (Dublin: Printed for Caleb Jenkin, 1777).

⑤ Herman Daggett, *The American Reader: Consisting of Familiar, Instructive, and Entertaining Stories, Elected for the Use of Schools* (Poughkeepsie: Printed by P. Potter, 1812), 2nd edition, pp. 165–167.

"是我们的学校急需的"，广州的街市狗故事变成了英美儿童及学校道德教育的入选内容。它对于数十年后那些到达广州旅游的英美人士，应是有影响的。

在戈德史密斯的著作出版之后不久，另外一本自然史著作《自然纵览》也抄录了广州街市狗的故事，该书的副标题同样点明了作者的意图是从历史及道德的层面探讨自然科学规则。[1] 作者菲兹格拉德（Francis Fitzgerald）在有关狗的篇章中高度赞扬了这种四肢动物，它们是"人类的朋友"，狗在执行任务时，"在所有受到人类保护的动物中是无可匹敌的"。[2] 显然，街市狗的遭遇是作为反例出现在此书中的。10 年之后，菲兹格拉德修订了这本书，以新的书名出版，书名删去了"道德的"一词，但是强调了该书的教育属性，特别指出这本书可供男女青年的教育之用。[3] 书名的副标题出现了"有用的"一词，表明了道德教化也是"科学"知识的用途之一。进入 19 世纪，街市狗的故事重复出现在了不同的文本之中，以教育青少年为目的的著作在其中占了比较大的篇幅。初版于 1810 年的《小旅行家萌哥》以拟人的手法描写了一只叫作萌哥（Mungo）的狗向自己的同类讲述旅行见闻的故事。萌哥从他的朋友涅普顿（Neptune）那里听说了广州街市狗的故事，并在聚会中向狗朋友们转述。[4] 从朋友那里"听说"了故事，可以理解为街市狗的故事已经逐步流传开来了，进而成为人们的谈资。

---

[1]　Francis Fitzgerald, *Surveys of Nature, Historical, Moral, and Entertaining exhibiting the Principles of Natural Science in Various Branches* (London: Published by C. Taylor, 1787) , vol. II, p. 53.

[2]　Fitzgerald（1787）, pp. 49–50.

[3]　Francis Fitzgerald, *The General Genteel Preceptor: Being the Second Division of Natural History Birds. Adapted to the Service and Instruction of Youth of Both Sexes; and Others, Who Wish to Acquire, or Confirm, Useful and Pleasing Knowledge in the Various Branches of Education* (London: Printed for C. Taylor, 1797) .

[4]　Mary Mister, Mungo, *The Litter Traveller, A Work Complied for the Instruction and Amusement of Youth* (London: Printed for Darton, Harvey, and Darton, 1814) , 2nd edition, p. 92.

有意思的是，19 世纪初出版的一本标榜基督教科学知识的著作将《地球及动物的历史》和《父亲对孩子们的教导》两本书中的内容混杂在一起：在讲述猎狐犬报复残暴的喂养人的故事时，以广州街市上狗追逐屠户的故事为注释，在讲述基督教教义中有关复仇的内容时杂糅了"自然"知识。① 无独有偶，一本 1818 年出版的著作，也选取了戈德史密斯书中街市狗的段落，以科学的及宗教的"真实"事件来作为《圣经》新译本的解释例证。②

译著同样是 18 世纪英国博物学知识的重要来源，曾经随同库克船长（Captain James Cook）环球航行的英国博物学家福斯特（J. R. Forster）在把瑞典博物学家彼得·奥斯贝克（Peter Osbeck）及瑞典东印度公司船长查尔斯·古斯塔夫·埃克伯格（Charles Gustavus Eckeberg）的中国航海志从德语翻译为英文时，编制了中国动植物的拉丁文名称类目，并有英文注解。③ 其中引用了杜赫德的文字，说明"在中国，人们吃狗肉"。又引用奥斯贝克的文字，说明"在中国，人们吃马肉"。④ 福斯特特意加上了杜赫德的著作来注解"犬类"（canis）一词，显然是认为杜赫德辑录的情节是有关中国犬的必备知识。

17、18 世纪英国的知识转型，使得广州街市狗的故事被置于新

---

① Thomas Wood, *The Mosaic History of the Creation of the World: Illustrated by Discoveries and Experiments Derived from the Present Enlightened State of Science...* (London: 1818), 2nd edition, pp. 507 – 508.

② William Cowhead, *Facts Authentic, in Science and Religion: Designed to Illustrate a New Translation of the Bible* (Manchester: Printed by Joseph Pratt, 1818), p. 248.

③ 有关福斯特的翻译与类目编制，参见 E. Brestchneider, *Early European Researches into the Flora of China* (Shanghai: American Presbyterian Mission Press, 1881), pp. 88 – 91。

④ Peter Osbeck, *A Voyage to China and the East Indies... Translated from the German by John Reinhold Forster, to which are adde, A Faunula and Flora Sinensis* (London: Printed for Benjamin White, 1771), p. 322 and p. 324.

的语境之中。在博物学的发展过程中，此类具有猎奇性质的故事被转化为了民俗及博物学知识，并且以教育读本的形式在更广泛的读者群体中流传。被粉饰为"科学知识"的猎奇故事在当时英国社会上的功用在于道德的教化，目的是正己而不是非议他人。中世纪及近代早期相关故事中暗含的基督教伦理并没有完全消失，与新的社会语境结合之后，"科学＋道德"的中产阶层价值观是"新瓶"，赋予了街市狗故事的"旧酒"新的风味。对"科学"的强调，使得各位作者倾向于选择抄录"真实"旅行的记录，闵明我的文字因此得到了广泛的流传。而想象的旅行记录，比如威尔士博物学家彭南（Thomas Pennant）有关亚洲的自然史著作中也有关于街市狗的故事，改自杜赫德的相关文字，然而彭南的叙述并没有得到广泛的转录。① 可见在时人眼中亲临其境是汲取知识的重要途径。19 世纪中叶，在富裕阶层的壮游逐渐过渡到大众旅游之后，将会有更多的旅人有机会描述他们在广州见证到的狗肉铺"奇观"。

　　将"奇闻"转变为知识的策略之一，在于改变叙事的时间性。18 世纪的读者对于反复被引用的文字未必会质疑其信源之单一化，毕竟科学论证方法的成熟尚有待时日。叙事的重复使得所描写的现象在阅读的层面被导向了常态化，引致读者认为这是日常的现象。作为对比，"反常"的情况被从记忆中剔除出去，以阻断"反常"成为"常识"的路径。17 世纪英国国教会的著名神职人员杰里米·泰勒（Jeremy Taylor）在其著作中指出，饥荒和瘟疫一样，让人绝望，当食物断绝之时，人们只能依靠"马、狗、猫、田鼠、冬眠鼠（dormice）和别的害虫（vermin）为食物"。② 这一串的动物也曾出现在英国人的肉食之中，但通过把它们置于反常的情景之下，18 世纪的英国知识制造过程中，这些细节只是历史的插曲，而不是日常

----

① Thomas Pennant, *Outline of the Globe*, vol. Ⅲ, *The View of India Extra Gangem, China, and Japan* (London: Printed by Lake Hanford, 1800), p. 189.

② Jeremy Taylor, *Contemplations of the State of Man in This Life, and in That Which is to Come* (London: Printed for H. N. and E. R., 1702), sixth edition, p. 49.

的情境。① 重复出现的"知识"，是其"科学性"重要前提。

三、中国犬"科学知识"的编制策略

从 18 世纪下半叶博物学的汇编到 19 世纪后期大众旅游的游记之间，有关广州人食用狗肉的记载还多次出现在了另外一种类型的英文著作中，那就是百科全书类的出版物。1815 年初版的《东印度志》称："中国市场出售的美食包括有马肉、狗、猫、鹰和猫头鹰。"② 博物学著作中有关街市狗的具体描述则被忽略了。这句话应是抄录自爱德华·摩尔（Edward Moor）的《印度万神殿》书中的一个注释，从其行文看来，作为军人被派驻印度的摩尔曾经到过广州。③ 他对中国人的食物大为不解——包括中国人不喝牛奶及不食用奶制品。但他的著作不如汉密尔顿（Walter Hamilton）《东印度志》的影响大，后者加工过的文字在整个 19 世纪中被多部英文著作抄录，当中包括了大名鼎鼎的《大英百科全书》。1841 年版的《大英百科全书》抄录了《东印度志》中的相关文字，稍有区别的是，在上述肉食的清单后面加上了"可食用的鸟巢"这一项。在 19 世纪多次再版的《东印度志》中，相关的内容均无显著修改。④ 此外，麦柯洛克（J. R. McCulloch）编辑的新版《商业及商业航运辞典》

① 18 世纪英国的历史著作中经常出现的特殊肉食的场景，是 1689 年英国国王威廉三世（William Ⅲ）及其妻子玛丽二世（Mary Ⅱ）共治时期与法国—爱尔兰的雅各宾派联盟军队作战时的场面。Nicholas Tindal, *The History of England* (London: Printed for John and Paul Knapton, 1744), vol. XVI, p. 320.

② Walter Hamilton, *The East India Gazetteer* (London: Printed for John Murray, 1815), p. 239.

③ Edward Moor, *The Hindu Pantheon* (London: Printed for J. Johnson, 1810), p. 140, footnote.

④ *The Encyclopaedia Britannica or Dictionary of Arts, Sciences, and Miscellaneous Literature* (Edinburgh: Adam and Charles Black, 1841), vol. VI, p. 103. 此外，1842、1854、1876、1878、1890 及 1895 年的版本中，都可见到这段文字。

（1844 年）也抄录了《东印度志》中的相关文字，这也是一部多次重印的工具书。① 直到 19 世纪末，相关的内容亦无更新。这些文字对大西洋彼岸的美国辞书产生了影响：在 19 世纪 80 年代出版的《美国商业辞典：制造业、商法及金融》② 及 1895 年出版的《家庭百科全书》③ 均抄录了这部分的内容。

　　辞书类出版物在讲到广州人食用狗肉时的简练平白，不仅是为了节省版面，这种现象反映出了英国人对"客观"知识的追求展开了新的面向。19 世纪初，如何"科学地"处理异域信息是英国知识界需要解决的问题，流行了数百年的游记作品虽然能够提供第一手的材料，但游记作者生动的、以带有文学性语言来进行的画面描写很容易引起读者的情感波澜，而这并不利于进行"准确的"分析，因而有碍于产生"科学"知识。④ 汉密尔顿的文字更受辞书编纂者的青睐，在于他写作中摒弃了摩尔著作中的个人情感色彩。已有论者指出，从 18 世纪中叶到 19 世纪中叶，欧洲的百科全书编纂者们在提及中国人的食物时，会比较着意于区分不同社会阶层的食物区别。⑤ 至于观察者个人的评价，如"美味""奇异"等字眼，则逐步在百科全书中消失了。以社会阶层来分析异国食物的特色，是因为相较于带有浓厚个人情感特色的口味等描写，"社会阶层"是更为

① J. R. McCulloch, *A Dictionary, Practical, Theoretical, and Historical, of Commerce and Commercial Navigation* (London: Printed for Longman, 1844), a new edition, p. 229.

② L. De Colange, *The American Dictionary of Commerce, Manufactures, Commercial Law, and Finance* (Boston: Estes and Lauriat, 1880), vol. 1, p. 154.

③ *The Home Encyclopaedia* (Chicago: Educational Publishing Co., 1895), vol. 4, p. 1308.

④ John Marriott, *The Other Empire: Metropolis, India and Progress in the Colonial Imagination* (Manchester: Manchester University Press, 2004), pp. 130 – 132.

⑤ Georg Lehner, *China in European Encyclopaedias, 1700 – 1850* (Leiden and Boston: Brill, 2011), pp. 188 – 191.

"准确"的分析依据。

百科全书类的著作反映了汇编知识的状况，而 18 世纪末到 19 世纪初，英国知识界对"他国之犬"的"科学"塑造，还有专业知识的层面。与"他国之犬"的主题最为相关的，当然就是有关犬类的"世界性"专著了。英国最早的有关犬类的专著出现在 1570 年，用拉丁文写作，并在 1576 年被翻译为英文出版。① 与此早期著作不同的是，19 世纪前期在英国出版的犬类著作关注更为广阔的地理空间，书中包括了对外国犬种历史及养狗习俗的介绍。1829 年出版的一本《列犬传略》搜集了各种著作中有关名犬的事迹，作者托马斯·布朗（Thomas Brown）宣称自己的研究"既有稽古亦有博物"，是一部关于犬类的"自然史"。② 书中征引的文字不乏触景生情式的文学性描述，诸如看到拉着面包车的"转叉犬"（turnspit）与其主人间的"温馨"互动等。③ 这些描述性的语言，基于作者的观察，"观察"成了当时科学知识建构的重要方法。

观察方法的应用，让来自中国的犬只成为不同地区犬只的对照物。博物学家怀特（Gilbert White）的邻居——一位英国东印度公司的雇员——从广州带了两只狗回国。怀特在其著名的自然史著作中描写了这两只狗的外观及习性，他留意到，这两只狗断奶之后就被带到船上了，并没有多少时间跟从狗妈妈学习，然而当它们到达英国之后，依然不喜肉食。④ 这一结论，凸显了不同国家犬只的差异。

---

① 这部有关犬类的著作作者是 John Caius，拉丁文的书名是 *De Canibus Britannicis*。英译本的译者是 Abraham Fleming，书名是 *Of Englishe Dogges: The Diuersities, the Names, the Natures, and the Properties*（Imprinted at London by Rychard Johnes，1576）。

② Thomas Brown, *Biographical Sketches and Authentic Anecdotes of Dogs*（Edinburgh: Oliver & Boyd, 1829），"Dedication" and "Preface".

③ Thomas Brown（1829），pp. 420 – 421.

④ Gilbert White, *The Natural History of Selborne; Observations on Various Parts of Nature; and the Naturalist's Calendar*（London: Printed by T. Bensley, 1789），pp. 279 – 280.

曾在运囚船上服务的随船医生坎宁安（Peter Miller Cunningham）指出，新南威尔士的土狗"在外形和面貌上都与中国的狗很接近，它的毛蓬松，是红色或是黑色的，尾巴又长又毛茸茸的，尖耳朵、脑袋大，轻微凸出的鼻子；它的体型和外观让我想起了苏格兰牧羊犬；跑得相当快，攻防的时候会用力撕咬"。① 其著作书名的副标题说明坎宁安的写作意图是为了写作自然史，因此他细致地描写了当地犬只的外观。这种写作风格，呼应了当时"科学"观察的原则。坎宁安的著作出版于19世纪20年代，他以中国犬和澳洲犬作对比，说明他对于中国犬的外观特质已然是比较熟悉的了，如此熟悉的程度，应是观察所得。

基于科学观察而进行的写作，是否意味着读者们必定可以掌握"准确"的异域知识呢？后果未必如此。19世纪初期英国异域知识的制造者乐于以"科学"的知识来包装作品，如征引相关著作来补充说明文学作品中的细节。1719年《鲁滨孙漂流记》初版并没有注释，1815年的版本有详细的注释，其中关于中国狗的形态的介绍，就引用了怀特（Gilbert White）的博物学著作。② 这个详注版的书名页说明，注引及地图等附录内容是为了"促进航海教育"。与这个出版年份接近的1805年版及1824年版都没有注释③，说明这个尝试未必奏效。不过可以看到，有关航海的世界性知识塑造，在彼时人们

---

① P. Cunningham, *Two Years in New South Wales: Comprising Sketches of the Actual State of Society in That Colony; of Its Peculiar Advantages to Emigrants; of Its Topography, Natural History, etc.* (London: Henry Colburn, 1828), vol. I , p. 287.

② Daniel Defoe, *Robinson Crusoe, The Life and Strange Surprising Adventures of Robinson Crusoe of York…* A New Edition, Revised an Corrected for the Advancement of Nautical Education, Illustrated by Technical and Geographical Annotation and Embellished with Maps and Engravings by the Hydrographer of the Naval Chronicle (London: Joseph Mawman, 1815), pp. 155 – 156.

③ Daniel Defoe, *The Life and Most Surprising Adventures of Robinson Crusoe…* (London: T. Wilson and R. Spence, Printers, 1805). 1824年版的出版商是伦敦的 T. Hughes。

的思维中，是包括了对他国习俗的了解的。为文学作品添加注释，其目的之一，在于强调著作的"科学性"。

1830年，赛德勒（Michael Thomas Sadler）出版了一部人口学研究著作，其中引用了闵明我及马可·波罗的文字，以说明"他们认为狗肉很美味"及人们把狗养肥了，通常在"屠铺"（shambles）出售。① 作者指出，尽管他在书中要讨论的是"国民需要"而非"国民口味"，但他认为，中国人食用狗肉只能是出于口腹之欲而非迫于生存所需。"国民需要"即是阶层的食物分别，"国民口味"则是主观的偏好，故而国民需要更具有可分析性。表面看来，他对于中国人食用狗肉的介绍言出有据且包括了信息来源，非常符合"科学"论证的规则。然而细加审读之下，其写作具有明显的偏向性。首先，赛德勒改动了马可·波罗原作的文义，马可·波罗提到"屠铺"的时候，指的是为富人提供肉食的地方，屠宰的是水牛、小牛及绵羊等牲畜，而穷人们食用的肉类并不来自屠铺。② 并且，马可·波罗在提到食用肥狗的时候，指的是"鞑靼人"的习俗，作者完全不加甄别地将这段叙述用在了对19世纪中国人的描述之上。其次，作者有选择性地引用了马可·波罗的著作。在马可·波罗的游记中，不止一处提到某地的居民食用狗肉，"行在"只是其中之一，可这本人口学的著作仅在讨论中国状况的时候提到了食用狗肉的细节。最后，作者使用了数百年前的文献来论证当下的状况，说明其选材时没有考虑作品的时效性。19世纪上半叶的英文出版物，以时间错位的资料来论述他者文化的情况，在"科学"知识制造中并不罕见。如果

---

① Michael Thomas Sadler, *The Law of Population: Treatise, in Six Books* (London: John Murray, 1830), vol. 1, p. 607.

② 这位作者（Sadler）没有说明引用的马可·波罗游记的版本，从出版年份来判断，大概他引用的是1818年的英译本：William Marsden translated from the Italian with Notes, *The Travels of Marco Polo* (London: Printed for the author, 1818)。在这个版本的英译中，述及"行在"的部分，没有言及居民食用狗肉，而是说："至于最底层的人，他们毫不犹豫地食用任何别的肉类，无论那是多么的不洁，也没有丝毫的鄙视。"（第514页）

说赛德勒是以古证今的话，那么时间错位的情况还包括了以今衡古。《马可·波罗游记》英译详注本中关于"行在"居民肉食的部分，就引用了老斯当东（Sir George Leonard Staunton）的出使行记，说明中国人毫不计较肉食的洁净程度，"那些可以在民居周围找到食物的四足牲畜，例如猪和狗，是最平常的肉食，在集市上出售"。① 表面上看起来，这样有依据的论述是值得采信的，应与当时中国的状况相符（假如我们忽略其中的暗讽意味），但用 18 世纪末年的见闻录来笺注 14 世纪的游记，时间上有着明显的错位，其"不科学"之处，已无须多言了。

如果对照托马斯·布朗与赛德勒的著作，那么似乎布朗的态度要"公允"一些，他罗列了若干食用狗肉的例子，如古罗马时代的记载以及欧洲人笔下的加拿大印第安人等等，中国人是其中一例，而不是唯一被提及的对象。但所谓的"公允"只是相对的，尽管布朗罗列了若干个不同时代、不同地区的人食用狗肉的例子，当中甚至包括了英国人库克船长。但是，只有对中国的描写讲到了狗肉的买卖——"狗肉在市集上出售"。② 若结合书中诸多描写人与狗之间温情脉脉的情节，那么作者在导言部分提及此种情节——人类最好的朋友被出售牟利，其中蕴含的批判之意可谓意味深长。

赛德勒为什么不采用其同时代英国人的著述，而要引用马可·波罗和闵明我的著作呢？这可能与此二人的著作被上述的多种出版物反复转载，在英国较为流行有关系。那么，为什么赛德勒不采用那些长期侨居广州的英国商人的著作呢？须知老斯当东仅是短期游历，且作为使节，可以接触到市井大众的机会是非常有限的。这个现象不能仅以赛德勒在选取有关"世界性"知识的文献时没有鉴别能力为借口来说明，其背后应与"中国通"们作为知识提供者所供应的素材与当时社会知识制造中的需求不合拍有关。

在 19 世纪初期的英国，对亚洲研究的兴趣已然将一些作者聚集

---

① William Marsden（1818），p. 516.

② Thomas Brown（1829），pp. 38 – 39.

了在一起，他们积极地参与了当时英国的他者知识建构。上文提到的汉密尔顿和摩尔二人均是英国"亚洲学会"（Asiatic Society）的成员，汉密尔顿是伦敦分会的创始成员之一①，摩尔则是加尔各答分会的成员，同时是孟买文学学会（Literary Society of Bombay）的创始会员②——孟买文学学会即后来的皇家亚洲学会孟买分部（Bombay Branch，Royal Asiatic Society）的前身。孟买文学学会成立时，会长麦金太什爵士（Sir James Mackintosh）致辞，指出了学会的研究计划的两个面向：一是"物理科学"，即广义上的自然科学，包括矿物学、医学等；一是"道德"研究，主要是探讨印度"居民过去与当下的状况"。③ 麦金太什指出，相关研究成果的出版会导致良好的政治，不仅有利于自身的政府，而且可以促进人类社会的普遍福祉。④ 亚洲学会的这一目的，说明了他们在制造知识时有着以己度人的倾向。为了给"良好的政治"提供素材，学会成员对"道德"的研究固然有着自身的立场，而对他者的观照则不应聚焦在揭短之上。

从亚洲学会伦敦分会的两位与中国有着深厚关系的成员的作品中，我们可以看到这种研究取向不是纯粹的空话。这两位 19 世纪前期中英关系的重要人物分别是小斯当东（Sir George Thomas Staunton）和德庇时（John Francis Davis），两人均为亚洲学会伦敦分会的

---

① "Asiatic Society of London", *The Asiatic Journal*, March 1823, p. 265.

② 《印度万神殿》一书的封二标明，摩尔是"加尔各答亚洲学会会员，孟买文学学会会员"。

③ James Mackintosh, "A Discourse at the Opening of the Literary Society of Bombay, Read at Parell, 25th November 1804", in *Transactions of the Literary Society of Bombay* (London: Printed for Longman, 1819), vol. 1, xvi – xix.

④ "A Historical Sketch of the Bombay Branch, Royal Asiatic Society", in *Index to the Transactions of the Literary Society of Bombay*, vols. I–III, *and to the Journals of the Bombay Branch, Royal Asiatic Society*, vols. I–XVII, *with A Historical Sketch of the Society by Ganpatrao Krishna Tivarekar, Librarian* (Bombay: Printed at the Education Society's Press, 1886), p. 7.

创始会员。①

德庇时在其著作中讲述中国人的肉食习惯：

> 如果说富人拣饮择食看起来（口味）古怪（fantastic）的话，穷人的食物供应在不加鉴别（indiscriminate）方面是不相上下的。事实上，他们会吃下去任何到手的食物；如果他们像印度教信徒那样偏食，那么一大半的中国人只能忍饥挨饿了。无论是狗肉、猫肉甚或是田鼠肉，都不会令他们面露难色；事实上，狗肉在他们的一本古书中被列为寻常的食物。②

他对街市狗追逐屠户的故事有自己的看法："据说中国的狗特别敌视屠户，无疑，其缘由在于犬类在几乎所有地方都能享有的豁免权和特权，却［在此］受到了侵害。"③ 德庇时的表述没有涉及狗追屠户的细节，并且以"据说"来表明旧说是可质疑的，进而他尝试用对比的手法来说明街市狗奇特行为的合理缘由，摒弃了前人文字中的感情色彩。他甚至使用了"犬类"（canine race）这样的术语，显然他期待自己笔下叙述的是"知识"，不应被情感色彩浓郁的描写削弱其中的"科学性"。德庇时在写作《中国人》时，甚至还参考了自然史的著作，借鉴了相关作者对中国犬的观察记录。④ 同时，他根据个人的经验提出了不同的意见：他认为中国的狗是经过驯化

---

① "Literary and Philosophical Intelligence", *The Asiatic Journal and Monthly Register for British India and Its Dependencies*, vol. XV, March, 1823, p. 265.

② John Francis Davis, *The Chinese: A General Description of the Empire of China and Its Inhabitants* (London: Published under Superintendence of the Society for the Diffusion of Useful Knowledge, 1836), vol. I, pp. 313 – 314.

③ John Francis Davis, *The Chinese: A General Description of the Empire of China and Its Inhabitants*, p. 314.

④ Gilbert White (1789), pp. 279 – 280.

的，胜任看家护院的工作，甚至被称为"神犬"。① 这更加印证了德庇时的写作意图在于回应亚洲学会提出来的以获取"科学的"及"道德的"知识为主旨的指引。

与德庇时乐于描写中国人的社会生活不同，小斯当东的著述甚少涉及这方面的细节。他更多地翻译了与中国的典章及礼制相关的著作，其著作《中国汇注》选译了多种汉语著作，并有简要的解题、注释。在这本最有可能提到"猎奇"知识的著作中，小斯当东展示了自己诠释中国文化的出版计划——翻译汉语著作。他长期在中国居住，选择不在公开的出版物中讨论诸如食用狗肉的风俗，也许是认为这样的枝末小节不足以表现出中国的状况，并不意味着他忽略了所谓的"道德"问题。② 他在回忆录中提及，其本人极少在国会发言，但他曾经发言支持《取缔狗车（Dog-carts）法案》。③ 他本人希望善待犬只的态度，与当时英国主流社会的观念并无二致。不过从另外的角度看来，他没有公开讨论中国食用狗肉的习俗，或许也是回避负面叙事的一种方式，与亚洲学会的早期研究宗旨中不以揭他人之短为目的的建议，是一致的。

无论是德庇时的文学性语言还是小斯当东克制的语言，这些"中国通"的"第一手"资讯似乎没有被近代英国的博物学作者们广泛采用。大概是因为博物学家们在选取陌生领域的素材时，有了先入之见，而"中国通"们的著作不符合这种目的论的需求。"先入之见"的基础，就是18世纪的时候逐步形成的以他国之犬来观照

---

① John Francis Davis, *The Chinese: A General Description of the Empire of China and Its Inhabitants*, vol. II, 322 – 323.

② Sir George Thomas Staunton, *Miscellaneous Notices Relating to China, and Our Commercial Intercourse with that Country, including a Few Translations* (London: John Murray, 1822), second edition, enlarged. 小斯当东在书中表达了对中国人的批评，认为他们"狡黠（sagacious）且独特，在诸多方面，其风俗与习惯被公认与文明国度中最受人认可的准则相悖……"（第192页）

③ Sir George Thomas Staunton, *Memoirs of the Chief Incidents of the Public Life of Sir George Thomas Staunton* (London: L. Booth, 1856), p. 143.

本国特性并由此建构而成的认知模式及知识结构。当相关知识近乎成为"共识"的时候，他者的形象就此固化并难以逆转了。小斯当东的写作策略可能回避了对中国人肉食习俗的直接评价，以免与英国社会"成见"相左，但这样的写作策略，同时也意味着对他者文化的叙述失去了为差异性"正名"的机会。19 世纪初期英国学界编制科学知识的策略中，"第一手"材料的重要性从属于对他者的先入之见，已经广泛流传的文本相较于新的出版物更容易被采纳，一定程度上可以理解为"他者"形象的固化。

四、他者的"变异"

"他者"形象的固化意味着停滞及缺乏变动。他者的活力被从日常生活经验中抽离了出来，观照的焦点被凝固在了特定的时刻。观照的主体在趋时而动，他者的静止形象由此产生了扭曲，对跨文化的交往形成了更大的障碍。① 在 18 世纪英国人国民特性塑造中，人与狗的关系呈动态发展，而对过往几个世纪中国人与狗关系的文本的重复，则以他者的静止时刻来衬托了英国社会进程的活力，也就是所谓"进步"的态势。

在小斯当东和德庇时二人之前，马礼逊（Robert Morrison）更早地向英国的读者译介了中国的经典著作。他在《中国时文：俗文学译文集》（Horae Sinicae）中收录了一篇《牛戒歌》，为了让英文读者更加明白此篇的语境，马礼逊添加了副标题——"由口出人言的牛歌唱"。更进一步地，他还为文题加上了一条注释："原文的言语出自一头拟人化的牛。"② 此书出版于 1812 年，同年出版的《文学

---

① Karen Parna, "Narrative, time and the fixed image", in Jan Baetens, Mireille Ribière eds. , *Time, Narrative and Fixed Image* (Brill: 2021), p. 21.

② Robert Morrison, *Horae Sinicae: Translations from the Popular Literature of the Chinese* (London: Printed for Black and Parry, 1812）, pp. 65 - 68. 这本译著收入了《三字经》《大学》《三教源流》（部分）等内容。

批评年鉴》介绍了这本著作，文章作者援引了马礼逊的说法——每
20个中国人或者每10个中国人有一个人受到《牛戒歌》的影响，
戒食牛肉——而后指出，中国人口众多，如此比例的人口不食用牛
肉，应是受生活所需决定而非自主选择的结果。然后，作者以发散
话题的句子结文："那些食用狗肉的人，碰到公牛或者奶牛的时候，
是不太可能谨慎待之的。"① 马礼逊在选材翻译时，必定认为《牛戒
歌》可以帮助英国读者更好地了解中国的信仰状况。这位最早看到
译文的推介者自有其主张，印证了读者对文义的理解很大程度上被
社会的成见所左右。食用狗肉的人被贴上了不诚信的标签——按照
推介者的逻辑，既然他们会食用狗肉，那么他们也会违背戒条，食
用牛肉。到了19世纪初期，英国社会对食用狗肉的鄙夷，已经不仅
是立足于食物洁净的角度，狗的待遇成了衡量他者社会特性的标准
之一，也成了人们发掘自身美德的源泉。

以狗的待遇作为衡量他者社会的尺度，要从两个维度来实现：
英国社会对狗的认识发生转变及对他者文化诠释的转向。在比较的
层面上，所谓的他者不仅包括了其他民族的文化，也包括了与人类
并立的动物，特别是被视为人类朋友的狗。因此，他者的所指发生
了改变。

在闵明我的时代，西人已认可狗的忠诚，例如生卒年代比闵明
我稍晚的英国大诗人亚历山大·蒲柏（Alexander Pope，1688—
1744）就在书信中说过："历史上狗比朋友忠诚的例子俯拾皆是"②，
狗比朋友忠诚，是对比而非对等，蒲柏尚未视狗为"朋友"。蒲柏的
观点，非由其独创，而是文艺复兴时期开始已经在欧洲多国流行新
兴观念的回音。16世纪意大利的肖像学家（iconographer）礼柏

---

① *The Critical Review, or, Annals of Literature* (London: Printed for J. Mawman, 1812), series the fourth, vol. Ⅱ, No. 1, p. 223.

② Alexander Pope, *Letters of Mr. Alexander Pope and Several of His Friends* (London：Printed by J. Wright for J. Knapton, 1737), p. 53, "Letter XXV, October 19, 1709".

（Cesare Rip，c. 1555—1622）就在其著作中表示，要以图像要素表达"忠诚"的主题，其构图应该是"一个穿着白袍的男子，左手拿着印章，右手拿着钥匙，身边是一条狗"。① 由于蒲柏在英国文坛声名赫赫且其作品读者众多，他的观点在整个 18 世纪都受到其同胞的关注，不少人引用他的话来证明狗在人们生活中的特殊地位。②

与之并行的，是贯穿了大半个 18 世纪的"狗税"争议，其时整个英国社会都被卷入到了是否应该向家犬征税的论争当中。支持向家犬征税的一方认为此举可以为国家提供财源③，并且养狗不是生活必需，属于奢侈的行为，向奢侈品征税应无异议④，同时狗消耗了大量的食物，其主人应向国家缴纳税金作为补偿⑤。1796 年，英国国会经过激烈的辩论之后，最终通过了征收狗税的法案。有关

---

① Cesare Ripa, George Richardson, *Iconology or A Collection of Emblematical Figures, Moral and Instructive, Chiefly Complied from the Icoonology of Cavaliere Cesare Ripa... the Whole Collected and Arranged by George Richardson* (London: Printed for the Editor, 1779), vol. Ⅱ, Book Ⅲ, p. 117.

② "On the prevailing rage of Dog-killing", *The Annual Register, or a View of the History, Politicks, and Literature of the Year 1760* (London：Printed for R. and J. Dodsley, 1764), third edition, pp. 209 – 211; Samuel Ward, *A Modern System of Natural History, Containing Accurate Descriptions, and Faithful Histories of Animals, Vegetables, and Minerals...* (London：Printed for F. Newbery, 1775), p. 151. 如果我们把视线延伸到 19 世纪，那么我们将看到有一位重要人物与蒲柏所见略同，那就是诗人拜伦。他给自己的爱犬立碑题诗，称它"至美而无华，强力而不傲慢，勇敢而不凶残"。Thomas Moore, *Letters and Journals of Lord Byron: with Notices of His Life* (Francfort：Printed by and for H. L. Brönner, 1830), p. 36.

③ A Lover of His Country (William King of Reading), *Reasons and Proposals for Laying a Tax upon Dogs, Humbly Addressed to the Honourable House of Commons* (Reading: Printed by D. Henry, 1740), pp. 3 – 5.

④ G. Clark, *An Address to Both Houses of Parliament Containing Reasons for a Tax upon Dogs...* (London: Printed for Johnson, 1791), pp. 5 – 6.

⑤ John Sinclair, *The History of the Public Revenue of the British Empire* (London: Printed by A. Strahan, 1790), part Ⅲ, p. 199.

狗税的争论，很大程度上取决于人们认为养狗的目的何在。① 狗税的反对方指出，狗的忠诚是无可比拟的，不可以将之与其他被征税的猎物［如狐狸或者鹿——笔者按］相提并论，足见蒲柏的说法在18世纪应者甚众。② 这场关于人与动物关系的争论，司法上的焦点在于狗是否应该被视为"物品"——因此可以对之征税；抑或是如反对方坚持的那样，人与狗之间相互依存、各自承担着责任，养狗不是必要的，然而这使得人更加有可能探寻自身存在的边界。③

表面看来，强调狗的忠诚乃是情感叙事，探讨狗税的合法性是理性分析，这两者似乎是对立的。实质上，18世纪英国社会在观念与司法层面对狗的重视，说明了人们在从不同的维度探索人与动物关系的边界，狗是重要的参照物。19世纪初的一本杂志的名称将人与那些"卑微"的动物的关系归结为人性（humanity）的体现，并且强调人的行为在其中的重要性。④ 由此，英国国民性的塑造也就上升为对"人性"普遍价值的追求了。

从对狗的态度及行动提升为人性的诉求⑤，意味着这是一个动

---

① Ingrid H. Tague, "Eighteenth – Century English Debates on a Dog Tax", *Historical Journal*, 51, 4（Dec. , 2008）, pp. 901 – 920.

② Brindle, *The Dogs Plea; or Reasons Most Humbly Submitted by the Barking Fraternity of Great Britain, to the Men Their Masters, Shewing Why Dogs Ought to be Exempted from Taxes*（London: Printed for R. Griffiths, 1753）, p. 19.

③ Lynn Festa, "Person, Animal, Thing: The 1796 Dog Tax and the Right to Superfluous Things", *Eighteenth-Century Life*, vol. 33, no. 2, Spring 2009, pp. 1 – 44.

④ *The Voice of Humanity: for the Communication and Discussion of all Subjects Relative to the Conduct of Man towards the Inferior Animal Creation*（London: Published by J. Nisbet, 1830）, vol. I. 这本杂志的名称可以简译为《人性之声》。

⑤ 兽医布雷恩（Delabere Blaine）在其著作中说："它们对人类的忠诚联系，不仅值得我们人性的发扬（exertion of our humanity），而且值得我们满腔的感念与爱护。"Delabere Blaine, *Canine Pathology or a Full Description of the Diseases of Dogs… Preceded by an Introductory Chapter on the Moral Qualities of the Dog*（London: Printed for T. Boosey, 1817）, p. 139.

态的过程，并且，狗的特殊地位得到了肯定，比如将之拟人化，并强调其与人类的对等关系。为此，到了 18 世纪末，蒲柏等人的说法被进行了"微调"，狗被称为"人类的朋友"。彼时，某些人士激进地表示，食用狗肉者，亦会"分享人肉"。① 1775 年发表的一篇文章称："狗是所有已知的四足动物中最聪明的，是公认的人类之友（friend of mankind）。"② 剑桥大学的学者托马斯·扬（Thomas Young）在 18 世纪末发表了长文，反对用动物表演以及各种虐待动物的行为，他认为所有的动物都是大自然的造物，没有美丑之别，人们善待动物的态度是人性进步的表现。③ 托马斯·扬是著名的科学家，在多个领域均有研究成果，他的言论表明，博物学知识的积累一定程度上导致了西人再思"人与动物"的关系，并且引向了对人性（humanity，human nature）的反思。狗等动物变成了近代西人自我谛视的对照物，从"狗—朋友（人）"的并列对比关系到"狗＝朋友"的等同关系，正是这样一种观念转变的反映。观念的转变伴随着情感的变迁，对待朋友，不仅需要忠诚，还需要尊重。19 世纪初，贵格派作家以法雷·伍德（Ephraim Wood）写道："马儿（还有狗，非常有用的动物及人类的伙伴）在某种程度上，以特定的方式，值得我们的尊重和仁慈（humanity）"。④ 这一时期的出版物已有意识地将此种观念向大众推广。1790 年出版的一本妇女及儿童读物中辑录了

---

① James Henry Bernardin de Saint Pierre, translated by Henry Hunter, *Studies of Nature* (Worcester: Printed for J. Nancrede, 1797), vol. Ⅲ, p. 389. 作者在此番言论中称，狗是"人类在自然的朋友"。Saint Pierre 是一位小说家。

② Samuel Ward (1775), p. 150. 这种论调马上得到了回应，当年出版的杂志就刊载了书中有关狗的篇章："Of Animals of the Dog Kind", *The Sentimental Magazine*; or, *General Assemblage of Science*, *Taste*, *and Entertainment Calculated to Amuse the Mind*, *to Improve the Understanding*, *and to Amend the Heart* (London: Printed for the Authors, 1775), vol. Ⅲ, August 1775, p. 339。

③ Thomas Young, *An Essay on Humanity to Animals* (London: Printed for T. Cadell, 1798), pp. 181 – 187.

④ Ephraim Wood, *The Vision*; *or A View of Terrestrial Objects...* (1820), p. 47.

若干关于狗的评价，这个部分的第一个段落中同样强调了"狗是人类的朋友"的基调。① 1826 年出版的一本词汇书中有关狗的简介，也重复了狗是人类朋友的说法。② 有关狗的专著也出现了，说明对狗的偏爱已经有了广泛的社会基础。③

随着社会语境的变迁，英国人继续提及狗肉作为食品的问题，已经脱离了猎奇的心态。有关中国人吃狗肉的话题，逐渐地偏离了原来的语境，不仅是获取知识与科学的路径，而是在更广泛的社会情景中作为文化观照的对象而呈现。18 世纪末到 19 世纪初，欧洲的一些作者会为中国人食狗寻找合理性，比如指出对于穷苦的人来说，在物质匮乏的情况下，是会满足于食用马肉和狗肉的。"人们甚至在大街上公开售卖猫和田鼠。"④ 作者格罗西埃（Jean-Baptise Grosier）是法国的修道院院长，从来没有去过中国，因此，对中国穷人食用狗肉和马肉的情况，除了有参照前人著述外，也有想象的成分。荷兰作者德·坡（De Pauw）考虑到了中国的法律缺乏对食物构成的明

---

① Lady Eleanor Fenn, *The Rational Dame, or, Hints Towards Supplying Prattle for Children* (London: Printed by John Marshall, 1790), p. 40.

② George Fulton, *A Pronouncing Vocabulary with Lessons in Prose and Verse, and a New Grammatical Exercises* (Edinburgh: Published by Oliver & Boyd, 1826), pp. 69 – 70.

③ Delabere Blaine, *Canine Pathology, or a Full Description of the Diseases of Dogs; with Their Causes, Symptoms, and Mode of Cure...* (London：Printed for Boosey, 1817). 在这本兽医学的著作中，"导言"的论题中心是"狗的道德"。类似的著作还有 Joseph Taylor, *The General Character of The Dog: Illustrated by a Variety of Original and Interesting Anecdotes of that Beautiful and Useful Animal in Prose and Verse* (London: Printed by Darton and Harvey, 1804)；以及 Anon., *The Complete Dog Fancier, or General History of Dogs* (London: Published by T. Hughes, 1824)。该书的封二上罗列了 26 种狗的名称，并且还附有小诗一首："数人类无言之友，吾以为，忠犬值得最温柔的爱抚。"

④ Jean – Baptiste Grosier, translated from French, *A General Description of China* (London: Printed for G. G. J. and J. Robinson, 1788), vol. Ⅱ, p. 320.

文规定，故而中国人并没有肉食种类的偏好。① 不过，德·坡认为食用狗肉的习俗显然是难以理解的，因此他专门在注释中引用了一本德文著作的说法，指出中国人主要在夏季食用狗肉，因为狗肉性凉。需指出的是，他在相关段落中罗列了多种"奇特的"肉食，唯有狗肉是专门做了注释的。格罗西埃和德·坡这两位作者都不是英国人，不过他们的看法不是孤立的，在英国人当中也有共鸣。老斯当东观察到，中国的普通人（common people）很少有机会一尝肉味，因此，他们不会计较肉食的来源是否不洁。② 来自威尔士的博物学家、旅行家佩南特（Thomas Pennant）借鉴了老斯当东等人的说法，指出中国的普通人不会介意食用那些漂浮在河沟里的马匹或狗的尸体。他认为这是土地的产出不能满足大量的人口所造成的。③佩南特没有到过中国，他的论断更多地建立在文献证据之上。

肯定中国人食用狗肉习俗的合理性，并不意味着他者认知的"转向"。英国的作者们依然执着于突出英国的特性。1823 年出版的一部有关航海的文学作品，虚构了布利泽船长（Captain Blisset）和威廉·沃尔什（William Walsh）两个人物在亚洲各地航行时的见闻。其中讲到中国人为了填饱肚子，把一切可以吃的东西都变成食材，狗肉也在其列，该书的作者趁机抒发了一番：

威廉的观察十分公允；在见证到其他民族经受的困顿之前，

---

① Mr. De Pauw, *Philosophical Differtations on the Egyptians and Chinese*, translated from the French by Capt. J. Thomson, private reader to Frederic II, King of Prussia (London: Printed for T. Chapman, 1795), pp. 164 – 165. 这位作者德·坡的全名是 Cornelius de Pauw，是荷兰的哲学家及地理学家，曾经出使普鲁士腓特烈大帝的宫廷。此书的法文版在 1774 年面世。

② Sir George Staunton, *An Authentic Account of an Embassy from the King of Great Britain to the Emperor of China…* (London: Printed by W. Bulmer and Co., 1797), vol. II, p. 399.

③ Thomas Pennant, *Outline of the Globe: The View of India Extra Gangem, China, and Japan* (London: Printed by Lake Hanford, 1800), vol. III, p. 189.

是不会知道自己国家哪怕一半的价值的；比如，那些在爱尔兰以土豆和牛奶果腹的人，以为自己生活非常艰难，他没有想到，比起那些可怜的中国人——食材那么的粗劣，他的处境已经是无比的好了。①

"土豆"在此中与爱尔兰人的身份挂钩，食物的差异说明了民族特性的差异。为了让这样的讨论显得更为"合理"，19 世纪初期的作者会从营养的角度来强调肉食的重要性。在一部有关爱尔兰的著作中，作者指出："但是那些以土豆和牛奶维生的人，比如爱尔兰部分地区的居民，还有那些以燕麦片和牛奶维生的人，比如苏格兰的很多地方那样，是很少吸收到肉食的营养的。"② 19 世纪初的这些论断，不是对一个世纪前食物与国民性的简单关联的无意义重复。对中国人、爱尔兰人等等"穷人"状况的比较，已经掺入了阶层的观念。以爱尔兰人为比较的中间项，更进一步地扩大了英国人与中国人直接的差距，他者的距离感愈发明晰起来了。

考诸文献，19 世纪初期来过中国的英国作者，确实曾经把中国的食物和爱尔兰人的土豆作对比，不过他们用以对比的是蔬菜，特别是白菜（Petsai）。曾经随同亚美士德（William Pitt Amherst）使团来到中国的博物学家阿贝尔（Clarke Abel）在其著作中称白菜是中国的国菜（national plant），可与爱尔兰人的土豆等而视之。③ 意即中国人以白菜为主要的果腹食物。文献中还有不同的声音，1821—1822 年间，苏格兰博物学家乔治·芬利森（George Finlayson）随同克劳福特（John Crawfurd）第二次出使暹罗的使团来到亚洲，据他

①　Anon. , *Travels in South-Eastern Asia, Complied from the Most Authentic and Recent Sources* (Dublin: Printed for J. Jones, 1823) , p. 117.

②　Edward Wakefield, *An Account of Ireland, Statistical and Political* (London: Printed for Longman, Hurst, 1812) , vol. Ⅱ, pp. 715 – 716.

③　Clarke Abel, *Narrative of a Journey in the Interior of China, and of a Voyage to and from that Country, in the Years 1816 and 1817* … (London：Longman, Hurst, 1818) , p. 124.

的观察，在暹罗的中国人肉食之多，"在全球各种劳动者当中都没有可以与之比较的"。① 这两种文献都为以阶层差异来解释食物差异的观点提供了佐证，也扩大了他国之犬视野下的国民文化特性构成要素。

文化观照的行动包括了特定的行动逻辑，将主体的行动转化为他者的规则，就是其中之一。在确立了英国国民文化特性与狗这种代表性动物的联系之后，英国人在大量研究的基础上，树立了英国的犬类标准并推广到欧洲各地。18世纪的英国诗人在一首题为《英国斗牛犬、荷兰马斯提夫犬和鹌鹑》的诗作中宣称，"你们英国的斗牛犬是最好的"。② 19世纪初，有作者在一本关于狗的著述中说：

> 至于说质量，在英国喂养的狗被公认为比任何其他国家的要优质。……欧洲各国不仅公允地承认英国狗的优质，而且还采用了我们的术语及名称，并且在收到这些动物的时候都感激不尽。然而，引人注意的是，几乎每一种英国犬只在国外都会退化，用任何的技巧都不能阻止它们的退化（degeneracy）。③

这种观点，是对18世纪末流行的"先入之见"的回响，这段文字抄录的是18世纪末的《大英百科全书》中的相关内容。④ 与之相对的，是亚洲犬类的"原始"状态。兽医布雷恩在关于犬类病理学的著作中说，他认为最接近"原始"（original）状态的狗来自亚洲或者印度，"虽然中国的狗有着慷慨、忠诚和感恩的萌芽（seeds），

---

① George Finlayson, *The Mission to Siam, and Hué in the Years 1821 – 1822* (London: John Murray, 1826), p. 63.

② "The English Bull-dog, Dutch Mastiff, and Quail", in *The Poetical Works of William Wilkie* (Edinburgh: Printed by Mundell and Son, 1795), p. 166.

③ Anon., *The Complete Dog-Fancier; Describing the Nature, Habits, Properties...* (London: Printed by W. Mason, 1820), p. 4.

④ *Encyclopaedia Britannica* (Dublin: Printed by James Moore, 1791), vol. XL, p. 78.

但是它们依然不开窍（dormant），需要妙手调理，让它们更加驯化（domestication），臻于完善"。① 该书的导言主题是"狗的道德特质"（moral qualities of the dog），从人的道德到狗的"道德"，表明英国人在完善了有关犬类知识的框架之后，已经逐步地改变了有关犬类与人类社会关系的语境。

什么是"狗的道德特质"呢？布雷恩罗列了"勇敢""忠诚""对人类的依赖"（attachment to mankind）、"感恩""智力"等数个方面。在此前数十年，大卫·休谟（David Hume）在其有关国民性的文章中，提到不同的气候条件会影响各种动物的体质，"英国的斗牛犬和斗鸡的勇气最为特别，弗兰德斯地区的大型载重马匹引人注目，西班牙的马身轻而且脾气好"。② 相较之下，19 世纪初期有关狗与国民性关系的语境显然是拓宽了的。布雷恩所罗列的狗之"美德"，后来有作者还添加了"专注"（attention）及"记性好"等特质。③ 在一本介绍狗的历史著作中，其副标题是"狗的起源，身体及道德特性"，可见对狗的认识，不仅要从生物学的角度来探讨，而且要在精神的层面赋予其属性。"忠诚、勇敢及聪明，是狗的属性（attributes）"④ 有作者提出了不同的观点，认为哪怕是与人关系密切的马

---

① Blaine（1810），xiv.

② David Hume, "Of National Characters", in *Essays and Treatises on Several Subjects, Containing Essays, Moral, Political, and Literary* (London: Printed for T. Cadell, 1788), a new edition, vol. I, p. 180.

③ William Youatt, *The Dog* (London: Charles Knight and Co., 1845), pp. 110 – 111. 这本书 10 年之后在美国出版了增订本（Philadelphia: Blanchard and Lea, 1855），p. 166。

④ W. C. L. Martin, *The History of the Dog: Its Origin, Physical and Moral Characteristics, and Its Principal Varieties* (London: Charles Knight & Co., 1845), p. 221. 也有讨论道德问题的作者将道德分为"外向道德"与"内在道德"两个层面，认为狗是具有"外向道德"的。见 John Epps, *Horae Phrenologicae: Being Three Phrenological Essays* (London: Printed and Published for the author, 1834), pp. 12 – 13。

或者狗这样的动物，也是不会具备道德感的。① 显然这样的论说方式更加能够说明对狗的特性判断已经成为了社会知识建构的场域，并且狗的状况也成为了人们对自身文化定位进行判断的坐标。

美国人伍德笔下，"中国的狗和爱斯基摩人的狗很像，不一样的地方是体型要小很多，是我见过的最胆怯的（pusillanimous）动物，大概是因为它们的食物，几乎全是米饭，肉食价格太贵了，狗没有可能享用"。② 单独看来这样的说法仅是亲身观察所得，但结合英国人强调英国斗牛犬最为勇敢的论调③，其中依然蕴含着国族文化对比之意。狗的勇敢意味着人的勇敢，苏格兰小说家沃尔特·司各特（Walter Scott）的历史小说作品《盖尔斯坦的安妮》的人物对话中，将那些行事怯懦的人称为"怕事狗"（coward dog）。④ 狗的勇敢与男性气质关联明显，也被建立在了食物的基础上。19 世纪前期的动物病理学著作强调以肉类制作动物饲料的重要性，因为肉食是"身强力壮"的基础。美国学者撰写的一部生理学著作就宣称，假如中国人都能获取肉食，他们将有更高的行动能力。⑤ 在同一时期出版了《中国总论》的美国传教士卫三畏说，广州的狗不如西方的同类那么

---

① Benjamin Parsons, *The Mental and Moral Dignity of Woman*（London：Published for the Author, 1842），p. 277, pp. 292 – 293.

② W. W. Wood, *Sketches of China*（Philadelphia：Carey & Lea, 1830），p. 231.

③ 除了上文提及的英国诗人对英国斗牛犬的赞颂，博物学家戈德史密斯书中也讨论了狗的"勇敢"特质，他说"英国斗牛犬大概是最勇敢的"。需要指出的是，戈德史密斯的讨论是古代文献中记载狗的勇敢故事，他认为自己时代的狗无法与之相提并论。不过，既然是同时代的狗当中以英国斗牛犬为"最勇敢"者，那么其中当然也包含了不同国家的狗相互比较之意。Goldsmith（1791），vol. Ⅲ, p. 273.

④ Walter Scott, *Anne of Geierstein：or, the Maiden of the Mist*（New York：Printed for J. & J. Harper, 1829），p. 110.

⑤ O. S. Fowler, Physiology, *Animal and Mental：Applied to the Preservation and Restoration of Health of Body, and Power of Mind*（New York：Fowlers and Wells, 1847），fourth edition, p. 68.

聪明及忠诚。虽然他没有给出判断的依据，但他紧接着提到了这些狗常常有严重的皮肤病，甚至到了让人触目惊心的程度，有人认为这是与它们的素食喂养有关系。① 结合其上下文的内容，则狗的"品德"及健壮程度，是与其食物密切相关的。

如上文所示，18 世纪后期不少博物学著作都强调食用狗肉在很多社会中存在，不少作者也强调了"古今英外"的普遍性。但为什么中国社会食用狗肉的问题会特别受到关注呢？笔者留意到，尽管这些作者提到了不少地方的人有食用狗肉的习俗，但提到中国的时候，其笔锋会随之一转——特意指出，狗肉在市场上出售，或者有小贩用篮子装着小狗在大街上兜售。结合英国本土语境的转变，19 世纪上半叶的作者们在重复 18 世纪著作的内容时，除了依然以猫狗市场为奇观来展现中国的差异以外，也应有道德上批判的意味——将"人类最好的朋友"作为食材出售是不可接受的。并且，在确证了狗是具有道德的论断之后，那么杀戮有道德的动物，当然是违背道德的。至此，英国对"他国之犬"的认识已经转向了对特定市场行为的否定——出售狗肉，是有违道德的；这也意味着，英国国民性的观照所彰显的，已然是其市场行动的逻辑了。1704 年出版的《食物论》中，法国作者指责中国人吃狗肉："中国人把狗喂得肥肥的，然后像我们将羊群赶到市集上去那样，把狗带去出售。"② 并谴责中国贩卖猫狗的人："经营猫狗的家伙是世界上最冷漠无情的残暴之人，哪怕跟史密斯菲尔德的自由民（指 1381 年农民起义——笔者按）相比，也不例外。"③ 17 世纪末，英国首位完成环球航行的冒险

---

① S. Wells Williams, *The Chinese Empire and Its Inhabitants: Being a Survey of the... of the Middle Kingdom* (London: Henry Washbourne, 1849), second edition, vol. I , p. 250.

② Written in French by M. Louis Lemert, Regent-Doctor of the Faculty of Physick at Paris, and of the Academy of Royal Sciences, now done into English, *A Treatise of Foods* (London: Printed for John Taylor, 1704), p. 144.

③ G. Tradescant Lay, Esq. , *The Chinese as They Are: Their Moral, Social, and Literary Character...* (London: William Ball & Co. , 1841), p. 154.

家威廉·丹皮尔（William Dampier）在其航行纪事中讲到了越南东京（Tonquin）的市场上看到各种肉食，包括了狗肉，不过他没有述及狗被养肥的情节。① 18 世纪英国出版的著作也有讲述印度人将狗养肥后在市场出售的行为，不过，有一些叙述夸大其词，宣称 1 只肥狗可以换得 10—12 名奴隶。如此行文，读者大概很难会想象这样的肥狗是作为食物出售的。② 因此，喂养狗以供出售的行为，被深刻地与中国人的市场经营性质镌刻在一起了。

将狗养肥了再出售的情节，在丹皮尔的时代可能是没有置喙的价值的，18 世纪中叶有经济学家指出，喂养家禽家畜出售可带来财富的积聚，改进市场。那么可以推论：把狗喂肥去市场上出售，也没有违反经济的"规律"。③ 对这种行为的谴责，更多地在于它带来的非经济后果。

在英国人看来，肉食市场的经营方式，可以体现"人性"。《人性之声》杂志创刊号的第一篇文章讨论的就是英国人应该学习巴黎的经验，设立集中的屠宰场（abattoirs）而不是由屠户分别宰杀牲畜，因为在拥挤的街道驱赶牲畜前往分散的屠户店铺是非常危险的，这样做是一种"恶行"。④ 当 19 世纪初期英国人复述过往文献有关广州狗肉市场状况的记载时，大概也和这位讨论"肉联厂"的作者一样，是将之纳入到了英国城市化的语境中来衡量的。沿街驱赶牛羊到屠户的店铺尚且被视作"恶行"，沿街叫卖忠诚的狗以供人们食用，

---

① William Dampier, *A New Voyage Round the World* (London: Printed for James Knapton, 1699), vol. Ⅱ, p. 30.

② Georg Christian Raff, *A System of Natural History, Adapted for the Instruction of Youth, in the form of Dialogue* (London: Printed for J. Johnson, 1796), vol. Ⅱ, p. 218. 这部著作以德语写成，作者是哥廷根大学的教授，此处引用的是英文译本。

③ Adam Smith, *An Inquiry into the Nature and Causes of the Wealth of Nations* (London: Printed for W. Strahan, 1776), vol. Ⅰ, pp. 280 – 284.

④ Anon, "Abattoirs contrasted with slaughter – houses and smithfield market", in *Voice of Humanity* (1830), vol. Ⅰ, pp. 7 – 14.

大概会让读者们觉得更为匪夷所思。《中国游人》一书的编者在前言中总结说："非常显著的是，现代（modern）中国的习俗（manners）与古代的时候几无二致。"① 话题又被引入到了中国停滞论之上了。

19世纪30年代的几则文献表明，英国人在对待街市狗的态度上，与美国人有着实质的差异。1836—1837年，英国的随船医生唐宁（Charles Toogood Downing）来到了广州，他在游记中写道："某日一位绅士走过广州的市场，看到一只山鸡和一只猫被吊着售卖，价格一样；同样在此处，你会常常看到狗、猫和田鼠论体重出售。"② 他对中国人的肉食议论说："欧洲人首次来中国看到当地人用这些他们一直以来喜爱和有感情的家养动物去做菜，会觉得恶心。特别是狗被认为是人类的朋友与伙伴；流落在荒无人烟之处时仅有的朋友。"③ 他指出对于穷人来说，只要能够果腹，食物洁净与否并不在话下，并且尝试从人口的角度来寻找合理性④，这说明了他内心对此事之不解及在意。1832—1834年间，美国人艾德蒙德·罗伯茨（Edmund Roberts）率领美国使团出访东南亚，其出使漫记中描写了广州十三行区域同文街（old China street）猫狗市场交易的情形，比如中国人是如何挑选狗的，他请求那些不能忍受对如此场景进行细节描写的读者原谅，表明他事无巨细地记录下来是为了让读者更好地了解中国的商业状况。⑤ 显然罗伯茨的叙事策略与英国人的含蓄文风有着很大的差异，他对于展现猫狗市场的细节没有顾虑，说明当时美国的读者对这个话题的包容程度。数年之后，美国海军

① *The Chinese Traveller*, v.

② Charles Toogood Downing, *The Fan-qui in China in 1836 – 1837*（London: Henry Colburn, 1838）, vol. I, pp. 307 – 308.

③ Charles Toogood Downing（1838）, p. 306.

④ Charles Toogood Downing, *The Fan-qui in China in 1836 – 1837*, vol. II, pp. 26 – 27.

⑤ Edmund Roberts, *Embassy to the Eastern Courts of Cochin-China, Siam, and Muscat; in the U. S. Sloop-of-War Peacock During the Years 1832 – 3 – 4*（New York: Harper & Brothers, 1837）, pp. 157 – 158.

的随船医生及博物学家威廉·鲁琛伯格（William Ruschenbeger）随同艾德蒙德·罗伯茨（Edmund Roberts）的第二次使团在 1836 年出使暹罗，途中也曾造访广州。鲁琛伯格也介绍了在十三行商馆区近旁的猫狗市场，他说：

> 吃猫和吃狗！美味与否，我不打算多言；但我想不出来反对食用它们的理由。对于我们大多数人来说，我们所受的教育以及我们的生活习惯已经决定了对此的答案。如果我们对这些食材感到恶心，我确信我们也没有几个人会拒绝肥厚的阉鸡、鸭子、鹅或是火鸡……事实上，如果一个民族的烹饪技巧可以作为其文明的标准，我会投票支持中国人是世界上最文明的。①

鲁琛伯格对中国文化的评价，未必是当时美国社会的主流，但他不惮于在公开的出版物表达这种想法，这与"口径"几乎一致的英国作者们形成了鲜明的对比，也说明在 19 世纪初的美国社会在对待狗的态度上，与英国社会有着不同的氛围。在 1830 年出版的一本虚构的航海纪事中，其美国作者先是写下了与狗追屠户故事相近的情节，然后笔锋一转："起初，我想到了家里那可怜的崔伊（Tray，这位作者的宠物狗——笔者按），让我对着这些美味很不自在，但很快想到我一定是在波士顿的集市上吃过狗肉灌肠（dog sausages）的，于是我克服了偏见。在美国，那些堂而皇之的偏见将我们的唇齿与美食分隔了开来，我们谁会吃鱼翅、烟熏熊掌或者炖燕窝呢。"② 这位作者大概是为了表明自己的见解具有独立性，因此故作惊人之语，而美国作者在这个话题上的表述方式与英国作者的区别，也就一览无余了。

---

① W. S. W. Ruschenberger, *A Voyage Round the World; including An Embassy to Muscat and Siam in 1835, 1836, and 1837* (Philadelphia：Carey, Lea & Blanchard, 1838), p. 398.

② Silas Pinckney Holbrook, *Sketches, by a Traveller* (Boston：Published by Carter and Hendee, 1830), p. 255.

另外一个来自19世纪30年代的例子，普鲁士的传教士郭实猎（Karl Friedrich August Gützlaff）在著作中指出："中国人的胃拒绝不了狗、猫或者马肉。笔者有一次参加宴会，主菜是个驴头。穷人不会拒绝任何食物；他们会吃田鼠、老鼠以及一切虫子，一点也不会反胃。食用任何可以提供营养的东西，是中国饮食的总体原则。"① 郭实猎在广州口岸活动期间与英国商人过从甚密，但他的叙事仍保有自己的观点。

鲁琛伯格肯定了中国菜的美味，郭实猎考虑了中国人肉食多样性中包含的基本生存需求，是否意味着他们没有如英国人那样将他国之犬的境遇奇异化呢？有关这个问题，需要进一步研究各自的社会语境变迁方能进行判断。但就其修辞手法而言，如虚构的狗肉灌肠、驴头的主菜等等，其中夸大的成分，自不待赘言。夸大的作用，在于突出差异，虽然罗伯茨、鲁琛伯格等美国作者没有采用18世纪英国叙事中"他国之犬"的模式，但他们仍通过跨文化观照的途径表达了自身的主体性。出生在广州的波乃耶（James Dyer Ball）是美国传教士之子，曾长期服务于英国殖民地政府，他强调："很多令人尊重的中国人想到食用狗、猫、田鼠和老鼠，也会感到恶心。"并且，他在广州雇佣的中国仆人，仅有一人会食用这些肉类，其余众人根本不会触碰这些食物。"这些食物整体上并不构成日常的食材。"② 作为生活在19世纪下半叶的香港和广州的外国人士，他眼中的广州人肉食习惯与近代早期的传教士笔下的差距甚大，甚至不同于19世纪上半叶来访的罗伯茨及鲁琛伯格。但此中可能蕴含着的动态变化，不在英国人自身语境变迁的观照范围之内，他者与英国人的自我观照，在时间线上分离了，他者的"变异"由此落实。波乃耶将食用狗肉归结为贫困生活所迫，也是延续了郭实猎等人主张的社会阶层分

---

① Charles Gützlaff, *China Opened*（London：Smith, Elder and Co.，1838），vol. I，p. 484.

② J. Dyer Ball, *Things Chinese or Notes Connected with China*（London：John Murray，1904），fourth edition，revised and enlarged，pp. 287 – 288.

隔要素，说明其观看他者文化的方式，也没有"革新"。

余　论

英国人完成了以狗为媒介物的新型社会关系建构之后，会抓住各种机会宣扬英国狗的"优越性"。1827 年有作者在一篇杂志文章中指出："法国人特别不情愿承认我们的狗优秀，尽管他们的贵族趋之若鹜且珍而视之。"① 回到半个世纪之前，伏尔泰曾经在其著作《哲学词典》有关狗的词条中说到了英国大众的偏见："当他们看到一个人的举止或者着装看起来是来自塞纳河或者洛瓦尔河地区的，通常会叫唤他是'法国狗'——这样的修辞对狗不公平且对人也无礼。"② 他的法国同胞们早就对此大表不满，17 世纪中叶，哲学家索比埃（Samuel Sorbière）在英伦游记中说大街上的人看到法国人的时候，会叫他们"法国狗"，原因么，是出于对法国人优良品质的艳羡。③ 18 世纪末，一名土耳其人（Turk）抱怨说他最不喜欢的地方就是伦敦，因为那些路人看到他就会喊他是"土耳其人的法国狗（French dog of a Turk）"。但是"巴黎啊，天堂那样的巴黎"（Paris Paradis；Paradis Paris——原文即为法语，笔者按），他是要再次前往的。④ 历史在悄然发生着变化，同样是在 18 世纪末，一名萨克森人在其英国纪行中说道：

> 以前法国人是英国上下又恨又嫉的对象；但如今这种现象

---

① *The Gentleman's Magazine and Historical Chronicle*（London：Printed by J. B. Nichols，1827），Supplement to vol. XCVⅡ. Part Ⅰ，p. 584.

② M. de Voltaire，*A Philosophical Dictionary*（London：Printed for John and Henry L. Hunt，1824），vol. Ⅲ，p. 25.

③ Samuel Sorbière，*A Voyage to England*（London：Printed by F. Woodward，1709），p. 6.

④ Johann Balbach，*A New Collection of English-Original Letters*（Nürnberg：C. Weigel und A. G. Schneider，1790），p. 43.

大大减少了，特别是刚刚发生的革命让英国对法国民族有了很大的敬意。当我第一次去伦敦的时候，几乎每条街道上都有人用"法国狗"来问候那些着装欠缺英国风格的陌生人；但如今法国的习俗和礼仪被引进了，有的人非常急切地接纳着。戏剧要么被翻译，要么就用法语来表演——也是很常见的，并且通常都很受欢迎。伦敦城里的下层人，在过去20年间，确实变得更加文明了，变得更好了；虽然我有理由相信，一个英国的乞丐，看到衣冠楚楚的法国人或者别的陌生人时，依然会以为自己高人一等，在心里说：还好我不是个外国人。①

19世纪初，瑞士哲学家及博物学家约翰·齐默曼（Johann Georg Ritter von Zimmermann）专门撰写了有关英国人民族傲慢的著作。他观察到，英国人与人争吵的时候，首先就是拿绰号来攻击敌国："你这个法国恶霸（bully）；意大利猴子；荷兰牛；日耳曼猪。"他进而指出，光是把人叫"狗"都不足以丑化敌手，除非是把他叫作"法国狗"。② 可见，对他者的不赞同乃至于敌意，是早期近代跨文化交往中的常见现象。回顾钱锺书提出的问题，我们大概要问：为什么英国人在逐步改善对"世仇"法国人的态度的同时，对与之并没有什么"旧怨"的中国会有越来越负面的看法呢？

---

① Gebhard Friedrich August Wendeborn, translated from the Original German by the author himself, *A View of England towards the Close of the Eighteenth Century* (London: Printed for G. G. J. and J. Robinson, 1791), p. 375. Wendeborn 所说的 20 年前，就是 18 世纪 70 年代，相关的情况，可以参考 1772 年的一份有关伦敦基层民众礼仪的报告，见 James Peller Malcolm, *Anecdotes of the Manners and Customs of London During the Eighteenth Century...* (London: Printed for Longman, 1808), pp. 217 – 218。

② Johann Georg Zimmermann, *An Essay on National Pride, Whether Arising from Excellencies Real or Imaginary; with an Examination of Advantages and Disadvantages; and Observations on Religious, Republican and Monarchical Pride* (Printed by Albion Press, 1805), p. 29.

从对待狗的态度入手，我们可以看到英国社会在漫长的 18 世纪（the long eighteenth century）经历了重要的转型。那些抱怨英国基层民众粗鄙的人，将矛头指向了阶级差异，但是 18 世纪中叶的英文刊物表明，那些聘用法国家庭教师作为随同人员在欧洲"壮游"的英国"富二代"，也会以"法国乞丐狗"来贬斥自己的法国教师。① 社会的文明进程不仅在于用词的文明化或者礼仪的下放，文明意味着人们使用各种技术和物质工具来形塑自己的生活，社会学家麦克埃维尔（R. M. MacIver）指出，"那么，关于文明，我们指的是人类努力创造的用以控制生活条件的整个机制及组织"。② 他还指出："我们的文化就是我们之所然，我们的文明是我们之所用（our culture is what we are，our civilization is what we use）。"③ 在漫长的 18 世纪之中，英国人对狗的态度的转变，不仅体现在狗的象征意义的变化，而且还以一整套的社会机制的变化来呈现：文学作者们以诗歌、散文、小说等创造来表达对狗的情感、哲学家们思考动物作为像人一样的个体的意义、学者们塑造了有关犬类的知识、商人们专门用马肉制作狗粮在大街上叫卖、各种宠物狗使用的物品出现在了市场上、立法者制订了法律禁止斗狗赌博等等。通过这样的系统性建构，一种新型的"人—动物"关系被建立起来了。

新型的社会关系，将动物，特别是与人有密切关系的动物如各种宠物纳入到了整体的社会生活运作中。这一切不是孤立发生的，18 世纪末到 19 世纪初，英国经历着社会礼仪的变革，人们提倡"文

---

① Robert Lynam complied, *The British Essayists*（London：Printed and Published by J. F. Dove, 1827），vol. XVI, pp. 125 – 128. 需要指出的是，这位写信向某位编辑求教教育子女方法的家长，他是斥责这样无礼的举动的，认为他的儿子要在礼仪上进行改善。他附上了他儿子以及法国家庭教师的信件，信件的日期是 1753 年，写信的地点是罗马。

② R. M. MacIver and Charles H. Page, *Society: An Introductory Analysis*（London：Macmillan & Co., Ltd., 1959），3rd edition, p. 498.

③ R. M. MacIver, *The Modern State*（Oxford University Press, 1928），p. 325.

明"的生活方式，市政管理在改良的进程中。① 对待动物的方式是
这个变革运动中的一环。19 世纪 30 年代出版的一部有关伦敦街景的
著作介绍了伦敦用马肉为原料来生产猫狗食物的状况：

> 实话实说，"半个世界的人并不知道另一半是如何生活的"；
> 谁会相信，在这个大都市里，有至少 2000 人靠着（贩卖）死马
> 的肉来维持生计。诸如此类同样的生计，被各式各样走街串巷
> 的小贩经营着，人们恰如其分地称之为 "狗肉佬" 和 "猫肉
> 佬"（"Dogs'" and "Cat's-meat Men"），尽管偶尔也会有妇女供
> 应那令人作呕的烤肉串。②

这门生意很快发展到了相当大的规模："在伦敦这个大都市里有
30 万只猫，每个礼拜有 900—1000 匹马，每一匹马的肉量平均重达 2
英担，被煮熟了（卖作猫粮）；整个伦敦每周的猫和狗肉食消费量大
概是 20 万磅，每磅的售价是 2.5 便士，每周猫和狗的肉食总价就是
2000 英镑，或者说，每年的销售总额高达 10 万英镑。"③ 这些用于喂
养猫狗的肉食，有在市场出售的④，也有用手推车沿街叫卖的。⑤ 试

---

① Emma Griffin, "The 'urban renaissance' and the mob: rethinking civic im-
provement over the long eighteenth century", in David Feldman and Jon Lawrence
eds. , *Structures and Transformations in Modern British History*（Cambridge: Cam-
bridge University Press, 2011）, pp. 54 – 73.

② "The Cat's-Meat Man", in Jack Rag ed. , *Streetology of London; or the
Metropolitan Papers of the Itinerant Club, being a Graphic Description of Extraordinary
Individuals …*（London: James S. Hodson）, No. 1, July 1837, p. 21.

③ Henry Mayhew, *London Labour and the London Poor; Cyclopaedia of the Con-
dition and Earnings of Those that Will Work, Those that Cannot Work, and Those that Will
Not Work*（London, 1851）, vol. I, The London Street-Folk, Book the first, p. 211.

④ 比如在林肯酒店前地（Lincoln's Inn Fields）的克莱尔市场（Clare Mar-
ket）里就有猫狗肉食出售。Jewitt Branston and others, *The Pictorial Handbook of
London*（London: Henry G. Bohn, 1854）, p. 611.

⑤ Jack Rag（1837）, p. 22.

想其时伦敦的居民每天听到"猫粮肉""狗粮肉"的叫卖声，即令他们没有喂养宠物，也会与这些动物有着各种实质的或情感上的联系。彼时小贩每周可以赚取 2—4 镑的利润，足可养家糊口。① 以马肉来喂养宠物猫狗的做法不是 19 世纪才开始，18 世纪中叶已经有相关的记载，不过 18 世纪中叶这个"行当"远远没有专门化，彼时出售马肉用于喂养宠物狗主要是制作马挽具工匠（the collar maker）的业务。② 生产的专门化，意味着猫狗等宠物成了近代英国城市生活的重要组成部分。

1835 年，英国国会通过了禁止虐待动物的法令，主要是为了保护耕牛，同时也禁止斗狗、斗鸡等行为。③ 这个法令也有人抱怨，认为在法令推行之后，狗不事劳作，是一无是处的懒虫，并且数量剧增。"这一转变的直接后果是，在近年的法令推行的伦敦地区，我们不得不采取中国人对待狗的方式，把它们给吃了。"④ 然而反过来看，这样的怨言，恰好说明人对动物的处置行为已经受到了法律的制约。中国人对待狗的方式竟然成了他国人士遵纪守法的对立面！跨文化的对照已然深入到由社会行动所体现出来的价值观层面了。

社会学家诺贝特·埃利亚斯（Nobert Elias）在讨论社会职能分工与暴力的关系时说过："人际关系结构如以所描述的方式重组，那么一般来说，人的行为和情绪就会以以下的方式改变：没有稳定的暴力独占的社会，总是同时也是这样的社会：职能分工相对粗放，束缚个人的行动链条也短。反之：由国君抑或国王代表的、对暴力进行稳定独占的社会，职能分工就得以发展，束缚个人的行动链条

---

① "Fallacies on Poor-laws", *The London and Westminster Review*（London：Henry Hooper），vol. XXVI，January 1837，p. 371.

② R. Campbell, Esq., *The London Tradesman, being a Compendious View of all the Trades, Professional, Arts …*（London：Printed by T. Gardner，1747），p. 247.

③ Brian Harrison, "Animals and the State in Nineteenth-Century England", *The English Historical Review* 88，No. 349（1973），pp. 786 – 820.

④ "Dogs' Tales", in *The Book of Sports, British and Foreign, 1843*（London：Walter Spiers，1843），p. 75.

也长，个人对他人的职能性依赖也就大。"① 从本文的论述看来，如果把他的话稍作延伸，这样的判断应亦可适用于"人—动物"关系的重组所呈现出来的社会变迁中，当关系网络更为多元化时，动物与人之间的相互依赖程度会更大。"人—动物"关系走向多元化的社会，将呈现出与以往的时代不一样的特性。像狗这样的动物，成了社会的一员，而不是人类社会的对立面。② 在此类社会当中，人们对他者的认知，也将有着不同的施展维度，对中国戏剧、园林的欣赏及对某些中国社会习俗的敌意不是问题的两面。英国对食用狗肉问题的敌意，文化冲突只是表象，同样的叙事在中古时代可能意味着宗教有关食物洁净观的冲突，而到了18世纪的英格兰，已经转变为对新型的社会形态的观照。转变的背后，意味着权力结构的变化。③ 在社会语境重构之后的"新阶段"，被称为"现代"。④

　　钱锺书从人文主义的孕育、实用主义的推广等方面来讨论跨文化交流的问题，本文尝试从社会语境变迁的层面来探讨漫长的18世

---

　　① ［德］诺贝特·埃利亚斯著，王佩莉、袁志英译：《文明的进程》，上海译文出版社2013年版，第448页。英文版见Elias（2000），p. 438。

　　② 英国画家兰德西尔爵士（Sir Edwin Henry Landseer）1838年展出了他的作品《人道协会的杰出会员》（*A Distinguished Member of the Humane Society*），画面上是一只纽芬兰犬，它在14年间拯救了23名落水的人，由此被英国皇家人道协会授予"杰出会员"的称号。画作今收藏在伦敦泰特美术馆。"A Distinguished Member of the Humane Society", Sir Edwin Henry Landseer, exhibited 1838 | Tate.

　　③ T. W. C. Blanning, *The Culture of Power and the Power of Culture: Old Regime Europe, 1660 – 1789* (Oxford: Oxford University Press, 2002). 该书的导言部分指出了政权演变对权力文化塑造的作用，英、法两国在18世纪都经历了政治格局的深刻变化，这也是本文讨论所涉及的重要背景。漫长的18世纪（the long eighteenth century）概念的提出，也与之相关。

　　④ 基思·托马斯在其著作《人与自然世界》中指出，对动物的情感投注及亲近陪伴，是18、19世纪之交的有关动物权益辩论的重要基础。Keith Thomas, *Man and the Natural World: Changing Attitudes in England, 1500 – 1800* (London: Penguin Books, 1983), pp. 119 – 122. 对动物态度的转变，是英国现代化进程非常重要的一个标志。

纪时期英国人塑造跨文化视野下的国民文化特性，其关涉到的旧文新解、社会变迁与社会行动的一致性等等，在跨文化认知层面呈现出的复杂性，已经难以用"肯定"与"否定"这样的二元对立维度来理解了。比如，在对部分中国人食用狗肉的习俗进行批判及认为中国的犬类不够勇敢的同时，并不意味着英国人放弃引入源自中国的犬种。中国的八哥犬（pug）从 17 世纪后期开始在英国社会上层大受欢迎，英国著名画家威廉·荷加思（William Hogarth）在自画像中与他的八哥宠物犬一同出现在画面中。① 进入 19 世纪，松狮犬（chow chow）也逐渐被英国人所熟悉，然而相关文献提到它的时候，仍要强调这种价格不菲的狗因其如"小猪"那样大的体型而被中国人视为烹制珍馐的食材。② 19 世纪末，英国威尔士亲王夫妇在桑德灵厄姆府（Sandringham）豢养的宠物中包括了一只中国松狮犬，它深得王妃的喜爱，经常伴随出行。介绍这只宠物犬——"圆滚滚"（Plumpie）的文章称："所有中国的狗刚来到这里的时候都非常残暴（savage）和自以为是（self-willed），但由于被善待的缘故，现在成了最温顺的（docile）动物了。"③ 中国犬又一次成了观照的对象，观照的是人们的行为方式。

时光回溯到 18 世纪前期，当伏尔泰以宗教、哲学、科学、戏剧等观察英国人的特性时，他将目光聚焦在了雅文化的层面。④ 英国

---

① 画作被命名为"画家与他的八哥犬"（*The Painter and His Pug*），收藏在英国伦敦的泰特美术馆。https://www.tate.org.uk/art/artworks/hogarth-the-painter-and-his-pug-n00112.

② "Sporting in China", *The Sporting Magazine*（July 1845），third series, vol. 6，pp. 51 – 52.

③ Ernest M. Jessop, "The Prince and Princess of Wales's Pets at Sandringham", *The Idler Magazine: An Illustrated Monthly*, vol. Ⅳ, August, 1893 to January 1894（London: Chatto & Windus, 1894），pp. 6 – 7.

④ Mr. De Voltaire, *Letters Concerning the English Nation*（London: Printed for C. Davis, 1741），the second edition, with large additions. 该书英译本的第一版出版于 1733 年。

人休谟强调了国民特性成因中的"道德"面向，包括了"一切适合让心智作为动机或理性发挥作用的环境（circumstances）"，如政府的性质、公共事务的变革、人民生活的富裕或贫困、与邻国对比之下的状况等等。① 可见休谟更为注重国民特性中的环境（社会语境）塑造，他与伏尔泰在国民性构成要素的观点差异，其实也反映出了英国人在 18 世纪社会转型有自己的焦点。一些来自欧洲大陆的旅行者指出了彼时英国人的"特性"，比如瑞士旅行家穆拉特（Béat Louis de Muralt）称英国的狗是"全世界最勇猛的"，对应的是英国人休闲娱乐时展现的"自古流传下来的凶狠劲头（fierceness）"。不过，他并不认为民族应该排斥他人，因为民族的"自爱"有时就如个体的"自私"那样荒谬。② 穆拉特的想法，与彼时英国人的观点不符，更加说明了英国人思维路径的差异，而思维的不同，需以社会语境的建构来呈现。

漫长的 18 世纪也有"让位"于 19 世纪的时刻，作为进程的近代英国国民文化特性建构并没有走向完结。Englishness 一词出现于1805 年，人们在 19 世纪末开始尝试给予它明确的定义，然而对这个词汇相关内涵的梳理，以及从社会语境塑造层面来塑造英国国民文化特性的进程，始终处于进行时。③ 本文仅捕捉这个进程早期阶段的一个跨文化观照的片段，然而也足以说明，近代的国民文化塑造无法在纯然内生的环境中达成。

最后，笔者脑海中浮现出一个"新"问题：如果将英国现代化过程中对动物——特别是对狗——的态度转变视为文明的进程，那么，是否可以将英国以"他国之犬"来呈现文明的对立面视为"去文明化"的进程（decivilizing process）呢？对此，已非本文所

---

① David Hume（1793），p. 215.

② Béat Louis de Muralt, *Letters Describing the Character and Customs of the English and French Nations*（London：Printed and Sold by Tho. Edlin，1726），second edition，pp. 40 – 41.

③ Krishan Kumar, *The Making of English National Identity*（Cambridge：Cambridge University Press，2003），chapter 7.

能解答，必须将之置于另一进程中加以考察才能有合乎历史形态的结论。

附记

业师蔡鸿生教授曾在 2020 年 5 月的笔记中写下了《哈巴狗源流图说》的著作计划，章节规划，已可初见其轮廓。2021 年 5 月，师母蒋晓耘女士整理蔡老师的遗稿，将江滢河和我二人召至家中，问我们能否完成此项写作。惜本人学力不逮，未敢应承。蔡老师曾撰写《哈巴狗源流》，另有《狮在华夏》一文，皆以动物为媒介考察中外之交流，其中对文献的诠释，鞭辟入里，曲径通幽，读之余甘悠长。经师母提点之后，江滢河和我决定从各自的研究出发，以"狗"为研究对象，冀再思跨文化交流研究的新途，并寄追念之思。蔡老师的著作，启发了笔者的思路及文献辨读的方法。授业恩泽，吾等终身受惠。谨以此文向蔡师致敬！本文中笔力参差之处，已无从再得蔡师的点拨，思之怆然。停笔之际，忽忆起蔡师旧照一帧，他端坐椅中，怀抱小狗，神气安然。

2022 年 3 月识于永芳堂

（作者系中山大学历史学系副教授）

仿制与超越

——18 世纪中西瓷狗考察

江滢河

　　狗与人类关系密切，从狩猎到陪伴，逐渐在人类情感世界中占有了重要地位。无论在日常生活还是在艺术作品中，狗成为人们寄托情思和爱意的对象。因此历史上以狗为题材的艺术品也日渐丰富。中国烧造陶瓷狗的历史非常悠久，早在汉代就出现了青釉陶的守墓犬。宋代海外贸易繁荣，广州西村曾烧造用于出口的瓷狗。17、18世纪，中国瓷器风靡欧洲，作为彰显财富和权力、品位和时尚的东方物品，受到欧洲社会追捧；也因其纤细淡雅，成为最能体现18世纪欧洲洛可可艺术的东方艺术品。欧洲各国在对中国瓷器趋之若鹜的同时，孜孜不倦地寻找瓷器烧造的秘诀，最终获得成功，反过来影响了中国外销瓷的烧造。在瓷器烧造全球化的时代，中西出现了形态各异、色彩鲜艳的瓷狗，不仅反映了中西贸易的盛况，更呈现出中西跨文化交流互动的多种可能性。蔡鸿生先生在《哈巴狗源流》中借清代郑绩的话，指出世人爱哈巴狗全在一个"趣"字。[①] 当我们凝视中西瓷狗，感受趣意盎然之外，也能够感受到这些瓷狗与中西经济、政治和社会文化的关系。本文意图通过梳理17、18世纪全球化生产中出现的各类中西瓷狗，探讨工艺品介入社会的方式，审视其中的文化交流和社会变迁。

---

　　① 蔡鸿生：《哈巴狗源流》，载氏著：《中外交流史事考述》，大象出版社2007年版，第170页。

一、德化"中国白"瓷狗

福建德化瓷器烧造历史悠久，尤重仿生瓷，各种人物、动物瓷塑等经陶瓷匠人的巧手制成，深受人们喜爱。德化瓷器也长期行销海外，是中国外销瓷的重要品种。明中叶后，随着西方殖民商业势力东来，德化瓷器被西方船舶带入欧洲，以"中国白"之名打开欧洲市场，深受欧洲社会喜爱。面对西方市场的需求，德化曾出口各种不同类型的瓷狗，或灵动、或庄严，既各具特点让人喜爱，又凸显西方文化的色彩。目前不少藏品仍被收藏在世界重要博物馆，引人遥想历史上的贸易盛况。

1. 瓷狗与玩具

欧洲的德化瓷器收藏，以萨克森选侯强者奥古斯都最为引人注目。早在 1595 年，德国德累斯顿王公就开始收藏东方瓷器。随着东方瓷器不断进入欧洲，到 17 世纪中叶，德国诸王国甚至出现收藏瓷器的热潮。1697 年萨克森选侯弗里德里克·奥古斯都二世被选为波兰国王，确立了自己的地位，获得"强者奥古斯都"之称。他本人极爱瓷器，被称为欧洲最舍得花钱购买瓷器的君主。[1] 他效仿法国路易十四用财富展示权力，在自己的宫殿中收藏和展示昂贵的瓷器。

德化瓷器是他收藏的重要品种，收藏有 1250 件各种不同类型的德化瓷器，保存至今的约 600 件德化白瓷。[2] 这些收藏中有大量各种造型，制造比较粗糙的狗瓷，与其他动物，如猴、公牛、狮子、老虎、不知名的怪兽，以及小孩骑马、欧洲人等，被列入小玩具的条

---

[1]　Carl Christian Dauterman, "Colossal for the Medium: Meissen Porcelain Sculptures", *The Metropolitan Museum of Art Bulletin*, Volume XXⅡ, Number Ⅰ, 1963, p. 1.

[2]　[英] 柯玫瑰、[英] 孟露夏著，张淳淳译：《中国外销瓷》，上海书画出版社 2014 年版，第 191 页。

目。这些瓷塑是 17 世纪末 18 世纪初德化外销的小玩具，尺寸为 4—6 厘米，价格便宜，形象简洁有趣，让人爱不释手。同样尺寸的德化玩具小白瓷狗，也可以在美国迪美博物馆（Peabody Essex Museum）的科普兰夫人藏品（Mrs. Copeland Collection）中看到。① 这些造型别致的小瓷狗，属于杂件类，数量非常多，贸易量大，这些瓷狗上有个小孔，可穿细绳挂在身上。这些玩具底部均有一个哨，吹气可以发声，用作口哨，简单又不乏情趣，是儿童喜爱的玩具。② 还有不少形象生动的小瓷狗，精灵可爱，是受到西方人追捧的小摆设。

图 1　清雍正德化窑白素胎狗（广州博物馆藏）

英国东印度公司商船的早期瓷器贸易清单中，可以找到条目为"玩具"（toy）的瓷狗，就是这类德化进口的小狗白瓷塑。1700 年来厦门贸易的英国船"达什伍德（Dashwood）"号，1702 年 9 月抵达

① 迪美博物馆藏一对德化中国白瓷狗高 6.8 厘米，宽 4.5 厘米，见 William R. Sargent, *The Copeland Collection, Chinese and Japanese Ceramic Figures*, Salem, MA, 1994, fig. 45, p. 101.

② William R. Sargent, *The Copeland Collection, Chinese and Japanese Ceramic Figures*, pp. 94 - 96. 插图 39、40、41、42 的 5 个德化小瓷塑，名称均为"口哨（Whistle）"。

伦敦，1703 年 3 月 23 日至 4 月 2 日在伦敦拍卖带回的德化瓷器，其中包括 3 种狗瓷塑，一种 5 个，一种 490 个，还有一种白狗 2300 个，价钱不一样，尺寸和形状也不一样，价格也都不贵，大多数出售价格为 1 dime（十分）。此外销售清单还列出 5400 个玩具（toy），10800 个方形玩具（square toy）①，具体品种不详。另一艘英国船"汉普郡（Hampshire）"号的货物 1704 年在伦敦拍卖，包括 630 个瓷狗，5 分钱一个。②

2. "骑兽男子"与"骑士风范"

德化烧造的中国传统瓷塑中，文殊身骑猛狮像和普贤身骑白象③是常见的瓷塑经典造型。两位菩萨均手持如意，面目慈祥，坐姿自在，通体白釉，塑造精美，栩栩如生。面对外销市场的需求，德化瓷窑工匠们以传统佛教造型为范本进行创作，设计烧造了各式"骑士风范"的洋人骑兽瓷塑，狗、马、狮子及传说中麒麟都成为坐骑，是 17 世纪末到 18 世纪初典型的外销瓷。在这种瓷塑中，工匠们用西洋人取代佛教人物，把西洋因素融入了本土传统，完成了从传统式样向外销化、世俗化的转变。

强者奥古斯都的藏品中就有著名的德化瓷塑"骑士风范"（高16.6 厘米，编号 P03252）和"麒麟背上的荷兰人"（高 17 厘米，编号 P0065）④，是独具特色的德化外销瓷塑。前述英国东印度公司商船"达什伍德"号带回的德化瓷器，就包括两种型号的"骑狮男

---

① Geoffrey A. Godden, *Oriental Export Market Porcelain and Its Influence on European Wares*, Grananda, London, Toronto Sydney New York, pp. 267–268.

② Geoffrey A. Godden, *Oriental Export Market Porcelain and Its Influence on European Wares*, p. 274.

③ 杨俊艳：《精致与神圣：北京艺术博物馆藏明清德化窑白瓷综述》，载德化县人民政府编：《德化窑古陶瓷研究论文集》，九州出版社 2013 年版，第 215 页，图 15、图 16。

④ 黄忠杰：《启蒙的艺术——波兰王奥古斯都二世收藏的德化外销瓷研究》，载德化县人民政府编：《德化窑古陶瓷研究论文集》，第 292 页。

子",一种 36 个,另一种 2240 个;两种型号的"骑狗男子",一种 780 个,一种 60 个。① 这种瓷塑数量众多、形态各异,别有风趣。不过大多烧造得比较粗糙,有时分不清是狗,还是狮子抑或马。

这种源于中国传统瓷器造型的外销瓷塑,体现出工匠的大胆创作和高超技艺,他们将从未谋面的西方人士刻绘得惟妙惟肖,使欧洲骑士精神与中国传统造型相得益彰,风趣而不失和谐。近年,德化不少窑址调查中相继出土了很多欧洲人像瓷塑,也印证了西方博物馆诸多此类藏品。②

3. 群塑与瓷狗

德化瓷塑中著名的"荷兰家庭"德化白瓷塑,目前在英国维多利亚·阿尔伯特博物院(V&A Museum)、德国德累斯顿"日本宫"以及美国迪美博物馆等文博机构都有收藏,分为几种不同的类型。这是典型的荷兰订制,以知名的荷兰东印度公司达夫总督为主角,表现荷兰人家庭生活的不同场景。"达夫"是中国人对荷兰东印度公司总督德雷克·杜伊瓦尔(Diederik Duivver)的一种音译称呼,他从雍正七年到九年(1729—1731)在中国任职。达夫主题的瓷塑有时单独成像,有时与其妻儿组成群雕,有时也会与音乐家等特殊人员组成群像。③ 达夫与妻儿组成家庭生活群雕,造型简朴,犹显荷兰风情,他的身边常常跟随着一只小狗。同时期的德化瓷塑中,有不同人物组合的"中国家庭"主题瓷塑④,形制与达夫群像相同。

---

① Geoffrey A. Godden, *Oriental Export Market Porcelain and Its Influence on European Wares*, p. 266.

② 陈建中、陈丽华、陈丽芳:《中国德化瓷史》,上海交通大学出版社 2011 年版,第 40—41 页。

③ David S. Howard, *Choice of the Private Trader, The Private Market in Chinese Export Porcelain Illustrated from the Hodroff Collection*, The Minneapolis Institute of Art, 1994, p. 249,图版 295,European with Musicians。

④ 黄忠杰:《波兰王奥古斯都二世收藏的中国外销瓷艺术研究》,福建师范大学博士学位论文,2012 年,第 200 页。

德化传统白釉妈祖坐像、送子观音像等传统瓷塑造型与这些瓷塑造型接近，都是长方形的基座上塑造一个或多个人像，人像身旁或身前配以其他元素。德化瓷工变通题材进行选择创造，烧造出西洋人物主题的塑像，成为受欢迎的外销品种。前述1700年来厦门贸易的英国东印度公司商船"达什物德"号上，也有两种类型的"荷兰家庭群像"，一种类型有4个，一种类型有41个。①

除了"荷兰家庭"瓷塑外，在题为"狩猎的欧洲人"的德化瓷塑中也会出现瓷狗，也是德化外销瓷的常见品种。狩猎题材是非常受欢迎的瓷器装饰图案，图案源于欧洲版画和绘画中的狩猎场景。德化瓷工将这种二维的画面，烧造成了三维瓷塑，刻画了生动的野外打猎场面："一群手持老式霰弹枪的洋人行走于山林间，领队的骑着马，手腕上停着一只鹰，处于最显眼位置的领队；领队背后站着一名随从，手里拿着一面小燕尾旗；三只一组的猎狗阵势，有的不时回头观望。"② 这样的瓷塑很多种，场景各有不同，是非常生动的欧洲贵族狩猎生活的写照。德累斯顿藏品塑造了猎人追捕野兔和牡鹿。英国维多利亚阿尔伯特博物馆的藏品是1700年左右德化烧造的白瓷，后来在欧洲加上了彩绘，塑造了3只小狗在捕猎和追逐狐狸。③ 狩猎场面之后，塑造了盖着一座神龛的岩崖，上面装配着中国式拱桥和亭台。中国工匠搭配中西不同的元素和风格，借用中国传统艺术的神山主题，搭配欧洲狩猎情景，凸显异国情调，精美之外，别具一格。

从中世纪到文艺复兴，欧洲描绘贵族家庭生活的绘画中常常会看到狗，描绘大中型猎犬以表现狩猎能力和男子气概，象征着勇敢

---

① Geoffrey A. Godden, *Oriental Export Market Porcelain and Its Influence on European Wares*, p. 266.

② 黄忠杰：《波兰王奥古斯都二世收藏的中国外销瓷艺术研究》，第195页。

③ ［英］柯玫瑰、［英］孟露夏著，张淳淳译：《中国外销瓷》，第107页，图102；相同的瓷塑参见 Geoffrey A. Godden, *Oriental Export Market Porcelain and Its Influence on European Wares*, p. 269，插图196。

和忠诚。后来，随着狗与女士的关系逐渐密切，在描绘婚姻或爱情仪式场景的艺术作品中，狗被当作忠诚的象征。于是17—18世纪，猎犬和宠物犬风行欧洲，前者关乎男性，后者则受女性青睐，狗与整个家庭的关系都非常密切。艺术作品中常常出现狗的形象，能够体现家族和睦繁荣和富足闲适。[1] 这也许是这些瓷塑中出现瓷狗的重要原因。

4. 福狗（Fu Dog）——狮子与狗

强者奥古斯都收藏的德化瓷塑中，有一种白瓷狮子数量达到160件，规格不一，通常脸部平坦，呈哈巴狗状，非常精美。[2] 这种瓷塑在西方东印度公司的商业记录中常常被称为"福狗"。1688年波利庄园的清单中，就提到"波利庄园前厅壁炉台上的瓷器中有一对福狗瓷塑"[3]，现存德国奥拉宁堡宫瓷器室。有些德化白瓷狮子运到欧洲后，还在荷兰或者英国被加上彩绘。[4] 英国布莱顿的普雷斯顿（Preston）大宅的餐厅，收藏着125个德化白瓷塑福狗（"Dogs of Fo"），其中124个是佛教题材的狮子，尺寸从11厘米到51厘米高不等，还有一个是11厘米高的麒麟。[5] 这些都是17世纪末18世纪初的外销到欧洲，1910年到1914年之间由艾伦·托马斯—斯坦福（Ellen Thomas-Stanford）女士收集。这些瓷塑尺寸不统一，但形制大体一致，是目前存世数量最多的一批福狗瓷藏品。由此可见当时德化白色瓷狮子（福狗）出口欧洲的盛况。

---

① 周文翰：《这幅画里原来有狗：8000年艺术史中的狗》，四川科学技术出版社2019年版，第71页。

② 黄忠杰：《波兰王奥古斯都二世收藏的中国外销瓷艺术研究》，第108页。

③ ［英］柯玫瑰、［英］孟露夏著，张淳淳译：《中国外销瓷》，第196页。

④ 英国维多利亚阿尔伯特博物馆藏"在风景中的荷兰猎人塑像"，编号：V&C. 11‑1951，图片见［英］柯玫瑰、［英］孟露夏著，张淳淳译：《中国外销瓷》，第107页，图102。

⑤ Sarah Cheang, *The Dogs of Fo: Gender, Identity and Collecting*, Homiman Museum, 2002, p. 55.

有学者认为"中国福狗"（Chinese Dogs of Fo）即为"雄壮的中国狻猊"①，属于中国传统的"神兽"，是狗和狮子的混合体，总是成对出现，雄狻猊玩耍绣球而雌狻猊护弄幼崽，被人们当作守护神，是中国艺术中常见的主题。英国东印度公司的商业记录中，也可以找到不少关于德化"白狮子"瓷塑的记录，比如 1697—1699 在厦门贸易返航的英国船"拿骚号"（Nassau），总共运载超过 242000 件德化瓷器，其中该船的私人贸易货物中，有 37 个大狮子、36 个中型狮子、120 个非常小的狮子、1247 个小的白狮子，此外还有 613 个小型白色狮子或者狗。② 其中大班本人的私人贸易货物就有 32 个大狮子、6 个中型狮子。③

这些具有别样情调的中国工艺品，是根据传统中国佛教题材狮子像烧造，并非西方艺术传统风格，却在 18 世纪的欧洲大受欢迎。从造型艺术上看，在世界各国文化传统中都可以看到狮子与狗的关联。古代西亚美索不达米亚文明时期，狗被人们认为和狮子属于同一物种，两者形象十分近似类似，狮子在西亚文化中象征勇武和强大，西亚人民在浮雕中创作狗的艺术形象时，通常会融入一些狮子的元素。中国诗文中提到狮子时，也常常将之喻为狻猊。④ 屈大均《广东新语》卷 21，在谈及澳门的西洋狗时，提到其与狮子的相似

---

① ［英］凯瑟琳·约翰斯著，黄英译：《狗：历史、神话、艺术》，中国青年出版社 2011 年版，第 32—33 页。

② Geoffrey A. Godden, *Oriental Export Market Porcelain and Its Influence on European Wares*, p. 260. 这些狮子或狗的瓷塑都是批量生产，形制相同，而且烧造得比较粗糙，可能使人们有些辨认不清，在清单上才出现了"小型白色狮子或狗"的条目。

③ Geoffrey A. Godden, *Oriental Export Market Porcelain and Its Influence on European Wares*, p. 61.

④ 江滢河：《澳门与康熙十七年葡萄牙贡狮》，载蔡鸿生主编：《戴裔煊教授九十诞辰纪念文集——澳门史与中西交通研究》，广东高等教育出版社 1998 年版，第 131—137 页。

之处："蠔镜澳多产番狗，矮而小，毛若狮子。"① 嘉庆道光间岭南新会著名画家郑绩，在其《梦幻居画学简明》中，论述了描绘番狗的画法："又一种小番狗，毛长如狮，入画更趣……画宜以写狮写马之法参之。"② 艺术形象之外，也有西方学者对狮子与狗的关系另提新解。18 世纪荷兰海牙律师西奥多·罗也（Thoedore Royer），热心中国社会文化研究，致力于研究中国文字，编撰中文字典。他曾收集了大量中国物品和绘画，作为研究中国语言文字的资料，其中就包括石狮子和狮子画像，以及装饰着狮子滚绣球图案的花瓶。罗也经过研究后认为："中国艺术中的狮子，并不是真实的狮子，而是中国神话中的四脚兽。"③ 他专门撰文讨论"狮"字，称："狮字的意思，字面上是狗的老师。"④

清代外贸逐渐恢复之后，景德镇的瓷器烧造迅速复兴，也很快仿制烧造了不少"福狗"瓷塑，"尝见有一瓷品作蹲兽状，不知其为狮欤、狻猊欤，狗欤，但极怪而已，底甚平，背有一孔，意者亦作插香之用，为兽炉之别派耶"。⑤ 现藏于美国克利夫兰博物馆（Cleveland Museum）的"罗汉托福狗"（Luohan Holding a Fu Dog）⑥，为粉彩釉上珐琅装饰瓷器，罗汉满脸笑容，手中托着一只很小的福狗凑到自己耳朵边，仿佛听福狗说话，形态逼真，憨态可掬，作为坐骑的狮子幻化成了把玩于股掌之间的宠物狗。据该博物馆提供的

① 屈大均：《广东新语》卷 21，中华书局 1995 年版。

② 转引自蔡鸿生：《哈巴狗源流》，载氏著：《中外交流史事考述》，第 170 页。

③ Campan, *Collecting China, Jean Theodore Royer (1737 – 1807) Collections and Chinese Studies*, Hilversum Verloren, 2021, p. 94.

④ Campan, *Collecting China, Jean Theodore Royer (1737 – 1807) Collections and Chinese Studies*, p. 95.

⑤ 许之衡：《饮流斋说瓷》，说杂具第九，载杜斌校注：《中国陶瓷"四书"》，齐鲁书社 2015 年版，第 624 页。

⑥ 图片及介绍参见 https://www.clevelandart.org/art/1964.191.2（最后访问时间 2021 年 11 月 28 日）。

信息，该件瓷器烧造于康熙年间景德镇，如同 18 世纪英国贵妇手中的小巧可人的"toy dog（玩具宠物犬）"。

福狗瓷塑反映出外销瓷的鲜明特点，它们专为西方市场而做，抽离了原有宗教意义和民俗色彩，是西方人所希望得到的东方气质和异国情调，因而成为"被误读的异域东方"①。从这个角度也许可以理解"Fu dog（福狗）"这个名称，类似于 18 世纪欧洲用西方对东方宝塔的衍生词汇"帕哥登"（"Pagoden"，Pagoda），称呼异域特征浓郁的东方释道人物形象瓷塑，Pagoda 后来成了欧洲对亚洲舶来品中人物的泛指和想象②，反映出欧洲人感受舶来品的乐趣。从这个意义上讲，这些外销的瓷塑"与其说它们属于物质世界，倒不如说它们属于精神世界"。③

二、梅森狗瓷——福狗、猎犬和哈巴狗

德国梅森（Meissen）是欧洲最早成功烧造瓷器的地方。在强者奥古斯都推动下，德国科学家和工匠们 1708 年终于掌握了瓷器烧造技术，首次在欧洲成功烧造出硬瓷。1710 年 1 月 23 日，强者奥古斯都正式下令烧造瓷器，当年 6 月正式创立梅森瓷器工厂。

最初梅森瓷器在器型和纹样上直接模仿德化瓷器，强者奥古斯都曾下令以德化白瓷作为样本，仿造烧造梅森瓷器，可以说德化白瓷促进了欧洲历史上真正意义的瓷器诞生。④ 梅森瓷器厂最初的生产任务是为强者奥古斯都建造的宫殿提供瓷器。梅森瓷厂烧造了种

---

① 吴若明：《移情造境：明清瓷器的释道人物的欧洲流传及普龙克图式平面再现》，载《美术观察》2021 年第 2 期，第 54 页。

② 吴若明：《移情造境：明清瓷器的释道人物的欧洲流传及普龙克图式平面再现》，载《美术观察》2021 年第 2 期，第 54 页。

③ ［美］谢弗著，吴玉贵译：《唐代外来文明》，中国社会科学出版社1995 年版，第 4 页。

④ 谭圆圆：《17—18 世纪德累斯顿与奥古斯都二世——中国瓷器的收藏巅峰与迈森瓷器的诞生兴起》，载《文物天地》2018 年第 3 期，第 82 页。

类繁多的瓷器，除了各种尺寸的成套餐具、茶具、咖啡具、酒器、烟具、花瓶等外，最具特色且影响深远的作品当数各色瓷塑人像和动物瓷塑。这些瓷塑是欧洲瓷器烧造史上最具特色的动物陈列瓷塑，包括几种不同种类和风格的瓷狗，极具象征性意义，非常引人注目，生动展现了梅森烧造的社会文化内涵。对世界瓷器发展产生了重大影响，在题材和造型上也为中国外销瓷提供了模板和借鉴。

1. Foo Dog（**福狗**）与完美动物

1717 年，强者奥古斯都购得位于德累斯顿易北河茨温格尔宫斜对面的新宫殿，1721 年改造落成"日本宫"，用来陈列展示其瓷器收藏，被强者奥古斯都称为"瓷器圣殿"①。强者奥古斯都在日本宫首层陈列自己收藏的中国和日本瓷器，二楼则展示梅森烧造的硬瓷，显示梅森烧造已然超越东方瓷器之上。

强者奥古斯都在日本宫二楼陈列了一系列仿真动物瓷塑，希望通过瓷塑建造一个动物世界，体现其对世俗秩序的掌控，以媲美太阳王路易十四的权势。1727 年，他聘请了约翰·柯奇内（Johann Gottlieb Kirchner）担任瓷器设计师，负责设计大型动物瓷塑。1730 年柯奇内根据指示，从当时认为的"完美动物"② 中选择物种，包括大象、狮子、犀牛、猎豹、猞猁、狗、猫、羊、猴子等进行设计烧造。这些完美动物被认为在自然界中超越其他动物，占据更高等级的位置，如同现实社会的贵族。③ 这些动物瓷塑高度均在 34 英寸以上，表现动物捕食、打斗、防御、警戒等各种姿态，展现动物自然属性、体现自然界完美秩序，以大气磅礴的巴洛克式风格创造了强者奥古斯都的瓷器动物王国，是 18 世纪初欧洲宫廷社会视觉表达的极佳表现。

---

① Carl Christian Dauterman, "Colossal for the Medium: Meissen Porcelain Sculptures", p. 1.

② Samuel Witter, *The Gallery of Meissen Animals, Augustus the Strong's Menagerie for the Japanese Palace in Dresden*, Hirmer Munich, 2004, p. 158.

③ Samuel Witter, *The Gallery of Meissen Animals, Augustus the Strong's Menagerie for the Japanese Palace in Dresden*, p. 138.

动物瓷塑中有不少狗瓷，其中一尊被称为"Foo Dog"① 的博洛尼犬瓷塑非同寻常，由柯奇内设计，完全与前文提及的福狗（Fu dog）瓷塑迥然相异。该瓷狗头部毛发如火焰，怒发冲冠，面目狰狞，发怒狂啸，尾巴卷曲，身体紧绷，外形与狼接近，体现出西方文化中对狼的野性的认可。该福狗形象与日本宫其他狗瓷形象相协调，其他瓷狗或撕咬小鹿，或互相打斗，展现暴力、粗糙、怪诞的神态，正好符合强者奥古斯都所冀望的真实"动物世界"。② 1731年，强者奥古斯都任命坎德勒（Johann Joachim Kaendler）担任柯奇内助手，坎德勒协助柯奇内完成了日本宫一系列大型动物瓷塑烧造。不过，随着1733年强者奥古斯都去世，梅森瓷器烧造发生了很大变化。坎德勒继续设计了不少狗瓷，其中包括他使用梅森瓷器特有用色为福狗（Foo dog）绘制了颜色，所创造的福狗眼神中透出些许柔和，狰狞面容也有所收敛，体现出瓷器特有的美感。这件福狗瓷塑先后烧造了多件，目前收藏在德累斯顿、巴黎罗浮宫、纽约大都会博物馆等著名博物馆。③

作为瓷器设计师，坎德勒清楚地意识到作为工艺品，瓷器并不适合烧造大型或者纪念性物品，小型器物方能最大限度发挥瓷器的艺术效果。同时，坎德勒也觉察到随着1733年新国王奥古斯都三世即位，继位者的文化品位发生了变化，萨克森政治文化环境也随之变化，当权者对权力分配和表达的方式也需要从其所烧造的瓷器中体现出来。

2. 猎狗瓷塑与外交礼物

17、18世纪欧洲各国关系复杂，互赠外交礼物非常普遍。梅

---

① Robert E. Rontgen, *The Book of Mesisen*, Schiffer Publishing Ltd, PA, p. 145.

② 图版参见 Samuel Witter, *The Gallery of Meissen Animals, Augustus the Strong's Menagerie for the Japanese Palace in Dresden*, pp. 144 – 145, 185。

③ Samuel Witter, *The Gallery of Meissen Animals, Augustus the Strong's Menagerie for the Japanese Palace in Dresden*, p. 306.

森瓷厂的任务中也有不少是烧造各种外交礼物，尤其是18世纪中叶，洛可可艺术风格在欧洲盛行，瓷器作为最契合洛可可艺术风格的物品，自然成了送礼佳品。奥古斯都三世推崇洛可可风格，也喜爱戏剧和意大利歌剧，设计师们自然对此了然于胸。因此，整个奥古斯都三世时期，洛可可风格的彩色人物瓷塑和群塑非常流行。这些塑像既有身着华丽服饰的戏剧人物，也有大量奇装异服参加德累斯顿嘉年华的各行各业人物，还包括出现在新式餐桌礼仪中的各种动物瓷塑。梅森瓷器烧造也由此达到高潮，不少题材一经推出就大受欢迎，不断被仿制，彩色瓷狗就是其中非常受欢迎的品种。

梅森烧造的礼品中比较常见的是狩猎杯①，这是欧洲狩猎传统的重要体现。1741年，坎德勒设计了一款带盖狩猎杯，杯盖上配置了几个猎犬（Hound）逐鹿的瓷塑。这些猎犬瓷塑是单独烧造的部件，组装成品时再做整体镶嵌。这个狩猎杯最初是为科隆选侯制作的，应该是奥古斯都三世赠予他的礼物。② 礼物互赠自然投其所好，也表现出王侯之间的密切关系。狩猎杯一经问世大受欢迎，直至1761年，梅森瓷器烧造目录中仍有烧造记录，可见20年一直生产不停。奥古斯都三世自己也拥有狩猎杯，只不过狩猎杯上的猎人服饰不同，猎人身着撒克逊狩猎制服，戴着波兰萨克森徽章。③

除了狩猎杯，梅森还烧造了另一类与狩猎相关的瓷狗，属于一整套甜品餐具。1748年，英国驻德累斯顿大使汉波利·威廉斯（Hanbury Williams）从奥古斯都三世处获赠一套（甜品）餐具，是正餐之后享用甜品的用具。目前保留着3份这种甜品餐具的清单，其中2份藏在法明顿（Farmington）的李维斯·沃尔珀尔（Lewis

---

① 图版参见 Robert E. Rontgen, *The Book of Mesisen*，封面，及 p.33 彩图1和2。

② Maureen Cassidy Geiger ed., *Fragile Diplomacy, Meissen Porcelain for European Courts ca. 1710 – 63*, New Haven and London, 2007, p.195.

③ Maureen Cassidy Geiger ed., *Fragile Diplomacy, Meissen Porcelain for European Courts ca. 1710 – 63*, p.203.

Walpole）图书馆。清单详细记录了餐具构成，除了大小碟子、巧克力杯、勺子等甜品用具外，还有一些场景、人物和动物瓷塑，包括："6个村屋，4个牛舍，4个马厩，1座教堂，4个牧羊人和牧羊女，12头小羊，3对羊，6头雄鹿，8头山羊，6头奶牛，2名射击的猎人，2名狩猎的妇女，4女猎手，6头牡鹿……4只猎犬（hound），4只大型猎犬（big hound），4只猎犬（hound）（原文如此，可能是两种不同型号的 Hound——引者注）……"① 很明显，这些瓷塑并非用餐必需品，而是组成狩猎场景的玩偶。想象一下，王公贵族们一边享用着美味甜品，一边欣赏餐桌上瓷塑演绎的狩猎场景，惟妙惟肖的精致瓷塑，助兴谈资，何等新奇和快意。

宴会是有社会或政治意义的行为，餐桌也是展现权势、威风和趣味的舞台。欧洲的餐桌礼仪从中世纪到近代发生了很大变化，中世纪贵族们在宴会上炫耀堆积如山的肉食和香料以张扬财富。16世纪意大利人开始为餐桌礼仪确立文雅生活的样式。进入17世纪，贵族宴会的食物已经相对朴实简单，关注焦点转移到所用器皿上，精致的餐具成为主人彰显身份和品位的表征。随着中西贸易的开展，式样繁多的东方瓷器逐渐丰富和重塑了欧洲人的餐桌，对餐饮礼仪也产生了影响。18世纪，欧洲贵族的宴会上开始流行一些戏剧性桌饰，一个个小人国尺寸的模型通过模拟场景，展示主人家的辉煌和权势。这些模型最初由诸如饼干、糖、果冻等脆弱材料制成，后来开始使用瓷塑，梅森瓷塑格外受到欢迎。② 奥古斯都三世就在宴会的不同环节使用瓷塑器展示主题，甜品环节的主题是瓷塑狩猎场景桌饰，为宴会助兴。

这些猎狗的原型本身就来自英国，德国王公们喜欢英国猎狗（Hound）和马，常常前去购买。1732年至1735年，德国苏尔科夫

---

① Maureen Cassidy Geiger ed., *Fragile Diplomacy, Meissen Porcelain for European Courts ca. 1710 – 63*, p. 288.

② ［美］罗伯特·芬雷著，郑明萱译：《青花瓷的故事》，台北猫头鹰出版社2016年版，第335页。

斯基（Sulkowski）公爵就通过当时英国驻德累斯顿大使乔治·伍德华德（George Woodward），将一些英国猎狗运到德累斯顿。奥古斯都三世的女儿玛丽亚·安娜（Maria Anna）就有一只英国猎狗，坎德勒用安娜的这只猎狗和养狗人温策尔（Wentzel）做原型设计了瓷塑。① 1749 年 12 月，萨克森大公派了一位资深猎人去英格兰，希望购买 30 对猎狗和一些马。后来只挑到 12 对年龄 15 个月大的猎狗，每对价钱 7 畿尼（英国旧金币），没有找到其余合适的猎狗。汉波利·威廉斯将这套甜品用具借给了英国切尔西（Chelsea）瓷器工厂，切尔西瓷器厂很快仿制烧造了类似的瓷狗。

3. 王室宠物与会社象征——哈巴狗瓷

梅森烧造的瓷塑中无处不在的是哈巴狗（Pug）瓷塑，俨然是梅森瓷器不变的题材。哈巴狗鼻子扁平，前额褶皱，尾巴微卷。历史上这一品种从罗马到中国，后来再回传到欧洲。16 世纪荷兰国王威廉一世有一只宠物哈巴狗，取名查姆瑟，意为"扁鼻子"②。1689 年，奥兰治的威廉三世将一只哈巴狗带到英格兰，很快在欧洲王室和贵族们的推动下，哈巴狗开始流行，被视为"北京狗"，其形象常常出现在各种艺术品中。③

坎德勒先后设计了几种姿势各异的哈巴狗瓷塑，其中包括强者奥古斯都为德累斯顿科泽尔伯爵夫人（Countess Cosel）订制的哈巴狗瓷塑。他最著名的哈巴狗瓷塑是 1741 年设计的一公一母相对而坐的哈巴狗瓷塑，狗妈妈前面还有一个正在吃奶的小哈巴。④ 这让人联想到成对的福狗瓷塑，不过坎德勒是以真实哈巴狗为原型设计。

---

① Maureen Cassidy Geiger ed. , *Fragile Diplomacy, Meissen Porcelain for European Courts ca. 1710 – 63*, p. 292.

② ［加］斯坦利·科伦著，江天帆译：《狗故事——留在人类历史上的爪印》，生活·读书·新知三联书店 2016 年版，第 11 页。

③ Claire Dumortier and Patrick Habets eds. , *Porcelain Pugs, A Passion*, p. 57.

④ Claire Dumortier and Patrick Habets eds. , *Porcelain Pugs, A Passion*, p. 62.

梅森所烧造的哈巴狗瓷均大受欢迎，盛行于欧洲，被用来装饰家居，或单独或成对摆放，也会被装配在蜡烛台、钟表、花瓶、人物群像中，并被不同国家的瓷器工厂仿制和改造。

坎德勒努力吸收众多洛可可风格艺术家的作品，结合萨克森宫廷生活，于 1737—1740 年间设计出著名"吻手礼"系列瓷塑（Handkiss Group），成为梅森瓷塑经典。该瓷塑最初版本为："一位高贵的女士正襟危坐，右手持咖啡杯，华服男士行左手亲吻礼，一位摩尔黑人侍从身后随侍。"[①] 后来，坎德勒进一步加工，将一只哈巴狗趴在女士腿上。之后，该瓷塑被不同工厂改造烧制，出现许多变体，但哈巴狗是不变的标配。"吻手礼"系列瓷塑刻画了宫廷贵妇、贵族男士、摩尔黑人、哈巴狗等物像，构成一幅 18 世纪萨克森宫廷生活的时髦画卷，生动反映了养尊处优的贵族们整日无所事事，在男女调情和暧昧中寻找快乐的时代风尚。这种图像组合看起来很眼熟，与法国画家华托、布歇油画中的场景和气氛十分接近。因此，含义非常丰富的"吻手礼"瓷塑，体现的是洛可可风格瓷塑的东方趣味。

当然，"吻手礼"瓷塑外，很多梅森瓷塑中可以见到数量众多的哈巴狗，还有一个重要原因是欧洲秘密会社共济会（Freemanson）和哈巴狗兄弟会（Mops-orden，也作 the Order of the Pug）的推动。共济会起源于古代犹太石工社团，近代共济会 1717 年出现在英国，支持世俗国家，反对天主教会，引起罗马教会惶恐。1736 年教皇克莱蒙特十二世（Pope Clemente XII）颁布了共济会禁令，严禁天主教徒加入共济会组织，违者驱逐出教会。这引起萨克森贵族的紧张，他们虽然皈依了天主教，但不少人非常认同共济会的理念。为规避教皇禁令，他们于 18 世纪 40 年代创建了自己的社团——"哈巴狗兄弟会"，以哈巴狗作为社团的隐秘符号，象征社团成员之间的忠诚、信任和可靠。他们保持了不会触怒教皇的部分共济会章约，并且扩展了他们的成员，允许女性加入，宣称男女平等，而女性是不

---

① Robert E. Rontgen, *The Book of Mesisen*, p. 149.

能参加共济会的。该会以哈巴狗为名，用哈巴狗作协会标志，入会仪式上使用哈巴狗塑像，最重要的大首长（Grand Master）被称为大哈巴狗（Grand Pug）。有意思的是，典型的梅森成对男女瓷塑常常把共济会会员和哈巴狗兄弟会女会员凑成一对，二人脚下分别趴着一只可爱的哈巴狗。坎德勒就曾设计过这种瓷塑。有人说这种设计是哈巴狗兄弟会故意讽刺共济会不接纳女会员。不过，更可能的解释是，当时德国各地大部分哈巴狗兄弟会男性成员本身就是共济会会员，而哈巴狗兄弟会女性成员的丈夫大多是共济会会员，有一段时间男性是可以参加两个协会的①，制作成对夫妻瓷塑就不奇怪了。

　　该会因何选择哈巴狗呢？哈巴狗在 18 世纪的欧洲社会被赋予各种性情，哈巴狗傲慢清高、桀骜不驯，又聪慧但固执，总能让主人顺从自己的意愿，使自己成为真正的狗主子，却又以忠诚而闻名。此外，它也势利和贪图享乐，是喜剧中的丑角。人们对哈巴狗津津乐道的故事，反映了它的受欢迎程度。可见，欧洲人是在通过哈巴狗寄托理想，呼唤自由平等，反抗权威，掌握自己的命运，还会享受生活。此外，哈巴狗作为外来动物，当然是上流社会生活的体现。

　　梅森瓷器紧跟时代，从巴洛克到洛可可风格，烧造出无数瓷塑和装饰艺术品，达至欧洲瓷器制造的高峰。梅森群雕中使用的瓷狗，往往和女性一起是哈巴狗，而与男性一起的则是猎犬，不管是哪一类作品都在欧洲倍受追捧。很快英国、比利时、奥地利、法国等地瓷器工厂都开始仿制梅森瓷狗，成为 18 世纪中叶仿制数量最多的瓷塑。这些瓷器表现了欧洲社会经济、文化环境和审美情趣的发展，同时随着中西交流的渠道，也对中国外销瓷器烧造产生影响。

三、18 世纪中国外销瓷中的瓷狗

　　18 世纪初中西贸易开始步入正轨，瓷器贸易重新焕发生机。景

---

① Claire Dumortier and Patrick Habets eds. , *Porcelain Pugs, A Passion*, p. 43.

德镇、德化等地的瓷器烧造重新繁荣，广州也兴起了被称为"广彩"的五彩外销瓷，无以数计的瓷器远销全世界。由于梅森等欧洲瓷器工厂烧造的大量彩色动物瓷塑大受欢迎，不少西方商人就携带这些彩瓷的模板，来中国订制了相应的瓷塑，促进了中国外销瓷烧造的多样化。正如董少新指出的，这一时期中国外销瓷的发展繁荣，"既是中国陶瓷业适应国际市场需求的创新性调整，同时也是中西交流的结果"。① 从18世纪30年代开始，式样繁多的中国外销彩绘动物塑像，通过私人贸易的渠道进入欧洲，包括哈巴狗、猎犬、鸡、鹦鹉、猴子等瓷塑，以及诸如牛头、鹅等造型的餐具大量外销，到18世纪中叶成为当时最具特色的外销瓷品种。

图2 清代素三彩狗（广州博物馆藏）

1. 仕女与瓷狗

美国迪美博物馆收藏着一批重要的中国彩色瓷塑，是科普兰夫人（Mrs. Lammot du Pont Copeland）将近半个世纪陆续收集而成，这些瓷塑烧造于17世纪末到18世纪末之间，除了少量德化中国白之外，大部分是景德镇烧造的彩瓷瓷塑。这些典型的外销瓷，虽然

---

① 董少新：《明清时期基督教主题瓷器再考察》，载李军主编：《跨文化美术史年鉴"欧罗巴"的诞生》，山东美术出版社2021年版，第345页。

产自中国，却蕴含西方世界的文化信息。

科普兰夫人收藏中有 2 个 18 世纪初的德化白瓷狗①，精致细腻，十分可爱。虽均为蹲姿，造型相似，但姿势仍各有不同，应该不是成对烧造的瓷狗。有意思的是，科普兰夫人藏品中的两个女士彩瓷人像中，分别有与这两个德化瓷狗造型一致的彩色瓷狗。女士彩瓷人像分两种，一种为成对坐姿女士，怀抱蹲姿扭头的褐色小狗。另一种为站姿女士彩瓷，女士身旁的瓷墩上坐着一只斑点瓷狗。② 这两个彩瓷狗，可以说是对德化瓷狗的仿制和创造性运用。

女士彩瓷人像看起来是地道的中国题材，但实际则是紧跟欧洲品位、模仿欧洲样式，回应洛可可艺术东方情趣的外销瓷品种。女性图案是明清外销瓷的常见装饰图案。康熙年间，随着中国外销瓷重新兴起，各种中国女性题材更加广泛地使用在各类新兴彩瓷中，其中最常见的是仕女图，瓷器上的仕女身姿窈窕、柳眉凤眼、三寸金莲、配饰繁多，妆容艳丽。使用仕女图案的瓷器流行欧洲，尤盛于荷兰市场，成为 17、18 世纪中国外销瓷的经典东方女性形象。这种图案逐渐形成特定构图，与欧洲巴洛克艺术中盛行的女性丰腴体态形成鲜明对比，被荷兰人称为"修长伊丽莎"（Lange Lijzen，英译为 Long Eliza）。③ 这些女性形象人物数量从 1 位到 4 位不等，画面简洁，描绘手法逐渐程式化。科普兰夫人收藏的女子戏狗瓷塑，与二维平面上的仕女题材可以说属于同一类题材，是"修长伊莉莎"仕女图案的三维立体化。这些仕女出现在各种情境中，与狗嬉戏、悠然自得，或者品茗喝茶、吹箫弹琴、郎情妾意，都足以引人遐想，是西方人对中国理想生活的想象，也是他们把美好生活的幻想投射到中国的体现。这种瓷器不仅仅在于回应 18 世纪中叶兴盛的中国趣

① William R. Sargent, *The Copeland Collection: Chinese and Japanese Ceramic Figures*, Salem, MA, 1991, p. 100.

② William R. Sargent, *The Copeland Collection: Chinese and Japanese Ceramic Figures*, pp. 124 – 127 图版 57, p. 132 图版 60。

③ 吴若明:《17 世纪外销瓷器中的女性题材和东方"伊丽莎"形象辨考》，载《形象史学》2018 上半年（总第十一辑），第 105—106 页。

味而呈现异域风情，更深刻的内涵是通过中国事物表达了欧洲本土的文化情怀和品位。

2. 回流与仿制

18世纪30年代，梅森烧造了越来越多的瓷塑，欧洲各地都出现了各种以梅森瓷器为范本的瓷塑。这些瓷塑通过各种渠道回流中国，成了中国外销瓷仿制的对象。中国外销瓷对欧洲彩色瓷狗的仿制在18世纪50—70年代达到高潮，与欧洲中国趣味鼎盛时期一致。美国迪美博物馆科普兰夫人藏品中的几对中国外销哈巴狗瓷，烧造于1750—1770年间，源自梅森瓷塑范本。① 其中一对高24.1厘米，坐姿，尾巴卷，耳朵竖起来，舌头从下颌伸出来。黑色珐琅，眼睛黑色中间带绿，舌头是深红色，鼻子和嘴巴都是铁红色，脖子上系着铃铛，可能就是《饮流斋说瓷》中提到的"狗有黑红者"，明显为外销而做。梅森烧造了数量众多的哈巴狗，18世纪50年代之后，英国、比利时、奥地利和法国等地瓷器工厂都有仿制品出产。因此，景德镇烧造的各种类型的哈巴狗瓷，源自梅森范本，但直接模仿的来源可能并非梅森烧造。

除哈巴狗瓷之外，欧洲烧造的西班牙猎狗瓷塑也被带到中国，成了中国外销瓷的样板。科普兰夫人收藏了4对不同大小的西班牙猎狗②，2对躺姿，2对蹲姿，都是红黑颜色为主，烧造时间均在1750—1770之间。躺姿西班牙猎狗，大体形制相同，脑袋竖起来斜向一边，嘴巴微微张开，短脖子长耳朵，尾巴卷曲在一边。2对蹲姿的西班牙猎狗，同样是脑袋竖起来斜向一边，嘴巴微微张开，短脖子长耳朵，尾巴卷曲在一边，只是脖子上多白色的铃铛。③ 这种小

① William R. Sargent, *The Copeland Collection: Chinese and Japanese Ceramic Figures*, fig. 45, pp. 189 – 191，图版92。

② William R. Sargent, *The Copeland Collection: Chinese and Japanese Ceramic Figures*, pp. 184 – 188，图版88—91。

③ William R. Sargent, *The Copeland Collection: Chinese and Japanese Ceramic Figures*, p. 186，图版89。

巧、可爱、长毛和长耳朵的西班牙猎瓷狗，深受欧洲人喜爱。这种小狗最初由葡萄牙人从东亚带回欧洲的，英国查尔斯二世（1660—1685）非常喜爱，流行一时，被英国人称为"查尔斯猎犬"，在英国维多利亚阿尔伯特博物馆收藏了一对，名为"清乾隆红釉洋狗"①，烧造于1750—1770年间。葡萄牙人从带回的猎狗与欧洲狗杂交后，出现了几种不同的类型，这些都可以从外销瓷狗中看出来。比如一些突出下颌的铁红色瓷塑狗②，看起来有些严肃的样子。这些瓷狗均烧造于1750—1770年之间，形制基本一致，应为批量烧造，与大量同时期出现的其他动物彩瓷塑一起，表明18世纪中叶是彩色动物外销瓷塑烧造的兴盛时期。

雍乾年间的景德镇督陶官唐英在其《陶成纪事碑记》中，记录雍正年间景德镇仿烧、创制了57种釉色品种和各种洋彩，其中包括"仿西洋雕铸像生器"等。③《饮流斋说瓷》也记录和评价了雍乾年间源于泰西的各种动物彩瓷，特别提及来自泰西的瓷狗："鹿也，马也，兔也，狗也，有双者，亦有单者。双者不可必得，则单者亦足清玩。马有三彩者，狗有红黑者。雍、乾间品，颇属可喜。瓷狗，在清中叶尝喜制之，小者往往混于洋瓷。盖乾嘉当时，泰西已有流入者矣。"④ 可见，18世纪20、30年代之后，景德镇就开始仿制西方瓷狗了，这表明中欧瓷器烧造随着全球市场的形成，也展开了深刻的双向交流互动。当然，此类像生动物瓷器在中国社会文化中自有品级高下，"无论人物、鸟兽、概谓之像生器具。若仿均双鹿、双马，奕奕如生，隽品也；至双狮亦颇可玩，而稍嫌于笨重，不如双

---

① 柯玫瑰：《英国维多利亚和阿尔伯特立博物院藏中国清代瓷器》，广西美术出版社1995年版，第195页，第141彩图。

② David S. Howard, *The Choice of the Private Trader: The Private Market in Chinese Export Porcelain Illustrated from the Hodroff Collection*, The Minneapolis Institute of Art, 1994, 图版332。

③ 张发颖编：《唐英督陶文档》，学苑出版社2012年版，第5页。

④ 许之衡：《饮流斋说瓷》，说杂具第九，载杜斌校注：《中国陶瓷"四书"》，第624页。

象之名贵，双鹤亦矫矫可观，至五彩双鸡，则品斯下矣"①。五彩动物瓷塑不入时人之眼，成为18世纪中叶中国外销瓷的独特品种，以欧洲瓷塑为模板，迎合西方顾客的口味，在西方社会倍受喜爱，中西审美趣味迥然相异，由此可见一斑。上述数种瓷狗，与其他中国外销动物彩瓷塑一样，大多成对出现，显得平静安详。这些彩色瓷狗被收藏在欧洲王室或者贵族的"瓷器宫殿"或"中国房"中，以"华式"和"广货"之名装扮出异域遐想空间，与强者奥古斯都的瓷狗等所塑造的"动物世界"大异其趣。

17、18世纪中西出现的不同瓷狗，让我们看到在全球化贸易网络形成过程中体现出的中外文化交流复杂性，这是人类文明在互鉴中共同发展的极佳证明。对于不同的瓷狗，造型和范本溯源固然重要，背后所牵涉的瓷器工艺和烧造技术的发明、传播、更新和互相影响也不可忽视。但只有我们把目光转向跟这些瓷狗相关联的人类活动，才能更好地把握这些不同瓷器的文化价值，明确其为彰显社会文化内容的重要器具。同时，也能够让我们了解到他们的制作者，那些全球化生产时代辛勤工作的工匠们，是一群乐于接受社会的变革、思路广阔、头脑开放、积极回应市场需求的创造者。瓷狗作为"反映出传统创造性转化的时代精神"② 的外向型文化产品，能够让我们更好地认识人类自身。

附记

《哈巴狗源流》是蔡老师倾注心血的小题目，以小见大，立意高远，别开生面，与《狮在华夏》构成中西文化交流史研究的系列，

① 许之衡：《饮流斋说瓷》，说杂具第九，载杜斌校注：《中国陶瓷"四书"》，第624页。

② 蔡鸿生：《南海之滨的舶影文光》，载氏著：《中外交流史事考述》，第411页。

为学界推崇。老师仙逝后，师母整理遗物，发现老师留下的笔记本上记录着很多还未完成的著述计划，其中一项是《哈巴狗源流图说》。师母曾问询周湘和我是否能够替老师完成这项计划，无奈学识浅薄，不敢应承。目睹这份笔记，脑中回想起老师曾多次强调的话，任何研究都有阶段性，思考无止境，对自己研究要有"未了情"，敢于"第二次握手"，日后方可继续推进。20 多年前曾受老师《狮在华夏》有关论述的启迪，写过葡萄牙贡狮的小文，得到老师鼓励。后蒙老师不弃，到康乐园追随老师读书工作，老师如永恒的灯塔一直给我指引。如今，面目一新的康乐园里，永芳堂旁的红豆树旁，逸仙路的榕荫下，仿佛仍可见到老师平静从容的身影。这篇关于中西瓷狗的小文，源于师母在老师书房中找到的几本以狗为主题的著作。阅读这些书，仿若回到了 20 多年前的学生时代，认真按老师开的书目读书，撰写读书札记，请老师审阅。

（作者系中山大学历史学系教授）

民国潮汕"八二风灾"与教会赈济

蔡香玉

　　1922 年 8 月 2 日夜袭击潮汕沿海地区，并造成大量的人员伤亡和财产损失，"是历史上袭击中国东南海岸最凶猛的台风。这个台风是 1922 年 7 月 27 日在北纬 14 度、东经 138 度的附近海面出现。8 月 1 日经过吕宋海峡，8 月 2 日晚至 3 日晨中心经过汕头海岸"。① 这一灾害发生之时，便引起了气象学家竺可桢的注意。他在 1922 年的《科学》杂志第 7 卷第 9 期上发表了《说飓风》一文，便提道："今年汕头的风暴，以发现的时期，剧烈的程度而论，不应名为飓风，应名为台风。英文报上总叫此等风暴为 typhoon，就是台风的译音了。中国报上反把名称弄错作飓风，这也可见中国人不讲科学的弊病了。"② 竺可桢借此说明"飓"与"颱"二字的差异，提出以"颱风"（简体作"台风"）作为科学名词，特指中国南方沿海地区夏秋季节特有的气象灾害。③ 竺可桢的正名，也使"颱风"一词"作为广播与电视，尤其是天气预报所推广的普通话，在全国范围内行开了"④。

---

①　王琳乾:《潮汕自然灾害纪略》，广东人民出版社 1994 版，第 36 页。

②　竺可桢:《竺可桢全集》第 1 卷，上海科技教育出版社 2004 版，第 403 页。

③　蒋毓英修: 康熙《台湾府志》卷 1《风信》记:"风大而烈者为飓，又甚者为颱。飓常骤发，颱则有渐。飓或瞬发倏止，颱则常连日夜或数日而止。大约正二三四月发者为飓，五六七八月发者为颱。"转引自李荣:《颱风的本字（上）》，《方言存稿》，商务印书馆 2012 年版，第 219 页。竺可桢据此认为"我国古人不但已知颱飓之季候征兆，且能识别颱与飓的异同"，参见李荣:《颱风的本字（下）》，第 235 页。此篇文章承蔡鸿生先生示见，谨致感念!

④　李荣:《颱风的本字（下）》，载《方言存稿》，第 236 页。

770

　　这样一次风灾催生出"颱风"这样的科学术语只是一个小插曲，本文关注的是当时刚设立的汕头市以及沿海各县的受灾情况，以及灾后驻潮汕地区的各教会组织围绕救灾事务所展开的赈济活动。过往关于此次救灾的研究者多从官府与民间救济的角度切入，从救济资源的投入与掌控力度探讨官府与士绅对地方社会控制力的消长①，而潮汕地区教会团体所展开的救济工作较少为人论及。② 本文利用英国伦敦大学亚非学院档案馆所藏英国长老会参与救济的相关档案、汕头市档案馆所藏英国长老会的会议纪事册和美国浸信会编纂出版的中文刊物、巴黎法国外方传道会总部所藏的教会刊物、加拿大吴苏辣女修会（Ursula）编纂的会史以及其他的中文文献、档案等资料，从教会的受灾经历、经济损失、救济措施、国内外募捐等方面来进行论述，尝试重建一战后英、美、法等国民众通过教会组织参与潮汕地区风灾救济的这段往事。

一、风灾之夜

　　对于天灾的感知能力，动物远比人类敏锐。这场台风来临前，汕头市郊濒海的乡村下蓬、上蓬一带，鸡犬鸣吠不停，青蛙和蛇纷纷爬上坟埠野垄上的"刺膀投"（剑麻之类）或其他有刺植物，有

---

　　①　陈春声：《"八二风灾"所见之民国初年潮汕侨乡：以樟林为例》，载《潮学研究》1997 年第 6 期；孙钦梅：《潮汕"八二风灾"（1922）之救济问题研究》，华中师范大学硕士学位论文，2008 年；蔡文胜：《从八二风灾看地方应急救助运作——以澄海县为例》，载黄挺主编：《第七届潮学国际研讨会论文集》，花城出版社 2009 年版。

　　②　美国纽约佩斯大学（Pace University）的李榭熙教授召集并主持了汕头大学基督教研究中心"潮汕的宗教慈善"圆桌会议（2013 年 6 月 20—21 日），他与笔者均提交了关于"八二风灾"的论文。李教授的论文后在《澳门文化杂志》（英文版）2014 年第 45 期刊出，见 Joseph Tse-Hei Lee, "Faith and Charity: The Christian Disaster Management in South China", *Review of Culture*, 2014（45），pp. 127–138。本文即经笔者修改后的论文。

的爬至七八尺或余丈高，挂在布满尖刺的叶尾上死去。[1] 在停靠在汕头港的一艘外轮上，一名外国船员记下了当晚风灾袭击汕头的情形：

> 晚上 10 点 30 分，从 8 点便很强的风转为台风，这是一阵阵非常可怕的狂风。暴雨向我们倾泻而下。须臾，气压计不再指向任何方向；失去控制的指针降至最低刻度标记之下。12 点 30 分，突然完全平静下来：只刮着柔和的微风；这种对比如此强烈，以致人们自忖之前发生的是否是一场梦魇。我们意识到自己正处于巨大旋风的正中心。这种平静历时刚好一小时零五分。凌晨 1 点 35 分，风再次刮起。它朝西南和东北两个相反的方向吹袭。台风的另一边缘已到来。2 点 30 分，台风风力最为强劲，风不停地怒吼和呼号。滂沱大雨倾盆而下。人无法站立甚至呼吸。某一刻，我们感觉到一个黑色物体从我们头上掠过：是屋瓦或附近几艘船的残片。最终，在 3 点 30 分，台风开始逐渐减弱。狂风逐渐消歇，气压计逐渐"恢复理智"。[2]

潮汕沿海从饶平至惠来间，受到特大海风潮的袭击，处于中心的汕头与澄海灾情尤重。曾参与救济的陈沄（字梅湖）这样记载："民国十一年八月二日晚，飓风骤起，海潮暴溢，平地水深二丈余，崩崖殒屋，拔木摧舟，响动乾图，势翻坤轴。潮汕沿海三百余里，居民压溺毙命者五万余人，伤者倍之，乏栖息衣食者四十余万，庐舍、田园、船舶、牲畜、塘鱼、堤围、果木、稼植，冲塌飘沉十之

---

① 孙钦梅：《潮汕"八二风灾"（1922）之救济问题研究》，第 8 页。

② "Le Typhon de Swatow", *Les Missions Catholiques*, Octobre 20, 1922, p. 494. 亦见法国巴黎外方传道会汕头教区 1922 年的年度报告：Rapport annuel des évêques, Swatow, 1922. 本文所引用的该会年度报告均可在法国巴黎外方传道会网站（http://archives. mepasie. org/fr/rechercher）上检索查阅。

七八。"① 当地生还者事后如此追述台风过境情形："八月二日下午三时风初起，傍晚愈急，九时许风力益厉，震山撼岳，拔木发屋。加以潮汐骤至，暴雨倾盆，平地水深丈余，沿海低下者且数丈。乡村多被卷入海涛中。已而飓风回南，庐舍倾塌者尤不可胜数。"② 因 8 月 2 日正是农历六月初十，这一灾难便成为当地人口口相传的"六月初

① 陈沅：《潮汕东南沿海飓灾纪略》，转引自王琳乾：《潮汕自然灾害纪略》，第 40 页。

② 1982—1983 年，澄海县文物普查办公室曾派调查组到沿海各村镇辑录当地存留的"八二风灾"碑记，并访问亲历者，留下了珍贵的口述资料，以《澄海八二风灾》为书名（蔡英豪总辑、陈孝彻主录，澄海县文物普查办公室印，1987 年）油印出版，作为《澄海县文物志》的附志。该书分序言、碑记、文史摘录、部分统计数字、部分灾死民众名单、乐捐芳名录（部分）、摄影备忘等部分。可见在风灾发生一甲子后，亲历者追述往事时仍胆战心惊，历历在目。该书现藏于澄海县澄海中学英南图书馆。此外，2013 年澄海中学校园改造，从距离地面半米多的地下挖出"八二风灾"残碑两块。该碑是民国时期澄海当地文化名人周之柏所书，现存碑文的内容为："中国海东南值北纬十五度，气象灵怪，感变倏欻，余威积势，施及粤壖。飓母巨飑，规岁屡发。当中华民国十一年八月二日夜，潮属沿海，大雨以风。潮阳、饶平、南澳、汕头悉被其祸，而我澄为酷。坏屋四万余间，决堤五万丈，苞沦田园十八万七千余亩，漂没男女二万六千余口，被灾者二百四十余乡。水力所加，几占澄属全面积四分之一。居民垫隘，俯仰无资。或沉沦溟澥，或漂泊山陬。家宅既倾，露宿相望。受灾之巨，自肇县来，未之有也。鉴渊适于是年一月，以民选县长来长澄海，骤遭此变，挥泪无从。恤死救生，责无旁贷。当即分电列宪，并海内外慈善机关，吁请救济。并一面邀集阖县人士，组织救灾善后公所，以总其成，令受灾各区组织分所，以分厥任。经众举鉴渊并周君之松总协理其事，若干事、若财政、若文牍，各举其人以任之，而救灾之机关略备矣。于是笘盖芦蓬，以安宿者。设临时医院，组织救生队以疗伤病者，发公帑以埋死亡者。而同时各处善团闻风争救，泛舟输粟，络绎于道。灾民于创痛之余，因得延其残喘焉。复蒙海内外各善团赐以巨金，俾谋善后。爰乃施衣给被，计人分金，而灾民又稍得其资生之具。赈款所得，计共一十九万余元，以六阅月之功，调……"陈卓坤老师将《澄海八二风灾》一书及澄海中学"八二风灾"残碑照片见示，谨致谢忱！

十海风潮"，书面称为"八二风灾"，国外的报道则称之为"汕头台风"。

在汕头的外国人社区，包括在此建立传教总部的 3 个外国传教会——美国浸信会、英国长老会与法国外方传道会——同样经历了这惊魂一夜。美国浸信会总部位于礐石①岛上，与汕头市区隔着海湾相对。岛上山体主要是花岗岩，浸信会的建筑多位于半山腰处。该会的女传教士孙安美（Abbie G. Sanderson）记载了次日上午海潮冲击礐石教会建筑的骇人情形：

> 唯一可见的是海水像一道墙全速冲进我们的前院。讲到大海浪和碎浪花——它们正冲到我们门前！当站着看海浪朝我们袭来时，我无法用语言表达那种惊悚和魔力。实际上海浪已经比夜里小了许多；然而给人的印象是，下一秒这阵汹涌的洪水就会把我们吞没……可怕的浪潮已经高高卷起，越过我们，冲进房子后面的稻田，夹带着被冲上岸的支离破碎的百叶窗、小舟的破板，以及我们低矮的阳台所有的木板和横梁！②

台风过境的当晚，狂风巨浪竟将"山东"号轮船搁置于礐石狗母涵山腰。③ 以小礐石为总部的美国浸信会，"其洋楼民屋以及男女中小学校，俱有损坏倾塌者且至十余处。陈佳音一家竟被压死六命……礐石中学校、礐石高小学校、礐石国民学校、正光女中学校及明道妇学幼稚园、初光女学均有损坏"。④ 而对岸的汕头市区及澄海、饶平的沿海低洼地带则早已成为一片泽国。英国长老会岭东教区总部与法国外方传道会汕头教区主教府恰好位于汕头市临海的外

---

① 礐石也称角石，潮汕方言中"礐""角"同音。

② 转引自 Joseph Tse-Hei Lee，"Faith and Charity：The Christian Disaster Management in South China"，p. 129。

③ 饶宗颐总纂：《潮州志·大事志·民国》，潮州修志馆 1949 年版，第 5 页。

④ 汕头市第八区灾况调查表，王琳乾：《潮汕自然灾害纪略》，第 35 页。

马路上。虽然风灾发生时教会办的各级学校均已放假，英国长老会的外国传教士大多到客家教区的五经富和大洋村消暑，或应邀到外地教会访友而幸运地躲过一劫，却仍有个别留守的传教士与死神擦肩而过：

> 华河力先生（H. F. Wallace）一见书房的墙在凸起变形，便在它坍塌之前逃出……翼文先生（Alfred W. Edmunds，也称"易文"）将他八岁的小儿子放在床下，使他不被掉下的瓦砾砸伤。天花板塌下，砸到床头，将这位父亲困在废墟中，将床架压垮。只有一只床脚还支撑着。父亲像超人一样，将床架托起，而床上压着5至6英寸（约12—15厘米）厚的天花板。在巨大的疼痛中，他不得不把床放下，再次压在底下的小男孩身上。当他再度举起时，孩子终于能爬出，毫发无伤，挽救他的正是那条稳稳支撑着的床脚。[①]

在法国外方传道会方面，对于8天前刚到达汕头的3位加拿大吴苏辣会修女来说，这场风灾不啻为一场生死考验。到达汕头时，法国主教实茂芳（Adolphe Raysaac）将她们安顿在主教座堂附近的一栋双层楼房，并将其改为吴苏辣女修道院：

> 主教提供的房子对她们来说足够大……宿舍有三个用木板做的床，像中式的床那样铺着草席。她们头上挂着必备的蚊帐。除了一张没有油漆的小桌子外没有其他家具。餐厅有一张大桌子（预示着某天能有一个大家庭）、一些旧椅子和两个没有锁的大衣橱，稍微差强人意。[②]

---

① 伦敦"八二风灾"募捐传单，第3—4页，伦敦大学亚非学院档案馆藏。

② Irene Mahoney, *Swatow: Ursulines in China*, New York：Graphics/Print Production, 1996, p. 29.

虽然实茂芳已在前一天告诉 3 位修女当晚台风将过境，她们也做好了渡过一个不眠之夜的心理准备，但仍没有料到自己将成为受害者。当晚 9 点，3 位修女已睡下，但 10 点钟开始刮起的强风将她们的屋顶掀去一半，暴雨倾盆而下。她们用力顶住房门，而窗户的玻璃早已被刮破。十字架姑娘（Marie de Ste. Croix）和葛玛利姑娘（Marie de l'Incarnation）先行下楼，试图将装着书册和生活物资的箱子遮盖好，以防止雨水的侵袭。玫瑰姑娘（Marie du Rosaire）与 2 名中国修女随后下楼，却发现随狂风而至的潮水已经漫到齐腰高的位置。在狂风暴雨中，玫瑰姑娘与其他人失散，在汹涌的潮水中挣扎，最后幸运地爬上漂浮于水面的一片棚屋顶，随着海潮漂至远离教堂的一处墓地，在以为同伴已经溺亡的惊恐中等待潮水退去，直到天明。① 另外 2 名修女，一名紧紧攀住教堂庭院大门，一名也爬上一片漂浮的屋顶，随海潮涌到附近一栋楼房。她们也同样以为玫瑰姑娘已经溺亡。② 同样，在暑假留守淑德女校的数名女学生和女学监也在这个风雨交加的夜晚为生存而抗争：

> 幸运的是淑德女学刚好放假，门和窗被刮坏：所有上层房间的天花板被摧垮；楼下每个房间都浸水达 5 英尺（约 1.5 米）。留宿的舍监和两名女生花了上半夜的时间堵住洪水。当潮水冲来时，她们将脚踏式风琴托举到桌子上并爬上去躲避潮水。然而桌子被冲走，风琴倒下。她们最终蜷缩在楼梯上，1.5 米深的涡流就在脚下，暴雨穿过掀开的屋顶直打在她们身上。③

① Irene Mahoney, *Swatow: Ursulines in China*, pp. 30 – 33.
② *Hong Kong Associated Press*（香港美联社），转引自 Irene Mahoney, *Swatow: Ursulines in China*, p. 31。另有一说：3 名修女从修道院逃出，想到主教府避难，但很快就走散，被困在大风和海潮中。一名修女紧紧抓住一个窗户，一名抱住一根漂浮的木梁，等待潮水退去和天明。见法国外方传道会主教实茂芳 1922 年的年度报告。
③ 伦敦"八二风灾"募捐传单，第 3 页。

二、受灾情形

风灾发生后，汕头市政厅成立赈灾办事处，各县设救灾公所从事善后，接受旅居京、沪、南洋同乡的汇款，提用常年仓谷赈灾。陈沄在汕头的"赈灾善后处"充任采购，并负责饶平赈务，因此能第一时间了解到潮汕各地受灾的情形。他详细记录受灾的范围：

> 被飓区域，成一三角形。东角起饶平宣化都之柘林寨，向西北斜展，中经大港、霞绕、黄岗镇，信宁都陈塘堡、潮安之梅州版、北坑山、洋峙溪，丰顺之九河口、吴全崇、金鼎寨至汤坑，二百二十余里；西角起惠来西头都之溪东港，向东北斜展，中经东福皋、鸡岗，普宁之水都、白马墟、龟背、岛头，揭阳之盘溪都三州、桃花坑、观音崇，丰顺之新楼、罗家约、邓厝寮至汤坑，二百零里；中线起汕头，中经澄海鮀江都之天港、大场，循桑浦山，过揭阳之梅冈，潮安之居西溜，丰顺之瘦牛山、铜盘至汤坑，约二百里；东南由柘林、虎子屿出南澳，经大小莱芜，入放鸡港至汕头，一百八十余里；西南由溪东、赤澳，经靖海、梅洋、海门、湖边、达濠、莲屿入磊石门至汕头，一百六十余里。受灾以沿海为最重（从海岸直入三十里内），而东南尤甚；西南自靖海石碑至溪东一带，已偏于西，损失不大；其次则韩、练、榕三江流域（梅溪、鮀济河在海岸三十里内，故不列入），其离江海较远及东南隔有山屏蔽者又次之。灾情之重，古今罕觏，中外同哀。①

据陈沄统计，风灾中"压溺毙命者五万余人，伤者倍之，乏栖

---

① 陈沄：《潮汕东南沿海飓灾纪略》，转引自王琳乾：《潮汕自然灾害纪略》，第40页。

息衣食者四十余万"。① 法国外方传道会的年度报告也称："人们无法确知死亡人数，最乐观的估计为五万人。"② 有从上海到香港的商船途经汕头，在距汕头港 15 海里处发现人与动物的遗体。③

灾后的汕头港水面漂浮着各种物体的残骸。4 艘船被冲到马路上。在 1 英里长（约 1600 米）的堤岸上，全是杂乱的残骸堆积：趸船、帆船、码头栈道、断垣残壁以及人与动物的遗体。见过一战惨烈情形的法国主教实茂芳（Adolphe Rayssac）将汕头受灾的情形比作经历无数次轰炸之后破败的比利时城市伊普尔（Ypres）。④ 经统计，在汕头市收敛到的死难者遗体便有 4000 至 5000 具。

---

①　陈沅：《潮汕东南沿海飓灾纪略》，转引自王琳乾：《潮汕自然灾害纪略》，第 40 页。

②　法国外方传道会汕头教区 1922 年的年度报告。而 1949 年的《潮州志》对这一数字的估计相对保守："澄海死者 26996 人，饶平近 300 人，潮阳千余人，揭阳 600 余人，汕头 2000 余人，统共 34500 余人。"见饶宗颐总纂：《潮州志·大事志·民国》，第 5 页。而澄海溪南公社《银砂乡史》记："潮汕各县实际要死七万余人，但官府的统计数字没这么多，善堂收尸的人名册也仅是一部分"，见蔡英豪总辑、陈孝彻主录：《澄海八二风灾》，第 63 页。美国海军水师部门 1950 年出版的《中国沿海航行指南》记："1922 年 7 月 27 日风源开始出现在东经 138 度、北纬 14 度附近，至 8 月 1 日它经过了吕宋海峡，在 8 月 2 日晚上至 3 日，台风中心跨过汕头海岸……在风暴稍为平静前 2 小时，东北方的旋风兴起，激起了巨浪狂潮，当台风中心还未经过以前，水位已升到 12 英尺。估计在极短的时间内约 5 万到 8 万居民被淹，单就汕头市内来说，约有六分之五的居民遭到死亡。"转引自王琳乾：《潮汕自然灾害纪略》，第 37 页。《汕头港志》则称："这次台风，整个汕头专区沿海各县都受灾害，尤以南澳、饶平、澄海、汕头市、潮阳等县为甚，约有居民八万多人被淹没，大小船舶、民房、农作物及物资等损失六七千万元，仅汕头市就有六分之五居民受灾。"转引自王琳乾：《潮汕自然灾害纪略》，第 36 页。《汕头港志》的数据当以《中国沿海航行指南》为本。

③　*Hong Kong Associated Press*，转引自 Irene Mahoney, *Swatow: Ursulines in China*，p. 31。

④　法国外方传道会汕头教区 1922 年的年度报告。亦见 *Les Missions Catholiques*，Octobre 20，1922，p. 494。

8月2日夜至3日凌晨4点半，位于汕头市海边的法国外方传道会与英国长老会总部的建筑均遭到不同程度的损坏。法会的院墙被急流冲垮，狂风将吴苏辣女修院的屋顶掀走，所有建筑的屋顶和墙体都要重修，教堂内部的所有装饰全被冲走，只有圣器（the sacred vessels）被保留下来。唯有由钢筋水泥建成的主教座堂和传道会楼（Mission building）经受住这一切。① 主教实茂芳记道："离这不远，有两间教堂被推倒，十多名教徒被压死。"② 教堂中的弥撒圣服、修院中的私人物品、学校的各种设备都被冲走，或被狂风和潮水浸坏。③ 灾后，玫瑰姑娘回到她的住所，看到的是一片狼藉：

> 多么严重的破坏！一切均被摧毁。地板上覆盖着海里的淤泥。客厅的钢琴和管风琴都底朝天。桌子和椅子上全是烂泥。圣安娜的塑像在钢琴上，因漂浮在水中而没有受损。我们刚装上镜框并挂在墙上的圣家图（the portrait of the Holy Family）保存下来。放在一件加高的家具上的拉萨勒特圣母和圣若瑟的小塑像仍在，挂于废墟之上，似乎在说："鼓起勇气来，别气馁！我们与你同在。"
>
> 但我们从家里带来的书籍、文件和苦路图（the Way of the Cross）则完全被毁。我们试图将一些书上的烂泥除去，但我不知能否做到。哎，被弄脏的还有我们的床单！还好，除了我们的羊毛修女服外，我们过冬的所有东西都好好的。所有东西都是泥土的颜色。我们只有污秽的水可以用来洗衣，这不但不能洗干净，情况完全相反！④

---

① 法国外方传道会汕头教区 1922 年的年度报告。另一说见 *Hong Kong Associated Press*，转引自 Irene Mahoney，*Swatow: Ursulines in China*，p. 31。

② Raysaac，"Le Typhon de Swatow"，*Les Missions Catholiques*，October 20，1922，p. 493.

③ *Hong Kong Associated Press*，转引自 Irene Mahoney，*Swatow: Ursulines in China*，p. 31。

④ Irene Mahoney，*Swatow: Ursulines in China*，p. 35.

　　位于外马路，距法会不远的英国长老会的总部也遭到严重的破坏：其建筑物的所有屋顶都被掀翻，包括英会办的福音医院（治疗男性患者）和雨亭医院（治疗女性患者)①。四至界墙全部垮塌，阳台全被冲垮，女教士会楼片板不剩。在英会院落里还发现了10具被海水浸泡得发胀的尸体。所有的树木都被刮倒，包括高大的榕树和橡胶树。风灾发生时，江克礼牧师（Rev. A. Guthrie Gamble）正在外地。得悉情况后，他连夜赶回，发现他住所的大理石阶连同阳台都被冲垮。大雨从掀开的屋顶倾盆而下，将他的书和文件打成难以辨认的纸浆。② 离英会总部较远的英华学校（The Anglo-Chinese College）屋顶被刮下，砸坏了学校的内墙。而童子军总部的屋顶完全没了踪影。③ 国民学校教师宿舍也被吹垮，教师许先生只能暂借学校楼下房间为宿舍。④ 女传教士会方面则报道，有两座平日充当学校的礼拜堂严重受损，一些学生淹死了。其中一间仅有四分之一的学生生还；而整所幼儿园几乎被海潮冲走。⑤

　　与汕头市区隔海湾相对的礐石岛上，美国浸信会的情况也没有好多少。美会的建筑虽多建于山上，但该岛位于海湾口，平素风力已劲，此次强台风来袭，总会所属的屋宇都不同程度受损，养老院尤甚。⑥

　　在汕头之外，犹以澄海县建筑损坏、人员死伤最为严重。因为该县位于滨海低洼地带，又恰好处于台风中心。台风过后，澄海的

---

　　① "The Swatow Typhoon", *Our Sisters in Other Lands*, Jan. 1923, p. 5. 伦敦大学亚非学院档案馆藏。

　　② 伦敦"八二风灾"募捐传单，第 3 页。

　　③ 伦敦"八二风灾"募捐传单，第 4 页。

　　④ 汕头长执会纪事册，1922 年 8 月 27 日，汕头市档案馆藏：C290。

　　⑤ Swatow WMA Council, 46th Meeting, Dec. 7th, 1922. 伦敦大学亚非学院档案馆藏。

　　⑥ 《岭东浸会七十周年纪念刊》，岭东浸会干事局 1932 年版，第 9 页。汕头市档案馆藏：C154。

外砂及附近的村子共发现 15000 名死难者。① 在樟林，本村有 1400 多人遇难，加上外地飘来的流尸，村中共发现 2000 多具遗体。② 位于澄、饶边境的盐灶村，约 470 名村民罹难。

英、美、法三会位于澄海的堂点均在劫难逃。英国长老会的盐灶教堂虽未倒塌，但该教会"罹灾者百有余人，占全乡死亡人数十分之三。教会职员有林性涌、林大就、廖愈纳三位执事殉灾，陈顺胜长老一家，受难者共十八人；家屋第宅荡然无存。余如林四龙执事一家数口，只存孑然一身，廖愈纳执事则仅遗孤儿一人，林大就执事人口家产，亦具相当损失"。③ 英会在汕头附近的蓬州堂也受损严重。④ 法国外方传道会在盐灶和樟林的教堂则完全被摧毁。⑤ 美会在澄海县设立的堂点，从北至南分布的莲阳堂、池边堂、鲅浦堂全堂倒塌。其中在莲阳堂担任教师兼传道的陈复正一家 5 口不幸罹难。⑥ 东里堂在 1918 年的地震中已全堂倒塌⑦，还好重建后的教堂与附近的樟林堂一起经受住此次风灾的吹袭。

潮汕其他县受灾情形虽比澄海轻，教堂损毁的消息也时见报道。美会将讲潮汕方言的教区分为汕角（礐）区、潮阳区、揭阳区、潮安区与黄冈区 5 个部分，以便管理。据该会统计，在风灾中倒塌的

---

① 法国外方传道会汕头教区 1922 年的年度报告。

② 陈春声：《"八二风灾"所见之民国初年潮汕侨乡：以樟林为例》，第 379 页。

③ 吴国维：《八二风灾与盐灶教会》，载中华基督教会盐灶堂会编印：《盐灶堂会百年纪念刊》，第 7 页。

④ 汕头长执会纪事册，1922 年 8 月 27 日。

⑤ 法国外方传道会汕头教区 1924 年的年度报告。

⑥ 《岭东浸会七十周年纪念特刊·传史之部·陈复正先生》，第 26 页："……又受澄海莲阳堂之聘。讵履任未几，骤罹'八二风灾'之祸，全堂倒塌，身及妻子，同时遇害。君得年三十，德配蔡氏如碧，饶平井洲人，产二女一男，不为俗染，一旦溘然全回天乡。人方怜其短命；然为主尽忠，早息其劳，终获永生冠冕，孰得孰失，必有明辨之者。如陈君者，可以无憾矣。"

⑦ 《岭东浸会七十周年纪念特刊·会史之部·东里堂》，第 33 页。

一共有 16 座教堂，多位于汕角区：除上述的莲阳堂、池边堂、鮀浦堂外，还包括潮阳县的河浦堂。其他教区倒塌的堂点有潮阳区的隆井堂、揭阳区的深浦堂（先属揭东县桂岭镇）、潮安区的浮洋堂、黄冈区的海山堂。可见美会的潮属各堂会也遭到严重的破坏，估计死亡人数有 250 人。①

据潮汕各级长老会的纪事册中记载，英会倒塌的 4 座教堂分别为潮阳县的灶浦堂、龙港堂，普宁县的龟背堂、流沙墟堂，后来还加上揭阳县的炮台堂。② 受损比较严重的堂会则有潮阳的隆江堂、澄海的盐灶堂、潮安的鹤塘堂。③ 会友死伤者百余人，其中 119 人属于澄海的盐灶堂，可见潮汕地区新教的发源地受灾之深④，而灶浦堂的教师郭蔼如一家竟有 8 人被坍塌的房屋压死。⑤

法会在潮汕建立的礼拜堂、学校或住宅，受风灾影响的有 8 县 100 多座建筑，其中被彻底摧毁的有 12 座教堂⑥，上述法会在盐灶、樟林所建的教堂便在其列。揭阳县城尚在建筑中的教堂也被抹平，负责该县会务的神甫娄若望（Joseph Marie Jean Baptiste Le Corre）只

---

① 伦敦"八二风灾"募捐传单中，"One Christian congregation has lost 250 members"这句话当指美会，第 3—4 页。

② 潮惠长老大会纪事册，1924 年 5 月 6 日，汕头市档案馆藏：C287。

③ 潮惠长老大会纪事册，1924 年 5 月 6 日。

④ 汕头长老中会纪事册，1922 年 10 月 24 日，《潮汕风灾记》，汕头市档案馆藏：C306；潮惠长老大会纪事册，1923 年 6 月 19 日、1924 年 5 月 6 日。

⑤ 汕头长老中会纪事册，1923 年 10 月 2 日，附《教师郭蔼如传》："教师郭蔼如，揭阳桃都厦潮乡人也。生于 1875 年……去年'八二风灾'，灶浦堂倾，竟与师奶二男四女被压同毙，惟第三女罗以得以求活。先生则双膝齐屈，想必临危祷主也。教会闻耗，莫不沉痛哀悼，八柩同葬于顶乡牛山墓地。差幸老母有道，喜服帝旨，长女马大早已适人，现年八月二日，灶浦会众特开追悼会，为之建亭，颜曰念蔼，以存纪念。呜呼，念先生之为人，想教会之处境，不禁感慨系之。虽然劳息功随，深有慰焉。爰为传略，以垂纪念。"汕头市档案馆藏：C306。

⑥ Raysaac, "Le Typhon de Swatow", *Les Missions Catholiques*, October 20, 1922, p. 493.

能从头再来。① 揭阳县的赤步礼拜堂和神甫楼也被毁。② 然而法会管理下的天主教信徒死难者仅有50多人③，远比美、英两会为少。

三、教会赈济

潮汕"八二风灾"的消息很快由路过汕头的轮船的电报系统传到上海与香港两地，上海的《东方杂志》与香港美联社纷纷报道。④ 消息很快也传到欧美各国，8月5日便见诸加拿大报端。⑤ 潮汕各地随之出现各种性质的赈灾团，有当地官商绅士合组的"赈灾善后处"⑥、有华侨救灾组织"旅港潮州八邑商会赈灾团"（全称为"香港东华医院、旅港潮州八邑商会、香港华商总会、越南赈灾团"）⑦、有港汕西商会组织的赈灾团⑧、有英美两会传教士的赈灾团，而汕头男女信徒亦乘机组织赈灾会。⑨ 不难发现，除了当地官绅，各种救灾团体主要来源于两股力量，一是侨居东南亚的潮汕人，一是寓居潮汕的外商与外国教会组织。相比之下，北洋政府的反应却比较缓慢，虽然总统黎元洪拨帑银5万元助赈，却迟至10月才派专使南下慰问潮汕灾情。⑩

---

① 法国外方传道会汕头教区1922年的年度报告。

② 法国外方传道会汕头教区1924年的年度报告。赤步在法语档案中Tchacpou或拼写为Tchak – Pou，现属揭东县桂岭镇，美会被毁的深浦堂同在桂岭镇。

③ 法国外方传道会汕头教区1922年的年度报告。

④ "汕头飓风成灾，海水高出堤岸丈余，全区房屋悉被冲没，死人数万。"见《东方杂志》第19卷第17号《时事日志》，第133页。转引自李荣：《飓风的本字（下）》，《方言存稿》，第235页。

⑤ Irene Mahoney, *Swatow: Ursulines in China*, p. 35.

⑥ 陈沅：《潮汕东南沿海飓灾纪略》。

⑦ 陈春声：《从"八二风灾"看清末民初潮汕社会——以樟林为例》，载《潮学研究》1997年第6期，第382页。

⑧ 吴国维：《"八二风灾"与盐灶教会》，载中华基督教会盐灶堂会编印：《盐灶堂会百年纪念刊》，第7页。

⑨ 潮惠长老大会纪事册，1923年6月19日。

⑩ 饶宗颐：《潮州志·大事志·民国》，第5页。

　　华侨赈灾团对潮汕"八二风灾"的救济工作，陈春声教授已做了细致的梳理。他认为："从实际的情形看，当时政府对乡村具体的救灾活动，影响力是很小的。……来自县署的捐款，只占樟林救灾善后总费用的不到百分之五。海内外的慈善团体、商会和旅外乡亲，一般都不经过政府，直接汇款至乡下或亲自下乡赈济。"① 而乡绅"以绅士身份主持救灾善后，仍然是在一个深远的文化传统中找到其权威的'合法性'的根源，他们的政治性行为的表现方式，与其说是近代的，还不如说离传统的距离更近一些"。作为一个著名的侨乡，樟林的乡村生活处处都有着华侨的影响。从海外华侨对樟林灾后的救济，可见"'外来的'商业性的影响与乡村固有的各种文化资源有机地结合在一起，有效地增强了整个社区的动员能力"。② 与之相对，潮汕地区的教会和外商所展开的急赈、募捐与灾后重建工作同样独立于政府的救济体系之外，与华侨赈灾团的救济互为补充，其背后的运作机制也同样值得注意。

　　长老会牧师吴国维在《"八二风灾"与盐灶教会》一文中对英国长老会的救济活动做了如下总结：

　　　　港汕英商会特募巨款，组织赈灾团，委托华河力、江克礼、林之纯三位牧师，率领童子军至盐灶沿海放赈。更请盐灶教会牧师吴国维、长老林章宠、廖献诚，以董其事。于是乎调查抢救，急赈施米，以工代赈，纷至叠来，日无宁晷，筑堤防，以捍潮患；造船舶，以通海运；购耕牛，以利农田。慢急相济，地方秩序逐渐恢复。③

---

　　① 陈春声：《从"八二风灾"看清末民初潮汕社会——以樟林为例》，载《潮学研究》1997 年第 6 期，第 388—389 页。

　　② 陈春声：《从"八二风灾"看清末民初潮汕社会——以樟林为例》，载《潮学研究》1997 年第 6 期，第 391 页。

　　③ 吴国维：《"八二风灾"与盐灶教会》，载中华基督教会盐灶堂会编印：《盐灶堂会百年纪念刊》，第 7 页。

这段文字中提及的救济工作由英会的西教士会（Foreign Missionaries，即男传教士组织）组织童子军开展，涵盖了急赈和善后两个方面的事务。"急赈以赠衣、赠药、赠米、赠医、搭盖蓬厂收容难民为主；善后以供给耕牛、修筑堤围、建筑避灾屋、协助生产为主。"① 受伤的灾民有些伤口让人触目惊心，但身为童子军的学生们仍勇敢、细心地为其包扎。② 为配合男传教士，英会的女传教士会（Woman's Missionary Association）也开展了救济工作，参与者有豪马利（Mary Harkness，也称侯马利）、德怀清（Isabella E. Brander）、伟玉池（G. L. Wells）、齐惠旅（Phyllis B. Chisholm，后嫁给汲多玛）、泰美珠（Margaret Dryburgh）和麦端仁（Gwen Burt）6位姑娘。③ 受灾村落很多会向英会寻求帮助，后者也积极响应，不管来者是教徒或教外人士。

德怀清写了《汕头台风的救济工作》专文，将英会妇女赈灾团的救济工作分为3个阶段，并列举了每个阶段的具体工作：

第一阶段（急赈）：从8月3日至10月底。第一次开会，英会便定下急赈阶段要做的三件事：1. 向灾民提供衣物；2. 提供医药或施行外科手术；3. 安抚伤者并向其传播福音。急赈阶段完成的工作包括：1. 分发了15750件衣服；2. 分发了1450条被子；3. 接受救济者共约7500人；4. 访问了60个村落，主要是在受灾最严重的澄海县。

第二阶段（重建家园，以工代赈）：从1922年10月底至1923年1月。资助灾民买石灰做砖，购买木板修理受损房屋，购买农具和从事小贩营生的全套行当；让三名妇女到汕头学习编织（抽纱工艺之一）；花40美元救回一名因家贫将被卖身为婢的小女孩；买一座草寮给一名不久于世的老妪暂住。

---

① 旅港潮州商会常务理事会编印：《旅港潮州商会三十周年纪念特刊》，1951年，第58页。转引自陈春声：《从"八二风灾"看清末民初潮汕社会——以樟林为例》，载《潮学研究》1997年第6期，第383页。

② 伦敦"八二风灾"募捐传单，第3—4页。

③ Swatow WMA Council, 45th Meeting, November, 1922.

第三阶段（恢复农业生产）：1923 年 4、5 月。由于海水倒灌，各处田园多淹入海潮，田质变咸。为了改良土质，不妨碍春耕，妇女赈灾团借钱给灾民购买化肥、花生脱壳机、渔网；购买供乡民租借的耕牛；为某村买各式农具供公众使用；为某村购买桶、锄头、桌子、三角凳、烧水锅，让每户人家挑选最需要的一种。还有猪、鹅、山羊、布料、缝纫机等。这些物品大多赠送或借给灾民。①

从 8 月至 10 月，汕头女传教士会花了 3 个月时间在澄海的埭头、盐灶村巡视并分发救济衣物。② 需要指出的是，英会的资助是有选择性的。急赈阶段，英会根据各个村子的联系人拟定的名单向灾民发放生活物资。而善后阶段，英会向灾民提供资金以恢复生产，资助的对象也是通过"可靠的人"考察后决定。正因如此谨慎，英会急赈阶段借出的钱在灾民渡过难关后大都得以归还。③

在美国浸信会总部礐石，益世医院"派人到澄海莲阳各灾区赈灾……同时由耶琳（Ashmore Jr.）博士建筑石室一座，上下楼房共六间，名为隔离所，为病人疗养之用"。④ 参与救灾的义务人员有翁美珠医生（Marguerite E. Everham）、护士长娜秀贞姑娘（Fannie Northcott）、医务陈子国先生等。潮阳县城受灾，隆井堂倒塌，"驻潮西牧陆亚当潮光校长林奕题，目睹病人麇集，不能无调养之所，遂议建设医院；同时林校长发起募款。购地建筑，而潮光医院遂以告成"。⑤ 而位于汕头市区美会所属的普益社也参与了救济风灾，但具体救济工作在 1932、1936 年出版的两册会史中⑥均未细说。美会

---

① Isabella Brander, "Swatow Typhoon Relief Work", *Our Sisters in Other Lands*, Oct. 1923, pp. 59 – 60.

② Swatow WMA Council, 46th Meeting Dec. 7th, 1922.

③ Isabella Brander, "Swatow Typhoon Relief Work", p. 60.

④ 《岭东浸会七十周年纪念刊·角石益世医院》，第 23 页。

⑤ 《岭东浸会七十周年纪念刊·潮光医院》，第 26 页。

⑥ 《岭东浸会七十周年纪念刊》与《岭东嘉音——岭东浸信会历史特刊》（汕头市档案馆藏：C184）。

的救济力度似乎与英会范围广、历时久的救济工作相距甚远。实际上美会也通过媒体呼吁美国民众捐款赈济，这种情形是因赈灾款项由美国母会支配，另作他用所造成的。①

从目前所能见到的法国外方传道会的年度报告和伊蕾娜·马奥尼（Irene Mahoney）撰写的《汕头：在华的吴苏辣修女》一书的记载，法国外方传道会管辖下的汕头天主教会似乎并没有参与公共救济，只是将从外国募得的救济款用于重建本会各处受损的教堂。九死一生的 3 名加拿大吴苏辣修女在灾后先后病倒，也成为外国母会救济的对象。灾后她们也开了一所诊疗所为灾民医治眼疾、医治患天花的儿童。但这在主教实茂芳看来，只是在此地发展修女组织的应有之义，算不上灾后的救济工作。修女们的日常工作还包括打扫照料汕头主教座堂，管理孤儿院，开设小学，发展当地修女组织。3位加拿大修女应实茂芳主教的要求向加拿大小城史坦斯岱（Stanstead）的吴苏辣母会申请增派人手，以壮大汕头天主教修女的队伍。得不到满意的答复后，3 名修女转向罗马的吴苏辣联盟（Ursuline Union）求助，要求加入该组织以寻求帮助。这些都发生在 1922 年的秋冬时节，那时英会的风灾救济工作正开展得如火如荼。英、美、法三会在灾后的救济力度差异颇大，应与其自身所遭遇的损失以及一战后该国民众所能承受的捐助能力等现实因素有一定关系。②

---

① Joseph Tse - Hei Lee，"Faith and Charity：The Christian Disaster Management in South China"，p. 134.

② 梁启超一战后游欧，对欧洲各国生计及财政状况做了如下报道："……战前世界生计状况，最苦的是资本过剩生产过剩，如今这句话或者美国人还配说说。若欧洲人则资本及生产力，差不多到了零度了。我们来欧，已是停战之后。战中况味，未曾领受。但在此一年已来，对于生存必需之品，已经处处觉得缺乏，面包是要量腹而食；糖和奶油，看见了便变色而作。因为缺煤，交通机关停摆的过半，甚至电灯机器也商量隔日一开。我们是过惯朴素笨重生活的人，尚且觉得种种艰辛狼狈，他们在极丰富极方便的物质文明底下过活了多少年，那富人便有钱也没处买东西，那穷人从前一个钱买的东西如今三五个钱也买不着，这日子怎么能过呢？"梁启超：《饮冰室合集》，中华书局 1989 年版，第 7 册，饮冰室专集之二十三，第 5—6 页。

四、 教会重建

如前所述，尽管程度有别，英、美、法三国教会都曾展开过救灾赈济工作，但它们同时也是风灾的受难者，因此也成为被救济的对象。以英会为例，在灾后的 24 小时内，该会便收到 400 件衣物和第一笔 80 美元的赈济款。随后，在汕头的传教士、本地教徒、学校和其他机构都给教会送来赈款和衣物，其中最大的一笔赈济款来自英商会，共计 13577.50 美元。① 到 10 月初，英会已将收到的赈济财物用于教会内外的急赈，重建工作也继之开展。因经费不敷，汕头的英西教士会和女传教士会只能向伦敦母会求助。② 1922 年底，他们向母会提出需要 8000 英镑的赈款，约合 6 万美元。下面清单清楚列出了修复教会屋宇所需的各项经费：

汕头：

总部的楼房	$ 15500
英华中学	$ 8000
女传教士会楼、淑德女学	$ 9500

潮州：

传教会所属的多座楼房	$ 2000

其他地区：

当地教堂	$ 18000
传教士、中国传道先生与教师的财产损失	$ 7000
	$ 60000③

收到来自汕头的求助后，伦敦的长老会各部门随即印发募捐传

---

① Isabella Brander, "Swatow Typhoon Relief Work", p. 59.

② 泰美珠姑娘（Margaret Dryburgh）的救济报告，见 "The Swatow Typhoon", *Our Sisters in Other Lands*, Jan 1923, p. 5。

③ 伦敦 "八二风灾" 募捐传单。

单和认捐条,报道汕头灾情和英国同胞的受灾经历,以便在教堂聚会时派发。母会希望会众能踊跃捐款,认捐的金额在 1923 年 3 月 31 日之前交付。① 此外,伦敦各长老会还先后修书长老会汕头中会,以示慰问。②

值得注意的是,上述清单中没有列出英会所属的福音医院(男)和雨亭医院(女)的修理费。由于这两所医院涉及公共医疗卫生,因此是由社会各界共同出资修理。收治的灾民,其日常所需主要来自汕头市政府财政拨款和社会各界的捐款。③ 英会负责救治生还者,而收敛死难者的工作则主要由英会总部对面的存心善堂负责。④ 可见汕头市市区的救济工作中,当地政府、民间善堂和外国教会各自的赈济工作都有序地开展,形成分工合作。

当英国传教士积极向母国寻求教会重建经费之时,潮汕当地教牧人员也向本地信众募捐。1923 年 5 月 1 日,牧师刘泽荣向汕头中会报告收到的风灾捐款,各堂会所捐数目如下:

隆江缴来银四元

汕尾捐来银十二元四角三分

洲渚捐来银四元

甲子捐来银三元二角三分

果陇捐来银四元

---

① 伦敦"八二风灾"募捐传单。

② 汕头长老中会纪事册,1923 年 10 月 2 日。

③ "The Swatow Typhoon", p. 5.

④ 关于中国近代善堂的研究,参见梁其姿:《施善与教化:明清时期的慈善组织》,河北教育出版社 2001 年版(台北联经出版事业公司 1997 年版;北京师范大学出版社 2013 年再版);〔日〕夫马进著,伍跃、杨文信、张学锋译:《中国善堂善会史研究》,商务印书馆 2005 年版(日文版:同朋舍 1997 年版);杨正军:《近 30 年来中国善会善堂组织研究述评》,载《开放时代》2010 年第 2 期。关于汕头存心善堂与市政府在救灾中的紧密合作,参见周志荣:《潮汕善堂与地方政府关系研究》,汕头大学硕士学位论文,2009 年。

澄海捐来银六元五角

大安捐来银七元四角一分七厘

博美捐来银三元

圭湖捐来银二元

泉州培元小学二十七元

西街堂捐来银三元

五陵堂捐来银三十一元

石狮堂捐来银一十一元

实叻长老会捐来伸直银五百一十二元七角六分八厘

除了潮汕各地的堂会外，同属英国长老会宣教区的泉州长老会也踊跃捐款，尤以新加坡（实叻）长老会寄来的赈款数额最大。牧师林芳倡议，这笔钱除"还前所借用自理基本金外，余者均分为风灾之坏屋鹤塘、龙港二堂会"，得到中会的批准。[①] 在 1 年之后的潮惠长老大会上，财务通报了上一年（1923 年 5 月—1924 年 5 月）受灾各堂的"修建并杂费"，计汕头中会 14553.46 元，五经富中会 2157.2元。大会批准将去年感恩银（汕头中会 10683 元，五经富中会 123.36元）全数拨为帮建之用。对在风灾中倒塌各堂，帮建委办（即协助重建教会各堂事务的负责人）郭景云列出当年各堂的帮建预算："罗塘二百元、隆江二百元、盐灶二百五十元、鹤塘五十元、流沙一百元、灶浦八十元、龙港七十元、龟背一百元。"对于倒塌的炮台堂，大会虽没有分拨帮建经费，但免除其旧欠 200 元，等于变相帮建。[②]

英会开展急赈与重建两个阶段的救济工作，最终想达到"安抚伤者并向其传播福音"的目标。"救济"体现了教会的人道主义精神，而"传教"则是英国长老会前来潮汕的实际目的。汕头男女信徒组织的赈灾会在帮助灾民衣食住宿等事之余，也积极向他们讲道。在他们的努力下，受灾最严重的外砂周边地区创建了一处讲道所，

---

① 汕头长老中会纪事册，1923 年 5 月 1 日。

② 潮惠长老大会纪事簿，1924 年 5 月 6 日。

被誉为"难中佳果"。① 德怀清姑娘讲述了该讲道所的筹备过程：

在其中一个村子，一所两室的房子被当成（传道）中心使用。汕头传道团的成员每个礼拜都到那里去。有时参加礼拜的人达到 60 人之多，当中没有一个先前对基督教有任何了解。我们现在正在协商一处更加适合和永久的楼房。一位热心而虽然有点无知的男信徒和他的妻子被找来当看门人。我们希望为成年男女开设临时课程，可能为孩子开设一所永久学校。若有机会，楼房也可用作医疗或手工中心（当为抽纱工场）。

上周五召开了一场最为热烈的汕头妇女传教会会议。当这些计划公布时，与会者情绪高涨。据报道，会上一位姐妹已提出要提供一个讲台和相关设备；还有一位许诺一个时钟，另一位两盏灯；妇女主日学校许诺一个可向周边村子宣布礼拜时刻的大钟。一些小礼物也纷纷报出——长凳、床铺、蚊帐、浴盆、神诗、奉献盘（collection plates），等等。还没等全部记下这些捐献，主席和她的秘书们便被捐献的钱"不断攻击"，从 20 美金到 10 美分不等。之后核计发现，单是已许诺的捐款便有 127 美元，钱物累计达到 200 美元以上。②

在女教士会的带动下，汕头的女信徒募捐资金和设备以筹建外砂讲道所。英会对外砂的宣教工作如此热心，不仅由于此地灾情最为严重，更是因为此地教务的发展对英会在澄海县城的宣教有着重要意义。在潮汕地区的 9 个县城中，英会最晚进入澄城，1919 年才派文玉姆常驻此地布道。③ 在此之后几年，"因人民迷信极深"④，此处教务发展非常缓慢。如能成功在与澄城仅一水之隔（外砂溪，系韩江

① 潮惠长老大会纪事簿，1923 年 6 月 19 日。
② Isabella Brander, "Swatow Typhoon Relief Work", p. 60.
③ 汕头长老会纪事册，1919 年 4 月 29 日，汕头市档案馆藏：C307。
④ 潮惠长老大会纪事册，1924 年 5 月 6 日。

出海的一条支流）的外砂发展教务，澄城教务的展开便指日可待。

在美会一方，修复因风灾倾塌的 16 处会堂和养老院所需的经费是由省港募捐委员黄廷宾、许四维二人负责筹集，"由省港捐得一千六百余元，另由四川叙州（现宜宾）捐到二百余元，角（礜）石捐到六百余元"。① 四川叙州是美北浸信会除了汕头外的另一传教区，可见美会的募捐主要是依靠国内渠道。

与英会一样，法会汕头主教实茂芳也向母国寻求帮助。8 月 5 日，即灾后第三天，他便写信给巴黎总会，"希望给基督徒的救济来自基督徒，而不被异教徒所组织的捐助所抢先"。② 据实茂芳 9 月 22 日的书信，当时他已收到经母会安排、由新加坡天主教会筹集的赈款 1524 美元。③ 母会还将实茂芳描述灾情的《汕头台风》一文刊登在法国天主教刊物《天主教传道会》（Les Missions Catholiques）（1922 年 10 月 20 日）上，文章开篇便向该刊的读者寻求援助，由《天主教传道会》杂志社帮忙代收捐款，捐献者可在法国各地邮局填写汇票表格，每笔捐款仅收 0.15 法郎的手续费。④ 根据该杂志公布的捐献记录，仅 1922 年的 11、12 两月，捐给汕头天主教会的赈款便达到 1886 法郎⑤，比 1919 年全年的 418 法郎、1923 年的 300 法郎

---

① 《岭东浸会七十周年纪念刊·岭东浸信会史略》，第 9 页。

② 实茂芳致巴黎总会信，1922 年 8 月 5 日，实茂芳信札，巴黎外方传道会档案馆藏。

③ 实茂芳致巴黎总会信，1922 年 9 月 21 日。

④ Raysaac, "Le Typhon de Swatow", *Les Missions Catholiques*, 1922 Octobre 20, p. 494.

⑤ 细目如下：里昂（128 法郎，以下省略货币单位）、巴黎（65）、兰斯（10）、圣布里厄（100）、波尔多（20）、鲁昂（10）、圣迪耶（610）、南锡（20）、瓦朗斯（10）、第戎（10）、滨海阿尔卑斯（5）、瑞士洛桑（20）、莱萨布勒—多洛讷（300）、旺代（100）、坎佩尔（20）、奥尔良（10）、巴勒迪克（10）、阿让（10）、贝桑松（10）、艾尔（100）、阿拉斯（10）、加普（200）、雷恩（8），另（100）。见 *Les Missions Catholiques*, 1922, pp. 504, 528, 540, 552, 564, 600, 609 – 610, 624。

和 1924 年的 241 法郎多出许多。① 捐款者来自法国各地的教区或个人，有的标明赈款的使用目的，如给风灾中的死难者、给当地某座损毁的教堂，等等。主教实茂芳主要将这些捐款用于潮汕各地天主教堂的重建，包括汕头的主教座堂、女修院，揭阳县城献给圣弥格尔的天主教堂、赤步村的天主堂，还有澄海樟林与盐灶的天主教堂。② 其中汕头堂区的修缮便花了 3000 美元。③

3 位加拿大吴苏辣修女收到来自香港的巴黎外方传教会以及圣保罗沙特尔修女会、加拿大的史坦斯岱吴苏辣母会、美国纽约、波士顿以及后来的罗马吴苏辣联盟等处的援助，不过送来的物资不是面向公共救济，而是供给 3 位惊魂未定、一无所有的加拿大修女的日常所需。风灾一结束，十字架姑娘便列了一份求助清单（a "begging" list）：

一些美国斯特诺罐装冻胶燃料

一条毛毯（我的被偷了，养的猫也被偷了）

发面用的酵母（我指的是烤面包用的苏打）

眼药

一些空的可用来收纳的玻璃罐，但如果它们能装满东西，特别是甜馅、蜜饯、花生酱等（则再好不过了）。

我们这有老鼠、蜘蛛、蟑螂、臭虫、苍蝇、虱子。（因此）杀虫药将非常受欢迎。我们的供给全被洪水冲走。我希望鱼儿们喜欢。

我们需要非常薄的黑色布料做三套夏装修女服。

我种的所有庄稼都毁了：台风中根部全被（咸潮）泡坏，花也死了。我想要一些种子：鼠尾草、秋麒麟草、西洋蓍草、

---

① 见 *Les Missions Catholiques*，1919、1923、1924 三年的捐献记录。

② 法国外方传道会 1924 年的年度报告。

③ 实茂芳致巴黎总会信，1922 年 11 月 15 日。

艾菊——特别是蔬菜种子。①

　　加拿大的史坦斯岱母会通过电报汇来 130 美元，并托人带回一行李箱亚麻布和其他捐款，香港兄弟教会也送来一大箱衣物。另外，修女们从在汕头的外侨处得到一些物资：一位俄国人给她们送来一个不错的铁架床和 10 美元；法国驻汕头的领事夫人给她们送来家居必需品以及一只长尾小鹦鹉和两只金丝雀；还有人送来煤油和一个外国旧炉子，虽然旧，但修女们觉得比中式的炉子好用。对修女们来说，最有价值的礼物要数三床温暖的床褥了，她们睡不惯潮汕当地没有床垫的硬板床，夜里常常冻醒。② 3 位修女下车伊始便差点在这场风灾中丢掉性命，灾后她们仍未能尽快适应潮汕当地的气候、生活和饮食习惯，3 人先后病倒（十字架姑娘患痢疾，玫瑰姑娘和葛玛利患登革热），疲于参与教会内部的重建工作。

五、结论

　　学界普遍将医疗、救孤与赈灾作为西方教会在华的三大慈善事业，活跃在潮汕的三大教会组织也不例外。西方教会在华赈灾事业实际上始于 1876 年华北地区的"丁戊奇荒"。有学者认为："西方传教士在'丁戊奇荒'的赈济活动中还将近代西方组织严密、募捐散赈科学的办赈模式第一次引介和运用到中国，催生了中国东南地区绅商的大规模义赈。"③ 1918 年潮汕地区曾发生过一次地震，造成 1000 多人死亡，但因教会设施损毁及人员伤亡不大，教会虽有报道，但并无展开大规模的跨国募捐。而 1922 年的"八二风灾"因为灾情极其严重，英、美、法三国教会及其信众同样被难，是目前仅见同

　　① Irene Mahoney, *Swatow: Ursulines in China*, p. 39.

　　② Irene Mahoney, *Swatow: Ursulines in China*, pp. 46 - 47.

　　③ 周秋光、曾桂林：《近代西方教会在华慈善事业述论》，载《贵州师范大学学报（社科版）》2008 年第 1 期。

时见诸三会档案的一桩公共灾害。在各会组织的赈济工作中，尤以英国长老会开展的面向全社会的公共救济最为突出。该会组织的历时长、范围广的急赈与灾后重建工作，使其成为一支有别于官府与民间的重要救济力量。在汕头市，政府与民间善堂、教会的救济相互补充，各有分工；在乡村，教会往往选择官赈及民间救济所不及之处，帮助灾民顺利度过伤病恢复与生产重建两个阶段。在此过程中所展现的基督宗教慈善与人道主义精神，与中国本土的善堂运作的理念颇为相似。诚然，作为民间力量代表的乡绅主持救灾善后，"仍然是在一个深远的文化传统中找到其权威的'合法性'的根源，他们的政治性行为的表现方式，与其说是近代的，还不如说离传统的距离更近一些"；若从救济机制上看来，以樟林为例的潮汕侨乡与西方教会则有共同之处：1. 同样利用了海外的资源：华侨在东南亚的分布网络与教会在母国及海外的传教网点；2. 同样分急赈与灾后重建两个步骤进行救济。这大概是慈善事业近代化所造成的结果。

需要强调的是，英、法两国的经济在一战中遭到重创，而美国则趁机迅速发展，进入 20 世纪 20 年代的繁荣时期。但就潮汕风灾一事而言，英国国内宗教界的救济力度比美、法两国大得多。究其原因，或可归结于英国在远东仍保有重要的政治与传教影响力。此外，在汕头一地，英商的贸易投资也较美国商人多，在潮汕此次灾后救济中，常常见到汕头英商会的身影。[1] 再加上汕港两地经营抽纱致富的英国长老会信徒在风灾发生后均踊跃捐款，使得英会获得比美、法两会更多的赈灾资源。

宣教仍是英会开展公共救济的最终目的。澄海县是此次风灾的重灾区，英会在死伤最严重的外砂设立传道所，积极宣教；在澄海县城建立幼儿园，向受托的教外儿童传播基督教理念；利用英商会的赈灾余款在信徒死伤最多的盐灶村建立孤儿院收容灾后各地孤儿，种种努力，都为打破澄海县教务发展缓慢的窘境。英会的这一系列

---

① 关于教会教徒与抽纱业的关系，参见蔡香玉：《近代潮汕教会与抽纱业的兴起》，载《宗教学研究》2015 年第 4 期。

举措产生了一定的效果，不少灾民因为接受了英会的赈济而入教。相比之下，法会因募得的救济金有限，只能将其用在天主教堂的重建，在外界看来，其社会救济的力度并不大，短期内这也对法会教务的发展产生过消极影响，灾后第二年，潮汕各法会堂点新入教信徒人数达到多年来的最低点。[①] 英法两会灾后出现的这种冷热反差，或许就因两会在风灾救济中参与的力度不同所导致。

附记

我与蔡鸿生先生的学缘，要从我硕博士阶段的学习说起。2005年9月，我重返母校，成为中外关系史方向的一名硕士研究生。之所以选择这一方向，一是本科时对周湘老师讲授的世界史与江滢河老师讲授的中外关系史比较感兴趣，一是个人比较喜欢外语，想让当时赖以谋生的英语能有用武之地。蔡先生当时已70多岁，但仍然与林悟殊老师一起给该方向的硕博士研究生开设"华裔学者汉学文选""学理与方法"等课程。我天分不高，只因为是同乡，且自儿时起陆续练过武术，蒙蔡先生与林老师错爱，屡以"高手"笑称，让我觉得既惭愧又亲切。蔡先生有时在上午到林老师办公室与学生谈话，我偶尔叨陪末座，似懂非懂，听之忘俗。当时硕士是两年制，我的导师是章文钦老师，所以蔡先生算是我的"师公"。入学一年后便要确定是否硕博连读。为了让我能继续升学，林老师帮忙联系了吴义雄老师，以便能够继续读博。至于博士论文的课题，蔡先生提出3个选项："近代汕头的开埠""近代潮汕的外来宗教"和"近代潮汕的对外贸易"。因为吴老师对近代英美传教士在华南地区的活动有深入研究，我便选择了宗教这个方向。此后便利用寒暑假回乡的

---

① 澄海一地有680名身家颇为殷实的天主教徒不但没有发挥其应有的影响力，反倒被"世俗"牵着鼻子走，这使田雷思神甫（Louis Emmanuel Étienne）痛心不已。参见法国外方传道会汕头区会报告，1924年。

机会，在弟弟的陪同下走访汕头澄海城乡的教堂，并到当地的档案馆、图书馆收集资料。每次收集到一些有价值的史料，都会跟蔡先生聊聊新的发现。

硕士二年级第二学期（2007 年 1 月），在周湘老师的提点下，我申请到广州法盟的法语培训课程，500 个课时的密集语言训练，一直到 8 月份才结束。2007 年底，中山大学历史学系中外关系史方向与荷兰莱顿大学历史学系欧洲扩张史研究中心（由包乐史教授带队）联合举办了一次"广州—长崎比较：荷中日关系，1730—1830 年"的学术盛会，蔡先生在这次会上提示，在研究中外口岸的对接时，切勿忽视口岸与广阔腹地的经济联系，一席话对与会者颇有启发。后来包乐史教授多次对他的荷兰同事提及此事，钦佩之情溢于言表。也是在那次会上，包教授顺带宣传了他所主持的联合国教科文组织资助的荷兰东印度公司荷文档案整理项目，即"TANAP"与"Em-compass"这两个博士与硕士研究生培养项目。我当时正计划出国，便抱着试一试的心态，给包乐史教授写邮件，询问能否到荷兰莱顿大学联合培养 1 年。2008 年 1 月中旬，包老师回邮件同意接收我。但博士论文的选题仍然只有潮汕的基督教这个大方向，具体题目没有最终确定。蔡先生提点我说，"要带着题目出去，才不会漫无目的，无所着落"。

2008 年 9 月初，我奔赴莱顿，开始了游学之旅，包老师联系了宗教系的海伦老师一起指导我。除了在莱顿大学图书馆和汉学院图书馆寻找与博士论文课题相关的论著与史料外，我也在该大学的语言中心注册了初级荷兰语课程，想着把荷兰语学好，有朝一日能继续蔡先生与章文钦老师开拓的广州荷兰商馆研究，蔡先生对此非常支持。他提示我注意收集荷兰商馆的"馆""船""人""货"4 个方面的信息，还有与海幢寺相关的图像。机缘巧合，莱顿大学汉学院的郭士立藏书中有一份有趣的史料，是 1852 年 3 位潮汕籍男传道在香港长洲岛布道的日记。2009 年春，我就这份史料写了一篇文章，包老师看过后颇为满意，后来刊登在他主编的《行程——欧洲扩张与全球互动史国际学刊》（Itinerario，2010 年）上。这份史料会流落到异国他乡，盖因指导这几名男传道的美国浸信会传教士约翰生的太太瓦克女士是荷兰人，她响应郭士立的动员而奔赴香港传教，有荷兰传教会的经费支持。而约翰生夫人主要负责开办女学，教育移居香港的潮汕籍女童。从这一信息入手，加上发现同是浸信会的斐姑娘为 16 名潮汕女性记录的自传，传主的名字、年龄、信教年份等信息能在教徒名录中找到准确的对应，联想到潮汕的抽纱工艺也由西方教会传入，便打电话与蔡先生商量，从那时起逐步明确了以"潮汕的基督教会与信教妇女"这个题目作为博士论文选题。2009年的愚人节，包老师跟我开了一个大"玩笑"，他说帮我在荷兰皇家科学院找到经费，以申请项目的形式，可以支持我多留荷兰 1 年撰写博士论文，并可以攻读学位。得知这一消息后，蔡先生非常高兴。在荷兰的那两年，我每周固定给蔡先生打一通网络电话，汇报学业进展，在他的关怀下，论文写作进展顺利。虽然那段日子精神高度紧张，但过得非常充实，很有成就感。2010年年中，蔡先生为我毕业后的工作考虑，他在电话里跟我提起广州大学成立了广州十三行研究中心，让我准备一份简历。我也在回国前夕抽空前往海牙的荷兰国家档案馆，拍摄了一部分荷语档案。就当时的荷语能力来讲，即使是学了一个学期的初级荷语，再加上一个学期的荷语史料精读课，但要阅读荷文手稿，还是非常困难。更何况那两年一门心思在博士论文的写作上，根本无暇深入学习荷文，只能在回国后的科研工作中自学提高。

回国后，蔡先生依旧关心我在广州大学的工作与生活。从 2011年 8 月入职广州大学到 2019 年 4 月中旬，我时常回母校面见蔡先生，如果有写成或译成的文章，也会约先生在历史学系永芳堂一楼见面请教，更多时候是给先生打电话，通常在晚上 8 点左右，聊上几分钟。蔡先生接电话时第一句话都是"香玉，你好！"告别的时候，他总不忘说"向你的爸妈和弟弟问好"，因为 2011 年春夏之交，蔡先生带领中山大学中外关系史方向的师生考察汕头、澄海与潮州的海洋历史文化时，曾与我的家人见过面。而"祝你成功！"也是告别时他常说的话，渴望做出成绩的年轻人很受鼓舞，师姐们言谈间也提到蔡先生常说这句话。工作、生活上不如意的事,我很少跟爸妈讲,却会跟蔡先生说,他会开解我,为我指点迷津。2014年,我的博士论文经过修改,计划在三联书店出版。当时资助出版的李嘉诚基金会项目负责人想把书名定为《福音惠姿娘》,经过蔡先生仔细斟酌,认为《近代韩江下游的福音姿娘》更为合适,出版社又依照丛书的命名标准,加了"坚忍与守望"作为主标题,使该书得以顺利出版。

"八二风灾"这篇文章最早是应美国纽约佩斯大学教授李榭熙所召集并在汕头大学基督教研究中心举办的"潮汕的宗教慈善"圆桌会议(2013年6月20—21日)而写的。成文后也呈给蔡先生过目,他读后从书房中取出李荣的《方言存稿》递给我,说里面有《飓风的本字》一文值得参考。散文初稿附有收藏于英国伦敦大学亚非学院的几张受灾照片,其中一张显示了汕头外马路"鸿生肥皂厂"周边灾后救济的情形,肥皂厂外墙"鸿生"二字清晰可见。蔡先生对这张照片特别感兴趣,我以为是同名之故,便将翻拍的照片冲洗了两份送给他。后来才听他说起,他的外祖父在此次风灾后参与了灾情最严重的澄海县外砂镇的赈济工作,感染时疫而不幸去世,这还是在他出生之前11年发生的事。先生今已作古,师长倡议出一本纪念文集。但我近3年因为怀孕生子,生活节奏放慢,没有新作可以纪念蔡先生,只能拿出这篇旧作,先生泉下有知,想必不会见怪!

我生得晚,赶不上读蔡、林二师的研究生,但也算生得及时,与蔡先生结下这段学缘,在他的关照下逐渐成长。对我来说,学术道路虽然艰辛,但能得到蔡先生的指点,又是何其幸运。只可惜自己学业无成,终是愧对先生。

先生走后,殷小平师姐把她日记中记录的一段蔡、林二师关心我博士论文选题的话发给我:"2006年10月17日上午……蔡老师正想听听我对该新出土石刻的看法,江老师来了,谈了专业开题的事情。林老师很婉转地提醒,香玉的博士论文设计要慎重,不要这么早就定下题目,而要咨询一下各方面的意见。……在江老师来之前,蔡老师就提到了潮州红头船研究的前沿性意义了。并用了一个比喻,把陈寅恪研究柳如是别传的缘起，和蔡香玉研究红头船的缘起，等同起来。因为红头船的遗骸现在就藏在一个蔡姓家族。"我看后鼻子一酸，过去与蔡先生会面的情形瞬间历历在目。

得知蔡先生去世的消息后，包老师对我说："他是一个非常友善和敏锐的人，多亏了他，你才来到莱顿。我们应感激他所有的帮助。蔡教授对你和你作为一名学人的潜力有深深的信任。当然你也没有让他失望，你可以作为'小蔡'继续他的研究。"此时我才真正地明白，当年包老师是因为钦佩蔡先生的学问人品，才答应接收我这个无名之辈。在前人开辟的学术道路上，我依然在从事有关中荷关系的研究，虽有些步履蹒跚，却也想努力坚持。在研究生的课上讲授高第与德尔米尼的法文研究，至今已是第三个学期。17 世纪的荷文手稿也正在辨读，可以看出与 18 世纪末的荷语拼法有明显不同。这些都是我想向蔡先生汇报的。蔡先生一定会像以前一样跟我说"慢慢搞"，包老师也跟我说"Festina lente"（慢慢加快），耐心期待苔花的下一次绽放。

2021 年 11 月 28 日

（作者系广州大学人文学院历史学系副教授）

临终关怀与心灵触动

——美国国务卿西华德的海幢之旅

黄佳欣

蔡鸿生先生在《广州海幢寺与清代"夷务"》开篇提道：

> 清代广州的海幢寺，介入"夷务"时间最久、程度最深的，当属珠江南岸的海幢寺。所谓"夷务"，指的是中西之间的通使和通商关系。该寺从清初遗民僧弘法的道场，到海疆大吏接待英荷使团的临时会所和西方游客熙熙攘攘的观光胜地，涉及中外关系、政教关系和僧俗关系。这段罕见的佛门往事，反映出清代广州口岸寺院独特的社会功能，是值得关注佛教史和海事史的人探索的。①

蔡先生在文中第二部分，着重讨论西方人士的海幢游，他将游客分为"例行类游客""寄寓类游客""观光类游客"②，其中远道而来的"观光类游客"人数最多，由于国籍不同，身份不同，他们对海幢观感各异，可谓五光十色。本文便是研究口岸寺院独特环境下，到访海幢的"观光类游客"的一个案例。

一、西华德之生平

在到访过广州海幢寺的外国游客当中，威廉·亨利·西华德（William Henry Seward）是著名的美国政治家，他曾身居高位，经历传奇，有着丰富的人生阅历。

---

① 蔡鸿生：《广州海事录——从市舶时代到洋舶时代》，商务印书馆 2018年版，第 237 页。

② 蔡鸿生：《广州海事录——从市舶时代到洋舶时代》，第 240—247 页。

西华德先生生于 1801 年，卒于 1872 年，是美国纽约州奥兰治郡佛罗里达人，他当过 3 年的纽约州长（1839—1842），更做过两任 8 年的国务卿（1861—1869），即白宫总统内阁的首席成员，时任总统便是大名鼎鼎的共和党人亚伯拉罕·林肯（在遇刺之前），西华德作为林肯总统重要的副手、亲密战友，他们共同赢下了两次美国大选，打赢了南北战争，为美国农奴解放运动作出了重要贡献。他主管外交事务，从俄国手中买下了阿拉斯加，正是在他任内主导下完成。西华德是深受美国民众爱戴的政治人物，政绩彪炳美利坚史册。

在西华德的国务卿任内，正值清朝咸丰十一年（1861）至同治八年（1869），在此期间，中美关系有以下 4 件大事：

（1）1863 年 6 月，上海美租界划定；9 月，英、美租界合并，成立公共租界。

（2）1867 年 11 月，美前公使蒲安臣出任中国出使大臣。

（3）1868 年 7 月 28 日，蒲安臣与美国务卿西华德在华盛顿签署《中美续增条约》（即《蒲安臣条约》）。

（4）1869 年 11 月 26 日美人丁韪良（W. A Martin）出任同文馆总教习。①

1865 年 4 月 14 日晚，也就是南方投降、南北战争仅仅结束的第 5 个晚上，伟大的林肯总统在剧院被拥护奴隶制的南方枪手刺杀，于 15 日 7 时 22 分不治身亡。② 这是美国历史上最令人震惊的刺杀案之

---

① 以上 4 点为蔡老师审阅初稿时，在文稿首页右侧空白处以红笔小字批注（见图 1）。

② 按：此处写于 2019 年 4 月 15 日，刚好是林肯的忌日。在此也引述浏览到的一则报道，既有纪念日的意义，又是一份珍贵的史料，它让林肯总统去世的时间，精确到了分钟级别："据美国媒体 4 月 11 日报道，宣布美国第 16 任总统亚伯拉罕·林肯逝世的罕见电报正在出售，目前售价高达 50 万美元。拉布收藏公司（Raab Collection）总裁内森·拉布在新闻发布会上说：'这份文件是告知全国，林肯已经去世的官方消息。'电报中写道：'亚伯拉罕·林肯今天早上在 7 点 22 分去世了。'据报道，林肯于 1865 年 4 月 14 日晚上 10 点左右在华盛顿特区的福特剧院遭遇枪杀。在 4 月 15 日上午 7 点 22 分，林肯被宣布死亡后，美国战争部长斯坦顿口述了这个消息，由首席电报官埃克特写成电报，斯坦顿在电报上签字。"https://photo. sina. cn/album_1_2841_365361. htm?ch=1&vt=4&pos=108&his=0&wm=4007&hd=1.

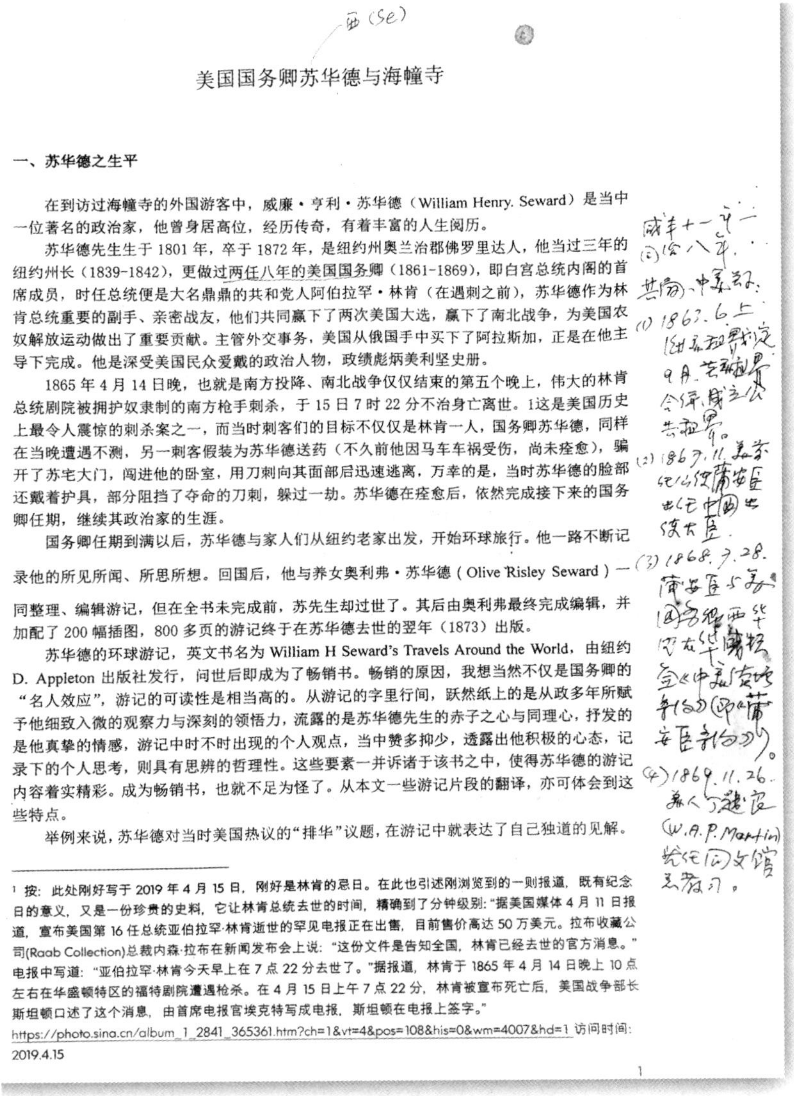

美（Se）

美国国务卿苏华德与海幢寺

一、苏华德之生平

在到访过海幢寺的外国游客中，威廉·亨利·苏华德（William Henry. Seward）是当中一位著名的政治家，他曾身居高位，经历传奇，有着丰富的人生阅历。

苏华德先生生于 1801 年，卒于 1872 年，是纽约州奥兰治郡佛罗里达人，他当过三年的纽约州长（1839-1842），更做过两任八年的美国国务卿（1861-1869），即白宫总统内阁的首席成员，时任总统便是大名鼎鼎的共和党人阿伯拉罕·林肯（在遇刺之前），苏华德作为林肯总统重要的副手、亲密战友，他们共同赢下了两次美国大选，赢下了南北战争，为美国农奴解放运动做出了重要贡献。主管外交事务，美国从俄国手中买下了阿拉斯加，正是在他主导下完成。他是深受美国民众爱戴的政治人物，政绩彪炳美利坚史册。

1865 年 4 月 14 日晚，也就是南方投降、南北战争仅仅结束的第五个晚上，伟大的林肯总统剧院被拥护奴隶制的南方枪手刺杀，于 15 日 7 时 22 分不治身亡离世。[1]这是美国历史上最令人震惊的刺杀案之一，而当时刺客们的目标不仅仅是林肯一人，国务卿苏华德，同样在当晚遭遇不测，另一刺客假装为苏华德送药（不久前他因马车车祸受伤，尚未痊愈），骗开了苏宅大门，闯进他的卧室，用刀刺向其面部后迅速逃离，万幸的是，当时苏华德的脸部还戴着护具，那部分阻挡了夺命的刀刺，躲过一劫。苏华德在痊愈后，依然完成接下来的国务卿任期，继续其政治家的生涯。

国务卿任期到满以后，苏华德与家人们从纽约老家出发，开始环球旅行。他一路不断记录他的所见所闻、所思所想。回国后，他与养女奥利弗·苏华德（Olive Risley Seward）一同整理、编辑游记，但在全书未完成前，苏先生却过世了。其后由奥利弗最终完成编辑，并加配了 200 幅插图，800 多页的游记终于在苏华德去世的翌年（1873）出版。

苏华德的环球游记，英文书名为 William H Seward's Travels Around the World，由纽约 D. Appleton 出版社发行，问世后即成为了畅销书。畅销的原因，我想当然不仅是国务卿的"名人效应"，游记的可读性是相当高的。从游记的字里行间，跃然纸上的是从政多年所赋予他细致入微的观察力与深刻的领悟力，流露的是苏华德先生的赤子之心与同理心，抒发的是他真挚的情感，游记中时不时出现的个人观点，当中褒多抑少，透露出他积极的心态，记录下的个人思考，则具有思辨的哲理性。这些要素一并诉诸于该书之中，使苏华德的游记内容翔实精彩。成为畅销书，也就不足为怪了。从本文一些游记片段的翻译，亦可体会到这些特点。

举例来说，苏华德对当时美国热议的"排华"议题，在游记中就表达了自己独到的见解。

---

[1] 按：此处刚好写于 2019 年 4 月 15 日，刚好是林肯的忌日。在此也引述刚浏览到的一则报道，既有纪念日的意义，又是一份珍贵的史料，它让林肯总统去世的时间，精确到了分钟级别："据美国媒体 4 月 11 日报道，宣布美国第 16 任总统亚伯拉罕·林肯逝世的罕见电报正在出售，目前售价高达 50 万美元。拉布收藏公司(Raab Collection)总裁内森·拉布在新闻发布会上说："这份文件是告知受询，林肯已经去世的官方消息。"电报中写道："亚伯拉罕·林肯今天早上在 7 点 22 分去世了。"据报道，林肯于 1865 年 4 月 14 日晚上 10 点左右在华盛顿特区的福特剧院遭遇枪杀。在 4 月 15 日上午 7 点 22 分，林肯被宣布死亡后，美国战争部长斯坦顿口述了这个消息，由首席电报官埃克特写成电报，斯坦顿在电报上签字。"

https://photo.sina.cn/album_1_2841_365361.htm?ch=1&vt=4&pos=108&his=0&wm=4007&hd=1 访问时间：2019.4.15

1

图 1　本文初稿上蔡老师的批注

一，其实当时刺客们的目标，不仅仅是林肯一人，国务卿西华德同样在当晚险遭不测，另一刺客假装为西华德送药（不久前，他因马车车祸脸部受伤，尚未痊愈），骗开大门，闯进卧室，用刀刺向其面部后迅速逃离，万幸的是，当时西华德脸部仍戴护具，部分阻挡了夺命的刀刺，躲过一劫。西华德痊愈后，依然完成接下来的国务卿任期，继续其政治家的生涯。

国务卿任期到以后，1870 年 8 月起，西华德与家人从纽约老家出发，开始环球旅行。他一路不断记录他的所见所闻、所思所想。回国后，他与养女奥利弗·西华德（Olive Risley Seward）一同整理、编辑游记，但在全书未完成前，西华德过世了。其后由奥利弗最终完成编辑，并加配了 200 幅插图，长达 800 多页的游记，终于在西氏去世翌年（1873）出版。

西华德的环球游记，英文书名为 *William H. Seward's Travels Around the World*，由纽约 D. Appleton 出版社发行，问世后即成为畅销书。究其畅销之原因，或许不仅是前任国务卿的"名人效应"，游记可读性相当高，字里行间，可见其从政多年所养成的细致入微的观察力与深刻的领悟力，西华德先生的赤子之心与同理心跃然纸上，毕见其真挚的情感与理性的光芒。时而于游记中闪现的个人观感，赞多贬少，透露其积极心态，记录下个人思考，则具有深度的哲理。这些要素一并集于该书，着实精彩，成为畅销书，也就不足为怪了。从本文部分游记片段的翻译当中，亦可体会到这些特点。

举例来说，对当时美国热议的"排华"议题，游记中就表达了他自己独到的见解。当西华德的旅行至旧金山，最受人关注的本地议题正是中国移民，即华工的问题。西华德拒绝了"反中派"邀请他到唐人街"探险"，他们想请前国务卿去看看唐人街的居民成为美国公民的话，是多么格格不入；同样也拒绝另一个相似的来自中国定居者的"探险"邀请，他希望带西华德去看看他们对于殖民地，是多么有益无害。在当时（应该是环游回国后的时间），共和党刚刚勉强同意了驱逐法案，这是民主党长期以来所大力坚持的。身为共和党人的西华德，在游记中强烈反对这个法案，他认为移民与扩张是美国大陆主要的、不可分割的文明要素，特别是在太平洋沿岸更是必要且有益的。他自信地对两党表示，所有对生机勃勃势力的镇压或扼杀总会招致失败的。①

西华德对于双方的提议都没有接受，他不在热议的当下去唐人街，并非双方都不想得罪，选择逃避，做"缩头乌龟"，而是认为不论唐人街现在多好还是多坏，都已经是在美国领土上的存在了，应该给华人融入美国社会的机会，让华人继续成为美国向前发展的动力之一。他坚持祛除狭隘、拆掉心墙，打开心胸，向来到新大陆移民张开双臂。所谓政治乃众人之事，杰出政治家即是善于考虑关乎众人利益之问题，可见西华德的政治智慧超群，卓有远见。

由此可见，西华德是一位将国家长远利益视为高于个人利益的人，因为后来即使法案通过，他的看法还是坚持自己所信仰的政治理念，没有被党派一时的主张所捆绑，此乃杰出政治人物的一大特征。如今看来，美国西岸的旧金山华人已经融入美国，成为地区重要组成社群，唐人街成为美国城市文化的一个组成部分，美国西岸也成了全球最发达富庶地区之一，这不得不佩服西华德长远的眼光。而"排华法案"也在多年后最终撤销，证明了西华德之政治智慧。

以上是西华德还没来华之前，对"涉中"议题发表的看法。事实上，抛开政见不说，回到个人职业的特征，卓越的政治家往往充满了个人魅力，他们很愿意走访不同的地方，接触不同的人，和不同背景的人交谈，从而获取新知，为自己从政增添经验，这是他们的职业上的耕耘。"朋友要多，敌人要少"正是政治家们的座右铭。西华德正是深谙这样的"职业习惯"。

每到一地，总有愿意主动去接待他们的人，为他们提供各种便利，使得更深入地体会当地的风土人情成为可能，而非仅仅是泛泛而游。这并非出于巴结或讨好，杰出政治家的人格魅力与感召力，令很多人愿意与之接触交谈。在一次次的行程中，他们的朋友变多

①　William H. Seward, *William H. Seward's Travels Around the World*, New York: D. Appleton, p. 28.

了，见识又增广了，更多的内容也写进了游记当中。西华德的环球之旅的游记，正是这样点滴累积着。西华德的海幢寺之行，同样也是如此。

二、西华德的海幢寺游记分析

以上一点对西华德的介绍，不过是想打下一些"知人论世"的基础，希望能有助于我们解释西华德的海幢游记，因为我们相信，个人的职业与经历的影响，会在这篇游记中起相当重要的作用。

1870 年 12 月 29 日，西华德乘船从香港来到广州，30 日访问了海幢寺。在他停留广州期间，得到了"中国通"、香港首任会吏长约翰·亨利·格雷（John Henry Gray）① 的热情协助，这在他的广州游记开头处已有说明。② 此时格雷已经来华 2 年，他学习中文与中国文化，熟悉海幢寺情况。西华德在他陪同与介绍下游览海幢，萃取了院中印象最深的部分，写入游记。其海幢游记如下：

> 在所有的佛寺中，最著名的是河南那一座。它有很大规模的修道院，也叫作海幢寺，但为什么叫海幢，我们却想不通。此处宽敞的空间养着"圣"猪、山羊、绵羊、小鸡、鸭子、鹅。僧人们虽然对这些动物展现了虔诚的爱心，跟随我们进寺无聊的男孩们，则以恶趣为乐，用杆子"搅拌"着肥胖神圣的猪，发出呼噜声，供我们消遣。僧人们有各自的僧舍，除此之外，还设了一个宽敞的普通厅堂，为濒死将要离开世界的灵魂，这里会举行一些特别的神圣仪式，这里被当成是一幸运的室内空间，当某位弟兄最后的时刻将要到时，把他抬到这室里面，或可使他更快到达预想中的极乐世界。在离这不远的地方，是神

① ［英］约翰·亨利·格雷著，［美］李国庆、邓赛译：《广州七天》，广东人民出版社 2019 年版，《译序》，第 3 页。

② William H. Seward, *William H. Seward's Travels Around the World*, p. 235.

圣化、吉祥的停尸间。尸体在此暂放于此等待，向佛陀求得一个吉日举行火葬仪式。在停尸间之外是火化炉，火化进行的地方。骨灰收集到瓶里，和其他的骨灰瓶存放到暂时的陵墓里。当存满的时候，择吉将瓶中骨灰倒入一平常的石棺中，则葬礼最终结束。①

这篇不长的游记，乍看之下，属于个人观感者并不多，撰写的角度却与众不同，当中直面海幢寺中的临终空间。

通常来说，外国游客在游记中所记录的，是现代哲学家列维纳斯所谓的"他者的死亡"，即佛寺中过去的、对游客来说遥远的死亡：他们眼见的是福场园的荼毗炉与坟墓，听闻的是葬礼的过程。西华德却和他们不一样，他直面并记录当下的、即将到来的死亡，他接触到了佛寺中"老病死"种种真实的场景。

下面试就僧人临终之处所在位置，游记所提及乍看之下有点匪夷所思的"幸运、吉祥的空间"，以及何为"神圣的仪式"做解释。

（一）临终位置

西华德游记中提到的僧人临终时所处"宽敞的普通厅堂"；还有"神圣化、吉祥的停尸间"在寺中何处？从中土禅林布局来讲，应当是属于寺院中的"病堂"。在天然和尚的《同住训略》中，将病、老两堂并称，归入同一目录下。对于病僧、老僧，在要求与管理上当然有所不同，但当中亦有合二为一的条目，如"老病所需汤药饮食等事，副寺、典座、饭头执吝不与者，罚。实不该与对众辩明。若私意厚薄不公者，罚。"②

通过西班牙外销画中的海幢寺平面图，我们可以确定"老堂"

---

① William H. Seward, *William H. Seward's Travels Around the World*, pp. 240 – 241.

② 天然和尚：《同住训略》，载《广州大典》第 52 辑·子部释家类，第 2 册，广州出版社 2015 年版，第 418 页。

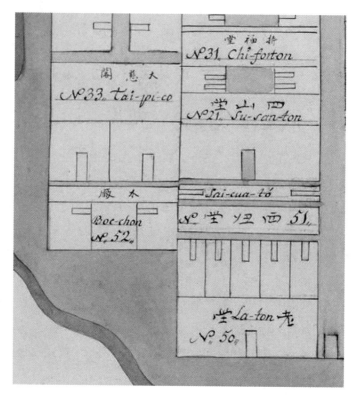

图2　广州海幢寺藏1796年西班牙人阿格特订制海幢寺水
彩画册全景图局部，图中标记了寺中老堂、西归堂的地点

位于海幢寺建筑群的东北角，但却没有"病堂"，老堂旁边的"西归堂"，是不是就是病堂呢？这应当从佛寺对病堂命名习惯说起。

中国世俗社会的医院药房，常用店名来寄托安康之美意。例如以"高寿""泰安""鹤年""愈生"等为名从这个角度来看，"西归"之名肯定是格格不入的。

如果用CBETA电子佛典检索"西归堂"，几乎也没有收获。如果从各类汉文佛教文献中，我们可以发现"病堂"有两种命名方式：

第一类符合上述世俗观念对于病堂的理解，例如"延寿堂"（《天童寺志》）、"延行堂"（《杭州上天竺讲寺志》）、"重病阁"（《禅苑清规》）。

第二类则是符合佛教教理的命名方式。例如"涅槃堂"（此为佛门史料中病堂最常见的名称，见《禅林象器笺》《禅林宝训音义》等）、"无常院"（《释氏要览》）、"省行堂"（《百丈清规》）。

"西归堂"作为病堂是成立的，体现佛门与俗世截然不同的生死观。

如今的海幢寺，已没有"西归堂"的存在。但透过海幢画册的平面图，我们可描述其大致情况：坐落于寺中建筑群的东北，在四山堂以北、老堂以南，分为两部分，靠北的厅堂较为宽敞，应是西华德所指的"宽敞的空间"，在南北厅堂间为天井，靠南的厅堂室内空间较窄，并且东西向有门出入，西华德描述的"在离这不远的地方，是神圣化、吉祥的停尸间"，或许指的是此处，因为东西向的门方便通往福场园举行荼毗仪式。亦有学者的研究指出，宋元禅寺中的"延寿堂"兼具病堂功能外，还具有后事处理功能。① 由此，海幢僧人的临终空间基本可以确定。

（二）"幸运、吉祥的空间""神圣的仪式"

视病堂为幸运、吉祥的空间，布置与管理、堂内看护与临终仪式是息息相关的。在《禅苑清规》《禅林象器笺》《释氏要览》《百丈清规》等佛教清规或类书文献中，对此有详细记载②，以下分两点，辑录若干：

（1）病堂布置与堂规管理

病堂画佛躬看病比丘相。（《释氏要览》卷下《杂纪·寺院

---

① 王大伟：《宋元禅宗清规中的延寿堂及禅寺内部慈善研究》，载《西南民族大学学报（人文社会科学版）》2013年第4期，第72页。

② 如《禅苑清规》的《延寿堂主净头》，对病堂堂主有着详细的要求。详见宗赜集，刘洋点校：《禅苑清规》，上海古籍出版社2020年版，第49—50页；《释氏要览》卷下"赡病"，详见道诚撰，富世平校注：《释氏要览校注》，中华书局2018年版，第422—435页；《禅林象器笺》第十四类《杂行类·看病》，汇集佛经中对于看护病僧的详细要求，详见CBETA电子佛典集成《汉文大藏经》网页：https://cbetaonline.dila.edu.tw/zh/B0103_014。

画壁》）①

病堂堂中各单安轻病，特房安重病，不得紊乱。（《同住训略·老病堂》）②

堂中长单安轻病，独单安重病，若紊乱者，罚。……病堂堂主须壮健诚慈者为之。作簿记（某）月（某）日，（某甲）进堂，后记（某）月（某）日（某）愈出堂，或身故，若失记者，罚。……堂中宜随时洒扫洁净，病人衣裳宜随时洗晒，药饵宜留心煎制，不可疏忽怠惰。［《百丈清规证义记》卷七《（附）省行堂规》］③

重病进堂者，佛前先备香烛，直院外，书记、后堂悦众等送入。读嘱讫，即写板账④，不照式写随意增减者，罚钱十文。不欲写者，不安单。其轻病不必板账，但佛前香烛，直院送入。［《云栖法汇·云栖共住规约（上集）·六病堂》］⑤

---

① 道诚撰，富世平校注：《释氏要览校注》，第405页。

② 天然和尚：《同住训略》，载《广州大典》第52辑·子部释家类，第2册，第450页。

③ 怀海集编，仪润证义，妙永校阅：《百丈清规证义记》，详见 CBETA 电子佛典集成《汉文大藏经》网页：https://cbetaonline.dila.edu.tw/zh/X1244_007。

④ 《百丈清规》中对"板账"有详细说明："凡住持病觉沉重，监院预集班首权执等人至室。（若系余人，移归病堂）监院白云：抱病堂头和尚，（余人改云：某某执事师）讳（某甲），字（某甲），年几十几岁，系（某）省（某）府（某）县籍，于（某）年（某）月（某）日，住持本寺，领众办道。（余人则云：本寺安单，在众学道）于今年（某）月（某）日，偶值病缘，恐风火不测，于今（某）月（某）日，移居东堂，（余人则云：入省行堂）所有随身衣钵，请书记师抄录板账，以便后事。伏希众悉计开（某）衣（某）衣共若干，（某）物（某）物共若干。年月日。首座（某甲）押、监院（某甲）（余人则添写）、省行堂主（某甲）押、维那（某甲）押、知客（某甲）押、知库（某甲）押、书记（某甲）押、看病（某甲）押。物件仍留方丈，命公谨有德人看守。（余人寄存内库房）待病愈，凭众归原人，否则以俟估唱。"

⑤ 袾宏：《云栖法汇（选录）》，详见 CBETA 电子佛典集成《汉文大藏经》网页：https://cbetaonline.dila.edu.tw/zh/JB277_022。

从以上文献可知，寺院病堂布置，意在营造出庄严氛围。堂规管理则注重轻重病僧的区分、室内洁净卫生的重视、药饵煎制的要求，这是规范化的体现。写板帐，则是对僧人一生所余"身外物"的清点，将财产清单公之于众，是在物质层面与今世告别，这也与俗世"遗产"的观念区分开来。这些做法为病堂打下了"神圣"的基础。

（2）看病、念诵与警策

堂中病人只一二，即香灯师带看。如多，客堂即普请发心看病者。若三请无人，照执逐寮轮看，三日一换，或病人愿出钱请人者，听。

重病入堂，便应付托后事放下万缘，一心念佛。又看重病，须二三人轮时，昼夜不离，凡出坡等亦免。若将临终，即白客堂，知客即派数人念佛送终，并依藏中，无常经，临终方诀办。[以上两则出自《百丈清规证义记》卷7《（附）省行堂规》]①

病僧如稍困重，报堂司抄札，迁重病阁。（若非道眼精明。并劝令专念阿弥陀佛。祈生净土。若劝率战友打磬念之极妙）八福田中看病最为第一（佛法僧父母师长贫穷桥梁义意疾病乃八福田也），况出家之人云游萍寄，一有疾病谁为哀怜，唯藉战友慈悲瞻养，诚为重任岂可轻心。（《禅苑清规·延寿堂主净头》）②

为病人念诵

华严经第十五贤首菩萨品偈云：又放光明名见佛，此光觉悟将没者，令随忆念见如来，命终得生其净国，见有临终劝念佛，又示尊像令瞻敬，俾于佛所深归仰，是故得成此光明，称十念者即是念十声阿弥陀佛。（《释氏要览》卷下《瞻病》）③

---

① 怀海集编，仪润证义，妙永校阅：《百丈清规证义记》。
② 宗颐集，刘洋点校：《禅苑清规》，第50页。
③ 道诚撰，富世平校注：《释氏要览校注》，第427页。

轻病七日一警策，重病一日一警策。失行罚钱二十文。
[《云栖法汇·云栖共住规约（上集）·六病堂》]①

佛言：人命无常，促于呼吸，平人亦尔，何况病乎。我今殷勤来相警策：当观此身，四大不调，百骸欲散，饮食渐减，医药无灵，便利床敷，呻吟枕席，譬诸鱼游釜内，倏忽蕉糜，灯在风前，刹那熄灭，此身不久，前路茫茫，未知所往，诚如己事已办，非愚所量，其或不然，何不猛省无常，战兢惕励，谛思净土，决志往生，放下万缘，一心念佛（结撮回向）。（《云栖法汇·云栖公住规约别集·十二病堂警策》）②

此点涉及临终关怀的沉重话题。有的重症外科医生曾反思：我们是医生，在医学院学的是都是如何医"生"，临床上如何治病，但却没有教过如何医"死"。这是一个相当辩证的反思，医生在反思往往最困难的可能不是治愈疾病，而是无法逃避面对死亡，如何向亲属宣布病人病逝，如何做好临终关怀。后来有的医生才逐渐领悟到：与病者相对无言，互信互谅，生死两相安，什么事都没有做，相对无言之中，医生的价值也会在其中。可见临终关怀是在医"心"。亦有医生述其所见病房里基督徒的临终关怀，他的教友会在他病床前念诵经文，直至他安息。

如果从寺规来看，在临终关怀的问题上，佛寺形成了独特的做法与观念，由看病（即看护）、念诵与警策组成，需病者、服侍者、管理者三方面各有职责。

百丈清规中《附看病人》摘录了律宗关于看病的戒律，这是由印度传入中土汉译而成的经典：

四分律云，佛言：自今以去，应看病人，应作瞻病人。若欲供养我者，应先供养病人，及至路值五众出家人病，佛制七

---

① 祩宏：《云栖法汇（选录）》。

② 祩宏：《云栖法汇（选录）》。

众，皆令往看。若舍而不看，皆结有罪。诚以四大难调，宿业难消，舍俗出家，孤游独宿，贫病交加，无人侍卫，若不互看，命将安寄。又僧祇律云：若道逢出家五众病人，即应觅车乘驮载。如法供养，乃至死时，亦应阇维殡埋，不得弃舍。凡瞻病之人，恒与善语，勿传恶言，以临终时，多有恶业相现，不能立志排除。是故瞻病之人，特须方便。善巧诱言，令其念佛，或不能作声，但令心念，并令念念相续，刹那不驻，乘此福力，作往生净土之因。①

可见印度有关的看病戒律，虽强调理解病患"特须方便"，也强调"诱言念佛、念念相续"，中土佛教继承其临终观念，在此基础上，更以"警策"为戒律，悉心关怀临终者之余，依然重视临终僧人自我精神的不垮。

莲池大师袾宏的《云栖法汇》中，对病者精神上提出高要求，重病者需要一天一警策，比轻病者七天一警策要严格得多，并且赏罚分明"失行罚钱二十文"。警策目的，是认为只有"猛省无常""战兢惕励"，才能自我解脱、一心成佛。这是在提醒重病僧，绝不能因为疾病，因为面临死亡的威胁，而产生倦怠与散佚，丧失意志，此刻更要注重修行。旁人（"看病者"）除了对待病僧给予应有的身体看护外，更要在精神支持上起作用，要助病僧"百骸欲散而神不散"。"西归"之路上，临终的僧人是需要保持高度严肃感的，这是神圣性重要的组成部分。

从佛教思想上来解释游记中用"幸运""吉祥"（auspicious、lucky）形容西归堂，此中当中践行的，是"寂灭为乐"的佛教死亡观。② 这样独特的信条，是让病僧不惧生死病痛、努力修行的精神良方，再加上"八福田中看病第一"的行善积福巨大宗教感召力，

---

① 怀海集编，（清）仪润证义，妙永校阅：《百丈清规证义记》。

② 佛陀最后的教导《涅槃经》云："诸行无常，是生灭法。生灭灭已，寂灭为乐。"

则将看病者任劳任怨的使命神圣化了。

堂中一种乐观的气氛，化解了死亡之恐惧，让逃过一劫的西华德，对"幸运""吉祥"之词尤有共鸣。因此他便写道："为濒死将要离开世界的灵魂，这里会举行一些特别的神圣仪式，这里被当成是一幸运的室内空间，当某位弟兄最后的时刻将要到时，把他抬到这室里面，或可使他更快到达预想中的极乐世界。"

病老堂这个区域，在所见的海幢文献当中，是一个"盲点"，不仅外国游记中甚少提及，在海幢寺画册中也未画出此堂之外观，只有平面图上，标出其位置与名称，众多以海幢主题的中文诗作中，也难觅只言片语。究其鲜有人提及此堂原因，"忌讳"二字即可解释。对于疾病与死亡的忌讳，绝非进入佛寺便不复存在。进寺祈福者，不愿意去靠近奄奄一息者，使祈福"效果"受损，进寺游赏文人骚客，亦不想雅兴被破坏，宁可流连于"海幢八景"寻觅佳句。这是大多数人害怕的、远离回避的区域。

经历过生死劫难的西华德，却不在乎俗世的忌讳，佛门特有的临终关怀可能打动了他，他虽然没有详述仪式的过程，却认同这是"神圣的"，他也没有描写临终病僧的状态，却选择记录下参观西归堂的经历。也许这使他回想起遇刺当夜的情形，回想起抢救时死里逃生的瞬间。这样的经历，原本只是感受异域宗教文化的佛寺游览，却因临终关怀，成了触及心灵，陷入回忆之地。

除了触动心灵的场景之外，西华德笔下的海幢寺，他从顽皮淘气的小孩，写到寺中的僧人之僧舍、临终之西归堂与停尸间，再到葬礼的火葬炉将亡僧火化成灰，最终送入坟墓，仿佛也看到了生命的历程，海幢寺中呈现出的，是人生不同阶段的缩影，当中有朝气蓬勃者、成年僧人、有病患者、垂垂老矣者，也有化为灰烬者。西华德的一生当中，人终归是他最为关注的、最感兴趣的。毕竟，在毕生从政的职业生涯当中，政治乃众人之事，作为政治家的他，一直都是在与人打交道、为众人服务的。

西华德的个人经历，给了他直面海幢寺中临终问题的勇气，其职业身份，则让他从寺中看到人生的历程。这构成了他的海幢游记。

三、西华德的广州宗教之旅

西华德的广州行程是很从容的，他将一天的时间安排用于游览广州各个寺庙，可谓"宗教一日游"。他最先去的是北帝庙，从海幢寺离开后，回到珠江北岸去了华林、长寿两寺，最后还参观了尼姑庵，当中包含了十分丰富的广州本地宗教元素，值得研究，与海幢游记有何不同特点，更是我们关注的重点。他的广州宗教游记（除去海幢寺部分）翻译如下：

在众多寺庙中，我们首先游览的是北帝庙（龙），这是道教的神祇。在中国，龙是神圣的象征。在龙的前面是个神台，神台下是一个有代表性的、很逼真的怪物，样子是一条可爱翠绿色的小蛇，蜷在一棵矮树的树枝上，树则栽种在小花盆里。香供奉在雕龙的神台上，也供奉在逼真代表（蛇）前面。贡品是那些蛇不鄙视的，但如果是传说中的龙，可能就不会感谢他的崇拜者。贡品包括了茶和蛋。当商人们订立合同，或者师徒之间订立契约的时候，他们会把用心订立的合约副本带过来，在树下用香烛焚烧。用这种方法，赋予了神的旨意，期望得到神的准许与祝福。当合同完全履行后，他们会再次回到蛇神前，用庄严的宗教仪式宣布彼此的尽职与满意。"圣水"时常存放在花瓶里，为了治病会从花瓶里倒出一些，装到小药瓶里。如果第二个苦难降临到丧失亲人的家庭里，这表明逝去亲属的坟墓位置是不吉利的。在这种情况下，尸骨要掘出用水洗净，然后转移到一个环境更适宜（hospitable）的坟位。从这个寺庙（出发），我们穿过一条长长的街道，每个橱窗都摆满了一板板各种款式用精致的彩纸所剪裁的金银块、扇子、帽子、鞋子和衣服，分别打包并在包裹上贴上祭文或悼词。这些包裹卖给了送葬者，他们在神台前用香烛焚烧这些祭品，相信通过焚烧仿制品的办法，可以将实体物品传递到逝者那儿了。

　　离开海幢寺后，我们访问了"华林寺"（Flowery Forest），寺中的万神殿（罗汉堂）中包含的神像不仅希腊或罗马的神明无法想象，比他们自己所崇拜的还要更多。试想一下，500个巨大的木质雕像，全都上了色，有黑的、白的、红的，还有扭曲的形象和四肢，穿着紫色、绛色、金色的衣裳，紧凑地围坐在罗汉堂四壁，罗汉堂相当于大英博物馆最大的展览厅。他们是守护中国人的鬼怪。他们各自是备受崇拜的信徒或者是宗教的圣人。这些雕像是由一位皇帝送给寺院的，可能全部由一位艺术家所雕。如果他不能以人的自然神态打动任何进殿之人，那就必须承认他的做法（有道理），塑造出可怕扭曲的形象，没有两个是相似的。僧人们亲切地接待了我们。（华林寺）的主持，有着受人尊敬的容貌，穿着紫袍，戴着一顶可能被误认为是主教的法冠，还有一根像牧杖的棍子（锡杖）。因为我们在晚课前到来，他们在宽敞的厅堂中用可口的茶和干果款待我们。在和我们交谈的时候，僧人们说起了一些模糊的外国知识。他们害怕已降临在法国的灾难会怂恿俄国侵略中国。他们获悉美国伟大的南北战争一些情况，并对结局感到高兴。同一时间，我们被一群衣着华丽的女士们吸引了，她们的脚是最小的，在很多小孩的陪伴下一起来到厅堂。这群人被一群衣着考究的仆人跟着，他们拿着巨大的纸盒，里头装着奉献的供品、纸鞋、纸扇、纸帽，和之前描述的一样。他们会等到午夜时分，为了已故祖先的安息与愉悦，把供品用香烛化了。尽管妇女们并非兴高采烈，但还算开朗活跃，把这仪式当作参加一个节日而非葬礼。他们没有再朝我们走近，但对我们向可爱的孩子们表达出惜爱的善意时，还是显得十分高兴。

　　在仪式上，僧人们亲切地让西华德先生在一个很好的位置上就座以观摩仪式，那是特别的一款长凳，全院唯一一张。晚课的殿有60平方，还有高高的天花板。在殿的中间，是一巨大的、三尊为一组的雕像，成坐姿，代表佛陀的三个"状态"——朝左看的，是遗忘的象征，或者说是过去；朝前看的，富有表现力的动作，是现在；第三个，朝右看的，做沉思状，则是未来。华林寺是一座奉献给比我们自己的宗教历史更悠久宗教的寺院，有两个基督教会（相似的）原则，以一种不明确、模糊的方式呈现出来：其一是至高无上者道成肉身；其二为三位一体，统一且不可分。这样的类比仅仅是意外的巧合，还是相同天赋观念的不同结果，或是他们只是一个共同启示的多重影的形式？这仪式包含了庄严的、有韵律的、语调虔诚的经文，漫长而多变。偶尔钟声会响起，给予祈祷者仪式将要变化的大致提示。钟声下，僧人们俯卧跪拜、磕头。在其余的时间，他们对着三位一体的塑像改变姿势，或者以庄重的列队在绕殿步行，以沉闷的鼓和锣控制时间。供品由小麦、大米、小米组成，在仪式中被视为神圣的（供品），在仪式结束的时候，会用三脚桌运送，撒在寺院中铺砌石板的院子里，它们会被空中的鸟儿们收集起来，以防止被人类亵渎。寺院里还有一个相当精美的白色大理石舍利塔，底下是从前佛陀化身的舍利。舍利塔的塔基就是更下的一层，装饰着不同寓意的石雕板，板上这里描绘了佛陀在这里骑着龙、在那里骑着狮子，在其他地方骑着另外的动物。异教徒的神明，就我们所遇到的来说，似乎让我们有这样的感觉：不如说是模仿理想状态下人类的生活，而非一种精神观念下超越生命的秩序。

有座寺院专门为"长寿"而设。所崇拜的偶像是一个巨大的塑像，是用木头粗糙地雕刻，着以深红、深褐色，代表一位肥胖、心安、懒惰的老人。这个寺院有一个非常特别的僧舍，不是由石头所建成的，而是树；住的不是削发的僧人，而是鹳鸟一家，日常由众侍从供养，它们过着"长约"的日子，成了崇敬与喜爱的目标。鹳鸟能幸运地献身于"长寿（寺）"，它们真是快乐的鸟。与之明显的对比就是金鱼，在同一神明寺院的池塘里，却只有被养得肥美的份，成为"神圣"鹳鸟的食物！

不管对于中国人声称他们是印刷术发明者的真实性可能有所怀疑，但我们乐意去记录他们向艺术的艺术表达敬意，如将印刷术致力于神殿（龛）、牌匾和香炉。

　　我们的宗教体系调查在接近结束时，还访问了一座佛教的尼姑庵，她们专注于照顾病人。主持和尼姑们亲切接待了我们。虽然她们不识字，但勤勉、整洁、文雅，给人以好感。她们不仅向我们展示了贫乏的病房，还有她们自己所住简陋的小屋。毕竟，慈善是每个宗教基本的要素，女性是其在全世界真正的信使。①

　　游记中，我们可以看到，西华德记录了在广州的商人、师徒间契约订立过程中，北帝庙是如何发挥作用的，他们共同将个人的承诺上升到了神明所关注的高度，用这种方式把契约神圣化的，这是宗教因素在广州城市中商业领域中的实际作用。他对于北帝庙的观察，表明道教庙宇及周边地区，是与广州市民的日常生活息息相关的，涉及医疗、风水、丧葬等诸多方面，也是"以道治病"的表现。在当中，并没有如佛寺一般描写教内人士的身影，可见民众在庙中的各种宗教行为，似乎都是"自助"，这也反映出道教庙宇融入民间生活的一面。

　　在华林寺中与僧人们的对话中，罕有地保存了佛门中人对外国重大"新闻"的看法，可见在当时的广州口岸，国际新闻也传播到了寺院，也成了口岸城市的寺院中独特的一面。在万里之外的异域寺院，竟然遇到为南北战争中北方军队胜利结果而高兴的出家人，对西华德来说，应该倍感意外与欣慰。

　　长寿寺中对佛像如实描写，对寺中动物生动有趣描述，表现了长寿寺"艺术化""异端化"的一面。

　　在这些游记中，我们还可以看到，西华德先生对于广州的宗教人士，表示出极大的尊重，这体现在对他们的容貌、言行、气质的本色描述当中，努力体会尊敬宗教严肃感与慈悲感。最后对未具名

---

① William H. Seward, *William H. Seward's Travels Around the World*, pp. 239 - 243.

尼姑庵中尼姑的评价，则表现出对女性特别是女性宗教人士的真诚尊重，将她们推向了普世的高度，与她们现实中卑微的地位，形成了极大的反差，展现其绅士风格与强烈的人格魅力。

对于广州的宗教建筑与雕像，他也饶有兴趣地进行观察，并设法描述其细节；对宗教仪式与习俗，他如实记载，对当中的意义，理解也是相当地道的，当然这都建立在他有一个深耕于广府的好向导——格雷条件下才能实现，这也是一位杰出政治家的好人缘。

对于宗教思想精神层面的思考，西华德则是建立在东西方宗教对比的基础上。华林寺中用"生活的理想化"与"理想化的生活"概括东西方宗教某些层面的差异，是具有深度的思辨性的。"三世佛"与"三位一体"的关系，虽西方游客多人提及，他总结推测了三个可能原因，却并未贸然下定论，不置褒贬，理性而客观。

最后，我们还是要将以上的几个寺院游记，与他的海幢游记进行对比，以扣回主旨。坦白讲，其他几个寺院的游记描述似乎更详细、更具体，与寺中人的互动也更多，个人观感及评论也更丰富，比较而言，或许可读性更高。但也因为如此，海幢游记显得平淡又特别，对于院中僧人也无正面接触的描述，亦没有对院中景物多加评论，更没有表达自己的思考与感悟，但其海幢游记是非常自我的，不仅没有被寺中之景带着走，还在游记中勾勒一条生命的线索，他着重描写的是佛寺如何对待死亡，将在其他地方游览时频频闪现的敏锐观察与深刻思想舍弃，未留下评论，似乎陷入深思，触动心灵。

海幢游记之留白，意味深长，令人感慨。

附记

2017 年 8 月录入蔡老师《广州海幢寺与清代"夷务"》一文手稿，有幸成为文章首位读者，也是我入门海幢研究的机缘，2019 年 10 月呈送本文初稿给蔡老师，得到老师的审阅与批注，再到 2020 年 8 月，输入蔡老师《海幢寺藏清代外销画画册研究序》，不料竟成最后一次录入，夏去冬来，12 月初呈送新完成的海幢初期发展史初稿，那文稿，则永远躺在老师的书桌上，一切都戛然而止……

我才意识到，电脑中蔡老师的文件夹，就再也不会增加新文章了，从 2010 年 9 月开始的录入手稿工作，也都结束了……

回忆过往点滴，心绪起伏，思念不止。

多年来无数次聆听蔡老师教诲，他讲的总是积极的生活、幸福的真谛、精神的不灭。而死亡，是老师教予的最后且永无止息的一课……

谨以此文深切悼念敬爱的蔡鸿生老师。

2021 年 11 月 30 日

（作者系中山大学哲学系 2016 级博士研究生）